当代修辞学的阐释与建构

"望道修辞学论坛"论文集萃

（第五辑）

主　编　祝克懿

编　委　储丹丹　王　静　李建新

复旦大学出版社

目　录

纪念陈望道先生诞辰 130 周年

辞趣与汉语修辞学理论体系
　　——重读《修辞学发凡》第九篇　　　　　　　　　　　　　霍四通　2
修辞学视角下的文学、方言与共同语的关系
　　——陈望道先生的方言观和普通话观管窥　　　　　　　　汪如东　10

理论探索

人类命运共同体的修辞学基础是什么？
　　　　　　　　巴里·布鲁梅特　邓志勇　刘　欣　周思平译　26
理论语言学、语言交叉学科与应用研究：观察与思考　　　　　陈　平　33
格赖斯语用学再探
　　——《逻辑与会话》翻译心得三题　　　　　　　　　　　姜望琪　60
语体何以作为语法　　　　　　　　　　　　　　　　　　　　施春宏　75
语言符号和修辞的多样性和民族性　　　　　　　　　　王文斌　崔　靓　106

消极修辞研究

病句、偏误句给我们的启示
　　——消极修辞研究还可另辟蹊径　　　　　　　　　　　　马　真　126
试说消极修辞观　　　　　　　　　　　　　　　　　　　　　魏　晖　141

消极修辞的灵活度　　　　　　　　　　　　　　张伯江　郭　光　152

隐喻研究

语用学和隐喻研究
　　——西方古典隐喻中的语用学思维　　　　　　　　胡壮麟　170
隐喻本体和喻体的相似
　　——分形论视域下隐喻研究之二　　　　　　　　　徐盛桓　183
陶瓷文本中特殊的修辞策略　　　　　　　　　　刘美君　杨佳铭　203

风格学研究

关于论辩风格的新思考　　　　　　弗朗斯·H.凡·埃默伦　汪建峰译　222
论辩风格与语言风格的关系
　　——系统整合论辩风格与语言风格分析
　　　　　　　　　　　　托恩·范哈福坦　马尔滕·范莱文　李建新译　240
脱离式论辩风格：作为表达手段的文本类型
　　　　　　　　　　　　　　　　　安卡·加塔　毛浩然　王赛珈译　263
义位/自设义位：释义话语风格特征之广义修辞阐释　　　　谭学纯　283
语言风格研究的理论渊源与功能衍化路径　　　　　　　　祝克懿　300

话语研究

评价性构式"X 就 X 在 Y"的整合及原因凸显　　　　陈昌来　朱　皋　322
话本小说的叙事传统对现代汉语语法的影响　　　　　　　　方　梅　338
试论汉语的话题主位　　　　　　　　　　　　　　　　　　方　琰　359
为何将话语置于行动中研究？　　克劳斯·克里彭多夫　田海龙　张立庆译　385
元话语和评价系统在人际意义研究上的互补　　　　　王振华　吴启竞　400

论辩与修辞

批判性讨论与语用-辩证论辩理论的引进　　　　　　　　　　　刘亚猛　416
在多元中实现团结：论欧洲议会辩论作为一种论辩活动类型
　　　　　　　　　　弗朗斯·H.凡·埃默伦　巴特·卡森　陈小慰译　437
假省在论辩话语中的机变意义　斯诺爱克·汉克门斯　罗明安　袁　影译　454

人工智能与修辞

修辞对人工智能+的挑战：以人机互动为例　　　　　　　　　　顾曰国　468
亟需解决好中文信息处理和汉语本体研究的接口问题　　　　　　陆俭明　503
"人机对话-聊天机器人"与话语修辞　　　　　　　　　　　　　袁毓林　517

新媒体语言研究

基于语料库的新媒体语言透视　　　　　　　　　　　　　　　　崔希亮　538
论交际媒介与语体类型　　　　　　　　　　　　　　王建华　俞晓群　556

Contents

☐ Commemorating the 130th Anniversary of Mr. Chen Wangdao's Birth

Rhetoric Taste and the Theoretical System of Chinese Rhetoric
  —Rereading the Chapter 9 of *Introduction to Rhetoric*   Huo Sitong   2
The Relationship Between Literature, Dialect and Common Language
  from the Perspective of Rhetoric
  —On Mr. Chen Wangdao's View of Dialect and Mandarin   Wang Rudong   10

☐ Theoretical Exploration

What is the Rhetorical Basis for Communities of a Shared Future?
              Barry Brummett (tr. Deng Zhiyong & Liu Xin & Zhou Siping)   26
Theoretical Linguistics, Interdisciplinary Linguistics and Applied Language
  Studies: Observations and Reflections   Chen Ping   33
Gricean Pragmatics Revisited: Gains from Translating *Logic and Conversation*
  into Chinese   Jiang Wangqi   60
Why and How Can Register be Grammar?   Shi Chunhong   75
The Diversity and Nationality of Language Signs and Rhetoric
                              Wang Wenbin & Cui Liang   106

☐ Research on Negative Rhetoric

What Revelations Can Wrong Cases and Error Sentences Give? A New
  Approach to Negative Rhetoric   Ma Zhen   126

On Negative Rhetoric　　　　　　　　　　　　　　　　　　Wei Hui　141
The Flexibility of Negative Rhetoric　　　Zhang Bojiang & Guo Guang　152

☐ Research on Metaphor

Pragmatics and Metaphor Research
　—Pragmatic Thinking in Western Classical Metaphor　　Hu Zhuanglin　170
The Similarity Between the Target Domain and the Source Domain:
　A Tentative Study of "Fractal-theoretical Approach to Metaphor"
　　　　　　　　　　　　　　　　　　　　　　　　　Xu Shenghuan　183
Unique Rhetorical Devices in Ceramic Discourse
　　　　　　　　　　　　　　　　　　　　Liu Meichun & Yang Jiaming　203

☐ Research on Stylistic

Examining Argumentative Style: A New Theoretical Perspective
　　　　　　　　　　　　　　　　Frans H. van Eemeren(tr. Wang Jianfeng)　222
On the Relation Between Argumentative Style and Linguistic Style: Integrating
　Argumentative-stylistic and Linguistic-stylistic Analysis in a Systematic Way
　　　　　　　　Ton van Haaften & Maarten van Leeuwen(tr. Li Jianxin)　240
Characterizing a Detached Argumentative Style: Text Types as Presentational
　Choices　　　　　　Anca GÂȚĂ(tr. Mao Haoran & Wang Saijia)　263
Sememe/ Self-endowed Sememe: An Analysis of Interpretative Discourse
　Stylistic Features from the Perspective of Rhetoric in Broad Sense
　　　　　　　　　　　　　　　　　　　　　　　　　　Tan Xuechun　283
Theoretical Origin and Functional Evolution Path of Language Style Research
　　　　　　　　　　　　　　　　　　　　　　　　　　　Zhu Keyi　300

☐ Research on Discourse

Integration of Evaluative Construction "*X jiu X zai Y*" and Its Prominent Reasons
　　　　　　　　　　　　　　　　　　　　　Chen Changlai & Zhu Gao　322

The Tradition of Chinese Storyteller Script and Its Inheritance in
  Contemporary Chinese Narration and Grammar   Fang Mei   338
On Topical Theme in Chinese   Fang Yan   359
Why Discourses in Action?
                   Klaus Krippendorff (tr. Tian Hailong & Zhang Liqing)   385
The Complementarities of Metadiscourse and the APPRAISAL System in the
  Study of Interpersonal Meaning   Wang Zhenhua & Wu Qijing   400

☐ Argumentation and Rhetoric

Critical Discussion and the Introduction of Pragma-dialectics   Liu Yameng   416
In Varietate Concordia-United in Diversity European Parliamentary Debate as an
  Argumentative Activity Type
             Frans H. van Eemeren & Bart Garssen (tr. Chen Xiaowei)   437
Manoeuvring Strategically with *Praeteritio*
             A. Francisca Snoeck Henkemans (tr. Luo Mingan & Yuan Ying)   454

☐ Artificial Intelligence and Rhetoric

Rhetoric Challenging AI with Special Reference to Human-Machine Interaction
                                                      Gu Yueguo   468
Urgent Need of Cooperation Between Chinese Information Processing and
  Language Research   Lu Jianming   503
"Man-machine Dialog-chatbot" and Discourse Rhetoric   Yuan Yulin   517

☐ Research on New Media Language

A Corpus-based Study of New Media Language   Cui Xiliang   538
On the Communication Medium and Style Types
                                       Wang Jianhua & Yu Xiaoqun   556

纪念陈望道先生
诞辰130周年

辞趣与汉语修辞学理论体系
——重读《修辞学发凡》第九篇

霍四通

(复旦大学中文系)

提 要 辞趣是奠定汉语修辞学学科属性的重要基石,不宜轻言取消。它是积极修辞的重要组成单元,可以视作辞格的基础或前身,和辞格始终处于动态的相互转化过程中。网络时代,新的语言现象不断涌现,很多都属于辞趣范畴,这凸显了辞趣研究的重要性。

关键词 辞趣 辞格 《修辞学发凡》

陈望道《修辞学发凡》把积极修辞分为辞格和辞趣两大部门。但这两个部门的研究是不平衡的。长期以来,辞格的研究取得了显著的进步和丰硕的成果,形成了汉语修辞学"辞格中心论"的研究格局;而学界对于辞趣的研究则寥若晨星,几乎可以忽略不计。20 世纪 80 年代以来,辞趣研究才受到一定的重视,但学界对于辞趣的性质和范围却产生了较大的争议。21 世纪以来,网络语言中出现了很多辞趣性质的语言现象,呼唤着学界对此继续开展深入的研究。

一、辞趣篇之重要地位

陈望道《修辞学发凡》第九篇专论辞趣,可称是"辞趣"专篇。但《修辞学发凡》(1997:49、70)坚持辞趣不能须臾离开其所依赖的物质基础,即"语言文字"的立场,在前文(第三篇、第五篇)就形成了"辞趣大体只是语言文字本身情趣的利用""形式方面,大体是我们对于语言文字的一切感性的因素的利用,简单说,就是语感的利用"的看法。

陈望道(1997:229)根据"辞的意味""辞的音调""辞的形式"将辞趣分为意

趣、音趣、形趣三种类型,"语感的利用,就是语言文字本身的情趣的利用""利用语言文字的意义上、声音上、形体上附着的风致,来增高话语文章的情韵"。这种划分,呼应了第二篇"说语辞的梗概"将语言文字分为声音、形体、意义三个方面的讨论,并且同该篇一起,确立了汉语修辞学隶属于语言学的学科属性。

当代修辞学的发展出现了多元化的竞争局面,文学修辞、广告修辞、传播修辞、宗教修辞、法律修辞、政治修辞、音乐修辞、建筑修辞、视觉修辞等概念层出不穷,令人目眩神迷。但无论如何,人是语言的动物,"语言的修辞"的中心地位是无可撼动的。语言的修辞学也必将给其他门类的修辞学发展提供源源不断的智力支持。

二、辞趣的引入及演进

"辞趣"概念源于岛村泷太郎《新美辞学》(1902)的"语趣"。《新美辞学》是修辞学史上少有的创新之作,发明了很多概念(Tomasi 2004),语趣是其中之一。该书将修辞现象分为语彩(外形上)和想彩(内容上)两类,语彩和想彩又各分消极和积极两类。其中,积极的语彩就包括语趣和音调两种。《新美辞学》出版不久,这些概念就由龙志泽在1905年《文字发凡》中引进。《文字发凡》说:"言语无趣,则不足以动人。然人有雅俗之不同,故其趣亦各因人而定也。"因此将语趣分为三等(转引自霍四通 2019:129):

> 一、文坛的。其文字为文人所常用者,或专门的,及科学的文字。或古代语,是也。凡作此等文字,必择文人性相近、眼常见之文字用之,方与伊相合也。
>
> 一、社会的。以科语对于专门家,以方言对本地方之人,以俚语对下等社会,用古语写古代之人,用外国语对外国之人是也。
>
> 一、滑稽的。用滑稽语者使人起好笑之感也。

此后,王易的《修辞学》也沿用了这个概念,"所谓语趣者盖其语之品位及用例。以此作一种背景,常可丰富文章之情味""故语趣者,即利用以表情而已"。他也亦步亦趋将语趣分为文坛、社会、滑稽三种(王易 1926:43—45)。岛村泷太郎赓续坪内逍遥的"美辞论",将"美"视作修辞学的核心概念,其理论体系的出发点就是"想彩"和"语彩"的划分。而陈望道认为修辞学属于语言学,核心概念是功能性的"题旨情境",所以《修辞学发凡》用源于文体分类("三个境界")的"两大分野"(消极修辞和积极修辞)作为修辞学体系的根基,对修辞现象进行了大幅度的梳理和整合。辞趣的概念虽然保留下来,但却成为积极修辞中魅力较为淡浅的外围类别;而且根据音、形、义的划分,将过去与"语趣"并立的"音调"包括进来,从而确立了更为简明、严密的修辞学理论体系。不止于此,陈望道(1997:245—246)还从语言发展变化的角度,对当时流行的辞趣理论提出批评:"大概过去的辞人多半带有高蹈的气息,隔离社会,又把社会看作自己脚下的尘世,故于辞趣也常常把所谓文坛的辞趣和所谓社会的辞趣分得极严。"这有力撼动了当时文言复古思潮的"雅洁"标准,推动了白话文运动的深入开展。

三、当代辞趣研究进展

在理论体系上,辞趣的设立是没有问题的。《修辞学发凡》(1997:4)指出,辞格是"魅力比较地深厚的",而辞趣是"其魅力也比较地淡浅的"。我们在心理上也确实能体会到辞趣的客观存在,因为的确有感受到语言文字的动人魅力,但又很难用哪种现成的辞格来说明的情况。如胡习之(2002:98)所说:"在言语活动中存在着大量的有一定魅力,但又不具明显的模式性和规律性,即一时难以看作辞格的修辞现象。"这时将其称为"辞趣"无疑是较好的选择。

但《修辞学发凡》对辞趣的界定比较模糊,较大程度上依赖于听读者的主观感受,这给后来的研究带来了困难。因为魅力比较淡浅,很难确定为一个客观的对象加以言说;但如果被明确地感受,并作为一个范畴固定下来,这就又和辞格没有区别,最终和辞格混淆在一起。

当代辞趣的研究,都始终在和辞格的分合问题上苦苦探索。吴士文《修辞格论析》(1986:158)认为:"《发凡》增设'辞趣'一篇确有见地。它给我们开了一个很好的头,我们自应很好地继承和发展。"但他认为辞格和辞趣分得还不是很清楚,主要是"辞的意味"辞格中也有,如转品、复叠和藏词等,而且《修辞学发凡》也强调过"辞趣便是形式一面单独的利用"(陈望道1932:134),不如干脆将其分离出去,即把纯形式的东西归入辞趣之中,意义的东西归入辞格之中,这样分工,系统比较严谨。因此,辞趣只包括辞的音调、辞的形貌和辞的标点了。辞的音调,主要包括字调重间、双声叠韵、合辙押韵等;辞的形貌,主要指的是变动字形、插用图符;辞的标点,是指通过标点符号的使用产生积极修辞效果。

谭永祥《汉语修辞美学》(1992:481)不同意吴士文把意趣排除出辞趣的做法,他给辞趣所下的定义就包括了意趣、音趣、形趣三个方面:"辞趣是富有表现力的亚辞格的言语现象,及有助于提高表达效果的词语的音调或字形图符、书写款式所表现出来的情趣。"所谓"富有表现力的亚辞格"就是意趣。因为它富有表现力,所以属于修辞现象;又因为它不像辞格那样具有明显而又很强的规律性,不过是辞格的"后备军"。词语的音调是音趣。字形图符、书写款式是形趣。谭永祥在辞趣三种类型的下位类型上做了进一步拓展。意趣可以分为有名趣(可以分为指代趣和虚字趣)和无名趣。音趣可以分为同音异义趣、异音同字趣、韵趣、拗趣;形趣可以分为字形趣和图符趣两类。"系统清楚,包含的辞趣修辞现象相当的丰富,是对辞趣修辞现象研究上的一次极大发展。"(李熙宗 2006)

其后,不少修辞学者在进一步阐明辞趣的内涵、澄清辞格与辞趣的界限、探讨辞趣的下位分类等方面都进行了有益的探索。有学者指出辞格与辞趣之间的界限是动态的:有的言语现象开始是辞趣现象,但随着人们流传习用,久而久之,它们有了一定的规律,就逐渐定型成了辞格,如"联边""析字"等。它们既然已经发展成为辞格,取得了辞格的"格籍",就不应再把它们看作辞趣(刘凤玲、徐丹晖2013)。从另一方面看,辞格也可能降级,像"联边"在古代确实是文人刻意运用的一种表现手段。古代赋家就喜利用汉字的特点,运用半字同文,排列同偏旁的字,造成视觉上的气势,如:司马相如《上林赋》精心排列四十来个"水"旁的字以写水势;郭璞《江赋》也连用三十多个以"水"作偏旁的字描摹江水的奔流;唐代杜甫的名句"无边落木萧萧下,不尽长江滚滚来",连用草字头(落、萧、萧)和水旁(江、滚、滚)的字,更受到古今诗人和诗论家的称赞(王先霈 2007:185)。但在当代,这种手段就很少被人特意使用;读者可能也不会注意偏旁的使用情况,顶多在相关注释的提醒下约略感受到其中的一些趣味或"玄机"。修辞现象常有"上落"和"生灭",辞格一旦失去了生成性,就不能再看作辞格。从这个意义上,我们也可以进一步说,辞格也会退化成辞趣。

四、辞趣辞格化与泛化

辞趣的界定比较模糊，所以导致辞趣难以完全和普通的语言的用法及辞格现象区别开来。如《修辞学发凡》第九篇"辞的意味"，一节所谈多为多义词语（如"中庸""荡荡"）及其歧义的消除，谈不上是以追求"真善美"为明确目标的修辞活动，而有的辞趣现象则完全可以归入辞格中。实际上，当代汉语辞趣研究也都是将其视作辞格来研究的。

例如，《修辞学发凡》讨论的"插用图符"，现在基本上都已被当作一种辞格。最早主张独立为辞格的是阮显忠的《论图示格》。该文认为，以图形来示意的方法已被普遍地运用，不妨确认它是辞格中新的一"格"，暂且叫它为"图示格"，属于"材料上的辞格"。如：

(1) 黄河水系基本上介于阴山与昆仑山—秦岭两大山系之间，干流从上游到下游的流向，就像个巨大的"几"字形。（中学教科书《中国地理》）

例(1)中的"几"字，十分近似黄河干流的形状，用"几"字来表示，既简便又明白。再如鲁迅小说《阿Q正传》用英文字母Q来给主人公命名，从形体来看，这个Q字很像阿Q的脑袋——生过癞疮的头后吊着根细细的小辫子，十分传神。该文将图示格分为字形示意类、图形示意类和符号示意类三种类型。

基于《修辞学发凡》对"文辞的形貌上的雕琢"的讨论，近年有学者提出"排列修辞"的概念。《汉语修辞美学》的"形趣"部分谈到了"花样排列"，举了塔形、阶梯形排列及"每一节字数相等，节节整齐"的作品为例。曹石珠《形貌修辞学》也有专论"排列修辞"部分，包括诗歌作品的变列、散文作品的变列。此外，书中还讨论了："字形修辞"，包括使用黑体字、变换字号、字的正写侧写倒写、插用外文等；"图符修辞"，包括插用图形、插用表格、插用符号；"标点修辞"，包括独用标点、递加标点、叠用标点、添加标点、前加破折号、标点符号相对零形式、标点符号零形式等——这些都是传统的辞趣研究内容。

可以说，当代的汉语辞趣研究范式都是借自辞格。因此，为了使修辞学的理论体系更加简明，我们过去曾主张干脆将辞趣的概念取消（霍四通 2012：309，

2018：15）。但从另外一个角度看，我们也可以继续保留辞趣概念，因为在一定意义上说，所有的辞格都是辞趣。对于普通语言使用者来说，他们不一定知晓各种辞格名称，但他们能感受到这些修辞话语的趣味，这当然就是辞趣无疑。因此，辞趣可能具有更强的广泛性，是先于辞格的概念。我们完全不必纠结于其和辞格的分合，因为一旦被明确感受到，经过理论的概括，它就差不多是一种辞格了。保留辞趣，使修辞学的理论体系更富于弹性，可能比较稳妥。

五、网络时代辞趣新象

辞趣，在当代兴起的网络语言中继续扮演着重要角色。受日本流行文化的影响，颜文字、绘文字也成为汉语网络语言的重要组成部分，网民用文字和符号组成表情或图案来表达自己的心情，如^_^（眉开眼笑）、T T（流泪）、(⊙o⊙)（目瞪口呆）、@_@（困惑）、o┌─┐_（OTL、OT2、Orz 等，表示五体投地，我服了你）等。而随着智能手机的普及，聊天时大量使用 emoji（表情符号）更成为各个年龄阶层群众的输入习惯。"插用图符"已成为当代网络交流的重要特征。

《修辞学发凡》中"移动标点"是呈现语辞音趣的重要手段。而在网络新文体的形成中，标点也是最为关键的一个特征，如一度席卷网络的"咆哮体"，从一则《学法语的人你伤不起啊》的帖子开始，引发网民造句狂潮，短时间内就出现了数百个仿写版本。"咆哮体"最主要的特征就是感叹号的大量使用：

（2）两年前选了法语课！！！！！！！！
于是踏上了不归路啊！！！！！！！！！
谁跟我讲法语是世界上最"油煤"（优美）的语言啊！！！！！！！！
76 不念七十六啊！念六十加十六啊！96 不念九十六啊！念四个二十加十六啊！法国人数学好得不得了！有木有！！！！！！！
电话号码两个两个念啊！176988472 怎么念！不念一七六九八四七二啊！念一百加六十加十六、四个二十加十八、再四个二十加四、再六十加十二啊！你们还找美眉要电话啊！电话报完一集葫芦娃都看完了啊！有木有！！！！！

跟感叹号相关,近年还出现了网络语言"一字(一词)一感叹号"现象:

(3) 好!萌!啊!

(4) 新出!江苏大厦800平!黄!金!地段!高区现房!

很多跟字母词相关的修辞新现象也首先在网络语言中流行后才进入正式媒体:

(5) 有人将CPI解释为China Pig Index(中国猪肉指数),原本为消费者物价指数的CPI一下子就与猪肉挂上了钩。(《猪肉价里的CPI故事》,《南方日报》2016.01.14)

(6) 有了"以德(D)服(F)人"的DF系列,一个民族才真正有资格讨论和平、追求和平、拥有和平。(《东风浩荡　以德服人》,《新民周刊》2019年第39期)

这些表达让人觉得饶有趣味,但都还谈不上是现成的哪一种辞格;将其先看作辞趣现象更为妥当。这些新的辞趣现象都值得我们关注和研究。

参考文献

曹石珠　1996　《形貌修辞学》,湖南师范大学出版社。

陈望道　1932　《修辞学发凡》,大江书铺。

陈望道　1997　《修辞学发凡》,上海教育出版社。

胡习之　2002　《辞规的理论与实践》,中国文史出版社。

霍四通　2012　《中国现代修辞学的建立:以陈望道〈修辞学发凡〉为中心》,上海人民出版社。

霍四通　2018　《汉语积极修辞的认知研究》,复旦大学出版社。

霍四通　2019　《中国近现代修辞学要籍选编》,上海教育出版社。

蓝延生　1996　《地名辞趣》,《修辞学习》第6期。

李熙宗　2006　《25年来的修辞手法研究》,载《修辞学论文集》第十集,上海外语教育出版社。

刘凤玲、徐丹晖　2013　《辞趣三论》,《毕节学院学报》第10期。

阮显忠　1983　《论图示格》,载《〈修辞学发凡〉与中国修辞学》,复旦大学出版社。

谭永祥　1992　《汉语修辞美学》,北京语言学院出版社。

王先霈　2007　《中国古代诗学十五讲》,北京大学出版社。

王　易　1926　《修辞学》,商务印书馆。

吴士文　1986　《修辞格论析》,上海教育出版社。

祝　蓉　1996　《辞趣新变——谈品牌中"霸"字的流行》,《修辞学习》第1期。

[日]岛村泷太郎　1902　《新美辞学》,东京专门学校出版部。

Tomasi, Massimiliano 2004 Studies of western rhetoric in modern Japan: The years between Shimamura Hōgetsu's *Shin bijigaku*(1902) and the end of the Taishō Era. *Japan Review*, (2004)16:161-190.

Rhetoric Taste and the Theoretical System of Chinese Rhetoric
—Rereading the Chapter 9 of *Introduction to Rhetoric*

Huo Sitong

Abstract: Rhetoric taste is an important concept that lays the foundation of Chinese rhetoric as a branch of Linguistics, which should not be abolished easily. As one of the most important components of active rhetoric, rhetoric taste, regarded as the basis or predecessor of rhetoric figures, is always in mutual transformation with the latter.

Keywords: rhetoric taste, rhetoric figure, *Introduction to Rhetoric*

(原载于《当代修辞学》2019年第6期)

修辞学视角下的文学、方言与共同语的关系
——陈望道先生的方言观和普通话观管窥

汪如东

(上海财经大学国际文化交流学院)

提 要 本文重温了陈望道先生在不同时期对汉语方言的重要论述,指出其辩证的方言观源于对客观语言事实的尊重和科学的治学精神。文章得到如下启示:修辞所可利用的是语言文字的一切可能性,其研究不但包括文辞,还包括言辞(语辞)。方言与共同语是共生共存的关系,方言修辞将对文学创作产生积极的影响,共同语的要求也将推进方言的规范化,两者的关系不可偏废。

关键词 陈望道 方言 共同语 修辞

陈望道先生是中国现代修辞学的奠基人,文法革新的倡导者,语文教育的实践家,是中国语文现代化事业的光荣先驱,民族语文建设的一位巨匠(陈光磊 2009:591)。他创立的符合汉语实际的修辞学体系,源于他尊重客观的汉语现实,采用了科学、辩证的研究方法。与近一百年前相比,今天的语言生活变得更加丰富多彩,随着社会的急剧变革,新事物、新概念不断涌现,新的语言表现形式令人目不暇接。与语言相关的一些热门话题,如方言与共同语的关系、方言在文学创作中的作用等,在历史上人们的认识并不完全一致,甚至差异巨大,今天也常有一些极端的看法见诸人们的口头或报端,日常语言生活中的少许动静就会牵动人们的神经,如前些日子上海教科书把"外婆"改成"姥姥",在媒体上引发争议。语言是社会生活的一面镜子,重温望道先生各个时期的重要论述,对进一步了解先生的学术思想,启发对当前纷繁复杂的语言现象的认识,促进修辞学科的全面发展具有重要的意义。本文就望老在一系列著述中有关文学、汉语方言与共同语关系的见解作一历史性的回顾,从中一窥先生辩证的方言和普通话观。

一、修辞所可利用的是语言文字的一切可能性

陈望道先生在《修辞学发凡》(1954:23—24)中说:"修辞所可利用的是语言文字的习惯及体裁形式的遗产,就是语言文字的一切可能性。"他后来又进一步指出:"修辞、文法都会变,学问也会变,不过也总有不变的东西,那就是基本原则不会变。研究文法,要抓住功能的、组织的观点,这个原则是不能变的。修辞上讲形式和内容的关系,要求适应题旨情境,这个原则也是不能变的。语言文字的一切因素都可以利用,也都应该利用;修辞学就要研究对语文材料怎么用,支配怎么用的,就是对应写说时的题旨情境。抓住这一点来研究修辞现象,这就是我们的原则,也是我们自己的一点创造。"(陈望道 1965,2009:452)他反复强调修辞要利用语言文字的"一切可能性",要适应写说时的题旨情境。就汉语而言,语言材料既包括有文字形式的普通话、标准语,也包括普遍缺乏文字记载、口耳相传的各种汉语方言。语言在发挥社会交际的功能时,不仅要受社会地位、职业、年龄、性别、教育、种族等社会因素的影响和制约而产生社会变异,形成各种社会方言,还要受到地域和文化因素的影响而产生变异,形成丰富多彩的各种地域方言。不论是社会方言还是地域方言,它们都是一个高度发达、结构严谨的体系,都能充分满足相应群体的思维和交际需要。他强调大众语"它的底子本来是土话方言,不过是带着普通性的土话方言罢了"(陈望道 1934,2009:495)。因此,主张修辞学只研究标准语的修辞现象无异于画地为牢,自缚手脚。

1.1 大众语运动与文学创作

五四白话文运动取得初步胜利以后,国民党当局在 1934 年五、六月间发动了"文化围剿",发起所谓"文言复兴运动"。为保卫语文革新运动的成果,粉碎当局的"文化围剿",陈望道提出了一个以攻为守的策略,即发动一个比白话文更激进、更接近广大民众的"大众语运动"。他对大众语的定义是"大众说得出,听得懂,写得顺手,看得明白"的语言。他说:"大众语文学的基本形式一定就是用语作文,而语又就是大众的语。用语作文便是文和语不相分离,便是'语文统一'。"(陈望道 1934,2009:492)

1.1.1 大众语的语言性质

望道先生分析已经提出的三种主张:一是侧重语言的"正确性",这是龙贡公先生先提出的;第二种是侧重语言的"活现性",不主张创造,主张采用土话方言(以夏丏尊先生为代表)或认定北平的土话方言做基础(以乐嗣炳先生为代表);三是侧重语言的"普通性",认定大众语应该就是平常的普通的语言。因为需要平常的,所以不赞成"创造";因为需要普通的,所以不赞成采用方言(以佛朗先生、魏猛克先生为代表)。望道先生认为这三种主张是相成的。"普通"自然是一个重要的条件,但普通话一定不是各种方言的折中,而是流行最广的一种方言。它的底子本来是土话方言,不过是一种带着普通性的土话方言罢了。为了活现起见,一向鄙看活语的文言有时也要参用土话,例如"阿堵""宁馨"。我们大众语何必严格拒绝土话方言呢?至于有些地方语言文化特别落后,那要拒绝也无从拒绝起,暂时只能将就着用那土话(陈望道 1934,2009:493—494)。

1.1.2 大众语言和文学语言的关系

"这便叫我们认清了大众的口头语爬上笔头语的一条大路。这条路便是说的或写的事情就是大众的日常生活,说的写的人不能不把大众放在心头来说来写的。文学是这中间的最重要的一个部门。文学里头又是最直接表现大众生活的部分,含的大众口头语的成分最多。在戏剧里面如道白,在小说里面如对话,在诗歌里面如歌谣,都是含着大众口头语的成分的最多的地方。"(陈望道 1934,2009:503)"从特殊到普遍去,我们应该怎样走呢?吴先生已经指出了一条路,就是从土话(特殊)走到统一语(普遍)。望道先生说:'俫侬也有大众,阿拉也有大众。俫侬的大众,把俫侬的语文合一起来,(是第一步)。俫侬的大众和阿拉的大众有了合一的语文,又互相合一起来。一种统一语,还让大众来造成,是第二步。'这条路,我们可以叫做'从下送上'。"(陈望道 1934,2009:499)

对作家使用大众语言的障碍和畏难心理,望老分析道:"我颇疑心大众化、通俗化的难得飞快发展,不一定是由于作家不会说民间的说话,而是由于作家始终不曾确认杂异体式在文体发展过程上的价值。因为不曾确认杂异文体在发展过程上的价值,于是各人的胸中好像老是横梗着一条无形的自己捆绑自己的规条:要写就写道地的方言;要不然就一句方言也不写。而要写道地的方言却又有些字眼有音没有字,勉强写出来也不见得当地人能够懂,别地人会读得懂。于是进既

不能,停又不是,就在进停犹豫之中荒失了不该荒失的东西。"(陈望道 1938,2009:506)

关于方块字的音义之间的矛盾,望道先生分析道:"完全用方块字记音的文字,到了别个时候或者别个地方便成原来的义也没有、原来的音也没有的一些杂字。"(陈望道 1934,2009:508)"用方块字记音,总是这样的用笔虽多,仍不对真,又是无论如何去不了杂字相。去了反要横生隔壁意义。""现在将就用这方块字来记音的地方还很多,'马达''摩登',日出不穷,看来也只有生成一副杂字相的才能够生存下去。"(陈望道 1934,2009:509)在 20 世纪 20 年代前后,"马达"和"摩登"作为两个音译词刚刚登上舞台,在人们的眼里是一副"杂字相",但在很长时间内却很好地为人们所使用,尽管今天"摩托""时髦"之类的字眼已逐渐取而代之,但在"马达轰隆""摩登时代"等表达中仍不能缺位。

谈到理论与实践之间的辩证关系,望道先生打了一个很形象的比喻:"理论可以推进行动,那反面,理论也会拘住了行动。倘使我们上面的推想不算完全没有根据,那么过去的一般文人胸中所存在的纯正至上的成见,对于眼见大众化、通俗化的进展的阻碍,便可算是理论拘住了行动的一个活的例子。结果怎么样呢?结果是一张滑稽的图画:文人反而自叹不如民间艺人。"(陈望道 1938,2009:506—507)文学是语言的艺术,"在文学中,往往因要利用语言的这一种作用,利用各处方言来显示各处的情调。如《海上花列传》用苏白来写上海的游窟情调,《儿女英雄传》用京语来写北方儿女的英雄气概,便是著名的例","这种由于辞的经历或背景而来的风味,细分起来简直和语言的种类一样繁多。如语言上有术语、俚语、方言、古语……种类,辞的背景情味也就随着有术语的、俚语的、方言的、古语的等多种不同的情趣"(陈望道 1954,2009:224—225)。

望道先生关于建立大众语文学的主张,是对五四运动以来所提倡的"言文合一"语文实践的继承和发展,与中外一些著名作家的思想和创作实践相合拍。1918 年北京大学首创民俗学研究,歌谣研究会发行《歌谣》周刊,"一切方言、故事、神话、风俗等材料,俱在搜集之列"。周作人特撰《歌谣与方言调查》一文(1931.11.4),力陈方言与歌谣的密切关系,魏建功提出搜录歌谣应全注音并标调。1924 年 5 月 18 日《歌谣》出了"方言标音专号",各种方音字母草案共有 12 个,有北京、苏州、绍兴、绩溪、湘潭、广州、昆明、成都、厦门、南阳、黄冈方言等,用的都是拉丁字母拼音。方言对文学的影响为当时不少文坛大家所提及，鲁迅（1996）说："方言土语里，很有些意味深长的话，我们那里叫'炼话'，用起来是很有意思的，恰如文言的用古典，听者也觉得趣味津津。各就各处的方言，将语法和词汇，更加提炼，使他发达上去的，就是专化。对于文学，是很有益处的，它可以做得比仅用泛泛的话头的文章更加有意思。"胡适在《〈海上花列传〉序》中写道："方言的文学所以可贵，正因为方言最能表现人的神理。通俗的白话固然远胜于古文，但终不如方言的能表现说话的人的神情口气。古文里的人物是死人，通俗官话里的人物是做作不自然的活人，方言土语里的人物是自然流露的人。"著名社会语言学家比特·特拉吉尔指出，一般来说，标准英语具有人们广泛接受的语法规范，受过良好教育的人，特别是有一定地位的人，对于什么样的英语是标准英语，是有共识的，同时又说标准英语可以带有不同的口音，而且大多数情况下总是这样。美国作家马克·吐温的代表作《哈克·贝利芬历险记》的主人翁哈克·贝利芬自始至终说的都是一口典型的美国黑人英语，ain't、-in'、I don't want nothin' 之类的"错误"无处不在。哈克·贝利芬之所以成为不朽的文学形象，在一定程度上，正是得益于符合其身份、地位、生活环境和性格特征的黑人英语。当然作家使用方言，不仅仅是简单的"方言化"，而是要用这些方言中能够让懂中文的人都互相沟通的部分。就如鲁迅的写作中用了大量吴语、绍兴话，但今天的读者已不再感到有绍兴的地方味儿了，它们已经进入了现代汉语。

1.2　语言规范化与保护方言

语言的规范化十分必要。如果说20世纪50年代提倡推广普通话在某种程度上是一种政治需要，一种自上而下的国家行为；那么今天现代化的商业、交通、媒体、教育、广泛的人际交往，则对普通话有更多现实的需要；国际间的交流、信息技术的飞速发展，也要求共同语及用字的标准化。但普通话的标准化、规范化不能以牺牲方言为前提，标准语或普通话需要从其他变体或方言中不断汲取营养，才能使自身不断丰富和发展。望道先生在不同阶段对此都有精辟的论述，他特别强调规范化不是"标准化"：

> 北平话运动，我们应该把它当做普通话运动的一个方法看，不该把它当作"标准语"运动看。北平话在我们那边，叫做"官话"。官话，农人对它颇有

反感。把"打官话",当作"顽强"的代名词。但他们也未尝不觉得说着好玩。只要从事北平话运动的人,去了些官派头,不把它当作至高无上的什么标准,不想用居高临下的态度压服别人的话,却当作普通性比较大的一种土话,遇到普通性更大的语言就让,就可以减少些阻碍,也于语言文化更为有益。这从普通话方面看来,正是促进充实普通话的一种重要方法。普通话可以更迅速地形成为普通充实活现的公共语,可以赶快获得可以"扬弃"了一切土话方言的资格。(陈望道 1934,2009:496)

关于普通话和方言的关系问题,望道先生的态度很明确:

> 推广普通话,是不是意味着人为地消灭方言?方言的使用范围缩小,是一个长期的过程,不会立刻缩小,地方戏剧更不会在短期不用方言。这个问题在罗、吕两位所长的报告里,已经说明,推广普通话并不意味着消灭方言。我们的波兰朋友的发言,也可以供我们参考,他说:"歌剧是语言和音乐配合起来的艺术,歌剧里使用方言是没有什么可反对的。"(陈望道 1956,2009:555)

规范化的汉民族共同语在北方话的基础上要不断吸收各方言、古语、外语中有用的词和语法来丰富自己,钱乃荣(2007)认为:"现代汉语普通话及其书面语的词语和语法,除了新产生的大量文化词(如:社会、学校、电脑、电车、氧气、打造)和吸取少量外语和方言的词语和语法形式(北京方言的词语吸收多一些,如'瞧、脖、妞、丢、拧、耍、您'等)之外,它是宋元话本以来到明清小说上的白话书面语(大多在江南地域写成)继承下来的。五四时代开始写的白话文不是凭空产生,也不是直接写的北京话。因此,现代汉语书面语的优点和缺陷盖出于此。"

同时,望道先生的方言观又是辩证、全面的。提倡保护方言,并不表示可以无原则地滥用方言,在《修辞学发凡》第四篇"消极修辞"中望道先生这样写道:"把这区域以外以内的外国语作外国语用,方言作方言用,固然有时也是必需而且有趣;但因为它不能使多数人声入心通,决不宜用作经常的工具。"还举《儿女英雄传》中的常州乡谈"底样卧",表示"什么话",但满屋只有安老爷知道(陈望道1954)。张伯江、郭光(2019)在谈及消极修辞的灵活度时指出,文言里结构紧凑的句子,到了白话里,如果相应的句子太长,那么说话人宁愿不遵从原来的结构,也要拆成节奏匀称的多个小句,这种自由度表现了作者对语意明确、表达晓畅的修辞效果的追求,体现了消极修辞的灵活度。语法如此,方言词语在书面语中的使用也可以视为这种消极修辞灵活度的一种体现。

二、修辞不单是修饰文辞,还包括言辞

关于修辞的定义和修辞学的研究对象,望老在《修辞学发凡》开篇就有明确的说明:"修辞本是一个极熟的熟语,自从《易经》上有了'修辞立其诚'一语而后便常常连着用的……大体可分为广狭两义:(甲)狭义,以为修当修饰解,辞当文辞解,修辞就是修饰文辞;(乙)广义,以为修当作调整或适用解,辞当言辞解,修辞就是调整或适用言辞。……在礼拜文言时期,人们往往轻蔑语体,压抑语体,贬称它为'俚语'为'俗语'。又从种种方面暴露它的无价值。……而(1)文辞上流行的修辞方式,又常常是受口头言辞上流行修辞方式的影响的,要是承认下游的文辞的修辞方式,便没有理由可以排斥上游的言辞的修辞方式。(2)文辞和言辞的修辞方式十九又是相同的,要是承认文辞的修辞方式,也便没有理由可以排斥言辞上同等的修辞方式……。就修辞现象而论修辞现象,必当坦白承认所谓辞实际是包括所有的语辞,而非单指写在纸头上的文辞。何况文辞现在也已经回归本流,以口头言辞为达意传情的工具。"(陈望道1931,2009:380)在这里,望老强调修辞不只是修饰文辞,还包括言辞,要重视言辞的调整或适用。这里的言辞,等同于语辞,我们的理解就是能达意传情的各种口头语形式。"语辞就是普通所谓语言。语言是达意传情的标记,也就是表达思想,交流思想的工具。……传情达意可用各种的标记,可以通过各种的感觉。……而最常用又最有用的,却是一种听觉的标记,就是口头的语言。普通所谓语言,便是指这一种口头语言而言。"(陈望道1954:23)而丰富多样的方言正是口语存在的重要方式。望道先生在日常生活中保持着对方言的敏感和积极学习的态度,在广西,有一次偶见几个工人为堆放木材发生争吵,从争吵中听到"乱七八糟""横七竖八"等几个带数字的词语,获得了启示,立即记录下"七嘴八舌""七零八落""七上八下""杂七杂八"等类似的数字构词。有一部分同学来自桂南和广东,他们常用粤语交谈,其中有些方言,如"杭八郎""顶呱呱""落楼""落水""走人"等,望老听来都很新鲜,不但注意其用意,还向这些同学学粤语,用拉丁字母拼写读音。广东话将男女之间的恋爱说成"拍

拖",他觉得用得非常确切,新鲜又有趣①。正因为如此,丰富的汉语方言材料常常成为望道先生引用取证的重要对象。

2.1 方言语法研究的先驱

汉语方言语法的研究受到重视是近一二十年以来的事,而作为我国文法革新的倡导者,望道先生很早就重视对方言语法的研究,并身体力行在所主编的《语文周刊》(《译报副刊》)上引起了对吴语方言(绍兴话、义乌话、上海话、苏州话等)的处所代词表示动作的存续的方式或代词远近指示表示法问题的讨论:

> 现代中国的各地方言里,表示动作延续大多有两种方式,在义乌话里也有两种方式,一是"在面",一是"面",如说"在面望书""眠面"。都是一式放在动词前面表示动作的延续,一式放在动词后面表示动作的延续。说"看书"的动作延续一定要取前置式,说"在面望书",不能取后置式,说"望面书"。"望面书"根本没有这种说法,说"书,望面"虽然可以说,但已变了一点意思,带有劝告或命令的口气。以绍兴、义乌两地方言来说,取后置式表延续的大多是自动词,如"睏东""坐东""眠面""坐面"等,但又不是全体的自动词都可以取后置式。很可能是比较后起的一种法式。要调查后置式是否后起,在北方话里,可能性比较大。(陈望道 1938, 2009:60—61)

存续的表现有近指、远指、更远指三分,绝不是绍兴话特有的现象,在义乌话中也有存续表现的两式三分,望道先生归为下表:

前置式	后置式	三　分
在糯望书	眠糯	近指分
在面望书	眠面	前指分
在栋望书	眠栋	远指分

义乌话里的指示代名词,也有指人物、情状、地方等的区别。指人物的通例带"这个""那个""这些""那些"的"个"字、"些"字,指情状的带"生"字,指地方的带"糯"字,望道先生将义乌话的指示代名词列成下表:

---

① 引自《天涯论坛》,《陈望道的家人》中陈振新先生口述,又见徐百柯《陈望道:不止译宣言》,《文摘报》2005年9月22日。

	指地方	指人物	指情状
近 指	N 糯	N 个,些	N 生
前 指	面糯	面个,些	面生
远 指	同糯	同个,些	同生

存续表现的远指分"睏哼"的"哼"分明就是绍兴话指示代名词"哼里""哼头"的"哼",而近指、前指他也不知道是怎么来的(陈望道1938,2009:66)。

就雪村先生两篇关于绍兴话里的"带""东""哼"和"来带""来东""来哼",望老认为,前置的"来带""来东""来哼"侧重在继续义,后置的"带""东""哼"侧重在存在义。"了"字一种是在动词贴后,相当于苏州话的"仔",还有一种用在句子末尾,相当于苏州话和绍兴话的"哉"(陈望道1938,2009:80—81)。

通过方言之间的比较,不少问题会看得更清楚:"我从这里发生了两个感想:一个是关于'得'字的。这里的第二句(注:指上文所举的'我同他说得明白的')和第三句(注:指上文所举的'我同他说得明明白白的')的'得'字,功能明明不同,一个表示可能性,一个表示现实性,而在北平话里却是音上没有分别,两个都读作'得'(de),而在江浙话里却大都分别得很清楚,像我们义乌话,就前者说作'的'(de),后者说作'勒'(le),此外像绍兴、苏州等处也都好像有分别。"(陈望道1939,2009:195)汉语语法学界提到对结构助词"的"的研究,都会提及朱德熙先生对方言中同类现象的观察(朱德熙1980),殊不知陈望道先生半个世纪以前已在这一领域有所涉足,北平话和江浙话的语法已经成为他比较研究的对象了。此外,他还提到四川有些地方的方谓代语形式很整齐,统用"家"字煞尾,称主方用"自家",称客方用"人家",称主客双方用"大家"(陈望道2009:161)。众所周知,今天汉语代词的研究已经超出传统研究的范畴,研究的对象也不限于普通话,如方梅(2002)对北京话中常见的指代词"这""那"从话语和篇章角度进行的研究等。

2.2 辞格研究中直接或间接地征引方言的语料

辞格是望道先生所竭力提倡的积极修辞的中心,在说明这些辞格时,望道先生直接或间接地运用了方言的材料,其中以引用吴方言的材料为最:

现在中国各地都很有人爱用歇后语。通常都是把四五个字构成的成语来做歇后的凭藉。如上海流行的"猪头三"一语便是利用四字的成语构成的。《沪苏方言记要》说："此为称初至沪者之名词。'牲''生'谐音，言初来之人，到处不熟也。"（陈望道1954:163）

在复叠部分，举例有"不少——不不少少"（杭州话），"写意——写写意意"（上海话）（陈望道1954:176），勿曾有时缩合为鲗。如《吴歌甲集》："吃爷饭，着娘衣。鲗吃哥哥窠里米，鲗着嫂嫂嫁时衣！"（陈望道1954:413）引明陆容《菽园杂记》来说明讳饰："民间俗讳，各处有之，而吴中为甚。如舟行讳住讳翻，以箸为快儿，幡布为抹布；讳离散，以梨为圆果，伞为竖笠；讳狼藉，以榔槌为兴哥；讳恼躁，以谢灶为谢欢喜。"（陈望道1954:140）引证吴语文学作品的例子："扛丧鬼看见，吓得面如土色，忙问道，……谁知撞了黑漆大头鬼，也就经不起三拳两脚，一样跌倒在地下，想拳经不起来了。"（《何典》二）①

但作者所引证的方言材料并不只限于吴方言：

"指物借意"实是这类辞法底一种确切解说。但就说是"吴格"，未免太被几个吴声歌曲的成例所拘围了。如李调元的《雨村诗话》（卷十三）就说：诗有借字寓意之法，广东谣云，雨星蜘蛛还结网，想晴唯有暗中丝，以晴寓情，以丝寓思。（陈望道1931，2009:369）

"双关"以前用得也不多，现在也用得多了，例如《刘三姐》中就有不少双关的例子：

妹相思：妹有真心哥也知，蜘蛛结网三江口，水冲不断是真丝（思）。哥相思：哥有真心妹也知，十字街头买莲藕，节节空心都是丝（思）。

江西革命根据地的歌谣：

不费红军三分力，消灭江西两只羊（杨）。（陈望道1961，2009:319）

如北京人讳言鸡卵，把鸡卵化成了松花、流黄等各式不同的名目，而福建人却讳言茄，把茄说成了紫菜。（见林纾《畏庐琐记》）（陈望道1954:140）

---

① 《何典》是清人用吴语（上海话）写成的文学作品。

三、辩证看待方言在文学创作中的地位

望道先生对汉语方言的辩证认识,来源于他一切从语言(汉语)的事实出发,注重对语言规律探求的科学态度和治学理念。他认为研究有继承性的研究,有创造性的研究,文法、修辞的研究"应该包括四样东西:一、搜集事实,二、探索规律,三、运用形式逻辑,四、运用辩证逻辑"(陈望道1958,2009:315)。在修辞学研究从内容到形式都面临转型的关键时期,望道先生的教导仍具有启示性的意义。

早在1921年,胡适就在他的《国语运动与文学》一书中指出:"我看,将来还有两种方言文学,很值得而且一定要发展的。一,是吴语文学(包括苏州,无锡,常熟,常州一带);现在所有的苏白文学作品,已有很好的了;将来发展起来,在我国文学上有贡献的,并且能代表这一部分民族的精神的。二,是粤语文学;几百年来,广东话的诗,曲,散文,戏剧等,有文学价值的也很多;能够去发展它,有可以表现西南一部分民族的精神出来的。"如今,吴语文学、粤语文学及沪语文学等在中国地域文学领域确实处于举足轻重的地位,但也不能过分夸大这些方言文学的作用。不管是上古时期的雅言,还是元代以后开始出现的官话,一直是汉语书面语的根底!北方话口语音确立为新的汉语书面语有声形式之后,方言自然被排挤到文学世界之外,在日常交际领域及一些次高端的使用场合继续发挥作用。一个有趣的现象,旧上海的强势语无疑是租界内广泛通行的上海话,但是在文学领域举凡文学、话剧、有声电影乃至流行歌曲,却是压倒性地以国语为创作的语言和传播载体。作为近现代史上文学中心的上海,除了在早期出现了《海上花》等一批记录吴语苏州话的文本外,在之后的时期都是主动选择北方官话作为主要创作语言,呈现出一种向古代白话语言传统(非语体风格传统)回归的态势。即便如此,仍然有人在用方言进行创作,如倪海曙(1950)的诗文《杂格咙咚集》——"杂格咙咚"本是汉语南方方言成语,形容东西零碎、不划一。该书收集了作者1945年至1950年六年中所写的零零碎碎的东西,用了新新旧旧各式各样的体裁,也用了北方话以外的上海话和苏州话等方言,如用上海话创作的申曲《警察访问》《望阿奶》,小说《三轮车》,用苏州话写作的诗歌《哭民主战士》《太太走出厨房》,

小说《黄包车》等,其中在申曲的代表作《警察访问》中作者运用原有的传统语汇,尤其显得幽默、自然①。在新文学之外的民间文学领域,诸如传统戏曲曲艺等讲唱文学中,吴语也同样扮演着重要角色,虽然同时也能看到很深的官话文学影响的痕迹。

  修辞学长期以来轻视方言、忽视方言的事实是多方面的原因造成的。一方面方言自身复杂,口语稍纵即逝、难于记载,客观上造成了研究的困难;另一方面人们在心理上重文轻言、在方法上重感悟、思辨,轻语言规律的探求是不可回避的主观因素。这些都根源于经济生活的欠发达、人际间语言交往方式的单一!今天商品经济的浪潮席卷全球,人员之间的流动前所未有,特别是在网络时代,各种新的语言现象层出不穷,新的表现手法令人应接不暇,口语和书面语的界限不断被打破。如前几年流行一时的"忽悠""不差钱"等词语,一开始也是来自方言,通过小品、电视等媒介的传播,为更多人所接受和应用,成为普通话词汇库的一员。然而,在这鱼龙混杂、泥沙俱下的大变革时代,任何新的语言现象和形式的产生就像新事物刚刚出现一样,会引来社会各方面人的评头品足、说三道四!是固步自封、求全责备,对种种现象这也看不惯,那也不接受,横挑鼻子竖挑眼?还是睁一只眼、闭一只眼,任由其自生自灭,抱着隔岸观火、与己无关的态度?甚或迎合某些年轻人的心理,对这些流行手段或方式一味地捧杀、吹杀?正确的做法应该是与时俱进、平心静气地分析这中间一些现象背后产生的社会原因,必要时给予适当的引导。举一个简单的例子,被鲁迅称为"国骂"的"他×的"在网络上有人写作了TMD或"草泥马",看似换了衣裳,但语音的形式犹在,仍显得粗俗不堪,却成了一些人的口头禅,知识界也有人乐于使用。有过之而无不及的是,涉及男女性器官的字眼堂而皇之地出现在了人们的口头和书面交际中,包括一些影响面较大的主流媒体上,如"×丝""傻×"之类公开招摇过市,丝毫不知道这些字眼讲出来是要避讳的。表示男性性器官的某俗字,公然被直接启用;表示女性性器官的字眼尽管用了同音的字眼来代替,但由于同音的关系,也丝毫改变不了其粗俗的特性,要知道,这些字眼在方言中甚至连同音的字也很少。所以,简单地认为方言原始、粗俗是站不住脚的。方言是文学创作中不可分割的一部分,是体现地域文化、地域精

---

① 感谢匿名审稿人提醒笔者注意倪海曙先生的吴方言文学创作。

神、地域内涵最有效、最重要的手段,是共同语的生命之源。但倘若文学创作中过分突出方言特色,就容易让读者产生晦涩难懂的摒弃心理,这样的方言文学也就没有实际的创作意义了。方言是宝贵的文化遗产,值得我们珍惜,但在日常交际场合是讲普通话还是讲方言要看具体的情境和交际的对象,作为汉民族共同语形式的普通话在人们语言生活中的重要地位不可撼动,只有在正确认识文学语言规范化作用的前提下方言才能发挥积极的作用。

参考文献

　　陈光磊　2009　《陈望道先生对现代中国语言学的历史贡献》,载《陈望道语言学论文集》,商务印书馆。

　　陈望道　1954　《修辞学发凡》,新文艺出版社。

　　陈望道　2009　《陈望道语言学论文集》,商务印书馆。

　　方　梅　2002　《指示词"这"和"那"在北京话中的语法化》,《中国语文》第4期。

　　胡　适　1996　《胡适文存》,黄山书社。

　　鲁　迅　1996　《门外文谈》,载《鲁迅杂文全集》,九州图书出版社。

　　倪海曙　1950　《杂格咙咚集》,北新书局。

　　钱乃荣　2007　《质疑"现代汉语规范化"》,《上海文学》第4期。

　　陶　寰、李佳樑　2009　《方言与修辞的研究接面——兼论上海话"伊讲"的修辞动因》,《修辞学习》第3期。

　　汪如东　2004　《汉语方言修辞学》,学林出版社。

　　魏建功　2003　《魏建功文集》,江苏教育出版社。

　　张伯江、郭　光　2019　《消极修辞的灵活度》,《当代修辞学》第3期。

　　周作人　1931　《歌谣与方言调查》,《歌谣》第31号,11月4日。

　　朱德熙　1980　《北京话、广州话、文水话和福州话里的"的"字》,《方言》第3期。

The Relationship Between Literature, Dialect and Common Language from the Perspective of Rhetoric
—On Mr. Chen Wangdao's View of Dialect and Mandarin

Wang Rudong

Abstract: This paper recounts the important expositions of Chinese dialects by Mr. Chen Wangdao at different times and points out that Mr. Chen's dialectic view stems from the respect of language facts and the scientific scholarship spirit. The paper finds that all the possibilities of language can be taken advantage of by rhetoric, and it studies both dictions and speeches. Dialect and common language should coexist. Dialect rhetoric has a positive impact on literary creation. And the common language will also promote the standardization of dialects. So both are equally important.

Keywords: Chen Wangdao, dialect, common language, rhetoric

(原载于《当代修辞学》2019 年第 6 期)

理论探索

人类命运共同体的修辞学基础是什么?*

巴里·布鲁梅特

(美国德克萨斯大学)

邓志勇　刘　欣　周思平　译

(上海大学外国语学院)

提　要　本文认为,由于技术和文化的发展,修辞越来越以文本为中心。在我们的世界中,文本先被创造出来,受众可以被理解为文本产生的效果之一,而受众是否被文本所吸引可能是衡量文本成功与否的标准之一。文本的策略性创造可作为共同行动和承诺的共同基础,如肯尼思·伯克(Kenneth Burke)所说的"同质"一样,因而成为了构建命运共同体的主要任务。

关键词　人类命运共同体　修辞学　共同基础　文本　受众

本文围绕着一个有价值的主题展开,实际上,在一个充满冲突、怀疑、猜忌、战争和仇恨的世界里,这可能是最有价值的主题。作为人类共同体的我们想要奋勇前进,我们前进的基础是什么?来自科学、艺术、宗教和社会科学的很多学科和思想体系会提供一些值得借鉴的答案。本文将基于修辞学这一古老的学科提出一种思考方式。

《修辞的功能与形式》(Brummet 2018)探讨了人类历史上修辞的不同形式和功能。本文将采用不同的方式,请读者思考修辞甚至传播本身的组成部分有哪

---

* 作者简介:巴里·布鲁梅特(Barry Brummett),博士、Charles Sapp 传播学百年教授,美国德克萨斯大学奥斯汀分校穆迪传播学院传播系主任,国际著名修辞学家、通俗文化研究专家,美国传播学会、国际传播学会、美国修辞学会等知名学术机构会员,曾任传播学、修辞学方面的多家国际知名刊物编委。主要研究领域包括伯克修辞学、流行文化修辞、修辞理论与修辞批评、修辞哲学、传媒批评。在知名国际刊物发表学术论文 120 多篇,出版修辞学学术专著及编著 10 多部,主编或参编教材 5 部,代表性专著包括《文体的修辞》《流行文化的修辞维度》等。巴里·布鲁梅特教授也是上海大学修辞批评研究中心名誉主任,多次应邀在国内高校讲学或作学术报告。

些，用这种方式来思考我们如何构建人类共同体。这里所说的组成部分不是纯技术上的或非比寻常的东西。如果你在本科生课堂上问同学们"修辞事件的组成部分"，大多数人可能会说"发出者、信息、接受者"，或者用更修辞学的术语来说"修辞者/演说者、文本和受众"。这种传播的"线性"模型最初是由克劳德·香农（Claude Shannon）和沃伦·韦弗（Warren Weaver）于20世纪40年代提出来的，后来大卫·贝罗（David Berlo）在解释人类传播方向上做了进一步的完善①。在上述三个组成部分的基础上，我们可以加上修辞情境或语境、修辞事件的效果或结果。如果充实这种修辞范畴，我们就有了学者们所谓的新亚里士多德主义批评结构②。这里的充实指的是要考虑在修辞者的影响下修辞主体的名声或地位。受众是修辞者意欲影响的对象，但也可能是文本意想不到的读者。文本是这种修辞范畴最复杂的组成部分，包括不同种类的证据，诸如逻辑诉诸、人品诉诸、情感诉诸、组织结构、文体风格和其他如电子广播和报纸发行等任何技术因素。修辞效果极其难以评估，评估方法也不尽相同，包括检查调查结果、采取的或未采取的相应行动、文本的语言和主题是否是受众所选以及是否被重复演说等等。我认为视其为一种对本科生修辞学教学的有用的体系，既不是错误的，也不应该被贬低。但是作为学者，我们的目的更为复杂，这就要求我们的思考更具有创造性，并重新思考在不断变化的新形势下何为修辞。

几十年前，美国修辞学者肯尼斯·伯克写过一篇具有远见卓识的文章，提出数字时代的新修辞应明确将文本作为关注和分析的焦点。伯克在《动机修辞学》中指出当今（20世纪40年代）修辞的大部分受众不是"特定的"，而是由修辞"交易活动"创造的，因而受众是修辞的结果。"亚里士多德（Aristotle）和西塞罗（Cicero）都认为受众完全是特定的。然而，现代生活极端的异质性和现代邮政机构的性质带来了另一种可能性：系统地尝试开拓读者……"（Burke 1950:64）该文颠覆了人们对于修辞学的传统认识，传统修辞学认为修辞者希望在既定的受众中达到一定的效果，该文则指出受众是我们时代中修辞的效果。伯克把这种修辞的新构造明确地置于新技术、他所处时代的"邮政"服务以及有"极端的异质性"的社

---

① https://www.businesstopia.net/communication/linear-model-communication.
② https://thevisualcommunicationguy.com/2017/08/01/neo-aristotelian-rhetorical-criticism/.

会分裂的背景下。他的观察在我们当今所处的全球互联网和其他科技不断发展的时代有多正确还未可知。值得注意的是,伯克将文本置于中心位置的主要原因之一是修辞可能得以运作的技术机制。

如果我们以伯克的思想为出发点,重新思考"修辞交易"的结构和内涵,我们可能会更好地理解为了我们共同的未来在全球或区域范围交流中修辞的可能性。伯克以文本为中心,强调文本是任何交流模式核心的、基础的和生成的组成部分,那么我们不妨思考一下为什么文本在伯克描述的文化条件下处于中心地位。

首先,我们从修辞者、演说者或文本的生成者入手。修辞者越来越不为人知、分布广泛且错综复杂。比如,我们倾向于认为电影的修辞者是制片人或导演,但实际上创作电影、电视节目、音乐或杂志等是很多个人和公司共同努力的结果,想想在有线电视上播放的一段三十秒的商业广告背后的创造性的写作、照明工作、导演、表演、电脑制图等工作。为记录如电影这种工作和出于营销目的,一个单独的个体可能作为焦点被命名,如一部 M.奈特·沙马兰(M. Night Shyamalan)"制作"的电影,但事实上创作者群体中的任何一员都参与其中。

在伯克所描绘的当代条件下,主要由于技术的原因,作为新亚里士多德主义批评传统模式的重要部分之一的语境是支离破碎和分散的,很多不同的社会和历史问题妨碍我们追溯任何特定信息的全貌。而且,每个人生活在共享却又截然不同的环境中,每个人在演讲中寻找和他们语境有关的东西,向即使没有数十亿也有数百万人传达信息,意味着对于每个受众或受众群体而言,语境的差异可能是很大的。同一信息对不同人所处的语境刺激可能也不同。

最后,当今的技术使得任何人都可以把信息从一个语境转移到另一个语境,为了不同的目的组合和重新组合信息,以及把信息应用到各种各样的语境中。语境,有时或称作修辞形势,是极其多样化和分散的。

如上所述,受众是文本的效果或结果。假定我今天下午想创作一个文本,如线上博客,世界上没有特定的或预先存在的受众希望和期待着我这么做。首先创建博客,然后看是否有任何人感兴趣。先有博客内容,后有受众,受众是文本的效果或创造物。传统的分析范畴认为,我们所谓的效果和受众的身份及特质是密不可分的,当然效果也会随着受众的变化发生根本的改变。文本以令人眼花缭乱的各种方式组合和重新组合时,不同的人群会被这些不同种类的文本所吸引。以模因概念为例,一个特定的图像或短语不断被重复以适应不同的社会和政治环境。模因每新出现一次就为自己创造或者杜绝受众产生不同的反应和结果。

如果如上文所说,文本是修辞的中心,那么人类如何通过修辞构建一个共享的未来就变成了我们共享什么样的文本的问题。文本变成了伯克所谓的"质",成为允许群体中的人们分享各自立场的基础(Burke 1950:20)。质是复杂多变的,正如文本的本质是复杂多变的一样,但如果质存在于任何地方,它就一定存在于文本之中。在某种程度上分享文本就是让人们朝着未来一起前进,分享可以在区域的、有限的水平上进行,可在家庭之中,也可在全球层面,如国家间可能在气候变化问题上寻找携手合作的质。伯克认为修辞运作的基础是同质,或为了行动创造一个共同的质。先有同质,它体现在文本之中,同质使人们能共同思考和工作。

在对修辞的诸多定义和解释中,关于修辞的普遍性,伯克(Burke 1950:43)说道:"因为修辞本身并不根基于任何人类社会过去的条件。它根基于语言本身的基本功能,一种完全现实的功能,一种不断更新的功能;作为诱导合作的象征手段,语言的使用在本质上是人对符号做出反应。"

换言之,修辞是对文本内符号的操纵,为了在人与人之间诱导合作,而这种合作无疑是我们如何迈向共同未来的关键。

理论家理查德·麦克科恩(Richard McKeon)为我们提供了另一种方法思考修辞为了共同向前发展如何提供文本的质。他把修辞描述为"建筑式的生产的艺术"(architectonic productive art)(McKeon 1987:1—25)。术语中 arch 是占据支配地位的意思,大主教(archbishop)统治着天主教教区,宿敌(archenemy)是控制我们思想和动机的头号敌人,建筑师(architect)是管理房屋建设的人。麦克科恩称修辞为建筑式的生产的艺术是指修辞给人们提供了共同向前发展的蓝图或计划。文本产生了,它提供了使人们可能聚集在一起的动机和认识,使人们可能成为受众,朝着共同的目标携手共进。当然,这种文本可能并不奏效,可能被后来的文本所取代,也可能被不同群体所拆分和挪用,但如果没有这样占据支配地位的文本,就不会有同质和共识。

马克·贝克曼(Mark Backman)提出过相似的见解。贝克曼(Backman 1991:61)认为当今的政治"只有一个目的:塑造一个有用的现实,暂时把共同行动中不同的人们和利益联合起来"。贝克曼认为修辞通过整理世界来形成这些现实,这当然和麦克科恩的修辞治理世界的观点相一致,他认为如今的修辞是"为了某种目的被一种整理世界的强烈愿望所驱使"(Backman 1991:40)。修辞学传统主要把修辞看作形成论辩信息影响特定受众的艺术,但麦克科恩和贝克曼给我们提供了一种视角,即修辞是一种整理、组织、安排世界的艺术,这样我们就可以在其中共同行动。文本把我们认为有联系或不相联系的、和谐或不和谐的群体、价值、对象和观点组织起来。一旦文本以这样或那样的方式为我们把世界整合在一起,它就即刻创造了一种文本的同质,使我们可能达成共识和行动。修辞整理的功能对人们如何建构历史尤为重要,但历史不过是以某种方式整理的关于过去发生的事件的故事。在美国,很长一段时间以来,大多数历史都是从白人男性的角度叙述的。女性以及被奴役的非洲人、中美洲人和亚洲人等有色人种也对我们国家的历史做出过贡献,为了听到从他们的角度讲述的故事,新历史越来越多地对他们的故事进行重新整理。但为了专门服务于社会和政治目的,这些相互矛盾的故事被以不同的方式整理成历史,以便创造新的方式帮助来自不同背景的人们找到共同点和向前发展的质。

贝克曼(Backman 1991:143—160)提出:当今为共同行动奠定基础的文本在本质上越来越富有审美趣味。我非常认同这一观点,这也使得理解更加复杂化。尼尔·波兹曼(Neil Postman 1985)所描绘的过去那种依赖于论据的"解释性"诉求、理性诉诸和合理性诉求的修辞文化已经完全变了。现在,修辞诉求富有审美趣味,这意味着文本的基础经常是视觉的,或者是故事讲述式的,或者是某种娱乐方式。如果我们要达到目的,我们要知道共同行动经常基于由图像、故事或娱乐创造的同质性。人们在新闻中看到了一张引人注目的照片,他们往往也会采取共同的行动。我们互相讲故事,从而创造出同质的文本指导未来共同行动。我们并不总是认同这些故事,其实在重要的社会和政治问题上,从来就没有全体受众达成过一致的意见。因此,在美国,关于墨西哥移民我们讲述不同的故事,一方面讲述他们是多么诚实和努力工作的,另一方面声称他们的行为是暴力和犯罪的。文本合作和整合的语言基础变得更薄弱和简单化。虽然故事、图像和娱乐的美学轨道方向不同、多种多样,但当下我们在沿着这些轨道向前发展。

在一个我们共同的文本都是美学和叙事的世界里,领导者和修辞学家们要找到向前发展的共同点具体要做些什么。我们必须关注文本和文本的片段,它们可能被拼凑在一起,为共同的行动和信念创造文本的共同点,做在时尚界被称为"猎奇者"的人会做的事;这些人到处游走,主要在年轻人经常光顾的都市里,寻找由富有创造力的年轻人或群体所收集的时尚的范例、鞋子等等。这些通常是对加工材料进行策略性的修改,例如,一个有创造力的人会把商业化生产的鞋子装饰成完全不同的样子。领导者在寻找能够提供共同点的文本时,需要注意类似的片段和文本,它们能组合成共同文本使人们相互理解和采取联合行动。当然,这样的文本将远远超出"时尚"范围,但会包括新的、流行的表达方式、新的模因、广泛使用的图片、短语、口号、原创和转发的材料等等。这是为了找到可能被组装进文本的材料以推动社会向前发展。

这些文本的创作既是一种拼装,也是一种创造。这里的拼装是指把文本的片段像现成品一样装配在一起。哪些有意义的实践、文件、经验可能吸引受众聚在一起采取共同行动和达成共识呢?测试这种文本的方法类似于焦点小组,看看人们是否能够就提出的文本形成有凝聚力的思想和行动的社区。这种文本的指导逻辑将是美学的,包括组合成一个好故事的叙事元素,人们可以在此基础上向前发展。教育公众的关键技能不是分析论证和劝说的诉求,而是准确分析文本创造共同点的潜力。对文本的评估必须考虑其创造立场吸引受众的能力,而不是其说服预先存在的受众的能力。无论在区域的、国家的,还是国际的范围,我们都可以找到修辞为了公众共同向前发展的共同点,但我们需要以不同的方式思考修辞在我们的世界是如何运作的。

参考文献

Backman, M. 1991 *Sophistication: Rhetoric and the Rise of Self-Consciousness*. Woodbridge, CT: Ox Bow Press.

[美]巴里·布鲁梅特 2018 《修辞的功能与形式》,郭恩华、李秀香译,《当代修辞学》第6期。

Burke, K. 1950 *A Rhetoric of Motives*. Berkeley, C.A: University of California Press.

McKeon, R. 1987 *Rhetoric: Essays in Invention and Discovery*. Woodbridge, CT: Ox Bow Press: 1—25.

Postman, N. 1985 *Amusing Ourselves to Death: Public Discourse in the Age of Show Business*. New York: Penguin.

What is the Rhetorical Basis for Communities of a Shared Future?

Barry Brummett

Abstract: This paper argues that for reasons of technology and culture, rhetoric is increasingly text centered. In our world, texts are created first, and whether audiences—which can then be understood as an effect of texts—are drawn to the texts may be taken as a measure of the text's success. The strategic creation of a text that can serve as common ground, as consubstantiality (as Kenneth Burke put it) for share action and commitment thus becomes the central task for moving into ashared future.

Keywords: community of a shared future for mankind, rhetoric, shared basis, text, audience

(原载于《当代修辞学》2020 年第 6 期)

理论语言学、语言交叉学科与应用研究:观察与思考

陈 平

(澳大利亚昆士兰大学语言与文化学院)

提　要　理论语言学的主要目的是探究语言的普遍现象,目标之一是建立普遍语法理论模式,用以表现人类共同的语言能力,也是世界所有语言的共性。理论语言学发展史上影响最大的三个普遍语法理论模式,分别是欧洲中世纪的思辨语法、1660年法国巴黎出版的《波尔·罗瓦雅尔语法》以及乔姆斯基1950年代提出的转换生成语法。1960年代中期开始,理论语言学进入高速发展时期,经过近三十年的历程,于1990年代进入瓶颈阶段。过去二三十年来,语言理论研究内在发展动力不如前三十年间强劲;从1970年代开始,语言学交叉学科和语言应用研究发展迅猛,至今方兴未艾。我国现代语言学自1898年《马氏文通》出版以来的历史进程显示,将学术活动与社会需求紧密结合,侧重应用研究,是中国几代最优秀的语言学家的共同特点。他们不但对社会进步作出贡献,并且在语言基础理论研究方面也取得了具有久远学术价值的成果。语言学发展到今天,应用研究、交叉学科研究是最有可能孕育新成果、新思想、新方法的丰厚土壤,无论从语言学自身的生存和健康发展考虑,还是从如何为社会作出更多贡献出发,都应该引起我们的高度关注和重点投入。

关键词　理论语言学　普通语言学　语言交叉学科　语言应用研究　中国语言学

一、引　言

本文主要内容围绕以下三个方面展开:

理论语言学的主要目的是探究语言普遍现象,目标之一是建立普遍语法理论

模式,用以表现人类共同的语言能力,也是世界所有语言的共性。历史上三个影响最大的普遍语法理论模式,分别是中世纪的思辨语法、1660 年出版的《波尔·罗瓦雅尔语法》以及乔姆斯基 1950 年代提出的转换生成语法。以转换生成语法为代表的理论语言学,在哲学基础、研究对象、研究目的和研究方法上,都迥然有别于此前美国占主流地位的结构主义语言学,在国际上取得很大成功,同时刺激、触发、引领了其他一些理论学派和研究方法的产生与进步。经过近三十年的高速发展,理论语言学于 1990 年代进入瓶颈阶段。过去二三十年来,包括形式语法、功能语法、认知语法、话语分析等在内的语言理论研究,发展动力不如 1960 年代中期之后的三十年间强劲,理论概念、研究课题和研究方法较少有重大进展。

从 1970 年代开始,语言学交叉学科和应用研究发展迅猛。这既顺应了所有自然科学、工程、社会和人文科学为解决日益复杂的自然和社会问题而采取的跨学科联合攻关的历史大势,也是语言学家在本学科成熟之时,不断寻找新课题、新领域、新突破的自然结果。过去二三十年,包括语言学在内的交叉学科和应用研究渐渐成为主流,至今方兴未艾。

我国现代语言学自 1898 年《马氏文通》出版以来的历史进程显示,侧重应用研究,将学术活动与社会需求紧密结合,是中国几代最优秀的语言学家的共同特点。他们不但对社会进步作出贡献,并且在语言基础理论研究方面也取得具有久远学术价值的成果。

二、几个基本概念的定义

"语言学"英语是 linguistics,法语是 linguistique。这两个词历史并不长,首次出现在 19 世纪上半叶。Linguistics 英语常见定义是"语言和种种语言的科学研究"(scientific study of language and languages)。定义的中文翻译有点拗口,但不易找到既精确而又流畅的译文。便捷译法是"语言的科学研究",但这个译法没有显示 language 和 languages 的区别。需要强调的是,这两个名词有重要差异:Languages 容易理解,通常指汉语、英语、拉丁语等具体语言,而 language 可以是古今中外语言的总称或泛称,也可以是个抽象名词,在当代语言学文献中一般专指语言能力。"语言学"这个词也因此有两个常见用法,其研究对象一是具体语言,如汉语、英语、拉丁语，二是人们生成和理解语言的能力，与视觉听觉一样，无论说的是哪种语言，这种语言能力是共有的，也是人类特有的，而且语言之间差别不大。乔姆斯基又将人类共有、特有的语言能力称为 I-language。I 有三个意思：一是 internal/internalized，就是内化在头脑里的意思；二是 individual，是属于个人的；三是 intensional，即语言这个概念的内涵意义。与 I-language 对立的概念是 E-language，E 是 external/externalized（外在的/外化的）的意思，主要指外在表现形式，包括我们日常说出和听到的语句等。乔姆斯基后来认为 E-language 的概念不容易说清楚，就渐渐放弃了这个术语。

研究人类共有的语言能力以及语言普遍特征的学问，称作普通语言学（general linguistics），该术语从19世纪开始一直用到现在。"理论语言学"（theoretical linguistics）这个术语在过去半个多世纪里渐趋常用。"理论语言学"至少有三个常见用法：一是作普通语言学理解，对立的概念是对具体语言的研究，此时普通语言学和理论语言学两个术语可以互换；二是专指构建语言理论模式的研究，尤其是构建形式理论模式研究；三是与应用语言学对立，应用语言学着眼于语言理论和方法的应用，早期特指语言教学，后来扩大到涉及语言应用的其他方面，包括语言规划、翻译、词典编纂、自然语言处理等。这些都是"理论语言学"的惯用意义，平常使用时也很少给出精准定义，常见情形是在几个意义之间游移，或者几个意义并存。

普通语言学的研究目的与英语语言学、汉语语言学有显著差异，后者是对英语、汉语的结构、功能、历史演变等做深入描写与解释，而前者是要找到超越个别语言、具有普遍意义的理论、概念、原则和规律，适用于所有人类语言，或者某一类语言。普通语言学一般也要研究具体语言中的经验事实，但具体语言研究本身对普通语言学来说不是研究目的，而是研究手段，借此总结、提炼、推衍语言普遍现象。它们两者之间的关系，可以粗略地比作为数学与物理、化学、生物等学科之间的关系：物理、化学、生物都要用到数学基本原理和方法，但数学本身则超越具体的物理、化学、生物现象，研究更为抽象、更为普遍的理论和原则。乔姆斯基为自己的转换生成语法理论研究设定了具体目标：每个人头脑里都有一套与生俱来的语言机制，如同视觉听觉机制，是人类头脑里固有的，出生时呈初始状态，是后来语言习得所依赖的基础，乔姆斯基称之为"语言习得装置"（Language Acquisition Device 简称 LAD），就是人类语言的"普遍语法"（Universal Grammar，简称 UG）。

转换生成语法理论研究的主要目的是确定 UG 的具体属性。UG 在当代理论语言学文献中有两个常见用法,一指与生俱来的语言能力,二指表现这种能力的理论模式。当然,grammar 一词更常见的是它的传统用法,即具体语言的语法规则或语法著作。因为 grammar 是个多义词,乔姆斯基 1986 年提出新术语 I-language,专指 grammar 的第一个意思。尽管可能有歧义,用惯了的 grammar 还是在语言学文献里频频出现(Chomsky 2015:ix—x)。

　　通常用的"语言学"这个概念,根据所在语境不同而意思不同。对于我们来说,语言学最常见的是对汉语、英语等具体语言的研究,即对 languages 的研究,传统上放在大学中文系和外文系里面。我国第一个语言学系是抗战胜利后王力在广州中山大学创立的,1954 年并入北京大学中文系的汉语言专业。几十年来,许多大学设置了语言专业,与文学专业一起,是中文系和外文系的主要教学和研究内容。无论是中文系、外文系还是语言学系,语言专业的教学和研究主要对象依然是 languages,中文系以汉语为主,外文系以外国语言为主。普通语言学课程在大多数院校只是略备一格,限于概要、导论一类的内容。总体上看,我们许多大学语言或语言学专业教学和研究重点与欧美大学的语言学系和语言学专业大不相同:他们的教学和研究重点一般是 language,即普通语言学或理论语言学。英语语言学课程从英语取例,英美大学有的将它连同语文学放在英语语言文学系,有的放在语言学系。即使同在语言学系,教英语语言学和普通语言学的老师的学术兴趣和研究重点还是很不一样的。其他具体语言的研究则放在相关的语言文学/文化系,如罗曼语系、斯拉夫语系、亚洲语言系等。

三、普遍语法研究的主要代表人物

　　语言、思维、外部世界三者的关系,是理论语言学的永恒话题。以揭示人类语言普遍现象为目的的语言研究可以远溯古希腊时代。最初主要关注的问题是词语与现实世界的关系。柏拉图《对话录》"克拉底鲁篇"记述了当时最具代表性的两种对立观点。克拉底鲁(Cratylus)认为,词语的表现形式与它的内在属性密切相关,前者取决于后者,词语的语音表现形式主要由词义决定,因此循词语发音可以直接探索外部世界的真相,这与我们传统的"声训"理论有相通之处。赫谟根尼

(Hermogenes)则主张词语的表现形式与它们代表的外部事物没有必然联系,两者之间是约定俗成的关系。柏拉图本人倾向于克拉底鲁的观点,同时认为,要获取外部世界的真相,最好的办法是直接研究外部世界,而不是通过语言这个中介。亚里士多德则是约定俗成派,反对名从自然的观点。受前人如赫拉克利特等人的启发,亚里士多德和斯多葛学派(Stoics)在语言和外部世界之外引进思维和认知的维度,认为词语和外部世界没有直接关系,外部世界首先反映在人们的思维之中,词语表现的是外部世界反映在思维中的概念。1900多年以后,奥格登和瑞恰慈(Ogden & Richards 1923)提出著名的符号意义三角,源头就是亚里士多德和斯多葛学派等人的创见。

柏拉图、亚里士多德等人还提出许多语言研究的基本概念和术语,包括名词、动词、主语、谓语等。此后希腊语言研究者以这些哲学家的理论概念为基础,撰写系统的语法著作。流传后世的主要代表作是狄俄尼索斯·特拉克斯(Dionysius Thrax)撰写的希腊语法,循序讲解读音、字词拼写、名词、动词及其他词类、变格变位形态变化等。虽然篇幅不长,但构建了系统框架,为后世语言描写提供了模式。古罗马学者沿用这套方法研究拉丁语法,其中最有影响的是多纳特斯和普里西安(Donatus & Priscian)撰写的多卷本拉丁语法。柏拉图和亚里士多德等人都是从哲学、逻辑角度观察语言现象,注重的是language,不是languages。特拉克斯、普里西安这些专业语言学家则主要研究希腊语和拉丁语本身,撰写语法著作的目的是实用,便于对本族人和外族人进行语言教学。据历史记载,普里西安的拉丁语法在17世纪还有不少学者使用。

历史上第一次将系统研究普遍语法理论作为自己主要使命的是史称"思辨语法"(Speculative Grammar)学派的一批经院哲学家和语言学家,13世纪中叶至14世纪中叶活跃在巴黎等欧洲城市,是中世纪欧洲经院哲学和拉丁语法研究结合的产物。其中最有影响的代表人物又称Modistae学派,主要著作为Thomas of Erfurt(1972)[1]。Modistae是拉丁语,英文为Modists"方式学派"。该学派认为,外部

---

[1] 当代西方学界通常将此处的speculative理解为"思考",汉语译为"思辨"。约翰·莱昂斯(John Lyons)认为欠妥:"思考""思辨"是speculative在现代语言中的意义,Speculative Grammar中的该词应该理解为它在拉丁语中的词源义 *speculum* "镜子",意思是语言像镜子一样,反射外部的现实状况(Lyons 1995:15—16)。本文沿用"思辨"一词,只是出于约定俗成的考虑。

世界万事万物有自己的"存在方式"(modi essendi),人们头脑有"思维/认知方式"(modi intelligendi),语言有"表现方式"(modi significandi)。思辨语法的研究目的是建立语法理论模式,说明这三种方式与它们表现对象之间的对应关系,同时说明三种方式彼此之间的关系。事物属性反映在它们的存在方式上,如亚里士多德提出的物质、动作、质性等范畴,是哲学本体论(ontology)研究的对象。人们对外部世界有种种认知方式,对应外部事物的存在方式并将它们概念化。语言中有包括语法范畴、句法结构等种种表征形式,反映人们的思维认知方式。因此,语言以头脑思维为媒介,表现外部世界的事物以及人们对这些事物的认知方式。

提出语言、思维、外部世界三个维度,将语言成分与思维和外部世界联系起来的方法,已经隐含语言普遍特征的思想。Priscian 撰写的拉丁语法对有关思路也略有触及。但直到 13 世纪,思辨语法学派才明确提出普遍语法的概念以及建立普遍语法理论模式的任务。与此前语法研究相比,思辨语法学派有三个特点:不同于从实用出发的希腊语法学家和拉丁语法学家,思辨语法学派的研究目的是确定人类语言的普遍特征,即语言表现思维和外部世界事物时遵循的普遍原则;在语料来源方面,思辨语法所有的经验证据都来自拉丁语,主要取自普里斯安等人撰写的拉丁语法,采用的是演绎法而不是归纳法,认为没有必要研究其他语言;思辨语法学派认为,语言、认知、外部世界三者是有机统一的,人类逻辑思维是一样的,遵循同一套规则。语言反映人类思维,因此,最能代表语言特征的语法系统本质上在各种语言中也应该是基本相同的,是人类共有、亘古不变的"普遍语法"。思辨语法学派系统地从思维和外部世界的结构出发,构建形式语法模式,并提出"支配""依存"等新的语法概念,描写语法规律,说明语言结构的种种特点(Thomas of Erfurt 1972; Covington 1984)。该学派的理论立场和研究方法对后世影响较大,此后探究普遍语法的哲学家和语言学家,他们的许多基本出发点都可以追溯到思辨语法学派。

思辨语法学派之后,普遍语法理论研究的主要代表人物是法国 17 世纪的安托万·阿尔诺(Antoine Arnauld)和克洛德·兰斯洛(Claude Lancelot)。两人 1660 年出版《普遍理性语法:波尔·罗瓦雅尔语法》(简称《波尔·罗瓦雅尔语法》),在语言理论研究和应用研究领域里都产生了巨大影响(Arnauld & Lancelot

1974)。这部著作研究的语言主要是法语,也花了大量篇幅讨论拉丁语,同时还涉及希腊语和其他语言,描写这些语言的语音、词类和句法现象。它的哲学基础主要是笛卡尔的理性主义,认为语言是理性的产物,与思维和逻辑不可分割地联系在一起。语法反映思维,语法规则体现普遍适用的逻辑法则。既然逻辑是大家普遍遵守的,那么语法结构规则总的来说应该是人类共同的,具有普适特征。语言之间有差异,但都属于边缘问题,不代表语言的本质属性。这部语法著作出版后,数百年间在法国语言学界被奉为圭臬,被认为是首次用亚里士多德等哲学家的理论体系对法语作全面研究的一部语法专著,多次再版,并出现许多以此为蓝本的类似著作。首部英译本于1754年出版,在英国和德国也很受推崇。19世纪下半叶有欧洲语言学家认为,如果只说出一部著名语法著作,那就是《波尔·罗瓦雅尔语法》(参见 Arnauld & Lancelot 1975:27)。《马氏文通》深受《波尔·罗瓦雅尔语法》弘扬的语法理论影响,"文通序""后序"和"例言"中的许多观点准确反映了《波尔·罗瓦雅尔语法》的基本理念。马建忠吸收的异域新知代表了当时世界最高水平的语法理论思想与分析架构。

  这部著作的影响范围并不局限于理论语言学界,很长一段时期,学校语法教学也将该书列为重要参考著作。教师在课堂教学和教材编撰时经常自觉不自觉地以逻辑和拉丁语的某些规则为判断标准,为各种语言规定"正确的"语法规则。这种现象在西方国家延续至今,语言学家对于学校和社会通行的语法教本给出的某些语法规则颇有微词,认为它们拘泥于源自拉丁语的传统语法教条,没有准确反映当代大多数人的日常语言使用习惯。《波尔·罗瓦雅尔语法》出版后在欧洲数百年间的巨大影响,Arnauld & Lancelot(1975)译者前言作了比较详细的介绍。与欧洲稍有不同的是,美国语言学界1960年代之前对这部著作兴趣不大,后来因为乔姆斯基的推崇才渐渐重视起来。1975年Rieux等人将该书重新编辑,译成英语出版。

  美国语言学家弗朗兹·博厄斯(Franz Boas)1911年出版的《美洲印第安语言手册》标志了20世纪美国结构主义语言学派的开始。博厄斯在该书"导论"中提出,新世界语言研究不应完全走欧洲的老路,不能未经审辨便将欧洲学者认为普遍适用的语言范畴和规则作为语言研究的理论前提,而是应该按照各种语言的本来面目(in its own terms)描写语言结构。直到1930年代,美国语言学家为自己设定的主要任务,就是精细记录、描写和分析以前少为人知的语言,主要是美洲印第安语,也包括世界其他地方的语言,尤其是没有文字记录的小语种。因此,美国结构主义语言学派又被称为描写语言学派。他们研制一套机械的操作原则,由低到高,在音位、语素、短语、句子直至话语平面上,精准切分种种语言单位,再根据语言单位的分布等特征对它们进行分类。美国结构主义语言学派又因这套研究方法而被称为分类语言学派。现在仍有语言学家主要遵循这套原则对语言进行描写和记录,成立于1930年代的夏季语言学院(Summer Institute of Linguistics,简称SIL)有数千成员,基本采用美国结构主义的描写框架,为世界许多语言留下详细资料,迄今为止已出版20 000多份调查研究报告。

就美国结构主义学派早期代表人物如弗朗兹·博厄斯、爱德华·萨丕尔(Edward Sapir)和布菲尔德(Leonard Bloomfield)等人来说,他们并没有断然否认普遍语法的存在,只是不认同欧洲思辨学派和《波尔·罗瓦雅尔语法》采取的演绎法,主张任何有关普遍语法的理论和具体架构只能通过对世界大多数语言进行细致分析之后通过归纳法得出。1940年代之前,美国结构主义学派没有刻意为自己设定普通语言学意义上的"高大"目标,博厄斯、萨丕尔和布菲尔德等人的主要精力大都放在对具体语言进行描写和分析上。随着研究广度和深度的不断拓展,美国结构主义语言学派的普通语言学理论意识日益增强,1940年代起,改善基于直接成分切分和语言单位分布等原则的分析手段,研制一套精细严密的描写方法,可以用来研究所有语言,由此获得超越具体语言的普通语言学或理论语言学意义,渐渐成了美国结构主义语言学家自觉的理论追求。简单地说,欧洲思辨学派和《波尔·罗瓦雅尔语法》等研究的是普遍语法理论模式,而美国结构主义语言学派,尤其是后布隆菲尔德学派的主要普通语言学理论兴趣是研制适用于所有语言的描写方法,提供一套分析语言结构的精准程序。

美国大学第一个语言学系于1901年在伯克利加州大学成立,十年后撤销。1933年芝加哥大学成立语言学系,另有其他几所大学1930年代起开设语言学专业。但这段时期美国大学的语言学系及语言学专业,教学和研究的主要内容与具体语言有关,大都属于传统语文学尤其是语言的历史研究范畴,不是普通语言学或理论语言学。布隆菲尔德是芝加哥大学语言学系首任系主任,学术职务是日耳曼语文学(Germanic Philology)教授,1940年去耶鲁大学工作,直到1949年去世。尽管Bloomfield(1933)一书早就成为普通语言学领域的经典著作,他在耶鲁大学的职位始终是日耳曼语言讲座教授(Sterling Professor of Germanic Languages),不是普通语言学教授①。第一个以普通语言学为主业的是哈里斯(Zellig Harris)于1947年在宾夕法尼亚大学设立的语言学系。那也是乔姆斯基的母校。耶鲁大学和密西根大学分别于1959和1963年成立类似性质的语言学系,教学和研究重点放在普通语言学。至此普通语言学羽翼丰满,作为一门完整、系统学科的地位在美国稳定确立。北美、欧洲和大洋洲大学此后纷纷成立的语言学系和语言学专业基本采用同一模式,课程讲授内容是具有普遍意义的理论语言学,讨论的语言现象和所举例子来自具体语言,主要是英语,但与思辨语法对待拉丁语、《波尔·罗瓦雅尔语法》对待法语和拉丁语一样,这些具体语言的作用只是为探索普遍理论和原则提供材料。

乔姆斯基于1950年代后期开创的转换生成语法理论是20世纪理论语言学发展史上一场真正意义上的革命。直至1950年代末一直占据主流地位的美国结构主义语言学深受哲学经验主义和心理学行为主义的影响,Bloomfield(1933)一书就直接用刺激和反应说明语言生成和理解的本质特征。反映在语言教学上,是就基本词汇和句型进行大量操练,希望通过这种反复刺激的方法获得语言能力。乔姆斯基1959年发表一篇长篇书评,对象是美国行为心理学家斯金纳(B.F. Skinner)的代表作《言语行为》(*Verbal Behavior*)(Chomsky 1959)。乔姆斯基在书评中驳斥了语言习得和应用研究中的行为主义理论基础,所举主要证据是:幼儿在语言习得过程中,从周围环境得到的是随意、零散、不成系统的语言刺激,而他们却都能在数年时间里完美掌握语言结构,熟练运用母语。孩子出生后数年内掌握的丰富语言能力与贫乏的外部刺激两者之间不成比例,行为主义理论无法解释其间的巨大差距。乔姆斯基主张,要解释这种现象,只能认为从本质上来说,人的语言能力如鱼会游泳、鸟会飞一样,是与生俱来的。这个理念最早可以追溯到古希腊的柏拉图,后经历代理性主义哲学家阐发,形成比较成熟的语言能力天赋论②。乔姆斯基以理性主义哲学为思想基础,提出转换生成语法理论,1960年代

---

① 英国也是晚至1944年才任命第一位普通语言学讲座教授,即伦敦大学的约翰·R.弗思(John R.Firth)。
② 语言能力天赋论只是一个假说,远非定论,这类争论了数千年的哲学问题也不可能有定论。在这个问题上持反对意见的代表著作,可参考 Sampson(2005)和 Evans(2014)。

起渐渐取代了基于经验主义和行为主义的结构主义语言学,成为美国语言学界的主流理论(陈平 2015)。从研究对象来看,乔姆斯基主张语言学的主要研究对象应该是天生的内在语言能力,而不是这种语言能力的运用。这种内化的语言能力表现为所谓的普遍语法,婴儿出生时语言能力呈现的初始状态便是普遍语法的基本形态。普遍语法是人类共有的,数千种自然语言表面上千差万别,但实际上差别不大,因为它们共同拥有普遍语法这个核心部分。

前面讲过,普遍语法这个概念有两个意思:一是人类共有的语言能力,一是表现该能力的理论语法模式。虽然乔姆斯基的转换生成语法理论、思辨语法和《波尔·罗瓦雅尔语法》的研究对象都是他们所说的普遍语法,但在普遍语法的根基是什么这个问题上,乔姆斯基的立场与思辨语法和《波尔·罗瓦雅尔语法》并不一样。思辨语法和《波尔·罗瓦雅尔语法》认为,人同此心,心同此理,是构成人类语言共有的普遍语法的基础。心同此理的"理"所指对象比较复杂,主要是思维的普遍规律,其中基本成分是逻辑。先有普世的"理",然后再有语言的普遍语法。乔姆斯基则认为,普遍语法的基础是人类独有的、高度专门化的语言能力,由遗传基因决定。人类有种种认知和思维能力,包括逻辑推理和记忆、模仿、类推等能力,这些能力有些或许也是天生的,但如同鸟会飞与鸟会鸣叫是彼此独立的两种本能一样,普遍语法代表的语言能力是人之所以为人这个生物的自然官能,从根本上说独立于其他认知和思维能力,不需要另用心中之"理"解释普遍语法。因此,与其说转换生成语法接近心理学,不如说它是生物学的一部分,属于乔姆斯基认同的"生物语言学项目"(biolinguistic program)。

从 1950 年代起,乔姆斯基的主要工作就是构建转换生成语法理论,作为表现普遍语法的理论模式。几十年来该理论模式经过几次较大的演变,从起初的所谓标准理论,发展到后来的管控与约束理论(简称管约论),再到目前实行的最简方案。它们都是为了一个目的,就是建设表现普遍语法的理论框架,确立其内部结构和运行机制。乔姆斯基的主要研究语言是英语,采用的方法论上的假设与思辨语法和《波尔·罗瓦雅尔语法》一样,因为普遍语法是所有语言的共同核心,所以通过研究英语就能达到确定普遍语法的目的。在转换生成语法数十年发展过程中,大家用乔姆斯基基于英语提出的理论模式考察其他语言,结果发现有的概念适用,有的不适用。有鉴于此,管约论提出"原则与参数理论"(Principles and Parameters），保留早先语法理论模式中某些普遍适用的抽象原则，如结构保存原则、邻近原则、语迹消除原则、空语类原则等等，但同时提出，对于某些语法规则，不同语言可以有不同选择，如向心结构里中心词语与依附成分的相对位置，有的语言如英语是中心词语前置，有的语言如日语中心词语以后置为常，中心词前置与后置就构成一组可供语言选择的参数。类似参数还有主语脱离(pro-drop)和非主语脱落等。这种处理方法吸收了自19世纪以来语言类型学研究的思路。语言学家19世纪从形态学角度，根据词与所含语素的关系，将世界语言分出孤立型、黏着型等；1960年代开始，又根据主语动词宾语的顺序分出 SVO、SOV、VSO 等类型。用参数概念将语言类型学分类纳入普遍语法理论模式，是乔姆斯基转换生成语法理论超越思辨语法和《波尔·罗瓦雅尔语法》的一个方面。

乔姆斯基本人的研究重点主要是句法，他与莫里斯·哈勒(Morris Halle) 1968年联名出版的《英语音系》(*Sound Pattern of English*)也是音系学领域的经典著作。转换生成语法学派中其他研究人员则将研究范围扩大到语言本体的其他方面，如词汇形态语义语用等。转换生成语法的成功，有力地激励和推动了语言学其他研究领域和研究方法的开展。自1970年代以来，心理语言学、儿童语言习得、第二语言习得、社会语言学、历史语言学等交叉学科，以及功能语言学、认知语言学、话语分析、语料库语言学等新的理论框架和研究方法都进入迅猛发展阶段。尽管它们在理论背景、基本概念、研究对象、研究方法等方面与转换生成语法不尽相同，甚至完全对立，但转换生成语法理论往往起着坐标系的作用，引领、诱发、激励了语言研究领域百花齐放、百家争鸣的局面。尽管未必认同乔姆斯基的普遍语法理念，从事交叉学科研究，或是形式语法之外的其他学派，如功能语法、认知语法、话语分析、语料库语言学的研究者，大多数人的理论追求是探索超越某个具体语言、具有普通语言学意义的新概念和新规律。这是1960年代之后，大学语言学系和语言学专业在教学内容和研究方向上与1950年代以前的语言研究大不一样的地方，也是当代大学语言学系与其他语言文学/文化系，如亚洲语言文学/文化系、罗曼语言文学/文化系在课程设置和培养目标方面不一样的地方，后者重点是具体语言，而不是具有普通语言学意义的理论和规律。

转换生成语法研究主要基于英语提出的理论概念和分析方法，被广泛用于考察世界其他语言，基本出发点是证实或证伪基于英语语料提出的概念和主张。既然认为理论模式的结构和原则具有普遍意义,那么从其他语言得来的发现,无论是证实还是证伪,都可能带来具有理论价值的新认识,开辟新思路。与熟知的语言越不一样,潜在理论价值越高。这可以说是 1960 年代之后语言学领域的共同认识和常规操作。语言学 1960 年代中期进入快速发展阶段。此前与传统人文学科,如哲学、文学、历史、人类学等相比,语言学是比较弱小的学科,一般缺乏单独建系的规模,大都归到其他学系以其中的几门课或一个专业的形式出现。乔姆斯基的转换生成语法革命改变了这种状况,语言学从冷门学科变成热门学科。拿北美来说,开设语言学系和语言学专业的大学,从 1960 年代之前屈指可数的几家,增长到现在的 100 所以上,攻读语言学学位的人数有了明显增长。表 1 转引自美国语言学会 2018 年报,给出 1967 年至 2017 年五十年间在美国和加拿大大学获得语言学学士、硕士和博士学位人数的增长趋势:

表 1　北美大学 1967—2017 获得语言学学士、硕士和博士学位人数增长趋势

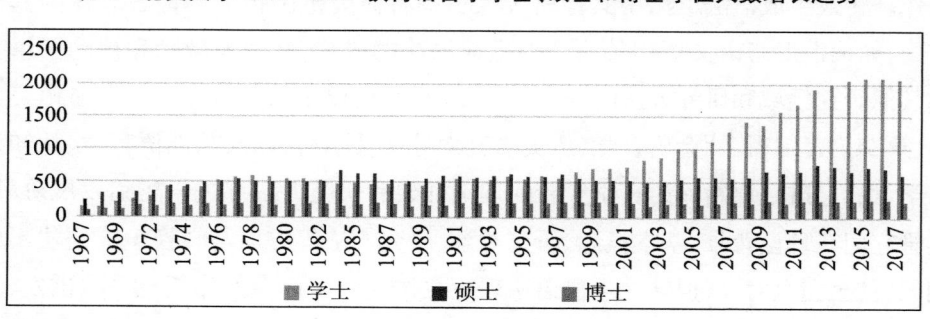

表 1 没有给出精确数字,但可以清楚看到自 1960 年代中期半个世纪以来攻读语言学学位人数的增长大势。我们未能找到这段时间北美大学语言学系和语言学专业逐年增长的具体数据,但可以推测与攻读语言学学位的人数增长基本同步。

四、理论语言学的缓滞

20 世纪语言学发展最快的时期是 1960 年代中期至 1990 年代中期。与结构主义占主导地位的 1930 年代到 1960 年代相比,语言学总体面貌在 1960 年代中期

开始的三十年间发生了巨大变化,新增语言学系和语言学专业的数目、学生人数、教学研究人员人数、发表论文和专著的数目等都有前所未见的大增长,我们现在熟悉的许多语言学专业杂志也大都是这段时期创办的。经过近三十年的历程,转换生成语法引领的语言学革命于1990年代进入瓶颈期。过去二、三十年来,包括形式语法、功能语法、认知语法、话语分析等语言理论研究的内在发展动力远不如前三十年强劲,理论概念、研究课题和研究方法没有多少重大进展;牛津大学出版社2010年出了一部《牛津语言分析手册》(*The Oxford Handbook of Linguistic Analysis*),由 Bernd Heine 和 Heiko Narrog 主编,共33章,2015年出了第二版,共40章,几乎覆盖了当代语言学研究的所有主要领域。从这部有代表性的论文集中可以看出,1990年代中期至今二十多年间,信息技术、电子技术和生理病理技术的飞速发展催生了一些新生的语言学研究领域、研究课题和研究方法,主要体现在语言学与工程、医学等学科的交叉领域。科技进步为某些传统研究课题也带来不少新视角、新方法和新发现。除此之外,在理论语言学传统研究领域如音系、形态、句法、语义、语用,以及主要理论框架和研究方法如形式语言学、功能语言学、认知语言学、话语分析、历史语言学等方面,1990年代中期至今常见的理论概念、研究方法及主要研究课题大都是1990年代中期之前提出来的东西,这与1960年中期开始的三十年间语言学迅猛发展的局势形成鲜明对照。

上面的表1没有给出具体数字,我们从美国语言学会2016—2019四年的年报中提取了下面几组数据,得到一些支持上述观点的旁证。

表2 北美高校1967—2017年间获得语言学博士学位的人数

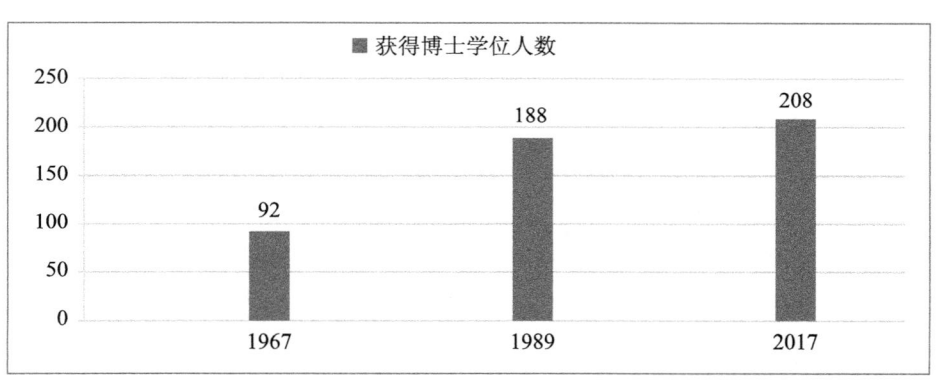

表 3　北美高校 1966—2015 三个五年段获得语言学博士学位的人数

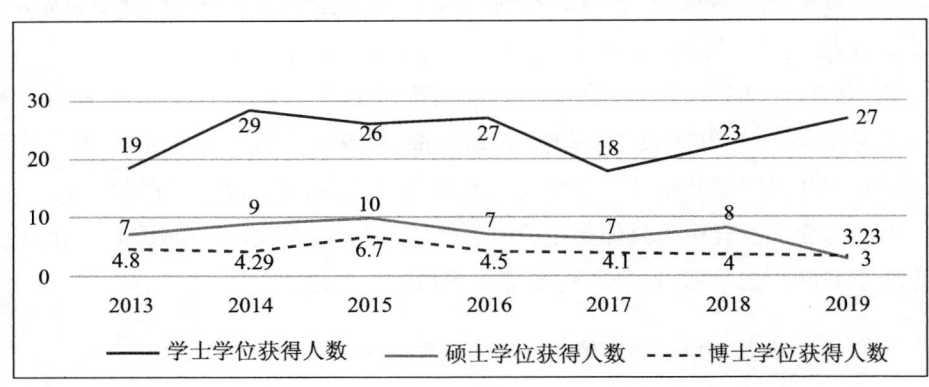

1966—1970(558) → 1991—1995(1 129)增加102% 1991—1995(1 129) → 2011—2015(1 377)增加22%

表 4　北美高校 2013—2019 语言学系/专业各校平均每年获得学位人数

表2和表3显示,1960年代中期到1990年代初期,是获得语言学博士学位人数增长最快的时期,这也正是北美大学增设语言学系和语言学专业最多的时期。相较1966—1995年时段,1995—2015年间获得语言学博士学位的人数增长大幅放缓。2016年至2018年,每年有100所左右的北美高校向美国语言学会提供统计数字,但2019年提供数字的高校只有47所。美国语言学会2019年报没有给出最新的2018—2019年间获得语言学学位的总人数,但给出了语言学系/专业2013—2019年间各校平均每年授予学位的人数。如表4所示,语言学博士学位授予人数自2015年起逐年下降。语言学专业博士生完成的毕业论文,通常必须是语言学

理论方面的创新研究,无论研究的是什么语言,什么课题,最后结论一般都得对理论语言学注重的语言普遍现象、包括语言类型学意义上的普遍现象有所发现、有所贡献,否则很难毕业。大多数博士生也希望毕业后在大学任教,1960年代中期以后新增语言学专业所需教职,就由这段时期毕业的新科博士担任。1990年代开始,北美、欧洲、大洋洲等地大学新开语言学系、语言学专业的数目较前大为减少,相反,撤销或与其他专业合并的消息倒是时有所闻。攻读语言学博士学位的人数仍有缓慢增长。我们推测,主要原因是1960年代中期以后,语言学专业大发展时期入职的教学和研究人员渐渐退休,空出职位有待填补;另外,1990年代以后,外国留学生,主要是亚洲国家的外国留学生,去欧美留学的数目逐年增长,攻读语言学博士学位的学生中,外国留学生占一定比例。上面的增长数字中,相当一部分应该来自外国留学生。即使这样,与1960年代中期开始的三十年相比,过去二、三十年攻读语言学博士学位的人数增长明显放缓。理论语言学发展缓滞,高价值研究课题难觅,研究内容和研究方法相当一部分在前三十年开拓的领域和划出的范围内打转——这些现象造成的结果是,攻读语言学博士学位,对于许多青年学生来说远不如1960年代中期以后那样具有吸引力。当然,欧美大学语言学专业教职增长基本停滞甚至倒退,也是一个关键的不利因素。

如果以语言学博士毕业生数目为指标,衡量社会对理论语言学的兴趣高低,那么上面的数据显示,至少就北美大学而言,1960年代中期之后长达二、三十年的高潮自1990年代起渐趋平复继而下行。不能说现在正滑入低谷,毕竟还有源源不断的外国留学生撑着,但说当年高速发展的盛况不再,应该没有什么异议。有涨潮就有退潮,自然之道,万事万物概莫能外。

阅读美国语言学会年报时,发现一组令人略为意外的数据,攻读语言学学士学位的人数在1989—2015年期间有突出的增长。请看表5。

从表1也可以看出,1990年代开始,攻读语言学学士学位的人数呈显著增长趋势,表5给出的具体数据证实了这一点。1989—2015年间,获得语言学学士学位的人数增长372%,同期获得硕士学位的人数增长31%,对比表2给出的数据,近乎同期获得语言学博士学位的人数只有10%的增长。应该如何解读这372%的增长?

表 5　北美高校 1989—2015 年获得语言学硕士和学士学位的数目

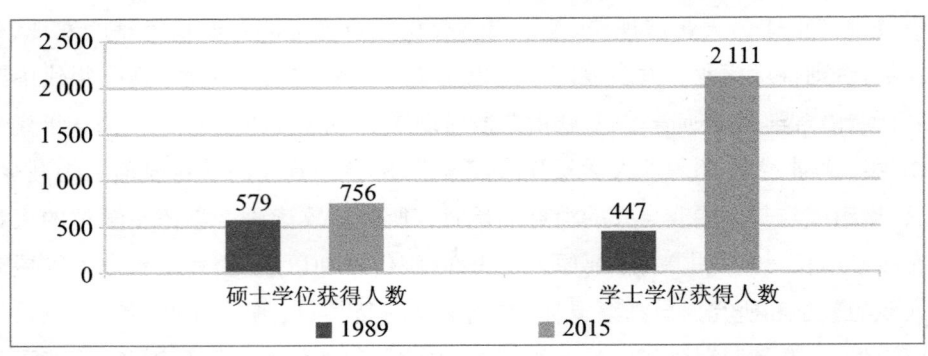

有过在欧美大学语言学专业学习和工作经验的人知道，许多攻读语言学专业的本科生会同时修读其他专业课程，至少是辅修其他专业课程，相当比例的学生攻读双学位。乔姆斯基本人在大学本科阶段，除了语言学以外，还选了许多逻辑和哲学专业的课程。开始拿不定主意是专修哲学还是语言学，选了哈里斯的语言学课程，跟他做了学士论文之后，才决定继续攻读语言学硕士和博士学位。攻读语言学学士学位的学生，大多数并无继续攻读语言学博士学位、将来从事语言学理论教学和研究工作的打算，而是有可能毕业后从事与语言学相关的应用性或交叉学科领域方面的工作。1990 年代开始，国际社会快速进入信息时代，语言是信息最重要的载体，实际运用语言学知识和技能的社会需求日益增长，这应该是同期攻读语言学学士学位人数大幅增长的重要原因。

五、语言学交叉学科与应用研究

我们现在熟悉的大学学科分类，实际上历史并不很久。大学的起源本身是个有争议的问题。我国汉代的太学，中世纪早期欧洲某些君主或宗教团体创办的培养国家管理人员或神职人员的学校，是否也可以认定为大学？回答这类问题，取决于如何定义"大学"这个概念。一般认为，独立于政府或宗教组织、由行业从业人员自行管理的高等教育机构才可以算作大学。这样的教育机构起源于欧洲，主要代表是成立于1088年的意大利博洛尼亚大学、成立于1150年的巴黎大学和成立于1167年的牛津大学。在这些大学以及欧洲后来数百年间建立的大学里,现代意义上的学科概念主要限于医学、法学和神学,相关学院的学生毕业后要从事专业工作,必须在校期间接受系统训练。其他学生接受的教育,通常范围比较宽泛,并不局限某个专门领域,有点类似今天某些大学的博雅教育(liberal arts education)。以亚里士多德著作为主的传统人文经典是学生必学的内容,此外,艺术、哲学、逻辑、数学、工程等也都有所涉猎,样样都学一些,并不系统,也不深入,不指望学生毕业后以此谋生。14—16世纪欧洲文艺复兴,17世纪科学革命启动,自然科学和工程如数学、物理、化学、天文、生物、植物等领域的专门知识在深度和广度方面加速增长,很难再产生此前文艺复兴时期达芬奇那样的百科全书式人物。个人根据自己的爱好和才华,在学习、教育和研究方面进行专业分工,逐渐成为无可抵抗的历史潮流。18世纪中叶开始的工业革命,更是为受过系统训练的专业人士带来日益增长的社会需求。今日大学和研究机构通行的学科分类和分科教学研究体系,19世纪开始逐步成型。早先的自然哲学细分为数理化等学科,社会科学分出政治经济学、人类学、心理学、社会学等,政治经济学又进一步分为政治科学和经济学。自然科学和社会科学分出种种学科之后,传统的人文研究也分出哲学、历史、宗教研究、古典和现代语言等学科。我们今天熟悉的学科主修辅修制度,1869年由美国哈佛大学首开先河。19世纪末20世纪初,学科系统分类基本定型。另外,19世纪德国洪堡特大学开创研究型大学的新模式,普遍采取讨论班和实验室等教学及科研方式,加速学科分化,促进包括科学和工程在内有关学科的深入发展。强化专业分科的同时,洪堡特大学鼓励科学与工程结合,为工业和社会其他领域服务。这样的教学和科研模式也成为其他欧洲和北美高校仿效的榜样。

学科行业内部管理主要通过专业杂志和专业协会进行。通常可以根据专业杂志和专业协会设立的时间判断某个学科的发展进程。语言研究领域里,主要行业组织有:巴黎语言学会(Société de Linguistique de Paris),成立于1866年;美国现代语言协会(Modern Language Association of America,简称 MLA),成立于1883年,宗旨为"推动和促进英语、德语、法语等现代语言和文学的教学和研究",专业领域主要是现代语言文学,不是普通语言学;国际语音学会(International Phonetic Association),1886于法国巴黎成立;美国语言学会(Linguistic Society of

America),成立于 1924 年,翌年出版学会专业杂志《语言》(*Language*);国际语言学家常设委员会(Comité International Permanent des Linguistes/Permanent International Committee of Linguists 简称 CIPL),于 1928 年成立;英国语言学会(Linguistics Association of Great Britain),于 1959 年成立;中国语言学会,于 1980 年成立。由此可见,虽然语言研究无论在中外都有数千年的悠久历史,但语言学直到 19 世纪中期以后才慢慢成为一门专业学科。

现代学科体系的建立与完善固然有利于各学科深入发展,但到了成熟阶段,学科自身的发展逻辑常常会引导研究人员寻求与其他学科开展更密切的合作,相互借鉴,跨学科开拓新的研究课题和研究领域。学科体制管理方面过分严格的分疆划界,既不利于各学科本身的发展,更不利于应对社会对大学和科研机构提出的期望和要求。如果说从 19 世纪开始,当时的自然哲学、社会科学及人文研究迈入合久必分的阶段,那么 1970 年代之后,有关学科越来越明显地朝着分久必合的方向发展。大学和研究机构除了从事与国计民生无关的纯理论、纯学术研究之外,政府和社会各界包括大学本身,需要大部分研究和教学人员走出象牙塔,加强应用研究,为社会生产和民众生活作出实质贡献。社会面对的大问题大工程大项目,如健康与疾病防治、全球环境与贫穷治理、国际和平与战争等,都远不是单一学科能够解决的课题。因此,问题导向、应用导向引领多学科、跨学科合作,渐趋成为当代大学和研究机构的主流模式。大学和研究机构在院系调整、学科设置、研究经费分配等方面也持续向交叉学科和应用研究方向移动。可以说,加强交叉学科和应用研究已经成了当今社会的共识。美国国家科学基金会(National Science Foundation,简称 NSF)和社会、行为与经济科学理事会(Directorate for Social, Behavioral and Economic Sciences,简称 SBE)2011 年联合发表政策指引,明确指出未来的研究是"跨学科、重数据、重合作"(interdisciplinary, data-intensive and collaborative)的研究(Repko 2017:78)。

语言学当然不能自外于这股历史潮流,从 1970 年代开始,应用语言学研究、语言学交叉学科研究发展迅猛。这既顺应了所有自然科学、工程、社会和人文科学为解决日益复杂的自然和社会问题而采取的跨学科联合攻关的大势,也是语言学家在本学科成熟之后不断探寻新课题、新领域、新突破的自然结果。过去几十年,包括语言研究在内的应用研究和交叉学科研究逐渐成为主流。NSF 和 SBE 在

2011年政策指引中,提出四个优先资助的跨学科研究领域,其中之一为"传播、语言与语言学"。语言学家想要"听唱新翻杨柳枝",交叉学科研究是最佳选择。有关语言交叉学科研究的理论与实践,我们另文讨论。

六、面向社会需求、侧重应用导向的中国语言学

我国语言文字研究与西方国家一样,都有数千年悠久历史,但彼此之间有一个较大区别:西方语言研究深深植根于哲学土壤之中,从古至今语言理论研究的代表人物,从斯多葛学派、思辨语法学派、《波尔·罗瓦雅尔语法》的作者,直到20世纪的乔姆斯基,无不具有深厚的哲学素养,或者本身就是哲学家。不仅如此,结构主义语言学、功能语言学、认知语言学等其他研究学派,其最终理论依据,也都建筑在深厚的哲学基础之上①。提出什么问题,为什么提出这些问题,通过什么途径解决问题、想要寻找的答案是什么、要达到什么目的——所有这些问题背后,往往都有悠久的哲学传统以及相关历史、文化因素在起决定作用。只有沿着西方语言学自身的源委脉络,把握其哲学背景、发展过程、内在逻辑和价值判断标准,才能真正明白他们在做什么。我国先秦诸子也有不少语言哲学方面的论述,如"名""实"关系、文字起源等。但是,从先秦两汉起中国语言研究的主要特点,就是注重实用,为解决与语言文字有关的实际问题服务。两汉时期出现的三部重要典籍《尔雅》《方言》和《说文解字》,代表汉语和汉字研究的训诂、音韵和文字三个主要研究领域,分别围绕汉语和汉字的义、音、形展开,成了此后两千年间中国语言文字研究的主流。

1898年《马氏文通》出版,标志我国现代语言学的开端。面向社会需求,侧重应用导向,始终是至今一个多世纪中国现代语言学的主旋律。文字改革、国语统一、汉语书面语和口语的现代化改造、语言教育等,是以马建忠、赵元任、吕叔湘等为杰出代表的几代中国语言学家学术工作的主要目的。

我们先读《马氏文通》"后序"中的两段话(马建忠 1898, 2010:8—9):

---

① 20世纪之前,欧洲语言理论研究者又被称为"哲学语法学家"(philosopher-grammarian),或"哲学语言家"(philosopher-linguist)。

"今下关之抚初成,上下交困,而环而伺者于国六七,岌岌乎。识时务者方将孔孟西学,刍狗文字也。今吾子不出所学以乘时焉,何劳精敝神于人所唾弃者为?是时不冯唐而子自冯唐也,何居?"

……

"斯书也,因西文已有之规矩,于经籍中求其所同所不同者,曲证繁引以确知华文义例之所在,而后童蒙入塾能循是而学文焉,其成就之速必无逊于西人。然后及其年力富强之时,以学道而明理焉,微特中国之书籍其道理可知,将由是而求西文所载之道,所明之理,亦不难精求而会通焉。则是书也,不特可群吾古今同文之思,将举凡宇下之凡以口舌点画以达其心中之意者,将大群焉。夫如是,胥吾京陔亿兆之人民而群其财力,群其心思,以求夫实用,而后能自群,不为他群所群。则为此书者,正可谓识当时之务"。

《马氏文通》出版于"后序"提到的《下关条约》签订后第三年。中国 1894 年甲午海战被日本打败,1895 年签订《马关条约》,割地赔款,丧权辱国。马建忠的本行是职业外交官,多年负责与朝鲜和日本的外交事务。面对当时国势颓唐,列强环伺,马建忠心中的痛楚、愤懑和焦虑想必逾越常人。马建忠认为,当务之急是提高中国民众的教育文化水平,尽快掌握语言,进而学道明理。他撰写这部《文通》,目的为了实用。他相信这正是当时要务,有利于国人团结起来,不为他人所欺。

《马氏文通》的意义,不仅是标志我国第一部系统的汉语语法的诞生,更是为中国现代语言学开创了新的范式。这个新范式有三个鲜明的时代和民族特色:首先,《马氏文通》的语言资源来自构成我国 3 000 多年传统文化源头的经典要籍,并以此为研究对象,马建忠从传世典籍中挑选出 7 000 多例句,在语料覆盖面的深度和广度方面,同时代及此后很少有人能够超越这部著作;其次,《马氏文通》汲取传统训诂、词章研究精华,同时突破传统小学藩篱,以海纳百川的气度,系统吸收当时世界上语法研究领域最有影响的理论思想、描写框架和基本概念,在此基础上,以国际视角探究"华文所独";第三,唐代诗人白居易说"文章合为时而著,歌诗合为事而作",马建忠显然是这个主张的忠实践行者。他撰写《文通》的目的,是满足社会的迫切需求,为民众服务,说到底是为民族利益服务。马建忠之后,中国 20 世纪最优秀的一批语言学家所做的主要工作,都是在这一范式中展开的。

中国现代语言学之父赵元任 1916 年在《中国留美学生月报》上发表《中国语

言的问题》一文。该文共有四个部分,其中三个部分是他本人所写,分别是:Ⅰ中国语言学的科学研究;Ⅱ中国语音学;Ⅳ设想的改革(赵元任 2002:668—712)。赵元任在文章开头提到中国语言存在问题时写道:"我首先要强调一下二者的区别,一方面是科学的或者历史的研究,另一方面是带有建设性的改革……如果我们要使语言跟我们复杂的国民生活同步前进,那么以系统改革的方式作建设性的工作看来也是必要的。"(赵元任 2002:669)讲到中国语言有待改革的问题,赵元任提到发音的标准化、口头词语的标准化、书面词语的改革、字的简化和拼音化等。他写下这些文字的时候,是一位 24 岁在美国留学的青年学生。赵元任在此后 60 多年的学术生涯中采用的研究方法、研究的问题和研究目的,大致都在这篇文章中勾勒了出来。他采取科学和历史的方法,以毕生的精力,在涉及国语统一、言文一致、文字改革、语言规范化、汉语教学等领域的许多方面,都作出了开创性的贡献。正如他 24 岁那年写下的文章所说,赵元任致力这些研究工作的目的,是对汉语作系统的、建设性的改革,使之与社会同步前进。

与赵元任一样,20 世纪中国几代语言学家,他们的学术工作大都围绕社会面临的实际问题展开,为中国语言文字现代化,为提高民众学习语言、运用语言的效率贡献力量。就语法研究来说,20 世纪上半叶出版的几部主要语法著作,如杨树达 1920 年的《高等国文文法》、黎锦熙 1924 年的《新著国语文法》、吕叔湘 1942—1944 年的《中国文法要略》、王力 1943 年的《中国现代语法》等,全部都是用作学校教材,旨在提高广大学生的语文水平。

新中国成立后,语言研究面向社会需求,为语言文字现代化服务的目标更加明确。国家级语言研究机构中国科学院语言研究所于 1950 年 6 月成立,汇聚了我国语言学研究许多一流人才,其主要任务是为语言规范化服务,为包括文字、读音、词汇和语法等方面在内的语言规范化服务。吕叔湘 1954 年起主持科学院语言研究所工作,直到 1983 年改任名誉所长。吕叔湘是中国现代汉语语法研究奠基人之一,同时筚路蓝缕创立了近代汉语学科。江蓝生(2004:序 5)写道:"吕先生不是那种只埋头于书斋进行个人研究的学者,也不是那种把自己划定在一个狭小研究领域的学者……吕先生学术生涯的一个显著特点是他十分关注社会的语言生活,关注语言学怎样为普及基础教育,提高全民族文化素质发挥作用。他一生中直接参与了国家语言文字政策的制定,不辞辛劳地为推进现代汉语语音、语法、词汇的规范化做了大量的基础性工作。他和丁声树先生主编的《现代汉语词典》迄今发行四千多万册,不仅为我国的文化教育事业作出了卓越的贡献,而且还在世界上具有广泛的影响……他热心普及语文教育,以极其认真负责的态度参与中小学语文教材的编写和教学改革工作。"作为中国语言学界的领袖,吕叔湘身体力行,将语言研究与社会需求紧密结合,以学术为中国社会进步贡献力量。

改革开放以后,语言文字工作者更加积极地参与社会语言管理和规范化工作。教育、科技、医疗等领域对语言知识和技术的需求日益增长,为语言学界积极开展应用研究和交叉学科研究提供了前所未有的机会。

面向社会需求,侧重应用导向,是我国语言文字研究的优良传统,然而这并不意味我们轻视语言学理论。一方面,实际应用需求要求语言学家必须用语言学理论和方法指导自己的行为,同时也要求我们用更客观、更精准的眼光审视形形色色的理论、概念和方法,去粗取精、去伪存真;另一方面,应用研究、交叉学科研究常常会反哺基础理论研究,为理论发展带来新视角,开辟新天地。这样的例子不胜枚举。前面讲到,完全从实用出发而撰写的《马氏文通》,为一百多年来的中国语言学开创了新范式,直到今天,《马氏文通》开辟的路径依然是我们遵循的范例。我们下面再给几个例子:

Matin Joos 1958 年出版的《语言学读本》(*Readings in Linguistics*),收入半个多世纪美国结构主义语言学的经典文献(Joos 1958)。有三篇与汉语有关,唯一一篇由华人学者撰写的是赵元任的《音位标音法的多能性》,这是一篇音位学研究领域的经典论文。记录语音有两种主要方式:一是所谓音质标音,又称严式标音,用国际音标转写实际听到的音素成分;二是音位标音,又称宽式标音,用音位标出语音成分。Bloomfield(1933)一书认为:音质标音受限于语音学家个人的辨音能力,质量因人而异,带有偶然性和主观性,因此算不上是科学的语言记录;而音位标音大部分是客观的,不同语言学家得出的音位标音应该是一致的。因此,只有音位标音才能用于考虑说话意义的任何研究。赵元任在该文中用大量证据说明,布隆菲尔德所说的音位标音唯一性实际上是不存在的,有好几个因素决定了任何语言的音位标音方法都可以有多种可能。赵元任是国语罗马字的主要设计者,而国语罗马字基本上用的是音位标音法。赵元任指出,汉语无论是声母还是韵母中的成分,往往可以有一种以上音位标音方法,难分轩轾。例如,舌尖后音[tʂ][tʂʰ][ʂ]

与舌面前音[tɕ][tɕʰ][ɕ]呈互补分布,后者总是出现在[i]或[y]前,而前者只有开合呼,没有齐撮呼,因此威妥玛式和国语罗马字将两组音用同一组音位符号 j ch sh 标示。如果喜欢一音一符的处理方法,也可以用不同的音位符号分别标示这两组声母(如拉丁化新文字和汉语拼音方案就分别用 zh ch sh 标示舌尖后音,用 j q x 标示舌面前音)。考虑问题的侧重点不同,可以有不同的音位处理方法,常常无法说哪种方法更客观、更科学。我们还要指出,如果仅从互补角度出发,舌面前音与舌根音[k][kʰ][x]也呈互补分布,舌根音与舌尖后音一样,只有开合呼,没有齐撮呼。更何况从历史演变来看,舌面前音字一部分来自齐撮呼的舌根音,即见溪群晓匣母字,一部分来自齐撮呼的舌尖音,即精清从心邪母字。邮政式拼音就不为舌面前音单列符号,而是将历史因素考虑进去,尖团分流,将历史上的尖音字归入舌尖前音,团音字归入舌根音,如天津 Tian*j*in 拼为 Tien*ts*in,北京 Bei*j*ing 拼为 Pe*k*ing。当然,汉语拼音文字设计不能与音位转写画等号,但音位标音原则是拼音文字设计的核心(参见 Chen 1999)。赵元任得出结论,同样的语音表现转为音位标音时,需要考虑可能相互冲突的多种因素,因此可能存在多种音位标音方法。哪种更合适,取决于当时的目的,其间并没有对错之分。赵元任的音位标音非唯一性理论为语言学界广泛接受,是他对普通语言学理论最重要的贡献之一,用该书编者约斯(Martin Joos)的话来说:"我们很难想到有比赵元任的这篇文章更好地对早期音位学具有指导意义的单篇论文了。"(赵元任 2002:794)赵元任文章中给出的大量证据和卓越见识,与他多年从事方言调查和国语罗马字研制工作密不可分。

  汉语词的辨识是具有重大理论意义和应用价值的课题。这方面最重要的研究成果之一,是陆志韦 1956 年出版的《北京话单音词词汇》(新 1 版)和 1957 年出版的《汉语的构词法》,书中系统讨论了替换和分布方法,用作汉语词的主要辨识手段。陆志韦从事这项研究工作,一个重要目的是为汉语拼音文字分词连写服务。虽然汉语拼音文字计划久已不再提起,但从实用目的出发得到的理论成果却具有久远的学术价值。我去年在一篇文章中写道:"语言学研究应用导向并不意味着忽视理论和方法的建设,恰恰相反,应用导向的语言文字研究须臾不可离开理论和方法的指引,同时也常常激发理论和方法上的创新。上面提到的老一辈学者,在全力以赴完成有关任务的同时,在理论思想和学术方法方面也作出了许多重大建树。语言学发展到今天,应用研究、交叉学科研究是最有可能滋生新理论、新思想、新方法的丰厚土壤,以这种方式反哺传统语言学理论与方法,将理论和实践紧密地结合起来,或许能引领中国语言学研究走出更多的新路。"(陈平 2019:13)

我国高校与语言相关的学科主要有中文专业、外文专业、汉语国际教育专业和民族语言专业,学生、教师和研究人员的人数加在一起远超任何其他专业。本文讨论的问题和给出的结论,对于我们语言专业的学科建设和人才培养有什么意义?我们语言专业的课程设置和科研规划,如何因应有关形势?上面所讲的内容,希望有助大家进一步思考。

七、结　　语

本文结束前,我想给我们的青年学生提几点建议:

首先,理论指导下的语言文字研究为应用服务,同时反哺语言基础理论建设,是我们的优良传统,需要我们继承和弘扬。同时,建议大家高度重视语言学交叉学科的学习和研究,无论是从语言学自身的生存和健康发展考虑,还是从如何为社会作出更多贡献出发,对于语言专业大多数人来说,这是必由之路。

从事应用语言和语言学交叉学科研究,当然不是容易的事情。首先得将语言学本学科的基础课和专业课学好。希望我们的资深学者和出版社能为我们的青年学生多出一些高质量的基础教材和研究性教材,贵精不贵多,打好牢固的专业基础,尽快将学生带到学科前沿。我们还希望语言专业的学生都能熟练掌握通用性强、属于刚性需求的知识与技能,包括古汉语、外语、统计、语料库和基本的编程语言(如许多小学生都在学的 Python)。如有可能,尽量争取系统学习第二专业。学校能在课程设置上提供便利最好,但如果没有合适条件也不是太大的问题。互联网上有数不清的慕课课程(MOOC),资源之丰富、质量之高、使用之方便,相信有过体验的人都会产生深刻印象。当代社会为有规划、有决心的学生提供的学习条件是前人无法企及的,希望我们的青年学生珍惜时代给大家带来的便利和机遇,并加以充分利用。

参考文献

陈　平　2015　《从现代语言学经典论著看语言学论文的写作与发表》,《当代修辞学》第 6 期,收入《引进·结合·创新:现代语言学理论与中国语言学研究》,2017 年,商务印书馆。

陈　平　2019　《面向社会需求,侧重应用导向》,《语言战略研究》第 4 期。

江蓝生　2004　《吕叔湘——纪念吕叔湘先生百年诞辰》序,商务印书馆。

马建忠　2010[1898]　《马氏文通》,商务印书馆。

赵元任　2002　《赵元任语言学论文集》,吴宗济、赵新那编,商务印书馆。

Arnauld, Antoine & Lancelot, Claude 1974 *General and Rational Grammar: The Port-Royal Grammar*. Edited and translated with an introduction and notes by Jacques Rieux and Bernard E. Rollin. The Hague: Mouton.

Bloomfield, Leonard 1933/1973 *Language*. George Allen & Unwin Ltd.

Boas, Franz 1911 *Handbook of American Indian Languages*. Washington: Government Printing House.

Chen, Ping 1999 *Modern Chinese: History and Sociolinguistics*. Cambridge University Press.

Chomsky, Noam 1959 A review of B. F. Skinner's *Verbal Behavior. Language* 35(1), 26—58.

Chomsky, Noam 2015 *Aspects of the Theory of Syntax*. 50th Anniversary Edition. MIT Press.

Covington, Michael A. 1984 *Syntactic Theory in the High Middle Ages*. Cambridge University Press.

Evans, Vyvyan 2014 *The Language Myth: Why Language is Not an Instinct*. Cambridge University Press.

Heine, Bernd & Narrog, Heiko 2015 *The Oxford Handbook of Linguistic Analysis*. 2nd edition. Oxford University Press.

Joos, Martin 1958 *Readings in Linguistics*. New York: American Council of Learned Societies.

Lyons, John 1995 *Introduction to Theoretical Linguistics*. Cambridge University

Press.

Ogden, Charles K. & Richards, Ivor A. 1923 *The Meaning of Meaning*. Harcourt, Brace and World.

Repko, Allen *et al.* 2017 *Introduction to Interdisciplinary Studies* 2nd edition. Los Angeles: Sage.

Sampson, Geoffrey 2005 *The 'Language Instinct' Debate* revised edition. London: Continuum.

Thomas, of Erfurt 1972 *Grammatica Speculativa* with translation and commentary by G.L.Bursill-Hall. Longman Group Limited.

Theoretical Linguistics, Interdisciplinary Linguistics and Applied Language Studies: Observations and Reflections

Chen Ping

Abstract: This article starts with a critical review of Medieval Speculative Grammar, or Modism, in 13th—14th century in Europe, the Port-Royal Grammar published in 1660, and Generative Transformational Grammar inaugurated by Noam Chomsky in the 1950s, focusing on how original ideas and pivotal innovations were initiated and developed throughout the history. It is observed that, after nearly three decades of dynamic growth from the mid 1960s onward, theoretical linguistics with most of its sub-branches and areas has entered a bottleneck phase since the mid 1990s, as indicated by a material slow-down in the number of PhD in Linguistics awards from American and Canadian universities as well as other evidence. Interdisciplinary linguistics and applied language studies, on the other hand, have been moving increasingly close to the centre of the stage, with accelerating support in funding and other resources from government and other sectors of society. Finally, a close examination of the development of Chinese linguistics since the publication of Ma Jianzhong's Grammar in 1898 concludes that applied language studies have engaged the interest and efforts of generations of best Chinese linguists for more than a century. Case studies are presented that demonstrate how some of the most talented Chinese linguists aligned their scholarly activities with the practical needs of Chinese society, making significant contributions to the reform of the Chinese language, and at the same time attaining excellence in academic work of enduring theoretical value.

Keywords: theoretical linguistics, general linguistics, interdisciplinary linguistics, applied language studies, Chinese linguistics

（原载于《当代修辞学》2020 年第 5 期，
复印报刊资料《语言文字学》2021 年第 1 期全文转载）

格赖斯语用学再探
——《逻辑与会话》翻译心得三题*

姜望琪
（北京大学外国语学院）

提　要　格赖斯关于语用学原理的观点自1967年发布以来，就成了众多语用学研究的焦点。本文根据《逻辑与会话》的翻译心得，重点讨论三个问题：格赖斯语用学的哲学意义、所言与所含、合作原则的规范性。本文研究了格赖斯提出语用学理论的哲学背景，认为他的理论是西方哲学界语言转向的终结，这是其哲学意义。然后，本文追溯了"所言"与"所含"这对概念的来龙去脉，指出这对概念强调了逻辑（语义）意义与语用意义的区别，开启了意义研究的新维度。最后，论证了合作原则的规范性，证明这是从理性角度出发的。人类理性要求说话人遵从合作原则，使自己的话语符合双方的共同目标——交流信息和影响别人的行为。

关键词　格赖斯　哲学意义　所言　所含　合作原则　理性

一、格赖斯语用学的哲学意义

格赖斯的语用学理论对语用学乃至整个语言学的意义显而易见，不可否认。但是，这种理论对哲学研究有什么意义，却鲜有提及。这是不应该的。

格赖斯在《逻辑与会话》的第一章"绪论"中详细介绍了他提出会话隐含（conversational implicature）理论的哲学背景。西方哲学界自从20世纪初出现"语言转向"以来，哲学家纷纷开始研究语词的意义及使用。但是，在格赖斯看来，这些研

---

*　格赖斯的《逻辑与会话》（*Studies in the Way of Words*）由姜望琪和杜世洪教授于2019年合作完成该书的翻译任务，姜望琪译第一部分 Part I Logic and Conversation（"逻辑与会话"），杜世洪教授译第二部分 Part II Explorations in Semantics and Metaphysics（"语义学与形而上学探索"）。

究都是有问题的。他提到了赖尔(Gilbert Ryle, 1900—1976)对 voluntary 等词的用法的研究，诺曼·马尔科姆(Norman Malcolm, 1911—1990)对乔治·摩尔(George Moore, 1873—1958)的 know 的用法的指责，布鲁斯·本杰明(Bruce Benjamin, 1925—1963①)关于 remember 的讨论，维特根斯坦(1889—1951)对 seeing as, trying 等词的看法等。不过，格赖斯讨论的更多的是奥斯汀(1911—1960)、斯特劳森(1919—2006)、瑟尔(1932—)的一些观点。

例如，格赖斯(1989:8)提到，奥斯汀(1956, 1979:189—190)曾说，当有人陈述 X 做了 A 时，就会有一种假设，如果有个表达式可以修饰其中的动词，我们就有权把它(或者其反面、否定)加在陈述里：即我们有权典型地询问，"X 是 M 地做了 A，还是不 M 地做了 A?" (如：Did X murder Y voluntarily or involuntarily?)。但是，奥斯汀认为，就大多数情况下的大多数动词(murder 可能不是大多数中的一个)而言，这种假设是不恰当的。语言的自然经济性要求正常动词(如：eat, kick, croquet)在标准情况下的用法不需要，甚至不允许修饰表达式。我们只有以特殊方式或在特殊情况下实施某行为时，才需要甚至必需修饰表达式。假设，就寝时间一个人打哈欠；但是，他不是非自发地打哈欠(或自发地)，也不是故意打哈欠，甚至以这种特殊的方式打哈欠都不仅仅是打哈欠。因此，他提出"无修饰无偏差"：就大多数行为动词而言，是否允许加修饰表达式取决于所描述的动作是不是该动词所指称或意谓的动作的非标准状态。

格赖斯(1989:8)接着指出，他特别感兴趣的是，逻辑联结词跟其自然语言对应词的意义是否有差异。例如，有人提议，把先脱掉裤子再上床的人说成 He got into bed and took off his trousers 是不正确的，不合适的，因为 and 的部分意义是表达时间顺序。当我完全知道我的妻子在牛津时，说 My wife is in Oxford or in London 是不合适的。这个事实导致有人提出，or 的部分意义是表示说话人不知道各选言肢的真值。斯特劳森(1952:88)还坚称，虽然 if p then q 衍推 p→q，反衍推却

---

① 格赖斯按照文章署名，用了 B.S. Benjamin 这个人名。笔者找到该文，发现文末注明 The Australian National University，但是，再也找不到其他信息。托朋友在澳大利亚搜寻，终于找到一条关于 Benjamin Library 的消息，称 The Benjamin Memorial Library was founded in memory of Bruce Benjamin, who taught in the ANU's Philosophy Department from 1952 until his untimely death by cancer at age 38 in 1963。他的全名和生卒年代是根据这条消息推出来的，可能有误。

不成立。他把 if ... then 的主要用法概括如下:"应用这个 if 的每个假言判断都是可以接受的(真的,有理由的),如果其前件判断(如果有人做出了或接受了)可以在该场景下成为接受后件判断的合适根据或理由;而做出这个假言判断携带了这个蕴涵——其前件和后件的实现都是或者不确定,或者不被相信的。"

瑟尔(1966)深入探讨了奥斯汀等哲学家的上述观点。在他(1966:47—49)看来,奥斯汀等人提议的关于某些词语的应用条件,严格地说,并不是关于个别词语的,甚至不是关于句子的,而是关于断言(assertion)的。做出某个断言,说话人就承诺事实如此,而不是相反;但是,如果没有人怀疑事实如此,或者事实如此本来就是会话双方的共识,那么这个断言就毫无意义,如 He bought his car voluntarily 在一般情况下就没有意义,没有价值。相反,He went into the Army voluntarily 就有价值,说明这个人不是被动地应征入伍,而是主动从军的。因此,瑟尔提出,奥斯汀的口号"无修饰无偏差"应该修改为"无断言无可断言性",甚至更笼统的"无话语无可话语性"。换言之,人们只会说值得说的话语。

格赖斯(1989:18)同意瑟尔的总体方向,但是不满意他的一些细节。例如,瑟尔的可断言性条件不能解释某些断言:x looks φ to A 的合适性所必需的似乎不是关系到对 A 来说,x 可能看起来不是 φ 的可能性,而是 x 可能不是 φ 的可能性;使 A tried to do x 成为合适的,是真实的或假定的可能——A 可能不会成功地做 x,而不是 A 可能不会尝试做 x。因此,格赖斯认为,瑟尔从言语行为角度提出的断言应该满足的条件是有问题的。一句话是否合适,往往跟说话人有关(speaker-relative),特别是跟其意图有关。"跟说话人相关的条件不实现联系在一起的不合适性,最好通过某些会话或理性行为的一般原则来解释"(格赖斯 1989:20)。这种一般原则就是他在《逻辑与会话》中提出的合作原则及其相关的会话隐含理论。

在这个意义上,格赖斯的语用学理论是西方哲学界 20 世纪语言转向的重要组成部分,甚至是最重要的部分。从成员的角度看,格赖斯无疑属于日常语言学派。他是奥斯汀开创的牛津大学周六"兴趣小组"(The Play Group)的重要成员,积极参与了各项活动(Chapman 2005:46)。但是,从思想看,格赖斯是超然的,超乎派别之上的。他在《逻辑与会话》中多次明确表示了这一点。在提到维特根斯坦"意义等于用法"的口号和后来反对这种等同的"意义不等于用法"的口号时,他说"尽管我更青睐新告诫,但我不想为其中任何一方站台"(格赖斯 1989:4)。在提到日常语言跟逻辑语言之间的差异时,他说:"我没有意愿加入这场争论的任何一方。相反,我想说争论双方的共同假定——这种差异事实上确实存在——(总的来说)是一个常见的错误,其根源在于对管控会话的条件的本质及其重要性没有足够的注意。"(格赖斯1989:24)

换言之,格赖斯出自日常语言学派,却跟一般所谓日常语言学三巨头——后期的维特根斯坦、奥斯汀、斯特劳森保持距离。他并不完全赞同维特根斯坦"意义等于用法"的提议,在1957年专门撰文讨论意义问题,提出了"自然意义"和"非自然意义"的区别。所谓"非自然意义"是说话人"人为"的意义,说话人"有意"表达的意义,因此,说话人的"意图"决定了他要表达的意义。特别是他后来提出的会话隐含理论,强调词语意义跟说话人意义之间的区别,而这种区别恰恰是维特根斯坦所否定的(格赖斯1986:59)。

对奥斯汀的理论,格赖斯虽然没有明确说过"反对",但是,从上文关于瑟尔观点的讨论,我们可以看出,格赖斯赞成瑟尔对奥斯汀的批评的大方向,只是他认为瑟尔的替代方案本身也有问题;而且,这个问题跟言语行为理论有关。在讨论斯特劳森关于true的意义时,格赖斯(1989:9)也提到了言语行为理论。他说,斯特劳森注意到当一个人只想告知某人天气状态,或回答关于天气的疑问时,It is true that it is raining 的说法是不自然的。因此,斯特劳森(1949:90、93)曾倡导(虽然后来被大幅度修改了),true这个词的功能、意义应该这样解释——it is true that p 这个说法不仅仅断言p,而且担保、证实、承认、或同意确实是p这种情况。这就是说,原先被看作具有描写功能的词现在被说成是实施某些言语行为的手段了。就像有人说,To say "I know" is to give one's word, to give a guarantee; To say that something is "good" is to recommend it。

格赖斯和斯特劳森的关系比较复杂。他们个人关系很近,后者曾是前者的学生,并极力推荐、帮助他把论文拿出去发表①。他们曾合作开课,合作撰文。但是,格赖斯也不掩盖他们之间的分歧。除了在第一章简单提及外,在第三章还专门有一个小节讨论斯特劳森的真值观的是是非非。

---

① 斯特劳森早在1952年就开始宣传格赖斯的理论,虽然当时还只是个雏形(Strawson 1952:179)。格赖斯(1957)关于意义的文章据说是在斯特劳森的催促下才拿出去发表的。格赖斯1975年关于逻辑与会话的文章据说是被斯特劳森灌醉后才签字的。

从这个角度看,我们可以说,在日常语言问题上,西方哲学界经历了"否定""肯定"两个阶段,格赖斯却既不属于否定派,也不属于肯定派;或者说,他既是否定派,也是肯定派(参见 Chapman 2005:2—3)。Neale(1992:512)认为,格赖斯既是日常语言哲学富有成效的践行者,又是日常语言哲学最有力的批判者。Bach(2012:55)甚至将格赖斯理论称为"过分日常语言哲学的解毒剂"。格赖斯从日常语言学派出来,却不赞同、不认可日常语言跟逻辑语言有本质区别。特别是在言语行为理论日益上升之际,他对其提出异议,主张用会话隐含理论来解释日常语言跟逻辑语言的表面差异,以致进入1980年代以后,言语行为理论就基本上销声匿迹了(Levinson 2017:199)①。这说明格赖斯是"语言转向"的终结者,他的理论标志着"语言转向"完成了从"正题""反题"到"合题"的过渡。这就是其哲学意义。

二、"所言"与"所含"

"所言"与"所含"是格赖斯提出的一对重要概念,也是引起广泛讨论却难以达成一致意见的概念。我们认为,探讨一下这对概念的来龙去脉,也许有助于解决这个问题。

在20世纪的哲学家中,较早涉及这个问题的可能是摩尔。他在1942年指出:假如我说 I went to the pictures last Tuesday,我通过这么说,**蕴涵**(imply)我相信或知道我所做的事,但是,我没有**说**(say)我相信或知道这事(Moore 1942,1968:541)。

斯特劳森1950年反驳罗素对 The King of France is bald 的解释时提出,如果有人认真说了这句话,那么,在某种意义上,这确实是他相信法国有国王的证据。但是,这种证据跟说 It's raining 证明他相信下雨了的证据是不一样的。"说 The king of France is wise,在'蕴涵'的某种意义上确实蕴涵法国有国王。但这是一种非常特别、奇怪的'蕴涵'。这个意义上的'蕴涵'肯定不等于衍推(entail)(或'逻辑蕴涵')。"(Strawson 1950:330)

---

① 瑟尔明确承认,他1969年提出的言语行为理论,特别是其中的合适条件(felicity conditions)有缺陷,需要加上格赖斯的合作原则等(Searle 1975:60f)。这充分反映了格赖斯理论对言语行为理论的冲击。

1952 年,斯特劳森在其《逻辑理论导论》中明确提出,The king of France is wise 跟 There is a king of France 之间的关系是"预设"(presupposition)(Strawson 1952:175)。后来,他又以 There is not a book in his room which is not by an English author 跟 There are books in his room 为例,说明前者预设后者。并加注说明,他这种观点的基础是"当人们可以真实地(并且同样精炼,甚至更加精炼地)作出较强断言时,他们不会做出(逻辑上)较弱的断言"这样一条"语用规则"。他说这是格赖斯先生告诉他的(Strawson 1952:179)。

格赖斯自己对这个问题的书面讨论则要到近 10 年以后。1961 年 7 月,格赖斯在剑桥举行的亚里士多德协会研讨会上提交了论文"知觉因果论",后来在该协会会刊上发表。该文似乎是要捍卫知觉因果论,其实格赖斯更关心的是如何解释这种理论。反对知觉因果论的人提出,It looks red to me 这样的句子蕴涵"有人怀疑或否认该事物是红色的"(格赖斯称之为 D(oubt)-or-D(enial) condition)。格赖斯不否认这种蕴涵,但是,他反对把这种蕴涵看作这种句子(或其中的词 looks)的意义或用法的一部分。他主张从更一般的语言运用的特征或原则的角度看待这种蕴涵(Grice 1961:125, 1989:228)。所以,格赖斯接着在第 3 小节深入分析了 4 种不同的蕴涵(implication)①。

格赖斯的讨论首先从 Smith has left off beating his wife 和 She was poor but she was honest 这两个例子开始。第一个句子蕴涵"史密斯曾经打过他妻子",第二个句子蕴涵"贫穷跟诚实是对立的"。这两种蕴涵有区别:

首先,第一个句子的蕴涵就是通常所谓的"预设",它是该句子是否为真或假的必要前提:假如它是假的,这个句子就没有真假值。第二个句子的蕴涵却不是,即使它是假的,这个句子仍然可以为假,事实可能是 She was rich and dishonest。

其次,格赖斯讨论了什么是特定蕴涵的媒介(vehicle):a) 说话人所说(断言)的内容;b) 说话人;c) 说话人所用的词语;d) 说话人的言说行为(saying);还是其中几项的综合?他认为,在第一个例子中,可以说是说话人所说(断言)的内容蕴涵了"史密斯曾经打过他妻子";但第二个例子却不能说是说话人所说(断言)的

---

① 这部分内容格赖斯(1989)有修改,而且大部分被删除了,因此,这里的讨论根据他 1961 年文章的 126 页至 132 页的内容。

内容蕴涵了"贫穷跟诚实是对立的"。不过,这两个句子的蕴涵都可以说是说话人的。第二个句子蕴涵的媒介明显是说话人所用的词,第一个句子蕴涵的媒介却很难说是谁用的词。同时,这两种情况下的蕴涵都很难说是说话人的言说行为造成的。

第三,第一个句子的蕴涵跟所说(断言)内容是不可分离的(non-detachable),只要内容不变,即使措辞变了,蕴涵照样存在;而且,它是不可取消的(non-cancellable),我们不能说 Smith has left off beating his wife but I do not mean to imply that he has been beating her。第二个句子的蕴涵不同,它是可分离的,如果 but 换成了 and,断言不变,蕴涵却消失了;尽管这种蕴涵在某种程度上也是不可取消的,She is poor but she is honest, though of course I do not mean to imply that there is any contrast between poverty and honesty 是一种非常奇怪的表达方式。

第四,关于第二个句子,我们可以比较有把握地说,其蕴涵来自 but 这个词的意义;关于第一个句子,我们却很难有把握地说其蕴涵来自哪个词的意义。

然后,格赖斯讨论了第三个例子——学期结束时,哲学系老师在一个学生的成绩单上只写了 Jones has beautiful handwriting and his English is grammatical。这个句子的蕴涵很可能是"琼斯的哲学很糟糕"。显然,这个蕴涵不是原句真假值的先决条件,所以,它更接近第二个例子,而不是第一个;其次,我们当然可以说,这是这位老师的蕴涵(只要这是他的意图所在),而且,他的言说(saying)当然是这个蕴涵的媒介,但是其所说(断言)内容却不是这个蕴涵的媒介;第三,这个蕴涵是可取消的,虽然不可分离;第四,这个蕴涵跟所用句子的具体词语没有关系。因此,它跟前两个例子都不同。

格赖斯讨论的第四个例子是 My wife is either in the kitchen or in the bedroom。一般情况下,这个句子蕴涵"说话人不知道他妻子到底在哪个房间"①,我们有理由证明这个蕴涵不是原句真假值的先决条件;其次,类似上一个例子,这个蕴涵也是说话人的,而且他的言说也是该蕴涵的媒介;第三,这个蕴涵在某种意义上是不可分离的:类似的表述有同样的蕴涵。不过,在某些情况下,它是可分离的。例

---

① 格赖斯(1961:130)说这个例子很像 This looks red to me。这说明,它们属于一种类型。借用 1967 年其讲座的术语,就是它们都是一般会话隐含。这就是格赖斯提出的他对知觉因果论的解释。

如,协会发言人宣布 The next conference will be either in Geneva or in New York,他可能就不蕴涵"他不知道在哪",只是他没有说而已。因此,这个蕴涵是可取消的。一个人在说了 My wife is either in the kitchen or in the bedroom 以后,可以接着说 Mind you, I'm not saying that I don't know which。虽然这样有点不够友好,但完全是可以理解的。最后,格赖斯认为,选言判断通常蕴涵说话人不知道各选言肢的真值这个事实,应该通过管控语言运用的一般原则来解释。这个原则到底什么样,他还不能肯定。不过,第一步尝试可能如下:"我们不应该做出较弱(而不是较强)的论断,除非有合适的理由这么做。"(格赖斯 1961:132)

在 1960 年代题为"言说"(Saying)、"普通语境理论"(The general theory of context)等牛津课程中,格赖斯进一步探讨了上述原则(参见 Chapman 2005:97—98)。他意识到,人类交往充满互助(helpfulness)现象,就像前一个人一般都会为后一个人持门那样。会话作为听说双方共同完成的活动,互助现象更加突出。后来,他觉得"合作"比"互助"更好地表达了这个意思,所以改成了"合作"。

在这些课程中,关于所言/所含的区分跟语言运用的一般原则之间的关系也逐渐清晰起来。格赖斯批评某些哲学家的"言说""意义""用法"等概念不够确切,造成了同一句话用不同方法传递的信息之间的混淆。例如,Stuart Hampshire (1914—2004)曾经声称,只要 X 做了某事,我们就永远可以说"X 曾经试图(tried)做某事"。格赖斯认为,虽然我们可以这么说,但有时候这种说法可能误导别人。如果 X 成功地完成了某事,那么就应该这样说"X(成功地)完成了某事";这样才是有信息量的,合作的。如果只说"X 曾经试图做某事",就会**蕴涵**"X 没有成功",虽然说话人实际上没有这么**说**(参见 Chapman 2005:99)。

1967 年春天,格赖斯去哈佛做讲座时,他的理论已基本成形。他决定自撰 implicature(隐含①)替代 implication(蕴涵),以便明确区分语用意义跟逻辑(语义)意义。同时,他明确区分了"所言"与"所含"。"所言"跟一个人所用词语(句子)的规约意义非常接近,"所含"则进一步分成"规约隐含"与"非规约隐含"。在"非规约隐含"中,格赖斯特别强调了"会话隐含",本身又分成"一般会话隐含"与

---

① 业界曾有"含义""含意""寓义""寓意""隐涵"等多种译名。这里采用的"隐含"出自《语言学名词》(商务印书馆,2011)。

"特殊会话隐含"。这样,"(非自然)意义"的不同种类就有了明确的区分①:

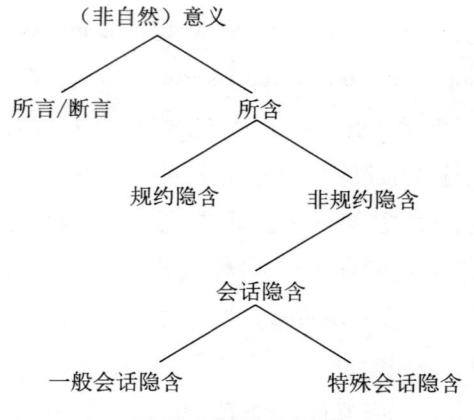

图1　不同意义类型

当然,任何区分,任何范畴的边界,都不是整齐划一的,如原型理论所示。"所言"与"所含"、"语义"与"语用",都是很难严格分清的,都会有一些模糊不清的边缘地带。但是,这不妨碍原型的存在,典型成员的存在。格赖斯语用学的意义在于,揭示了区分所言与所含、语义与语用的必要性,开启了意义研究的新维度。

三、合作原则的规范性

格赖斯(1961)提出的语用规则跟斯特劳森(1952)引用的规则之间的主要变动是 one does not 改成了 one should not。格赖斯在1967年讲座上正式提出的合作原则及其准则都用祈使句,意思跟 should 一样。这种表述方法使很多人认为,格赖斯的合作原则是规范性/规定性的,不适用于实际会话。这是误解。

格赖斯在讲座中讨论了合作原则的基础、根据。为什么他认定人们会按照合

---

① 这不等于所有意义类型都已包括在内了,上文涉及的"预设"就没有。1970年,格赖斯在伊利诺伊大学厄巴纳分校做了题为"语言与现实讲座"的系列讲座(参见Chapman 2005:121)。其中第4讲1981年删节发表时题为"预设与会话隐含"(参见Chapman 2005:127),后收录于格赖斯(1989)第17章。从该文看,格赖斯认为,所谓"预设"在肯定句时可以归属"衍推",在相应的否定句则是"会话隐含"。换言之,"预设"似乎介于"所言"与"所含"之间。

作原则及其准则行事？他说："一个无聊的（但无疑在某个层次是合适的）回答是，这不过是一个普遍认可的经验事实：人们确实以这种方式谈话；他们从小就学会了这么做，并且从来没有失去这个习惯；事实上，要想完全摆脱这个习惯需要付出极大的努力。比如，告知真相比编造谎言要容易得多。然而，我是一个理性主义者，我要找到支撑这些事实的基础，不管事实是多么不可否认；我愿意有能力想象会话实践的标准类型不只是所有人或大多数人事实上遵循的行为，而是有理由遵循，不应该被抛弃的行为。"（格赖斯 1989:28—29）

换言之，这个"应该"是从理性的角度，不是从道义①或其他任何角度说的；从理性的角度看，人"应该"遵循合作原则及其准则。所谓"理性"，就是按道理行事，按事理逻辑②行事。

格赖斯（1989:28、26）认为，说话是一种"有目标的（实际上是理性的）行为""参与者都在某种程度上承认其中有一个或一组共同目标，至少有一个双方都接受的方向"。所以，合作原则要求说话人"使你的话语，在其所发生的阶段，符合你参与的谈话所公认的目标或方向""这个目标或方向可能是在开始时规定的（如，先提出一个要讨论的问题）"。在这个意义上，"目标"等于"话题"。"符合目标"就是话语要跟主题有关联，但这只是最低层次的具体的"目标"③。后来，格赖斯（1989:28、30）又说，"从我关于……准则的叙述看，这个目标似乎是最有效地交流信息；这个说明当然太窄，这个方案需要扩大，要把影响或指导别人的行动这样的通用目标包括进来""如果一个人关心会话/交际的中心目标（就像提供和接受信息，影响别人和被别人影响），我们预期他必然会有兴趣在合适的情况下参与这样一种谈话，它只有在假定一般是符合合作原则及其准则的时候才能获益"。

那么，怎么看待违反准则的行为呢？

首先，违反准则不等于违反合作原则。格赖斯（1989:30—31）多次强调推导

---

① 格赖斯（1989:28、30）明确表示，"参与者在会话中通常还遵守其他各种准则（美学的、社会的、道义的），比如'要礼貌'""会话准则有点像道义戒律，不只是一堆互不相干的责任，因为它们依赖单一的会话总原则，合作原则"，点明了合作原则及其准则的非道义性。
② 不是简单的形式逻辑。在某种意义上，这种事理逻辑可以说就是"常识"，这可能是日常语言哲学的先驱摩尔强调常识的一个原因。
③ 这个目标实际上已经由"要有关联"这条准则保证了，合作原则强调的则是后来提出的"最有效地交流信息"和"影响别人行为"这样的较抽象的目标。

会话隐含,需要有合作原则的指导,需要假定对方遵守了合作原则。

其次,在所言层面的违反不等于在所含层面的违反。在讨论违反准则的例子时,格赖斯(1989:33)说:"在这些例子中,虽然在所言的层面上某条准则被违反了,听话人仍然有权认定在所含的层面上那条准则得到了遵守,至少总的合作原则得到了遵守。"

在讨论同义重复的例子时,他又说:"在所言的层面,在我偏好的'言说'的意义上,这种话语是一点信息量都没有的。因此,在这个层面,这种话语在任何会话场合都不可避免地违反第一数量准则。而在所含的层面,它们当然是有信息量的,在这个层面听话人对信息内容的辨认依赖于他能否解释说话人为什么要选这个特定的明显的同义重复。"(格赖斯1989)

有没有真正违反合作原则的情况呢? 简单的回答是:有。格赖斯(1989:30)指出,说话人"可能悄悄地,不显山不露水地违反准则;如果是这样,在某些情况下他很可能误导别人"。也就是说,这个人是在说谎,骗人,提供虚假信息。虚假信息没有信息量,它只有有害信息,没有有用信息。在这个意义上,说话人违背了"交流信息"这个本应是会话双方共同的目标。因此,他违反了使自己的话语符合共同目标这个合作原则。

另一种情况是:说话人可能明确退出合作原则。例如,他可能说,I cannot say more; my lips are sealed(我不能再说了,我要守口如瓶)(格赖斯1989)。这就是说,说话人退出了会话程序,当然也就不存在会话合作了。

不过,格赖斯在1987年完成的"回顾性结语"中再次回到这个话题,他的说法稍有变动。他觉得,他的合作原则不像具体准则那样受欢迎。一个原因可能是"人们感觉,即使在文化人的谈话里,愤怒的争吵、刺耳的用语照样常见,不应被判作违背会话的根本大法"(格赖斯1989:369)。另一个原因可能是"有人认为,不管语气是否令人愉悦,我们的谈话大部分都是非常随意的,不会导向任何(合作还是不合作的)目标。闲聊不会通向任何地方,除非消磨时间是一种旅行"(格赖斯1989)。

所以,他觉得这个理论有必要加以完善:第一,他重申,"我致力于追踪的是会话行为的理性、非理性问题,不是其他更一般的会话合适性问题"(格赖斯1989);第二,他坚持,不管会话是否着眼于具体的结局,"其行为是否理性将由同样的原则决定。咬下超过你的咀嚼能力的东西是非理性的,不管你追逐的是汉堡,还是真理"(格赖斯1989);最后,他说,"我们需要考虑独白与协同会话的区别。……因为我们是只关心协同会话的理论家,我们就应该承认,在自愿会话中(只有这类会话才跟我们有关)既有协作实现信息交流,制定决策,也有很高程度的保留、敌意、欺骗;而且共同目的可能很稀少,深层次的动机可能非常多样。更何况,我们还要考虑'盘问'这样的另类情况,就连共同目的都是虚假的、表面上的,不是真实的。这种协同运作是对最起码的会话合作的一种模仿,不是实例;但是,这种交际至少通过仿效合作原则,对其表示了尊重。"(格赖斯1989:369—370)

换言之,格赖斯(1989:370)实际上放宽了合作原则的适用范围:撒谎者、骗子也要模仿合作原则。因此,修订后的理论涵盖两类谈话:第一类谈话是通过遵守合作原则所生成的准则来表现理性的;第二类谈话则是通过模仿第一类而表现理性的。

怎么理解? 第一类谈话是格赖斯最初重点关注的谈话。这类话语的说话人,如上所述,只会在所言层面违反会话准则;从所含的角度看,他们依然遵守了准则。格赖斯在"回顾性结语"中再次讲到了这个问题。他说,为了实现下列结果中的一种,人们需要把会话隐含看作说话人所思所想①的内容:a)说话人在这种情况下违反某项会话准则(至少在他自己眼里)是无可非议的;b)他对某项会话准则的违反只是表面上的,不是真正的,该准则的精神仍然得到了尊重,尽管字面上可能违反了(格赖斯1989:370)。所谓"违反是无可非议的"就是格赖斯在1967年讲座中提到过的"他可能面临冲突,例如,他可能无法遵守第一数量准则(如要求的那样信息充分),同时又不违反第二质量准则"(格赖斯1989:30)。而b)项就是"所言层面违反,所含层面没违反"的另一种说法。这就是说,如果我们认定会话隐含是说话人要传递的信息,那么,他对某些准则的违反就是有理由的②。这就是"从理性的角度看,他遵守了合作原则及其准则"。就这类谈话而言,格赖斯没有改变看法。

但是,就第二类谈话而言,格赖斯的看法有所变化。他原来把"悄悄违反准则"归作"误导",也就是"欺骗",是完全否定的。现在却认为共同目标也可以是虚假的,骗子也要模仿合作原则。我认为,格赖斯这个说法的意思是:骗子要想成功,也要假

---

① 原文 a psychological state or attitude,直译为"心理状态或态度"也可意译为"意图"。
② 这是格赖斯(1961)的语用规则跟斯特劳森(1952)引用的规则的另一个不同之处——有合适理由就可以违反该规则。

装跟听话人有共同的语言、共同的目标,在提供真实的信息等。从这个角度看,骗子也要依靠合作原则。这从反面证明了合作原则的重要性,尊重理性的重要性①。

回到有没有真正违反合作原则的情况这个问题,我们现在可以比较完整地回答:有,但是是打着"遵守"的旗号进行的。换言之,一切正常的会话,符合逻辑事理的会话,都遵循合作原则及其准则;就连违反合作原则的话语也要披上"遵守"的外衣。

四、结　语

格赖斯是个完美主义者,他对自己的著述总是感到不满意,这是他生前成果发表数量有限的重要原因。即使是已经发表的论述,也总是充满了"可能""大概""似乎"之类模糊限制词,很少有绝对肯定的断言。他一再申明,自己的合作原则只是"第一个近似论述",是"粗略的"(格赖斯1989:26)。在说了"如果一个人关心会话/交际的中心目标(就像提供和接受信息,影响别人和被别人影响),我们预期他必然会有兴趣在合适的情况下参与这样一种谈话,它只有在假定一般是符合合作原则及其准则的时候才能获益"以后,他甚至接着说:"这样的结论能否达成,我不能肯定;不管怎样,我相当确信直到我对关联性的本质和需要关联性的情况认识清楚得多以前,我不能得出这样的结论。"(格赖斯1989:30)这说明,格赖斯对自己的理论始终保持清醒的头脑。他虽然不乏自信,否则他也不会正式提出会话隐含理论;但是,他随时准备修正自己的理论,事实上也确实一直在修改。这种虚怀若谷的精神值得我们每一位研究者学习。

参考文献

语言学名词审定委员会　2011　《语言学名词》,商务印书馆。
Austin, John L. 1956 A plea for excuses. *Proceedings of the Aristotelian Society*, 1956—1957. Reprinted in Urmson, James O. & Warnock, Geoffrey J. (eds.) *Philo-*

---

① 当然,骗子的"遵守"合作原则是表面上的,虚假的。实际上,他们是不遵守合作原则的;否则,就不是欺骗了。

sophical Papers. 3rd.ed., 1979, 175—204. Oxford: Oxford University Press.

Bach, Kent 2012 Saying, meaning and implicating. In Allan, Keith & Jaszczolt, Kasia M. (eds.) *The Cambridge Handbook of Pragmatics*, 47—68. Cambridge: Cambridge University Press.

Chapman, Siobhan 2005 *Paul Grice, Philosopher and Linguist*. Hampshire: Palgrave Macmillan.

Grice, Paul 1961 The causal theory of perception. *Proceedings of the Aristotelian Society*, Supplementary Volume 35:121—152.

Grice, Paul 1986 Reply to Richards. In Grandy, Richard E. & Warner Richard (eds.) *Philosophical Grounds of Rationality: Intentions, Categories, Ends*, 45—106. Oxford: Clarendon Press.

Grice, Paul 1989 *Studies in the Way of Words*. Cambridge, Mass.: Harvard University Press.

Levinson, Stephen C. 2017 Speech acts. In Yan Huang(ed.) *The Oxford Handbook of Pragmatics*, 199—216. Oxford: Oxford University Press.

Moore, George E. 1942 A reply to my critics. In Schilpp, Paul A.(ed.) *The Philosophy of G.E.Moore*, 3rd. ed. 1968, Vol.2, 533—677. La Salle, IL: Open Court.

Neale, Stephen 1992 Paul Grice and the philosophy of language. *Linguistics and Philosophy*, Vol.15(5):509—559.

Searle, John R. 1966 Assertions and aberrations. In Williams, Bernard & Montefiore, Alan(eds.) *British Analytical Philosophy*, 41—54. London: Routledge and Kegan Paul.

Searle, John R. 1975 Indirect speech acts. In Cole, Peter & Morgan, Jerry (eds.) *Syntax and Semantics 3: Speech Acts*. New York: Academic Press.

Strawson, Peter F. 1949 Truth. *Analysis*, 9(6):83—97.

Strawson, Peter F. 1950 On referring. *Mind*, 59:320—344.

Strawson, Peter F. 1952 *Introduction to Logical Theory*. London: Methuen & Co Ltd.

Gricean Pragmatics Revisited: Gains from Translating *Logic and Conversation* into Chinese

Jiang Wangqi

Abstract: The pragmatic theory proposed by Grice in 1967 has always been the focus of pragmatics research ever since its inception. On the basis of insights gained from translating *Logic and Conversation* into Chinese, this paper addresses three issues: the philosophical significance of Gricean pragmatics, the distinction between what is said and what is implicated, and the normativeness of the cooperative principle. The author considered the philosophical background in which Grice proposed his theory, and argued that Gricean pragmatics represents the climax of the linguistic turn in western philosophy. Secondly, the author traced the development course of the distinction between what was said and what was implicated, and pointed out the importance of this distinction for the study of meaning, i.e. the detailed classification of the different types, especially the logical(semantic) from the pragmatic. The last part of the paper turns to the question of the sense in which the CP is normative, and the author maintains that Grice is a rationalist, from whose perspective it is only rational for a participant to follow the CP and its maxims in conversation, to make his contribution such as is required by the common purpose of exchanging information and influencing the actions of others.

Keywords: Grice, philosophical significance, what is said, what is implicated, the cooperative principle, rational

(原载于《当代修辞学》2020 年第 3 期)

语体何以作为语法[*]

施春宏

(北京语言大学汉语国际教育研究院/语言科学院)

提　要　语体语法学是新近兴起的一门基于不同语言界面相互作用而生发的分支学科。文章首先将当前语体研究的基本路径概括为修辞语体学和语法语体学,简要阐释了"修辞语体观""语法语体观",并将语法语体学进一步区分为描写语体学、功能语体学和形式语体学。在此基础上,文章主要从语体语法的基本理念、考察视角和基本机制这三个方面来系统梳理和阐释语体何以作为语法的基本原理,以期进一步论证语体语法作为学术体系意义上的"语法"的学理基础和学科前景。

关键词　语体语法　修辞语体　语法语体　功能语体　形式语体　语体机制　大语法

一、引　　言

本文论题"语体何以作为语法"中的"何以"有两重理解:一是语体"为何"可以作为语法,二是语体"如何"制约语法和语法"如何"建构语体。当然,我们在具体分析时,并不将两者严格区分开来,而是综合处理,整体说明。

一般理解,语法指的是组词造句之法。这是狭义的语法。广言之,语法则是指语言之法,即语言结构及结构化的方式,它概指语言各个部门的法则,不仅包括组词造句之法(形态/词法、句法),还包括语音(音系、韵律、调律)结构之法,还有

---

[*] 本项研究得到北京语言大学科研项目"语体语法的基本理念和分析方法"(中央高校基本科研业务专项资金资助,19YJ140007)和北京语言大学重大专项项目"基于多重互动关系的语法理论探索与应用研究"(18ZDJ04)的支持。

篇章结构之法,以及语义结构之法,当然也包括语言结构的运用之法。也就是说,凡语言的运算系统中必须具备的规则性的结构方式和规律性的约束条件,都属语法。从"法"的角度来认识,语言各部门的语法,都可以用合法与非法的形式对立来体现。显然,这是一种"大语法",包括音法(包括音系和韵律)、词法、句法、章法、义法及各层面语言成分的用法,这是对语法的最为广义的理解(当然,其核心仍是词法和句法,尤其是句法),也渐渐成为当代语法观的基本理解。语体语法视野中的语法观就是这样的一种大语法观,它立足语体系统,考察影响语体表现的各个语言维度的构造机制及其表达手段。因此,语体语法必然关注体现语体属性的各种语法形式和意义、结构和功能、机制和动因、手段和范畴及它们之间的相互关系。尤其是在作为"小语法"的词法和句法中,其体现出的语体语法特征已经得到了学界较多的关注和探索。学界已经认识到,语言系统内部存在着语体之别,不同的语体在表现形式和表达方式上有系统的差异;并在探索中进一步发现,不同的语体之间既有运作原则上的共性,又有语体原则支配下不同参数设置的差别。即语体不同,语法有别。对立性语体(如正式语体与非正式语体)之间存在"大同而又大不同"的关系:基本语法结构关系的格局大同,但在语体系统的表达方式上又大不同。对立性语体的语法形式具有互补分布的特征,两者之间还有通用体形式,它们共同构成了整个语言交际系统。

　　语体研究,由于理论背景和认知角度的不同,形成了多维语体观(具体内涵见下文)。具体到"语体语法"(Register Grammarr),虽从字面上看可宽泛地指基于语体分化的语法研究,但就目前的研究实践来看,则特指一种从形式语法角度来观察语体特征的研究路径,即将其作为专名来使用,如同 Ronald W. Langacker 将 Cognitive Grammar(认知语法)作为专名来使用。这种语体观认为语体语法是"语体系统里面使用的语法"(冯胜利 2018:1),即形式体系中的不同成分具有不同的语体功能,因而将语体语法视为语言系统中的一个独立范畴,其特征体现于音系、韵律、词法、句法、篇章、语义等各个层面的语法范畴之中(冯胜利、施春宏 2018a,2018b)。凡语言系统中某种结构形式的变化和某项特征的有无或差异能够体现为语体功能的对立或改变,都可成为实现语体的表现手段和方式。如同一句法位置语法成分的对立或有无、句法成分位置的高低以及移位距离的长短、单双音节组词构语方式的对立差异、韵律结构的轻重悬差、语义特征的具体抽象、表达时空的具体泛化等。语体语法重在发现不同形式的语体功能,故而它是形式偏向的语法系统。因此,形式句法、韵律语法、结构主义语法等的形式分析路径和手段都可为语体语法所用,功能主义的语体分析成果若能从语体功能角度对形式—功能对应系统的关系做出说明,也会成为语体语法的重要资源。

下面我们先概括介绍当前语体学的研究现状和基本认识,在此基础上,从基本理念、考察视角和基本机制这三个方面来系统梳理和阐释语体何以作为语法的基本原理,以期进一步论证语体语法作为学术体系意义上的"语法"的学理基础和学科前景,并借此为语体语法开拓更广泛的理解和应用空间。

二、"双峰并峙,三江汇流"的多维语体观

为了更为清晰地定位语体语法,我们有必要系统梳理一下不同语体研究路径中的"语体"观。关于"语体"的理解,虽取同名,但所指甚殊,更合适的称说应该是"语体$_1$、语体$_2$、语体$_3$……"。但既然均称语体,则或有某种通约之处,这就是语言交际的体式,但这又是极其宽泛的理解。大体而言,是重在表达效果还是成分分布,是基于功能动因还是结构机制,目前学界基于汉语事实的研究主要有两种"语体"观念及其指导下的四种路径,呈现为"双峰并峙,三江汇流"的态势,"双峰"即修辞语体观和语法语体观指导下的两种研究范式,"三江(汇流于语法)"即语法语体观指导下的三种语体研究范式。本文的目标是阐释语体语法的研究范式,因此下文对其他语体观的研究现状并不试图做出全面的文献梳理,而主要是通过与语体语法研究相对照而阐释其研究路径中呈现出来的基本观念。

2.1 修辞语体观

在很长时期里,修辞研究都将语体(这里当然是修辞学视野中的语体,而非语体语法所言的语体)研究作为自己的重要领地,语体学研究基本上可以看作是修辞学(尤其是传统修辞学)的一个分支学科。这种语体观,我们称作修辞语体观,基于这种观念的语体研究可以称作修辞语体学。

修辞语体观主要是从表达效果和文体类型来看语体的。传统修辞学对语言

现象的研究多从表达效果、风格特征出发,因此对语体的认识也主要从某种效果、风格可以选择哪些变体形式、表达方式去实现这个角度来考察,这也就常与风格学、文体学相关联。基于此,这样的研究路径往往将文体类型视为语体特征的集合体①。如果落实到具体表达的语体特征,最受关注的就是口语和书面语的二分,其中书面语体又常常根据文体类型进一步区分为事务语体、科技语体、政论语体、文艺语体等。然而这种对口书两体及相关文体类型的说明,往往都是整体性地指出若干表达形式的多少之别,没有系统的结构关系层面的分析。即便在某些句式、词义辨析、搭配分析中看到了语体问题,也多为个案说明,而没有对其背后的形成机制做出规则性刻画。

语体何以作为修辞研究的对象,或者说长时期里只是修辞学关注的对象?根本原因在于,在结构主义语言学时期,语法学和修辞学界畔分明,在此学术背景下至多谈及修辞和语法的"结合",而且即便主张结合,总体而言仍然是修辞归修辞,语法归语法,难以形成真正意义上的互动,更难以从一个学科审视另一学科的领域。但这也恰恰昭示着一种可能的分析路径,即从语法的角度来看语体问题(当然,这必然会牵涉对"语体"概念的调整)。事实也正如此,修辞语体观在近些年的探索中也有发展,即结合功能语法的分析路径来探索言语活动中的语体特征,其中以刘大为(2013,2017)等研究为代表。对此,我们放到下文的功能语体观中去说明。

2.2 语法语体观

语言交际立足于表达功能,落实于结构形式。因此,语体研究自然就可以从功能和形式入手。如果这种功能和形式具有结构法则性,那么从语法的角度介入到语体研究中去,自然就有了可能。这便形成了区别于修辞语体观(本质上是艺术手段的语体应用和实现)的语法语体观(本质上是形式系统具有的语体功能)。修辞语体观由于强调的是效果和风格,因此对语言表达形式的分析主要是汇聚式的分项列举说明,总体而言缺少规则化的建构。而从语法规则入手,则意味着语体研究范式的重大调整。在吕叔湘(1978)、朱德熙(1987)、胡明扬(1993)等的倡

---

① 如陈海洋主编(1991:446)《中国语言学大辞典》在"语体"条下明确指出:"也叫'文体'。言语的功能变体。"在说明其构成要素时,其中有言:"系统的言语特点和言语风格。如抽象与具体、正式与随便、平实与藻丽等。它们是语体得以形成的内在语言学根据。"

导下,分语体的语法研究逐渐引起了学界的关注①。

无论是描写语言学,还是功能语言学、形式语言学,都有可能看到语言交际中的语体作用。由于切入点的不同,语法语体观目前形成了虽有交叉但总体倾向有所不同的三条研究路径:一是描写偏向的语体观,可称作描写语体观;一是功能偏向的语体观,可称作功能语体观;一是形式偏向的语体观,可称作形式语体观。相对于描写驱动的语体研究,功能语体观和形式语体观则是解释驱动的语体研究(两者又有本质差异)②。下面对此做简要说明。

2.2.1 描写语体观

在描写语法视野中,语法系统的成分及其特征的分布是其考察的基本对象,并对其做出某种定性,进而归纳出若干范畴。从语体角度来看,具有异质性的语法成分及其特征往往是观察的切入点,甚至是重点。相对于通用现代汉语,进入其中的外来的、古代的、方言的、社区的表达方式都具有异质的特征,这也就是语法研究中很早且很长时期里比较关注外来成分(尤其是所谓的欧化现象)和文言成分的语体属性的原因(目前方言表达和社区语言表达则较少从语体角度系统分析)。王力(1944)提出"欧化的语法"这个概念并分类举例说明;王力(1958)则对"欧化"现象做了更为全面的考察和描写,北京师范学院中文系(1959)在讨论五四以来汉语书面语的变迁和发展时涉及了新兴语法现象的外来影响。顾百里(Kubler 1985)和谢耀基(1990)对欧化现象做了专题论述;贺阳(2008)则是这方面的集大成者,按结构主义语法框架分类描写,统计用例变迁情况,鉴别项目欧化性质。孙德金(2012)则在提出界定现代书面汉语中文言语法成分的方法的基础上,重点考察了若干文言词语(主要是文言虚词"其、之、于、以、所"等)和句法结构在现代书面汉语中的分布③。

---

① 这个阶段虽然注意到了语法研究中一直对语体问题有所忽视,也注意到了不同语体有不同的说法(语法),但是都没有提出"语体语法"的概念和理论,而这方面正是语体语法的突破之处和创新之举。
② 正如功能语体观也谈形式那样,形式语体观也谈功能,但两者关于形式和功能的关系认识不同,简言之,前者强调语体形式对交际功能的依存性(常言之为"功能塑造形式"),后者强调语体形式在实现语体功能时具有形式系统的自主性(可言之为"形式分化功能")。
③ 正如现代的语言描写往往辅之以某种解释一样,孙德金(2012)在语体成分分布描写的同时也从文言语法成分的语言价值方面做了一定的解释,但这种解释跟功能语法的解释并不完全相同,而更倾向于传统语法的"规范式"解释路径。因此,这里没有将它归入功能语体观。

描写是一切研究的基础,这些描写成果有很多后来为功能语体观和形式语体观的研究所吸收,并被赋予新的阐释。从这个意义上说,分布分析驱动的描写语体观可以看作是解释语体学兴起与发展的过渡阶段。与上面这种基于异质成分分布描写的语体考察不同,伴随着语料库语言学的兴起,描写语体观出现了一条新的研究路径,就是基于大规模语料库的语体特征及语体变异模式考察,其中影响较大的是以 Biber 等人(如 Biber 1988;Biber & Conrad 2009 等)提出的"多特征/多维度分析法"(Multi-feature/Multi-dimensional Analyses)为参照,对汉语语篇的语体特征做出数据分析和特征概括(如刘艳春 2016,2019)。当然,这样的研究尚未严格区分语体、文体及语域。这种基于数据驱动的分布分析路径是一种新的描写主义归纳法模型,这种语体研究赋予分布分析以新的观念和视野。虽然这种语体观也注重功能分析(如其所参照的语言特征及其对文本语篇的分析带有很强的功能倾向),但其根本路径则是对语体特征的分布维度分析。

2.2.2　功能语体观

在功能语法的视野中,语法由功能塑造而成,或者说交际功能是语法形成的根本动因。由于将语体看作功能,功能语体观必然主张语体对语法要素和格式有塑造作用。其中,陶红印(1999,2007)、张伯江(2005,2007)、方梅(2007)等对汉语语体的功能研究具有引导之功。

功能偏向的语体研究视野中语体实际上仍有鲜明的文体倾向,但不再将文体作为一个整体来看其所具有的特征集,而是看某种语体特征在某个文体类型中的表现,而且其文体类型往往也突破了传统文体的分类方式,重视具体功能要素在文体、语域中的表现,如叙事语体、说明语体、描写语体、论证语体、操作语体等。它不再局限于口书二体,而是强调语域篇章的个性化细分。因此,它将这些功能看作语体变量(或曰语体参数、语体要素),重视语体变量对语法形式中表现出来的语体特征的选择与偏爱。从实际研究表现来看,其中的语法多偏于句法,尤其是特定句法成分的选择和使用,句法成分显隐的功能表现等。

显然,这样的研究跟具体的文本篇章、特定的语域场景相关联,它特别重视使用频率在不同文体、篇章、语域中的偏向,以体现语体对语法的影响。

上文指出,修辞语体观在结合功能语体观的基础上得到了新的发展。如刘大为(2013)主张"以言语活动为依托探讨对语体的本体认识,以及以语体变量为核心的语体研究方法",系统梳理了相关语体变量,并提出了语体研究的若干范式。这种语体研究新路径,与其说是基于修辞的语体研究,毋宁说是面向修辞的功能语体研究。

2.2.3 形式语体观

这种语体观重视语法形式的语体功能和语体功能的形式表征,尤其是基于交际时空特征和韵律语法特征的语体探索,并在大语法的范围内探讨语体系统和语体学体系问题(冯胜利、施春宏 2018a,2018b)。它是在研究当代书面语法"相对独立性"(冯胜利 2003)的基础上提出来的一种语体研究新范式。在对区别于口语的书面正式语体特征进行研究时,冯胜利(2010)基于交际距离和关系对语法合法与否的影响而明确提出了"语体语法"这个概念,并论述了语体的机制及其语法属性,提出"语体必两极对立而后存"的主张,并认为"正式与非正式(书面体/口语体)"和"典雅与便俗(文雅体/白话体)"①是构成语体的两对基本范畴;由此,冯胜利(2011)对"语体"内涵做出了新的界定(见下)。此后,冯胜利等学者对语体语法的研究做出了独具特色的系统探索。

做语体研究当然不能不管功能,语体本身就体现为一种功能,但形式语体观和功能语体观的关键区别在于如何定位功能和形式之间的关系(是从形式规则的合法与非法中发现语体功能之别还是重视功能因素影响特定语体成分的分布,是系统的语法规则还是某一语法特征或规则的选用),最终体现于两者的旨归不同,形式语体观试图建构语体语法的形式系统及其运作机制,功能语体观重在探求语体形式的功能动因。即形式偏向的语体观是以形式系统为立足点,看形式之别是否体现出功能差异,如单双音节词语之间、不同性质的单音节词语之间有无句法表现的差异?这种差异是个案的还是系统性的?实现了怎样的功能差别?这种功能差别是否也是元始性的、系统性的?形式语体观发现了系统性的形式差异所体现的功能之别,是从形式看功能,进而确立形式—功能的对应关系。

由于语言系统是经由语法而运作的,因此这种语体差异以其一致性原则贯穿

---

① "典雅与便俗"后来调整为"庄典与俗常"。需要注意的是,形式语体学中的"口语"和"书面语"以及"正式"和"非正式"、"庄典"和"俗常"跟修辞语体观中的同形术语理解有别,它们是基于语法特征的范畴,而非修辞效果、表达风格的概括,即这些范畴关注的是"是不是、对不对"的问题,而不是"好不好、佳不佳"的问题。

于语言交际的所有领域中。基于此,这样的语体研究不必依托于对具体文体类型、文本篇章、语域场景的划分。"语体系统的本质不是语用而是语法,它是特定的语法形式与特定交际环境之间的有机对应和规律分布,因此才叫作'语体语法',而不是'语体语用'。当然,语体语法是在语用中实现的。"(冯胜利、王丽娟 2018:129)形式语体观不是不讲功能,而是着眼于从语言结构内部来分析功能的差异所在,即强调区别性功能,外在动因只是一种推力,促动语体出现语法的差异,语法的塑造还得靠语言系统自身所提供的结构化机制。语体语法的基础在语体,机制在语法,而不只是语言使用中具体语言项目的语体特征或语体效应。虽然语体现象本身存在于语言使用中,但它重在语体现象的合法与否,而不只是关注语言使用中某些特征的倾向性分布。语体语法的根本目标是在语体现象合法与否的分析中系统刻画语体系统中的语法形式与基本交际功能之间的匹配关系以及负载这些匹配关系的语言成分和语法范畴的分布状况。这是语体语法中的语体观与其他语体研究中的语体观的根本差异。

由上可知,语体研究呈现出"双峰并峙,三江汇流"的态势,共同构成了语体学系统。我们可以将整个语体学系统的内在关系概括如下:

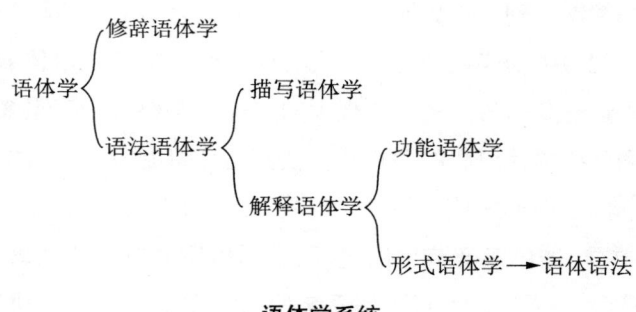

语体学系统

相对于修辞语体学,功能语体学和形式语体学这两种语法语体研究范式成为当下语体研究的热点,描写语体学的基本认识也逐步融入这些观念中。基于此,"双峰并峙,三江汇流"又可以看作"双峰并峙,二水分流"。

语体之所以渐渐成为语法研究者眼中的"宠儿",概因当代语言学研究特别重视对语法结构的生成机制和约束条件的分析。不从结构上去分析语体,那么语体的真正特征是什么,形式合法与否,就很难得到系统性的挖掘。语体是语言交际的体式,语体语法通过具体的语法手段和形式及其运作机制来实现和表现其功能。这样,就运作机制和表达手段而言,语体问题可以划归到语法问题。因此,从理论上说,上述语法语体观的两种基本研究路径(功能语体学和形式语体学)虽都有可能建立关于语体的语法学(当然,所建之"学"并不相同),但就本项研究而言,则是基于形式偏向语体观而发展出来的语体语法学①。下文便将"语体语法"作为一个专名来使用,特指正在建构和发展的以语距原则为理论核心的新语体学——形式语体学(Formal Regisology)。

三、语体语法的基本理念

语体语法学是以新的语体观念为基础来研究语法的一门分支学科。语体语法学的基础是重新定位的语体,其根本目标是通过对语体系统中的语法机制和手段进行体系性建构来描写和解释"语体形式—语体功能对应律",这是一般意义上的"形式—功能对应律"的语体体现。当然,这里的核心问题就是对"语体"的理解,只有基于语法(学)的目标而建构的语体学才有可能发展出语体语法的理论。显然,这还是在探索中的一种研究路径,其基本任务是:面对整个语言的语体系统,探究原理(本质和通理),建构体系(单位和层级),刻画机制(原则和规则),解析动因(关系和距离)。

3.1 语体之于语法

语体语法的起点就是对"语体"内涵的重新定位,它从人类交际的元始(primitive)属性、基本功能出发来理解语体的本质。语言交际最基本的要素就是交际双方在什么场合用怎样的方式态度说什么话,交际对象不同,交际场合有别,说话方式态度有变,说话内容有异,都有可能造成语言表达方式的差异。如在家

---

① 朱军(2017)的著作《汉语语体语法研究》名为"语体语法",但实际所指及对语法的理解与我们的认识有别。作者是这样阐述的:"在不同的语体中语言现象的分布存在着差异,语法规律的适用性也有差别,语法具有明显的语体特征,可以说,一种语体有一种语体的'语法',我们称之为'语体特征语法'或'语体变量语法',简称'语体语法'(One Style One Grammar,简称 SG)。"显然,这是功能语体观,立足点是基于其所考察的语体特征或者说变量在文体中的分布情况,与我们所言的语体语法虽有某些相通之处,如都主张"一体一法"(One Register, One Grammar)的观念,但存在本质差异。

中饭桌旁,妈妈不会告诫孩子"不宜出声",一般会说"不要说话";政府工作报告一般不宜用"搞个调研",而说成"进行调研"之类。在长期的互动交际过程中,这些交际方式便会激活一些体系性的语法形式与之相对应。而所有这些,最根本的需要就是确定交际双方彼此之间的距离,是近距离还是远距离,是高位置还是低位置,而这些都是为了表达彼此之间远近亲疏、高低上下的基本关系,或亲近或正肃,或庄敬或俗谐。这种用语言手段来调节和表达的交际距离,可以称作"语距"。显然,这里的交际距离,本质上指心理距离、文化距离而非物理距离,而交际关系正是这种心理、文化距离的体现,语体正是这种语距功能的语法表现。

基于这样的认识,冯胜利(2011)首次将"语体"定义为:"语体是实现人类直接交际中最原始、最本质属性(亦即确定彼此之间关系和距离)的语言手段和机制。"在此基础上,冯胜利、施春宏(2018a)在表述上略有调整:"语体是实现人们在直接交际中具有元始属性的、用语言来表达或确定彼此之间关系和距离的一种语言机制。"显然,这种语体观是将语距作为定位语体乃至建构语体语法的核心概念,这种观念是前所未有的。由此,可以将以语距为表达基础同时也是根本目标的语体原则称作"语距原则",这是语体语法的理论核心。更进一步看,与既往语体观的本质不同的是,这种定位主要依赖于语体机制及其实现手段:语体机制是指在语体原则支配下实现语体功能的语法机制,即语体语法的构造系统和运作原理,最根本的机制是"语体形式—语体功能对应律";语体手段是为实现语体机制而采取的语法手段,即在语体语法系统中所采取的变形标距继而别体的具体方式。在上述理解的基础上,我们这里进一步将语体的定义简括如下:

语体是用以确立和表达交际双方距离和关系的语言机制。

语体语法考察语言表达是否具有语体属性,就是看它在特定时空中是否起到确立交际双方彼此之间距离进而表达交际双方彼此之间关系的作用;而如何确立某种语体的语法特征,就是看它采取了怎样的语法手段,形成了怎样的语法范畴,这些语法范畴之间构成了怎样的语法规则、通过怎样的语法机制来运作的。

从语法角度来看语体,其语体特征体现为这样一些基本属性:其一,它是非修辞的语体,关注语体形式表达"对不对"(合法与否)而不是"美不美"的问题;其二,它是定距离、别关系的语体,只有在距离和关系上体现对立的语体特征才是语体语法关注的对象;其三,它是讲机制的语体,各种语体是不同层面语法手段运作的结果,而不只是个别语体特征或成分的倾向性分布(虽然语体成分分布的倾向性往往是考察语体特征的重要切入点)。

3.2 语法之于语体

前面说过,语体语法视野中的语法是一种大语法,包括音法、词法、句法、章法、义法。语体之法,不是修辞表达或通用语法的变体,而是语体系统中的语法。因此,凡是能够且只有起到定距离、别关系的语言形式和手段,都是且才是语体语法所要考察的内容。既然是语法,就需要确定语体成分及其结构关系,并对其基本特征做出语法学意义上的定性和定位。在此基础上,需要探讨不同语体系统各层面语法成分之间的基本的运作原则和规则系统,刻画其生成机制和语体特征。如果只是着眼于某些结构或特征体现出的语体分异性,那么这只能说是语体对特定语法成分的选择和使用,而本身并不构成语法系统。语法的基本特征包括概括性、抽象性、结构性、系统性等,其形式系统的规则性表现要体现于组合规则和聚合规则中,因此其规则体系具有生成性和能产性。例如:

(1) a. 他购买和安装了一套音像设备。
　　b. *他买和装了一套音像设备。

"购买/买了一套音像设备"和"安装/装了一套音像设备"都能说,但"$V_{\sigma\sigma}$和$V_{\sigma\sigma}$+NP"合法,而"V_{σ}和V_{σ}+NP"不合法①,这是因为"V和V+NP"是正式体的表达手段,在口语非正式体中自然不合法了,由于存在单双对立的机制,因而正式体中的V必双而后成立。而且这种双音节词所具有的正式语体特征不仅体现在上面这样的例句及其抽象结构中,在很多受到单双音节控制的语法现象中也都有系统的表现。例如:

(2) a. V合偶词+V 式:联合调查/*联合查
　　b. V形式动词+O 式:给予赔偿/*给予赔
　　c. OV 式:图书购买/*图书买/*书购买

---

① σ代表音节,V_{σ}表示单音节动词,$V_{\sigma\sigma}$表示双音节动词。

d. 走向山顶(正式)/向山顶走(非正式体或通用体)

e. 山上架有大炮(正式)/山上架着大炮(非正式体或通用体)

由此可见单双音节及其组配方式对语法的控制所体现出来的语体机制具有很大的概括性①。

例(1)和例(2)中所体现的语法上的系统对立正是语体二分对立的反映,正式体具有泛时空特征,体现为较远的距离和关系;非正式体具有具时空特征,体现为较近的距离和关系。在有对比的情况下,双音节词比相应的单音节词在语义上概括和抽象,对特定时空的依存度低,故有此表现。因此,从语体角度来看语法,其语法形式体现为这样一些基本属性:其一,它是分语体的语法,距离和关系不同,语体也有差别,并由此导致语法表达系统的不同,即语体不同,语法有别;其二,它是讲时空的语法,语法形式的差异体现为时空度的不同,即时空不同,语法有别;其三,它是成系统的语法,这似乎是语法的当然之义,但目前的语体研究又并非如此,语体语法中所概括出来的语法形式和手段并非个别项目的结合,而是具有概括性的抽象原则和规则,以系统的形式手段处理异质化的交际功能。

由上面两个方面可知,语体语法的形成正是由于语体的语法性和语法的语体性两相契合的产物,因此在这种体系中,语体成分及其关系是语法的,语法成分及其关系也是语体的,两者之间具有系统对应性。在这种意义上,我们可以在抽象层面上说:语体=语法。由此,我们可以为语体语法构建出一个结构化的系统,即确立各层级的语体单位,以及由各层级语体单位所构成的整个语体体系。为此,冯胜利、施春宏(2018a)建构了语体语法的语体单位和层级:从语体语素到语体词、语体短语、语体句,再到语体段、语体篇,每级单位都有自己的语体音(语体音位、语体词音、语体短语调、语体句调、语体段调、语体篇调)和语体义(语体义素、语体词义、语体短语义、语体句义、语体段义、语体篇义),这样可以对每一个单位层级进行语体研究,从而建构出具有层级结构关系的语体系统,由此进一步建构出语体学系统。具体分析参见该文,此处从略。

---

① 有的是合法与否对立(如例 a—c),有的是彼此对立(如例 d—e)。更多用例参见王永娜(2016)、冯胜利、王永娜(2017)。需要注意的是,并非所有受单双音节控制的语法现象都是语体机制造成的,而是说正式体和非正式体之别在单双音节控制的语法现象中有系统的表现。

四、语体语法的考察视角

语体语法的根本目标是探索语体语法系统的根本机制（即"语体形式—语体功能对应律"），而不只是关注一形一体的分布表现。也就是说，要将各个层面、各个方面的诸形诸体的分布表现整合起来，挖掘支持其多样分布的结构化、一致性的运行原理。系统运行的基本机制有限而明确，同时又极具张力，贯通于语体系统的各个层级。只有这样，才能有效地发掘原理，建构定律，形成规则。而为了有效地概括语体机制，就需要我们基于语体语法的基本原理找到行之有效的考察路径和视角。由于语言系统中不同语体因对立而存在，这种语体合法度的对立必然体现于语法运作机制的差异，这样，我们就应该从语体对立的角度来概括说明语体语法的考察路径和视角。任何语体现象都是处于结构之中，而结构是由组构成分及其关系所组成，因此考察语体对立，就要立足于结构中的成分对立和关系对立这两个方面。成分有各个语法层面的音、形、义；关系有内在关系和外在关系，对语体语法而言，最根本的关系是时空关系。基于这样的思路，下面利用学界既有成果简要概括语体语法的若干考察路径和视角，以展示其所体现出来的语体差异。这些方面实际也是语体实现机制的基本路径。

4.1 从语体表达的时空特征看

语体语法的基本原理来自语言表达的时空性，而语体时空表达法就是用语法手段把正式和非正式、庄典和俗常的距离拉开（冯胜利 2010，2011；王永娜 2016）。这样，时空特征就是我们考察语体表达的基本路径，也是鉴定语体特征的基本依据。时空特征的考察可以从两个角度来看，一是交际时空，一是语法时空（冯胜利 2015，2018）。语体语法视野中的语体是通过语法机制及其手段来确立和表达交际距离（远近高低）和交际双方彼此之间的关系（亲疏庄俗），因此考察交际的对象（双方的社会关系、身份地位、文化层次等）、内容、场景、态度方式等时空特征的差异必然是其研究路径的基本出发点。在人类交际场景中，这些人、事、地、意的差异必然会规律性地重现，进而形成一些固定的交际体式，这就是语体。距离远近和关系亲疏体现为语体上的正式与否；而文化层次、身份地位的高下不同体现为语体上的庄典和俗常之别。

语法时空则是指语法表达中所体现的具时空（口语非正式性）、泛时空（正式性）、超时空（庄典性）等语体属性。其中具时空和泛时空的对立尤其惯常和普遍。

(3) a. 购买图书～购买一本图书　　b. 买书～买一本书
　　c. 图书购买～＊一本图书购买　d. ＊书买～＊一本书买

相较 VO 式的"买书"而言，"购买图书"这个表达因使用双音节词及"双+双"韵律模板而比"买书"要显得正式一些，但 VO 式本身是个通用体表达格式（故"买书"和"购买图书"都可以），因此 O 前可以用具体的数量来限定以体现相对的具时空特征。而 OV 式只属于正式体的表达格式（故"书买"不合法），具有泛时空特征，此时 O 便不能再用具体数量来限定（即"一本书买"固然不合法，"一本图书购买"同样不合法）。又如，据考察，"了$_1$"和"了$_2$"在中国总理《政府工作报告》(1999—2008 年)中的分布呈现出巨大的差异，只有"了$_1$"而没有出现一例"了$_2$"（孟子敏 2010，2013）。究其原因，这是因为《政府工作报告》的表达很正式，而"了$_2$"表达的是"话主显身的主观近距交互式语体"（王洪君等 2009），是具时空的语法标记形式之一。

4.2　从语体成分的轻重长短看

语体成分的轻重长短常能体现语体的对立特征。如音节和声调的常和变往往体现出语体特征的差异。一个词，若音足调实，则或为通用体或为正式体，而若轻声化、儿化，则必为口语非正式体。如"吉祥"，在"吉祥如意"中念作"jíxiáng"，比较正式；若说成"jí·xiang"（如"您吉祥"），则用于日常口语交际中；"鲜花"和"花儿"也有语体之别。反之，若一个本已轻声、儿化的词发生去轻声化、去儿化，则变成正式体或通用体，即在口语基础上加工出书面正式表达形式，需要减少、删除轻声、儿化现象。如"台湾"作为一个地名，在 1895 年以前老百姓念作"táiwan"，1895 年台湾被割让给日本后念作"táiwān"（赵元任 1991:4），这种去轻声化正是一种由非正式到正式化的表现。下面三列动词存在长短之差，语体属性是有明显差别的：

(4) a. 挖　　种　　帮　　　b. 挖掘　　种植　　帮助
　　c. 掘　　植　　助

这里有两种对立关系及其语体属性:"挖、种、帮"用于俗常体,相应的"挖掘、种植、帮助"用于正式体,两者形成对立;而与"挖掘、种植、帮助"相对应的"掘、植、助"用于庄典体,两者也形成对立①。

4.3 从语体成分的自由黏着看

这里的自由黏着,既有句法方面也有韵律方面②。现代汉语系统中单音节词和双音节词各有两套,也体现了语体差别。"我、吃、好"这样的日常单音节词,句法和韵律上都很自由;而"校、予、力(~劝)"这种嵌偶单音节词,具有"句法自由而韵律黏着"的特征,即必须组合成双音节的韵律词才能使用(黄梅 2015)。例如:

(5) 校:我校、离校/＊我的校、＊我们校、＊离开校
   予:应予支持、予以支持、不予支持/＊予支持
   力:力劝、力保/＊力劝阻、＊力保证

这种必须合单为双的运作机制,体现出庄典体的特征。

像"眼睛""学习""漂亮"这样的日常双音节词,句法和韵律上都很自由;而"进行""广大""极为"之类则是在现代汉语书面语中发展出来的合偶双音节词(冯胜利 2003;王永娜 2015),在最小使用时(即只跟一个词组合)韵律上不自由,必须跟另一个双音节词组合成"双+双"的韵律模块后才能合法使用。例如:

(6) 进行:进行教学、进行挖掘/＊进行教、＊进行挖、＊进行掘
   广大:广大人民、广大官兵/＊广大人、＊广大官、＊广大兵
   极为:极为严格、极为惊险/极为严＊、＊极为惊、＊极为险

这种必须组双而立的运作机制,体现出正式体的特征。

4.4 从语体构式的悬差平衡看

为说明方便,这里将体现语体功能的结构单位称作"语体构式",而将语体构

---

① 一般语体分析常常将"挖掘"类词语和"掘"类词语都被归入书面语,模糊了它们之间的语法对立(如"挖掘潜力—＊掘潜力、＊挖掘土—掘土"),实际上两者仍有语体之别。另外,例中"挖"类词语和"掘"类词语的语体差别则不是来自语法成分的轻重长短,而是属于下面所言的韵律上的自由黏着之别。
② 注意,功能词的韵律、句法常不自由,因此其别体表现不能从语体成分的自由黏着来看。

式的组成部分称作"构件"。构式内部不同构件之间的结构属性和韵律特征差异能够形成语体对立。

(7) a. ＊吃饭食堂／吃食堂　　　　b. 收徒北大／＊收北大

例(7)中"＊吃饭食堂"和"收徒北大"都是"$V_σO_σ$+Loc","吃食堂"和"＊收北大"都是"$V_σ$+Loc",但两组句法格式的合法性存在对立。原因是两者的韵律组配模式并不相同,前者表现为"音节+音步"([σ+f])的韵律模式,属于悬差律,后者表现为"音步+音步"([f+f])的韵律模式,属于平衡律,悬差律适用于口语体,平衡律适用于正式体(王丽娟 2018)。

4.5　从句法关系的层级高低看

从动静两个方面来认识:静态的句法位置高低和动态的移位距离长短,都有可能形成语体对立。如"唱"和"歌唱"所带宾语的类型不同,合法与否形成对立:

(8) a. 唱:唱美声／＊唱祖国　　　　b. 歌唱:＊歌唱美声／歌唱祖国

就两者在句法结构中的位置来看,"唱"类单音节动词搭配的旁格宾语(方式类、工具类)主要分布在句法层级较低的位置上,"歌唱"类双音节动词搭配的旁格宾语(原因类、目的类)主要在句法层次较高的位置上;在句法操作中,本来处在同一句法位置的"歌唱"和"唱"随之移到高低不同的轻动词句法位置,形成各自不同的句法结构。两类动词及其所带宾语的差异体现了不同动词的时空之别(冯胜利 2015;骆健飞 2017)。日常交际中的单音节动词(区别于嵌偶单音节动词)时空性强,可以带具体的工具、方式之类的具时空性旁格宾语;反之,双音节动词时空性弱,无法携带工具、方式类旁格宾语。时空性强,偏于非正式体或通用体;时空性弱,则偏于正式体。

又如,如前所述表达"话主显身的主观近距交互式语体"的"了$_2$",根据生成语法的制图理论(Cartographic Approach),它带有语力(Force)功能,其句法位置在 CP 层内(属于 CP 分裂出的一种功能类型),这是口语性功能成分所实现的句法位置,多体现人际交互的特征。具体内涵参见下文 5.3.7 节关于语体手段"定界结构层级"中的说明。

4.6 从语义内容的具体抽象看

这里的语义,既包括词汇意义,也包括语法意义。语义内容的具体和抽象、特异和概括,都可反映语体之别。这既体现于词义结构中,也体现于句法格式义中。词义的具体和抽象之别在单双音节词的对立中有系统的体现,一般而言,双音节词比相应的单音节词在语义上概括和抽象,对特定时空的依存度低。如"路"可以用于各种大路小路、陆路水路,如村前的小"路"、上山的弯"路"等;而"道路"则多用于人马通行的大"路",而且常比喻抽象的历程、路线、途径,如"创作道路、革命道路"。又如"写、描、描写",《现代汉语词典》第7版(商务印书馆,2016)的释义:

(9) 写:用笔在纸上或其他东西上做字:~草字 | ~对联。(1450页)

描:照底样画(多指用薄纸蒙在底样上画):~花 | ~图 | ~张花儿样子。(906页)

描写:用语言文字等把事物的形象或客观的事实表现出来:~风景 | ~人物的内心活动。(906页)

显然,"写"和"描"的时空要素都比较具体,如具体工具(笔、薄纸)、方式(做、蒙在底样上、照底样画)、地点(纸上、底样上)等;而"描写"则比较抽象,如抽象工具(语言文字)、抽象方式(表现形象或事实),且没有特定的地点。比较而言,"描写"显得正式。

动词重叠式 VV 式(包括 $V_\sigma V_\sigma$ 和 $V_{\sigma\sigma} V_{\sigma\sigma}$)往往用于非正式体中,如"改改、研究研究",因为这种重叠式往往表示"量小",即动作持续的时间段(时量小)或进行的次数少(动量小),这种语法意义比较具体。像例(7)的"V+方式/工具宾语"和"V+原因/目的宾语"的语体之别与这种论元结构的语法意义抽象程度不同有关。

上面只是列举了考察语体实现机制的几种路径(其中,4.1 及 4.5、4.6 这三方面主要从时空性着眼,4.2、4.3、4.4 三方面主要从韵律形态着眼),更丰富的考察路径还需要进一步探索。语体语法对语体机制的探讨,已远超既往研究主要集中于词汇中的语体差异和特定句法现象的语体表现等范围,而将系统发现语体特征差异在语法现象合法与否上的表现、寻找"形式—功能对应律"作为主要的研究目标。关于这些语体语法机制的具体操作方式,我们将在下文 5.3 节"语体手段的系统性"做出说明。

五、语体语法的基本机制

语法的本质在于,其基本运作机制应该具有原则和参数相结合的特征;语体语法作为语言交际的一种普遍机制,也必然通过原则和参数的相互作用来运作,这种语体原则和参数必然通过具体语体手段的操作,系统地体现于语体语法的各个部门和层面。这是概括语体语法特征的基本角度。基于此,我们从语体原则的普遍性、语体定律的参数性、语体手段的系统性这三个带有方法论色彩的宏观角度来认识语体语法的基本特征。

5.1 语体原则的普遍性

上文指出,语体语法以"语距原则"作为理论核心,这是贯通语体语法各层面的指导性原则。这里谈的语体原则,是操作性原则,主要从语体语法作为一个系统而运作的基本原理和根本法则来认识。具体而言则是:不同语体之间的根本属性差异是如何体现的,特定语体中具体语体成分的价值是如何实现的,各种语体属性之间存在着怎样的一致性关联。上文对语体和语法关系的理解以及对语体机制实现路径的考察,已经初步揭示出语体语法的普遍性特征,这里再进一步从语言成分价值确立的一般原则来看语体原则的普遍性特征。

结构语言学确定语言成分价值的根本原则就是区别性原则(或曰差异性原则),即一个语言成分在系统中的价值取决于它不同于系统中的其他成分,其基本特征就是在特定系统中所形成的对立关系(索绪尔1916,1980)。因此,对立关系是价值判断的依据。对立,既包括彼此对立,也包括是非有无对立。有对立才能差异性存在,才有合法与否的判断。对立关系的普遍性是语法之所以成为语法的基础。基于对立,不仅看到"有"某种现象,还能看到"无"某种现象,而且对"无"的挖掘、描写、解释和预测,更能为"有"在系统中做出定位。语体语法成分的价值自然也是由彼此、有无的差异对立来定位的。如对例(1)中的"V 和 V+NP",若从"所见即所得"出发,只能看到"$V_{\sigma\sigma}$ 和 $V_{\sigma\sigma}$+NP",因为非法的"V_σ 和 V_σ+NP"不能出现于交际中,而前者的语体价值恰恰是通过与后者的对立而体现出来的。语体语法关注的正是语法形式的合法与否问题,而判断合法与否的根据来自不同语体之间存在的对立关系,即正式与非正式、庄典与俗常的对立在语法形式上的反映。而且,更为关键的是,这样的语体对立在语言各部门和各层面都存在且形成系统,是语言整体性的一种表现(参见冯胜利、施春宏 2018a,2018b)。这是语言系统内部语体原则的普遍性。

由于语体语法以确定和表达交际双方的距离和关系为理论基点,而这种交际距离的远近高低和交际关系的亲疏高下的对立又具有普遍性,因此语体对立自然就具有普遍性特征。也就是说,语体语法所面对的是整体语言事实,而非特定的文体、篇章、语域,它的特征体现于文体、篇章、语域之中,但某个文体、具体篇章、特定语域的语体特征并不必然限定于该文体、篇章、语域。这是文体、篇章、语域之间语体原则的普遍性。如所谓的文艺语体,其表达方式实际上是个"大杂烩",所有的表达手段、语体特征都可使用。又如从功能角度来看的操作语体,实际存在语域之别,见于书面的操作指南和电视介绍中的操作指导,语法形式差异甚大,如前者较多使用"文气"的"将"字句(陶红印 1999),后者基本上只使用"把"字句,可见"操作"功能本身不是决定句式使用的根本,而使用者如何表达交际距离和关系才是这两个句式区别选用的主要动因。

语体原则的普遍性必然体现于分析路径的同一性。即语体特征的差异,都可以从交际对象、内容、场所、态度方式等方面加以分析。例如,无论是什么文体,或者什么场合,如果它使用了"合偶双音词+宾语"的形式(如"进行调整、给予帮助"),就显得比较正式;若使用了"嵌偶单音词+单音词/单音词+嵌偶单音词"而组成的双音韵律词形式,如"(昨夜)抵京、屡遭(打击)",就显得比较庄典。可见,合偶双音词和嵌偶韵律词(指含有嵌偶单音词的双音词)之间存在着语体对立。不仅双双对立,单单也可形成对立。孔乙己的"窃书不为偷",表面是在词义上区分"偷"和"窃",实际上支撑这种用法的是语体之别:

(10) a. 偷:偷书(非正式体/俗常体)　　　b. 窃:窃书(庄典体)

"偷"和"窃"都是单音词,但性质不同,语体有别。这就意味着汉语语法系统中有两类语体性质不同的单音词,一为非正式体/俗常体(或通用体),一为庄典体。由此可见,口语体尚单,但不能说用单即口语体。

这种语体对立也可以体现在单双音节之间。例如：

(11) a. 偷:偷书(非正式体/俗常体)　　b. 偷窃:偷窃书籍(正式体)

类似"偷"和"偷窃"这样形成单双的语体对立也具有普遍性，如"家—家庭""好—美好""摆—摆放""搞—进行"等的单双对立都有语体差异。当然，正式体用双，并不意味着用双即正式体，像"大蒜""咸盐""溜达""搅和"都是由韵律构词机制而造成的口语词。

这样的单单对立、双双对立、单双对立，以及单双组合形式的对立(如"泡蘑菇—消极怠工")，甚至高低节奏对立(如"是非不分—糊里糊涂")等，并非只是某些词语的个体差异，而是在语言系统中具有普遍性。这些对立，体现出语言交际中正俚有差异，雅俗有分别。这种语体特征的对立，对整个语言交际具有全局性。

可见，语体语法体现出跨文体、跨篇章、跨语域的特征，即语体语法的形式非特定交际场景、特定语域、特定文类所独有，语体语法的功能也非特定交际中交流信息、叙述说明、抒情论辩的功能①。语体对立的内在机制作用于音系、韵律、词法、句法、篇章、语义等语言的各个层面(具体用例参见冯胜利、施春宏2018b)，即每个层面都有"别体"的语言表达形式和手段，而不只是以往所关注的句法(及词汇)上的单一现象与效应。语体语法"不仅是语言整体性的表现，同时也是语言整体中的一个独立范畴"(冯胜利、施春宏2018b)。

5.2　语体定律的参数性

既然语体是实现和表达交际双方距离和关系的语言机制，而这种语体功能具有跨语言共性，那么其实现和表达的基本范畴及其运作方式(正式与非正式的对立、庄典与俗常的对立)就具有跨语言的共性，古今中外，莫不如此。正如冯胜利(2011)所言："体别雅俗的根本在于'事'分雅俗及'人'有文白(读书人与白丁)的不同。因此，雅俗之文虽可变，雅俗之界不可无。"这实际上体现的是原则性("经")和策略性("权")的统一。当然，如何表达语体对立，其具体手段具有语言特异性，即不同语言间由于实现语体的参数设置不同而呈现出语体表达规则和具体特征的差异。这里基于汉语事实的研究状况来说明。

---

① 当然，特定交流方式、语域、文类，有的会存在某种语体形式的使用倾向。

语体对立的时空普遍性和促发语体对立的语法机制普遍性,导致语体基本原则在语言系统内部各层面的体现具有普遍性。语体语法的根本定律就是"语体形式—语体功能对应律",这是一般语法"形式—功能对应律"在语体中的表现。这里的功能也是基本语体功能,即体现交际距离和关系的功能,如正式和非正式、庄典和俗常等;这里的形式是体现语体功能的基本形式,如语音的轻重、形式的长短、句法位置的高低、语义特征的具体抽象等。它们之间的匹配关系,正是建立语体语法基本定律和结构规则的基础,不同的语体所形成的语法差异,正是不同形式和不同功能相匹配的表现。由根本定律可以派生出一些下位定律或者说准则,并形成系统性的基本规则,这些定律和规则是语体参数的体现,即具有参数性。基于对基本运作机制的探讨,目前语体语法研究发现了一些具有别体功能的具体定律或准则,概括起来如(当然不限于此,有待进一步探究)①:

5.2.1 时空定位律

语体语法的理论基石在时空,通过选择或调整时空要素而定体,从而形成具时空(非正式体)、泛时空(正式体)、超时空(庄典体)的不同语体特征。这些语体特征都体现于特定的语法形式中,即通过交际时空和语法时空的匹配而成体。

5.2.2 结构生成律

语体特征差异具有语法的结构性和层级性,通过句法操作形成形式差异而构体,从而使语体之法具有结构生成性。如句法位置高低有语体特征之别、移位距离长短形成语体正式度的差异和变化。

5.2.3 韵律调变律

韵律语法是语体语法最为显著的结构基础,通过韵律结构的特征差异而别体,从而形成不同语体的韵律结构系统。从形式调变的角度来看,韵律调变律概括起来主要体现为轻重律、参差律两个方面,它们本质上都是一种韵律悬差的体现,因此可以总体概括为离衡律(属于悬差律),而与之相对应的是平衡律(属于齐整律)②。相

---

① 由于语义运作定律尚未展开系统研究,这里的陈述主要涉及韵律(语音)和句法词法方面。
② 从术语层级及其分工的角度考虑,我们这里将离衡律、平衡律归入语体定律,而将悬差律、齐整律做更广的理解,既可以用来描写语体定律,又可以用来描述文体定律。如律诗合乎齐整律,词合乎悬差律(故词又称长短句),赋则是齐整律和悬差律的结合。如何将相关概念和术语系统化,也是语体语法当前所要展开的基础研究内容之一。冯胜利、王丽娟(2018)在论述韵律与文学的关系时,将韵律文体学的基本规则概括为齐整律、长短律、悬差律,这是合乎这种术语体系的概括。

对而言,语言形式上表现为轻重、长短、高低之别的,一般都是口语体;而合乎平衡律的,往往都比较正式、庄典。下面我们结合既有研究成果对各个定律的内涵做出具体界定,并举例说明。

5.2.3.1 轻重律

语体构式前后构件明显有韵律上的轻重差异,而这种轻重之差又能体现语体之异。轻重律又有两种表现形式:

一是音节内部韵素之间的轻重之别,可以看作是内部轻重。例如词语中后一音节有轻声或轻读的现象都体现口语体特征,而音足调实的语言成分则具有正式语体特征:

(12) a. 重轻式:文明点儿、您圣明(有轻声:口语体)
　　　b. 平衡式:文明起源、天子圣明(无轻声:正式体)

二是语体构式中构件音节数量的不同,可以看作是外部轻重(也可看作长短律)。相对而言,音节少者显轻而音节多者呈重。语体构式前后构件若有音节数量多少构成的轻重对比,则偏向口语体特征;若采取左右平衡的格式,则具有正式语体特征①。例如下面近义表达的语体差异,存在悬差的轻重式便带有诙谐的表达特性(数字表示词语的音节数):

(13) a. 轻重式:泡蘑菇、打酱油、走过场(1+2,口语体)
　　　b. 平衡式:消极怠工、袖手旁观、敷衍了事(2+2,正式体)

5.2.3.2 参差律

语体构式前后构件存在节奏上的不平衡,体现口语体特征;而具有均衡节奏感的平衡模式则不然。例如下面两类韵律复合词因节奏匀称度不同而存在语体差异(例中数字的大小表示语音的相对轻重):

(14) a. 参差式:稀里糊涂、吊儿郎当、乱七八糟(轻重模式:3124,口语体)
　　　b. 平衡式:左右开弓、水到渠成、家长里短(轻重模式:1324,正式体)

---

① 相对于"修理电脑、阅读报纸","修电脑、读报纸"显然是非正式体的口语体或通用体表达。而俗语性的"穿小鞋、走后门"则是非常口语性的表达了。王永娜(2017)对汉语动词在长短、齐整特征制约下所呈现的语体等级做了系统研究,请参看。

一衣带水、殷鉴不远、井然有序(轻重模式:1324,庄典体)

至于同样的轻重模式却体现出正式与庄典的差异,则不是参差律使然,而是受构件中是否存在"援古"成分的影响。庄典体更是不能采取离衡律的表达方式,即特定表达内的每个词都要音足调实,韵律结构无悬殊之别。

(15) 返京、校内;屡遭打击、此说甚妥

这里所概括的韵律调变律,最根本的就是能否实现为组构成分之间的平衡。规律具有普遍性,但落实到具体对象上则会有差异性表现,进而形成特定的规则。

基于离衡律和平衡律的对立,我们可以发现和解释更多的语体语法现象。如例(14)中不同类型的复合韵律词分别具有俗谐、正式、庄典的特征,而一般韵律短语则与复合韵律词具有语体功能差异。比如(朱赛萍 2015:29—32):

(16) a. 复合韵律词:稀里糊涂、乱七八糟[3124]→俗谐

　　　　　一衣带水、德高望重[1324]→庄典

　　b. 韵律短语:你来#我往、连蹦#带跳、爱来#不来→非正式体

例(16)中"你来我往"类韵律短语之所以具有非正式体特征,是因为其"韵律特征是两组轻重音节的组合,前后两个单位各有一个核心",而不是四个音节只拥有一个重音。在拉距对立中,它具有口语非正式特征。

这些定律是语体运作的基本规律,由定律可以进一步派生出语体操作规则。语体机制就是在这样的基本原则和基本定律支配下通过语体操作规则直接作用于结构成分及其关系,从而可以派生出各种语体表达手段和方式。

5.3 语体手段的系统性

语体的功能是确定和表达交际双方的距离和关系,它的形式是起到拉距变形作用的语言表达手段和方式。这种随语体变化而采取的不同语法操作方式就是语体语法手段,简称语体手段。语体手段是语体语法形式系统基本运作机制的具体表现。没有语体手段,语体语法就无法运作,就无法使语体成为"法",语体现象就无法关联起来,不同语体就无法呈现为一个独立的语法系统,建立语体语法学就难有作为。确立语体手段的原则自然就是上面所说的区别性原则及其所制约的对立关

系,只有在对立中才能体现语体不同而语法有别。而要实现对立,就需要在语法形式上做出变化,以体现拉距别体的效果。在语体语法基本定律的调配下,这种对立手段具有丰富的实现方式,从而在不同语体系统中形成特定的语体成分和语法格式。学界在语体语法研究中已经使用并归纳了若干语法手段,这里对此做一个相对系统的初步整理(暂不考虑词汇手段),更为全面的梳理有待进一步的研究。这些丰富的语体手段呈现出别体形式的系统性,贯穿于整个语体语法系统之中。

5.3.1 创新表达方式

现代汉语书面正式语体是一种新兴语体,因此除了构造新的语体词汇外,更需要创造一些新的表达方式,以拉开与口语日常表达的距离。如"进行""从事""予以"之类形式动词(属于合偶双音词),它的最小使用条件要求出现于"双+双"的韵律模板及相关句法结构中。这种组双构形的语体手段使相关现象成系统地持续出现于现代汉语书面正式语体中。

5.3.2 伸缩形式长短

汉语是个音节功能凸显的语言,这在语体上也有体现。上面多次提到的单双音节格式的语体对立,即是如此。其实,拓展开去,像汉语的重叠形式(如"家家""个个";"看看""研究研究";"漂漂亮亮""认认真真"),往往有口语性功能。又如通常表达中能够省略某些成分,往往也偏于口语,"读本书、看个展览"和"阅读本古书、参观个展览",前者的可接受度要远远高于后者,因为这是偏于口语的表达形式,后者若换成"阅读一本古书、参观一个展览",就自然多了。伸缩形式长短是表象,关键在于参与伸缩的语法范畴是什么,这个范畴具有什么样的语体特征,支配伸缩的语体机制是什么。

5.3.3 调节成分轻重

这方面已经有了很多研究,上面所论的悬差律基本上都与轻重比较有关。又如单音节动词的重叠式一般是口语非正式体,但若将重叠式的第二个音节读成音足调实时,也就具有了正式体色彩,如"弯弯腰""踢踢腿",教练员可以讲得很正式,此时重叠的第二个音节就不能读轻声。再如"V 个 N"(如"吃个饭""找个事",其中的"个"轻读)只能是口语非正式语法,不能为正式体语法所允准。

5.3.4 特化组合方式

口语体和正式体在句法组合上有系统差异。如"V 和 V+O"口语体不说(即

"买和读了一本古书"不合法),正式体完全可以(即"购买和阅读了一本古书"合法),两者的韵律机制不同。"N 的 V"(如"教材的编写""春天的到来")也只是正式体语法形式,而"VP 的"这种称名形式(如"修鞋的""跑堂的")只是口语体语法形式。

5.3.5 定界结构层级

根据形式句法学的最新研究进展,生成语法的制图理论将句法结构分成 CP(标句层)、TP(时态层)、vP/VP(事件层)三个层级,每个层级的句法性质和功能类型并不相同。就当下的语体研究而言,粗略地说,这些不同层级与语体特征之间存在着某种关联,如 CP 层倾向于口语性,TP 层倾向于正式性或通用体;相同层级内句法位置的高低也与语体特征有某种关联,如 vP/VP 层中轻动词相对低的句法位置,口语性相对强。另外,虽然 CP 层和 vP/VP 层都能体现口语性特征,但 CP 层属于人际交互的口语性(如语气词的使用,上文关于"了$_2$"的语体功能分析即属于此),而 vP/VP 层则属于句法结构本身所带有的语体属性。这方面的研究尚在探索中,但已开启了一个重要的探索领域。

5.3.6 变换成分位置

有些句法成分位置的差异体现语体功能的不同。如动词 V 和对象论元 O 有多种句法位置关系,VO 具时空强,用于通用体或偏于口语,如"创作一篇小说、写了论文";OV 则具有泛时空特征,是正式体,如"(*一篇)小说创作、*论文写(了)①",而"O 的 V"则正式度更高,如"小说的创作"。这个过程伴随着 V 的属性特征变化,OV 中的 V 在 O 变化位置的过程中一定程度上去动词化了。

5.3.7 移位距离长短(或移动位置高低)

相对于前面的显性语法手段,这里采取的语体手段是隐性的。如前文所言,"唱美声"和"歌唱祖国"的语体差别,就是因为动词"唱"和"歌唱"移位的距离不一样,移入位置句法节点的高低不同;而这种移位的动因是"美声"和"祖国"在事件结构中的论元性质差异与句法位置高低的匹配方式不同所引发的。这也是目前制图理论所特别关注的领域,语体语法理论已在这方面开始探索。

---

① 注意,句层面的"论文写了"是话题—述题结构,可以成立;短语层面的"*论文写了"是定中结构,不能成立。两者性质不同。话题结构的运作与 CP 层面有关。

5.3.8 凸显语义差别

语义的语体属性,之前尚未被学界关注,但实际上,如果相关词语在语义要素上形成对立,且这种对立折射出认知时空的差异,便会出现句法搭配上的不同,这就有可能反映出语体之别。如物体体积的大小(如"森林"和"树林")、分量的多少(如"人民"和"人")、内容的繁复和简少(如"考(推求义:＊考生词、考学理)"和"查(翻检义:查生词、＊查学理)")、概念的抽象和具体(如"家庭"和"家"、"海洋"和"海")等,都可以从别体的角度重新认识(冯胜利、施春宏 2018b)。

5.3.9 援用异质方式

上面都是语言内部手段,援用异质方式是语言外部手段。援用古代的、方言的、社区的、外来的他源异质表达方式,是汉语发展的重要动力。如汉语正式体中援用了很多外来成分(贺阳 2008)。而庄典体需要援古入今,如嵌偶单音词和某些文言句式的沿用,使书面表达既与口语拉开距离,也与正式体区别开来;"这一问题"比"这个问题"正式度高,是因为数词和名词直接组合带有援古特征。已经进入现代汉语表达系统的带有古代特征的成分,并非属于古代汉语,而是现代汉语的有机组成部分,其作用是拉距分体。而援用方言成分,往往具有口语性。他源成分的进入,往往有语体的需要,这是非常值得关注的地方。

上面所言的创新、伸缩、调节、特化、定界、变换、移位、凸显、援用等语体手段,只是我们基于目前的研究现状而做的归纳整理,随着认识的加深,还会发现新的语体手段。在这些语体手段中,既有内生创造也有他源援用,既有形式手段也有意义手段,既有显性手段也有潜性手段,既有改造手段也有凸显手段,而且这些手段体现于语言系统的各个层面,丰富而又系统,共同推动了语体语法机制的运作。

另一方面,上面在分析语体手段时,都是从单一角度来说明的,其实不同手段可以综合运用,即某个语体功能可以通过几种语体手段合力作用而实现。如嵌偶单音词本身是"援用",但在韵律成双机制的作用下,组成嵌偶双音词,这就是形式的"伸缩"。又如 OV 是"变换"成分位置,实际上也是与长短"伸缩"有关,只有双音节的才可以进入这样的结构,如"读书"不能说成"书读",而"阅读图书"则可以形成"图书阅读"。当然,对个别现象而言,一般只采取其中一种语体手段就可实现特定的语体功能。

六、结语和余论

就整个语体学大厦而言,经由修辞分析到语法考察,形成了当前修辞语体学和语法语体学两种研究范式"双峰并峙"的状况,而在语法语体学研究范式中,描写语体学、功能语体学和形式语体学又处于"三江汇流"的态势中(后两者又呈现"二水分流"的特征)。不同的语体学研究范式,对核心概念"语体"的理解虽有相通之处,实际却存在着本质分歧,常让人有此语体非彼语体之感。概念在变迁,观念在调整,范式在改变。至于它们之间如何形成积极有效的互动互进关系,则是语体学研究所要探索的新课题。

相对于修辞语体学,语法语体学可以说是语体研究的一次范式转变,或者说是尚处于形成新范式的过程中,以致被质疑其是否仍可称作语体学。就语法语体学内部而言(暂不考虑描写语体学),相对于功能语体学,形式语体学也可以说是语体研究范式的一次再创新,以致也不乏质疑之声:这样的语体研究是否偏离了语体学研究轨道。此前对语体的研究(无论是修辞语体学还是功能语体学),自然也会关注到语体的形式表现,尤其是功能语体学,特别关注语体的变量特征和特定语法成分的文体/篇章分布。但形式语体学在语体的内涵和原理及语体语法的体系性建构方面做出了新的思考和探索,明确地将"形式—功能对应律"作为语体研究的根本目标,将描写和解释语体现象形成、运作和发展的机制及其动因作为语体研究的核心论题,将语法的合法与否作为判定语体特征的基本依据,进而从形式系统的角度考察音系、韵律、词法、句法、篇章、语义及其用法等语法(指大语法)的各个部门和层面的语体特征,建构语体单位的层级系统和语体语法(学)的体系。由此可见,语体语法学是新近兴起的一门基于不同语言界面相互作用而生发的分支学科,它是在现代科学背景下,秉承当代语言学"结构"和"生成"两大基本原则(何大安 2001)而发展起来的语言科学。

当下语体语法(作为专名使用)尚处于理论建构的始创阶段,其基本观念、基础理论、概念体系、基本方法和方法论原则都处在探索的过程中。本文并非对语体语法的学理和学科的方方面面做出全面的概述,而是依托既有研究成果论证语体何以作为语法,在区分不同语体研究范式的基础上重点讨论语体语法的基本理念和基本特征,借此提出语体语法可以和需要努力的一些方面。显然,这样的梳理尚不全面,有待进一步的系统研究,尤其是对语体语法分析的基本路径和方法论原则,需要专题论述。只有对语体语法的本体论、认识论、方法论问题做出全面而深入的探讨,才有可能建构出系统、简明而又实用的简约主义语体语法体系。有学者指出:"语体学从语言系统运作机制上来看,理所当然地应该属于语言学的核心学科,但在学术界一个有目共睹的事实是,语体学日益边缘化。"(金立鑫、白水振 2012)语体语法的深入研究,庶几可以改变这种局面。

最后想说明的是,在"双峰并峙"的语体学体系中,如何使语法语体学和修辞语体学实现有效的互动互进,是一个需要重新探讨的话题。毋庸讳言,在语法学将语体现象纳入考察的对象时,本来以语体研究为重镇的修辞研究却似乎面临着新的挑战。然而,大数据时代为修辞语体的研究提供了新的发展机遇。当前,各类交际场景和语言成品数据(包括多模态数据)的获得与分析非常便捷,在此背景下,我们或许可以在一定程度上参照语法语体研究中注重可操作、重验证的研究策略,充分利用各类别各层级语域、文体、篇章在大规模数据中所呈现出来的语体变量类型及其组配方式、配制比例,建构语体变量系统及其运作规律,使相关认识原则化、参数化、规则化,进而精细而系统地刻画语域、文体和篇章的组织类型,语言风格的结构化特征,表达效果的浮现机制等。若此,庶几可以为修辞语体研究带来新的启发和认识,同时也为语体语法学提供更为充实的材料和理论参照,进而为在更高层面上构建修辞语体学乃至语体学的学科体系提供新的研究范式。也许,此时的语体研究,并没有修辞学路径和语法学路径的本质区分,而只有认知角度的不同,两者在互动中交融整合,语体研究也因此而回到问题的起点:语体,语言交际的体式。

参考文献

陈海洋主编　1991　《中国语言学大辞典》,江西教育出版社。

方　梅　2007　《语体动因对句法的塑造》,《修辞学习》第 6 期。

冯胜利　2003　《书面语语法及教学的相对独立性》,《语言教学与研究》第 2 期。

冯胜利　2010　《论语体的机制及其语法属性》,《中国语文》第 5 期。

冯胜利　2011　《语体语法及其文学功能》,《当代修辞学》第 4 期。

冯胜利　2015　《语体语法的逻辑体系及语体特征的鉴定》,《汉语应用语言学研究》第四辑,商务印书馆。

冯胜利　2018　《汉语语体语法概论》,北京语言大学出版社。

冯胜利、施春宏　2018a　《论语体语法的基本原理、单位层级与语体系统》,《世界汉语教学》第 3 期。

冯胜利、施春宏　2018b　《从语言的不同层面看语体语法的系统性》,冯胜利、施春宏主编《汉语语体语法新探》,中西书局。

冯胜利、王丽娟　2018　《汉语韵律语法教程》,北京大学出版社。

冯胜利、王永娜　2017　《语体标注对语体语法和叙事、论说体的考察与发现》,北京语言大学对外汉语研究中心编《汉语应用语言学研究》第六辑,商务印书馆。

何大安　2001　《声韵学中的传统、当代与现代》,《声韵论丛》第十一辑,台湾学生书局。

贺　阳　2008　《现代汉语欧化语法现象研究》,商务印书馆。

胡明扬　1993　《语体与语法》,《汉语学习》第 2 期。

黄　梅　2015　《汉语嵌偶单音词》,北京语言大学出版社。

金立鑫、白水振　2012　《语体学在语言学中的地位及其研究方法》,《当代修辞学》第 6 期。

刘大为　2013　《论语体与语体变量》,《当代修辞学》第 3 期。

刘大为　2017　《作为语体变量的情景现场与现场描述语篇中的视点引导结构》,《当代修辞学》第 6 期。

刘艳春　2016　《辩论与演讲语体多维度、多特征对比研究》,《语言教学与研究》第 5 期。

刘艳春　2019　《小说等四语体在语体变异模式中的定位与特征——基于 17 个语体的语体变异多维度考察》,《江汉学术》第 1 期。

吕叔湘　1978　《漫谈语法研究》,《中国语文》第 1 期。

骆健飞　2017　《论单双音节动词带宾的句法差异及其语体特征》,《语言教学与研究》第 1 期。

孟子敏 2010 《"了₁""了₂"在不同语体中的分布》,载齐沪扬主编《现代汉语虚词研究与对外汉语教学》第三辑,复旦大学出版社。

孟子敏 2013 《政府工作报告》的语言学考察,载冯胜利主编《汉语书面语的历史与现状》,北京大学出版社。

孙德金 2012 《现代书面汉语中的文言语法成分研究》,商务印书馆。

索绪尔 1916 《普通语言学教程》,高名凯译,岑麒祥、叶蜚声校注,商务印书馆,1980年。

陶红印 1999 《试论语体分类的语法学意义》,《当代语言学》第3期。

陶红印 2007 《操作语体中动词论元结构的实现及语用原则》,《中国语文》第1期。

王洪君、李榕、乐耀 2009 《"了₂"与话主显身的主观近距交互式语体》,《语言学论丛》第四十辑,商务印书馆。

王 力 1944 《中国现代语法》,商务印书馆,1985年。

王丽娟 2018 《汉语旁格述宾结构的语体鉴定及其语法机制》,《语言教学与研究》第6期。

王永娜 2015 《汉语合偶双音词》,北京语言大学出版社。

王永娜 2016 《汉语书面语正式语体语法的泛时空化特征研究》,中国社会科学出版社。

王永娜 2017 《"长短""齐整"特征制约下的汉语动词的语体等级》,《语言教学与研究》第5期。

谢耀基 1990 《现代汉语欧化语法概论》,香港光明图书公司。

张伯江 2005 《功能语法与汉语研究》,《语言科学》第6期。

张伯江 2007 《语体差异和语法规律》,《修辞学习》第2期。

赵元任 1991 《汉语地名声调的社会政治色彩》,载《语文论集》(四),外语教学与研究出版社。

朱德熙 1987 《现代汉语语法研究的对象是什么?》,《中国语文》第5期。

朱 军 2017 《汉语语体语法研究》,南京大学出版社。

朱赛萍 2015 《汉语的四字格》,北京语言大学出版社。

Biber, Douglas 1988 *Variation across Speech and Writing*. Cambridge: Cambridge University Press.

Biber, Douglas & Susan Conrad 2009 *Register, Genre and Style*. Cambridge: Cambridge University Press.

Kubler, Cornelius C. 1985 *A Study of Europeanized Grammar in Modern Written Chinese*. Taipei: Student Book Co. Ltd.

Why and How Can Register be Grammar?

Shi Chunhong

Abstract: Register is a new branch disciplinary based on the interaction among different language interfaces. This article first generalizes the basic approaches of the current register studies into the rhetoric and grammatical ones, the latter of which is furtherly divided into descriptive, functional and formal registers. Then it systematically clarifies and illustrates why and how register can be a grammar from the perspectives of its basic ideas, approaches and mechanisms, which paves the way to demonstrate the theoretical basis and disciplinary prospect of register grammar as a "grammar" in the academic system.

Keywords: register grammar, rhetoric register, grammatical register, functional register, formal register, register mechanism, big grammar

(原载于《当代修辞学》2019年第6期,
复印报刊资料《语言文字学》2020年第3期全文转载)

语言符号和修辞的多样性和民族性[*]

王文斌　崔靓

（北京外国语大学中国外语与教育研究中心）

提　要　符号修辞学,其主要研究对象是人类借用符号表达思想的基本方式。语言是人类使用符号的主要形式,是人类思想的重要载体,但是,语言符号因使用者的民族不同而具有多样性。修辞是人类语言符号组合的方式,负载着特定民族的特定思维方式。如果说语言符号和修辞具有文化性,文化具有民族性,那么自然就可推绎出语言符号和修辞具有民族性。英汉语的文字符号差异和句构修辞差异充分说明语言符号和修辞具有多样性和民族性,而且藏匿于这些差异背后的是英汉民族的时空观异别：以英语为母语的民族偏重于时间性思维,而汉民族则注重于空间性思维。

关键词　符号　修辞　表音文字　表意文字　句构　多样性　民族性

一、引　　言

先看以下四个英汉例证：

(1a) mountain

(1b) 山（⛰）

(2a) water

(2b) 水（𝄞）

---

*　本文系国家哲学社会科学基金重点项目"英汉时空性特质差异与英汉二语习得的关系研究"（18AYY003）；教育部人文社会科学重点研究基地重大项目"服务国家战略的外国语言与外语教育创新研究"（16JJD740002）子课题"汉外语言对比及外语学习者语言研究"和 2018 年度北京外国语大学基本科研业务费项目"汉语流水句内在语义整体性探究"（2018JX004）的阶段性成果。

(3a) Confucius had three thousand disciples.

(3b) 孔子弟子三千。（陈满华 2008:72）

(4a) There is a lake in front of the woods.

(4b) 树林前边一个湖。（吴为章 1990:14）

从以上英汉例证不难看出，语言符号和修辞无疑具有多样性和民族性。英语（1a）和（2a）与汉语（1b）和（2b）这两对语言符号中，前者使用线性表音文字，而后者则使用象形表意文字，而且后者括号中的⛰和𣱵，分别是甲骨文"山"和"水"的写法，其象形表意特征更为明显。英语（3a）和（4a）两句均含有动词做谓语，与其相应的汉语（3b）和（4b）两句，均不曾出现动词，全句均由名词性短语组成。

需说明的是，在此所言的多样性，是指语言符号和修辞在人类语言中的表现具有多种样态；在此所言的民族性，是指语言符号和修辞因民族的不同而表现出独特的形式。还需说明的是，在此所言的语言符号，是指语言的文字符号，而非其他类型的符号，如音乐符号、艺术符号、数学符号、物理符号等；在此所言的修辞，是着眼于其宽泛意义，指人类组合语言符号的诸种表现方式，即语言符号彼此结合用来表达意义时所使用的诸种手段。本文拟聚焦于英汉文字符号和句构修辞，探讨其多样性和民族性，并借此追索英汉民族的时空观异别。

二、文字符号的多样性和民族性

语言符号是人类所创造的符号中最为常用的符号形式，是人类用于交流和传达思想的重要载体。尽管各民族语言符号具有深层次的共性，均是思维表达的外在表现形式，可这些表现形式往往不尽相同，并不具有一致性。世界上存在表音文字符号和表意文字符号两种不同的语言符号就是力证。诚然，世界上还有象形文字符号，但就广义而言，象形文字符号也属于表意文字符号，这是因为表意文字符号是一种借助象征性图形符号，表达语言中的词或语素的意义，不直接或不单纯表示语音，而象形文字符号就是通过描绘客观事物外部形象的方式记录并表达该事物，与表意文字符号借助象征性图形符号本质上没有差别。

英语属于表音文字体系，而汉语则属于表意文字系统。英语单词符号（1a）和

（2a）就是表音文字，借用字母记录语言中的语音，从而形成语言的文字。英语文字由26个字母组合而成，源自拉丁字母，拉丁字母又源于希腊字母，而希腊字母则是由腓尼基字母演变而来。尽管腓尼基字母基于苏美尔人于公元前3000年左右所创造的楔形字，可也是对原来的几十个简单的象形字进行了字母化改造，最终只有辅音字母，而没有元音字母，可不论怎样毕竟都是表音字母，由此逐渐演化出目前包括英语在内的印欧语字母体系。印欧语字母体系文字均呈线性排列，用以表音。如英语中，一个单词符号像一条线展开，可延伸得很长，明显具有时间性一维特征，如：

（5）supercalifragilisticexpialidocious

（6）pneumonoultramicroscopicsilicovolcanoconiosis

（7）aequeosalinocalcinoceraceoaluminosocupreovitriolie

（8）bababadalgharaghtakamminarronnkonnbronntonnerronntuonnthunntrovarrhou-
nawnskawntoohoohoordenenthurnuk

例（5）共有34个字母，出现于迪士尼出品的电影 Mary Poppins 的插曲，其意思是"奇妙的，难以置信的"；例（6）共有45个字母，表示"超微硅火山灰吸入性硅肺病"；例（7）共有52个字母，是英国医学作者爱德华·史特罗哲（Edward Strother）创造的单词，专用来形容英格兰格洛斯特夏布瑞斯陀这个地方的矿泉水成分；例（8）共有100个字母，出现于爱尔兰作家詹姆斯·乔伊斯（James Joyce）的作品，表示亚当和夏娃的堕落。其实，在英语中，这四个单词符号远非长词。一种含有267种氨基酸酶的物质，其汉语学名为"色氨酸合成酶A蛋白质"，可其英语单词符号共有1 913个字母，若把这一单词写出来，起码要占30多行的篇幅。据说，英语中最长的一个单词是由189 819个字母组成，即近19万个字母，可能要花3个小时才可念完这一单词，的确让人震惊。英语单词符号可长可短，但不论怎样，其性质不会发生变化，即借用字母记录语言中的语音，从而形成语言的文字，再通过字母的线序组合表示词的意义。

汉语单词符号则不同。如：

（9）壐

（10）蠢

（11）幼

（12）叕

熟悉历史的人都知道,例(9)由中国历史上第一位也是唯一一位女皇帝武则天所创,念作"zhào",因此也有人称武则天为"武曌";例(10)就是表示"不要"之意,念作"biáo";例(11)念作"gū",其本意是表示"功夫",其引申义为"役工";例(12)读作"zhuó",其本意是表示"连缀"或"短处",如"圣人之思脩,愚人之思叕"。不论汉字怎样写,可从左到右,如"川";也可从上到下,如"三";也可上下左右混合,如"开"(先从上到下写两横,然后从左到右写撇和竖);也可从中间开始,如"水"等,其表意文字符号的性质始终不变,均用许多表意的符号来记录语言中的词或语素及其意义,从而整体地代表词或语素的读音,而且其构词的方式可在多维空间上进行,如汉字符号笔画之间既允许相离,如"川"和"三",也允许相接或相交,如"开"和"井"等。其实,汉字符号还可借用其空间性特征采用多叠字来表达"多"或程度之甚等,如"又双叒叕"是最近的一个网络流行用语,表示某事物变化更替极为频繁,也表示一件事反反复复出现;"火炎焱燚"也是最近的一个网络流行用语,形容火势越来越猛或表示某事物越来越受人欢迎。再如:

（13）印度电影又双叒叕来了,这一次还带来了一位"大姨父"。
（https://baijiahao.baidu.com/s?id=1606135176220731052&wfr=spider&for=pc（2018.12.4 读取））

（14）重庆造火箭又双叒叕上央视了!
（https://baijiahao.baidu.com/s?id=1609947345421339252&wfr=spider&for=pc（2018.12.4 读取））

（15）全球变暖,火炎焱燚怎么破?
（https://baijiahao.baidu.com/s?id=1608376855882660567&wfr=spider&for=pc（2018.12.4 读取））

（16）这个公园又要在长沙火炎焱燚了。
（http://mini.eastday.com/a/171125004332658-5.html（2018.12.4 读取））

（17）如此火炎焱燚的超人气书店,又双叒叕开11家?
（http://news.winshang.com/html/062/2422.html（2018.12.4 读取））

从以上各例不难发现,"又双叒叕"和"火炎焱燚"充分发挥了汉字符号构建多叠字空间性的特征,表达某种事物所出现的频率之高或程度之甚等。例(17)更是将这种特征发挥到极致,"又双叒叕"和"火炎焱燚"并用,表达某书店越来越红火而开了多家分店。

文字是承载语言的书写符号,两者之间往往具有一种优选关系,即文字需要适应所书写的语言本身的特点,自源文字如此,借源文字也是如此,世界文字发展历史基本反映了这一规律。虽然世界上的文字多半起源于图画,"象形"是文字发端的主要源头(周有光 1998:8),但世界上现有的文字特点各异,主要有上文所提的表意文字和表音文字,其主因在于不同语言的发展方向差异导致与之匹配的文字走上不同的发展道路。譬如说,阿兹特克(Aztec)文字与中国纳西东巴文字虽均为自源的文字画,但其综合与分解受制于各自语言的特点或发展方向,最后走入不同的发展路径(李葆嘉 1990)。阿兹特克语是印第安语的一种多式综合语,其基本特点是在表示动作行为成分的前后添加各种类似于词缀的成分,用来表达更为复杂的思想,一个复杂的词就相当于其他语言中的一句话,如 ōtikmihiyōwiltih 虽类似于一个词,但其实际含义却近乎英语中的一句话 how you must have suffered(其意为"你受尽折磨")(奥斯特勒 2011:10)。再如 wiitokhchumpunkuruganiyugwixantum,看起来像一词,可实际上却相当于一个句子,由八个意义成分组成:"wii(刀)+to(黑的)+khchum(野牛)+punku(手的)+rugani(割)+yugwi(坐)+xa(将来时)+ntum(复数)",其整体意思是"有人将坐着用刀割黑牛"。正因如此,阿兹特克语话语中难以分解出语言学一般概念上的语言单位"词",其文字符号不具备与"词"的对应关系,只能适应其特点停留于语段式文字阶段,而尚未过渡到表词文字的发展阶段。然而,原先同为文字画的东巴文,已演变为表词文字,其发展方式与阿兹特克文相去甚远,其主因是与东巴文对应的口语系统纳西语已向孤立型语言方向演进,句中可分解出"词"这一语言单位,因而东巴文字符号由此获得了与"词"的对应关系。从阿兹特克文和东巴文的不同嬗变轨迹可以看到,自源文字虽是语言的自主选择,特定类型的语言会创造出特定类型的文字,但因历史、地理和人文等诸种因素的不同,语言因优选效应而走上适配于自己的发展道路(何清强、王文斌 2015)。

何清强、王文斌(2015)认为,即便是借自他种语言的借源文字,也同样存在文字与其所书写的语言之间的一种优选关系。这种优选关系通常都遵循"选取—评判—淘汰—再选取—再评判—固定"这一规律,往往经多次反复,不断加入自创成分,渐成符合语言自身发展的文字。腓尼基字母就是一个典型例证。在正式的腓尼基字母创生之前,腓尼基人先后使用过比布洛斯音节文字(Byblos Script)、原始迦南文字(Proto-Canaanite Alphabet)、原始西奈文字(Proto-Sinaitic Script)以及乌加里特文字(Ugaritic Alphabet),但他们经实践发现,这些文字并不适合腓尼基语以辅音为主的特点,再经择优过程,他们最终选择了古埃及象形文字的字形与辅音原则相结合,创制了 22 个辅音文字。由此可见,即便是借源文字,也涉及优选过程,文字与其所书写的语言特点之间须彼此适配。

英语字母符号属借源文字,现有 26 个字母,其源头是腓尼基人经借用而来的古埃及象形文字。如上所言,腓尼基人通过对古埃及象形文字的改造,创制了属于自己的 22 个字母,后又经古希腊、古罗马人的修改,逐渐演变为目前使用的英文字母。字母文字的显著特征之一就是主要用于表音,而且字符数量小,如现代希腊字母只有 24 个,拉丁字母 26 个,西里尔字母 33 个。在此需究问的是,到底是何种因素导致字母文字字符量小。何清强、王文斌(2015)认为,缘由主要有二:一是字母符号仅用于表音。英语字母文字,其单个音素一般仅表音而不表义,意义来自音素的一维线性组合。因此,其书面形式充其量只是其口语的视觉化转换,总体上接近于口语发出的声音。同为日耳曼语族成员的德语在这一方面要求更为严格,除外来词,德语的拼写与发音几乎完全一致,只要能说得出,就能拼写得出。在如此的文字系统之下,阅读时大脑对文字符号的处理要像处理口语那样严格按照字符出现的先后顺序进行,首先要把视觉形式转换为声音形式,再进行意义的解读,表现为一种"形—音—义"的加工和转换过程,所以语音加工是以表音字母文字为背景的儿童阅读能力获得和发展的核心认知因素(李秀红、静进 2010)。二是字母文字数量之所以很小,其用心显然不在于语言表达时是以名物为中心,借以强调事物的空间规定性,而是以行为动作为重心,把动词词根作为语言构词的根基,强调事物的时间规定性。从现有可查的文献资料看(王文斌 2013),原始印欧语是以动词词根为基础,词汇的孳乳和扩大主要通过屈折、词缀等手段得以实现。Colebrooke(1805:11、12、38、129)就曾强调,梵语的词根是原生动词(crude verbs),而这些原生动词是多数名词的派生源,其派生手段就是借助词缀,譬如由 vah(to convey)派生出 vāhana(vehicle),由 cint(to think)派生出 cintā(idea)等。而现代印欧语诸语言的实际情况也是如此,由动词性词根派生名词是其普遍的构词方式,如由英语动词 drink 派生出 drinker、drinkery、drinking 等名词;由德语动词 erfinden(invent)派生出 Erfindung(invention)、Erfinder(inventor)等名词;由西班牙语动词 acto(to act)派生出 actor(actor)、actriz(actress)、acción(action)、actividad(activity)等名词。的确,在原始印欧语里,大部分的词根均为动性词根。Michael West 于 1953 年编写了《通用英语词表》(*General Service List of English Words*),共收入 1892 个词族,其中 1212 个是名词。根据查阅 *Online Etymology Dictionary*(https://www.etymonline.com/),我们发现在这 1212 个名词中,295 个没有原始印欧语词根(PIE root)记录,9 个为派生名词,经剔除之后,余下 908 个均是有 PIE root 记录的名词词族。据目前初步统计,在这 908 个有 PIE root 记录的名词词族中,派生于原始印欧语动性词根的名词有 706 个,占比为 77.75%。现代英语中,有许多普通名词显然演绎于原始印欧语的动性词根。因篇幅受限,在此仅举以下十例:

(18) home:PIE root * (t)koimo-, suffixed form of root * tkei-,"to settle, dwell."

(19) tree:PIE root * drew-o-, suffixed variant form of root * deru-,"be firm, solid."

(20) grass:PIE root * ghros-,"young shoot, sprout," from root * ghre-,"to grow, become green."

(21) bed:PIE root * bhedh-,"to dig, pierce, prick."

(22) flower:PIE root * bhel-,"to thrive, bloom."

(23) worm:PIE root * wrmi-"worm," from root * wer-,"to turn, bend."

(24) face:PIE root * dhe-,"to set, put."

(25) eye:PIE root * okw-"to see."

(26) mouth:PIE root * men-,"to project."

(27) arm:PIE root * ar-,"to fit together."

古印度哲学(Raja 1957;Sarup 1962:5—6;Matilal 1990:19)认为,动词的基本

概念就是表示 becoming(发生、形成),而名词的基本概念则表示 being(存在),而在 becoming 与 being 两者之间,becoming 占主导地位。金克木(1996:3、31—33、85)对此有四点见解:其一,古印度人关于名生于动、行为在先、唯有动词的根才是根本等观念在印欧语关于词的形态研究中根深蒂固,作为一条根本性原则至今未曾发生变化;其二,这种关于语言词根理论的影响不限于古印度,而是延续至今;其三,不论当时或以后有多少不同派别和结构的语法,均承认词根,而词根大多均表示动词的意义;其四,就哲学观点而言,这种思想就是认为宇宙万事万物的根本在于行为、动作,动是根本,而静仅是表现。

汉语表意文字符号,属自源文字体系。与字符量小的字母表音文字不同,表意文字符号的显著特征之一就是字符量大。《说文解字》中的小篆仅基础构件就达 558 个,由这些构件构成的字符数更是巨大(王宁 2000)。汉语现行的常用字加上历史上曾经用过的汉字字符总数在五万个以上(高明 1996:41)。如此庞大的表意字符量之所以存在,其缘由就是为记录数量同样庞大的名物。汉语强调名物,注重事物的形状、大小、位置关系等空间属性。"古者庖牺氏之王天下也,仰则观象于天,俯则观法于地,观鸟兽之文与地之宜,近取诸身,远取诸物,于是始作八卦,以通神明之德,以类万物之情"(《周易·易传·系辞传下·第二章》),可见观察物象对汉民族的重要性。据史书记载,仓颉造字常观奎星圆曲之势,察鸟兽蹄远之迹,依其类象之形首创文字,革除当时结绳记事之陋,开创文明之基,被尊奉为"文祖仓颉"。汉语若不是以名物表述为主要特点,就无需如此庞大的字符量作为其书写系统(何清强、王文斌 2015)。恰如胡适(Hu Shih 1922:1)在其博士论文 *The Development of the Logical Method in Ancient China* 中对中国古人思维方式的强调:

> When things are thoroughly investigated, knowledge will be extended to the utmost. When knowledge is extended to the utmost, our ideas will be made true. When our ideas are made true, our minds will be rectified. When our minds are rectified, our individual character will be improved. When our individual character is improved, our family will be well ordered. When the families are well ordered, the state will be well governed. When the states are well governed, the whole world will be in peace.(其汉语大意是:物格而后知至,知至而后意诚,意诚而后心正,心正而后身修,身修而后家齐,家齐而后国治,国治而后天下平。)

其实，胡适在此的这一番话是对宋代哲学家程颢和程颐阐释《大学》主旨的提炼。"国治而后天下平"的首要条件就是"物格"，由此可见，人们需要推究事物的原理，从中获得智慧，其关键是需要格物致知。《礼记·大学》强调了中国古代哲学的一个认识论命题："致知在格物，格物而后知至。"龚鹏程（2009a：10—12）指出，"在我国，文字可能比语言更值得注意""文字可以见道，道即在文字或道与文字相关联"。

如上所述，汉字是自源文字。汉字各造字法被统称为"六书"，包括象形、指事、形声、会意、转注、假借，其中的象形、指事、会意、形声这四种才是真正的造字法，而转注、假借却是用字法。在这四种造字法中，象形最为基础，其他三法都是对它的延伸和发展。象形者，画成其物，随体诘诎，即"象物之形"，如：

(28) ☼：火

(29) 艸：竹

(30) 皿：皿

(31) ⁝⁝：雨

说得简单一些，象形的汉字，就是借用线条或笔画把所表达的客观事物的形体特征描绘成字，取象尽意，使人见字便能见形，见形便能见义。这种崇尚物象的造字思维方式浸润于汉民族的思维方式，体现出汉民族的思维表征取向。在此需强调的是，物象思维就是空间化思维，因为空间是物象的规定性特征。正因这种物象和空间化思维，汉民族能轻而易举地借用空间手段构造出具有会意性质的三叠字、四叠字、六叠字和八叠字，如"森""燊""鱻"和"㗊"等，其物象的可视性字形，能使人一目了然，即便不知其音，也能大致猜出其意，即基本能做到望字生义。难怪莱布尼茨（Harbsmeier 1998：14）曾感叹，我们若能把握汉字的钥匙，就能开启汉民族思维的奥秘之门。

如果说英语文字多半是名源于动，那么汉语文字多半是动源于名。也因篇幅有限，我们在此仅举以名词性成分为构件而构造的 10 个汉语动词为例：

(32) 闯：从马，从门。马出门貌。

(33) 伐：从人，从戈。甲骨文字形，像用戈砍人的头。

(34) 休：从人，从木。人依傍大树休息。

(35) 扫:从手,从帚。手拿扫帚表示打扫。

(36) 解:以用"刀"把"牛"和"角"分开来表达字义。

(37) 看:上是"手"字的变形,下是"目",表示用手遮住眼睛远望。

(38) 鸣:从口,从鸟。表示鸟声。

(39) 采:从爪,从木。上象手,下象树木及其果实。表示以手在树上采摘果实和叶子。

(40) 闪:从人,在门中。表示自门内偷看。

(41) 投:从手,从殳。表示手拿兵器投掷。

可见,汉语的大多动词,其构字部件均是名词性的,个中的缘由值得我们深思。我们认为,名词主要是用来表达事物的,而任何事物都具长、宽、高等三维特征。汉语重名物,本质上就是重空间。汉字历几千年保持其生命力,与汉语在漫长的发展历程中保持了其偏重名物思维和空间性思维的特点相关。可以说正是汉民族强调名物的这一空间性特质使得汉字的出现和延续成为必然,由此产生了延续几千年的对名物训释考据的学术传统,而非对文法分析的关切。这一点为学界所共知。1898年《马氏文通》产生之前,汉语研究基本上没有严格意义上的语法研究,而总体上只有专事于训诂学、文字学和音韵学的传统小学研究,这就是一个佐证。

总之,文字与语言之间存在一种优选关系,文字须适配语言,而语言会促使文字的发展。这种优选关系表明,文字符号不是对语言意义的简单记录,而是充分体现其多样性和民族性。再者,通过文字符号特征的分析,我们可推知相关语言的基本特点。我们认为,文字符号与语言不仅具有优选关系,而且文字符号与语言表征必定具有一脉相承的内在关联,即文字的特征必定会投射到语言表征上。下文我们将以英汉的动词谓语句和名词谓语句为例,讨论英汉句构修辞的多样性和民族性。

三、语言修辞的多样性和民族性

如上所言,英语推崇具有时间性的线序表音文字符号,汉语崇尚具有空间性的立体象形表意文字符号。英汉文字符号的这种不同思维取向势必影响其语言表征。也如上所言,在此所言的语言修辞,是指宽泛意义上的人类组合语言符号的诸种表现方式。我们认为,不仅文字符号具有多样性和民族性,语言修辞其实也概莫能外。语言修辞能折射出文化方式和自我存在的方式,蕴含着特定的民族思维方式。若说文字符号和语言修辞具有文化性,而文化具有民族性,那么就不难寻绎出文字符号和语言修辞具有民族性。语言修辞既具民族性,那么其多样性就不言自明。英语里,举凡句子通常都有动词做谓语,而在汉语,情况并非如此,句子常无动词,如英语(3a)和(4a)两句均有动词谓语,可其相应的汉语(3b)和(4b)两句,均无动词出现。这两句汉语非但合乎汉语语法,而且很地道。兴许有人会说,这两句属于动词省略。我们在此不支持这一观点。

吕叔湘(2010:59)曾强调,省略需有两个条件:一是一句话若离开上下文或说话的环境,其意思就难以明确,须添补一定的词语使其意思清楚;二是经添补的词语实际上可以有,且所添补的词语只有一种可能,这样才能说是省略了这个词语。朱德熙(2014:220—221)指出:"省略的说法不宜滥用,特别是不能因为一个句子意义上不自足就主观地说它省略了什么成分。譬如公共汽车上的乘客对售票员说'一张动物园',这本来是一个完整的句子,什么也没省略。我们不能因这句话离开了具体的语言环境意义不明确,就硬说它是'我要买一张上动物园去的票'之类说法的省略。"启功(1997:2)对汉语句子成分省略观也持否定态度,不无戏谑地说:"汉语句法构造比较特殊,常见句中'主、谓、宾'元素不全的现象,在填不满一条模子时,便以'省略'称之。猿有尾巴,人没尾巴,是进化原因呢,还是人类'省略'了尾巴呢?孔雀尾长,鹌鹑尾秃,恐怕也难以'省略'称之。可见省略太多,便微有遁辞的嫌疑。"的确,若说(3b)和(4b)两句是省略动词,那么究竟省略了什么动词?是否像吕叔湘所说"所添补的词语只有一种可能"?试看以下几句:

(42)树林前边<u>有</u>一个湖。

(43)树林前边<u>是</u>一个湖。

(44)树林前边<u>出现</u>一个湖。

(45)树林前边<u>隔着</u>一个湖。

(46)树林前边<u>横着</u>一个湖。

可见,(4b)所添补的词语并非只有一种可能,省略观由此难以自圆。

很多汉语句子虽同英语,都含谓语动词,但不含动词的名词谓语句在日常语言使用中也极为常见,如:

(47) 整个大麦场上一片混乱,一片灰烬。(《艳阳天》)

(48) 马小辫这家伙一肚子脓水。(《艳阳天》)

(49) 三十功名尘与土,八千里路云和月。(《满江红·写怀》)

(50) 量小非君子,无毒不丈夫。(《艳阳天》)

这些句子若分别直译为英语句子,那么其句构就不合英语语法:

(47a) * The whole thrashing ground for wheat chaos and ashes.

(48a) * Ma Xiaobian, this guy, a stomachful of pus.

(49a) * Thirty fame dust and earth, eight thousand miles of clouds and moonlight.

(50a) * A small mind not a gentleman. No poison not a husband.

其实,这几个汉语句子译入英语时,虽在语义及其隐喻义上需采用不同的表达,但不管怎样,英语每个句子都需有动词谓语:

(47b) The whole thrashing ground for wheat was in chaos and ashes.

(48b) Ma Xiaobian, this guy, is full of evil ideas.

(49b) Thirty years of fame is nothing but dust and earth, although the journey of eight thousand miles I have endured has been full of clouds and moonlight.

(50b) A narrow mind cannot make a gentleman. Ruthlessness is the mark of a truly great man.

在绝大多数情况下,英语句构修辞十分注重动词,而且还推崇动词的时体(tense and aspect),而推崇时体的本质就是关切时间。其实,如上文所说,注重动词,其实质也是睽重时间,这是因为语言符号中的动词是用来表达事物的行为或动作,而任何行为或动作都具有时间性,时时刻刻都能传达出时间信息。恰如亚里士多德(1986:56)所言:一个词除其本身意义之外还携带着时间的概念者,这就是动词。因此,英语句构修辞注重动词,就根本而言就是睽重时间,与印欧民族思维深处所认定的"动是事物的根本特性"(Nakamura 1983:505)一脉相通。

　　汉语语言符号的修辞则不同,往往偏爱对事物的表达。汉民族长期熏染于古人"盈天地之间者唯万物"的传统思维方式,普遍认为一切运动肇始于事物,事物是一切运动的主体,由此养成了"观物取象"的思维习惯,事物也就因此成为人们关注的焦点。龚鹏程(2009:122—127)在论及印欧语与汉语的差异时指出,中国人注重 thing,自古推尊格物致知,强调观察名之所以为此名,旨在可以知物之何以为此物;名学皆在正名,凡物,皆当有名去指称它,故《管子》曰"物固有形,形固有名""循名而督实,按实而定名,名实相生,返相为情"。《道德经》在开章中就强调:"无名天地之始,有名万物之母。"由此可见,汉民族推崇物的思维久已成习。造句时,诚如清末民初黄侃(2014:119)在其《文心雕龙札记》的章句篇中所言"前人未暇言者,则以积字成句,一字之义果明,则数字之义亦无不明"。而在此的字则往往以事物的具象为据,即观物立象,因象而名。儒家一流之正名论与辩者一流的定名论也均强调定名须合乎"象",而"理"会于"象"内,恰如战国时期《尹文子》所强调的:"大道无形,称器有名。名也者,正形者也。形正由名,则名不可差。……大道不称,众有必名。生于不称,则群形自得其方圆。名生于方圆,则众名得其所称也。"《论语·子路》说:"名不正,则言不顺。言不顺,则事不成。"由中国古人的这些言论不难看出,字所状的名,名所表的物,在句构中具有不可或缺的作用,而在表达思想时,行为或动作并不十分重要。王艾录(2007)指出,主谓俱全并不是汉语成句的充要条件。而汉语句子修辞中真正重要的,就是表达事物的名词。郭绍虞(1978:331—332)早就提出,西洋语法重动词,而汉语语法则重名词,汉语的本质是不可能以动词为重点的。郭绍虞的话可谓一语中的。他进一步指出,汉语的语法脉络往往是借助词组,即积词组而成句,而词组又是以名词性词组为最,如:

(51) 我们村庄上种地种菜,每年每日,春夏秋冬,风里雨里,哪里有个坐着的空儿。(《红楼梦》第三十九回)

　　句(51)出现好几个名词及其名词性词组,郭绍虞(1985:334—335)对此指出,此话毫无调文弄墨之嫌,因多用四言词组,所以显得干净利索,说得非常清楚,尽管似连非连,却又能生动具体,这就是迥异于印欧语的汉语特点,而且是以往语法学界不大注意的现象。本文中的(3b)、(4b)、(47)、(48)、(49)和(50)这些名词谓语句,说到底就是汉语句构修辞重名词的表现。汉语中固然有许多类似于英语的动词谓语句,但不能因此而忽视汉语名词谓语句的独特性。汉英民族毕竟生存于同一个星球,具有大同小异的自然环境,如日月星辰、风雨雷电、霜雪云雾、江山湖海、花草虫鱼、飞禽走兽等,同样需要为繁衍生息而表现出各种行为或动作。在语言修辞中借用动词来表达自己的手举足投、口表目看等,这是十分正常的。然而,正如王文斌(2018:1)所指出的,语言与语言之间具有相似性,这是人类语言的本质,而语言与语言之间具有差异性,这也是人类语言的本质。这恰如人类,人与人之间具有相似性,这是人类的本质,而人与人之间具有差异性,这也是人类的本质。我们不能因语言之间具有相似性而轻忽彼此的差异性,也不能因语言之间具有差异性而忽视彼此的相似性。然而,若要洞察语言的个性,所需要的恰恰是须透视各语言的鲜明差异性,这就诚如在现实生活的人际交往中我们观察一个人,所关注的常常不是其与他人的共性,而是关注其个性。我们认为,在语言符号的对比研究中,对语际差异性进行深度审察,其重要性远远高于对语际相似性的探究。汉语句构修辞中常不用动词谓语,而是使用名词谓语,这是汉语的一个独特个性,需认真探究。

关于汉语的名词谓语句,陈满华(2008)和易华萍(2012)等曾做过较为系统的考察。尽管陈满华谈的是体词谓语句,可其实主要是名词谓语句。陈满华(2008)对名词谓语句的现当代研究做了较为详尽的回顾,并对名词谓语句的性质、类型、语用、修辞、及物性等进行了较为系统的论述,同时对古代汉语、方言和熟语里的名词谓语句也做了较为全面的分析,还对其进行了语言类型学视角的探讨。易华萍(2012)对名词谓语句的考察视角更是宏阔,对先秦、中古、近代和当代的汉语名词谓语句做了较为全面的析述,还对唐诗、宋词、元曲、谚语、政论文中的名词谓语句进行了富有见解的讨论,同时对英汉名词谓语句也做了一定程度的比较,指出杨宪益等翻译的《红楼梦》中,汉语所采用的名词谓语句,译入英语后采用动词谓语句的共211例(易花萍 2012:280)。我们在此无意于评析这两部专著的优劣,仅想说明名词谓语句普遍存在于汉语句构修辞,这是一个不争的事实,同时也昭示句构修辞也具有多样性和民族性。

胡敕瑞(1999)指出,汉语的句构只需名物概念的意会,而无须突出行为动词,如同会意字"休"是由"人"和"木"构成,是由两个名物构成一个动词"休",由此展现出或明或暗的汉字特质与汉语句构特质之间的相关性。此话极是。汉语的许多句构修辞就像会意字,借用两个及两个以上的独体汉字,依据事理加以组合,构建新的汉字,上文所举的例(28)至例(37)也都是会意字,如"人"与"戈"这两个名物相加,就构成了动词"伐"。汉语的句构修辞也是如此,如:

(52) 满纸荒唐言,一把辛酸泪!(《红楼梦》)
(53) 她妹妹大眼睛。(陈满华 2008:1)
(54) 一命二运三风水。(《儿女英雄传》,535)
(55) 生死一知己,存亡两妇人。(韩信墓前祠堂中的对联)

从例(52)至例(55),全是名词性短语组合的句子。例(55)是对汉朝大将韩信一生的总结,寥寥十字,高度浓缩了他一生中的几个重大经历。从表面上看,"生死"和"存亡"是动词,可在此明显是指韩信的两大经历,谁又能说这两个不是名词性短语?

我们认为,汉语句构关切名物,其实就是关注空间,因为如上所提,任何名物都负载着长、宽、高及由此形成的面、体和量等空间信息。在此我们需再次强调的是,语言与语言之间具有相似性,这是人类语言符号修辞的本质,而语言与语言之间具有差异性,这也是人类语言符号修辞的本质。而若想追索语言符号修辞的个性,我们更需重视语言之间的差异性。唯有差异性,才会彰显出其个性。在此更需强调的是,语言符号的修辞,充其量只是形式,隐藏于形式背后的内容,无疑涵纳着使用特定语言符号修辞的民族的思维。语言符号和修辞具有多样性和民族性,是语言差异性的外在表现,普遍存在的汉语名词谓语句就是一个力证。记得英国大文豪 Samuel Johnson 曾说过:"Language is the dress of thought."(语言是思想的外衣)。在语言修辞的背后,必定隐藏着特定民族的特定思维方式。

四、结　语

语言是人类使用符号的主要形式,是人类交流和传达思想的重要载体,但语言符号不仅具有普遍性,而且具有多样性。不同的民族使用语言符号的方式往往具有差异性,由此表现出语言符号的多样性。修辞是人类组合语言符号的方式,能折射出文化方式和自我存在方式,承载着特定民族的特定思维方式。如果说语言符号和修辞具有文化性,文化具有民族性,那就自然可推演出语言符号和修辞具有民族性。英汉语的文字符号差异和句构修辞差异充分说明语言符号和修辞具有多样性和民族性,而且隐匿于这些差异背后的是英汉民族的时空观差别:英民族偏爱时间性思维,而汉民族则睐重空间性思维。

参考文献

[英]奥斯特勒 2011 《语言帝国:世界语言史》,章璐、梵非、蒋哲杰等译,上海人民出版社。

陈满华 2008 《体词谓语句研究》,中国文联出版社。

高 明 1996 《中国古文字学通论》,北京大学出版社。

龚鹏程 2009 《文化符号学》,上海人民出版社。

郭绍虞 1978 《汉语词组对汉语语法研究的重要性》,郭绍虞主编《照隅室语言文字论集》,上海古籍出版社。

郭绍虞 1985 《照隅室语言文字论集》,上海古籍出版社。

何清强、王文斌 2015 《时间性特质与空间性特质:英汉语言与文字关系探析》,《中国外语》第 3 期。

胡敕瑞 1999 《对汉字与汉语性质的几点认识》,《古汉语研究》第 1 期。

季羡林主编 2009 《20 世纪现代汉语语法八大家》,东北师范大学出版社。

金克木 1996 《梵佛探》,河北教育出版社。

李葆嘉 1990 《论语言类型与文字类型的制约关系》,《南京师范大学学报》(社科版)第 4 期。

李秀红、静 进 2010 《汉语阅读脑功能磁共振的研究进展(综述)》,《中国心理卫生杂志》第 7 期。

吕叔湘 2010 《汉语语法分析问题》,商务印书馆。

启 功 1997 《汉语现象论丛》,中华书局。

王艾录 2007 《汉语成句理据再思考——以"鸟飞""鸟飞了"为例》,《盐城师范学院学报》(人文社会科学版)第5期。

  王　宁　2000　《系统论与汉字构形学的创建》,《暨南学报》(哲学社会科学)第2期。

  王文斌　2013　《论英语的时间性特质与汉语的空间性特质》,《外语教学与研究》第2期。

  王文斌　2018　《从独语句的存在看汉语的空间性特质》,《当代修辞学》第2期。

  王文斌　2018　《论英汉时空性差异》,外语教学与研究出版社。

  吴为章　1990　《主谓短语·主谓句》,人民教育出版社。

  [古希腊]亚里士多德　1986　《范畴篇　解释篇》,商务印书馆。

  易华萍　2012　《汉语名词谓语句研究》,法律出版社。

  赵毅衡　2011　《符号学原理与推演》,南京大学出版社。

  周有光　1998　《比较文字学初探》,语文出版社。

  朱德熙　2014　《语法讲义》,商务印书馆。

  Colebrooke T.A. 1805 *Grammar of the Sanscrit Language* (Vol.1). Calcutta: the Honorable Company's Press.

  Harbsmeier, C. 1998 Language and logic in traditional China. in J. Needham (eds.) *Science and Civilisation in China* (Vol.7). Cambridge: Cambridge University Press.

  Hu Shih 1922 *The Development of the Logical Method in Ancient China*. Shanghai: The Oriental Book Company.

  Matilal, B.K. 1990 *The Word and the World: India's Contribution to the Study of Language*. Oxford: Oxford University Press.

  Nakamura, H. 1983 *A History of Early Vedānta Philosophy*. Delhi: Motilal Banarsidass. Raja, K. 1957 Yaskas' definition of the "verb" and the "noun" in the light of Bhartrhari's explanations. *Annals of Oriental Research* (13):86—88.

  Sarup, L. 1962 *The Nighaṇṭu and the Nirukta: The Oldest Indian Treatise on Etymology, Philology, and Semantics*. Delhi: Motilal Banarsidass.

The Diversity and Nationality of Language Signs and Rhetoric

Wang Wenbin & Cui Liang

Abstract: Semiotic Rhetoric is primarily concerned with the basic ways in which human beings use signs to express ideas. Language is the main form of signs used by humans and the important carrier of human thought. However, language signs vary from nation to nation and thus demonstrate their diversity. Rhetoric is the representation mode of how humans combine signs, carrying particular ways of thinking by particular nations. If we say that language signs and rhetoric bear culture, and culture embodies nationality, then it can be safe to say that language signs and rhetoric are of nationality. The differences of writing symbols and sentence rhetoric between English and Chinese can strongly reveal that language signs and rhetoric are characteristic of diversity and nationality, and that it is the disparity of the temporality in the English nation's way of thinking and the spatiality in the Chinese that lie hidden behind these differences: the English people prefer the temporal mode of thinking, while the Chinese tend to think in the spatial mode.

Keywords: signs, rhetoric, phonograph, ideograph, sentence construction, diversity, nationality

（原载于《当代修辞学》2019 年第 1 期）

消极修辞研究

病句、偏误句给我们的启示
——消极修辞研究还可另辟蹊径

马 真

(北京大学中文系)

提 要 本文认为,对病句、偏误句在"语文短评"式地说明的基础上,进一步从追究"为什么说'这错了'""为什么会错"这样的视角来探究,可能会使消极修辞的研究空间更开阔一些,不失为消极修辞研究的另一条蹊径。文章提出了两种探究的方法,一是正误对比分析法,二是近义词语对比分析法,并通过对一些实例的剖析作了具体阐述。

关键词 消极修辞 病例 偏误句 正误对比分析法 近义词语对比分析法

一、消极修辞研究还可另辟蹊径

陆俭明(2005)、郑远汉(2005)认为"消极修辞有开拓的空间",我很赞同。事实上,对于消极修辞可以有多种不同的研究视角。以往多从词语的锤炼和句式的选择这样的视角来研究消极修辞(北京大学中文系汉语专业1978),后有学者提出"从接受者的角度研究修辞学"[①]这样的研究视角(谭学纯、唐跃、朱玲1992),进入21世纪又有学者先后提出"语义和谐律"(陆俭明2010)和"语言信息结构"(陆俭明2015,2017)这样新的研究视角。这无疑对修辞研究都有推进作用。在这里我想提出这样的建议:是不是可以增加一种新的研究视角,那就是对病句、偏误句从追究"为什么说'这错了'""为什么会错"这样的视角来考虑,来探究。这一研究

---

① 这种研究视角也适用于对积极修辞的研究。

视角可能会使我们的修辞研究空间更开阔一些。我们这一想法正是由中国人书面上的病句和外国汉语学习者的偏误句所引发的。请看实例:

(1) * 去年开始,徐州市进一步走出国门,先后派出40多个商贸代表团,参加国内外一系列大型经贸洽谈活动,特别是到一些发达国家和地区,与大商社、大财团和跨国公司进行经济技术合作洽谈,<u>进而</u>使利用外资的路子日益拓宽。(报)

(2) * 鲍思报名参加"汉语桥"比赛,在中文老师帮助下,他认真准备了两个月,大家觉得他会获奖,结果他<u>反而</u>没获奖。(美国学生)

(3) "你昨天去找佐藤了?" "*我<u>又</u>没有去找她呀。"(日本学生作文)

例(1)是报纸上的病句,例(2)、例(3)是留学生的偏误句,句中的"进而""反而""又"都用得不对。以往对这些有问题的句子一般只作"语文短评"式的分析说明——例(1)显然混淆了"从而"和"进而"的用法,最后一个分句头上的"进而"得换成"从而"。例(2)可将"反而"改为"却",不过,干脆将"反而"删去,这样更好。例(3)宜将"又"换为"并",说成"我并没有去找她呀"。

在一般的语文教学或汉语教学①中,以上的"语文短评"式地分析、说明也可以了;但是从研究的角度说,需要进一步深究"为什么说'这错了'""为什么会错"这样的问题。这样深究可以从反面使我们深化对词语用法的认识,也将有助于深化词义研究和辞书编纂。而这未尝不可以看作是消极修辞研究的另一个视角,另一条蹊径。

要深究,首先需要树立一些理念,我认为重要的是以下两种理念:一是语言最本质的功能是传递信息,因此要有"语言信息结构"的理念;二是任何词语都是在一定的语义背景下使用的,因此要有"词语使用的语义背景"的理念。关于前一种理念,陆俭明(2017)已作了较好的阐述,当然还是初步的,这里不再赘述。本文想着重说说"词语使用的语义背景"问题。

什么是词语使用的语义背景呢?所谓词语使用的语义背景,就是指某个词语能在什么样的情况或上下文中出现,不能在什么样的情况或上下文中出现。或者

---

① 这里所说的"汉语教学"包括我们国内开展的对外汉语教学、在国外开展的汉语国际教育以及在国内外开展的华文教学。

换句话说，某个词语在什么上下文中使用是最为合适的，最有表现力的；在什么上下文中使用是不合适的，甚至会造成病句或偏误。我曾谈论过副词"反而"（马真1983，1994），由于"反而"是个书面语词，不光外国学生甚至我们中国书刊也都常常出现使用不当的毛病。我在《现代汉语虚词研究方法论》（修订版）一书中曾举过这样的使用"反而"的偏误句（马真2016a）：

(4) * 大家都看电影去了，她反而在宿舍看书。（马耳他留学生）

(5) * 玛沙干得比谁都卖力，这一次我想老师准会表扬他，谁知老师反而没有表扬他。（罗马尼亚留学生）

(6) * 大家都主张种植大棚蔬菜，老村长反而反对，主张种植棉花。（报）

(7) * 黎锦熙先生把主语规定为动作行为的施事（即动作者），或性质状态的具有者，赵元任先生反而认为汉语的主语不限于此，其他如动作行为的工具、时间、处所等都可以作主语。（刊）

例(4)、例(5)是外国学生的偏误句；例(6)、例(7)是我们书刊上的病句。例(4)—(7)里的"反而"都宜改用"却"。

为什么会用错？一般都受辞书释义的影响。请看辞书对"反而"的注释：

《现代汉语八百词》：表示跟前文意思相反或出乎预料之外，在句中起转折作用。

《现代汉语词典》①：表示跟上文意思相反或出乎预料与常情。

汉语教材对词语的注释都依据现有的辞书释义。外国学生就是依据这样的释义，误以为"反而"的作用就是表示转折，表示出乎意料。殊不知不是表示转折关系时、表示出乎意料时都能用"反而"。"反而"有它自己使用的语义背景，只有了解了它使用的语义背景，才能正确、恰当地使用它。

分析词的意义难，分析词语使用的语义背景更难。那么到底该如何分析、把握词语使用的语义背景呢？这也还是一个需要进一步探究的问题。根据我的研究体会，要分析把握词语使用的语义背景，主要需要采用两种对比分析——正误对比分析和近义词语对比分析。下面分别举例说明。

---

① 《现代汉语词典》（第7版）对"反而"还是如此注释。

二、关于正误对比分析

"正误对比分析",是将使用某词语的病句或偏误句跟该词语正确使用的典型句子相对比,从中分析出该词语使用的语义背景。关于副词"反而"使用的语义背景的看法,我就是通过"正误对比分析法"获得的。我在所搜集的例句里发现了一个使用"反而"的典型例子①,即:

(8) 今天午后下了一场雷阵雨,原以为天气可以凉快一些,可是并没有凉下来,反而更闷热了。

例(8)充分显示了使用"反而"的语义背景,细分析包含四层意思——

A. 甲现象或情况出现或发生了;

B. 按说(常情)/原想〔预料〕甲现象或情况的出现或发生会引起乙现象或情况的出现或发生;

C. 事实上乙现象或情况并没有出现或发生;

D. 倒出现或发生了与乙现象或情况相背的丙现象或情况。

"反而"就出现在 D 意的分句内。为使大家更明了,不妨将例(8)改写为例(8)a:

(8)a ［A 意］今天午后下了一场雷阵雨,［B 意］原以为天气可以凉快一些,［C 意］可是并没有凉下来,［D 意］<u>反而</u>更闷热了。

在实际的语言交际中,上面所说的 A、B、C、D 这四层意思,可以在一个句子里一起明确地说出来,如例(8)、例(8)a;也可以不完全说出来。为了表达的经济,常常可以省去某一层意思而全句意思不变。请看:

(8)b ［A 意］今天午后下了一场雷阵雨,［C 意］可是并没有凉下来,［D 意］<u>反而</u>更闷热了。【省去 B 意】

(8)c ［A 意］今天午后下了一场雷阵雨,［B 意］原以为天气可以凉快一些,［D 意］可是<u>反而</u>更闷热了。【省去 C 意】

---

① 该例以及对该例的分析,具体可参考《现代汉语虚词研究方法论》(修订版)贰·一·实例(一)"反而"。

(8)d [A意]今天午后下了一场雷阵雨,[D意]天气<u>反而</u>更闷热了。【省去B、C两层意思】

D意是"反而"所在的语句,当然不能省去;A意是使用"反而"的前提条件,因此也不能省去。例(8)a、例(8)b、例(8)c、例(8)d具体代表了使用"反而"的四种不同的情况,或者说四种不同的格式,即:

[Ⅰ] A+B+可是(不但)C+反而D。例(8a)

[Ⅱ] A+　　可是(不但)C+反而D。例(8b)

[Ⅲ] A+B+(可是)　　　+反而D。例(8c)

[Ⅳ] A　　(可是)　　　+反而D。例(8d)

我们要注意的是,不管属于哪一种,使用"反而"的语义背景是相同的,都包含着A、B、C、D这四层意思,只是例(8)、例(8)a是将这四层意思全在句子中说出来了,而在例(8)b、例(8)c、例(8)d的句子里,各分别有所隐含。毫无疑义,这四个句子格式中的"反而"应该是同一个词。"反而"使用的语义背景可以概括如下:

　　　　当某一现象或情况的出现,没有导致理应出现的结果,却出现了相悖的结果,这时就用"反而"来引出那相悖的结果。

这里需要了解的是,"反而"虽然经常用在复句中,但并不是非得用在复句中不可,当A意以名词短语或介词短语的形式出现时,格式[Ⅳ]就不是复句,而只是个单句了,如下例:

(8)e 今天午后这一场雷阵雨,<u>反而</u>使天气更闷热了。

(8)f 经过午后这一场雷阵雨,天气<u>反而</u>更闷热了。

上面这五种句子(格式[Ⅳ]可以是复句,也可以是单句)尽管各不相同,但包含的语义背景却是相同的。前面举的那些病句、偏误句,从内容上看,都不具有使用"反而"的语义背景。这里特别要注意"理应"这两个字。不是一般的转折、一般的前后意思不一样就能用"反而"的。必须是"理应"出现某个情况或现象而没有出现,却出现了相反的情况,才能用"反而"。前面外国学生使用"反而"的句子之所以成为偏误句,就因为所说的前后内容不含"理应"的意思。

考察、了解了"反而"使用的语义背景,我们就可以比较好地把握"反而"的语

法意义,因为我们可以将"反而"使用的语义背景融入到它的释义之中。对于"反而"我们可以这样注释和描写:

  "反而"表示实际出现的情况或现象跟按常情或预料在某种前提下理应出现的情况或现象相反。

弄清了"反而"使用的语义背景,可以帮助人们正确理解"反而"的语法意义,这样,外国学生在使用"反而"时就会少犯一些错误①。

再举一个例子——"好端端(的)"使用的语义背景②。"好端端(的)"一般辞书都注释为:

  形容状况正常、良好。(《现代汉语词典》)

汉语教材也跟着这样注释。留学生依据这样的注释,写出了下面的偏误句:

(9)＊ 他坚持锻炼,身体一直<u>好端端的</u>。

例(9)我们不会用"好端端的",一般会说成:

(10) 他坚持锻炼,身体一直好好儿的。
(11) 他坚持锻炼,身体一直棒棒的。
(12) 他坚持锻炼,身体一直很好。

这说明"好端端的"不能用在例(9)这样的语境中。也就是说,不是任何情况都可以用"好端端的"来说明"状况正常、良好"的。那么,能在什么样的语境中用呢? 换句话说,"好端端的"使用的语义背景是什么样的? 为探究清楚,我也先收集并细心分析语料,发现"好端端的"主要使用在两种语境中——

一是说话人在指出已出现了某种非理想状况的同时,告诉听话人,原先的状况是良好的。例如:

(13) <u>好端端的</u>一桩买卖,全给他弄砸了。
(14) 他们怎么吵起来了? 刚才不还是在一块儿喝酒,<u>好端端的</u>?

---

① 我们不能保证对"反而"这样注释后外国学生在使用"反而"时就不会再出现偏误句。但如果又出现使用"反而"的新的偏误现象,那我们就再进一步研究,看原先哪些方面还考虑得不够。
② "好端端的"这一例子在《说说目前辞书的释义》(马真 2016b)一文中使用过,但本文对使用"好端端的"的语义背景做了新的更为准确的说明。

二是说话人在提醒听话人要注意防止出现某种非理想状况同时,用"好端端的"来强调原先的状况是良好的。例如:

(15) 你可别让他把这桩<u>好端端的</u>婚事给搅黄了。

(16) 这一回你们得抓紧落实了!这<u>好端端的</u>绿化规划别最后又落空了!

这两种情况表面看不一样,实际上有共同之处:用"好端端的"这个词来让听话者明白所说的事情或状况原本是很良好的。这也就是"好端端的"使用的语义背景。回头看例(9)这个偏误句,显然不符合"好端端的"使用的语义背景。

三、关于近义词语对比分析

"近义词语对比分析",是指通过对基本义相近或近似但具体用法不同的词语在用法上的对比分析,来把握近义的各个词语各自使用的语义背景。这里不妨先以"常常"和"往往"的对比分析为例来加以说明①。

"常常"用得多,口语、书面语都用;"往往"是个书面语词,平时用得不是很多。目前一般辞书都注释为表示某种行为动作或情况经常出现或发生,而《新华字典》干脆直接用"常常"来注释"往往"。这样的注释不影响母语为汉语的中国人对这两个词的使用,因为中国人有丰富的语感;可是外国学生对汉语没有语感,这样注释会影响他们说汉语。

外国学生习得和使用"常常",一般没什么问题,可是经常出现使用"往往"的偏误句。例如:

(17) * 她往往说谎。

(18) * 听说佐拉往往去香港玩儿。

显然,外国学生以为"往往"和"常常"的意思是一样的,其实有差异,主要因为它们各自使用的语义背景不同。要弄清楚"常常"和"往往"各自使用的语义背景,最好的办法是对它们进行对比分析。

---

① "常常"和"往往"的辨析,在《现代汉语虚词研究方法论》叁·六(修订版)例也谈到过,但在本文中,一方面进一步采用剥笋壳的方法层层深入比较,辨析的思路更清晰;另一方面对"常常"和"往往"所表示的语法意义也说得更到位了。

经研究我们发现,有的句子"常常"和"往往"能互换。例如:

(19) a. 北方冬季<u>常常</u>会有一些人不注意煤气而不幸身亡。

　　　b. 北方冬季<u>往往</u>会有一些人不注意煤气而不幸身亡。

(20) a. 星期天他<u>常常</u>去爬山。

　　　b. 星期天他<u>往往</u>去爬山。

(21) a. 每当跳高运动员越过横杆时,观看的人<u>常常</u>会下意识地抬一下腿。

　　　b. 每当跳高运动员越过横杆时,观看的人<u>往往</u>会下意识地抬一下腿。

而大部分句子不能互换。下面的例子就不能互换:

(22) a. 他呀,<u>常常</u>开夜车。

　　　b. *他呀,<u>往往</u>开夜车。

(23) a. 听说他<u>常常</u>赌博。

　　　b. *听说他<u>往往</u>赌博。

(24) a. 这种水果我们老家<u>常常</u>吃。

　　　b. *这种水果我们老家<u>往往</u>吃。

通过对比分析很容易获得如下结论:

"常常"和"往往"都表示某种事情或行为动作经常出现或发生;可是用"往往",前面一定得先说出某种前提条件,说明在某种条件下,某种事情或行为动作经常出现或发生,"常常"则没有这个限制。

可是从不能互换的语料中,我发现有的虽然也说了条件,还是只能用"常常",不能用"往往",即不能互换。例如:

(25) 以后周末,你要是没事儿,<u>常常</u>去看看姥姥。

　　　(* 以后周末,你要是没事儿,<u>往往</u>去看看姥姥。)

(26) 明年回上海,你得<u>常常</u>去看看她。

　　　(* 明年回上海,你得<u>往往</u>去看看她。)

这又为什么?经对比分析发现,前面能换着说的例句,说的都是过去的事;而不能换着说的例(25)、例(26)说的则是"未来"的事。看来我们原先的看法只注意到了条件,没注意时态。结论显然得修改为:

在交代前提条件的情况下,"往往"只用来说过去的事,即过去在某种条件下某种事情或行为动作经常出现或发生。"常常"则不受这个限制。

得出上面的结论后,在语料里又发现了下面的实例:

(27) 去年冬天我<u>常常</u>去滑雪。
　　　(* 去年冬天我<u>往往</u>去滑雪。)
(28) 上个星期我<u>常常</u>接到匿名电话。
　　　(* 上个星期我<u>往往</u>接到匿名电话。)

例(27)、例(28)都交代了条件,说的都是过去的事,但还是不能用"往往"。这又为什么? 我在这两个句子里加上某些词语,就又可以用"往往"了。请看:

(29) 去年冬天<u>每到周末</u>我<u>往往</u>去滑雪。
(30) 上个星期<u>晚上9点</u>我<u>往往</u>接到匿名电话。

例(27)、例(28)加上某些词语成为例(29)、例(30)后,所说的事情或现象具有明显的规律性,而原先例(27)、例(28)所说的内容不含有规律性。于是,对于"往往"与"常常"的差异又获得了下面新的认识:

"往往"只用来说明根据以往的经验所总结出的带规律性的情况(多用于过去或经常性的事情),"常常"不受此限。

这个新的结论看来比较周全了,后来发现还有问题。按这个结论,使用"往往"会受到限制,使用"常常"不受限制。

"常常"在使用上真不受限制吗? 下面的实例做出了否定的回答。请看:

(31) 高房子<u>往往</u>比较凉快。
(32) 南方<u>往往</u>比较潮湿,北方<u>往往</u>比较干燥。

例(31)、例(32)的情况倒过来了,这些句子只能用"往往",却不能用"常常",句子里的"往往"都不能换用"常常",不能说成:

(33) * 高房子<u>常常</u>比较凉快。
(34) * 南方常常比较潮湿,北方<u>常常</u>比较干燥。

这说明原先的结论似还需要进一步修改,宜改为:

某情况如果只具有经常性,不具有规律性,只能用"常常",不能用"往往";如果既具有经常性,又具有规律性,"常常"和"往往"都可以用;而如果只具有规律性,不具有经常性,则只能用"往往",不能用"常常"。

结论中说"如果既具有经常性,又具有规律性,'常常'和'往往'都可以用"。事实上,用"常常"还是用"往往",从说话的角度、凸显的意思来说,二者还是有差异的:用"常常"意在凸显某情况出现的经常性;用"往往"意在凸显某情况出现的规律性。至此我们可以给"常常"和"往往"使用的语义背景分别表述为:

"常常"用来说明情况的发生或出现具有经常性;所说情况不含经常性,不能用"常常"。

"往往"用来说明根据经验某情况的发生或出现具有规律性;所说情况不具有规律性,不能用"往往"。

再举一组都是起加强否定语气的副词"并"和"又"的对比分析。汉语里起加强否定语气的副词有很多,除了"并"和"又"之外,还有"毫""丝毫""千万""万万"等(马真 2001)。在汉语教学中,一般都会将表示加强否定语气的"并"和"又"教给外国学生。

一般辞书认为,"并"放在否定词前加强否定语气;"又"用在否定句或反问句里,加强否定语气。这些说法不能说不对,因为:第一,语气副词"并"和"又"确实只能用在否定词的前边;第二,语气副词"并"和"又"确实有加强否定语气的作用。但这些说法太简单,太笼统。很容易对外国学生起误导作用,以致出现如下的偏误句:

(35)"? 我们<u>并</u>不喝酒,你买瓶二锅头来干什么?"

(36)"玛莎跟日本同学佐田谈恋爱的事你也知道啦?""*我<u>又</u>不知道哇。"

(37)"你再吃一点儿。""*我<u>并</u>不能再吃了。"

(38)"李敏,你就向慧玉小姐赔个不是,事情不就解决了吗?"
"*我<u>并</u>不向她赔不是!"

例(35)—(38)里的"并""又"都用得不恰当。留学生使用"并"和"又"所出现的偏误现象说明:第一,不是什么情况下都可以用"并"或"又"来加强否定语气的;第二,"并"和"又"虽然都能起加强否定语气的作用,但二者又有区别。

那么"并"和"又"的区别在哪里呢?就在使用的语义背景不同。

我们可以思考一下,当我们说:

(39) 他<u>并</u>没有说谎。

暗含着什么?暗含着对方或其他人认为"他说谎了"。当我们说:

(40) 我<u>并</u>不认识他。

暗含着有人以为"我认识他"。

这说明,只有当说话人为强调说明事实真相或实际情况而来反驳或否定对方或一般人的意见,或否定自己的某种看法或想法时,才用这个语气副词"并"。因此,使用"并"的语义背景是:

> 当说话人为强调说明事实真相或实际情况而来直接否定已有的某种看法或想法时才用它来加强否定语气。

如果我们将语气副词"并"使用的语义背景融入到它的语法意义之中,那么对语气副词"并"宜注释为:

> 加强否定语气,强调说明事实不是对方所说的、或一般人所想的、或自己原先所认为的那样。

下面是使用语气副词"又"的典型实例:

(41) 小张:小王,明天我们去叶老师家,带一瓶茅台酒吧。

　　　小王:叶老师又不喝白酒。

(42) 玉萍:你带上一把伞吧。

　　　俊峰:天气预报又没说今天要下雨。

例(41)、例(42)都用了"又",而且用得都比较贴切。拿例(41)来说,小张提出给叶老师带一瓶茅台酒,小王不同意,但他不直接说"不要给叶老师带茅台酒",而是采取否定"叶老师喝酒"这一事实来达到否定小张意见的目的。这里小王就用了"又"来加强否定语气。例(42)玉萍叫俊峰"带上一把伞",俊峰不想带,但他不直接说"我不带",而是否定有下雨的可能性,来达到否定玉萍意见的目的。这里俊峰也用了"又"来加强否定语气。从这里,我们可以明显地看出,有时人们要否定某种事情、某种做法、某种说法或某种想法时,不采取直接否定的方式,而是通过强调不存在该事情、该做法、该说法或该想法的前提条件或起因来达到否定的目的。语气副词"又"就只能用在上述语境中,起加强否定的作用。使用语气副词"又"的语义背景可概括如下:

> 语气副词"又"只能用在直接否定前提条件或起因的句子里起加强否定语气的作用。

同样,如果我们将语气副词"又"使用的语义背景融入到它的释义之中,那么语气副词"又"宜注释为:

> 加强否定语气,强调说明不存在(对方或人们所说的)某种事情、某种做法、某种说法或某种想法的前提条件或起因。

下面再举一组近义实词"俯瞰""俯视""鸟瞰"的对比分析。

由于这三个词都是书面语词,不要说外国学生,中国学生也有用得不恰当的。

(43)＊ 玲玲蹲在清澈的溪水边,<u>俯瞰</u>着水中的游鱼,而且是那样地专心,以致老师走到她身后她都没觉察。

(44)＊ 香港高楼密布,舅舅家一带的高楼都在30层以上,我在25层阳台上看到的,除了楼房还是楼房,只能<u>鸟瞰</u>街上一个接一个的小"甲虫"。

例(43)是中学生的病句,例(44)是报上的病句。这两个句子里的"鸟瞰""俯瞰"都得改为"俯视"。为什么会错?辞书的释义要负一定责任。请看《现代汉语词典》对"俯视""俯瞰""鸟瞰"的注释:

> 俯视:从高处往下看。
> 俯瞰:俯视。
> 鸟瞰:从高处往下看。

"俯视""俯瞰""鸟瞰",它们有共同的词义要素:"从高处往下看";但是,使用语境有差异——"俯视"高度不论,也不要求非得有一定的视野,只要从高处往下看,都能用"俯视"。例如:

(45) 只见小红正聚精会神地<u>俯视</u>着金鱼缸里一条条游来游去的小金鱼。

而使用"俯瞰""鸟瞰"得有两个条件:一是所处的地方一定比较高,有相当的高度;二是视野一定比较开阔。例如:

(46) 记得在学生时代,每去香山,我们总要登上那半山亭,因为在那里可以<u>俯瞰</u>半个北京城。

(47) 我最难忘的是,那一次叔叔带我坐上他的直升飞机,飞翔在天空,<u>鸟瞰</u>着桐城美丽的秋色和那一座座拔地而起的各色高楼。

然而"俯瞰"和"鸟瞰"虽然在意义上有相同的地方,都是在很高的而且视野比较开阔的地方往下看,但又有一些细微的差异——在静止的山顶、楼顶、塔顶往下看,倾向于用"俯瞰",如果处于高空移动的飞机或热气球上往下看,也可以用"俯瞰",但用"鸟瞰"更合适。至此我们大致可以将"俯瞰""俯视""鸟瞰"这三个词各自使用的语义背景概括如下:

  俯视——从高处往下看,不论高度;仅用于书面语。
  俯瞰——从有相当高度且视野比较开阔的高处往下看;仅用于书面语。
  鸟瞰——从有相当高度且视野比较开阔的高处往下看,更适合用于在高空移动的飞行器上往下看;仅用于书面语。

回头看例(43)这个偏误句。溪边离水面一般不会超过两米,距离短,所以不能用"俯瞰",得用"俯视",改成:

(48) 玲玲蹲在清澈的溪水边,<u>俯视</u>着水中的游鱼,而且是那样地专心,以致老师走到她身后她都没觉察。

再看例(44),在25层楼的阳台上往下看,有一定的高度,但由于高楼密布,25层楼也还不是最高处,视野有限,只能直着往下看街上像小甲虫那样的汽车,显然不宜用"鸟瞰",还是用"俯视"比较合适,说成:

(49) 香港高楼密布,舅舅家一带的高楼都在30层以上,我在25层阳台上看到的,除了楼房还是楼房,只能<u>俯视</u>街上一个接一个的小"甲虫"。

四、结　　语

以往,谈到消极修辞研究,一般都只关注词语的锤炼和句式的选择,而且大多从正面对用词用句用得好的例子加以论述。这当然是应该的。2014年9月19日刘大为在给陆俭明的邮件中指出:"在当下修辞学的变革和探究中,积极修辞一面——以创新为标志的修辞现象得到了比较充分的关注,而消极修辞虽在传统修辞学中占有很大比例,在当下的修辞学变革中却几乎被遗忘了。"(转引自陆俭明2015)这无疑提醒我们需要关注和加强消极修辞方面的创新性研究。陆俭明(2015)、郑远汉(2015)以及陆丙甫、于赛男(2018)等都为拓宽消极修辞的研究领域提出了一些建设性的意见。我们从对病句、偏误句的分析中获得启示,试着补充提出这样一个建议:对病例、偏误句可以在以往"语文短评"式地说明的基础上,进一步从追究"为什么说'这错了'""为什么会错"这样的视角来探究。可能会使消极修辞的研究空间更开阔一些,不失为消极修辞研究的另一条蹊径。这种研究的好处是,不仅可以推进消极修辞的研究,而且也将有助于我们对词义的深入研究,有助于辞书对词语的正确释义,有助于人们对词语的正确使用。因此,深入分析偏误句、病句并探究其造成病句、偏误句的原因,可以成为消极修辞研究的一个新领域。

参考文献

北京大学中文系汉语专业　1978　《语法修辞》(修订版),商务印书馆。

陆俭明　2010　《修辞的基础——语义和谐律》,《当代修辞学》第1期。

陆俭明　2015　《消极修辞有开拓的空间》,《当代修辞学》第1期。

陆俭明　2017　《重视语言信息结构研究　开拓语言研究的新视野》,《当代修辞学》第4期。

马　真　1983　《说"反而"》,《中国语文》第3期。

马　真　1994　《关于"反而"的语法意义》,《世界汉语教学》第1期。

马　真　2001　《表加强否定语气的副词"并"和"又"》,《世界汉语教学》第3期。

马　　真　2016a　《现代汉语虚词研究方法论》(修订版),商务印书馆。

马　　真　2016b　《说说目前辞书的释义》,《辞书研究》第 5 期。

谭学纯、唐　跃、朱　玲　1992　《接受修辞学》,上海教育出版社。

郑远汉　2015　《消极修辞的研究——〈消极修辞有开拓的空间〉读后》,《当代修辞学》第 6 期。

陆丙甫、于赛男　2018　《消极修辞对象的一般化及效果的数量化:从"的"的选用谈起》,《当代修辞学》第 5 期。

What Revelations Can Wrong Cases and Error Sentences Give? A New Approach to Negative Rhetoric

Ma Zhen

Abstract: This paper studies negative rhetoric from the perspective of further investigating "why it's wrong" and "how does the error occur" on the basis of "brief comment" on wrong cases and error sentences, which can be regarded as a new way to study negative rhetoric and thus may broaden this research field. In this paper, two analysis methods are brought forward, one is positive and error comparison analysis and the other is synonyms comparative analysis, both of which are specified with detailed examples.

Keywords: negative rhetoric, wrong cases, error sentences, positive and error comparison analysis, synonyms comparative analysis

(原载于《当代修辞学》2019 年第 2 期)

试说消极修辞观*

魏 晖

(教育部语言文字应用研究所)

提　要　当下,哲学社会科学文献语言表述中存在一些不符合消极修辞的现象:1)提出或使用了不少新概念,但有些重要概念内涵不清楚,外延不明确;2)提出或使用了不少新观点,但有的重要观点意义不清楚,有的未经详细论证,是否正确值得推敲;3)有的文章空洞、冗长,逻辑不清楚,层次不清楚,观点不清楚;4)使用不必要甚至不准确的修饰;5)出现"吓尿体""标题党"等现象。解决上述问题需要普及消极修辞知识,更需要树立消极修辞观。本文认为,消极修辞不仅仅是一种修辞方法,也是一种现代观念,具体表现为无为观、平实观、简约观和规范观。最后,以语言政策研究为例,从选题、研究过程、报告撰写三方面阐述了政策研究需要树立消极修辞观。

关键词　消极修辞　消极修辞观　语言政策　政策研究

一、哲学社会科学文献语言表述中存在
不符合消极修辞的现象

陈望道先生的《修辞学发凡》被认为是具有里程碑性质的重要著作,被学界奉为中国现代修辞学的奠基之作。消极修辞是修辞的两大分野之一,与积极修辞相对,无论在理论上还是实际应用中都具有重要意义。消极修辞的总纲是明白,分为精确和平妥两条(陈望道 2018:42)。话语文章通例可以分为内容和形式两方面。消极修辞最低的限度,也是消极修辞所当遵守的最高标准是:内容方面意义

---

*　本文是教育部语言文字信息管理司委托项目"语言舆情扫描"的阶段性成果。

明确、伦次通顺,形式方面词句平匀、安排稳密(陈望道 2018:42—55)。百度百科在对"消极修辞"做解释时,提出"消极修辞"思想明确、词义明确、语句通顺、语言平稳、布局严谨五方面的具体要求:"1)思想明确。说写者首先必须经过仔细观察、研究,对事物的性质、特征、内部联系、与其他事物的关系,以及发展变化等等,有明确、全面的认识。说写前理清思路,成竹在胸。明确说写目的、重点,及听读的对象。2)词义明确。选择意义十分明确的词。力避模棱两可的词,对有歧义的词,应立加解释。在同一语境中,概念的内涵应保持一致。可用对概念加限制语的方式,缩小外延,明确词义。3)语句通顺。句子要合乎语法的要求。精心选用虚词,词与词、短语与短语的关系要明确。句与句之间要连贯。4)语言平稳。语言平实,力避怪词僻句。语言匀称,力避疏缺或驳杂。尤其要与内容、语境相贴切。5)布局严谨。根据事物本身所具有的规律性,合理安排说写顺序,从句群到段到篇,注意前后照应,过渡自然,文势贯通。"[1]

当下,哲学社会科学文献语言表述中存在一些不符合消极修辞的现象。初步概括为以下几个方面:

1. 提出或使用了不少新概念,但有些重要概念内涵不清楚,外延不明确。例如,《中国语言生活状况报告》(简称《报告》)2005 年开始发布。郭熙在《〈中国语言生活状况报告〉十年》一文中指出:十年来,一批新概念通过《报告》的发布更广泛地向社会展示,引起了更多的重视(教育部语言文字信息管理司 2015:16)。文中列出了"濒危语言""大华语"等 57 个新概念,对其中的 10 个概念进行了解释。还有不少概念内涵不是很清楚、外延不是太明确,但实际应用广泛,有的甚至是一篇文章中的重要概念,但该概念内涵并没有交代清楚。有些概念学界尚未形成共识,也未交代作者本意。这方面需要引起学界高度重视。习近平总书记在哲学社会科学工作座谈会上明确指出:"要善于提炼标识性概念,打造易于为国际社会所理解和接受的新概念、新范畴、新表示,引导国际学术界展开研究和讨论。"(习近平 2017:346)提出新概念是必要的,但新概念的内涵不清楚、外延不明确是很难被国际社会理解和接受的,更难以建立可靠的新理论。此外,还存在混淆概念之间

---

[1] https://baike.baidu.com/item/%E6%B6%88E6%9E%81%E4%BF%AE%E8%BE%9E/6125464? fr = aladdin.

的差异的现象。党的十八届三中全会提出：全面深化改革的总目标是完善和发展中国特色社会主义制度，推进国家治理体系和治理能力现代化。相关"治理"问题得到广泛的研究，如综合治理、政治治理、经济治理、文化治理、社会治理、生态环境治理、教育治理、语言治理、学校治理、社区治理等，这是好现象。但是，目前仍存在上述所指概念内涵不清楚、外延不明确的问题，还存在混淆"治理"与"管理"的差异问题，似乎一切都是"治理"，根本不存在"管理"概念，甚至有的研究完全是"管理"问题，偏偏要用"治理"概念。实际上，"治理"与"管理"两者既有联系又有区别。例如，"公司治理与公司管理是现代企业中不可或缺的两个方面，它们既有联系也有区别。"（吕凌云 2012）"文化管理是国家通过建立规章制度对文化行为进行规范化，对象是文化行为，主体是政府；文化治理是国家通过制度安排，利用和借助文化的功能用以克服与解决国家发展中的问题，对象是政治、经济、社会和文化，主体是政府+社会，政府发挥主导作用，社会参与共治。管，具有法律和行政的强制性；治，则更突出人和社会的自主性。治，是针对问题的解决与克服，具有很强的弹性，而管则是基于一定的价值尺度对人们的社会行为做出规定，具有很强的惩戒刚性。"（胡惠林 2012）这值得很多从事治理研究的学者借鉴，必须说清楚自己的研究到底是治理还是管理，不混为一谈。不注重概念的内涵、外延是不符合消极修辞的。消极修辞要求词义明确，在使用中应选择意义十分明确的词，力避模棱两可的词，对有歧义的词应立加解释。当然，概念内涵也不必强求统一，允许从不同视角进行探讨，允许学术争鸣。只要在同一语境中，概念的内涵保持一致即可。特定情况下，可用对概念加限制语的方式，缩小外延，明确意义。

2. 提出或使用了不少新观点，但有的重要观点表义并不清楚，有的重要观点未经详细论证，是否正确、严密值得推敲。人们经常说，强国必须强教，强国必须强军。现在经常读到"强国必须强语，强语助力强国"的观点，但"强语"的意义是什么？未见到特别明确、清晰、严谨的说法。"强国必须强语，强语助力强国"的观点被广泛引用，但该观点是否正确、是否严密似乎值得商榷：首先，"强语"的意义不清楚，"强国必须强语"就有点泛泛而谈，没有实际意义，只是想强调语言在国家中的重要地位；其次，如果"强语"是指国家语言能力强，那么"强国必须强语"就是指国家语言能力在国家经济社会发展中具有战略性、基础性、关键性地位，就应上升到国家战略层面,就应提出"语言强国"战略,似乎还需要很好地论证,需要很严密的论证。消极修辞强调思想明确,"说事实常以自然的、社会的关系为常轨;说理论常以因明、逻辑的关系为常轨""唯恐意义的理解上有隔阂,对于因时代、因地域、因团体而生的差异,常常设法使它减除。又唯恐意义的理解上有困难,对于古怪新奇,及其他一切不寻常的说法,也常常设法求它减少"(彭漪涟 2004)。因此,提出新观点要注意符合消极修辞。

3. 有的文章空洞、冗长,观点不清楚,逻辑不清楚,层次不清楚。哲学社会科学文章空洞、冗长,观点不清楚,逻辑不清楚,层次不清楚的情况时有发生,这是一种"长假空"文风,是与中央倡导的"短实新"文风对立的。这也是不符合消极修辞的。消极修辞强调思想明确,要求说写者首先必须经过仔细观察、研究,对事物的性质、特征、内部联系、与其他事物的关系,以及发展变化等等,有明确、全面的认识。说写前理清思路,成竹在胸。明确说写目的、重点,及听读的对象。消极修辞强调布局严谨,根据事物本身所具有的规律性,合理安排说写顺序,从句群到段到篇,注意前后照应,过渡自然,文势贯通,伦次通顺。

4. 使用不必要甚至不准确的修饰。哲学社会科学界召开论坛喜欢使用"高端"论坛,会议报道习惯使用"成功""顺利"召开。不使用"高端"似乎论坛就不"高端"了,不使用"成功""顺利",似乎会议就开得不"成功"、不"顺利"了。这倒不是很严重的问题,更多情况下是夸大其词、过分渲染。这也是不符合消极修辞的。消极修辞强调词义明确,首先必须是准确的,然后才能谈及形象、生动等。要求精心选用虚词,词与词、短语与短语的关系要明确。消极修辞强调词句平匀,平易而没有怪词僻句,匀称而没有夹杂或驳杂的弊病,读听者便不至于多分心于形式,可以把整个心意聚注在内容上面。

5. 出现"吓尿体"等语体、"标题党"等现象。一段时间以来,"跪求体""哭晕体""吓尿体"等浮夸自大文风频现,消解媒体公信力,污染舆论生态,扭曲国民心态,不利于成风化人、凝聚人心、构建清朗网络空间。为了匡正各媒体浮夸自大、华而不实的文风,落实习近平总书记对文风"短、实、新"的要求,倡导清新文风,崇尚风清气正,2018 年人民网在观点频道推出"三评浮夸自大文风"系列评论(林峰 2018;又观 2018;艾悟 2018)。人民网推出三篇评论,说明不是个别现象,需要引起高度重视。

根据百度百科,"标题党是互联网上利用各种颇具创意的标题吸引网友眼球,以达到交际目的一小部分网站管理者和网民的总称。其主要行为简而言之即发帖的标题严重夸张,帖子内容通常与标题完全无关或联系不大。良性标题党有很强的幽默性和娱乐性。恶性标题党的危害性表现为:1)浪费了网友的时间,欺骗了网友的感情;2)标题党的行为会使网友因为受过欺骗,而错过真正有价值的信息,造成'狼来了'的悲剧;3)充斥'性爱''暴力''罪恶'等字眼,严重污染版面,令目睹者触目惊心。"[①]社会上对"标题党"非常反感,有调查显示,81.8%受访者反感"标题党"(王品芝、陈子祎2018)。

无论是"吓尿体",还是"标题党",都是不符合消极修辞的。消极修辞强调语言平实,力避怪词僻句;强调语言匀称,力避疏缺或驳杂,尤其要与内容、语境相贴切。

二、消极修辞是一种现代观念

解决上述问题首先需要端正文风,也需要普及消极修辞知识,还需要树立消极修辞观。笔者认为:消极修辞不仅仅是一种修辞方法,也是一种现代观念。现代社会节奏快,信息量大,在浩瀚的信息海洋中,有价值的信息稀少,有价值的思想更是寥若晨星,因此,交际中(指一般情况下,特殊情况除外,如谈判,有时需要拐弯抹角,刻意不明确表达意见)强调信息、知识交换明确、简洁,充分而快速。消极修辞观主要内容包括四个方面:

1. 无为观。所谓无为观不是不作为,而是摒弃妄自作为、恣意妄为,就是不刻意提新概念,不随意使用新概念。确实需要提出新概念或赋予概念新内涵,需明确其内涵与外延,意义明确、不含糊。力避模棱两可的词,对有歧义的词,应立加解释。在同一语境中,概念的内涵应保持一致。当然,对于概念的不同意义,只要明确、准确就行,不人为寻求统一,允许百花齐放,允许从不同视角开展研究。事实上有时也难以统一。

2. 平实观。所谓平实观就是指内容上强调从客观出发,而不是从主观出发,

---

① https://baike.baidu.com/item/%E6%A0%87%E9%A2%98%E5%85%9A。

要实事求是,要符合科学、规律、常识。形式上强调依顺序、相衔接、有照应地展开,词句平匀,言语朴实无华,力避怪词僻句,力避疏缺或驳杂,尤其要与内容、语境相贴切。

3. 简约观。简约,是用最少的笔墨去表达,是"少就是多"的理念再现,简约设计就是把设计简化到本质,简而不空。简约主义是适应现代人快节奏、高频率、满负荷的需求产生的。简约不是简单,而是指简略、简省,反对繁复、烦琐。所谓简约观就是将复杂的问题适当简化,以抓住要害,抓住主要矛盾、关键问题。得出的观点、结论是简约而不复杂。当然文体风格力求语辞简洁扼要。不是简单摹写,也不是简陋肤浅,而是经过提炼形成的精约简省,理论的最高境界是简约,大道至简。哲学社会科学需要提出新概念、新观点,但新概念内涵要清楚,外延要明确;新观点意义要明确,经得起推敲,经得起实践、时间检验,而不是为简化而简化,为对比而对比,为排比而排比,为对偶而对偶。因为有不少新观点就是用对比、排比、对偶等修辞方式表达的。

4. 规范观。所谓规范观就是研究要遵从学术研究规范,写作要遵从学术论文写作规范。研究要老老实实,来不得半点虚假,立论要正确、数据要可靠,说理、推理要严谨,引用要注明。规范与求新并不矛盾。近期,一位湖南教授提出的关于"英人英语源于湘西"的观点引发社会广泛议论。有专家(张颐武 2019)认为:"学术研究不是不允许提出创新和有独到见解的观点,关键是这种观点是建立在规范研究的基础上,一定要进入学术共同体讨论的范围之内,而不是片面追求一些耸人听闻的效果。""求新""求变"是现代人的底色,但要防止为激活思想、争夺注意力而不惜"出奇制胜""剑走偏锋"(包括"标题党"),求新要符合常识、公理,要符合逻辑,要自洽。古代有很多的写作规范,如"言有物""修辞立其诚""为世用者,百篇无害""根情、苗言、华声、实义""文贵其简""头绪忌繁""义理、考据、辞章"等。这些观点均适用于现代的写作,作为现代的文章规范。以"真、善、美"为纲,从内容与形式两方面归纳传统的和现代的文论观点,可以把文章规范确立为以下十个方面:真实、充实、有益、明晰、连贯、得体、畅达、生动、平易、简洁。文章写作要合乎规范,修改文章也要以合乎规范为目的(庄涛、胡敦骅、梁冠群 1992:148)。无论是研究规范还是写作规范都有消极修辞的要求。

三、政策研究要树立消极修辞观

政策研究相对于学术研究更讲究消极修辞,要树立消极修辞观。下面以语言政策研究为例,从语言政策研究选题、研究过程、研究报告三个方面予以阐述。

3.1 政策研究选题

政策研究要有强烈的选题意识,提倡以问题为中心(陈振民 2003:17)。问题界定是现代政策分析的逻辑起点,公共政策所要解决的问题越明确,就越容易实现公共政策的目的,越有利于实际问题的解决。有效地阐明问题就等于解决了一半的问题(转引自威廉·N.邓恩 2002:2)。政策研究的选题就是界定、阐明问题从而解决问题,选题一般要做到问题化、本土化、简约化。

1)问题化。所谓问题化即从复杂的社会现象中发现问题、诊断问题,将问题细化、专门化、具体化。"高质量的研究当然是'问题驱动',而不是理论驱动或方法驱动"(王辑思 2016:448)。要注重调查研究、舆情观测,从而发现问题,而不是从主观出发臆造问题。要注意诊断问题,辨别虚、假问题,透过现象认清问题,把握真实问题(包括需求)。比如"汉语危机"就是一个假问题。字母词侵入汉语只需加强管理,加强规范,引发不了危机。相反,汉语借助于汉语拼音,进入了信息世界,汉语越来越走向世界,汉语的生命力越来越强,汉语不存在危机问题。真正的问题应当是"国民语言文字应用能力是否下降"的问题。诊断问题要注意对问题进行分类。如根据舆情发生的频度、强度、持续度等可将问题分为值得关注的问题(如网络词语对语文教育的影响)、值得研究的问题(如"语文为王")、需要及时处理的问题(如新语文教材实施后民族地区语文教师不适应问题),不同类型的问题采用不同的办法。有学者批评国内学者的政策研究停留在提出问题层面,"研究的往往是比较宽泛的问题(issue),而未能将研究细化、专门化,提出具体的问题(question)"(王辑思 2016:449),还要对问题细化、专门化、具体化,以解决问题。

2)本土化。所谓本土化是指问题是扎根中国大地的问题。用中国事实验证国外理论研究意义不大。我国丰富的语言实践催生新理论,语言政策研究要有高度的理论自觉,创造性回答时代和实践发展提出的新课题。目前虽然提出了大量新概念,但有的概念内涵不清楚、外延不明确,离建立理论尚有很大差距。需要加强理论思考、理论概括,理论既需要原创,也需要结合中国实际的创造性发展。当然,我们还应有国际视野。网络上有大量"语文为王""语文为王时代"的舆情,在讨论这些问题时,需要睁眼看世界。国际上流行STEM(科学、技术、工程、数学)教育,美国中小学正在实施STEAM(科学、技术、工程、艺术、数学)战略,我们在争论"语文为王"甚至认为我们正处在"语文为王时代",就有所偏颇了。

3)简约化。所谓简约化是指政策研究要聚焦重大问题,但重大问题往往是复杂的、跨学科的,研究中要将问题简约化,要注意抓关键问题,以关键问题的解决带动其他问题的解决。政策研究要从问题出发,特别是从大问题出发,使用最先进的工具、方法和技术去回答问题,而不是从文献或工具出发。基于文献和工具的研究方法并不错,但是如果从技术工具出发,从手头的数据出发,去研究无价值的小问题,研究的意义就不大。重大问题、复杂问题应简约化,抓核心(关键)问题,实现有限目标、核心目标。有时候,重大问题的解决需要一系列细化、专门化问题的支撑研究,这是另一类型的简约化。我们特别缺乏可以在大问题上"小而专之"的专家(王辑思2016:449)。

3.2 政策研究过程

政策研究要做到不唯上,不唯书,只唯实。政策研究主要不是解说、阐释、宣传、维护现行政策,更重要的是"引领"政策。有专家批评:"学者的政策研究常常不是引领政策,而是对政府开创的局面和已经发表的政策宣示加以阐释和辩护。"(王辑思2016:447)当然,必要的解说、阐释、宣传、维护现行政策是需要的,但更重要的是提供思想产品、服务党和政府决策、引导社会舆论、提供社会服务等。研究中还需要不唯书,不能停留在西方概念、理论的引进、介绍及根据本土经验的批评与消化,"要善于提炼标识性概念,打造易于为国际社会所理解和接受的新概念、新范畴、新表达,引导国际学术界展开研究和讨论"。新概念、新范畴、新表达要思想明确,意义明确,要推理严密、数据可靠,要经得起实践检验、时间检验。有的研究不讲科学方法,不讲学术规范,不注重客观事实,只讲主观性。不讲全面,只讲片面,事实上"弯道超车"不是任何时候都存在的,也不是任何时候都能实现的,个别方面的突破并不代表整体的超越,要实事求是,有一说一。

此外,既要讲科学,又要有人文精神。2019 年 3 月 11 日,21 所美国顶尖大学宣布组成一个名为"公共利益技术大学网络"(Public Interest Technology University Network)的新组织。他们达成的共识是,未来趋势是技术专家人文化,人文学者技术化。该组织的目标是培训下一代软件工程师、政策制定者、公民领袖和社会公平倡议人士,以开发、规范和利用有利于公共利益的技术。因此,语言政策研究要以问题为中心,以系统观为指导,以语言规划为抓手,以科技为支撑。政策研究多数是约束、规范、限制人的,更需要人文情怀,政策不是越多越好,智能时代更需要人文精神,更强化伦理观念。

3.3 政策研究报告

政策研究报告的文字表达水平,反映着研究成果的质量的高低。研究报告要努力做到言之成理,言之有物,内容充实,观点新颖,简明扼要,减少空话、套话、老话,更不能讲假话、错话(魏礼群 2019:135)。一般来说,即使学术文章也要反复推敲,忌长篇大论而不得要旨;而政策报告要讲究时效和实效,言简意赅,通常篇幅较短(王辑思 2016:451)。政策研究报告特别讲究简明扼要,言简意赅,文风质朴,突出短实新;综合报告一般 5 000 字以内;专项报告一般 3 000 字以内;确有必要详细报告的可通过附件反映。而且无论从研究报告内容和形式方面,都有极高的消极修辞要求。

综上所述,政策研究的选题、研究报告的撰写都涉及消极修辞问题,除了要熟悉消极修辞知识,更需要树立消极修辞观念。

参考文献

艾　悟　2018　《人民网三评浮夸自大文风之三:文风是小事吗?》,人民网。
陈望道　2018　《修辞学发凡》,复旦大学出版社。
胡惠林　2012　《国家需要文化治理》,《学习时报》6 月 18 日。
教育部语言文字信息管理司　2015　《中国语言生活状况报告(2015)》,商务印书馆。
林　峰　2018　《人民网三评浮夸自大文风之一:文章不会写了吗?》,人吕凌云　2012　《治理与管理:含义·区别·协调》,《企业改革与管理》第2期。

彭漪涟　2004　《逻辑学大辞典》,上海辞书出版社。

王辑思　2016　《大国战略　国际战略探究与思考》,中信出版集团。

魏礼群　2019　《新型智库——知与行》,人民出版社。

威廉·N.邓恩　2002　《公共政策分析导论》,中国人民大学出版社。

习近平　2017　《习近平谈治国理政》(第二卷),外交出版社。

又　观　2018　《人民网三评浮夸自大文风之二:中国人不自信了吗?》,人民网。

张颐武　2019　《学术研究还须遵守规范》,《环球时报》9月11日第14版。

王品芝、陈子祎　2018　《81.8%受访者反感"标题党"》,《中国青年报》7月18日第7版。

庄　涛、胡敦骅、梁冠群　1992　《写作大辞典》,汉语大词典出版社。

http://opinion.people.com.cn/n1/2018/0704/c1003-30125559.html

http://media.people.com.cn/n1/2018/0718/c192371-30156075.html

http://media.people.com.cn/n1/2018/0703/c40606-30107900.html

On Negative Rhetoric

Wei Hui

Abstract: Presently, there are some phenomena that do not accord with negative rhetoric in philosophy and social science research. First, the connotations and denotations of some of the newly put forward or used concepts are not clear. Second, some viewpoints which are newly put forward or used are not clear, and the others are not argued in detail. Third, some articles are empty, long, illogical or unclear. Fourth, some modifications are unnecessarily or inaccurately used. And fifth, the phenomena such as the Scaring Urine Style or Title Party and so on occur constantly. To solve the above problems, it is necessary to popularize the knowledge of negative rhetoric and to set up the view of negative rhetoric. This paper holds that negative rhetoric is not only a rhetorical device, but also a modern concept, which is embodied in the view of inaction, fairness, simplicity and norms. Finally, taking language policy research as an example, the paper expounds the necessity of negative rhetoric in policy research from the following three aspects as topic selection, research process and report writing.

Keywords: negative rhetoric, negative rhetoric view, language policy, policy research

（原载于《当代修辞学》2019 年第 6 期）

消极修辞的灵活度

张伯江[1]　郭　光[2]

(1. 中国社会科学院语言研究所；

2. 复旦大学中国语言文学系)

提　要　本文尝试一种介乎语言对比和文辞推敲之间的消极修辞观察工作，借以观察汉语的实质性语法特点、语篇特点和修辞精神。通过对《英韬日记》文白版本的对照，我们讨论如下几个问题：一、从结构助词的使用看助词的多功能性与结构替代性；二、从处所介词的使用看时间空间表达的语法制约和修辞选择；三、从处置结构的使用看现代白话构式意义的浮现；四、从完成意义的表达看形态表达与意合表达的相映；五、从文言白话共同的短句倾向看汉语语篇的节律要求。这些观察对我们理解汉语语法修辞的强制性与自由度，了解汉语语篇的节律性要求，应该是有启发意义的。

关键词　消极修辞　文言　白话　短句　节律　灵活度

一、引　言

自陈望道在《修辞学发凡》提出修辞学两大分野——积极修辞和消极修辞后，学界对积极修辞的研究用力甚勤，着眼于修辞格和修辞方式的归纳与分类曾一度是汉语修辞学研究的热点。王希杰(2008)谈道："发现和创建新修辞格时候从20世纪60年代开始的，80、90年代里逐渐形成了高潮。汉语修辞格从三十个增加到两三百个。"其间也难免出现了吕叔湘(1983)所批评的"为讲修辞格而讲修辞格""盲目的修辞格崇拜"的弊端。

相比之下，消极修辞的研究就显得较为薄弱。陈望道(1997:54、45)提出消极修辞应有四个标准"内容方面明确、通顺；形式方面平匀、稳密"，目的是"使当时想要表达的表达得极明白,没有丝毫的模糊,也没有丝毫的歧解"。事实上,吕叔湘、朱德熙《语法修辞讲话》本来的意图就是告诉人们要关注消极修辞,但后来人们大多只是从语法上的正误去看《讲话》中的问题,而把修辞的精力过多转向积极修辞了。80年代以后,对消极修辞的关注多了起来,吴士文(1982,1986)提出消极修辞的两个下位层次"辞规""辞风",强化了消极修辞的规律性。之后有多位学者对消极修辞的研究有新的发展和突破,如潘庆云(1991)、胡习之(2002,2014)等。

近些年,学术界倡议并实践将消极修辞的研究跟语言学的研究成果相结合,如陆俭明(2015)、郑远汉(2015)、陆丙甫、于赛男(2018)等,正如陆俭明(2015)所说:"需要关注和加强消极修辞方面的创新性研究,需要用新的视角来探索与分析研究某些修辞现象。"

研究消极修辞可以从不同的角度切入,远至汉外译文对比,近至比勘作家的自我修改,都是有效的办法。这里的"远""近"说的是文本差异性的远近。本文选取一份特殊语料,尝试一种介乎语言对比和文辞推敲之间的消极修辞观察工作,借以观察汉语的实质性语法特点和语篇特点,并探讨不同文本在体现消极修辞时对语法形式的取舍。

二、文本背景及对比意义

本文将从《英轺日记》与其白话文版本《京话演说振贝子英轺日记》的语言对比入手,来对消极修辞进行考察。

《英轺日记》(以下简称《英轺》),共12卷,唐文治著(日记作者署载振名,即庆亲王奕劻子,但实为其下属唐文治执笔),1903年出版。1902年,时任外务部员外郎的唐文治随载振赴英,庆贺英王爱德华七世即位,自天津大沽口南下,经新加坡、斯里兰卡、亚丁湾、希腊等地至英国;回国途中,路经比利时、法国、美国、日本等地。日记内容即为该段时间在外的见闻、考察与思考,日记相当于考察报告,文本风格相当严肃。

《京话演说振贝子英轺日记》(以下简称《京话》)12卷,为前者之白话本,刊载于上海商务印书馆出版的《绣像小说》第1—40期(1903—1904)。"该日记对于传播新知作用深大,将其翻译成白话转载,可看做以下层人民喜闻乐见的方式推广

白话、开启民智的手段。"(《英轺日记两种》2017)

选取《英轺》和《京话》进行语言对比,其意义在于:

一是不存在作者时代差异因素。过去我们研究文言和白话文本的对比,文本多是现代人翻译的古代文言文,这就有一种局限,作者对文本语言的理解,难免有时代上的差异。而《京话》(1903—1904)是同一时期对《英轺》(1903)的白话文翻译(甚至有可能是同一作者的翻译),不会存在作者时代差异的因素。

二是不存在语体风格差异因素。过去我们做的文白对比工作不少,但大多存在一个天然的缺憾,那就是语体风格不对应的问题。例如我们常用来作为各个时代代表作品的秦汉史书、和尚语录、唐宋古文、明清小说,其间的语言对比就存在文体上严重的不对应,事实上历来的白话研究都是选取偏于通俗的文体,很难有庄重的白话语体的实例。而《英轺》和《京话》的目的都是向公众报道载振出使英国,尤其是在政体上的见闻,内容和目的完全一致,因此都是庄重的文体,文白两体具有对当的严肃性,所以《英轺》和《京话》的语言对比,不存在庄重语体和通俗语体风格上差异的因素。这是这份语料独特的价值。

三是可以管窥白话文运动之前的汉语口语的面貌。《京话》1903年刊出,是远在1917年白话文运动之前的口语,通过研究《京话》的语言,也可以使我们了解白话文运动之前汉语口语的实际面貌。

三、句法强制性与自由度

下面我们将通过对比《英轺》和《京话》中一些虚词和句式的使用差异,来观察文言和白话在语言表现以及句法强制性上的不同。

3.1 "之"字结构的白话表达

《英轺》中"之"的使用以位于定语和中心语之间构成偏正关系为多,现代人翻译这个"之"多使用"的"来表达其功能,《京话》也是如此(以下文中例句,上皆为《英轺》中用语,下为《京话》用语,如有需要,另作说明)。

(1) 又询以教养之规制

又问他们教养的规矩

(2) 又询以商税<u>之</u>出入
　　又问他们商税<u>的</u>出入

(3) 又询以刑律<u>之</u>轻重
　　又问他们刑罚<u>的</u>轻重

例(1)"教养之规制"译为"教养的规矩",例(2)中"商税之出入"译为"商税的出入",例(3)中"刑律之轻重"译为"刑罚的轻重"。例(1)、例(2)、例(3)都是用了"的"字来对译了偏正结构中"之"字结构。但是在《京话》中,对"之"的翻译除了用"的",还使用了其他手段:

(4) 爰询以港属<u>之广袤</u>
　　问他们香港的<u>地方有多大</u>

(5) 又询以户口<u>之繁庶</u>
　　又问他们香港的<u>人口有多少</u>

(6) 教师<u>之有名者</u>殁,则即葬于内
　　<u>有名的教师</u>过去了,都葬在那哈儿

(7) 视<u>疾之轻重</u>分居待治
　　<u>病轻的跟病重的</u>,分作两起

(8) <u>景慕之心</u>油然而生
　　那些学生看了<u>羡慕他</u>

(9) 玻璃碗琖、器具倾倒<u>撞碎之声</u>,不绝于耳
　　什么玻璃碗盏,<u>碎了不知多少</u>

(10) 独擅商贾<u>之利</u>
　　　后来就给英国人<u>全占了去</u>

例(4)、例(5)都没有把原文译成"香港的大小""人口的多少",而是翻译成了谓语形式"[香港的地方]有多大""[香港的人口]有多少"。例(6)"教师之有名者"是古代汉语中有特色的句式,难以兑换成现代汉语的"教师的有名的",于是翻译成完全不同的定中结构"有名的教师"。例(7)也没有把"视疾之轻重"直译成"看病的轻重",而是换说成并列结构"病轻的跟病重的",二者语法结构完全不对应。例(8)则是用动宾结构"羡慕他"来翻译了名词性结构"景慕之心"。例(9)用了谓

词性结构"碎了不知多少"来翻译名词性结构"撞碎之声"。例(10)"商贾之利"是一个名词性结构,本是用了名词性结构来表达"商贾有利、有便利"这样的概念,白话则用了全不相干的句式"给英国人全占了去",全然不顾原来的结构了。

  总的看来,文言中"之"字结构是一种非常有效的结构组织方式。"之"字后头可以是名词,也可以是动词、形容词,都经过它组织成名词性短语。白话的"的"虽然勉强可以逐一对应于"之"字结构,但并不是都那么自然。从另一个角度说,白话表达的自由度更大,白话可以用多种方式来表达"之"字结构,除了用"的"字来对应,还可以用动宾结构、并列结构、谓词性小句等多种方式来表达。这几种形式的自由选择,完全是为了表意精准、语句自然,不是积极修辞意义上的自由,而纯粹是消极修辞的语体规范使然。

3.2 "者"字的白话表达

  "者"也是古代汉语中一个具有明确语法功能的词,可以是名词化的标记,根据名词化后意义是否转变,分为转指和自指两类(朱德熙 1983);还可以用"……者,……也"格式构成判断句。我们下面来看一下《英轺》中的"者"在《京话》中是如何表达的。

  先来看转指的"者"字结构:

(11) 位尊者握手为礼,卑者则跪一膝,嗅王之足,以示亲近。

   年纪大的跟他拉手,年纪轻的跪在地上,捧了他的腿,闻上一闻。

(12) 卒业者给照,商民子弟争赴焉。

   卒业的给一张执照。

(13) 学徒年自二十岁以上,习普通学已成就者,方准入内。

   学生要二十岁以上,学过普通学的才许到这学堂里去念书。

  例(11)中"者"的用法是转指,就是用"位尊+者"表示名词性的结构,例(12)中"卒业者"和例(13)"习普通学已成就者"中同样都是转指用法,在《京话》中都翻译为"年纪大的""卒业的"这样的"的"字结构。但并不是所有的"者"字结构都用表示转指的"的"来表达,《京话》中还采用了别的方式:

(14) 其始至也,家人从官送行者甚夥。

上船的时候,<u>家里的人</u>都来送行。

(15) 民<u>有资于行者</u>

百姓有钱的,<u>存在行里</u>

例(14)"家人从官送行者"是文言中典型的主谓谓语句,"家人"做大主语,"从官送行者"做小主语,在《京话》中翻译为"家里的人都来送行",并将"甚夥"的意思整合到"都来送行"这个谓语里,实词"甚夥"的意思由虚词"都"来体现。例(15)"民有资于行者"与白话的翻译"百姓有钱的,存在行里",二者句法结构差异甚远。

再来看判断句中的"者",文言中"……者,……"或者"……者,……也"是比较常见的表示判断的句式,现代汉语中多用系词"是"来表示,《京话》中除了用"是"来翻译表判断的"者",也用了其他的方式。

(16) 盖正任港督请假回国,摄篆<u>者</u>为将军格思可言<u>也</u>。

那个时候,正任港督请假回国去了,<u>是</u>将军格思可言跟他代理。

(17) 盖西人论学,辄谓:念<u>者</u>,事之基萌。

他们论学,说念头<u>是</u>事的根基。

(18) 侍病多妇人,所蹑履,皆以软皮为底,虑有声惊病<u>者也</u>。

伺候病人的,是些老婆子。穿了软皮的鞋,<u>生怕走的响了,惊了病人</u>。

例(16)、例(17)《京话》都用了"是"来对译了《英轺》中表判断的"者",如例(16)中"摄篆者为将军格思可言也"是一个典型的"……者,……也"结构,《京话》中"是将军格思可言跟他代理",同样是典型的现代汉语表判断的"是"字结构。但例(18)就有所不同,并没有用判断句的形式来对译,而是用了陈述的结构"生怕走的响了,惊了病人"来翻译了上面"……者也"的判断结构。

还有一种比较特殊的翻译是当"者"字结构位于假设句中:

(19) 有废业<u>者</u>,集资使归里,终身不许再至。

<u>再不然</u>,就凑了钱送他回国,以后不许再来。

(20) 有<u>不中度者</u>,别储之。

<u>分两不对</u>,就搁在一边儿。

例(19)中"有废业者"译为"再不然",例(20)中"有不中度者"译为"分两不对",其实我们也可以在《京话》的句子上加上假设标记或一个"的",如"再不然的话"或者"分两不对的",这说明现代汉语中假设标记或"的"可以省略,但是在文言中"有废业者"和"有不中度者"是无论如何不能省去"者"的。

3.3 "于"字的白话表达

上古汉语中"于"的应用范围极广,可以联系多种语义关系(张伯江 2018)。汉朝开始,"在"虚化为介词,慢慢替代了"于"的功能,唐宋时期,"在"对"于"的词汇替换基本完成,"于"作为古语残留保存于书面语中,仍长期存在。《英轺》中"于"的使用相当普遍,《京话》多用"在"对译,但在《京话》中,同样使用了多种手段来体现"于"的意思。

(21) 将军迎<u>于</u>大门外,与行握手礼,偕入正厅。
　　那格思可言早早<u>在</u>门口儿迎接,拉着手一块儿到厅上去。
(22) 金乐培导余先至一处,有学堂司事官候<u>于</u>门。
　　金乐培先引着到一个学堂里,有司事官<u>在</u>门口候着。
(23) 且称众商备行台<u>于</u>振裕园,请往少憩。
　　说这儿商人预备着行台<u>在</u>振裕园,就请过去。

例(21)、例(22)是比较标准的用"在"翻译"于"的例子,将介词结构前置于动词之前,如例(21)把"迎于大门外"翻译为"在门口儿迎接",就将介词结构"在门口儿"置于动词"迎接"之前,符合现代汉语的习惯。但例(23)将"备行台于振裕园"翻译成"预备着行台在振裕园",把介词宾语"在振裕园"后置于动词结构,这说明当时白话的用法里,表示处所的介词结构有前后两种位置。但按现在的习惯,就不如"在振裕园预备着行台"这样的介词宾语前置更合乎我们的语感。

(24) 此行创始<u>于</u>西历一千六百九十四年
　　<u>是</u>公历一千六百九十四年盖<u>的</u>
(25) 盖学徒夏日课余,则<u>于</u>兹纳爽,所以为游息地也
　　司事官说,这船上是预备学生避暑<u>的地方</u>
(26) 国家有急需,租税不敷,则贷<u>于</u>民

国家有什么要紧事情,钱不够使,就问百姓借

例(24)当介词结构表示时间时,《京话》没有用相应的介词结构"在公元1694年创办"来对译后置介词结构"创始于西历一千六百九十四年",而是用了"是……盖的"这样的判断结构来翻译。例(25)"则于兹纳爽"的意思就是"在这儿纳凉",但是对应的译文是实词"X的地方",这也说明在现代汉语中处所的表示有多种方式。例(26)"贷于民"用了现代汉语的"问"这样一个还没有彻底虚化为对象介词的动词来翻译。

3.4 白话"把"字句在文言的表达

这一小节我们反过来从白话出发看一个现象,即现代汉语的常用句式"把"字句在相应的文言文本里是怎么表现的。学界一般认为"把"字句来源于历史上的"处置式",先后有过"以""将""把"等多种标记词。我们感兴趣的是,这种"处置"意义(王力1943;吕叔湘1948;沈家煊2002)是不是也存在文白对当的表示法。《京话》中有大量的"把"字句,但是对应的《英轺》却不是"处置式"的形式,我们来看下面的例子:

(27) 舟仍行印度洋。风大,簸甚。舱中皆阖窗,天气郁热,夜不成寐。
    船照旧在印度洋里走。风大的狠,船上把窗户都闭上,把人闷得慌。

(28) 旁有铁桥,缀以机炼,挽运煤铁诸物实之于炉。
    旁边有座铁桥,是预备把煤铁两样送到炉里去的。

(29) 及炼钢,则入铁于巨瓮,悬置低炉受热复化乃出。
    要是炼钢,就得把铁搁在一个大瓮子里,等到烧烊了,拿出来搁在机器里。

(30) 盖西人论学,辄谓:念者,事之基萌。一念而事即随之,故治念然后可治事。
    他们论学,说念头是事的根基,先把念头治好了,才能够治事。

例(27)、例(28)、例(29)的《京话》中都是典型的现代汉语"把"字句,但是在《英轺》中并没有对应的"处置式",而分别是动宾结构"阖窗""挽运煤铁""入铁"等来表示"处置"的概念,例(30)中"把"的宾语是抽象名词"念头",在《英轺》中也是

动宾结构"治念"。《英轺》中也有少量的用"将"的"处置式",相对来说,数量非常少,如下例:

(31) 兵丁一经验看,即<u>将名次列单</u>,按镇张告。

那些验看过的人,就<u>把名字写了</u>,贴在各处,使人知道。

从全书的用语来看,《京话》中的"把"字句绝大多数在《英轺》中都是动宾结构,这首先给我们提出一个问题:文言中用动宾结构已经可以表示处置意义,到了现代白话里为什么要专门用"把"字句来表示处置的意思? 是不是现代汉语的动宾结构里处置意义已经弱化了? 这一点之前已经有过一些讨论,如张伯江(2001)曾对比"他骗了我,可是我没有上当"和"＊他把我骗了,可是我没有上当",后者不能说,说明把字句已经表达了"骗"这一行为的完全处置意义,因此就不能再加上"没有上当";而"他骗了我"没有这个作用,可以有完全处置的意思,也可以用在不完全处置的场合。

那么接下来的问题就是,动作的完整性在古今汉语里究竟是结构暗含的,还是依赖虚词,抑或依赖特殊句式? 上面的对比得出了白话处置句式浮现出来的观察,此外,还有没有相关的手段呢? 我们于是想到了文言的"毕"和白话的"了",其间有没有明确的对应关系呢?

3.5　表完成的"毕"在白话中的表达

文言中,"毕"是一个实词,意思是"完毕",可用于动词之后表示动作的完成,《英轺》中使用很多,在《京话》中,多用"了""过""完"来对译"毕":

(32) 工部尚书吕海寰、工部侍郎盛宣怀等在彩棚跪请圣安。<u>礼毕</u>,即赴斜桥之洋务局驻节,接见在沪各官及在沪申商。

工部尚书吕海寰、工部侍郎盛宣怀在彩棚里请了圣安,<u>见了面</u>,就坐了马车到斜桥洋务局,见上海的官、见上海的绅士、见上海的商人。

(33) 少顷,入餐房献茶。<u>饮毕</u>,司请阅操。

看了一回子,进大餐间,<u>喝过茶</u>,司达雷请看操。

(34) <u>演毕</u>,复进餐房茶叙,仍坐舢板登岸,兵船演乐声炮致送。

<u>看过了操</u>,照旧坐了舢板上岸,兵船上又奏起西乐,放上几门炮,算是

送客。

(35) 观毕,司事官廷余坐马车至一河畔。

瞧完了,司事官请他坐在一部马车里头,到一条河边上去逛。

(36) 约四刻许,宴毕归,已子正矣。

赴完了宴,回来的时候,已经是子正了。

(37) 时河工已毕,堤工方过半。

这个时候,河工已经完了,堤工才只得一半。

上面例(32)—例(37),《京话》分别用了"见了面""喝过茶""看过了操""瞧完了""赴完了宴""河工已经完了"来对译相应的《英轺》中的"V毕"。比较来看,"V毕"在文言中是专门表示完成的格式,有一定的强制性,而在现代汉语中对完成的表达有更多的选择,可以使用多种虚词来表达。不仅如此,《京话》中还用了更多的表达方式来对应"V毕"这种完成的意义,如体标记加时量成分:

(38) 览毕,返行台。赴众商宴。

逛了一会,回到行台,那些商人又请吃饭。

(39) 阅毕,顺道至工艺局一览。

逛了一回,又上工艺局。

例(38)、例(39)就用了"V了+时量成分"来表示动作的完成,如"逛了一会""逛了一回"。还可以用零形式:

(40) 裕庚跪请圣安,礼毕,发外务部电一件。

裕庚请了圣安,Ø,发了一个电报给外务部。

(41) 申刻,江苏巡抚恩寿以阅兵过沪,诣行次跪请圣安。礼毕,留晚膳。

申刻,江苏巡抚恩寿为了阅兵,路过上海,到洋务局跪请圣安,Ø,就留他吃晚饭。

(42) 少顷,乐止,司指二兵官通名,额手相见毕,导引周历。

一会儿西乐住了,司达雷引着两个兵官来见,Ø,叫看他的炮。

例(40)、例(41)、例(42)中《京话》就没有把上面的"V毕"翻译出来,但是也不影响对句义的理解,如例(40)"裕庚请了圣安,Ø,发了一个电报给外务部"中间并没有把"礼毕"翻译出来,但是句子的衔接并不存在任何问题,同样也能表示某一事完,之后某一事开始的意思。

3.6 白话的长句和短句

通过上面的分析我们看到,文言中某些固定格式有一定的强制性,在白话中有多种方式甚至是零形式来表达这些概念。

除了上述这些词汇形式的对应、变异和有无以外,值得注意的是,语篇的句子组织,也是很值得观察的一个方面。我们知道,古汉语以单音节词为基本单位,即便不是韵文,也比较讲究篇章的节奏,故而文言的句子一般都不会太长,长短匀称。现代汉语一者双音节词大量使用,二者受欧化句法的影响,句子往往比较长。值得注意的是,《京话》在对译《英轺》的文言句子的时候,既没有严格匹对原文的断句,也不是像"现代汉语"那样组织句子,而是依照当时北京口语的实际,也是采取一些节奏匀称的短句。为了比较,我们给每个例子附上我们自己按照现代书面汉语的习惯来对《英轺》的翻译。

(43) 嘉庆时英人与荷国立约议租,岁出租银十万元
本朝嘉庆手里,英国人跟荷兰人订了个条约,每年出十万块钱,向他租过来做买卖
嘉庆年间英国人跟荷兰人订条约,约定每年用十万块钱租过来做买卖(自拟)

(44) 王冠绒冠,前后锐,有脊亘其上,缀以金络
戴的是绒帽子,前后溜尖,上面挂了几条金线
戴着缀有金络的前后尖形绒帽(自拟)

(45) 有游民入境,则拘之,教一技,令自营生,俾足自给而止
有什么苦人去,教他一个手艺,等他自己可以养活自己
如果有苦人入境,就教他某种手艺以便他自己可以谋生(自拟)

例(43)《京话》首先把"本朝嘉庆手里"独立成一个小句,而不是像《英轺》那样作为一个句子成分;《英轺》的连动式"立约议租"也拆分成不连续的两个分句:"英国人跟荷兰人订了个条约""向他租过来做买卖";而《英轺》独立的后置小句"岁

出租银十万元"按现代的习惯做了状语性的独立小句"每年出十万块钱"移至前边。现代书面汉语中用两个分句的表达法,其实是对白话结构的一个整合。再如例(45)白话删去了文言"则拘之""令自营生"两个小句,文意仍然是连贯的,三个分句节奏匀称;而现代书面汉语"如果有苦人入境,就教他某种手艺以便他自己可以谋生"则是对"有什么苦人去,教他一个手艺,等他自己可以养活自己"的整合。

例(43)—例(45)已经很说明问题了,每组句子都代表着三种不同的文体。下面再看一个完整的段落:

(46) 查法国外部之制,设大臣一人,每年给俸六万佛郎,此外员额共六十二名,额外行走者又逾数倍。其考取之法,必其人曾习法律、公法及外交条约等学,于学堂卒业后,得有专门凭单,始准赴考。考取后,在部当差,初不给俸,历试后或补各司员缺,或升使馆、领署参、随,或外派、或内用,皆须计功计资,以为行赏之地。如仪制局之总办古娄谢位居各总办之首,而历官则已至全权大臣。又如翻译官微席叶以东方言语科得凭后,在部当差,旋派驻北京使馆翻译,历升至头等翻译,后又升天津各口领事。到法后,又升总领事。实则仍当翻译之职,并未莅领事任。此为藉升使领参、随各等之第明证。至所派出使人员,皆即部内当差之员,而所补部司各员,亦即曾派使领各署之员。

查法国外部,设一个大臣,每年薪俸六万个佛郎,另有六十二个司员额,额外行走的,再要加上几倍。他们考取外部的法子,必须先学过法律、公法、外交条约,在学堂里卒了业,得了专门的文凭,才能够报名应考。考取之后,就在外部当差,不给薪俸。以后或是补了司员的缺,或是升了使馆、领署的参、随,或是外派,或是内用,然后计功行赏。就像仪制局的总办古娄谢,现在已今做了全权大臣。又像翻译官微席业,考东方言语科,得了文凭,到外部当差。后来派充北京使馆翻译,升到头等,后来又升天津领事。到了法国,又升总领事,其实仍旧当翻译,并没有到过领事的任。这就是借着外部升使、领、参、随的凭据。至于派出去出使人员,一大半是部里当差的人员。

这一段的文白对译,几乎是逐句对应的。给我们的感觉是,文言版抑扬顿挫、舒缓有致;白话版节奏匀称、从容不迫。二者跟现代书面语最大的区别就在节奏感上。赵元任(1968)打破了句子成分与"零句"之间的界限,吕叔湘(1979)强调汉语"特多流水句",看了例(46)这样的情况,我们才对赵先生和吕先生的论断有了真切的理解。如果只是看现代书面汉语,"零句"和"流水句"的特征反倒不那么明显。

四、结　　语

通过对比文言版《英轺日记》与同时期白话文版本《京话演说振贝子英轺日记》的一些语法现象,我们发现了一些有趣的现象,也引发了一些具有理论价值的思考。

陆丙甫(2004,2011)分别用"距离—标志对应律"和"重度—标志对应律"来解释具有处理难度的语法成分往往要加句法标志的现象,即"一个附加语离核心越远,越需要添加表示它跟核心之间语义关系的显性标记""一个成分长度或结构复杂度越大,越需要一个标示其句法地位的标志"。我们认为,这两条规律既准确解释了汉语语法事实,又呼应了语言共性。结合本文讨论的现象,我们可以对这两条规律在古今汉语里的实现方式作进一步的讨论。应该说,两条规律对古代文言和现代书面语来说,都是非常合乎事实的概括,但对现代白话口语来说,长度和结构复杂度大的成分,经常选择成为独立的小句,而不是整合进紧凑的句法结构里去。这一现象说明什么呢?

近些年我们对"语法化"关注很多,发现很多汉语里符合世界语言语法化一般规律的现象。语法化里有一句著名的说法"昨天的章法就是今天的句法",即先有章法后有句法。本文的考察却发现"文言→白话"的一种独特现象,如例(43)"嘉庆时英人与荷国立约议租,岁出租银十万元"两个分句,到了白话里成了四个分句,文言里的句法成分"嘉庆时""议租"到了白话里都成了独立的小句,句法成了章法。这是不是违背了"从章法到句法"的语法化方向规律呢?我们认为,不能简单地这样看。汉语的句法和章法毕竟不是严格的逻辑性结构,"节律压倒结构"的事情常常发生(吕叔湘1984),甚至可以说,节律的追求是第一位的。文言里结构紧凑的句子,到了白话里,如果相应的表达法导致句子太长,那么说话人宁愿不遵从原来的结构,也要拆成节奏匀称的多个小句。可见,这种现代白话表达字强制性之外具有自由度。从文中例证分析可发现这种自由度表现了作者对语意明确、表达晓畅的修辞效果的追求。这是消极修辞的需要,也恰恰体现了消极修辞的灵活度。这就是我们观察《京话演说振贝子英轺日记》时的重要发现。

总之,《英轺日记》与《京话演说振贝子英轺日记》是两份很有语言对比价值的语料,其对比价值主要就在消极修辞上。本文从文言白话里相近功能词的对比、相同语义表达式的对比以及句式异同的对比,观察了消极修辞中词汇、句法、语篇选择的灵活性,观察出文白汉语的系统性差异以及语篇节律方面的古今一贯性。这对我们理解汉语语法修辞的强制性与自由度,了解汉语语篇的节律性要求,应该是有启发意义的。

参考文献

陈望道　1997　《修辞学发凡》,上海教育出版社。

胡习之　2002　《辞规的理论与实践——20世纪后期的汉语消极修辞学》,中国文史出版社。

胡习之　2014　《核心修辞学》,中国社会科学出版社。

陆丙甫　2004　《作为一条语言共性的"距离—标记对应律"》,《中国语文》第1期。

陆丙甫　2011　《重度—标志对应律——兼论功能动因的语用性落实和语法性落实》,《中国语文》第4期。

陆丙甫、于赛男　2018　《消极修辞对象的一般化及效果的数量化:从"的"的选用谈起》,《当代修辞学》第5期。

陆俭明　2015　《消极修辞有开拓的空间》,《当代修辞学》第1期。

吕叔湘　1948/1982　《中国文法要略》,商务印书馆。

吕叔湘　1979　《汉语语法分析问题》,商务印书馆。

吕叔湘　1983　《汉语修辞学》序,王希杰著《汉语修辞学》,北京出版社。

吕叔湘　1984　《节律压倒结构》,《语文杂记》之六四,上海教育出版社。

潘庆云　1991　《"消极修辞"研究大有作为》,《淮北煤师院学报》(社会科学版)第1期。

沈家煊 2002 《如何处置"处置式"——论把字句的主观性》,《中国语文》第5期。

沈家煊 2012 《"零句"和"流水句"——为赵元任先生诞辰120周年而作》,《中国语文》第5期。

王 力 1943 《中国现代语法》,商务印书馆。

王希杰 2008 《反复现象论》序,徐广洲、张晓著《反复现象论》,吉林大学出版社。

吴怀成、沈家煊 2017 《古汉语"者"自指和转指如何统一》,《中国语文》第3期。

吴士文 1982 《修辞讲话》,甘肃人民出版社。

吴士文 1986 《修辞格论析》,上海教育出版社。

[清]载 振、唐文治 2017 《英轺日记两种》,李文杰、董佳贝整理,凤凰出版社。

张伯江 2001 《被字句和把字句的对称与不对称》,《中国语文》第6期。

郑远汉 2015 《消极修辞的研究——〈消极修辞有开拓的空间〉读后》,《当代修辞学》第6期。

朱德熙 1983 《自指和转指——汉语名词化标记"的、者、所、之"的语法功能和语义功能》,《方言》第1期。

Chao, Yuen Ren(赵元任) 1968 *A Grammar of Spoken Chinese*(《中国话的文法》),Berkeley and Los Angeles: University of California Press. 吕叔湘节译本《汉语口语语法》,商务印书馆1979年版。

The Flexibility of Negative Rhetoric

Zhang Bojiang & Guo Guang

Abstract: This paper observes negative rhetoric in a way between linguistic contrast and textual scrutiny in order to offer a new perspective to the study of the essential grammatical features, discourse features and rhetorical features of Chinese. By comparing the classical and vernacular Chinese versions of *Ying Yao Riji* (*Dairy of Ying Yao*), the paper observes the multifunctionality and structural substitutability of auxiliary words from the use of structural particles, the grammatical constraints and rhetorical choices of temporal and spatial expressions from the use of locative prepositions, the emergence of constructional meaning in modern vernacular Chinese from the use of disposal structure, the correspondence between morphological expressions and parataxis expressions from the expressions of perfect aspect, and the metrical requirements of Chinese discourse from the shared tendency of using short sentence in both classical Chinese and vernacular Chinese. The results of the observations are instructive to the understanding of the compulsion and the degree of freedom of Chinese grammar and rhetoric and the metrical requirements of Chinese discourses.

Keywords: negative rhetoric, Classical Chinese, vernacular Chinese, short sentence, metric, flexibility

(原载于《当代修辞学》2019 年第 3 期,
复印报刊资料《语言文字学》2019 年第 9 期全文转载)

隐喻研究

语用学和隐喻研究
——西方古典隐喻中的语用学思维

胡壮麟

(北京大学外国语学院)

提　要　由于隐喻在涉及使用同样词语的情况下,喻义不同于本义,所以不少学者从语用学的视角研究隐喻,特别是研究希腊罗马古典时期的隐喻。通过对从荷马到昆体良等学者有关隐喻的使用和论述的分析研究,我们可以看到从二千七百多年前开始,不少希腊和罗马的著名学者有关隐喻的使用和论述已显露出语用学的萌芽思想,特别是强调了语用学的哲学理念。最后,本文指出隐喻研究也推动了语用学本身的发展,如教育语用学、认知语用学、词汇语用学、社会语用学、人际语用学、多模态语用学以及历史语用学、历时语言学、语用隐喻学和隐喻语用学等。

关键词　语用学　隐喻研究　希腊罗马古典时期

美国哲学家莫里斯(Charles Morris)1938年在《符号学基础》一书中最早提出语用学(pragmatics)一词。他从哲学和符号学的视角进行讨论,但未能像索绪尔的解构主义理论那样受到同等的重视。之后,语言学界的注意力又聚焦于20世纪五、六十年代乔姆斯基(Chomsky)的转换生成语言学。直到七十年代后美国学者格赖斯(Grice 1975)和荷兰学者范·迪克(van Dijk 1976)等开始强调语用学的研究,将重点放在交际时说话人要通过具体语境才能掌握理解说话人内心所想表达的语义。悉尼大学的韩礼德(Halliday)在与我讨论时,特别强调系统功能语言学的语境思想体现了语用学的基本观点(胡壮麟 1980)。就当时的情况而言,不同流派的功能主义语言学家研究分析即时话语材料较多,很少从哲学方面讨论语用学(胡壮麟 2019)。

由于语用学关注的是同样的话语表达不同的语义,在20世纪九十年代,我注意到国内外语用学界常把隐喻作为分析材料,因为隐喻表达的不是词语本义,而是内涵的喻义,这正是语用学关注的内容,于是写了《有关语用学隐喻观的若干问题》一文参加讨论(胡壮麟1998)。该文除介绍格赖斯(Grice 1975, 1978)和舍尔(Searle 1993)等人的观点外,还注意到我们以语用学理论进行隐喻研究时一些问题有待讨论和明确,如:本义和喻义的关系? 一个词语是否在话语中本义不能成立时才要求听话人进行隐喻理解? 隐喻语句义是否一定有缺陷? 人们在话语中为什么要使用隐喻? 隐喻义的走向是单向还是双向? 隐喻研究中要排除常规隐喻吗? 十分惭愧,我此后未能在语用学上做进一步研究。

直到去年秋后,北外长江学者黄衍先生邀请我参加原计划在今年4月召开的语用学会议。盛情难却,为准备发言,我再次收集和阅读有关语用学研究的论著,这才发现国内外在语用学研究上已取得飞跃的发展。由于时间和所知有限,我只能把思考的内容限定在语用学和隐喻研究的相互关系上,重点放在西方古典隐喻论述中所显露的语用学思想萌芽。

一、荷　　马

从现有材料看,古希腊诗人荷马(Homer,约公元前800—公元前700年)最早编写了两部具有口述叙事传统的史诗《伊利亚特》和《奥德赛》。尽管当时尚未出现"明喻"或"隐喻"这类学术名称,但他在两书中多次使用今天看来应该视为隐喻的类似表达(百度文库2019),如:

——劳动是人类的命运。
——追逐影子的人,自己就是影子。
——愚蠢被误认为是命运之神犯下的罪过。
——人体是最神圣的东西。
——一字不可易,易则损文笔。

从以上数例的共同特征可以看到,荷马使用隐喻不是单纯追求文体的优雅,而是晓人以理,正确对待人生。荷马认为这些表述(后来被认为是"隐喻")有助于理解和学习,例如上引例子中,荷马把"劳动"比喻为"命运",两者都有追求"幸福生活"的共同意义;"影子"是个虚体的概念,不务实者必然难以面对现实及处理和解决现实生活中的各种问题;"愚蠢"成为"罪过",而且是"命运之神"的罪过;"人体"成为"东西",但具有修饰语"神圣的";最后,行文中的"损文笔",显然不是指具体的"笔",而是文章的内容会受到影响,如同今天我们所说的"笔锋一转"喻指所写内容重点的转移。由此可见,荷马当时发表这些观点时主要出于语言实用目的。他的意图是将自己的观点清楚地告知他人,让听者易于理解和接受。可见,二千七百年前,虽然"语用学"一词跟"隐喻"一样,尚未出现,但荷马在言谈中已显露出语用学的基本思想,因此可认为是语用学思维的最早萌芽,具体表现在如何使用隐喻教育人,帮助无知者成为有知者。再进一步说,荷马的语用学思想萌芽可归入当代学者的"教育语用学"(pedagogical pragmatics)这个分学科(Gillepsic, et.al. 2002)。

二、苏格拉底

与荷马一样,古希腊著名哲学家苏格拉底(Socrates,公元前469年—公元前399年)时期尚无隐喻或语用学的专业词语,但苏格拉底有一句名言脍炙人口:"我的母亲是个助产婆,我要追随她的脚步,我是个精神上的助产士,帮助别人产生他们自己的思想。"(Ambury 2020;百度百科 2020)苏格拉底使用"助产士"这个他自己都不自觉的"隐喻"是为了表述如下的概念:知识并不是他人灌输的,或者是他本人灌输的,而是人们早就具有追求知识的能力;人们已在内心怀了"胎",不过自己还不知道。苏格拉底只是像他母亲一样,做一个"助产婆",帮助别人生产知识。在具体方法上,他经常采用"诘问式"的形式,即以提问方式揭露对方提出的各种命题和学说中的矛盾,以动摇对方论证的基础。在指明对方的无知或错误认识后,让对方自己思考合理的、正确的答案。

在另一个场合,苏格拉底还把自己比作一只"牛虻",是神赐给雅典的礼物,其任务是紧紧地叮着雅典,使雅典能从昏睡中惊醒,焕发出精神。

苏格拉底下面的这些名言本质上也是以不同形式表述的隐喻(百度文库 2019):

——患难及困苦,是磨炼人格的最高学府。

——好习惯是一个人在社交场中所能穿着的最佳服饰。

——世上只有一样东西是珍宝,那就是知识;世上只有一样东西是罪恶,那就是无知。

——教育不是灌输,而是点燃火焰。

——逆境是人类获得知识的最高学府,难题是人们取得智慧之门。

——爱情犹如麦地里采麦穗,弄不好就会空手而归。

——许多赛跑者失败,都是失败在最后几步。

从上述苏格拉底自己尚未意识到的"隐喻"可以看到,他的"隐喻"形式比荷马时期有了发展。他保留了本体和喻体的名词形式,如"患难及困苦"被比喻为"最高学府","好习惯"被比喻为"最佳服饰","知识"被比喻为"珍宝","无知"被比喻为"罪恶"等。复杂一些的喻义则采用复合名词的形式,如上述的"最高学府""最佳服饰"等。我们还可以看到最后四例是整句的比喻,用来比喻更为完整的思想,特别是最后一例中只出现喻体,未见到本体,未出现的本意应当是:做任何事都要坚持到最后;稍有大意,便会前功尽弃。这需要读者或听话者根据语境的上下文给以具体解释,但一般听者、读者都能理解其泛指意义。其次,苏格拉底使用这类"隐喻"的表述方式,旨在揭示这样一个真理:每个人都具有探索世界、认识世界的思维能力和认知能力。这体现了今天认知语用学的基本理念。第三,一个先知者、一个优秀教师,应当学会启发当事人或学生如何学会独立思考,自己起到"助产婆"的作用。有鉴于此,后人将他的教学方法归纳为"苏格拉底教学法"或"苏格拉底反诘法"。从语用学来说,苏格拉底既是当代教育语用学,又是认知语用学(cognitive pragmatics)的先行者。

三、柏 拉 图

作为苏格拉底的弟子,柏拉图(Plato,公元前427年—公元前347年)在《理想国》第7册中,以苏格拉底向他一位学生讲课为背景,讲述"洞穴寓言"(Allegory of the Cave)的内容(Grieworld 2003,2020)。这在学术界被认为是绝妙的隐喻组合,因此干脆把它直接称为"洞穴隐喻"。如该寓言中的"囚犯"实际上喻指一群"无知者",他们所处的"漆黑的洞穴"喻指他们生活在一个"无知的世界"或"停滞不前的现实世界",不求变革,不求上进,即使有机会偶尔见到洞外的"阳光"(知识),仍会不习惯地溜回"洞穴",不予接受。柏拉图认为对这些"囚徒"不能单纯地依靠救世主的出现,或让有识之士把他们带离那"漆黑的洞穴",真正的、最好的办法是向他们提出这样那样的问题,让他们学会自己思考,自己找到正确的答案。这比苏格拉底的表述更完整、更丰满。柏拉图对为何要编造这个"洞穴寓言"或"洞穴隐喻"曾说过这样一句话:"哲学和诗学之间存在一个长期的争论。"(Plato 1992;邵晓山、古艳嘉 2012)柏拉图通过这句话表明他的立场,哲学比诗学更为重要,他不满意当时的人们对哲学视若无睹。尽管当时学术界尚未出现语用学理论,他已懂得隐喻的交际价值和实用性,他要以自己的话语劝说和改变人们陈旧的、不图创新的陋习。正因为如此,洞穴隐喻被广泛应用于不同场合或语境,如:1)今天我们有不少人习惯于生活在个人的"洞穴",盲目地遵循一成不变的社会准则,而不是挑战一些"影子"的真实性。真正的自由人应该像哲学家那样考虑超越既定准则,对现实提出质疑,积累新的经验和知识。尽管社会常会嘲笑、谴责甚至惩罚他们,但哲学家们总是敢于直面真理,坦陈己见。2)我们中不少人认为政治离不开逻辑和理性,实际上有的政治家会像玩木偶戏那样操控人们的视觉,把黑影看做现实。对此感到满足的囚犯们很少怀疑他们的领袖和政治主张。3)洞穴隐喻也适用于宗教信念。囚犯们只会根据洞穴中所看到的黑影来理解世界,因而不能观察到真正的光明世界。任何超越这些价值之外的事物都是非常规的思想,会受到宗教领袖的抵制和反对,因为宗教领袖对人类应该看到的和信念的一切具有决定权和控制权。4)当情况发生变化,"囚犯"们获得了自由,虽然有人会感到不适应,也总会有若干先知先觉者感到自己有责任回到洞穴帮助其他"囚犯"认识和接受他们已经发现的真理,当然这些先知先觉者有时也会受到这样那样的反对和迫害。所有这些都说明隐喻不完全是一个辞格,其价值更多地表现于对知识和真理的追求,具有深厚的哲学意义。

柏拉图有关"洞穴隐喻"的思想也表现在以下实例中(百度文库 2019):

——思想永远是宇宙的统治者。
——思想便是灵魂在对自己说话。
——与其不受教育,不如不生,因为无知是不幸的根源。
——初期教育应是一种娱乐,这样才更容易发现一个人天生的爱好。

从以上隐喻,不难看出柏拉图在这些隐喻中阐明了这样的观点:一个人只有走出"洞穴"才能见到"阳光"(知识),这又离不开"思考"——探索和思考客观世界,思考问题。最后两个隐喻的中心思想是阐明"教育"在知识传承上的重要性,并把"初期教育"比喻为"娱乐",告示人们探索教育的最佳方法和效果。所有这些,不难看出柏拉图继承了苏格拉底有关认知语用学和教育语用学的观点。所不同的是,柏拉图在当时已经能自觉地从哲学的高度进行讨论,表述自己的立场。

四、亚里士多德

继柏拉图之后的亚里士多德(Aristotle,公元前384年—公元前322年)在他的《诗学》一书中,把名词分为八类:1)指称事物的常用词,2)怪词,3)隐喻词,4)点缀词,5)编造词,6)扩展词,7)减缩词,8)变形词。乍看起来,在隐喻的意念深度上不如柏拉图的"洞穴隐喻",仅仅把隐喻作为一个词类。不过,柏拉图本人在他所处时代还只是使用"洞穴寓言"这个表述,后人才有时把它改称为"洞穴隐喻"。从语言学和语用学的视角看,为了名词分类的实际需要,"隐喻"一词在亚里士多德的著作中正式出现了,它成为语言学和语用学的研究对象,这是一个飞跃。我们不否认隐喻可由多种形式表达,如语篇、复合句和小句,以至于复合词和单个词语,但我们也不否认,隐喻更多地是以词汇的形式表达。如果我们考证任何一种语言,都会发现词典收词量年年增多,一个词语有多种意义,许多新增的词语意义往往是通过隐喻的引申一步一步增多起来的(Grieworld 2003, 2020; Kirby 1997)。

隐喻不仅起到修辞作用,对认识和反映客观世界,对社会人如何更有效地交际以至于语言本身的发展,均起到推动作用。今天,有许多学者从事词汇语用学(lexical pragmatics)的研究,亚里士多德的上述分类无疑起到萌芽作用。需要说明的是,作为修辞格的隐喻观和语用意义的隐喻观不是对立的概念,前者也具有语用功能,只是范围稍许狭窄一些。虽然亚里士多德同意修辞的功能是如何构建具有劝诱力的演说,但他更认为隐喻功能具有使人愉快学习的效果,即要给学习者提供一种洞察力,如同荷马诗篇中充满精心选择的、生动的隐喻那样。

亚里士多德进一步把隐喻分为四类:

1) 以属(genus)言种(species)，如 Here stands my ship，因为 stands 的词义涵盖船只"停泊"在水上的样式。

2) 以种言属，如 Truly ten thousand good deeds has Ulysses wrought 这句话中，ten thousand 这个数字只是表示"大量"概念的方式之一；

3) 以种言种，drawing the life with the bronze 和 severing with the bronze 这两句话中的 drawing 和 severing 都从属于 take away(取走)这个上层意义。

4) 类比：在 the evening(A) of the day(B) 和 the old age(C) of life(D) 两个短语中存在着 A：B：：C：D 这个类比形式。这样，人们可以把 evening(A) 说成 the old age of the day(C：B)，也可以把 old age(C) 说成 the evening(A) of life(A：D)。(Garette 2007)

在上述四类隐喻中，亚里士多德最看重类比，因为它能表达思维中各类事物的更复杂关系。正如 Lakoff 和 Johnson(1980)指出修饰(epithet)和隐喻是否合适在于类比。因此，两个词语是否具有相似性的观点最早来自亚里士多德，这是隐喻的一个核心思想。基于这个原因，亚里士多德的隐喻概念也包括明喻，因为它们表达意义的功能相同，只是形式上存在细微差别，如：

——He is like a lion.

——He is a lion.

亚里士多德隐喻观的再一个特色涉及语言的全面性，即涉及多个语类。如前所述，隐喻除了在诗歌中出现外，柏拉图和苏格拉底都是在论述演讲技巧时运用隐喻的修辞功能，但自亚里士多德起，人们注意到隐喻在散文词语中也起很大作用。再者，这些表达本体和喻体的词语往往是人们生活中常用的词语，不论是会话还是行文中的隐喻词语都显得自然可及(Garette 2007)。

亚里士多德认为隐喻具有清晰性、动情性、特异性，这些都体现了隐喻的语用功能。如何习得和掌握这些功能取决于语言使用者的知识、感悟和对语言的掌握。能轻松掌握各种方式的语言表达必然为人喜欢；根据隐喻引申的意义，在人们思维中构建新的知识(Garette 2007)，这显然与当代的认知语用学的核心思想有关。

五、西 塞 罗

马库斯·图留斯·西塞罗(Marcus Tulius Cicero,公元前106年—公元前43年)是罗马时期的政治家、演说家、哲学家和修辞学家。他有关修辞和隐喻的概念体现在这样的认识:构建和完善公众舆论是如何改进和提高交际效应的基础。这具体表现在西塞罗把公众舆论说成"人民的声音",迫使政治家要注意"防风防雨",犹如一个"巫师"预感即将到来的"天气变化"和采用预防技巧,从而影响来自群众的"风雨"和"浪潮"(Jackob 2017:301)。这表明西赛罗使用隐喻的目的出于政治演讲的需要,达到建立政治家与广大群众良好关系的交际效果,有利于获得选票和政权。由此可见,西塞罗是探索语用交际效果的先驱者。他的许多隐喻举例都反映了这个思想,如 *to hold a man in check*(控制住每一个人),句中的 check 原意为"检查、审查",转喻为"控制"。更多的隐喻实例如下:

——世界是本书,不是从旅行获得充足,而是为了心灵获得休息。
——人民的安危应当是至高无上的法律。
——仇恨终将泯灭,友谊万古长青。
——祖国是人民的共同父母。
——历史是时代的见证,真理的火炬,记忆的生命,生活的老师和古人的使者。
——死亡并不是生命的毁灭,而是换个地方。
——友谊永远是美德的辅佐,不是罪恶的助手。
——理智可以说是生命的光和灯。
——无知是智慧的黑夜,没有月亮、没有星星的黑夜。

Jackob 进一步指出西塞罗使用上述隐喻,在于他认为本体和喻体两者具有相似性,不论是公众舆论还是气候,两者经常时起时伏、变幻莫测,即两者都具有不稳定性和可变化性。正因为如此,Joseph Glanvill 1666年在英语中使用了 climate of opinion(舆论的气候)一词,因为他也看到了两者之间的可比较性(Noelle-Neumen 1993:78—79)。众所周知,话语中不同词语和不同表述的相似性已经是当代语用学的一个基本观点。就以上介绍,我们可以看到西塞罗的观点强调隐喻的使用在于通过隐喻沟通彼此思想,建立良好的人际关系,这可谓最原始的社会语用学(social pragmatics)和人际语用学(interpersonal pragmatics)思想(冉永平 2018)。

西塞罗还谈到,作为法定的公众舆论的表达方式,不仅仅是通过词语,也可通过人们的身体和神情表达。如:赞同某个政客,许多群众会采取起立、弯身、招手、点头、笑容等表露态度;反对某个政客,则是另一种神情或姿态,如叫嚣、骚扰等。我们知道从事当代语用学研究的国内外学者已有不少人专攻"多模态语用学"(multimodal pragmatics)(O'Hollaran, et.al, 2014; Dicerto 2019;陈吉荣 2019),可见西塞罗的论述已具有当代多模态语用学的构思。

六、昆 体 良

与西赛罗不同,昆体良(Marcus Fabius Quintillianus,约公元 35 年—公元 100 年)是罗马教育家。他强调比喻词是对一个词语或短语从其常规意义转移为另一个意义,"最常见的和最优雅的比喻词"是"隐喻"(Hawkes 1972)。他把隐喻转换分为四类,即:

1) 以无生言有生,如 The enemy is called a sword.
2) 以有生言无生,如 the brow of a hill.
3) 以无生言无生,如 He gave his fleet the rein.
4) 以有生言有生,如 Scripio was booked at by Cate.

昆体良对隐喻具有如下观点:1)一般而言,隐喻是压缩的明喻,其差别在于明喻明确表示一事物与另一个要描写的事物比较(如 Juliet is like the sun),隐喻则以一事物替换另一事物(如 Juliet is the sun)(*Institutio Oratoria*, ca. 95 AD, 8.6, 8—9)。值得注意的是昆体良使用"事物"而不是"词语",这说明他已经认识到隐喻反映了人们对客观事物的认识和相似性,然后才出现词语的替换。当代认知语用学对此都给以肯定。2)喻源一般是"非常用词"或"混合词",但昆体良也肯定使用"常用词"的现象。这表明他也认识到隐喻不仅仅是修辞学的一个形式,在我们日常生活中也经常使用。3）隐喻主要通过词语表现，也可通过句子或句群表示。尽管如此，隐喻意义还是要通过句群中的若干个词语表现。这个观点说明他是当代词汇语用学（lexical pragmatics）的先行者（陈朗 2014）。与他的前辈比较，昆体良对隐喻语用特性的分析最为清楚和全面，具有教学意义，因此当代教育语用学者更多地引用他的论述（Lucas 2019）。

七、结　束　语

通过对希腊、罗马时期隐喻使用和论述的研究，可看出从荷马到昆体良等著名学者都自觉或不自觉地表述了有关语用学的早期朦胧的思想。这些思想涉及教育语用学、认知语用学、人际语用学、社会语用学、多模态语用学等等。因此，今天人们在谈及语用学发展过程时，有的不再固守 20 世纪三十年代或七十年代这条线，而会追溯到两千多年前的希腊罗马时代。这完全可以理解，因为语言本身就是人类为了表述思想和相互交际而发展起来的，逐步由不自觉到自觉，由浅入深，由简单到复杂。正因为如此，当代学界通过采用语用学的方法研究和分析西方古典诗学和修辞学中的隐喻，开辟了一个新的领域——"历史语用学"（historical pragmatics）（Jucker 1995）。对不同历史时期的包括隐喻在内的话语语用特征的研究分析则具体称为"历时语用学"（chronological pragmatics）（曲卫国 2017）。国内外较多论文在论著的标题中则明确标志"语用学视角的隐喻研究"。

值得注意的是，学术界不光是采用语用学的方法研究古典隐喻，而且通过探索隐喻研究总结对语用学的认识、方法和形式，如"隐喻的语用学研究"（束定芳 1996），以至"隐喻语用学"（周树军 2000）。这反映了今天我们所谓的"逆袭"作用——隐喻研究推动了语用学科的发展。

参考文献

陈吉荣　2019　《多模态语用学分析法在翻译研究中的应用》，《中国翻译》第 1 期。

陈　朗　2014　《隐喻机制的词汇语用学述略》，《外语与外语教学》第 4 期。

胡壮麟　1980　《语用学》，《国外语言学》第 3 期。

胡壮麟 1998 《有关语用学隐喻观的若干问题》,《外语与外语教学》第 1 期。

胡壮麟 2019 《隐喻翻译的方法与理论》,《当代修辞学》第 4 期。

曲卫国 2017 《历时语用学研究》,《浙江外国语学院学报》第 3 期。

冉永平 2018 《我国的人际语用学前沿研究》,《外语教学》第 3 期。

邵晓山、古艳嘉 2012 《柏拉图"洞穴比喻"探析》,《许昌大学学报》第 3 期。

束定芳 1996 《隐喻的语用学研究》,《外语教学与研究》第 2 期。

周树军 2000 《隐喻语用学研究》,《商丘师专学报》第 1 期。

Ambury, James M. 2020 Socrates. *Internet Encyclopedia of Philosophy*. ISSN 2161-2002.

Aristotle 1954 *Rhetoric and Poetics*. New York: The Modern Library.

Dicerto, Sara 2019 *Multimodal Pramatics and Translation: A New Model for Source Text and Analysis*. Balgrae: Macmillan.

Garette, Jan. 2007 Aristotle on metaphor. (people.wku.edu/jan.garette/40)

Geerver, Eugene 1995 *Aristotle's Rhetoric*. University of Chicago Press.

Gillespic, Izane, et al. 2002 White women teaching white women about privilege, race, cognizance and social action: Toward a pedagogical pragmatics. *Race* 5(3).

Grice, H.P. 1975 Logic and conversation. In P.Cole and J.Morgan(eds.) *Syntax and Semantic*, Vol.3: Speech Acts. New York: Academic Press.

Grice, H.P. 1978 Further notes on logic and conversation. In P.Coke and J.Morgan (eds.) *Syntax and Semantic*, Vol.9: Pragmatics. New York: Academic Press.

Grieworld, Charles L. 2003/2020 Plato on rhetoric and poetry. *Stanford Encyclopedia of Philosophny*. First published Dec.22, 200d; substantive revision, Feb. 5, 2020.

Hawkes, Terenc 1972 *Metaphor. The Critical Idiom Reissued*, Vol.4. London and New York: Routledge.

Hills, David 2016 Metaphor. Stanford Encyclopedia of Philosophy.

Jackob, Nikolaus 2017 Cicero and the opinion of the people: The nature, role and power of public opinion in the late Roman Republic. *Journal of Elections, Public*

Opinion and Parties, 17(3):293—311.

Jucker, A.N.(ed.) 1995 *Historical Pragmatics—Pragmatic Developments in the History of English*. John Benjamins.

Kirby, John 1997 Aristotle on metaphor. *The American Journal of Philosophy*. The John Hopkins University Press, 119(4):517—554.

Lakoff, G. & Johnson, M. 1980 *Metaphors We Live By*. University of Chicago Press.

Lucas, Stephen E. 2019 Quintilian's institute of oratory: Classical rhetoric and English language education. *Chinese Journal of Applied Linguistics*, 47(4):402—430.

Noelle-Neuman, E. 1979 Public opinion and the classical tradition: A re-evaluation. *The Public Opinion Quarterly*, 43(2):143—156.

O'Halloran et al. 2014 Multimodal pragmatics. In Schneider, K.P. & Barron, A (Eds). *Pragmatics of Discourse*(pp.239—270). Boston: De Gruyter Mouton.

Plato 1992 *Republic*. Tr. by M.A.Grube. Hackett Publishing Company, Ltd.

Searle, J.R. 1993 Metaphor. In A.Ortony.(ed.) *Metaphor and Thought*. Cambridge Univrersity Press:83—111.

vam Dijk, Teun A.(ed.) 1976 *Pragmatics of Language and Literature*. Amsterdam and New York: North Holland.

Pragmatics and Metaphor Research
—Pragmatic Thinking in Western Classical Metaphor

Hu Zhuanglin

Abstract: Owing to the fact that metaphor concerns the difference in meaning between Tenor and Vehicle of an expression, quite a few researchers have been doing research on metaphor from the pragmatic perspective, especially on the use and understanding of metaphor during the classical period of Greece and Rome. Through the record from Homer to Quintilian, it is found that beginning from 2700 years ago, quite a few well-known Greek and Roman scholars had voiced their initial thinking of pragmatics, especially in relation to philosophy. The paper points out that metaphor research has pushed forward the development of pragmatics in return, as manifested in the development of pedagogical pragmatics, cognitive pragmatics, lexical pragmatics, social pragmatics, interpersonal pragmatics, multimodal pragmatics, etc. One can also find the development of historical pragmatics, chronological pragmatics, pragmatic metahoroloy and metaphorical pragmatics.

Keywords: pragmatics, metaphor research, the classical period of Greece and Rome

(原载于《当代修辞学》2020 年第 6 期)

隐喻本体和喻体的相似

——分形论视域下隐喻研究之二

徐盛桓

(河南大学外语学院)

提　要　本体和喻体是隐喻建构的两个基本要素,这二者具有相似性是它们能成为隐喻基本要素的必备条件。相似性是个模糊变量,"隐喻为什么可能"问题的症结所在就在于如何定义和说明这二者何以相似。"隐喻分形说"认为,一个隐喻的喻体是从本体"分形"出来的,并认为能做出分形的整体是自相似的,这就从理论的源头上说明了喻体同本体的相似性根源何在。隐喻所表现出的相似性是从人的感觉和知觉上说的,是一种主观的心理投射效应,是在意识清醒条件下可以欣然接受的人造"错觉"。它可以表现在许多维度上,使隐喻的相似性体现出多种多样的情况,而且还会体现出本体的某种特殊性。

关键词　隐喻　本体-喻体　相似　分形　自相似　同胚

一、引　　言

隐喻无论是作为语言运用来研究,还是把它看成是一种认知过程来考察,"隐喻的实质是通过一物以理解和经验另一物"(Lakoff & Johnson 1980:5)。这里的"一物"和"另一物",指的就是它的喻体和本体的设置,而这二者必定是相关的,表现为二者具有相似性,这是隐喻生成的前提。从古到今、从西方到中国,隐喻一直是修辞表达的一个被经常启用的大户,对于已具有平常智力的人来说,一般隐喻的运用是毫无障碍的;而从研究来说,隐喻经历过替代说、比较说、互动说、映射说、合成说、内涵外延传承说等等理论的磨炼,在当代成为语言研究的显学,成果蔚为大观。但本体和喻体是如何达成相似的、达成的是怎样的相似,一直未见有明确的说明。

要推进隐喻研究的理论创新,需要研究视域的转换。视域是一种问题意识。在隐喻中,本体是表达主体意欲表达之物、被喻之物,那么喻体是怎样来的?在隐喻研究史上有一种"内在说"的主张,指喻体是直接内在地从本体的概念即从其指称的事物中延伸出来的,如亚里士多德所说的种指代属、属指代种的说法、外延内涵传承说、本文所说的隐喻分形说等。就"隐喻分形说"来说,它认为喻体是由本体"分形"出来的,这就是说,喻体就是本体的一个"分形",这就在理论的源头上说明了喻体同本体的相似性的实质,喻体其实反映的是用作本体的那个概念的外延或内涵的某些内容,因此喻体必定是或明或隐地相似于本体的外形或属性的某一(些)特征的,用作本体的那个概念同用作喻体的这个概念的外延内涵的内容是一起发育的,因此可以用"同胚"(co-embryo)来研究隐喻的相似性。隐喻本体-喻体的相似可以从多维度来考察,一个隐喻本、喻体的相似性是一个体现了本体特殊性的多样统一体。

二、"隐喻为什么可能"问题症结所在

2001年,美国哲学家、逻辑学家思丹哈特(Eric Steinhart)出版了专著《隐喻的逻辑》(*The Logic of Metaphor*),引发了我们探讨修辞表达的逻辑结构的兴趣。在之后的几年里,徐盛桓发表了几篇修辞表达同逻辑的关系等问题的论文,其中一篇是《隐喻为什么可能》(徐盛桓2008),提出"内涵外延传承说",认为隐喻的喻体是从其本体的概念的内涵外延传承下来的,也就是从其本体的概念"分"出来的,是隐喻语义表达的基本内容,是隐喻构成之所以可能的根本原因。"内涵外延传承说"是希望能作为隐喻研究理论探索的一条新思路,它的缺点是只说明了操作的过程,缺乏一个能合理地说明其概念为何和如何能分出其内涵外延的理论作为立论的基础。为此,本文的"隐喻分形说"拟借用分形几何学(fractal geometry)的分形理论(fractal theory)(Falconer 2003:90—144)补充做些理论建构工作;同本文论点相关的还有徐盛桓的《视觉隐喻的拓扑性质》(徐盛桓 2014b:8—15),可参阅。

"隐喻为什么可能"问题意味着什么?隐喻首先是心智活动的产物,其中很重

要的是其建构阶段的感觉与知觉活动,在这之后才能转入用语言符号记录进行语言表达阶段。隐喻的建构至少涉及三个互为表里的过程:起因、发生和建构。就这三个过程可以提出三个基本问题:1)直观地说,隐喻表达是一物喻一物引起的,这是隐喻的起因,那么为什么可以用一物喻一物?2)一物喻一物的"物"原来都是物理事件,那么是如何从物理世界生发为一个隐喻表达的心智活动?3)一物喻一物就是以喻体喻本体,那么本体-喻体是如何转换以建构出喻体,最后在心智里生成一个完整的隐喻表达的?当隐喻表达其本体-喻体的合理配对在心智里建构起来,这时就说隐喻的建构成为可能。前两个问题(徐盛桓 2014a:364—365)有一些讨论,这里不再重复;而对于第三点"本体-喻体是如何转换以建构出喻体",就是本文拟借用分形理论重点讨论的内容。

要说明的是,这点讨论完以后,还要转到说明大脑里的心智符号所建构起来的隐喻表达如何转换为语言符号所表达的隐喻表达式。但这涉及语言运用的另一个大问题,即大脑里的心智符号如何转换成语言运用的命题符号,因篇幅所限且与本体-喻体相似问题关系不大,本文从略不讨论,但一般语句是如何转换的这个问题,初步的研究可参看徐盛桓(2018b:1—9,2018a:86—87)。

2018 年底,龚玉苗发表《也论隐喻为什么可能》一文,提出一个"隐喻关系范畴模型"以回答徐盛桓提出的"隐喻为什么可能"之问,其认为:一、隐喻本体和喻体的关系基于模糊逻辑;二、隐喻义的产生基于可能世界的"对等项对应"关系;三、本体和喻体之间的范畴联系的中介是相似性;四、隐喻得以"据事假物"是基于关系范畴的双重性。龚文最后认为,"隐喻为什么可能"问题的解决需要超学科研究以下方面进路的协作:在反思计算主义的基础上采取涉身认知—嵌入式认知—延展认知—生成认知的心智哲学研究进路;寻找隐喻的神经相关物的生物学进路;强调自组织演化的认知的动力系统研究进路。

龚文所说的彻底解答这个问题需要几个方面的协作,对此我们是认同的,因为根据当代认知科学研究的揭示,任何的认知活动,即使是幼儿园小朋友用手指头进行"二加三"计算的认知活动,要对此展开深入研究都可能涉及龚文所说的一切的协同(参看刘晓力 2005;李建会、于小晶 2014),而且随着学科研究的深入发展,还可能有新的发现,协同的有关方面还可能扩大和深化,例如量子力学早就发现了微观世界和宏观世界的叠加态和坍缩、纠缠等现象,但是现代语言学界研究还来不及思考量子力学对意识现象在语言运用中的影响①。这个例子表明,语言研究主要还应当考虑当前实际存在的问题。

当前对于"隐喻为什么可能"研究有关的实际情况是:对隐喻如何建构有共识,就是把"某种事物比拟成和它相似的另一事物"(《汉英双语现代汉语词典》2002:2295);然而,虽然相似性这个问题由来已久,但看来是个难以解决的问题,因为相似性是个模糊的难于把握的概念,而《汉英双语现代汉语词典》(2002:2088)解释"相似"只用了与它同义的两个字:"相像"。几千年来,中外的文人可以得心应手地运用隐喻,而中外的学者对隐喻的研究成果何止千千万万种,但是对这个"相似性",就是没有找到一个能符合隐喻运用实际的说法,试看:

(1) a. 无端忽忆疏狂侣,曾记得,乌衣巷口,别来如雨。(陈维崧《贺新郎》)

b. 杨柳渡头行客稀,罟师(渔夫,这里是指撑船人)荡桨向临圻(在山东)。唯有相思似春色,江南江北送君归。(王维《送沈子归江东》。当时王维在湖北)

c. 如皋忆,如梦复如烟。(陈维崧《望江南》)

(2) Juliet is the sun.

例(1)"别来"何以如"雨"? 对朋友的思念为何相似于"春色"? 对家乡如皋的回忆是如何像"烟"的? 例(2)是怎样把 Juliet 说成是太阳的? 在这些隐喻运用中怎样看待这里的对应的"对等项"? 这些还都有待研究,以作出解释和说明。

在隐喻的运用中,对对象事物的认识会随运用主体的意向性和在一定的情景下产生的感觉、知觉之变化而变化,因此认识一个事物和另一事物是否相似,是一个要从多向度看、多维度看、多角度看的模糊变量;即使仅就客体对象这一向度来说,任何事物和事件都有其外延和内涵这两个维度,一类事物事件不同的个体有自身的外形特征或外表样式,如色彩、声音、状态、质地、重量、数量、长度、柔软度、明亮度、姿势、动作、情状等方面,有其标示其自身的诸如结构构成、外貌形状、所处状态、其质地、属性、特征、性质、功能、价值等方面,每一个方面又可能出于各种

---

① 但是,用量子力学理论研究意识已经有不少成果。当今最积极倡导用量子理论研究意识的是心智哲学家斯塔普(H.P.Stapp),可参看他早期用量子力学理论研究意识的论文 Why Classical Mechanics Cannot Naturally Accommodate Consciousness but Quantum Mechanics Can。

原因还会有不同的分支等等,这些都可能会在不同时间、不同空间并受观察者所处的地位的影响而有某些不尽相同的表现。所以,一个事物事件对于一个观察者的感觉感受来说是立体的,有自身的特殊性。隐喻所说的相似性不能仅仅考虑该事物的单一维度甚至只是这一维度下的某一个分支维度。由此看来,用主要依靠隶属度函数概念(即隶属于1(相似)或0(不相似)之间的区间函数例如隶属于0.8或0.15等等)以解决因"排中律"的逻辑破缺而产生的不确定性问题的模糊逻辑,和仅仅依靠事物自身在可能世界的对等项的"对应"关系,来解决隐喻本体-喻体的相似性问题,是不大切合实际的。

隐喻本体-喻体的相似性问题既是隐喻建构的一个复杂的难题,又是一个隐喻建构的基本问题,是隐喻为什么可能这一问题的症结所在。因此我们建议,当前考虑隐喻为什么可能这个问题,还是回归到这个问题的原点,即考虑隐喻建构所涉及的必要条件——本体-喻体之间建立怎么样的相似性。这就是我们在本文运用"隐喻分形说"的初衷。

三、本体-喻体的建构与本体的分形

直观来说,相似性作为隐喻之所以可能的必要条件,就是表达主体要在大脑里建构出一个与本体事物"相似"的意象(image),然后转化为语言表达出来(后面这一点本文略)。本体是表达主体想要表达的内容,例如:"我住太湖口,四面匝烟鬟。周回紫青缭黛,中托白银盘。"(陈维崧《水调歌头》)词中(隐性的)"太湖湖面"是词人想要表达的本体,他用脑海里出现的太湖湖面的意象"白银盘"作喻体,我们直观地感到,"湖面"同"白银盘"看上去的感觉是相似的,这样就在大脑里建构出如此的一个喻体,一如康德(2004:A116)所言:"感官把现象经验性地展示在知觉中,想象力把现象经验性地展示在联想(和再生)中。"隐喻建构就成为可能。古今中外流传下来的话语有许许多多精彩隐喻,只要隐喻的本体喻体的配对是合理的,能体现出相似性的,这个隐喻就可能成立。

那么,这样的喻体是怎样产生的?"隐喻分形说"依据分形理论认为,隐喻的喻体是从本体"分形"出来的;换句话说,本体是一个能产生"分形"的整体,是这样的一个整体"分形"出喻体。

那么进一步问,什么是"分形"? 什么是能产生分形的整体?

自然界和社会中存在着大量的分形现象,当然也存在着大量的非分形现象。分形现象如:凹凸不平的海岸线自然的走势、河流起伏的水波流动外形状态、人看到的天上云块的外边形状、一周非突变的股票(或房地产等价格)升降走势图形、一家电商某节日时段接单总数线性统计图表、一所小学六个年级学生身高统计表、一个年级学生的语文或数学成绩的线性统计图表、一片树叶外边的形状、一块石块断裂后缺口的形状等等,或一棵树、一座起伏高低的山峦、一段瀑布等等,它们都是粗糙零碎的、平面或立体的几何形状,若分成若干个部分,每一部分都是——或至少近似地——整体缩小后的形状,这样的部分与其整体的形状以及某些特征相似、相仿、相近、相称、相通、相配、相应、相关等,这就是这一整体的"分形"。或者说,这些部分是从其整体"分形"出来的,是一段段缩小后的整体;也可以反过来说,整体就是这样地由"一段段缩小后的整体"这样的部分构成的。"部分"就是从"整体"分形出来的,而这样的部分又与其整体相似相仿,所以这样的整体就具有自相似(self-similarity)的性质(Falconer 2003:128—134;并参阅https://baike.baidu.com/item/%E5%88%86%E5%BD%A2/85449?fr=aladdin.html,2018-11-08 录入;https://baike.baidu.com/item/%E5%88%86%E5%BD%A2%E7%90%86%E8%AE%BA/1568038.html,2019-03-24 录入)。所谓"自相似",说得详细点就是:整体同从它分割出来的部分在存在形态、信息分布、性状展现、时间延伸、空间占据等方面具有相似性,至少是统计意义上的相似性;而由于是部分构成了整体,这就使整体是自相似的,例如分割磁铁,每一部分都像整体一样有南北两极,有相同的磁场,这样的整体就是自相似的。

"分形-整体"是一种有特定定义的部分与整体的关系,它的特定定义就在于:整体是自相似的,而部分作为它的分形,一定以某种方式相似于整体。从相似-自相似这个角度来说,自然界还有大量事物不是如此,不作为分形,例如一个"人"的整体,其"脸"就不是人的分形;一个含着烟斗的顾客,"烟斗"就不是"顾客"的分形;一个穿漂亮红袖衣的少女,"红袖"就不是她的分形,尽管以上的情况都是部分与整体的关系。回到语言研究上来,这样的区分有理论意义和使用价值,我们除借用这样的分形理论来说隐喻的本体-喻体的关系外,这个问题我们还将在另文再详细讨论。

从"隐喻分形说"来看,作为一个能成立的本体-喻体的搭配,喻体就是从概念整体分出来的一个分形。详细地说就是:任何一个概念可以看做一个"整体",它的可被感觉到的内外各式各样的表象就构成它的——或者也可以说是被分割出来的——"部分";这样,在隐喻中显性的或隐性的本体就是被喻的事物概念的整体,一个喻体就是这个事物概念的一个表象,例如上例的概念"湖面"与其表象"白银盘","白银盘"作为这概念若干个表象中的一个,就是从概念"湖面"分形出来的。一个事物事件有很多表象,亦即其外延内涵有很多具体内容,如事物的构成、事物外表可感的形状、所显露出来的状态、其内在的质地、属性、特征、性质、功能、价值等等维度,都可能构成其表象;一句话,表象来源于认知主体对事物的内涵外延内容的观察、感受、认识、把握、选择和提取,一个隐喻的本体-喻体的合理的配对,就是对有关概念同(其中一个)表象的合理运用。试看对概念"竹子"及其各个表象的运用:有许多诗词是以竹子的特性来喻人的高尚品格的,这就要归结到人对"竹子"概念的各种内外表象的具体感受、筛选和把握——竹子淡绿清幽,象征淡雅高洁;竹子空心,喻其虚怀谦恭;竹子有节,喻其坚定不变的气节;竹子生长正直,从不弯曲,喻其不曲私阿世、正道直行等等,这些都是从"竹子"概念分形出来的各种表象。郑板桥的《题竹石》诗有云:"咬定青山不放松,立根原在破岩中。千磨万击还坚劲,任尔东西南北风。"该诗靠的就是对"竹子"这个概念的若干表象的认识、把握,并在此基础上产生联想、想象得出来的表达。

人们在认识事物过程中"把感觉到的事物的共同特点抽出来,加以概括,就成为概念"(《汉英双语现代汉语词典》2002:624)。一个概念是由其众表象整合加工而成,如下图所示:

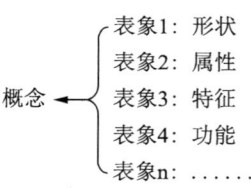

图1 表象整合为概念示意图

在"隐喻分形说"看来,喻体就是这样地从作为本体的概念分形出来的,本体与喻体的关系就体现为概念与其中某个表象的关系,因而也就是体现为整体与部分的关系;而这样的整体具有自相似性,因此喻体不言而喻地同本体必然具有相似性。当然,这里并不意味着能产生分形的整体就已经是隐喻,这只是具备可被隐喻运用的潜势。

说到概念,还要区分抽象概念与具体概念,这里强调的是具体概念。"传统逻辑形成概念的方法,是通过分析、归纳,剥离掉这些对象身上的特殊性的方面,把若干共同的东西抽取出来。黑格尔对此予以否定,他把这样形成的概念称为'抽象概念'。"(张兴国 2014:20)在黑格尔看来,这是抽象的,只是实现了形式上的同一性,只是一个集合了一些有形式上共同特征的集合体的抽象概念;具体概念不仅包括这些抽象的形式上的规定,而且还要将这些规定理解为一个由诸环节有机统一起来的整体(参看黑格尔 1996:332—335)。回到隐喻上来,这里所说的概念,应该被看成是一个由诸环节内容有机统一起来的整体,而不只是一个只能用于实现形式逻辑推理有效性(validity)的逻辑符号,不是一个只有形式而不讲究实际内容的抽象概念框架。它是一个有血有肉、有具体感受、讲究内涵外延的具体概念,例如:

(3) a. 无言独上西楼,月如钩。(李煜《相见欢》)
　　 b. 一天松籁,半规晶饼。(陈维崧《品令》)
　　 c. 霜檐如洗,有碧落冰轮,今夜飞坠。(陈维崧《桂枝香》)
(4) 谁把软黄金缕,袅在最临风处。(陈维崧《昭君怨》)

在地球不同时间看上去有不同的"月",作为具体概念,可以看成"月"的外延有多个;上(下)弦月、半月……满月,这样"月"的外形给人的感受就可能如钩、如半规晶饼、如冰轮或其他;"柳叶条"作为一个具体概念,这里所表示的是幼嫩的柳叶条,颜色金黄而细长柔嫩,就如词所说的"软黄金缕"。再如例(2)的"太阳"以及 Juliet,二者在隐喻中是作为具体概念,这时是看他们的作用和价值:发热发光[①]。太阳同人都可以被感觉到许多的表象,二者可以由某些属性——例如其价值属性——联系起来,或者说他们是由某些有特殊性的相似点联系起来的,这样,Juliet

---

[①] 罗密欧:"轻声!那边窗子里亮起来的是什么光?那是东方,朱丽叶就是太阳!"(*But soft! What light through yonder window breaks? It is the east and Juliet is the sun.*)根据剧情,罗密欧在念这句台词时,朱丽叶在上方的窗户中出现。

同太阳就合理地联系起来了,不会将"人"同"太阳"绝对地孤立、对立起来。

在一个隐喻中,其喻体的"分形"是如何建构出来的?试看下图2:

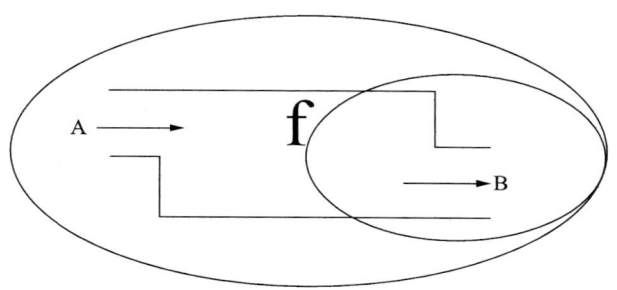

图2 本体—喻体输入—输出示意图

图2中的大圈表前面图1左边的"概念"、小圈表图1右边用以合成概念的各种"表象"。隐喻使用者将概念A输入,以语境和表达主体的意向性为选择导向,按转换规则(f,在隐喻指"相似性")转换为B,也就是按f的制约,将对概念A所表征的事物的感受分离出一个表象B输出。这是一个A转换(transformation)为B的过程,这一转换过程可表达为f:A→B(即A按照f的规定转换为B),曹雪芹写的"凤尾森森,龙吟细细"(《红楼梦》二十六回)可做一例。这是曹公描写潇湘馆院子里竹子的隐喻所选取的喻体。潇湘馆住的是潇湘妃子林黛玉,林黛玉说过"我独爱那几竿竹子",所以曹公是把竹子作为表征黛玉人品性格的一个符号。曹公把"竹子"这个概念输入,把一丛竹子摇曳多姿的上端比作高雅的凤尾(院子里潺潺的流水声比作龙吟)作为他所感受到的其中一个表象输出,以"凤尾森森,龙吟细细"衬托潇湘妃子自然脱俗、婀娜儒雅而又多愁善感的绰约丰姿,即"f:竹子→凤尾"。

综上,在"隐喻分形说"看来,隐喻的本体-喻体可以看成是概念与其表象的关系;概念与其表象有相似关系,因此喻体同本体就有相似关系。这样来考察隐喻的本体-喻体的相似性表明了这一相似性同源的先天基因,因此可以用同体发育的关系为契机,来说明隐喻本体-喻体的相似性,就是"同胚"。本节在理论上说明了隐喻的本体-喻体的相似关系来自先天性,下面我们还要对本体-喻体相似性做出具体的刻画。

四、"同胚"识相似:对本体-喻体相似性的刻画

4.1 本体对于喻体的映射

隐喻的 f:A→B 的转换,也是一个映射(mapping)的过程,即两个非空集合 A 与 B 之间存在着对应关系 f,而对于 A=(a, a_1, a_2, a_3 …)中的每一个元素,在 B=(b, b_1, b_2, b_3 …)中有唯一的一个元素与之对应,这种对应称为从 A 到 B 的"f 映射",记作 f:A→B;B 称为在映射 f 下的"象",记作 B=f(A),A 称为 B 在映射 f 下的"原象"。如果隐喻表达都像例(1)至例(4)及下文例(5)那样,隐喻的本体-喻体的相似性是不难说明的,因为那些隐喻的本体-喻体在 f:A→B 中进行的是平射转换(orthophoria transformation),也就是正形转换,读者可以用自己的经验,直观地获得二者是相似的感受:

(5) a. 晴髻离离,太行山势如蝌蚪。(陈维崧《点绛唇》)
  b. 露似真珠月似弓。(白居易《暮江吟》)
  c. 西风吹得冰轮淡。(陈维崧《城头月》)
  d. 夜饮东坡醒复醉,归来仿佛三更。家童鼻息已雷鸣,敲门都不应。(苏轼《临江仙》)
  e. 十万琼枝,矫若银虬,翩如玉鲸。(陈维崧《沁园春》)

感觉包括眼耳鼻舌身五种器官的感觉,但主要的是视觉:例(5)a 说山的形状在晴天阳光下像发髻历历在目;例(5)e 说画幅里的梅花枝干像琼枝、像银虬、像玉鲸;例(5)d 反映的是听觉,说家童的鼻息听起来像雷鸣;以及上面的像"龙吟细细"的例子等,都是如此。这些是在 f:A→B 中的正形转换,之所以称为"正形",就是转换出来的喻体同本体感觉起来"正"好相似。值得注意的是,例(6)至例(9)的情况同例(1)至例(5)不一样,它们所显示的"相似"会有不同程度的走样,常常难以凭直觉做出认同。这是由于在本体-喻体的输入输出时,从正形转换变换为各种非正形转换,亦即变为不同情况的"射影转换"(projection transformation),隐喻的表达也就变得多姿多彩。

平射、投射是射影几何学(projective geometry)对图形射影方法的描述。射影

几何学是研究图形在射影变换下其结果不变的学科；而隐喻研究的也是人对本体输出的喻体的感觉不变，因此我们参照射影几何学的学科术语来定义发生了各种变换的隐喻，并根据隐喻研究的需要有所简化和增改，且不用数学方法而用日常语言来说明，只是其"变换下的不变性"的性质不变。

设图 A 是一个平整的物体，用电筒光源在适当的距离平行地对 A 进行照射，这就是平射，屏幕上得出的影像就是一个正形转换；电筒分别以俯视角、仰视角、左（右）侧视角、左（右）侧俯（仰）视角等等的角度对 A 进行照射，屏幕上得出的影像就是各种射影结果，都称为非正形转换。

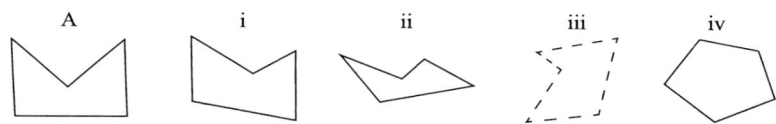

图 3　射影转换结果示意图

图 i 借来表示例(6)各句隐喻的本体-喻体发生"仿射转换"（affine transformation）结果示意。通俗地说，仿射就是"仿"原象（本体）而施行的投"射"（射向喻体），转换主要是在这两个向量空间相对位置关系不变的平移：

（6）a. 梨花雪压伍胥桥。（陈维崧《浣溪沙》）

　　b. 分手柳花天，雪向晴窗飘落。（陈维崧《好事近》）

　　c. 银河斜坠光如雪。（陈维崧《菩萨蛮》）

　　d. 一片玉河桥下水，宛转玲珑如雪。（陈维崧《贺新郎》）

　　e. 大漠沙如雪，燕山月似钩。（李贺《马诗》）

　　f. 北风卷地白草折，胡天八月即飞雪。忽如一夜春风来，千树万树梨花开。（岑参《白雪歌》）

例(6)a 说梨花铺在伍胥桥上，就像雪从天上平移下来铺在伍胥桥上；例(6)b 把柳花从窗前飘落，说成是雪平移地从天上下来在窗前飘落；例(6)d 说玉河桥下的水玲珑宛转，就像桥下流淌着宛转玲珑的雪一样；例(6)e 把"沙"比作从天上平移下来的"雪"，平铺在大漠上，看起来和踩下去都像雪；(6)f 的飞雪平移下来挂在树梢上，就像雪白的梨花挂在树梢上。这些都不难感受到其"似"。梨花像雪那样的平铺,柳花像雪那样的飘下和沙如雪给人那样的触感,是梨花、柳花和沙它们作为本体所分别表现出来的表象,下面各例同,不一一细说。

图 ii 是例(7)各句本体-喻体"投射转换"(projective transformation)结果的示意。它不再是两个向量空间相对位置关系不变的平移,而喻体相对于本体常常不只是外形移动的变化,而是一种整体的变换,如例(7)a说秋天的景色皎洁如雪,这就没有方位移动的关系;例(7)b说人生是风前絮,这也感觉不到移动的变化。

(7) a. 秋色一天雪,林壑映新旸。皎如三尺新水,出匣漾干将。(陈维崧《水调歌头》)

b. 人生只似风前絮,欢也零星,悲也零星,都作连江点点萍。(王国维《采桑子》)

图 iii 示意表示例(8)各句隐喻的本体-喻体"弥漫转换"(suffusing transformtion)的结果。

(8) a. 潾潾淮河杳似年,森森蚌岭远攒天。(陈维崧《浣溪沙》)

b. 十顷孟湖碧似烟。(陈维崧《摊破浣溪沙》)

弥漫转换是将本体弥漫化、扩散化,"淮河杳似年"("杳"意为深远而难以跟踪,整句喻淮河像岁月一样古远),"孟湖碧似烟"以及例(1)c"如皋之忆如烟"也是这样。有关的比喻使本体变得深远而引人遐想。

图 iv 是例(9)各句的本体-喻体"拓扑转换"(topological transformation)结果的示意。拓扑转换允许外形形状发生变化,只要外形不重叠、不断裂,可以由例如方形变换为长方形或三角形、多边形、圆形、其他不规则形状等,因此在隐喻的 f: A→B 中,它的转换最自由,但也最需要想象力。

(9) a. 公子王孙逐后尘,绿珠垂泪滴罗巾。侯门一入深似海,从此萧郎是路人。(张若虚《赠去婢》)

b. 云随雁字长。绿杯红袖趁重阳。人情似故乡。(晏几道《阮郎归》)

c. 世事短如春梦,人情薄似秋云。(朱敦儒《西江月》)

d. 盐絮家风人所许,如今憔悴,但余双泪,一似黄梅雨。(李清照《青玉案》)

这里为什么能把嫁入侯门比作进入深海,把流泪比作像下黄梅雨?还有上文的例子,如对朋友的思念为什么会像"春色"?为什么同朋友的分别会"别来如雨"?这里的隐喻表达都很别开生面,因此读来别有一番新情趣,但这也就可能带来不好驾驭的危险。这可借用中国古典诗词"险韵"的说法,用生僻而又难押之字为韵脚,人们觉其险峻,但最后又能化艰僻为平妥,表现作者语言运用的功力。对于隐喻,这就是"险喻":初读意想不到,细想却寓情理于其中,正是望之也隐,喻之亦险,思之在理。

以上是借用投影的角度,从投影会使结果变形说明隐喻的表达变化丰富多彩,有"正形"的,还有"险喻"的,但是万变不离其宗,始终还是维持变化中的不变性,即本体-喻体总是相似的。如何说明这里的相似?从离散数学的理论上说,"相似"需要如上述 $A(a, a_1, a_2, a_3 …)$ 映射为 $B(b, b_1, b_2, b_3 …)$ 时的一一对应,使 AB 两个结构之间能保持原来的结构,例如"大漠沙如雪"可以大体如此对应:

A:	平地(雪)	B:	大漠(沙)
a1	延展性:平铺	b1	延展性:平铺
2	视觉:白色	2	视觉:白色(有些沙看上去是白色的)
3	触感柔软	3	触感柔软
4	承受力:踩下去成洞	4	承受力:踩下去成洞
	……		……
n	……	n	……

隐喻的所谓"相似",不能等同于离散数学的映射,即使如上例已经有很多点的映射是对应的,但"沙"就不像"雪"那样有"冷"的感觉。

4.2 本体与喻体的"同胚"

其实,感觉到二物的"相似",这是一种主观的心理现象,尤其在隐喻中是这样。这是人的一种特定时空下的心理感受,是大脑中知觉系统对记忆系统相互作用的结果,是这样的心理投射产生的一种"似曾相识"的心理效应,这不是数学的映射能够充分说明的。当人们感知到一个事物,事物中的某些外表或内在的内容刺激我们的记忆，其中某一(些)特征和过去某一(些)真实的或想象的经历能匹配上，就会觉得它是似曾相识的，正所谓"过去经历'花'落去，似曾相识'燕'归来"，就会感觉到二者是"相似"的。在隐喻中这还是一种明明白白的"错"觉，庄周在一处讲到自己解牛的神思活动时说，这时是以"神遇而不以目视，官知止而神欲行"；就隐喻来说，各种感觉器官"知止"而"神欲行"，就是隐喻表达不仅靠感官直接看到什么、听到什么等等，还要通过联想、想象、再生以得来感受。这就是说，隐喻里的相似还要靠联想、想象、再生能力的发挥；而在"隐喻分形说"看来，隐喻的喻体是从本体分形出来的，在这个意义上说，是本喻同体的，因而二者是"同胚"的，就是说，本喻的相似主要是因为它们是同胚而导致的，联想、想象、再生的发挥，就是要从"同胚"这条线索去发挥。

"胚"是动植物个体孕育最早期的发育形式，如胚胎、胚芽。动物的胚胎一般在母体内，人们不易观察到，但植物的胚芽是可以看到的。胚芽是植物胚的基本组成部分；胚芽突破种子的皮后，长成子叶和茎，这就成为全株植物发育的起源。隐喻表达的起源有点相仿。"隐喻分形说"认为，隐喻的喻体是从本体的概念分形出来的表象，正是这个表象成全了这个隐喻的表达。从人们运用语言的表现过程来看，很难发现有人会拿着一个干巴巴的概念——不管是形式逻辑的概念、模糊逻辑的概念，还是其他多值逻辑的概念——去找这个概念的表象来构成一对本体-喻体。清朝沈复《浮生六记》中有一段儿时记趣可以大体说明人们是如何寻找本体-喻体的配对的："余忆童稚时，能张目对日，明察秋毫，见藐小之物必细察其纹理，故时有物外之趣。……余常于土墙凹凸处，花台小草丛杂处，蹲其身，使与台齐；定神细视，以丛草为林，以虫蚁为兽，以土砾凸者为丘，凹者为壑，神游其中，怡然自得。一日，见二虫斗草间，观之，兴正浓，忽有庞然大物，拔山倒树而来，盖一癞虾蟆，舌一吐而二虫尽为所吞。余年幼，方出神，不觉哑然一惊。神定，捉虾蟆，鞭数十，驱之别院。"沈复儿时未识概念"兽之斗"的表达，但他知道野兽是出没于丘壑至山林之中，于是他把丛草为林、土砾为丘壑、二虫为兽，作为"兽之斗"之表达。这也表明隐喻的本体-喻体相似的先天性的实质。下面再用几个"险喻"为例做些分析：

(7) a 秋色一天雪，林壑映新旸，皎如三尺新水，出匣漾干将。

这是说秋天的大地景色皎洁如雪,文中提到"三尺新水""干将"都是喻剑,说雪皎洁如剑光。喻体"皎洁"是本体"秋色"的一个表象,像剑光那么皎洁。

(8) b 十顷盂湖碧似烟。

词有一个副标题"雨泊秦邮",在雨天的湖面上必定是烟雨蒙蒙的,因此盂湖(指高邮湖,本体)碧绿的湖面似烟浓雾锁(其中一个表象,喻体),这是题中之义。

(9) a 侯门一入深似海。

侯门的门户森严,难进难出,它的一个表象是看上去深深沉沉,像海那样,所以"从此萧郎是路人"。"侯门-海"的本喻体就是这样建立起来的。

(1) b 唯有相思似春色,江南江北送君归。

这里的"相思"指王维对朋友的思念。为什么相思之情可以似"春色"?王维从南方(湖北)送朋友北归(山东),这时已是春天,大江南北已是遍布春色;王维认为我的思念之情也要如这无边无际的春色,从江南到江北送你归去。所以就有"相思似春色"这一本喻体。

(1) a 别来如雨。

本体"分别"为什么像"雨"?原句出自王粲《赠蔡子笃诗》"风流云散,一别如雨",王粲是说,分别就像风流云散雨过一样,难觅踪影;后来唐代杨炯《送东海孙尉诗序》说"徒以士之相见,人之相知,必欲轩盖逢迎,朝游夕处,亦常烟波阻绝,风流雨散",这就直接把人们的分别说成如"风流雨散",这就是"别来如雨"说法的来历。"分别"是本体,如"雨"那么风流云散雨过是它的表象。

(9) d 但余双泪,一似黄梅雨。

流泪为什么似黄梅雨?流泪的一个表象是像下雨那么出"水"。下黄梅雨就是长时间下个不停。

这些险喻都很明白地表明了有关的概念——表象、本体-喻体为什么能够成立,表明"险"喻并没有遇险。但是,请看姚宽的《生查子·情景》:"郎如陌上尘,妾似堤边絮,相见两悠扬,踪迹无寻处。酒面扑春风,泪眼零秋雨。过了离别时,还解相思否?"这里的"陌上尘""堤边絮"表面上都很难说是"郎"和"妾"二人的表面特征、直接表象,难于同二人构成直接对应。是否构成了反例? 其实这里是讲二人的"相遇"(从题目和词内容推测,也许说的是偶会歌妓)。概念"相遇"要求有两个实体,"陌上尘""堤边絮"是这两个实体如何构成"相遇"的,而不是描写这两个实体各自有什么特征。路上的尘和堤上的絮表明他们有一时相遇的特征,是偶然相遇的,正如说"萍水相逢,尽是他乡之客"一样。所以这样的隐喻表达并不构成"隐喻分形说"的反例。

五、"隐喻分形说"的应用

运用"隐喻分形说"进行研究,我们有四点特别的感受:

一、通常所说的"隐喻的实质是通过一物(喻体,例如 B)以理解和经验另一物(本体,例如 A)",能充当理解 A 的另一物 B 是有条件的,是受限制的,它主要的不是表达主体在大千世界里自由地抓取的;它基本上是在 A 范畴里的,是 A 事物的概念里的一个表象,亦即 A 概念的内涵或外延里的一个事物,所以莱科夫称这样的"理解和经验"为"概念映射"(conceptual mapping)(Croft & Cruse 2004:196)。亦因为这一切都是发生在"自家"的概念里的,所以认知语言学说隐喻的本体与喻体之间存在着"本体对应"和"认识对应"以及"不变假设",这也就不奇怪了。这样,"隐喻分形说"为隐喻作为认知现象、思维方式挖掘了它的生理-心理的基础,同时也为此设定了它的运作的边界。

二、科学隐喻并没有另类的特殊性。科学隐喻中的隐喻是否也如语言隐喻那样,喻体必定是在本体的范畴里,是本体事物概念里的一个表象? 答案是肯定的,因为科学的发明发现离不开研究主体对有关的概念及其表象的注意和把握。近代电学发展过程提供了一个让我们考察的例子:美国的富兰克林的突出贡献是统一了人们对天电(天上的雷电)和地电(莱顿瓶中的电)的认识。在用莱顿瓶做放电实验时,富兰克林面对放电的火花闪光和噼噼啪啪声联想到天空的雷电,意识到天空的雷电可能就是一种电火花,于是他就在雷雨天时放风筝,将"天电"引入莱顿瓶,发现储存了天电的莱顿瓶可以产生电所能产生的一切现象,从而证明"天电"就是"地电"(引自徐慈华、李恒威 2009:96)。可以感觉到的闪烁火花和发出啪啪的声音就是概念"电"的主要表象。汉语成语有"闪电号曰雷鞭"(《成语考·

幼学故事琼林》)之说,古人将"闪电"描写为雷的声音和像鞭那样的火光带,其实就是电的概念及其表象。徐慈华、李恒威文还引用了另外两个例子:物理学家卢瑟福提出"原子"是一个小型的"太阳系"的假设,这是他观察了用阿尔法粒子轰击金属薄片的表象后得出的认识,他观察到轰击后有些阿尔法粒子产生偏转而被反弹回来,他猜想这是因为原子中心有一个质量大的正电核,而带负电的电子在外层,这就像太阳系,太阳居于中心,各行星按自己的轨道绕太阳运行;德国地理学家魏格纳观察到大西洋两边的巴西和非洲的海岸线惊人的重合,他又了解到,古生物学家根据古生物的分布情况认为,大西洋两岸的巴西和非洲古代是相连的,因而他提出"大陆漂移说"。以上两例并不是隐喻,但其思维过程是科学家从有关的表象进行联想、归纳为概念,这是隐喻分形的一个反过程,有关的发明发现就是这样做出来的。

三、可以较好地区分隐喻同转喻。从话语的运用来说,可以区分字面义表达和非字面义表达:字面义表达用字面的概念义传递相对确定的信息,非字面义表达不讲究信息表达的精准性,而要用非概念的字面义传递一定意图和倾向,它们的区别是明显的。隐喻本体的整体是能分形的整体,运用主体希望能在一定程度再现、提醒本体的某些特性(如上例的湖面-白银盘以及其他许多的例子);而转喻本体的整体是不能分形的整体,喻体主要用以圈出本体一个易于辨认的特征,如:"情最苦,记前日,文园一卷多情句,病中亲付。怕碎墨零纨,尘昏蠹损,和泪夜深俯。"(陈维崧《摸鱼儿·春雨哭远公》)"文园"原是汉文帝的陵园,司马相如曾任职汉文帝文园令,因而后世常用"文园"指代司马相如,这里更是用"文园"指代本词所说的人史远公,说他如司马相如那样有文才;"碎墨零纨"是转指用墨和纨(绢)写成的零散的文稿。近些年来,认知语言学界一直对隐喻转喻有不少纷争,希望这一区分能为解决纷争提供一些易于把握的思路。

四、"隐喻分形说"有望扩大其应用范围。某些修辞格如夸张、仿拟、谐音等一类修辞表达,有关喻体就是其本体的"分形";含义运用中的本意表达和含意表达也可以看做"分形"关系;翻译活动中译文同原文也可以在一定意义上看做"分形"的关系。这就为这些研究提供了新思路。

六、结 束 语

本文的研究是分形论视域下隐喻研究之二,研究了隐喻建构的一个基本问题:隐喻的本体和喻体是如何相似的。隐喻表达是语言运用的一种艺术形式,是语言所表达的思想感情的一种生命符号。"隐喻分形说"为隐喻表达研究提供一种新视域。根据"隐喻分形说",隐喻表达的语言符号是现存的,隐喻的本体能够引发什么表象是受限的,但如何选择和如何通过联想、想象和发挥使喻体成为一种有意味的艺术符号,进而使整个隐喻表达成为一种审美意象,这是表达主体可以做到而且是应该做到的。"隐喻分形说"为隐喻表达既挖掘了它的生理-心理的基础,也为此设定了它的运作边界,这就使表达主体在进行隐喻的艺术创作时有一种新的视域作为指引。语言研究借用数学理论的工具现已比较多见,但借用分形几何理论国内还没有看到,新工具的借用希望能为研究的视域增添一种新路向。

参考文献

[德]康 德 2004 《纯粹理性批判》,邓晓芒译,人民出版社。

龚玉苗 2018 《也论隐喻为什么可能》,《当代修辞学》第 6 期。

[德]黑格尔 1996 《小逻辑》,贺麟译,商务印书馆。

李建会、于小晶 2014 《"4E+S":认知科学的一场新革命?》,《哲学研究》第 1 期。

刘晓力 2005 《交互隐喻与涉身哲学》,《哲学研究》第 10 期。

徐慈华、李恒威 2009 《溯因推理与科学隐喻》,《哲学研究》第 7 期。

徐盛桓 2008 《隐喻为什么可能》,《外语教学》第 3 期。

徐盛桓 2014a 《隐喻的起因、发生和建构》,《外语教学与研究》第 3 期。

徐盛桓 2014b 《视觉隐喻的拓扑性质》,《山东外语教学》第 1 期。

徐盛桓 2018a 《非字面义表达研究论纲》,《英语研究——文字与文化研究》第 2 期。

徐盛桓 2018b 《语句的生成与解读》,《浙江外国语学院学报》第 3 期。

张兴国 2014 《从反思普遍性与特殊性关系看普遍性范畴的意义》,《哲学研究》第 2 期。

中国社会科学院语言研究所词典编辑室 2002 《汉英双语现代汉语词典》,外语教学与研究出版社。

https://baike.baidu.com/item/%E5%88%86%E5%BD%A2/85449?fr=aladdin

https://baike.baidu.com/item/%E5%88%86%E5%BD%A2%E7%90%86%E8%AE%BA/1568038

Croft, W. & Cruse, D. A. 2004 *Cognitive Linguistics*. Cambridge: Cambridge University Press.

Falconer, K. 2003 *Fractal Geometry*. New Jersey: John Wiley & Sons, Ltd.

Lakoff, G. & Johnson, M. 1980 *Metaphors We Live By*. Chicago: University of Chicago Press.

Leibniz, G. 1969 Leibniz, G. W. *Philosophical Papers and Letters*. trans. L.Loemker. Dordrecht: D.Reidel.

Steinhart, E. 2001 *The Logic of Metaphor*. Kluwer Academic Publishers. 2009.

The Similarity Between the Target Domain and the Source Domain: A Tentative Study of "Fractal-theoretical Approach to Metaphor"

Xu Shenghuan

Abstract: The target domain (T) and the source domain (S) are the basic elements of metaphor, and the similarity between T and S is the necessary condition for them to be able to work. Nevertheless, similarity is a fuzzy variable, this being the case, the crux of the problem "why metaphor is possible" is to seek a profound and reasonable explanation for the similarity between T and S. The fractal-theoretical approach to metaphor holds that S is the fractality of T, and also asserts that a piece of a complete whole thing which can give out fractals is the nature of self-similarity, leading to the claim that it may be used to explain the root of similarity between T and S at the source. Therefore, from the perspective of human sensation and perception, the similarity of metaphor is shown as an effect of subjective psychological projection and is actually a self-made fake illusion which may be happily accepted in a conscious state, with a stereoscopic body of multi-dimensional ways of building similarity.

Keywords: metaphor, target-vehicle, similarity, fractal, self-similarity, co-embryo

(原载于《当代修辞学》2020 年第 2 期)

陶瓷文本中特殊的修辞策略

刘美君[1] 杨佳铭[2]

（1. 香港城市大学翻译与语言学系；
2. 景德镇陶瓷大学外国语学院）

提　要　本研究从陶瓷形状的描述性文本（ceramic text，下文简称为"陶瓷文本"）出发，旨在通过新建的陶瓷语料库探讨中文陶瓷文本[①]中的特殊隐喻和转喻手法。研究结果显示：1）陶瓷文本中的隐喻和转喻映射满足三个原则，即从自然实体映射到人工制品、从生命体映射到非生命体、从切身的经历映射到陌生的经历；2）陶瓷文本中不仅存在单层隐喻或转喻映射关系，也存在繁复连绵的隐喻或转喻映射关系，呈现多层次的概念转换；3）自然实体是陶瓷隐喻和转喻最常使用的始源域，其中人体占最高比例；4）陶瓷文本中的隐喻和转喻策略与其他常见语篇存在不同，例如以较少使用的人体部位作为始源域形容瓷器的形状，以及大量使用整体转喻部分而非常见的部分转喻整体的用法。研究结果揭示了陶瓷文本中隐喻和转喻的基本特征，为继续深入研究陶瓷文本这一重要历史文化载体开启了重要的篇章。

关键词　"陶瓷文本"　隐喻　转喻　多层次概念转换　陶瓷语料库

一、引　言

长久以来人们都把隐喻和转喻仅当作一种文字修辞手法，然而 Lakoff and Johnson（1980）通过例证反驳了这一传统观点，认为隐喻是基本的认知方式，普遍

---

① 本文中"语篇"一词是泛指 discourse，文本则指 text。文本（text）为书写式的语篇（written discourse），是 discourse 的一种。所用的陶瓷语料仅涉及描述陶瓷艺术作品的陶瓷文本。

存在于人类的日常生活中,且不仅停留在语言层面,更是深深烙印在人类的思维模式中。基于此,二人进一步论证人类的概念化体系是由隐喻组成和定义的,并提出了"概念隐喻理论",成为了当前隐喻研究的重要基石之一(Ungerer & Schmid 2006)。究其本质,隐喻是"经由一类事物来理解和体验另一类事物"(Lakoff & Johnson 1980:6),即一种由始源域(source domain)向目标域(target domain)延展的跨概念域映射。例如,人们通常借具体概念"旅行"来理解抽象概念"爱情",在例句"我们的爱情走到了尽头"中,爱人是旅行中的伴侣,和伴侣一起旅行喻指恋爱关系开始,而不再和伴侣一起旅行或者两人旅途到达终点则喻指恋爱关系结束。这样的跨概念域映射之所以存在是因为人们的思维中已经建立了从"旅行"到"爱情"的意象映射关系。与之类似,许多认知语言学家(如 Lakoff 1987; Warren 1999;Blank 1999;Radden & Kövecses 1999;Kövecses 2006;Barcelona 2012)认为转喻同样是概念性的,而并不仅仅是隐喻的延续。根据 Kövecses (2006:99)的归纳,转喻是指"在从属相同概念域或理想化认知模型(Idealized Cognitive Model,由 Lakoff 在 1987 年提出)的前提下,由一个概念要素(喻体)传达到另一个概念要素(本体)的心理认知过程",例如在"那个漂亮脸蛋在等她的早餐"一句中包含了"以面孔指代全人",以部分转喻整体的用法。

由于隐喻和转喻皆是概念性的,其背后的概念映射及反映出的认知体系也因此成为了近年来隐喻和转喻研究的重点和热点,特别是跨学科和跨领域的研究数量正呈现稳步增长的趋势。不同语篇(如政治、经济、医学、艺术等)中的隐喻和转喻研究都揭示了人类对于各个方面的认知存在不同的概念化倾向和规律,比如经济隐喻更倾向使用人和植物这两类自然生命体以及机器隐喻(Charteris-Black & Ennis 2001;胡春雨、徐玉婷 2017),而政治隐喻则更多使用家庭隐喻和战争隐喻(Musolff 2004;潘雅雯 2016)。陶瓷作为中国特有的工艺美术品,一直被视为中国传统文化的重要艺术表现形式,在其文字描述中包含丰富的隐喻和转喻意象,同时也传达着人类认知概念化和艺术修辞方面的特征。随着陶瓷文化传承创新和国际交流的不断推进、"一带一路"倡议的提出和大力实施,越来越多的研究者开始关注陶瓷这一重要的隐喻载体。

现有的陶瓷隐喻研究可大致划分为四类:第一类是从符号学角度探讨陶瓷这一中国文化遗产中蕴含的文化隐喻意象(陈雨前、杨莉莎 2010;陈建毛、肖绚

2013;曾静 2015);第二类是从美术学和设计学角度探索陶瓷设计理念和成品中的隐喻手法(杨斌、陆涛 2011;朱宏轩 2015);第三类是针对中译英文本中的隐喻翻译策略(韦璐 2015;王伦、李雨晨、张悦 2016);而第四类则是研究陶瓷文本中的语法隐喻现象(李雨晨 2013)。虽然数量不少,但鲜有研究对陶瓷文本中的修辞手法进行系统和深入的分析。因此为了进一步分析陶瓷文本,本研究将从陶瓷文本中常出现的形状描述出发,探究陶瓷文本的隐喻和转喻策略,并回答两个问题:1)陶瓷语篇中常见的隐喻和转喻有哪些?2)陶瓷语篇中的隐喻和转喻策略与其他语篇有何异同?

二、研究方法与语料库建立

本研究基于自建的陶瓷艺术文本语料库,其语料取自北京故宫博物院的陶瓷陈列品描述文本。本研究首先使用 SegmentAnt(Anthony 2017)对中文文本进行句子成分拆分和简单语义标注后,再使用英国兰卡斯特大学研发的自建语料库工具#Lancsbox v.4.x(Brezina,Timperley & McEnery 2018)建立研究所需的陶瓷艺术文本语料库。当前语料库已经包含十余万个汉字,文本涉及 920 种从西晋至晚清朝代制作的陶瓷珍品。另外,由于陶瓷文本中存在大量专业术语,仅参考普通的汉语词典可能会影响隐喻识别的准确性,因此本研究选择了陶瓷领域最广为使用的两本经典陶瓷书籍——《简明陶瓷词典》(汪庆正 1989)和《饮流斋说瓷》①(许之衡 2012)作为辅助识别工具对陶瓷专业术语进行定义和说明。

本研究通过关键词检索,从语料库中提取相应语料并遵循 MIPVU(全称 Metaphor Identification Procedure Vrjie Universiteit)所制定的隐喻识别步骤对文本进行人工隐喻识别。MIPVU 是由阿姆斯特丹大学的 Steen 团队(2010)在 Pragglejaz 团队(2007)研发的 MIP(Metaphor Identification Procedure)基础上改良而成,能够更加准确地辨别并标注隐喻相关词汇(metaphor-related word)和隐喻标志(metaphor flag)等。实践证明,虽然会耗费较多人工识别和校对的时间,MIPVU 大幅度提高

---

① 《饮流斋说瓷》原书是由许之衡于民国时期写就,其中结合了前人知识与个人见闻,收集并详细描述了大量古陶瓷相关的术语。

了隐喻识别的精确度,并能广泛应用于识别许多文体中的隐喻,例如小说、学术文章和新闻报道等(Steen 2010)。另外,最新研究表明,MIPVU虽然起初是基于英文语言而研发的隐喻识别流程工具,经过适当调整和修改也同样适用于中文等其他语言中的隐喻识别(Pasma 2012; Badryzlova et al 2013; Lu & Wang 2017)。需要说明的是,本文涉及的隐喻不仅包括隐喻本身,同时也包含明喻(simile),即有隐喻提示词(MF)例如"若""似""如"等的隐喻表达,为了区分,我们将语料库中的明喻和提示词单独标识出来,并把明喻视作有外显标注的隐喻(Marked metaphor)。

三、研究发现与分析

现阶段研究结果表明,陶瓷文本中包含丰富的隐喻和转喻用法,主要特征有四:其一,陶瓷文本中存在两大类修辞方法,一是牵涉直接而单一映射的简单隐喻或转喻(simplex metaphor/metonym),二是牵涉间接而多重映射的复杂隐喻或转喻(complex metaphor/metonym);其二,不同于常见的从具体概念到抽象概念的映射,陶瓷文本中的概念映射常发生在两个具体概念之间,即从自然世界中存在的实体到人工创造的实体,而且是从熟悉度更高的经历到熟悉度更低的经历;其三,自然生命体(例如人类、植物和动物等)多作为始源域来描述瓷器这一人工制品;其四,陶瓷隐喻和转喻中存在一些较为少见的始源域,例如人体的胫部,以及与寻常语篇中不常见的转喻映射,例如整体转喻部分。下面围绕上述四个特征阐述简单和复杂隐喻或转喻。

简单隐喻或转喻内只包含一层隐喻或转喻映射,例如:

(1)瓶<u>橄榄形</u>,直口,假圈足。

在例(1)中,仅包含从"橄榄"到"瓷瓶"的一层隐喻映射。由于形状相似,这类瓷器通常被人们称为"橄榄瓶",也因此建立了"瓷器是橄榄"的概念映射,从而得出"瓷器是植物"的概念隐喻。

与之对应,复杂隐喻则包含多层隐喻或转喻映射,例如:

(2)杯敞口微撇,口下渐敛,平底,<u>卧足</u>。

例(2)中的"卧足",由定义"外表似平底,实际上底微内凹,呈圆弧形,器形似伏卧状"可知,此类瓷器的底部类似动物伏卧后的足部,因此包含两层隐喻和转喻映射,一是概念隐喻"瓷器是动物",二是概念转喻"动作转喻结果"。换言之,就是借由动物伏卧后足部蜷缩的形状形容瓷器的底部形状。

根据现阶段的研究结果,简单隐喻或转喻在陶瓷形状的描述性文本中占绝大多数,下面予以详细分析论述。

3.1 陶瓷形状描述中简单隐喻的映射关系(Simplex Metaphor)

从语料库中提取的所有形状描述显示,这类隐喻的始源域总共八种,包括人体、植物、有特定功能的日用品、动物、装饰品、星球、建筑物和加工食物。其中人体隐喻的频率最高,在大量描述性文本中都有把瓷器的各个部分与人体某些部位相对应的概念映射,如图1所示:

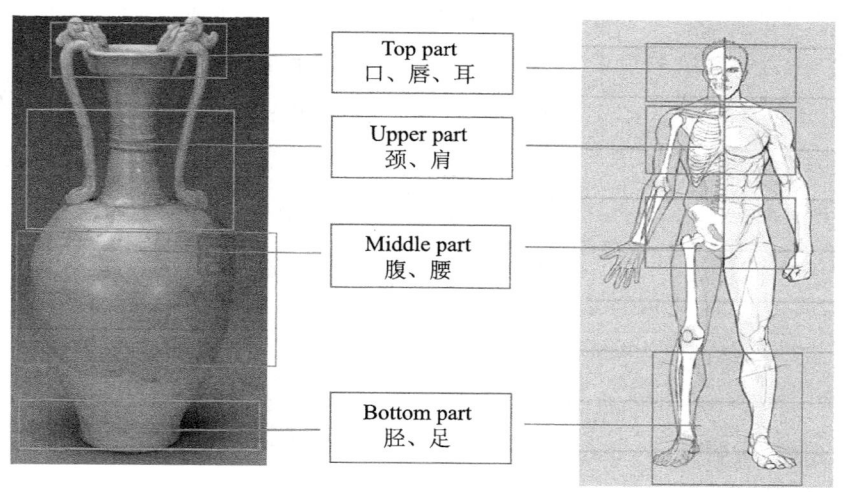

图1　瓷器的组成部分与人体部位的映射

从图1中可以发现,瓷器根据部位大致划分为顶部(top part)、上部(upper part)、中部(middle part)和下部(bottom part)四个部分,而这些瓷器部位可以分别对应人体的口、唇和耳(顶部),颈和肩(上部),腹和腰(中部),胫和足(下部)。另外,部分盛装液体的瓷器还包括流(即供容器内液体流出的部位),我们根据位置将其也归类于瓷器的上部。以此为据将语料库中出现的始源域进行梳理归类,结果如下表所示。

	整体	口	唇	耳	颈	流	肩	腰	腹	胫	足	频率	百分比
人体		613	61	13	326		178	24	211	61	233	1 720	77.3%
植物	185	45			2				24		1	257	11.5%
日用品	58	34		24				1	8		5	130	5.8%
动物	17	1		43		4					13	78	3.6%
装饰品	7			9							5	21	0.9%
星球									9			9	0.4%
建筑	2										4	6	0.3%
加工食物	5											5	0.2%
合计	274	693	61	89	328	4	178	25	252	61	261	2 226	100%

瓷器形状描述中概念隐喻和转喻的始源域

从上表中不难发现,在描述陶瓷整体形状的隐喻中,自然实体(即人类、植物、动物和星球)作为始源域的出现频率为 92.8%,明显高于其他人工制品。需要指出的是,虽然本质上陶瓷文本中的始源域和目标域均为实体,但其中的概念映射呈现出从相对熟悉到相对不熟悉的趋势,这说明陶瓷语篇更倾向于使用自然中相对熟悉度高的实体描述瓷器这一相对熟悉度低的人工制品。下面对各个概念隐喻进行分别论述:

1) 人体隐喻(PORCELAIN IS HUMAN)

a. 瓷器的顶部是人体的口部和唇部

在这一隐喻映射中,根据瓷器顶部的形状,可以分为撇口、小口、圆口、圆唇、宽唇、卷唇和尖唇等。

(1) 瓶撇口,口沿隐现酱紫色。细长颈,扁圆腹。

(2) 瓶小口,折沿,短颈,丰肩。肩下渐收敛,圈足。

(3) 碗呈菊瓣式,圆口,深弧腹,圈足外撇。

(4) 瓶小口,圆唇。

(5) 碗敞口,宽唇。

(6) 瓷尊撇口,卷唇,短颈。

(7) 碗敞口,<u>尖唇</u>。

b. 瓷器顶部的附加部件是人体的耳部

在瓷器顶部、上部或上部的附加部件(即"柄")被称为"耳",根据形状可以分为冲耳和扁耳。

(8) 仿古鼎式,双<u>冲耳</u>,三柱足。

(9) 汤盆呈椭圆形,置对称<u>扁耳</u>。

c. 瓷器的上部是人体的颈部

在这一隐喻映射中,根据瓷器上部的形状,可以分为短颈、长颈、直颈、束颈、细颈和阔颈等。

(10) 罐唇口,<u>短颈</u>。

(11) 瓶小口,<u>长颈</u>。

(12) 罐小口,<u>直颈</u>。

(13) 瓶身呈筒状,撇口,<u>束颈</u>。

(14) 瓶洗口,<u>细颈</u>。

(15) 椭圆口微撇,<u>阔颈</u>。

d. 瓷器的上部是人体的肩部

在这一隐喻映射中,根据瓷器上部的形状,可以分为丰肩、溜肩、斜肩、圆肩、折肩、垂肩和平肩等。

(16) 罐直口,短颈,<u>丰肩</u>,瘦底,圈足。

(17) 瓶镅口,短颈,<u>溜肩</u>,瘦胫,圈足外撇。

(18) 壶撇口,细长颈,<u>斜肩</u>,丰腹,下部饱满,圈足。

(19) 罐撇口,颈微收,<u>圆肩</u>,肩下渐敛,圈足外撇。

(20) 壶直口,细长颈,<u>折肩</u>,长腹,圈足。

(21) 瓶直口,<u>垂肩</u>,圆腹,腹下渐敛,圈足。

(22) 卣直口,短颈,<u>平肩</u>,垂腹,腹下饱满。

e. 瓷器的中部是人体的腰部

在这一隐喻映射中,根据瓷器中部的形状,可以分为折腰和束腰。

（23）盘撇口,浅弧腹,<u>折腰</u>,圈足。

（24）瓶呈葫芦形,上小下大,<u>束腰</u>,圈足。

f. 瓷器的中部是人体的腹部

在这一隐喻映射中,根据瓷器中部的形状,可分为弧腹、鼓腹、圆腹、直腹和垂腹等。

（25）碗直口,<u>弧腹</u>,圈足。

（26）罐唇口,短颈,<u>鼓腹</u>,浅圈足。

（27）直口,短颈,<u>圆腹</u>,腹下渐收,圈足。

（28）瓶小盘口,直颈,折肩,<u>直腹</u>,圈足。

（29）尊撇口,束颈,<u>垂腹</u>,二层台式圈足。

g. 瓷器的下部是人体的胫部

在这一隐喻映射中,根据瓷器下部的形状,可以分为瘦胫、束胫、长胫和高胫。

（30）直口,短颈,圆肩,<u>瘦胫</u>,圈足外撇。

（31）瓶体双联式,盘口,短颈,溜肩,圆腹,<u>束胫</u>,圈足微外撇。

（32）觚侈口外撇,颈部细长,<u>长胫</u>,近足处外撇,圈足,无款。

（33）觚撇口,长颈,鼓腹,<u>高胫</u>,近底处外撇,圈足。

h. 瓷器的下部是人体的足部①

在这一隐喻映射中,根据瓷器下部的形状,可以分为高足和束足。

（34）下承以中空<u>高足</u>。

（35）里外白釉,口沿及<u>束足</u>处描金。

2) 植物隐喻（PORCELAIN IS PLANT）

在这一隐喻映射中通常会使用植物的不同部位来形容瓷器的整体形状,主要包括果实、花、叶、茎和根。

---

① 瓷器的最底部被称为"足",但实际上它与"桌脚"和"山脚"类似,都是借人类的足部以表示某一事物的底端,已经被词汇化,属于规约隐喻（conventional metaphor）。但不同的是,陶瓷文本中借用人类足部拥有的具体特征例如"束足"将陶瓷底部的形状特点描述得更加生动,也因此体现了陶瓷在形状上丰富的人体特征。

a. 瓷器是植物的果实

（36）其造型摹仿(MF)石榴的形状，但不拘泥。

（37）瓶呈葫芦形，上小下大，束腰，圈足。

（38）瓶橄榄形，直口，假圈足。

b. 瓷器是植物的花朵

（39）盘呈四瓣海棠式。

（40）洗通体作十瓣葵花式。

（41）盘通体作14瓣菊花形，弧腹，圈足。

c. 瓷器是植物的叶子

（42）盏托呈卷曲的嫩荷叶式。

（43）洗呈艾叶形，洗内随边沿的起伏划出叶脉纹。

d. 瓷器是植物的茎部

（44）罐身以凸弦纹为界，分成三段竹节式。

e. 瓷器是植物的根部

（45）莱菔尊因其形状类似(MF)萝卜，故名。

此外，瓷器与植物的隐喻映射还可以表现在对瓷器的不同部位形状的描写中，比如：

a. 瓷器的顶部是植物

（46）瓶口内敛，呈蒜头状，直颈，溜肩，垂腹，圈足外撇。

（47）瓶莲花口，束颈，溜肩，圆腹，足微外撇。

b. 瓷器的上部是植物

（48）瓶花口，瓜棱式颈，溜肩，圆腹，圈足微外撇。

c. 瓷器的中部是植物

（49）因形如(MF)圆茄，故俗称"茄式壶"。

（50）瓶撇口，长颈，六瓣瓜棱形腹，圈足。

d. 瓷器的下部是植物

(51) 此盘通体甚至连圈足都做成菱花形。

3) 日常用品隐喻(PORCELAIN IS FUNCTION-SPECIFIC NECESSITY)

在这一隐喻映射中,瓷器常被形容为人们生活中有特定功能的日常用品,例如棒槌、斗笠、摇铃和钟等。

(52) 这种造型的瓶因形似(MF)古代洗衣用的棒槌,故被称作"棒槌瓶"。

(53) 碗的形状如(MF)斗笠,具有宋代瓷器的典型特征。

(54) 瓶呈摇铃形,故俗称"摇铃尊"。

(55) 花盆的外形如同(MF)一座倒置的钟,深沉而古朴。

此外,日用品也可用来形容瓷器某一部位的形状,比如:

a. 瓷器的顶部是有特定功能的日常用品

(56) 花觚口外撇,形如(MF)喇叭状。

(57) 僧帽壶因其顶部略似(MF)僧帽,故名。

(58) 尊洗口,长颈,垂腹。

b. 瓷器顶部、上部的耳是有特定功能的日常用品

(59) 仿铜质香炉的式样,嵌入式炉盖,直口,束颈,绳耳。

(60) 颈部两侧各置一垂带形耳。

4) 动物隐喻(PORCELAIN IS ANIMAL)

在这一隐喻映射中,除了直接使用动物形容瓷器形状外,动物的内脏亦是常见的始源域。

a. 瓷器是动物

(61) 花浇呈天鸡形,昂首直立,长尾垂地。

(62) 砚滴为乌龟形状,龟首昂起,颈部刻划螺旋纹。

b. 瓷器是动物的内脏

(63) 瓶呈悬胆式。

(64) 罐状如(MF)鸡心。

此外，瓷器局部的形状也可以用动物的身体部位描述，例如：

c. 瓷器的顶部是动物的头部

（65）壶口呈<u>凤头状</u>，细颈，扁圆形腹，高足外撇，平底。

d. 瓷器顶部的耳是动物

（66）颈部两侧各置一<u>凤耳</u>。

（67）腹两侧对称置<u>鱼形耳</u>，下承以圈足。

e. 瓷器上部的流是动物的嘴部

（68）<u>鸡嘴</u>为流，瓶口为注水口。

f. 瓷器的下部是动物的足部

（69）洗折沿，深腹，平底，下承以三<u>兽足</u>。

g. 瓷器的下部是动物的乳头

（70）炉敞口，折沿，短颈，鼓腹，平底下承以三个<u>乳足</u>。

h. 瓷器的下部是动物的尾巴

（71）敞口外撇，长颈，丰肩，鼓腹，圈足，俗称"<u>凤尾</u>尊"。

5）装饰品隐喻（PORCELAIN IS DECORATIVE OBJECT）

在这一隐喻映射中，瓷器被形容为玉类饰品。此外，瓷器上部的耳也可用装饰品形容。

a. 瓷器是玉器

（72）瓶仿（MF）新石器时代良渚文化<u>玉琮</u>造型，小口，方腹，圈足。

b. 瓷器顶部、上部的耳是装饰品

（73）上腹部与瓶颈间对称置<u>如意耳</u>，圆形开光内绘鱼藻图。

6）星球隐喻（PORCELAIN IS PLANET）

这一隐喻都是用天空中的星球来形容瓷器中部。

（74）它以腹部形似（MF）<u>天体星球</u>而得名。

7) 建筑隐喻(PORCELAIN IS BUILDING)

在这一隐喻映射中,瓷器常被形容为一栋建筑,瓷器的下部也会被描述为建筑物的柱子。

a. 瓷器是一栋建筑

(75) 壶呈塔形,口、流均有盖。

b. 瓷器的下部是建筑物的柱子

(76) 直口,束颈,绳耳,扁圆腹,下承三柱状足。

8) 加工食物隐喻(PORCELAIN IS FOOD)

在这一隐喻映射中,瓷器被形容为馒头等加工类食物。

(77) 盒呈馒头形,上下子母口套合,圈足。

3.2 瓷器形状描述中的简单转喻的映射关系(Simplex Metonym)

隐喻映射之外,陶瓷文本中也常出现转喻映射。传统上最常见的转喻是"部分代替整体"(PART-FOR-WHOLE),但在瓷器形状描述中,特别常见的转喻类型却是"整体代替部分"(WHOLE-FOR-PART)的反向映射,比如:

(78) 杯口微撇,深腹,圈足,两侧对称置戟耳。

(79) 颈上置对称象耳,圆腹,圈足。

(80) 肩部对称置狮形耳。

例(78)是用战戟指代战戟的顶部以描述瓷器的耳部,其转喻的概念化路径是由戟的整体到戟的顶部,再平行映射到瓷器顶部:戟>戟的顶部>瓷器顶部,即上部的耳。而例(79)和例(80)也是用动物名指代动物的头部,其转喻路径为:动物>动物的头部>瓷器顶部、上部的耳。以上三例的命名方式虽然用器物或动物的全称,但所指涉的只是某一部位的特征。这种全体代替部分的反向映射也可视为陶瓷文本的修辞特色之一。

3.3 瓷器形状描述中复杂性隐喻和转喻的映射关系(Complex Metaphor and Metonym)

以上两节已经详细论述了陶瓷形状描述文本中存在的简单隐喻和转喻。除此之外，本研究还发现了两类复杂隐喻和转喻。就目前初步研究而言，这部分发现仅着眼于陶瓷术语，但它依然揭示了陶瓷文本中的修辞特点，也为将来进一步研究陶瓷描述文本中的隐喻和转喻奠定基础。细究这类术语的使用，牵涉到多维度、多层次的概念映射，以下举例说明：

1) 第一例：梅瓶

（81）霁蓝釉梅瓶，瓶小口、短颈、丰肩，肩以下渐广至腹部内敛，圈足。

梅瓶作为经典的瓷器器型，在语料库中出现的频率不低。但实际上，如例（81）所示，许多描述梅瓶形状的文本仅指出了基本特征如小口、短颈、丰肩等，却并没有阐释其以"梅"命名的根本原因。《简明陶瓷词典》（汪庆正 1989：198）定义为"梅瓶，因其口径之小仅与梅之瘦骨相称而名"，换言之，梅瓶这样命名是因其顶部的开口非常小，近乎一支梅的粗细。另一方面，这一术语还包含"梅枝是人体躯干"的概念隐喻，因此实际上包括了多层隐喻和转喻映射，路径如下图所示：

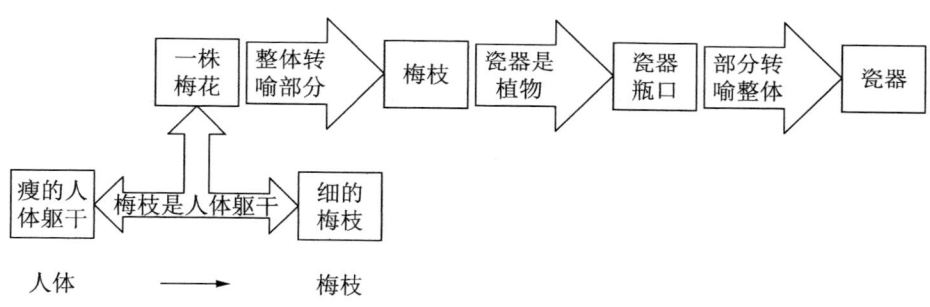

图 2 "梅瓶"的隐喻和转喻映射路径

由此可以总结，在"梅瓶"这一陶瓷术语中包含了多层次的概念转换：1) 概念隐喻"梅枝是人体躯干"；2) 概念转喻"一株梅花指代整个梅枝"（整体转喻部分）；3) 概念转喻"瓷器瓶口指代瓷器整体"（部分转喻整体）；4) 概念隐喻"瓷器是植物"。这样多层次、间接复杂的映射转换，显示出陶瓷用语一种特殊的修辞方式。

2) 第二例：卧足①

（82）杯敞口微撇，口下渐敛，平底，卧足。

---

① 卧足的出现不仅是满足审美情趣，也是当时生产制造的需求。瓷器底部低凹可以减少瓷胎整体的变形或断裂可能，因此可以降低窑烧后成品的失败率。

《简明陶瓷词典》(汪庆正 1989:102)给出的卧足定义是:"器物底足的一种样式,外表似平底,实际上底微内凹,呈圆弧形。造型为器外腹垂鼓,自然连接到底部,器形似伏卧状。"由此得知,卧足这样命名是由于瓷器底部微微内凹,其形状类似某些动物(比如鹿)伏卧后蜷曲的足部形状。因此这个陶瓷术语也包含了多层隐喻和转喻,特别是从动作姿态转喻为动作的结果形状,其路径如图3所示:

图3 "卧足"的隐喻和转喻映射路径

因此得出"卧足"一词也包含多层次映射:1)概念转喻"伏卧动作指代动作执行后动物足部的形状"(动作转喻结果);2)概念隐喻"瓷器是动物"且"底座为足部"。此例特别运用动作与结果的映射关联,是动与静之间的转换,再次显示陶瓷命名具有间接、多面向的概念延伸。

以上这种多重而复杂的隐喻及转喻路径也许就是陶瓷用语的一大特色,借由繁复连绵的概念转换反映呈现陶瓷艺术本身的深邃复杂及多样多变性。

四、结　　语

本研究从陶瓷文本中的形状描述出发,分析探讨了陶瓷语篇中常见的隐喻和转喻策略。研究结果显示,陶瓷语篇中存在两大类隐喻和转喻,且修辞策略与其他语篇既有相似,也存在不同。

首先,与其他语篇类似,陶瓷文本也更倾向使用自然实体作为隐喻和转喻的始源域来描述瓷器这一人工制品,但由于陶瓷本身即是具体事物,陶瓷文本中的隐喻和转喻映射不是从具体概念域到抽象概念域,而是从熟悉度更高的具体概念域到熟悉度更低的具体概念域。

其次,在陶瓷隐喻中人体隐喻占比最高,且人体与瓷器之间存在"从头到脚"的系统性映射关系。瓷器的四大组成部分可与人体九个身体部位分别对应,除了常见的口部、腰部和足部外,这类隐喻中涉及的人体词也包含一些其他语篇中不常使用的人体部位,比如唇部、耳部和胫部。不仅如此,这些人体隐喻包含丰富的人体特征,如"圆唇""溜肩""扁耳"和"瘦胫"等,将瓷器从顶部到底部的形状描述得活灵活现,这也是陶瓷语篇的显著特征。

再次,陶瓷语篇中的转喻,除了包含常见的"部分代替整体"之外,更多的却是"整体代替部分"的映射关系。这类转喻使用概念上较全面的整体名称来指代部分较显著的特征,凸显该部分所拥有的典型样貌。更有趣的是,陶瓷用语中出现复杂多层次的概念转换,牵涉多重连续的映射关系,反映陶瓷文本非常特别的修辞策略。

纵观陶瓷语篇,隐喻和转喻映射基本遵循以下三个规则:从自然实体到人工制品,从生命体到非生命体,从较切身的经历到相对陌生的经历。本研究不仅探讨分析中文陶瓷描述文本所包含的简单和复杂隐喻或转喻用法,同时也对陶瓷艺术语篇这一特殊文体类型所呈现的概念映射和语言特征进行了深入探究,视角较为新颖,因此具有较为重要的学术意义。

参考文献

陈健毛、肖 绚 2013 《基于符号学的元代青花人物故事纹饰研究》,《中国陶瓷》第4期。

陈雨前、杨莉莎 2010 《陶瓷文化的概念及其特征的探讨》,《南京艺术学院学报》(美术与设计版)第4期。

胡春雨、徐玉婷 2017 《基于汉英媒体语料库的"经济隐喻"对比研究》,《外语教学》第5期。

李雨晨 2013 《陶瓷科技英语中的隐喻》,《海外英语》第10期。

潘雅雯 2016 《基于语料库的习近平讲话稿的隐喻研究》,暨南大学硕士学位论文。

王 伦、李雨晨、张 悦 2016 《陶瓷用语英译中的文化意象重构》,《才智》第16期。

汪庆正 1989 《简明陶瓷词典》,上海辞书出版社。

韦 璐 2015 《文化隐喻视角下陶瓷用语翻译的跨文化研究》,《艺术品鉴》第11期。

许之衡　2012　《饮流斋说瓷》，中华书局。

杨　斌、陆　涛　2011　《修辞手法在陶瓷艺术设计中的运用》，《中国陶瓷》第6期。

曾　静　2015　《"瓷路"与"道路"：央视瓷题材纪录片的文化隐喻研究》，东北师范大学硕士学位论文。

朱宏轩　2015　《现代陶瓷酒瓶设计中的文化隐喻研究》，《包装工程》第22期。

Anthony, L. 2017 SegmentAnt(Version 1.1.3) [Computer Software]. Tokyo, Japan：Waseda University. Available from https://www.laurenceanthony.net/software.

Badryzlova, Y., Shekhtman, N., Isaeva, Y. & Kerimov, R. 2013 Annotating a Russian corpus of conceptual metaphor：A bottom-up approach. In Proceedings of the first workshop on metaphor in NLP(pp.77—86). Stroudsburg, PA：Association for Computational Linguistics.

Barcelona, A.(ed.) 2012 *Metaphor and Metonymy at the Crossroads：A cognitive perspective*. Walter de Gruyter.

Blank, A. 1999 Co-presence and succession：A cognitive typology of metonymy. *Metonymy in Language and Thought*：169—191.

Brezina, V., Timperley, M. & McEnery, T. 2018 #LancsBox v.4.x[software]. Available at：http://corpora.lancs.ac.uk/lancsbox.

Charteris-Black, J. & Ennis, T. 2001 A comparative study of metaphor in Spanish and English financial reporting. *English for Specific Purposes*, 20(3)：249—266.

Chilton, P. & Ilyin, M. 1993 Metaphor in political discourse：The case of the common european house'. *discourse & society*, 4(1)：7—31.

Lakoff, G. 1987 *Women, Fire and Dangerous Things*. Chicago：University of Chicago Press.

Lakoff, G. & Johnson, M. 1980 *Metaphors We Live By*. Chicago：University of Chicago Press.

Lu, X. & Wang, B. P. Y. 2017 Towards a metaphor-annotated corpus of

Mandarin Chinese. *Language Resources and Evaluation*, 51(3):663—694.

Musolff, A. 2004 Metaphor and political discourse. *Analogical Reasoning in Debates about Europe. Basingstoke*, 14.

Kövecses, Z. 2006 *Language, Mind and Culture: A Practical Introduction*. Oxford: Oxford University Press.

Pasma, T. 2012 Metaphor identification in Dutch discourse. In F.MacArthur, J. L. Oncins-Martı'nez, M. Sa'nchez-Garcı'a, & A.M. Piquer-Pı'riz(Eds.), Metaphor in use: Context, culture, and communication(pp.69—83). Amsterdam/Philadelphia: John Benjamins.

Pragglejaz Group 2007 MIP: A method for identifying metaphorically used words in discourse. *Metaphor and Symbol*, 22(1):1—39.

Radden, G. & Kövecses, Z. 1999 Towards a theory of metonymy, In K.Panther and G.Radden, (Eds.) *Metonymy in Language and Thought*. Amsterdam: John Benjamins, 17—59.

Steen, G. (ed.) 2010 A method for linguistic metaphor identification: From MIP to MIPVU(Vol.14). John Benjamins Publishing.

Ungerer, F. & Schmid, H. 2006 *An Introduction to Cognitive Linguistics*(2nd edition). Harlow, England: Pearson Longman.

Warren, B. 1999 Aspects of referential metonymy. *Metonymy in Language and Thought*, 4.

Unique Rhetorical Devices in Ceramic Discourse

Liu Meichun & Yang Jiaming

Abstract: The study aims to investigate the unique rhetorical devices commonly used in Chinese ceramic discourse, based on a self-built corpus of descriptive texts of ceramic art. Current findings in shape descriptions reveal that: 1) the metaphorical and metonymic mappings in ceramic texts follow satisfy three principles, which include natural entities to artifacts, animate to inanimate, and more embodied experience to less embodied experience; 2) ceramic discourse involves simplex metaphors and metonymies, as well as complex metaphors and metonymies; 3) natural entities are the most frequently used source domain in ceramic metaphor and metonymy, in which humans take the largest proportion; 4) ceramic metaphors and metonymies are different from the commonly recognized and conventionalized rhetoric mechanisms, such as taking rare human body part as the source domain in ceramic shape descriptions, and the significantly higher quantity of WHOLE-FOR-PART metonymy instead of the conventional PART-FOR-WHOLE metonymy. Research results indicate the basic features of ceramic metaphor and metonymy, which is expected to shed new light on the conceptual routes and linguistic patterns in this significant discourse as a distinct text genre.

Keywords: ceramic discourse, metaphor, metonymy, ceramic corpus

（原载于《当代修辞学》2020年第2期）

风格学研究

关于论辩风格的新思考*

弗朗斯·H.凡·埃默伦
(江苏大学国际论辩研究院)
汪建峰 译
(福建师范大学外国语学院)

提 要 在弗朗斯·H.凡·埃默伦看来,论辩的风格主要有三层含义:其一,话题选择的维度,是指论辩者就立场、出发点以及论述或其他论述步骤所做的选择;其二,受众要求的维度,是指论辩者对论述步骤加以调适,使之与目标受众或读者的观念和价值体系贴近;其三,呈现维度,是指论辩者充分运用一些言语或非言语手段以推进论述步骤。这意味着,相较于语言风格的流行见解,论辩风格的语义显然更为广阔和具体。在论辩话语中,论辩风格这三层意思分别体现于三个论辩手段之中,它们是指分析性概览即所采取的论述步骤,论述套路即论辩者所选择的维护己方立场的论辩路径,以及论辩谋略即为了实现这一目的所要涉及的策略性考虑。为了说明三者在论辩实践中的具体含义,弗朗斯·H.凡·埃默伦讨论了论辩风格三个维度的不同特征,其依据是两个基本理论范畴,即分离式论辩风格和嵌入式论辩风格。二者在论辩话语中有迹可循,所有论辩风格都可以说是此二者衍生而来的变体。

关键词 论辩风格 受众要求维度 分离式论辩风格 嵌入式论辩风格 语用-辩证论辩理论 呈现维度 话题选择维度 论辩谋略

---

* 作者简介:弗朗斯·H.凡·埃默伦(Frans H. van Eemeren),荷兰阿姆斯特丹大学人文学院言语交际、论辩理论与修辞学系荣休教授,莱顿大学特聘教授。语用-辩证论辩理论创始人之一,主要研究领域为论辩理论。

一、导　　言

"风格"乃是话语的承载方式,论辩话语分析家及读者对此早有论述,众说纷纭,莫衷一是。有人专注描述语言风格的特征,有人聚焦描述为论题所做辩护的方式的总体特征,也有人侧重判断辩护方式的得体性。他们可能会集中讨论一个特定言语行为、一个特定言说者或作者所运用的语言风格,也可能会集中讨论一个特定交际活动,或者一个特定话语领域,甚或一个特定历史时期人们所使用的语言的风格特征。总体来说,这些观察通常都是从语言学视角做出的,也即"文体学"之要义所在,而文体学实际上是古典修辞学的范畴之一,即"文采(文体,风格)"(拉丁文 elocutio,英文 elocution)的当代承继者①。

总的来看,风格这个概念有点玄乎,飘忽不定,难以盖棺定论②。"论辩风格"大概也是如此,这正是笔者所关注的。不管怎么说,在讨论论辩风格这个话题时,一个特别的视角是必不可少的,也只有这样,论辩风格作为论辩话语的修饰语才会受到公正的对待。毫无疑问,语言的呈现方式值得重视,但论辩风格则是含义更广的概念,也涉及论辩话语的不同面向,因此,应该给它下个定义,至少是个工作定义。在我看来,论辩风格的定义必须聚焦语言风格的功能,也就是说,风格是一种工具,服务于特定的论辩目的。论辩者希冀通过论辩话语来消除意见分歧,使得受众或读者相信其所持有的立场是可以接受的。这就意味着笔者对于风格的讨论是以各种论辩功能为中心的。

根据讨论论辩话语的一般方法,我关于论辩风格的讨论既有哲学意义上的"辩证"维度,也有语言学意义上的"语用"维度③。我将运用最新及最广意义上的

---

① 据 P.Claes 和 E.Hulsens(2015)在《修辞学大辞典》中所述,在过去,风格被视为文学的"修饰语",之后表示"对语言常规用法的偏离",及至当下则被认为是一个"介于诸种语言变体的选项"。

② K.Wales(1991)在《文体学辞典》一书中指出:"从最简单的意义来说,风格是指口语或书面语的表达方式,正如行事有行事的风格,比如玩壁球或画画。"

③ 译注:关于 pragma-dialectics 的汉译,目前主要有两个,即"语用-辩证论辩理论"(刘亚猛《西方修辞学史》,外研社 2008 年版,第 309—312 页)和"语用论辩学"(吴鹏、熊明辉《策略操控:语用论辩学之修辞拓展》,《福建师范大学学报》2015 年第 3 期)。前者既考虑了 pragmatic 和 dialectic 这两个核心语义,又强调了理论流派的属性;后者虽出于规避"辩证"与"辩证法"在当代汉语语境中的语义变异,改为意译,但此译名失掉了这个学派的关键语义即 dialectics 所表示的亚里士多德意义上的对话艺术,又(转下页)

语用-辩证论辩理论来讨论论辩风格（van Eemeren 2018）。论辩话语中所运用的论辩风格被认为是一种手段，用以寻求在介乎合理合情和有效性的论辩话语区间内来使得目标受众相信某个立场。在此过程中，本文将从一个关于风格的具有理论导向意义的定义出发，对论辩风格这个概念加以阐述。这个定义将论辩风格概念与论辩话语的特征联系起来，而论辩风格是体现于论辩话语之中的。

二、语用-辩证论辩理论视角下的风格定义

风格这个概念是指行事或处事的一种特殊方式。在语言学中，关于风格的讨论最为频繁。在这里，风格是指运用语言的一种特殊方式。然而，就论辩风格而言，其含义远不止于此，运用某种论辩风格，决非只是用来指代某种特殊的语言表达方式（或某种特殊的交流方式）。因此，为了对论辩话语的处理恰如其分，风格这个概念必须予以重新界定，使之含义更广，更具有包容性。论辩话语的生产，意味着论述步骤的推进，这些论述步骤的目的在于协助意见分歧的消除，因此，论辩话语的方方面面关乎目的能否实现，它们都是论辩风格的题中应有之义。

因此，论辩风格这个概念的涵义要比想象的更为复杂，不仅较之语言学意义上的风格意义更为广泛，而且由于论辩风格是话语的承载方式，其目的在于协助意见分歧的消解，论辩风格的涵义因而更为具体。如果我们采纳一个基本的观点，认为风格是某种行事或处事的特殊方式，那么我们可以给出一个最简洁的定义：

> 论辩风格是指论辩话语的特殊承载方式，其目的是论辩者希望这一风格有助于消解所涉议题的意见分歧。

为了使这个论辩风格的定义更适合于分析论辩话语，我们可以借助语用-辩证论辩理论业已成熟的概念及分析手段来对其加以支撑，使之与关于论辩话语的

（接上页）多出了非该学派创始人所愿的"学科"意味（刘亚猛 2020）。故而，本文保留了此前系列访谈所引译名。另外，此处 pragmatic 为形容词，如原文所示应译为语言学意义上的"语用"，其对应学科为 pragmatics（语用学），但 pragmatic 不宜不分场合都译为"语用的"，如在哲学中有 pragmatism（实用主义）这一分支。在论辩理论中，情况也大致一样。在道格拉斯·沃尔顿（Douglas Walton）的著作中，如 *A pragmatic Theory of fallacy* 一书，应译为《实用谬误理论》，毕竟没有任何文本证据可以表明，沃尔顿本人对语用研究感兴趣。

理论思考相关联。这有一个重要的先决条件,就下列涉及论辩者所做取舍的出发点而言,可以认为它们已经在论辩话语中得以实施,且已通过论辩风格的审视:1)论辩者要对论辩话语中所做的各种选择负责;2)论辩者之所以做出这些选择,是为了达成论辩者所设想的目的,即意见分歧的消除;3)这些选择是基于论辩谋略的,必须在介乎理性和有效性的区间内做出;4)做出这些选择是为了系统性地消除意见的分歧,对此过程产生影响;5)这些选择是在论辩话语的过程中连贯做出的,或者说至少是论辩话语的呈现和不可或缺的环节。

从语用-辩证论辩理论的角度来支撑风格概念,那就意味着,为了消除意见的分歧而又不致使论辩路径偏离轨道,使论辩话语始终处于有效性和理性的活动区间,论辩者所做的选择总是包括三个方面:1)选择具有论辩路径可行性的"潜在话题"以推进论辩;2)适应论辩对象的"受众要求";3)援引可资利用的"呈现手段"(van Eemeren 2010)。如果我们把灵活应变(strategic maneuvering)的三个方面视为论辩风格的不同"维度",那么我们就可以认为使用某种论辩风格相当于在实践层面上实施了批判性讨论的四个步骤,是四个步骤的具体化对应行为。实际上,这也是灵活机变的论辩策略的三个外在形式。使用某种论辩风格体现于论辩话语中所做的话题选择,具体而言,某个话题的选择既有适应于受众的特殊要求的考虑,也有某个特定话题使用特定呈现手段的需要。

在描述论辩风格的运用中,三个要点可区分如下:1)话语中论述步骤的选择,因为这个选择可以决定意见分歧的消解进程;2)话语中辩证路径的选择,因为这个选择可以说明意见分歧的消解进程是如何实施的;3)话语中得以实施的策略性考量的选择,因为这个选择可以说明论辩行为的评判标准。借助于语用-辩证论辩理论所提供的理论工具,我们可以对论辩话语中所运用的论辩风格加以辨别,其途径有三:首先,勾勒一个关于论辩话语中所运用的风格的"概览",这些风格是与所涉意见分歧的消除密切相关的;其次,设计一个论辩话语中加以运用的辩证路径的"论述套路",旨在消除意见的分歧;再次,制定一个话语的"论辩谋略",以凸显论辩中需要特别加以考虑的策略性要素。论辩者已经采取了哪些论述步骤,在论述步骤中选择了什么辩证路径,以及在此过程中都落实了哪些策略性考虑,这些都需要予以明确。只有这样论辩者才有足够的理由确定要在一个特定的言语事件中使用哪一种语言风格。或者,展开来说,我们可以认为特定的说话者或者作者有特定的论辩风格,特定的交流活动类型、特定的领域及特定的历史时期都可能有特定的语言风格。

综上所述,我们可以给出一个理论上站得住脚的论辩风格的定义:

> 所谓论辩风格乃是论辩话语(代表性论辩话语)的特殊承载方式,是将话题选择、受众要求及呈现手段纳入考量所构成的。无论是所采用的分析框架,所选择的论辩路径的论述套路,还是反映策略性考虑的论辩谋略,都包含于论述步骤之中。在这些步骤中,话题选择、受众要求及呈现策略都得到了系统性的体现。

三、论辩风格在话语中的体现

3.1 论辩手段

首先,(一部分)论辩话语所运用的论辩风格在论述步骤中得到体现,也就是说,论辩风格是在通过言语行为或其他手段得以施行的交流行动中得到体现的。因此,在对论辩风格进行辨别时,我们所要做的第一个事情是确定论辩者在论辩话语中采取了什么步骤。因为从有助于消除意见分歧这个意义上来说,这些步骤显然具有"分析的相关性"。在语用-辩证论辩理论中,不同种类的具有分析相关性的论述步骤是在"批判性讨论"的理论模式中予以呈现的,"批判性讨论"旨在说明论辩者可以采取哪些论述步骤,在论辩的不同阶段以理性的方式来消除意见的分歧①。

就论辩者而言,在每一个话语节点所采取的论述步骤总是涉及论辩者就论辩话语的生产方式所做的选择。这是"批判性讨论"的四个阶段在现实生活中的具体体现:对立阶段(the confrontation stage)、启动阶段(the opening stage)、论辩阶段(the argumentation stage)及终结阶段(the concluding stage)。在语用-辩证论辩

---

① 在语用-辩证论辩理论中,对于意见分歧的各方来说,为了在一个特定的论辩节点采取论述步骤来消除意见分歧,可资利用的话语资源的备选项被称为"辩证资源"(dialectical profiles)(van Eemeren 2018:42—45)。译注:另,此所谓"以理性的方式"是对原文 on its merits 的汉译。在语用-辩证论辩理论框架内,"以理性的方式"实际上是指遵循该学派所圈定的"批判性讨论十诫"(10 rules for critical discussion),即"论辩各方不得阻止另一方阐释己方立场或对另一方立场表达质疑"等(van Eemeren & Grootendorst 1992:208—209;刘亚猛 2008:311)。

理论分析中,论辩话语中所采取的与分析相关的论述步骤都被纳入关于该话语的"分析概览"中得以系统重构。这就意味着,在辨别话语的论辩风格中需要加以考虑的所有论述步骤都应被纳入分析概览中。

Chaim Perelman & Lucie Olbrechts-Tyteca(1969)认为,论辩者用"关联"(association)这一论辩技巧来实现从接受前提到接受结论的转移,其途径是在所提论述和争议立场之间建立联系。论辩者也用"区隔"(dissociation)这一论辩技巧,在一个他们认为有所"欠缺"的特定言辞或短语的用法与他们所认为的"正确用法"之间做出区隔,其目的是以他们所偏爱的意义来取代受到他人批评的意义[1]。在对分析相关性的论述步骤进行审视以确定论辩风格的过程中,我们必须将关联和区隔这两个论述步骤都纳入考虑。在此过程中,最合适的出发点是勾勒一个论辩话语的概貌。当然,这在对论辩话语进行系统的重构之后可以做到。

3.2 论辩路径

在为己方立场作辩护中,论者旨在通过论辩提高所涉议题的立场的可接受性,这是极为关键的。论辩可以多种多样,每个类型的论辩都以所使用的"论述套路"(argument scheme)为特征[2]。在语用-辩证论辩理论所区分的主要几种论述套路中,诸如"征象论辩""比较论辩""因果论辩",都使用了不同的论理原则:一是促使论辩的前提合法地转移至所涉议题的立场;二是在紧接着的批判性讨论互动环节中,使得论理原则与所运用的论述套路合二为一,相得益彰(van Eemeren

---

[1] 在批判性讨论中,论述步骤中包括"区隔"这一招,论辩者首先对某一核心概念的用法表示质疑,认为定义混淆不清,接着对其加以重新界定,以澄清其含义。在这个意义上,论述步骤具有分析的相关性(van Eemeren & Grootendorst 1992:40)。

[2] 译注:argument scheme 是当代西方论辩研究的热点话题。这个概念的源头可以追溯至亚里士多德的《话题篇》(Topics,又译《论题篇》),此处英文 topic 是由拉丁文 topos(复数 topoi)演变而来。topos 语义虽复杂,但一个为学界所认可的基本语义是"常识""常言"(commonplace)。其语义复杂性也必然给翻译带来了挑战,目前国内可供选择的参考译名主要有两个:其一,"论证型式"(参武宏志等著《非形式逻辑导论》),这个译名显然是从逻辑学视角推出的,不仅含有学科偏见,以为一切论辩最终都应归结于逻辑视角,且很多论辩手段,诸如类比、比较、权威、威胁及人格攻击等,都很难归入"论证型式"的范畴,此外,该译名还容易与 argumentative pattern 产生混淆;其二,笼统意义上的"论证结构",此译名则不仅是从逻辑学视角出发的,而且极易与 argument structure 在语义上造成混淆。其实,argument scheme 与 argument structure 在语义上差异极大,前者是指一种依目标受众而异的论辩"套路",而后者则指行文结构或谋篇布局,在论辩话语中尤指如何从前提推导至结论。故而,笔者主张将 argument scheme 译为"论述套路",有别于"论证(述)结构"。

2018:45—49)。在征象论辩的个案中,其目的是在论辩与立场之间建立共生关系,要处理的一个基本的批判性问题是,立场中所陈述的内容是否算是一种征象,或是否算是论辩环节所提及的内容的一种表征。在比较论辩的个案中,其旨在论辩与立场之间确立可比关系,其要处理的一个基本的批判性问题是,论辩环节所陈述的内容与立场所提及的内容是否具有某种可比性。在因果论辩的个案中,其意在论辩与立场之间建立因果关系,要处理的一个基本的批判性问题是,论辩环节所提及的内容是否必然导致立场所陈述的结果。其他相关批判性问题包括征象论辩、比较论辩及因果论辩的特定次类型的解释力,也包括论辩所赖以存在的前提或预设是否具有方方面面的特性。

  在具体论辩中,论辩者需要预测另一方会提出哪些批判性问题,以及考虑如何进行回应,但这很大程度上取决于论辩发生其中的机构性宏观语境。特定领域所确立的不同的交流活动类型的特定规范,往往在一定程度上决定在特定的论辩个案中哪些是相关的批判性问题。在某些交流活动类型中,批判性问题的答案其实从一开始已经是双方或多方所达成的共识,因此,论辩者对这些问题做出回应,是多此一举。比如,当议会就如何解决失业问题进行辩论时,双方或多方采取了实用论述,那么双方或多方在辩论进行之前业已达成了共识,就业问题的解决对大家都有好处,这是毋庸置疑的。也即是说,对于就业问题的解决是否有利这一问题,双方或多方早已心照不宣,欣然同意,这是意见交流的一个基本出发点。

  既要考虑对批判性问题做出回应,又要考虑不同的(次)类型的论辩,这给论辩者带来了挑战,同时也为其打开了不同种类的"论辩路径"的可能性,从而持续地为己方的立场辩护①。当论辩者选取一种论辩(次)类型,可供选取的论辩路径与选取另一种论辩(次)类型时可供选取的论辩路径是大相径庭的。在为己方立场辩护的第一层面,主要论述中所运用的论辩(次)类型的选择主要取决于有争议立场的类型(如所辩护的立场是评价性、规定性或描述性的),第一层面所选取的论辩路径是否在第二层面予以沿用,这首先取决于另一方所提出的批判性问题,

---

① 在语用-辩证论辩理论中,采取一条论辩路径所需要的不同选择项在《论辩理论——语用-辩证论辩理论视角》一书第 3.5 小节中谈到(van Eemeren 2018:42—45)。

而批判性问题是与主要论述中所运用的论述套路和为主要论述提供支撑的论辩相关的。既然论辩风格是用来为论辩者所持有的立场做辩护的,而首先体现于具体的论辩话语中的论辩风格是论辩者用来消除意见分歧的,那么在辨别论辩话语的风格中所要完成的第二个任务,就在于探究论辩话语中所实施的论辩路径。

与不同的论述类型相关的批判性问题,种类繁多,这会促使论辩者考虑不同种类的论述步骤,对不同种类的批判性问题进行预测和回应。当论辩者以这种方式选择特定的论辩路径来消除意见分歧时,其结果是,论辩话语中将会形成一个特定的"论述类型"(argumentation pattern)。这个论述类型是个论述步骤构成的复合体,在这个复合体中,论辩者必然会在一个特定的论辩结构(argument structure)中使用一个特定的论述套路,或者一个论述套路(argument scheme)的集合体,以消除意见的分歧,为己方的立场辩护(van Eemeren 2018:150)①。

口头或书面论辩话语的"基本"论述类型见诸论辩者的主要论述中,形成于为己方立场所做的第一层面的辩护中。延展性论述类型则形成于其他各层面的辩护中,在这里,论辩者所预想的批判性问题或回应需要得到主要论述的支撑。原则上,主要的辩护思路见诸论辩话语的基本论述类型,但是这个思路不是一成不变的,可以在延展性论述类型中通过次级论述得到阐发和强化。在此过程中,我们对论辩话语中的风格加以辨认时,必须将基本论述类型及延展性论述类型都纳入考虑。原因是,在对论辩话语的风格加以描述时,我们不能仅聚焦于论辩话语的核心论述,还应公正对待为所持立场进行辩护的整体论述,而不必为细枝末节和边缘问题所累。在不同的论辩实践中,在消解意见分歧的过程中,我们可以从中区分一种论述类型。为此,在语用-辩证论辩理论框架下形成的论辩话语的分析工具可以派上用场:它们包括立场类型分析、意见分歧类型分析及论辩结构类型分析(van Eemeren& Grootendorst 1992:159、19—20、96—98、73—85)。

---

① 译注:鉴于含义不同,不致混淆,对于文中反复出现的几个关键术语,译者采用了不同的译法,具体如下:argument scheme 译为"论述套路", argumentative pattern 译为"论述类型", argument structure 译为"论述结构"。又如,鉴于 critical discussion 是语用-辩证论辩理论(pragma-dialectics)的核心概念之一,译者主张将 argumentation 译为"论辩""论述",以区别于国内学界基于逻辑学框架的通用译名即"论证"(参阅刘亚猛 2020)。但需要说明的是,笔者并不反对在逻辑学框架内将 argumentation 译为"论证"。

3.3 策略性考量的应用

在设法通过论辩话语消除意见分歧中,论辩者可以被认为其所采取的论述步骤是理性的,与此同时是可以有效地被受众接受的。由于论辩者的说辞位于理性和有效性这两个论辩维度之间,论辩者们必须通过"灵活多变"(manoeuvre strategically)的策略来操控论述步骤以维持二者之间的平衡。其灵活多变的论述步骤体现于以下三个方面:论辩过程中论辩者可资利用的"潜在话题",即论辩者在某个关键节点采取论述步骤时可供使用的话题资源;"受众要求"即论辩者提出论述时应该将目标听众或读者的参照框架、偏好及适合论辩者进行话题发挥的"呈现手段"考虑在内;这些灵活多变的掌控策略体现于论辩者所采取的论述步骤中。这三个维度至关重要。

从原则上说,论辩者在论辩话语中所采取的一切论述步骤,都以通过辩证(理性)和修辞(有效性)这两个维度来消除意见分歧为目的,促使其所持的立场为受众所接受。这意味着,论辩者在论述步骤中所采取的灵活多变的论辩策略有助于其掌控论辩进程,并对各种论述步骤加以协调,促使论述步骤有助于实现自己的目的。这种协调必须在个人的论述步骤上进行,必须顾及灵活多变的论辩策略的三个维度,为此,论辩者所做的选择必须是连贯一致的。这种协调还必须在后续的论述步骤中进行,必须使得灵活多变的论辩策略的三个维度连贯地体现于论辩者所做的选择中。如果灵活多变的论辩策略的三个维度都在两个层面上得到连贯的体现,那么这可以被认为是论辩者持续不断努力的结果,论辩者通过辩证和修辞两个维度实现了其目的。在这个意义上,论辩者所采取的灵活多变的论述步骤都可以归入"论辩策略"的范畴。

有些论辩策略具有地域性特征,因为这些策略无一例外地服务于消除意见分歧的过程中的某个特定阶段。比如,就"对立策略"而言,其目的在于,在对立阶段的实践对应阶段中,对意见分歧的定义加以影响。一个典型的例子是"汉普蒂-邓普蒂式定义"(humpty-dumptying),意思是,从歧义空间中随便选取一个对自己有利的立场,然后认定它就是论辩话语中要加以处理的立场。就"启动策略"而言,其目的在于,在启动阶段的实践对应阶段中,对交流的出发点施加影响。一个典型案例是"烟幕"(smokescreen),意在转移另一方的注意力,通过添加无关紧要的出发点使得对方偏离至关重要的出发点。就"论辩策略"而言,其实施方案是,在论辩阶段的实践对应阶段中确定一个辩护的思路,以特定的方式决定消除意见分歧的方向。一个为人所熟知的例子是为规定性立场辩护,具体做法是将论辩限定于实用次级论辩的使用,用以表示假如出发点所推荐的行动得以执行,那么所争论的议题便可自动解决。就"终结策略"而言,其目的在于,在终结阶段的实践对应阶段中,以某种方式对交流结果的诠释产生影响。比如在论辩中,其中一方以某个特定结果难以避免为由,无论这一结果多么糟糕,都宣布该结果是可以接受的,从而迫使另一方"吞子弹"(bite the bullet)(意为硬着头皮接受某个结果)。

除了这些充满地域性特征的策略之外,还有"普遍性"论辩策略,有时也被称为"讨论策略"(discussion strategies)。在消除意见分歧的四个阶段中,这些策略几乎都得到了很好的使用。使用这些普遍性论辩策略的目的在于达到论辩者的总体目标,即论辩者通过持续不断的协调,运用灵活多变的策略使论辩行为始终在一个介乎辩证理性和修辞有效性的区间内活动。一个典型的案例是"压低对手的重要性"(playing down the opponent)。比如,在对立阶段的实践对应阶段中不公开承认对手的质疑,在启动阶段的实践对应阶段中忽视对手的出发点,在论辩阶段的实践对应阶段中贬损对方的反对意见,在终结阶段的实践对应阶段中对对方可能得出不同的结论置若罔闻,这些都是运用"压低对手的重要性"这一策略的杰作。

所有被冠之以"灵机应变"和"论辩策略"等概念,都是语用-辩证论辩理论的重要的分析工具,也都可以用来揭示论辩话语的"论辩谋略",也即论辩者的良苦用心。论辩话语的论辩谋略是由各种策略性考虑所构成的一个集合,而这个集合则是论述步骤在论辩路径里得以实施以消除意见分歧的必要条件。论辩谋略可以解释论辩者是如何调动各种话语资源来实现其"策略性事态"的。想要通过论辩实现预想的事态,论辩者必须不懈努力来说服受众,确保整个论辩活动在一个介乎辩证理性和修辞有效性的区间内展开,说服受众接受论辩者针对某个议题所持有的立场。鉴于在论辩语境中,论辩者都会使尽浑身解数为己方立场辩护,因此,对于论辩研究者来说,第三个研究任务是,在辨识论辩者所使用的论辩风格时,必须考虑对构成论辩谋略的策略性进行追踪溯源。

四、论辩风格与策略性事态的实现

4.1 论辩风格的两个基本范畴

在某些情况下,论辩话语中所运用的风格可能仅限于话语的某个局部,只涵盖消除意见分歧过程中某个特定环节。那么这个风格就成为与对立、启动、论辩及终结各阶段的实践对应阶段的那个论辩行为的特征。但总的来说,论辩者在开始阶段所采用的风格一般会贯穿于整个意见分歧的消除过程。这个风格可以说是整个论辩话语的风格,或者当这个风格运用于公开的讨论中,那么这就可以说是一种讨论风格。

在我们对论辩话语进行了总体分析之后,可以确定,在批判性讨论的不同阶段的实践对应阶段中,同一种论辩风格在论述步骤的三个维度中得到了系统的运用,我们就很有必要对论辩风格是否在辩证路径中持续得到运用进行审视,辩证路径可以从主要的辩护说辞的论述类型中看出来。如果一种风格被证明在论述类型中始终得到了运用,那么我们必须要加以考虑的是,这个风格的运用是否与决定论辩话语的策略性原则一致。这就意味着,我们必须对与策略性原则相关的策略性考虑加以审视,这些策略性考虑是不同种类的灵活多变的论辩策略的基础。只有当我们认定论辩风格在三个维度上都反映了论辩话语的论辩谋略的原则,我们才可以说,这的确是论辩话语中所运用的风格。

综上所述,我们确立了一个出发点,对不同论辩话语类型的论辩风格进行分析。下面,先讨论一下我经常遇到的两个基本范畴的论辩风格的主要特征,在论辩话语研究中经常遇到这两种风格的很多变体,在此基础上,我将试着阐述我的论辩风格分析方法的主要内容。由于现在还没有关于论辩风格的类型学研究,我们还没有办法给不同的风格进行区别和命名。因此,现在还不宜将论辩风格加以毫无根据且不成熟的无限扩大,我这里只打算区分和讨论几种风格,其笼统称谓如下:"分离式风格"(detached)、"嵌入式风格"(engaged)、"和解式风格"(reconciliatory)、"两极式风格"(polarized)、"开放式风格"(open)、"隐蔽式风格"(concealing)。当然,这些只是大而不当的笼统称谓,在具体的论辩实践中,在具体的论辩案例中,它们会被赋予特定的形态。因此,随着关于论辩风格的研究项目往前推进,这些称谓必将呈现出多元化和具体化的倾向,更多风格的次称谓将会涌现出来,其含义和例证也会更加具体化。此外,这份关于论辩风格范畴的临时性名单也必须扩大,更多的范畴及其适合称谓将会出现。在本文中,我将限定于讨论两种风格,即分离式风格和嵌入式风格。这两种风格在三个维度上呈现比对状态。

分离式风格的运用有利于实现论辩者所设想的事态,具体而言,这种事态的出现需要有三个论述步骤:首先,从话题选择的维度来说,论辩者所选择的话题必须具有客观性;其次,从受众要求的维度来说,论辩者必须使论辩话语与听众或读者的参照框架相适应,必须让听众或读者认为论辩者是可靠的;再次,从呈现手段的维度来说,论辩者必须开诚布公地阐述自己的独立判断。与此相似,嵌入式风格的运用也体现于三个论述步骤:首先,从话题选择的维度来说,论辩者必须对争议话题表达义不容辞的态度;其次,从受众的要求这个维度来说,论辩者必须向听众或读者传达同呼吸共命运的理念;再次,从呈现手段的维度来说,论辩者必须表达海纳百川的包容性态度。接下来的两小节将说明,在批判性讨论的实践对应阶段中,涉及论辩风格三要素的选择在论辩话语中是如何得到认可的。

4.2 分离式论辩风格

就分离式风格而言,在批判性讨论的初始阶段即对立阶段,论辩者主要从可资利用的话题中选择要说些什么,即分离式风格在这一阶段主要体现于运用什么论述步骤,论述的内容是什么。相应地,从受众要求这个角度来讲,论辩者必须迎合目标受众,在所涉议题上表现出一种保持准中立的态度。从呈现手段来说,论辩者也必须展现出一种就事论事、尊重事实的朴素态度。

在实际论辩中,论辩风格范畴的类似指示词,会在批判性讨论的另外三个阶段的论述步骤中得到体现。比如,在启动阶段的实践对应阶段的局部论辩话语中,分离式风格主要体现于话题的选择中,即这些话题是有事实根据的,是可证实的,是论辩话语的出发点。在适应受众要求方面,论辩者会不引人注意地选择论辩的出发点,这些出发点往往不被受众质疑,甚至被认为是无可辩驳的事实。又如在呈现手段的选择上,论辩者会直截了当地呈现事实性概述,列举相关的数据。

在论辩阶段的实践对应阶段,分离式风格尤其体现在关乎政策立场的论辩话语中。比如,在语用论辩的话题选择中,论辩者可以阐明如果另一方采取政策立场所推荐的举措,那么就必然会水到渠成,收获具体的成果。又如,在适应受众的要求方面,论辩者会刻意投射出一个"事不关己,高高挂起"的中立者形象,所采取的举措毫无疑问只会给受众带来好处,没有坏处。在呈现手段上,论辩者可能会诉诸专家的形式化语言,为论辩的成功增加胜算。

最后,分离式风格还可运用于终结阶段的实践对应阶段的结语中,所涉及的话题选择可以差别很大,其做法有二:要么使结语读起来像是单纯地从语言形式层面推导的结果,完全没有个人主观因素,是客观结论;要么使结语读起来像是没有结论,要让听众或读者自己得出无可规避的结论,所谓"此处无声胜有声"。从适应受众的要求来说,这无异于不经意间不露声色地向受众表明,论辩者所得出的结论是从正确的前提推导的结果,合乎逻辑。从呈现手段来看,论辩者同样大有文章可做,可以使受众相信与其说结论是论辩者个人得出的,不如说是论辩者毕恭毕敬地向受众报告了该结论,完全没有掺杂个人的情感因素。

假如上述这个集客观性(detachedness)、可靠性(reliability)与开放性(openness)于一体的独立判断在三个相关的维度上得到体现,自成体系,前后一致,贯穿于论辩话语中论述步骤所构成的主要辩护意见的论述类型中,且与论辩者策略性考虑的良苦用心一致,那么一个结论显而易见,即话语中所运用的论辩风格的确属于分离式论辩风格的范畴。

4.3 嵌入式论辩风格

在对立阶段的实践对应阶段中,对于嵌入式风格来说,其潜在话题的选择主要表现在论辩者有意选择那些自己无法置身事外的话题。在适应受众的要求上,主要表现在论辩者刻意强调与受众在利益上的勾连。在呈现手段的运用上,主要表现在论辩者的措辞语义饱满,深度掺杂个人情感因素。

在启动阶段的实践对应阶段,嵌入式风格的用武之地主要在于论辩者的话题选择充满价值评判的维度,以此表明论辩者与所涉议题的关联。在迎合受众的要求方面,嵌入式风格主要表现在论题出发点的选择上,论辩者以此说明对于直抵受众内心的推理前提的高度认同。论题的出发点往往是通过呈现手段得以引介的,比如修辞性问句及其他交流手段,以展现论辩者与所涉议题息息相关。

在论辩阶段的实践对应阶段,对于嵌入式风格来说,其在潜在话题的选择方面主要表现在诸如类比论述的运用上。在类比论述中,论辩者的立场所指涉的事态与受众所熟悉的或易于被辨认的事态被置放在一起而形成了对比状态。在迎合受众的要求方面,在类比论述的案例中,可以说论者的立场所指涉的事态与目标受众完全可以接受的事态形成了对比关系。在这种情况下,话语的有效性通过运用呈现手段得以强化,这些手段表达了论辩者对于所涉议题的义务(commitment)①,比如论辩者的个性化的言语。

在终结阶段的实践对应阶段,在潜在话题的选择上,嵌入式风格主要表现在论辩者有意强化了一个认识,即论辩双方所取得的结果是令人满意的,是论辩者在批判性讨论中所预想的结果。从迎合受众的要求这个角度来说,一言以蔽之,迎合受众要求的要义就是使受众相信所得出的结论是有理有据的,是双方积极遵循论辩程序所取得的结果。在呈现手段上,运用嵌入式风格意味着论辩者必须推出富有新意的论述隐喻,使得论述的结论对所有人都有吸引力。

假如上述这个包括义务(commitment)、社群性(communality)与包容性(inclusivity)于一体的独立判断在三个相关的维度上得到体现,自成体系,前后一致,贯穿于论辩话语中论述步骤所构成的主要辩护意见的论述类型中,且与论辩者策略性考虑的良苦用心一致,那么结论很显然,即话语中所运用的论辩风格的确属于嵌入式论辩风格的范畴。

五、结　　语

在不同的论辩活动中,论辩风格都有其用武之地。为此,本文中试图为论辩风格的分析提供一个适当的理论出发点。在我所提出的理论视角中,论辩风格的运用被视为一种工具,有助于论辩者实现其策略性目标,通过论辩话语来消除意见分歧。在现实的论辩中,风格多种多样,不一而足,这可以反映在论辩话语中,

---

① 译注:从原文语境来看,commitment 应为论者奉为圭臬的信仰、信念、执念或义务,不可轻言放弃的珍贵理念或想法。由此看来,其语义明显有别于一般意义上的 promise(承诺或许诺),"承诺"或"许诺"可以因特殊状况的发生或改变而无法兑现,与思想信仰上的信条不可同日而语。

从可资利用的话题选择、适应受众的要求到呈现手段的采用，都可以有不同的方式。具体运用什么方式，则取决于论辩者依据情况所采取的灵活多变的论辩策略。在论辩中，不管使用哪一种风格，都必须被纳入论辩风格的三个维度中，即在所采取的论述步骤、所选择的辩证路径及所运用的策略性考虑中，这三个维度都必须得到系统而又连贯的体现。

　　为了充实笔者关于风格的论述，必须从这个视角出发来进行一些分析性实证研究，研究对象是特定言语事件所运用的论辩风格，或者是特定的交流活动类型或领域所运用的论辩风格，甚或是特定个人或群体所运用的论辩风格。拟要解决的问题之一，是围绕论辩风格的运用、辩证路径的选择及论辩谋略的落实都做出了哪些观察，这些观察是否可以说明将某个特定（总体）风格赋予某个展示上述特征的论辩话语是正确的。要解决这个问题，不仅需要对不同（范畴的）论辩风格的确切特征加以更为细致的反思，还需要对论辩话语的特征进行分析性实证研究。这些话语体现了特定交流活动类型的部分或全部特征，当然这些交流活动类型也已在论辩现实的不同领域得以确立。

　　无论是确定一种特定（范畴的）论辩风格的界定性特征，还是在实际的论辩话语中将其追根溯源，都是很难的。例如，一方面，如果认定某些话题的选择是出于客观的需要，是话题本身所具有的客观性的体现，那么另一方面，诸如"事实""真实""具体""就事论事"及"非主观性"等之类是否为这种客观性选择的征兆，以及适合于在什么时间认定它们为论辩话语的征兆，都不是一目了然的。与此相似，在适应受众的要求这个环节中，"克制""准中立"及"非显性"等传递论辩者为人可靠的风格特征，以及在呈现手段的选择环节中，"非对抗性""非掩饰性""直面事实的客观性"等允许公众自行判断的风格特征，也都有待于进一步厘清。

　　想要了解论辩风格如何在论辩话语的三个维度中得到体现，从实践层面上来说，首要的问题是对论辩风格（的总体范畴）进行颇有理论深度的定性分析，这些风格都在基于不同交际类型的言语事件中得到了很好的运用。本研究旨在确定在这些言语事件中都运用了哪些（总体范畴的）论辩风格，以及这些风格是否有助于论辩者消除所涉话题的意见分歧。这就意味着：首先，我们需要对话语中的论述步骤加以审视，确认这些步骤是与论辩者的辩证和修辞目标相关的；其次，我们应该对话语中所形成的论述套路加以描述；再次，我们还需要对话语的策略标准的内在策略设计进行追根溯源。只有在这一系列分析完成之后,我们才可以对话语中所运用的(总体范畴的)论辩风格加以辨认。

有些(总体范畴的)论辩风格是相对特定交流活动类型、领域及个人或群体而言的。这意味着,从某种意义上说,风格的运用要么取决于基于特定宏观语境的文化和机构前条件,论辩话语在这一宏观语境中发生,要么取决于个人或群体的固有习性。如果论辩风格的特定类型可以经由这些前条件或习性的影响加以解释,那么可以说,一个特定论辩风格的运用就具有"原型性"——是相对于特定交流活动类型、领域及个人或群体使用习惯而言的。此外,如果有证据可以证明,一个特定论辩风格在相同的论辩案例中得到重复使用,且频率相对较高,那么这个具有"原型性"特征的论辩风格也可以说是一种"刻板风格"。因此,在交流活动类型、领域及个人或群体上具有"原型"或"刻板"意义的论辩风格,是未来值得进一步研究的话题。

随着更多关于论辩风格的分析性实证研究的完成,我们需要对一个重要的理论问题加以回顾,即从类型学出发,适当地对(总体范畴的)论辩风格加以命名和区分。在我看来,这个类型学不管怎样都应该与论辩风格的不同呈现方式联系起来,各种论辩风格叠加在一起使用,目的是实现论辩者所设定的策略性事态(scenario)。当然,这种事态的出现应建立在贯穿于论辩各步骤中的话题选择、适应受众及呈现手段之上。辩证路径中所采取的这些论述步骤都是为了实现论辩者的策略性考量。此外,其他相关理论问题还会涉及论述步骤总体性特征的评估、论述套路及在体现于运用特定(总体范畴)的论辩风格的论辩谋略以及在交流活动类型、领域及个人或群体上具有"原型"或"刻板"意义的论辩风格的特定(总体范畴的)辨认,所有这些都需要进一步地研究,以期获得更多的洞见。

参考文献

Claes, P., & Hulsens, E. 2015 *Groot Retorisch Woordenboek. Lexicon Van Stijlfiguren*[*Grand Rhetorical Dictionary: Lexicon of Figures of Style*]. Nijmegen: van Tilt.

van Eemeren, Frans. H. 2010 *Strategic Maneuvering. Extending the Pragma-Dialectical Theory of Argumentation*. Amsterdam-Philadelphia: John Benjamins.

Argumentation in Context 2.

van Eemeren, Frans. H. 2018 *Argumentation Theory. A Pragma-Dialectical Perspective*. Cham(Switzerland): Springer. Argumentation Library 33.

van Eemeren, Frans. H. 2019 *Argumentative style: A complex notion*. *Argumentation*, 33(2), 153—171.

van Eemeren, Frans. H. & Grootendorst, R. 1992 *Argumentation, Communication, and Fallacies: A Pragma-Dialectical Perspective*. Hillsdale (NJ): Lawrence Erlbaum.

Perelman, Ch., & Olbrechts-Tyteca, L. 1969 *The New Rhetoric. Treatise on Argumentation*. Notre Dame-London: University of Notre Dame Press.[English transl. of Perelman, Ch., & Olbrechts-Tyteca, L. (1958). *La Nouvelle Rhétorique. Traité de L'argumentation*. Paris: Presses Universitaires de France.]

Wales, K. 1989/1991 *A Dictionary of Stylistics*. London-New York: Longman.

Examining Argumentative Style: A New Theoretical Perspective

Frans H. van Eemeren

Abstract: According to Frans van Eemeren, argumentative styles always have three dimensions: the choice of standpoints, starting-points, arguments or other argumentative moves that are made(topical choice dimension), the adjudgments of the argumentative moves to the frame of reference and preferences of the intended listeners or readers(audience demand dimension), and the use of certain verbal or non-verbal means in advancing the argumentative moves(presentational dimension). This means that the notion of argumentative style is more encompassing and at the same time more specific than the more familiar notion of linguistic style. The three dimensions of argumentative style manifest themselves in argumentative discourse in the argumentative means employed in making the argumentative moves(analytic overview), the dialectical routes chosen in defending the standpoints at issue (argumentative pattern) and the strategic considerations brought to bear in this endeavour (strategic design). Van Eemeren explains what this means in practice by discussing the distinctive features of the three dimensions of argumentative style in two general categories of argumentative styles that can regularly be encountered, in one variant or other, in argumentative discourse: detached argumentative styles and engaged argumentative styles.

Keywords: argumentative style, audience demand dimension, detached argumentative style, engaged argumentative style, pragma-dialectics, presentational dimension, topical choice dimension, strategic design

(原载于《当代修辞学》2021 年第 1 期)

论辩风格与语言风格的关系*
——系统整合论辩风格与语言风格分析

托恩·范哈福坦[1] 马尔滕·范莱文[2]

(荷兰莱顿大学人文学院语言学中心)

李建新 译

(复旦大学中国语言文学系)

提 要 论辩风格被认为是有助于辩论者实施论辩的策略计划,以期解决对论辩者有利的意见分歧。论辩风格的一个重要构成要素是语言选择。因此,在分析论辩风格时,密切而系统地关注语言选择及其论证功能是至关重要的。然而,语用论辩理论尚未提供对论辩风格这一重要组成部分进行系统分析的工具。在本文中,我们将讨论如何利用"语言风格学范式"的方法论系统地进行语言风格分析,以及如何将这种分析与论辩话语的语用论辩分析相结合。我们的目的是展示这种整合如何有助于分析论辩风格的表达层面,以及这种分析的结果如何与论辩风格的另一层面相联系,即在论辩话语中实施的战略考虑,尤其是所涉及的论辩策略。我们用一个具体的案例来阐释运用的方法以及该方法在分析论辩风格时的产出效果。

关键词 论辩风格 语言风格 语言风格分析 论辩策略 论辩活动类型

一、引 言

在论辩风格的理论视角下,van Eemeren(2019)认为,论辩风格是实现论辩者

---

* 作者简介:托恩·范哈福坦(Ton van Haaften),博士,荷兰莱顿大学人文学院语言学中心名誉教授,主要研究领域为论辩学、语用学等;马尔滕·范莱文(Maarten van Leeuwen),博士,荷兰莱顿大学人文学院语言学中心助理教授,主要研究领域为论辩学、修辞学、风格学、政治语篇分析等。

"策略方案"的方式,即论辩者试图解决对他们有利的意见分歧的"策略计划"。与语言学中对"风格"的理解相比,论辩风格的概念一方面更为具体,因为它将焦点放在旨在通过论辩解决意见分歧的选择上;另一方面更为宽泛,因为在使用论辩解决意见分歧时,还涉及除陈述性选择以外的其他选择(van Eemeren 2019:164)。因此,"论辩风格"是一个比"语言风格"更具包容性的概念。

对论辩风格进行分析,意味着语言风格分析(即对正在分析的论辩话语中所做的语言选择的分析)应与对论辩风格的其他方面的分析相联系。这也意味着风格分析应该对这种更具包容性的论辩风格分析**发挥功能**。换句话说,风格分析应该系统地揭示具体的语言选择对于解决意见分歧是如何发挥作用抑或起到反效果的,以及具体的语言选择如何能够系统地与论辩风格的其他方面联系起来,包括所采取的论辩行动、所选择的论辩路线以及策略的实施①(van Eemeren 2019)。

从另一种意义上来说,对论辩话语的语言风格分析也有助于更全面的论辩风格分析。尽管论辩风格的所有维度在形成过程中都是同等重要的,但对其语言表达的分析也是获取其他维度的重要手段。毕竟,语言表达手段也是论辩话语中其他维度的表现(Fahnestock & Tonnard 2011:104)。

因此,我们认为,在分析论辩风格时,密切而系统地关注语言选择及其论证功能是至关重要的。然而,对论辩话语中语言选择的识别和分析往往是临时性的,在大多数情况下,缺乏系统分析(Fahnestock 2009;van Leeuwen 2014);此外,语用论辩理论尚未提供对其进行系统分析的工具。

因此,在本文中,我们讨论并阐释了如何通过利用"语言风格学范式"的方法来系统地进行语言风格分析(van Leeuwen 2015;Stukker & Verhagen 2019),以及如何将这种分析与论辩话语的语用论辩分析相结合(van Haaften & van Leeuwen 2018;van Haaften 2019)。我们的目的是展示这种整合如何有助于分析论辩风格的表达层面,以及这种分析的结果如何与论辩风格的某一方面相联系,即在论辩话语中实施策略的动因,尤其是所涉及的论辩策略。为此,我们将首先讨论由 van Eemeren(2010, 2018)提出的论辩策略,以及与语言表达选择的关系(第二部分)。

---

① 事实上,作为更广泛的论辩风格分析的一部分,论辩话语的语言风格分析本身不是语言风格分析,当然不排除出于其他原因或从其他角度对论辩话语进行语言风格分析的可能性,但这些分析无助于识别或分析所涉及的论辩话语的风格。

接下来,我们将阐述语言风格学范式及如何将其整合到论辩话语的语用论辩分析中(第三部分)。在第四部分,我们将通过一个案例来说明语言风格学和语用论辩理论的结合对论辩风格的研究能产生什么样的影响。在结论部分(第五部分),我们总结了对论辩风格分析和语言风格分析二者之间的关系。

二、论辩策略和语言选择

正如引言开头所述,论辩风格被认为是实现论辩者的"策略方案"或"策略计划"的方式。揭示论辩话语的"策略设计",关键在于"策略操控"和"论辩策略"的概念(van Eemeren 2019)。当策略性地进行操控时,说写者努力在批判性讨论的所有阶段以特定的方式展示他们的讨论活动。van Eemeren(2018:116—120,2019:161—163)清楚地表明,尽管在论辩话语中出现的策略操控可能会导致若干操控的发生,这些操控在策略上彼此无关,但在实际论辩中,策略操控很大程度上可能是根据经过深思熟虑的策略设计来实施的,其中各种策略操控以这样的方式组合在一起,可能会使它们彼此加强。如果这种情况在话语中或多或少地持续发生,那么所涉及的一系列个体策略活动就构成了一种"论辩策略":一种协调一致的努力,旨在辩证修辞地实现论辩话语所要达到的结果①。

采用论辩策略既包括协调连续的策略操控,也包括协调每个论辩策略中就策略操控的三个方面所做的选择[即从"潜在话题"(topical potential)中选择、适应"受众需求"(audience demand)和利用现有的"表达手段"(presentational devices)]。在本文中,就论辩策略而言,我们通过对"表达手段"这个重要子集的系统识别和分析,即辩论者所做的语言选择,集中讨论第一种类型的协调(参见 van Eemeren 2010:118—119),因为在实际的论辩话语中,语言风格选择的分析往往是论辩策略识别和分析最重要的出发点。

自从 van Eemeren & Houtlosser(1999)提出了策略操控(strategic manoeuvring)

---

① 论辩策略在本质上是高度多样化的,并且通常也是高度依赖语境的;此外,它们可以在讨论的所有阶段一致地使用,也可以只在一个阶段使用,或者介于这两个阶段之间。还可以进一步区分旨在说服讨论中的实际对手的辩论策略和旨在有效说服实际上是说话者或书写者主要受众的第三方的辩论策略,例如在政治家之间的选举辩论中。详见 van Eemeren(2010, 2018, 2019)。

的概念,辩论者在该概念的框架内,以合理但有效的方式为制定讨论活动所作的语言选择开展了非常有趣的工作(参见 van Haaften 2019:307—308)。该文献涉及的大多是关于语言单位(语素、词、短语、构式、句子等)的语义和语用属性以及它们的类别如何使它们在特定的论辩语境中凸显恰当性的问题。

从这类研究中可以得出一个重要且意料之中的结论:在特定的语言手段和论辩效果之间缺乏一对一的对应关系。特定的语言手段可以用来达到不同的论辩效果;反之亦然,通过选择不同的语言手段可以达到特定的论辩效果。一个特定的语言选择在设计一个论辩活动中与该论辩过程的策略使用之间的关系只能在一个特定的言语事件的制度背景、情景语境和文本语境的分析中建立。

然而,如上所述,如果对论辩话语语言选择的分析要成为识别和分析论辩策略的一个可适用方法,就必须系统地进行,而不是临时进行。因此,有必要运用系统的语言风格分析方法,作为策略操控分析和论辩风格分析的一部分。更具体地说,我们认为应该选择所谓的"语言风格范式"(van Leeuwen 2015;Stukker & Verhagen 2019;van Haaften & van Leeuwen 2018;van Haaften 2019),以便系统地分析论辩者如何在他们论辩策略的言语实践中使用一组协调一致的语言选择。在下一部分中,我们将阐述这种语言风格学范式以及如何将其整合到论辩话语的语用辩证分析中。

三、语言风格学范式与语用辩证法的整合

语言风格学范式的基本假设是,语言使用者在描述一种现象或事件状态时几乎总是有选择的余地;这种替代措辞被认为是一个"语言风格"的问题;此外,假设语言风格变体在语义上是不可互换的。因此,语言风格上"中性"的情况是根本不存在的。这一假设是基于"认知语言学"的框架,更具体地说,是建立在罗纳德·沃克·兰盖克(Ronald W.Langacker)的工作之上。Langacker(1990)论证了语法形式(句子、短语、结构、单词等)的语义由两个同等重要的组成部分组成:a)语法形式所指的对象;b)说话者对该对象的概念化方式,说话者希望听话者看到该对象的方式,她/他对该对象的"识解"。这一点是令人信服的。

(1)一个能准确观察某些恒星空间分布的言语者可以用许多不同的方式来

描述它们:作为一个星座,一群恒星,天空中的光点,等等。这种表达在语义上是不同的;它们反映了说话者对场景的另一种理解,每种理解都与其客观给定的属性相一致。(Langacker 1990:61)

根据这一假设,不同的语法形式与不同的识解相关,因此与不同的意义相关,即使它们所编码的是相同的命题内容。在语言风格学范式中,语言风格变体被认为是具有相同命题内容但具有不同解释的语法形式(参见 Stukker & Verhagen 2019)。这适用于明显的风格变体(如"遗产税"和"死亡税"),但也适用于不那么明显或非明显变体(如"丈夫"和"配偶")。从这个意义上来说,每一种风格的选择都有助于构建论辩活动的框架,这种框架是以引入特定视角的方式形成的。

语言风格学方法的特征还在于三个方法论原则:1)使用语言类别的清单;2)进行比较;3)在对话语中使用的语言形式进行语义和语用分析的基础上确立特定的交际或互动效果(参见 Leech & Short 2007;van Leeuwen 2015;van Haaften & van Leeuwen 2018;Stukker & Verhagen 2019;van Haaften 2019)。

在语言风格的语言学和修辞学研究方法中,不同时期都有人建议使用清单作为风格分析的方法工具,在文献中可以找到各种各样的清单(参见 van Leeuwen 2015:26—28;Stukker & Verhagen 2019:59—87)。尽管清单的构成各不相同,但使用清单背后的思想是一样的:清单有助于分析人员追踪与分析相关的语言风格选择(参见 Leech & Short 2007:61)。因此,清单的附加价值在于它的启发功能:系统地运行清单中提到的所有类别,"迫使"分析人员在他/她的分析中能够识别各种各样的语言手段——包括不那么明显或完全隐蔽的语言手段。因此,清单是识别语言风格手段的重要工具(参见 van Leeuwen 2014:237—238)。例如,Leech & Short(2007)制定的清单(可在附录中找到)在四个主要标题下列出了在文本的语言风格分析中需要注意的许多语言特征,例如语法特征等,否则这些特征很容易被忽略。该清单明确指出了语言风格特征出现在文本的所有"层面"[①]。

尽管清单是系统分析语言文体特征的重要工具,但它不是万能的。系统地研

[①] Leech & Short(2007)发展了他们的方法,包括清单列表,用于分析英语小说。然而,他们的方法也适用于非虚构的话语类型。总的来说,语言风格学范式认为语言风格是一种普遍的交际现象,具有语言学基础的语言风格分析方法可以应用于所有的交际领域,因为它是基于特定语言的特定语篇中语言形式的语义识解成分(参见 Stukker & Verhagen 2019)。

究清单可以降低忽略相关语言手段的风险,但不能完全消除这种风险(参见 van Leeuwen 2014:238)。首先,清单并不是详尽无遗的:一份完整的清单由于它的长度在分析实践中会成为难以管控的难题。此外,当识别话语中的语言风格特征时,分析人员不仅需要注意语言手段的存在,还需要注意它们的缺失。因此,语言风格不仅仅是使用某种语言手段的问题,避免某种特定的措辞也同样属于风格问题。即使使用了清单,识别语言手段在一定程度上仍然是一个基于单个或多个分析人员知识的直观过程。如果几个分析人员参与了相同的论辩话语的语言风格分析,那么分析自然也更具主体间性①。

因此,重要的是不仅是要使用一个清单来识别语言手段,而且要通过比较来推进此过程。如果分析人员将某个论辩语篇与另一相关的论辩语篇进行比较,例如,分析人员将该相关语篇放在与当前论辩语篇相同的讨论环境中表达,或者在分析过程中用专门创建的对比准则进行比较,那么在该论辩语篇中可能存在或不存在的语言手段就更容易被发现。这种工作方式降低了分析人员忽略相关语言手段的风险,就像系统地检查清单一样。使用清单和对比工作会导致众多语言现象的产生,这些现象可能与特定论辩话语的语言风格分析相关。

语言风格学方法的核心是对语篇中确定的语言形式进行语义和语用分析,以建立特定的交际或互动效果(参见 Leech & Short 2007;Verhagen & Stukker 2019),这显然是以一定数量的语言背景知识为前提的:在清单中提到的每一个类别的背后,我们都可以找到语言学的整个"世界"。清单中提到的类别通常不直接适用于话语分析,它们需要被"翻译"。例如,分析者需要将一个如"后缀"的抽象范畴翻译成论辩话语中的一个具体的语言风格现象,如"复数",然后需要根据它们的语义和语用来分析特定论辩话语中复数的交际效果。

为了将系统的语言风格分析整合到论辩话语的一般语用论辩分析中,下面有必要介绍几种方法论步骤(参见 van Haaften & van Leeuwen 2018;van Haaften 2019):

第一,论辩话语必须在如下四个讨论阶段的实证结果(与理论交互)的分

---

① 详见 van Leeuwen(2015:16—18、36—39、chapter 3)和 Stukker & Verhagen(2019:59—87),了解在虚构和非虚构话语的语言风格分析中使用清单方法的更详细讨论。

析综述中进行重构:初始情况、起点、论辩手段和批评以及实际论辩话语的结果。作为这种重构的一部分,言语活动中每个阶段的具体辩证和修辞目标须得以确定,同时需考虑话语发生的活动类型所施加的限制和机会(参见 van Eemeren 2010, 2018; van Eemeren & Snoeck Henkemans 2016)。

第二,对于讨论阶段的每一个实证结果,必须使用上述语言风格范式中的方法去系统性地确定战略性语言选择,即根据清单并通过对比工作,"自下而上"地绘制具体的语言手段。这种分析将会产生一个论辩话语的语言选择列表,这些语言选择被认为是以某种形式或另一种方式来进行策略性的操作。

第三,在自上而下的分析中,必须进一步简化已获得的初始语言研究结果的列表,因为我们对所开展的分析的兴趣在于,为了说话者或作者所设想的重建目标,我们在策略上使用的语言手段有哪些。因此,对于自下而上分析中确定的每种语言手段,我们必须在对语言形式进行语义和语用分析的基础上确定(假定的)策略论证效果,并随后确实或合理性地证明它们是否有助于实现重构的策略论证目标,以及它们是如何实现的。换句话说,在自上而下的分析过程中,必须根据第一步中进行的论证性重构的结果,减少语言风格观察的初始列表(即第二步的结果)①。

最后,我们必须研究论证策略是否可以在讨论阶段的一个或多个实证结果中找到,或者在整个讨论中找到。换句话说,我们必须检查在设计个别战略策略时是否存在一套协调一致的语言选择,以影响解决过程的特定阶段或整个讨论的结果。为了做到这一点,我们必须研究各种(系统的)语言选择是否会产生类似的效果,也就是说,在解决过程的特定阶段,语言选择的组合是否会对论辩话语的某个"识解"有所贡献,或者对整个讨论有所贡献。为了做到这一点,分析人员必须首先分析个人的战略策略、他们的表达设计以及他们的表达设计的战略效果。接下来,可以分析单个战略策略是否有助于一个或多个论辩策略以及以何种方式为它们提供帮助。

---

① 详见 van Leeuwen(2015)和 Stukker & Verhagen(2019)关于在语言风格学范式中结合自下而上和自上而下分析的更详细的讨论和说明。

四、一个例子:尤里案

4.1 案例

在案例研究中,我们将以识别和分析作为论辩者论辩风格的部分论证策略,以此来说明系统的语言风格分析可以为此产生什么。该案例研究包括:"尤里案"中由律师进行的口头辩护和法官的命令。在该案中,荷兰体操运动员尤里·范·戈尔德发挥了主导作用。在2016年里约热内卢奥运会期间,尤里·范·戈尔德在经历了10年的风风雨雨之后,获得了吊环决赛的参赛资格。他在2005年成为世界冠军,但也因使用可卡因而数次被禁赛并退出国家队。但在2016年奥运会期间,他终于可以以最高水平参赛,并获得了决赛资格。为了庆祝获得决赛资格,范·戈尔德来到了"荷兰喜力屋",这是奥运会期间荷兰人的聚会场所。第二天早上范·戈尔德必须和荷兰体操队一起训练,因此他被警告不要喝酒,他通过即时通讯应用程序(WhatsApp)向教练保证午夜前后会回到酒店。出于安全原因,奥运村是不允许运动员随便离开的。然而,他在荷兰喜力屋喝了几瓶啤酒之后,离开了奥运村。第二天,他一大早回到了酒店。据队友们说,他喝醉后大肆喧闹,之后上床睡觉,下午三点左右醒来,这意味着他错过了团队的集训。荷兰奥委会因范·戈尔德的行为而将其停职,并因其违反了该队的行为准则而将其遣送回国。回到荷兰,原告范·戈尔德通过所谓的"民事简易判决程序"将荷兰奥林匹克委员会告上法庭,要求重返奥运代表队,否认自己违反了队伍的规则①。范·戈尔德的起诉没有成功:他的要求被法官驳回。

在对语言风格学范式的论证中,出于篇幅的考虑,我们将在本文中仅对律师口头起诉状的起点(开篇阶段的实证结果)和法官命令进行系统的语言风格分析。换句话说,我们将对原告和被告的口头诉状中的那部分系统的语言风格分析的结果进行报告,并对处于紧要关头的讨论起点的法官命令进行分析。此外,我们特别关注论辩策略的语言风格实现,同时关注这些论辩策略旨在实现三方试图达到

---

① 在庭审期间,范·戈尔德的案件由他的律师科林曼辩护;荷兰奥林匹克委员会由其律师哈罗·克尼夫代表。

的修辞目标①。

4.2 识别论辩策略

被告、原告和法官在案件开审阶段的实证部分分别争取实现什么样的修辞目标？什么样的论辩策略可能有助于实现这些修辞目标？

为了回答这些问题，有必要考察交流活动类型"民事简易程序"的制度前提。这种活动类型属于法律交流领域的审判类型。裁决的目的是由授权的第三方而不是当事方自己解决争端（van Eemeren 2010：147）。在民事简易判决程序中双方向公共民事法院提出不同意见，法官作出有利于其中一方的合理决定。与荷兰的其他民法程序一样，简易判决程序是以法官终止明确界定的争议为目的，根据对相关事实和授权的理解，根据适用法律规则、准法律规则或申诉书的适用条件进行论证，以支持这一决定。与其他民法案件程序不同，判决程序是一种非常快速的程序，旨在处理紧急案件，而且很少涉及正式的程序性法律规则。

这种活动类型的制度前提不仅表明讨论者的一般论辩和修辞目标，而且从一般意义上阐明，原告、被告和法官在这种活动类型中各自扮演的角色，必须遵循的论辩策略有哪些。对于尤里案讨论开始阶段的实证结果来说，这意味着所有各方都有修辞目标，在法律允许的合理界限内，从各自的角度有效地确立讨论的出发点。它包括有效地选择程序和材料的起点，有效地调整受众选择的程序和材料的起点，以及对所选择的程序和材料的起点进行有效的展示设计（参见 van Eemeren 2010，2018）。

为了说服法官，原告和被告都应该有策略地尽可能陈述对自己有利的案件细节。反之，尽可能陈述不利于对方的案件证据。对法官来说，重要的是他从战略上明确表示他是案件的独立且中立的审判者，他的裁决是基于对相关事实的理解，并遵循适用的法律规则，以及在此特定背景下的申诉书的准法律规则，而不是他的个人评价。当然，在具体案件中，原告、被告和法官如何制定这些一般性论辩策略取决于案件的特点。

鉴于尤里案中导致民事简易判决的事件（见 4.1 节），有两个问题对原告和被

---

① 这意味着我们不会放大与讨论者的论辩目标相关的语言选择——尽管这样的视角也是可能的。

告都至关重要:

(2) 两个问题

  a. 尤里·范·戈尔德是可靠且有责任心的人吗?
  b. 尤里·范·戈尔德是受害者还是罪犯?

可以假设,尤里·范·戈尔德的律师热衷于证明尤里是可靠和负责任的,他是受害者;荷兰国家奥委会的律师热衷于证明尤里不可靠或不负责,他是一个罪犯。因此,鉴于活动类型的前提条件和具体案例的特点,我们可以假设尤里·范·戈尔德的律师会选择淡化范·戈尔德行为的严重性并将他描绘成受害者的论辩策略。相反地,荷兰奥委会的律师会选择夸大范·戈尔德行为的严重性并将他描绘成罪犯的论辩策略。我们还可以推测,法官会选择一个尽可能中立的论辩策略来对待范·戈尔德的行为,将自己限制在可以核实或客观性的事实上,从适用法律规则、准法律规则或在这种特定背景下的应用视角来看,这些事实与判决相关。

4.3 语言风格分析

现在的问题是,我们如何证明原告、被告和法官是否真的采用了这些策略,也就是说,是否在很大程度上实施了一个经过深思熟虑的战略设计,在这个设计中,各种战略策略是以有可能相互加强的方式结合在一起的吗?正如我们之前所说的,我们认为系统的语言风格分析会对解决这个问题有所帮助。为了做到这一点,我们采用了第三部分末尾描述的方法(第二至第四步[1])进行分析。

在语言风格分析的第一阶段——自下而上的分析,其具体的风格手段是在相互比较的基础上,根据利奇和肖特的荷兰版清单绘制的[2](Leech & Short 2007)。这一分析的结果是列出了每一份诉状以及在某种程度上被用来进行战略操作的命令的风格选择。在语言风格分析的第二阶段(即上述方法的第三步),在自上而下的分析中,获得初始语言研究的列表被进一步缩减,因为我们开展分析的兴趣在于:在本案中,原告、被告和法官所设想的重构目标中,战略性地使用了什么样

---

[1] 很明显,本文 4.2 描述了该方法第一步的部分相关结果。
[2] 详见 van Leeuwen(2015:29—32),查看实际使用的荷兰版清单列表。

的风格手段。因此,在自下而上分析中确定的每一种风格手段,都得以建立。这些手段有助于实现重建的战略目标,确切地说,它们是在对语言形式进行语义和语用分析的基础上通过所确定的风格手段的(假定的)论辩效果来实现这个目标的。

最后,我们研究了4.2中假定的原告、被告和法官的论证策略是否可以被证实。换句话说,我们检查了在设计一套协调一致的个人战略策略时是否存在一套协调一致的语言选择,以影响建立争议解决程序的起点。

在接下来的章节中,我们将报告语言风格分析的结果,正如我们将要提到的,一系列的语言选择可以与假设的论辩策略联系起来,这些论辩策略是原、被告双方和法官在审判开局阶段的实证结果里所采用的,即原告试图淡化范·戈尔德行为的严重性并将他描绘成一个受害者。被告试图夸大范·戈尔德行为的严重性,并将他描述为罪犯,而法官尽量对范·戈尔德的行为保持中立,将自己限制在可以核实或客观性的事实上,且这些事实是与本案中适用的法律规则相关的。在讨论各种不同的语言风格选择时,我们将在括号里指出附录中所涉及的清单类别。

4.4 语言风格分析的结果

为了淡化范·戈尔德行为的严重性,原告在对讨论起点阐述时做出了哪些语言选择? 清单A1类中提到的兴趣点之一是使用带有特定后缀的单词。值得注意的是,原告两次将范·戈尔德的荷兰之夜描述为一个"普通夜晚"[*avondje*(literally: small evening)]。通过使用荷兰语的指小后缀-*je*,事件被描述为是相对不重要的。进一步看原告的诉状,还发现了其他委婉词汇的例子(A1):例如,范·戈尔德明显的酗酒行为被中性地描述为"饮酒"和"放松"。此外,原告并没有说范·戈尔德第二天早上没有参加训练是因为他"宿醉未醒",而是将其说成他"在睡觉""正在恢复睡眠"——两者都更加中性。此外,原告没有说范·戈尔德的行为引起了体操队的"愤怒",而是说"也许是恼怒"。换句话说,原告使用了一个具有委婉功能的名词,结合了一个充当避险功能的副词(A5),这更表明由范·戈尔德的行为造成的麻烦不是很大。原告还用反问句(B1/C)暗示了这一点:"那么,其他运动员脸色苍白吗? 埃克(也就是埃普克·佐德兰德,范·戈尔德的队友之一)不能再参加体操比赛了吗?"从上下文来看,这两个问题的隐含答案显然都是"不"——再次转向范·戈尔德的行为并没有真正对他的队友产生负面影响的结论。最后，原告在相关事实的陈述中指出，范·戈尔德在他外出过夜回来时是"溜了进来"的。动词（A4/A1）"溜入"可以替代"进去"或"进入"等这样的动词，以此来暗示没有带来噪音。因此，原告通过系统性地语言手段的选择，从而得出结论：范·戈尔德先生的违规行为并不严重。

另一方面，清单分析显示：在被告的口头答辩中，在他的讨论起点陈述中，有一系列协调一致的选择，强调了范·戈尔德行为的严重性。下面是一段有趣而有代表性的文字：

（3）范·戈尔德在多个场合都对队长的种种指令不予听从。他有两次下落不明，风险重重。因为酗酒和夜间越轨行为，他不能参加第二天的集训。他屡次对自己的件件行为给出矛盾的解释。如果不是因为违约并在比赛期间酗酒，范·戈尔德是有机会赢得奖牌的。他的行为给国家体操队带来了不良影响。他的队友对他无视团队规则，夜不归宿的糊涂和迷失自我的各种冒险行为和态度感到愤怒……

在这段文字中，我们可以观察到多种相关的风格选择，同时也可以在被告诉辩中的其他地方找到这样的选择。首先，选择了一个引人注目的词汇，即"夜间越轨行为"。"越轨行为"一词暗示着范·戈尔德出行当晚是一场狂欢。此外，被告通过使用复数形式（A1）的名词谈论该事件。他不仅谈到"夜间越轨行为"，还涉及"件件行为"和"各种冒险"。"种种指令"没有在"多个场合"得以遵守，这导致了某些风险的发生。此外，据被告称，范·戈尔德给出的各种"解释"不一致，且饮酒违反诸多"协议和规则"。复数形式的使用强调了范·戈尔德违规的严重性：有人认为他犯下重重罪行并违反了若干规则。被告使用了加强词（A5），即强调信息强度的词语（Burgers & de Graaf 2013：171）进一步强调了事件的严重性。例如，被告声称饮酒违反"所有"协议，给出了"屡次"的矛盾解释，存在"过度"饮酒，且范·戈尔德在"多个"场合不听从指令，表现出了"无视"规则的态度。另外，此段文字的动词时态（B6）非常醒目：段落的大多数句子都使用过去式。然而，在范·戈尔德对"国家体操队有不良影响"这句话中，被告却使用了现在完成进行时。通过转换至现在完成进行时，强调事件的后果仍然在继续。最后，有趣的是，被告声称范·

戈尔德"**不能参加训练**"。被告本可以说范·戈尔德"没有参加训练",但通过使用情态助词(B6)"能",这里强调了范·戈尔德不能准时参加,也强调了情况的严重性。因此,被告的诉辩显示了一种反向渲染事实的方式:在他对事件的阐述中,他强调了事件的重要性,因此得出这样一个结论:范·戈尔德被奥运会国家队除名是合理的。

在片段(3)中,被告在诉辩文字中显示了另一个有趣的词语选择(A1/A4):律师没有说范·戈尔德是"不得已"才不能参加集训,而是说范·戈尔德是"种种指令不予听从"。这种措辞方式暗示了范·戈尔德对该事件承担的责任。对他而言,这些事件不只是客观意外的,而是他自己招之而来的。这种效果也可以通过使用主动句(B9)来实现。例如,片段(3)的首句是主动句,范德尔是施事者,如果通过使用被动结构来表达(即"指令没有被遵守……"),范·戈尔德对导致他被奥运会国家队开除行为所承担的责任就不那么突出了。

相反,原告的诉辩包含了许多在事件中对范·戈尔德有利的表达。其对荷兰喜力啤酒屋发生的事情描述如下:

(4) 尽管他(即范·戈尔德)也点了软饮料,但他还是喝了几次啤酒……显然,荷兰喜力啤酒屋没有明文规定不得向运动员提供啤酒。应客人们的要求……他陪他们去了他们的公寓。

此片段最引人注目的是,在对他声誉无害的行为("点软饮料""陪客")中,范·戈尔德被描述成一个行动者(施事者),而这表明,喝啤酒应该受到谴责,并且是由一个非特定的人迫使范·戈尔德喝啤酒。在片段(4)的第二和第三句中,从句法上来说,范·戈尔德被描述成受事者,而不是施事者(B9)。原告在描述送范·戈尔德回家的决定是如何做出和执行的时候,也使用了把他当作受害者的策略。律师并没有说,范·戈尔德的教练并没有试图通过"谈话"了解发生了什么,而是对他进行了"审讯",在审讯中,他们并没有告诉范·戈尔德利害关系。原告律师补充说,范·戈尔德被"立即"带上了飞机。他不只是"离开这个国家",他"消失了""就像夜晚的小偷"。他实际上是被"押解",被"驱逐出境"。这些强化词具有夸张的性质,意在证明范·戈尔德不是罪犯,而是受害者的观点是可信的。

法官在对讨论的起点提出建议时做出了哪些语言选择?之前说过,我们可以推测法官在他的判决中不会轻描淡写或夸大范·戈尔德的行为,但他会选择一种论辩策略,对范·戈尔德的行为尽可能保持中立,将自己限制在可以根据本案适用的法律规则进行核实或客观化的事实上,而不进行任何个人评价。法官命令中的语言选择清楚地反映了这一策略,见以下摘录:

(5) 此即决判决诉讼主要处理荷兰国家奥委会不准原告进一步参加奥运会的决定是否合法的问题。荷兰国家奥委会根据荷兰国家奥委会与原告达成的协议做出了这一决定。本协议规定了双方在筹备和参加奥运会中的权利和义务。……该协议第20条进一步规定:如果原告不遵守这些义务,荷兰国家奥委会有权采取该条所述的措施。该司法管辖权已与原告达成一致。因此,原则上,原告有义务同意荷兰国家奥委会对其实施的措施。这些措施的性质原则上由荷兰国家奥委会管辖。法官没有责任决定是否必须采取措施,或者应该采取哪些措施。法官只能在事后决定荷兰国家奥委会在特定情况下采取的措施是否合理。法官在这件事上应该保持相当的克制。只有荷兰国家奥委会的决定在合理性和公平性方面不可被原告接受的情况下,法官才有理由进行干预,正如《民法》第二十条第一款中与第二十条相关的约束方裁决所述。

(6) 关于导致采取这一措施的事件,根据法院内外提交的陈述确定如下:原告于8月6日周六晚间7点08分离开奥运村,并于次日上午5点08分返回。这一点从他的通行证登记中可以清楚地看出。现已确定原告随后去了国家奥委会和荷兰喜力啤酒屋。他自己发短信给教练。短信显示:教练警告他不要喝酒,并在当晚十二点时回到住处,也提到"他还尚在联赛和奥运会赛事中"。这表明原告被警告说,包括荷兰国家奥委会在内的所有人都可以看到他在荷兰喜力啤酒屋。最后,教练提醒原告,第二天早上9点30分到11点进行训练。现已确定原告没有在第二天早上的集训中出现,彼时他正在公寓睡觉,并于下午3点醒来。周日上午9点12分(就在9点30分训练开始前不久),教练发短信询问原告在哪里,原告没有回复。原告自己在法庭上也承认,他在荷兰喜力啤酒屋喝了四到五瓶啤酒。那晚还发生了什么,尚无明确定论。

A1 类中提到的关键点之一是词汇是描述性的还是评价性的。在片段(5)和(6)中,单词选择显然是描述性的。例如,尽管原告和被告都使用了加强词,但在(5)和(6)中却没有,这导致了对事件更"真实"的描述。在片段(6)中,这种真实性的印象也是部分通过提及非常具体的时间而产生的(例如:凌晨"5 点 08 分"、早晨"9 点 12 分")(A2)。此外,在片段(6)中,法官多次使用叙实动词(A4)"确定"。通过选择短语"已经确定",并且通过重复这个(重复:C1),句子补语中嵌入命题的叙实性质得以强调①。句子补语(B6)也与矩阵动词"显示"联系在一起("短信显示……""这表明……")。这些动词的主语是指支持法官对事件描述的可证实的证据;通过省略一个人称代词(D1)(参见可能的替代表述"短信**向我展示**……"或"这**向我展示**……"),就产生了这样一种暗示:即这种证据对任何人都具有指示性。

片段(5)中也没有人称代词:法官用"法官"来指代自己的角色。这也有一个客观化效应:通过选择"法官"而不是"我"或"本法院"(D1),产生了任何法官在类似情况下都会以相同方式行事的建议。片段(5)中更引人注目的是在主体位置使用非人施事者,由此"本简易程序"和"本协议"被人格化(C3)——法官似乎不是本程序中的施事者本人;在此程序中,法官仅为"法律之口",只是荷兰国家奥委会和原告之间达成协议的工具。此外,法官使用模态词"只能"(A4)来强调他在这一程序中的有限作用。

换句话说,片段(5)和(6)显示了法官使用的语言手段如何有助于执行他的论辩策略:强调他对范·戈尔德的行为持中立态度,限制自己的行为在可以核实或客观化的事实基础之上,是从本案相关法律规则的适用角度而不是从他个人的欣赏角度来看,这些事实是与判决相关的,并预见他在这一程序中有限的自由裁量权。

总的来说,原告、被告和法官所作的语言选择清楚地反映了他们的论辩策略,或者以其他方式表述:我们的系统语言风格分析揭示了他们各自假设的论辩策略

---

① 摘录中片段(6)的最后一句话"**那天晚上还发生了什么,尚无准确定论**"也强调了这一点。相比之下,这意味着之前所说的一切都可以准确地确定,这意味着所有其他的言论都是不相关的。虽然这可能与分析有关,但我们避免这样做,因为我们在这里用它来翻译荷兰语短语 vast staat dat,该短语的意思是:这是肯定的,不是否定和被动的。

以及他们的策略考虑,通过他们各自对语言手段的选择在论辩话语中得到系统、协调和连贯实现。这样,系统的语言风格分析有助于识别和分析原告、被告和法官的论辩风格①。

五、结　　语

在本文中,我们讨论并说明了如何通过"语言风格范式"的方法来系统地进行语言风格分析(van Leeuwen 2015；Stukker & Verhagen 2019；另请参见 van Haaften & van Leeuwen 2018；van Haaften 2019),以及如何将这种分析与论辩话语的语用论辩分析相结合。我们的目的是展示这种整合如何有助于分析论辩风格的表达层面,以及这种分析的结果如何与论辩风格的另一方面相联系,即在论辩话语中实施的策略考虑。识别和分析论辩策略是很重要的,因为论辩策略本身有助于增强论辩话语的说服力,并在很大程度上决定讨论的进程。它们是构成特定论辩话语的论辩风格的要素,有助于实现论辩者的战略方案。

识别论证策略的一个重要方法是分析表达手段,尤其是语言手段。讨论行动的选择、受众导向的框架和呈现方式都是选择论辩策略的相关维度,但总体上的呈现方式,尤其是策略性的语言选择,是实现论辩话语中其他维度的要点,也是在分析中检索这些维度的要点,因此有必要运用系统的语言风格分析方法来识别和分析论辩策略。我们认为,对于这一点,在语言风格学范式中发展而来的方法是最好的选择。

作为识别和分析论辩策略的重要手段,我们提出的系统性研究论辩话语语言选择的方法包括四个步骤(见第三部分末尾):第一步是利用语用辩证法的分析工具对话语进行论辩性的重构;第二步是对语言选择进行系统的自下而上的分析,从而得出一长串语言风格的观察结果列表;在第三步中,通过将第二步中的研究结果与第一步中的论辩性重构结果相联系来缩小该列表,也就是说,对于每一种语言风格手段,都要调查(基于对语言形式的语义和语用分析)它们是否(以及确

---

① 我们认为,这一部分的语言风格分析还表明,在更高的抽象层次上,原告和被告的论辩风格可以被描述为"投入的",法官的辩论风格可以被描述为"超然的"(参见 van Eemeren 2019)。我们可以推测,这在大多数法律案件中都成立。由于篇幅有限,我们在此不详细阐述这个有趣的问题。

切地说是如何)有助于实现论辩者声称的战略目标(这是由话语的"分析综述"所驱动的,其中,在考虑到活动类型所施加的限制和机会的情况下,确定了言语事件中讨论阶段的经验主义者的论辩和修辞目标);最后,在第四步中,分析者试图找到(在第三步和第一步的基础上)"指向"同一方向的语言选择**集合**,这些语言选择集合可以与论辩者的修辞和/或论辩目标相联系。应该强调的是,第一步至第三步不一定必须按照这个顺序进行:在实践中,它们也可以互换顺序,并且经常以循环的、分析的诠释过程进行(参见 Stukker & Verhagen 2019:59—88)。

正如我们已经讨论过的,分析程序的第二步中,一个重要的方法工具是使用语言清单列表。列表的附加值在于它的启发功能:它或多或少地"迫使"分析者考虑各种各样的语言手段。因此,减少了错过相关语言选择的机会(参见 Van Leeuwen 2014:237—238)。例如,在尤里一案中,我们可能忽略了原告对动词时态和情态助动词的策略性使用:这些微妙的、或多或少"隐藏"的语法表现手段,在没有使用清单的情况下进行分析时,可能不会被发现。通过这种方式,清单不仅有助于更准确地识别单个策略操控,而且有助于更准确地识别特定的辩论策略。

然而,正如我们前面提到的,语言风格学方法不是万灵药。例如,系统地检查清单可以减少忽略相关风格手段的风险,消解它们与其他手段的系统关系,但不能完全消除这种风险(详见第三部分)。此外,在清单中提到的每一个类别背后,都隐藏着一个语言学"世界"。这可能会妨碍语言风格分析,因为清单中提到的类别通常不直接适用于具体话语的分析。例如,Leech & Short(2007)提出的清单中的 A1 类引导分析者搜索"特定后缀"。这有助于我们识别被告对复数形式的策略性使用("种种劣迹""件件行为""各种冒险"等)。这种从"后缀"这样的抽象范畴到具体的语言风格现象"复数"的"翻译"是分析者自己需要做的事情——基于语言知识。然而,这本身就是语言风格研究的一个"问题",如果不使用清单,这个问题也会存在(参见 van Leeuwen 2014:238)。

总之,我们提出的用于识别和分析论辩策略的分析方法综合了语用论辩和语言风格学的观点。它并没有为识别和分析论辩策略提供万灵药,也没有将它简化为相对简单的活动。然而,我们希望这种方法有助于系统地识别和分析论辩策略,同时也有助于识别和分析论辩风格的其他方面。

附 录

语言和风格分类清单(Leech and Short 2007)

A:词类

1. 一般词汇。词汇是简单的还是复杂的?正式的还是非正式的?描述性的还是评价性的?一般的还是特殊的?作者在多大程度上利用了词语的情感和其他联想意义,而不是它们的指称意义?文本是否包含习惯用语或固定搭配,如果是,这些习语或搭配与哪种同源语或语域相关联?稀有或专业词汇有什么用处吗?是否有什么特殊的形态类别值得注意(例如:复合词、带有特殊后缀的词)?词语属于什么语义场?

2. 名词。名词是抽象的还是具体的?出现了什么样的抽象名词(例如:涉及事件、感知、过程、道德品质、社会品质的名词)?专有名称有什么用?集体名词呢?

3. 形容词。形容词是常用的吗?形容词指哪种属性?身体上的?心理上的?视觉的?听觉的?颜色的?指称性的?情感的?评价性的?等等。形容词是限定性的还是非限定性的?等级的还是非等级的?作定语还是表语?

4. 动词。这些动词有重要的意义吗?它们是静态的(指状态)还是动态的(指动作、事件等)?它们指的是运动、身体行为、言语行为、心理状态或活动、感知等吗?它们是及物的、不及物的、递系式的(连系)等等吗?它们是叙实的还是非叙实的?

5. 副词。副词是常用的吗?它们执行什么语义功能(方式、地点、方向、时间、程度等)?句子副词有什么重要的用法吗(像"所以""因此""然而"这样的连词;像"当然地""显然地""坦率地"这样的评注性状语)?

B:语法范畴

1. 句类。作者是否只使用陈述(陈述句),还是在文本中也出现问题、命令、感叹或小句类型(如没有动词的句子)?如果其他类型出现,它们的功能又是什么?

2. 句子复杂性。句子总的来说是简单的还是复杂的?平均句子长度(字数)是多少?限制性从句和非限制性从句的比例是多少?句子之间的复杂程度有显著差异吗?复杂性主要是由于(一)协调、(二)从属关系还是(三)并列关系(并列从句或其他平行结构)？复杂性倾向于出现在句子的哪个部分？例如，先行结构是否出现过(如动词前的复杂主语，主句主语前的限制性从句)？

3. 小句类型。什么类型的从句更受青睐：关系从句、状语从句、不同类型的名词性从句(that-从句、wh-从句等)？简化从句或非限定从句是常用的吗？如果是，它们是什么类型的(不定式从句，-ing 从句，-ed 从句，无动词从句)？

4. 小句结构。小句成分有什么意义吗(例如：宾语、补语、状语的频率；及物动词或不及物动词的结构)？有没有什么不寻常的排序(句首状语，宾语补足语前置等)？是否有特殊类型的小句结构出现(比如：那些有前置 it 或有前置 there 的小句)？

5. 名词短语。它们相对简单还是复杂？复杂性在哪里(形容词、名词等的前置修饰，或者用介词短语、关系从句等进行后置修饰)？注意列表的出现(如：形容词序列)，并列或同位。

6. 动词短语。一般过去式的用法有什么显著的不同吗？例如：注意现在时的出现和功能；进行体(例如：正躺着)；完成体(例如：已经出现)；情态动词(例如：can、must、would 等)；注意短语动词及其用法。

7. 其他短语类型。关于其他短语类型：介词短语、副词短语、形容词短语，还有什么要涉及的吗？

8. 词类。已经考虑了实词，我们可以在这里考虑虚词(即"功能词")：介词、连词、代词、限定词、助词、感叹词。这些类型的特定词是否用于特定效果(例如：定冠词或不定冠词；第一人称代词 I、we 等；诸如：这、那些类的指示词；否定词，如：不是、没有什么、无)？

9. 一般类型。请注意，特殊效果是否可用于语法结构的一般类型；例如：比较级或最高级结构；并列或列表结构；括号结构；如在随意讲话中出现的附加或插入的结构。列表和并列关系(例如：名词列表)是否倾向于由两个、三个或三个以上的成员组成？与标准结构中的一个连词(太阳、月亮和星星)不同，并列是否倾向于省略连词(太阳、月亮、星星)或有多个连词(太阳和月亮和星星)？

C: 修辞格等

在这里，我们考虑的是借助语言代码在某种程度上偏离一般交流准则而被预见的特征关联；例如：利用代码。为了识别这些特征，传统的修辞格(结构修辞和转义修辞)通常是有用的修辞格类别。

1. 语法和词汇修辞。是否有任何形式和结构上的重复(回指、排比等)或镜像模式(交错配列)？是对偶、增强、层进、突降等这些修辞效果之一？
2. 音韵结构修辞。有没有尾韵、头韵、谐元韵等音韵模式？有什么明显的押韵模式吗？元音和辅音以特定的方式排列或组合吗？这些音韵特征如何与意义相互作用？
3. 转义修辞。是否有任何明显违反或背离语言规范的行为？例如：是否有新词(如：美国化)？是否有异常词汇搭配(如：不祥的婴儿)？是否有语义、句法、音韵或书写变异？这种变异(尽管它们可能发生在日常言语和写作中)通常会成为与传统诗歌修辞相关的特殊诠释的线索，如：隐喻、转喻、提喻、反论和反语。如果出现这种比喻，涉及什么样的特殊诠释(例如：隐喻可以分为拟人化、具体化、通感化等)？因为明喻与隐喻有着密切的联系，所以这里也可以考虑明喻。文本是否包含任何明喻或类似的结构(例如："好像"结构)？哪些不同的语义场通过明喻联系在一起？

D：语境与衔接

衔接：文本的一部分与另一部分相联系的方式(文本的内部组织)。

语境：文本或文本一部分的外部关系，视其为预设参与者之间社会关系的话语(作者和读者；人物与角色)，以及参与者分享知识和假设。

1. 衔接。文本是否包含句子之间的逻辑或其他联系(例如：并列连词，或连接副词)？还是倾向于依赖于隐含的意义联系？代词(她、它、它们等)交叉引用的用法是什么？用替代形式(如此，这样等)抑或者是省略？此外，是否使用了换词求雅——通过替换描述性短语来避免重复(例如："老律师"或"她的叔叔"可以替换先前"琼斯先生"的重复)？是通过重复单词和短语，还是通过重复使用来自同一个语义场的单词来加强意义联系呢？
2. 语境。作者是直接面对读者，还是通过一些虚构人物的话语或想法？说话者-受话者主语有哪些语言线索(例如：第一人称相关的代词，主格：我；宾格：我；形容词性物主代词：我的；名词性物主代词：我的)？如果一个人物的话语或思想被表达出来，这是通过直接引用(直接引语)还是其他方法(间接引语)来完成的？根据谁应该表达或思考页面上的话语，风格有显著的变化吗？

参考文献

Burgers, C. & de Graaf, A. 2013. Language intensity as a sensationalistic news feature: The influence of style on sensationalism perceptions and effects. *Communications* 38:167—188.

Fahnestock, J. 2009. Quid pro nobis. Rhetorical stylistics for argument analysis. In *Examining Argumentation in Context. Fifteen Studies on Strategic Maneuvering*, ed. F.H. van Eemeren(pp.191—220). Amsterdam[etc.]: John Benjamins.

Fahnestock, J. & Y. Tonnard. 2011. Amplification in strategic maneuvering. In *Keeping in Touch with Pragma-Dialectics*, eds. E. Feteris, B. Garssen and F. Snoeck Henkemans(pp.103—116). Amsterdam[etc.]: John Benjamins.

Langacker R. W. 1990. *Concept, Image and Symbol: The Cognitive Basis of Grammar*. Berlin: Mouton de Gruyter.

Leech, G. & Short, M. 2007. *Style in Fiction. A Linguistic Introduction to English Fictional Prose*. Second edition. Harlow: Pearson Longman.

van Eemeren, F.H. 2010. *Strategic Maneuvering in Argumentative Discourse*. Amsterdam[etc.]: John Benjamins.

van Eemeren, F.H. 2018. *Argumentation Theory: A Pragma-dialectical Perspective*. Cham: Springer.

van Eemeren, F. H. 2019. Argumentative style: A complex notion. *Argumentation* 33:153—171.

van Eemeren, F.H. This issue. Examining argumentative style: A new theoretical perspective. *Journal of Argumentation in Context*.

van Eemeren, F.H. & Houtlosser, P. 1999. Strategic manoeuvring in argumentative discourse. *Discourse Studies* 1:479—497.

van Eemeren, F.H. & Snoeck Henkemans, A.F. (2016). *Argumentation: Analysis and Evaluation*(2nd rev. ed.) New York/London: Routledge.

van Haaften, T. 2019. Argumentative strategies and stylistic devices. *Informal Logic*, 39, 301—328.

van Haaften, T. & van Leeuwen, M. 2018. Strategic maneuvering with presentational devices: a systematic approach. In *Argumentation and Inference. Proceedings of the 2nd European Conference on Argumentation*, *Fribourg 2017*, *Volume II. Studies in Logic 76*, eds. S.Oswald & D. Maillat(pp.873—886). London: College Publications.

van Haaften, T. & van Leeuwen, M. (to appear). Suggesting outsider status by behaving improperly: The linguistic realisation of a populist rhetorical strategy in Dutch parliament. In *Vox Populi: Populism as a Rhetorical and Democratic Challenge*, eds. I. van der Geest, B. van Klink & H. Jansen. Cheltenham[etc.]: Edward Elgar Publishing.

van Leeuwen, M. 2014. Systematic stylistic analysis. the use of a checklist. In *From Text to Political Positions. Text analysis across disciplines*, eds. B. Kaal, I. Maks & A. van Elfrinkhof(pp.225—244). Amsterdam[etc.]: John Benjamins.

van Leeuwen, M. 2015. *Stijl En Politiek. Een Taalkundig-stilistische Benadering Van Nederlandse Parlementaire Toespraken.* [Style and politics. A linguistic-stylistic approach to Dutch parliamentary speeches] Dissertation Leiden University. Utrecht: LOT.

Stukker, N. & A.Verhagen 2019. *Stijl*, *Taal En Tekst: Stilistiek Op Taalkundige Basis.* [*Style*, *Language and Text: Stylistics on a Linguistic Foundation.*] Leiden: Leiden University Press.

On the Relation Between Argumentative Style and Linguistic Style: Integrating Argumentative-stylistic and Linguistic-stylistic Analysis in a Systematic Way

Ton van Haaften & Maarten van Leeuwen

Abstract: Argumentative style is assumed to be instrumental to the implementation of an arguer's strategic plan to resolve a difference of opinion in his/her favor.

One important constitutive element of argumentative style are linguistic choices. It is therefore crucial to pay close and systematic attention to linguistic choices and their argumentative functions in the analysis of argumentative style. However, pragma-dialectics does not offer the tools yet for such a systematic analysis of this important component of argumentative style. In this paper we discuss how a linguistic-stylistic analysis can be conducted systematically by making use of methodological insights from the so-called "linguistic-stylistic approach", and how such an analysis can be integrated with a pragma-dialectical analysis of argumentative discourse. Our aim is to show how such an integration could be helpful in analysing the presentational aspect of an argumentative style, and how the outcomes of such an analysis could be linked to another aspect of argumentative style, namely the strategic considerations implemented in the argumentative discourse and more particularly the argumentative strategies involved. We illustrate our approach and what it can yield for the analysis of argumentative style with a concrete case study.

Keywords: argumentative style, linguistic style, linguistic-stylistic analysis, argumentative strategy, argumentative activity type

(原载于《当代修辞学》2021 年第 1 期)

脱离式论辩风格：作为表达手段的文本类型*

安卡·加塔
（罗马尼亚加拉茨多瑙河下游大学"话语理论与实践"研究中心）
毛浩然[1]　王赛珈[2]　译
（1. 中国石油大学[华东]外国语学院；
2. 海南大学人文传播学院）

提　要　本研究基于语用论辩学理论，通过考察"欧盟环境与气候变化政策报告"这一机构话语中实施具体交际活动类型的话语事件，阐明脱离式论辩风格的特征。根据批判性讨论的语用论辩模型，报告中的执行摘要和关键结果被重构为结论阶段。由于受到惯例化和制度化的制约，这一交际实践具有特定的话语模式和结构，语境所强加的惯例化类型使采用脱离式论辩风格成为必然，因此文本类型的概念有助于对脱离式论辩风格的特征进行更为细致的描述。在批判性讨论的结论阶段，为保证陈述的客观性和简洁性以及报告总结或者关键结果中的信息密度，不再重申意见分歧，而是通过均衡叙述性、描述性和元话语的文本策略对至关重要的立场进行综合性表达。这就避免了对立场进行明确的否定性评价或陈述，但提出的建议可供决策者采纳或再议。

关键词　论辩风格　批判性讨论的结论阶段　脱离式论辩风格　语用论辩学　文本类型/文本序列

---

* 作者简介：安卡·加塔（Anca GÂŢĂ），博士，罗马尼亚加拉茨多瑙河下游大学"话语理论与实践"研究中心教授，曾任该校副校长。主要研究领域：话语论辩实践、翻译策略、外语教学（法语与罗马尼亚语）。本译作系毛浩然国家社科基金"基于非对称博弈的弱势群体话语反操控案例库建设与理论体系建构研究"（19BYY002）的阶段性研究成果。

一、语用论辩学中的论辩风格

论辩风格是语用论辩学中的一个新概念,聚焦于论辩者通过对"潜在话题"(topical potential)、"受众需求"(audience demand)和"表达手段"(presentational devices)的运筹帷幄,使得话语朝着有利于自己的方向发展并合理消除意见分歧(见 van Eemeren 2019, 2020)。

本研究关于脱离式论辩风格特征的论述,主要基于批判性讨论的语用论辩模型(van Eemeren & Grootendorst 1992)以及"策略操控"(strategic maneuvering)的概念体系(van Eemeren 2010)。作为"理论建构"的工具,批判性讨论的语用论辩模型可以用来重构论辩者在现实话语实践中的论辩过程和活动①;作为语用论辩拓展理论的核心,"策略操控"概念的分析和完善结合了"意见分歧""批判性讨论的阶段性"等语用论辩学中的相关概念②。

van Eemeren(2019)区分了两种不同类型的论辩风格:脱离式和参与式,并依据贯穿于批判性讨论四个阶段的策略操控,描述了脱离式论辩风格的阶段性特点。在冲突阶段,"运用论辩话步对潜在话题的选择"通过"对后续讨论进行就事论事的陈述"来实现;迎合受众需求需要"保持准中立的客观性",而不凸显受众利益;表达手段优先考虑"不加修饰、实事求是的模式化阐述"(van Eemeren 2019:166)。开始阶段,话题选择一般考虑容易验证的事实作为论辩的出发点;受众需求调适通过"选择容易被认可、毋庸置疑的出发点"来实现;表达手段倾向于"直截了当地对相关事实进行概述、对相关统计进行列举",以便将个人参与度降到最低。论辩阶段,话题选择倾向于"展示具体优点、自带建议措施的实用型论证",较少使用类比论证;迎合受众需求通过"准中立的论证态度以符合受众利益,形式化的专家语言以避免个人承诺"来实现。在结论阶段,脱离式论辩风格通常选择"让听众或读者自然而然得出结论"的话题,"非突兀、含蓄"地向受众展示结论,"以非

---

① "批判性讨论"这一术语的相关解释参见 van Eemeren(2010:133,注释 13),"理论建构"与分析中所重构的"语用论辩理想模型"的相关解释参见 van Eemeren(2010:145,注释 36、注释 38)。
② 这些概念可参见 van Eemeren & Grootendorst(1992, 2004);van Eemeren(2010, 2018)。

对抗的表达方式作出结论"(van Eemeren 2019:167)。

本研究概述并进一步分析了 van Eemeren(2020)有关脱离式论辩风格的观点,以此为出发点,试图阐释:脱离式论辩风格还有哪些特征?基于此,本研究提出以下三个较为具体的方法论层面的问题:1)如要更加精确地定义脱离式论辩风格的特征,哪些分析工具可用来辅助语用论辩学的研究?2)如何在不忽视其各个组成部分的前提下对更长的论辩性话语进行总体分析,同时根据论辩行为在话语中表现出的一致性和系统性,对其所属的特定论辩风格进行判断?3)如何从方法论的角度出发分析一段单独论辩话语的论辩风格的转换?

为了回答上述问题,本研究选取了一份已发表的关于欧盟环境和气候变化政策的研究报告的片段(出处见参考文献),对机构话语中这一特定分类进行分析,并考察了言语事件①的论证设计。这份文件(下文简称为《文件》或《生态报告》)②是基于欧洲议会的某一委员会的要求,由相关领域的专家共同撰写而成(有关文本样本的来源详见参考文献)。

二、论辩风格分析中的文本类型/文本序列

为探究论辩风格在实践中的表现提供更多的理论支撑,本研究引入"文本类型",或称"文本序列"的概念(Adam 1992),这一概念在方法论层面上有利于从论辩角度深入研究实证话语③。亚当根据特定的话语目的所呈现的不同语用和语言特征,区分了五种文本类型:叙事性、描述性、解释性、辩论性和对话性。

---

① "言语事件"这一概念与语用论辩中的言语行为复合体的具体实例相对应,这种复合体是在特定的情景或语境中产生的,在空间和时间上受到限制,属于实施某种"交际领域的交际活动"语类的交际活动类型(van Eemeren 2010:143)。例如,Sara Rubinelli 发表的(发表在 Journal of Argumentation in Context, Issue 7:3/2018)有关《典型的辩论模式……》(由 van Eemeren 编辑)的文章这一言语事件,属于"学术交际"(scholarly communication)领域中的"书评"(book review)类交际活动类型,可划分为"争议"(disputation)语类。
② 这一缩写并未直指文章标题。使用缩写是为了将它与整篇文章中所使用的元语言学术话语"学术研究"(study)区分开来,以指向我自己的分析研究。
③ 因此,可以提出一种话语原则,将"文本原型(类型)"和"惯例化交际实践"这两个概念联系起来。根据交际活动类型的具体属性特征,可将其归于对应的典型文本序列(Gâţă 2020b)。

本研究涉及前三种文本类型，通过分析假定的语篇样本特征来阐明脱离式论辩风格①。

2.1 叙事性文本序列 叙事性文本序列一直是话语研究中的重要领域，比如对 récit 与 histoire 这两种叙事文本顺序的区别。巴尔（1997）对叙事的研究方法以及描述视角很有价值。由于目前分析所关注的叙事序列的维度极小，亚当（1992：70—72）的方法更适切于当前的分析，其中以下几个方面值得关注：A）与其他文本序列一样，叙事文本序列可以是同一时间的一系列文本序列的一部分，或与不同文本类型结合形成异质话语；B）它可以是论辩交流的一部分，也可以是论辩导向的；C）分析中可用时间指示对其进行识别；D）叙事原型序列可以区分为不同的子类型（包括历史、戏剧、寓言、演说、普通等），其中也有怪诞的仿写形式。后者是对叙事结构的修辞性探索，而历史叙事在某种程度上属于更高层次，对进一步的分析起到重要作用。

2.2 描述性文本序列 亚当（1992：78—100）认为一个（典型）描述性文本具有以下特征：A）最少用一个句子或要素（例如：列举）表示；B）具有论辩取向；C）几乎不以文本为主导，在结构上取决于更高层次并且处于主导地位的叙事顺序；D）不同于叙事性文本的拟人化，由于该序列可以介绍一个人、对象或者场景等等，因此表现出"去个性化倾向"；E）可以按照特定的宏观操作或"描述程序"进行概念上的分类。莱辛（转引自 Adam 1992：78）非常认可荷马描述时至多涵盖一个细节，以保证"文本进展"的连续性的风格。因此，至少在小说中，修饰被视为障碍、异质性标志以及文体缺陷。另一方面，人们可能很容易认可这一点：在诸如科学或医学的语境中，话语应该尽量详细，因为任何信息缺失都可能造成（科学和/或伦理的）消极后果。

2.3 解释性文本序列 解释性文本序列可以涵盖解释、信息和说明序列，其主要目的是试图在解释的基础上，提供科学的、通过演绎或者归纳而得出的结论，来处理"为什么会发生"或者"为什么会这样发生"等问题。它通常作为论辩的一

---

① 由于对话过于复杂，不能视为（典型的）文本序列，而且与论辩类型有所重叠。后者在这里也不能视为典型的文本序列，一方面是因为从最广义的论辩阐释来看，对任何话语片段进行分析，它们都带有论辩性；另一方面，甚至亚当也承认，叙述或描述也可能带有论辩意图。

部分,代表某一特定论辩决定或取向的正当理由,也可以具有纯粹的信息价值,特别体现在为现象和具体事件提供科学的或基于数据的正当理由(另见 Adam 1992:127—142)。

2.4 转述性话语和元话语序列　　在本研究中,其他有助于分析的概念是"转述性话语"(更常用的术语是"间接引语")和"元话语"。两者都可能成为结合了描述性、叙述性和解释性类型特征,同时具有特定结构和功能属性的文本原型,但没有包括在普通的文本类型中,可以被视为两类独特的"关于话语的话语"。"转述性话语"可简单定义为用二阶话语再现一个话语事件,二阶表达的再现意在唤起一阶话语,后者实际上是由语言使用者实际或仅视为由其表达的话语(本研究的定义,改编自 Spronck & Nikitina 2019:122)。元话语是对话语的"注释",是"话语使用者在说话或写作过程中自己表达出来的"(Hyland 2017:16)。

三、异质交际实践的样本分析

《生态报告》(共 90 页)关注的问题涉及欧盟环境政策和气候行动政策的发展,以及此发展与国际环境和欧盟议程的关系。该报告探讨了欧盟政策制定中有关气候变化以及环境问题相关领域的大部分议题。《生态报告》的目标受众较为确定:欧盟委员会委员(们)和作为终端用户的决策者,其调查结果可能会在以后的决策讨论中作为采取措施的理由。虽然报告中呈现的信息和数据以及一些积极的评价或评论随后可以被新闻媒体广泛传播,但可以推测的是《生态报告》的目标受众——欧洲议会的官员和工作人员的人数相当有限。摘自《生态报告》的片段与文件正文前的"执行摘要"(1、5 页)和"关键结果"(1 页)相一致。以下有关《生态报告》的总体特征为本研究的分析提供了更多的信息:A)作者称之为"研究";B)数据和结论报告主要基于作者所进行的问题分析;C)本质上属于独白;D)类似于"公共政策分析",是解决主要政策领域(针对气候变化的环境问题)的方法路径;E)技术性较高。

在语用论辩模型的框架下,本研究通过论辩最大化分析策略和最大化解释策略来剖析语篇样本。考虑到具体的互动类型或者话语体系/语体差异,即使在不确定语言使用者(这里指报告作者们的集体声音)是否具有论辩意图的情况下,这些策略也可以用来将文本样本重构为旨在解决意见分歧的批判性讨论。尽管《生态报告》本质上属于"独白性"的"研究",但在这一理论框架内,我们接下来所分析的语篇(节选)仍然可以被视为意在解决意见分歧,其文本片段将基于分析概览被重构为批判性讨论理想模型的一部分。宏观语境,即与交际活动的特定领域有关的交际实践,"很可能在一定程度上具有惯例化特征"(van Eemeren 2010:130),与实现其所赋予的制度性要点方面所起的作用互相制约。例如,政治交际领域中"有一些交流实践惯例化程度较低"(van Eemeren 2010:130)。《生态报告》可以用来阐释融合了三个不同领域——政治交际、组织交际和学术交际——制度宏观语境的特点。van Eemeren(2010:143)没有区分"组织交际"这一领域,不过他指出交际领域的划分实际上具有开放性。本研究中的"组织交际"指的是组织内部和组织之间的交流,以及组织与媒体、广大公众、组织可能接触的个人之间的交流①。不同交际活动类型中的制度语境约束着论辩的策略操控,因此要明确论辩所处的交际活动类型,比如《生态报告》的语境依赖性使其"在某些方面受到普遍存在的制度先决条件的制约",也就是上文提到的三种不同交际领域的制约(van Eemeren 2010:129)。组织交际同时与政治交际(惯例化程度较低)②、学术交际(惯例化程度较高,尤其是书面形式/实践)存在共性。基于这些区别,这两个领域截然不同的区别性特征在分析时都应该加以适当考虑,从而探索论辩风格与这种异质性宏观语境之间的关系。

基于上述内容,按照负责制定政策的欧盟委员会的要求,《生态报告》的惯例化有助于实现其制度性要点或原则,即"提供有关领域所做工作的文件资料,对过去和现在的情况进行专家评估",或者基于这些分析设想结果以及预测所调查的特定领域的未来。《生态报告》可以看作是一个实施"技术研究"类交际活动类型

---

① 在我看来,组织沟通可以从人际沟通、政治沟通、医学沟通等方面借鉴其特征。例如,《企业社会责任报告》是一个组织为说明其对人类和环境的责任而发布的文件,有时作为与媒体沟通的工具,传播有关其产品价值以及有助于宣传品牌或企业的信息。
② 组织修辞学这门学科在学术界初现端倪,我建议将交际活动的领域加入典范课程,因为:1)它在经验现实中得到了广泛的体现;2)它常常是高度规范的,尤其是在传统的(制度)语境中,并且以心照不宣或书面规则表现出一致性和相异性,同时代表交际的规范和次规范;3)它具有某种异质性,通过结合各种交际意图和活动类型,整合不同的论辩方式,以体现论辩的特性。

的具体话语事件,在组织交际领域中根据所属的语类,可划分为"争议"这一类型①。

交际领域	交际活动语类	交际活动类型	具体话语事件
组织交际	争议	技术研究	——提出一个概念想法/计划/报告 ——应官方机构/研究/调查的委托/要求	911调查报告 欧盟研究(《生态报告》)

基于 van Eemeren 2010:143

四、简要分析概览

本研究从全局角度出发将《生态报告》视为言语事件,下面列出对其进行的简要分析概览:

1) 在冲突阶段,由于质疑还没有完全显现出来,因此利害攸关的意见分歧是虚拟的,需要通过分析重构。面对或者即将面对委员会的成员们,《生态报告》的作者们代表着正方。潜在或者虚拟的反方可以分为以下几类:欧盟议会中的政客、公众舆论、媒体。在普遍性的层面上,意见分歧可以是非混合型的(反方仅质疑正方立场),也可是混合型的(反方不仅质疑,且反对正方立场),此时在陈述立场时双方刻意隐藏自己的态度以使意见分歧不至于过早复杂化。意见分歧可以重构为:目前所采取的一些行动是按照或者符合欧盟既定政策的,今后还要应对未来的挑战。在更具体的层面上,这些分歧可以重构为多重和混合的。这类具有多种维度的"言语事件"在分析中非常有必要作为多种意见分歧来处理。

2) 在开始阶段,正反两方就程序性和实质性出发点达成一致,并围绕对方的妥协或认可之处回顾报告主体(参考法律文件、采取策略等),同时通过数据和事实加以佐证。

3) 在论辩阶段,通过对具体的子立场的细节进行重构,最后归纳为两个主要

---

① 这一判断局限于目前的分析。因此,需要在语用论辩的框架内阐述一些基本框架,以便从政治和学术活动的角度对这一交往活动领域进行明确的划分。

立场。论证具有表征性,并且有数据和数字支撑。每条政治行动路线都有相应的子论证,例如土地使用或资源效率。从分析的角度来看,它们可以归结为一个特定的中心论证,这个中心论证可以表示为一个复杂的论证结构的一部分,具有多重和复合的论证(包括并列论证和从属论证)。论辩阶段主要可以通过《生态报告》的主体来重构。

4)结论阶段通常是分析方法的"次要阶段":在进行论辩之后,讨论的结果往往不予重述。由于结论阶段在经验实践中通常处于潜藏状态,因此需要基于其他要素的分析对其进行重构。语篇本身不可能在模型中重构,因为它依赖于语境,特别是每个说话者的创造力;但是没有这种表现行为,就仍然很难想象语言表现方面的结论阶段是什么。

所选择的文本样本被正方-作者命名为"执行摘要"[①]和"关键结果"。重构论辩互动过程时,经验现实中的同一要素可能有助于重构批判性讨论的一个或多个阶段。因此,这两个样本都可以被重新构建,要么代表批判性讨论的四个阶段,要么作为冲突阶段[②]。基于其标题、内容和交际意图,可将其重构为结论阶段。作为实际且明确的言语行为复合体,它们所对应的是批判性讨论的结论阶段。作为一种子语类,执行摘要在商业中很常见,与商业计划相对应,"提交给客户的提案中会附带有说服力的摘要"(Sales 2006:214)。另一类是项目报告的执行摘要,更接近选定的样本。Miller & Pessoa(2018:128)指出:"执行摘要的语体类型似乎包括直接、事实和客观的写作,与报告的总体目标相对应,而不是描述性的、评价性的或主观的。"关键结果重申了立场并提出了建议。理论上,他们可能会开启一轮新的讨论,但是在实际的调查案例中,作者的声望和认可度使得这一立场和建议很少受到质疑,尤其是在参照框架不允许的情况下。此外,鉴于上文提到的"编制"《生态报告》的实际惯例,从这两个要素开始重构结论阶段,是以这些文件强加性结构为指导的。

[①] 执行摘要在企业或组织中很常见,它尽可能用简洁的相关细节描述商业计划的要素。这种做法也适用于非商业性质的文件。例如《911调查报告》执行摘要后面会附上整体和具体的调查结果以及建议(国家委员会有关美国遭受恐怖袭击事件的最终报告,2004)。https://9-11commission.gov/report/.

[②] 我们对同一篇文章样本进行了平行分析,将其重构为批评性讨论的冲突阶段,结论表明作者采用了脱离式论辩风格(Gâță 2020a)。

五、文本类型/序列的选择与脱离式论辩风格的结论策略操控

在批判性讨论模型应用于独白话语策略操控的结论阶段,对正方而言,从论辩角度考虑是为了"明晰批判性程序的结果",从而确定正方是否可以坚持自己的立场,而从修辞的角度考虑则是为了表明这些立场是可以坚持的(参见 van Eemeren 2010:44—45)。在经验性实践中,这种惯例化交际活动类型中的另一方或受众通常没有"发言权",因此为了使得虚拟的反方放弃质疑,结论阶段至关重要。

为了考察结论阶段脱离式论辩风格的特点,本研究从坚持立场的论辩话步中所运用的结论策略出发对其一致性和系统性进行分析。其他需要重构的论辩话步还包括要求使用声明或执行使用声明,例如定义、规范、详述等(van Eemeren 2010:11)。由于文本类型/序列的概念可以用来表明语言使用者特别致力于"用非对抗性的方式表达达成一致结论",从而减少分歧或者消除分歧,因此这一概念有助于描述结论阶段论证文体的特点(van Eemeren 2019:167)。

在惯例化交际实践中,结论阶段必须以某种方式经验性地进行表达。在《生态报告》这一言语事件中,结论是不可或缺的一部分,而且结果必须被明确地表达出来,因此策略操控的具体步骤和表现很容易被识别出来。在特定语境中,论辩话步只有利于正方(报告作者)来消除意见分歧,因为在这一阶段,反方通常只能对发布的结果采取接受态度而不能采取论辩话步。在《生态报告》的语境中,正方会重申根据论证作出的结论性言论,而我们的分析也必须对结论阶段进行重构从而识别脱离式论辩风格的这一具体特征。很显然,正方对于批判性程序中的结果已经有了明确的预判,因此在样本分析中我们应该展示正方对话题的客观处理。

接下来的研究将聚焦结论策略的表象特征,主要体现为特定文本类型或文本序列的选择。第一节讨论执行摘要和关键结果在报告文件中的地位和作用,第二节到第四节分析叙述性、描述性、元话语和转述性语序对结论策略操控的贡献,第五节分析如何通过间接言语行为的指令性实现"建议"这一虚拟立场。基于语用论辩学的理论视角,选择一种特定的"表达宏观手段"作为文本类型或文本序列是一个值得关注的话题,有助于发现脱离式论辩风格话语在结论阶段的特定语言结

构。由于涉及特定的惯例化交际活动类型(报告中的执行摘要和关键结果),所选择的语篇样本有利于考察在结论阶段中符合特定实践惯例的实证成果,这在一般交际中是不常见的。分析试图表明,表达手段的具体选择似乎是一个战略性情景的结构前提条件,这也可能是大量采用脱离式论辩风格话语的实践情况。与此同时,在更实际的层面上,脱离式论辩风格的概念范畴可能有助于进一步规范话语实践中的对结论进行明示的咨询和建议行为。

5.1 执行摘要及关键结果的定位及角色 在一般的对话或者交谈中,语言使用者自然而然地进行准确陈述,把其作为一个立场来推进,或者通过提出必要的论据来对其进行质疑,从而检查可能的防御和攻击方式,最终接受或拒绝这个立场。这与惯例化程度较高的交际实践并不完全一样。在此处考查的案例中,可能与大多数报告的案例一样,在一开始《生态报告》就给出绝对明确和无可争议的结论,陈述报告惯例化的总体结构体现了策略操控,为正方提供了随后的论辩部分。报告的正文包括一个全面的论辩程序,涉及大多数利益点以及次要问题。执行摘要和关键结果通常放在报告开头,这有助于在论辩合理性和修辞有效性之间进行策略操控。其作用是简要概述主要结论所涉及的方面、范围和基础,明确正反双方出发点的基本信息。

5.2 叙事性文本序列 在《生态报告》的两个部分可以找到一些叙述性文本序列:

(1) 第七次环境行动计划确定了三个主题优先事项……(ES/9①)

(2) 这些优先事项将继续与……密切相关(ES/9)

(3) 到2030年为止,已经制定了相当多的环境和气候目标和战略(ES/9)

(4) 成员国遵守和执行环境立法是过去的一项重要任务……(ES/9)

(5) 截至2019年的立法期间,已完成了大量新的或经修订的立法(ES/9)

(6) ……通过了一个全面的一揽子计划……(ES/9)

(7) 通过了全面的立法一揽子计划,更新了有关……的立法(ES/9)

(8) ……更新了有关新车和新轻型商用车辆二氧化碳排放的法规,同时也更新了有关重型车辆二氧化碳排放和燃料效率的新法规(ES/9)

---

① ES=执行摘要;KF=关键结果。斜杠后面的数字表示文件中的页码。

（9）欧盟委员会当选主席范德莱恩的计划中强调的环境领域的其他具体优先事项（KF/11）

这种叙事性序列的主要特征是使用过去完成时态或现在完成时态、过去分词、时间状语（"已经"）来表示在欧盟政策制定和实施过程中已经取得的成就和（通过立法）采取的步骤。与此同时，现在或将来时态或者时间决定（"直到2030年"）给出关键事件或后续事件序列的概述。作为计划或者时间表的一部分，这些事件大多用"优先事项、立法、任务、目标、战略"来表示。这种对过去、现在和未来事态的"就事论事"（van Eemeren 2019:166）的表达反映了脱离式论辩风格不仅能够让读者了解报告本身所关注的问题，而且特别能够了解结论的出发点。

因此，批判性讨论的结论阶段反映了对有关问题提出的解决办法进行审议以及虚拟争议的整个过程，通过列举最为显性相关的专题作例子使该议题得到《生态报告》主体框架内其他专题的补充说明。该叙事序列还表明，正方除了适当考虑文件（立法、战略等）所反映的已经存在的一系列议题和关切之外，没有主观选择和具体参与。结论阶段这种叙事方式的选择有助于证实欧盟文件所反映的特定议题的至关重要性，并在客观上为报告的结论指明方向。这种叙事方式向受众提供了部分或基本知识，因此受众可以把结果看作是"他们［正方和（虚拟）反方的出发点］"（van Eemeren 2019:167）。以过去和当前可核实的事件为基础，或以未来有可能发生的事件为基础，如战略、计划或立法实施内容的一部分，客观叙述可以作为工具或文本/话语技巧出现，形成脱离式论辩风格的策略。

5.3 描述性文本序列 在上下文的例子中也有描述性的文本序列，它们同样有助于形成一种脱离式论辩风格。在选定的样本中，描述性文本序列包括以下这些内容：欧盟（政策）文件和战略的标题（"第七次环境行动计划""2030年气候和能源框架""循环经济行动计划""欧盟清洁能源计划"）、与优先事项相对应的具体结构要素（见下文第11项）以及其他描述性成分。前面提到的名词（"优先权""立法"等）是描述性范式的一部分，使报告作者能够强调所考虑的文件的重要性，并在一定程度上引导受众对报告进行非描述性而是指令性、指导性和程序性的解读，以便于决策者确立一套用以贯彻执行的行动方案：

（10）第七次环境行动计划确立了三个主题优先事项（保护和加强自然资本，建

立资源节约型、绿色低碳经济,保护公民健康、增进公民福祉)(ES/9)

(11) 作为执行《循环经济行动计划》的一部分,废物处理部门通过了一个由六项指令组成的综合性一揽子计划以及一项循环经济塑料新战略和一个监测框架(ES/9)

在全部或有选择地列出问题("三个主题优先事项、六项指令")之前,先列举这些话题是出于专业和修辞的考虑,有助于使篇章内容更加透明,特别是有些复杂的名词结构包含专有词汇,读者在第一次接触报告时难以掌握。事实上,除了数词外,形容词或状语修饰语也可以用来修饰动作或事件。它们特别适用于典型的描述性文本,在节选中得到很好的体现(另见上一节的例子:"主题"优先事项、"全面"的(立法)一揽子办法、"大量""最新"的立法、"具体"优先事项、"高度"优先事项)。挑战的重要性、未来的优先事项和任务以及采取行动的必要性("重大"差距、下一个立法期的"关键"问题、"关键"决定、"更宏伟"的2030年气候目标),是通过带有"情绪性"消极内容和暗示不满的名词修饰语来进行强调的。带有消极内容的名词修饰语可以支持以动词为中心的话语的言外之力,具有指示性语用意义:

(12) 此外,在实施、执行、融资或政策一体化方面存在的重大差距,正威胁着欧盟目标的实现……

例(12)是动词有助于实现描述的代表性案例:动词"威胁"不对应于任何特定的行动或状态——没有明确提及任何事件;其功能是修辞性的,因为它实现了拟人化,因此对"重大差距"所指的概念进行了补充/过度描述:这些不仅重要,而且具有"威胁性",意味着差距可能阻碍欧盟目标的实现。如之前所述,我将这种类型称为"衍生描述",是为了将最初的描述性文本序列解释为一项指示——需要采取紧急措施,而这在样本文本特定部分甚至整个报告中都得到了明确的阐述:

(13) 需要就提高欧盟温室气体减排目标做出一项关键决定(ES/10)

(14) 欧洲议会要求欧盟制定一项全面的可持续发展战略,详细规定到2030年的时限、目标和具体措施,以及关于体制结构和治理框架的具体建议(KF/11)

(15) 第七次环境行动计划确定的主题优先事项仍然是高度优先事项(KF/11)

描述性文本序列可以采取脱离式风格,从而让语言使用者有机会做出符合客观性目标的话题选择,并提供示范性案例作为所讨论问题的说明。这些可以被视为"放大技术",用来唤起读者注意在不同领域进行的分析和结论的可靠性。

在语用论辩学框架中,定义被视为使用描述性言语行为,在文本类型分类中属于描述性文本序列的范畴。一些类似定义类型的陈述性言语更像上下文描述或情景描述。

(16) 关键问题在于上一个立法期间的立法工作尚未完成的领域。

这可以改写为"立法需要完成或扩展……",表明描述或定义可能具有指示性言语行为的言外之力。这样一份报告的关键结果部分按照惯例通常会附上建议。《生态报告》在相对应的部分遵循了这一做法,尽量不使用描述性文本序列。这符合实践中报告的惯例性做法,即关键结果应当限制在一页纸的篇幅,更具指示性而不是描述性。

执行摘要有多种功能,其中之一通过为关键结果中提出的建议提供合理性参考来评估利益攸关的问题。执行摘要中描述性策略的组织和安排符合报告两部分的功能和文件的总体策略设计,以避免多余和不相关的信息。正方关心的主要问题是如何使虚拟或显性论证尽可能透明和简洁。因此结论阶段仅运用最简单的修辞语用手段,相应的,比喻的使用也降到最低。与此同时,主要的修辞兴趣集中于话语结构和遵守惯例化实践。以脱离式论辩风格措辞也是出于对受众及其期望的考虑:1)受众不一定熟悉特别立法和技术问题,这部分是用来确保受众尽可能快速地理解报告正文中详细揭示的最为相关的话题;2)描述性文本序列具有良好的沟通效果,可以用掩饰的手法巧妙地向欧洲议会提出建议。

5.4 解释性、元话语和转述性文本序列 在批判性讨论理想模型中,完整的结论阶段要求对意见分歧、程序性和实质性出发点、论证过程以及讨论阶段的特点做出简明概览。这种情况在高度惯例化的书面或口头经验实践中普遍存在,但仍然存在一些创新空间。从经验上看,转述性话语、元话语和解释性段落符合这一理想的"要求"。这里所讨论的话语中,元话语使用的常规公式如下:

(17) 本研究报告第一部分概述了欧盟在环境和气候变化政策领域的立法、主要目标和战略的现状,特别侧重于最近采取的行动(ES/9)

(18) 第二部分探讨下一个立法年度的挑战和关键议题(KF/11)
(19) 第二部分还涉及欧盟委员会当选主席冯德莱恩概述的优先事项，如……(ES/10)
(20) 这项研究回顾了欧盟正在进行的环境和气候立法的现状，并分析了未来五年的主要挑战(KF/11)

这些元话语文本序列通过将执行摘要和关键结果与《生态报告》主体联系起来，有助于语篇设计的透明化。因此，正方将整个报告及其结构要素（第一部分和第二部分）进行了话题化，同时本研究明确了文件所属的惯例化交际实践的类型。在脱离式论辩风格中，正方-作者仍然倾向于选择客观、简洁、朴素的表达方式，从而将总体建议和具体建议作为其立场传达给受众。

转述性文本序列在样本中分为两种类型：

第一类一般是具有法律权威性或政策性的特定文件。如5.2和5.3中所述，在结论阶段的讨论中，"战略""优先权""立法"等通用术语和特定名称的使用，都有利于正方展示论证的实质性出发点以及进一步对其立场进行维护。这种方式非对抗性的，且基于合法、质性（"间隙""过度捕捞""非法捕捞"）和量化（提名时间表——2030年、2050年）的数据。两份样本都提到了当选主席乌尔苏拉·冯德莱恩的工作计划，用来证实报告作为参考内容的权威性。

第二类转述性文本序列大体上可以通过两个文本样本来表示，即"关于《生态报告》的转述"。从这个观点来看，它们是二阶话语，采用传统的结论形式（执行摘要和关键结果）提出立场并由同一语言使用者来转述，属于直接转述语篇，由于代表相同的立场，因此不需要通过论证得到支持。根据样本中隐藏的论辩结构以及节选话语的总结和考察功能，可以将其重新构建为虚拟批判性讨论的结论阶段。

鉴于所选取部分具有的规约性维度，《生态报告》中没有出现明显的解释性文本类型。然而，大多数元话语和转述性话语文本序列具有显性或者隐性的解释性，因为它们指向不同事件类型之间的关系"数据分析—进展—决策—立法—执行—后续步骤"。其间的关联可能是在分析中得以体现的，因为论辩风格特征可以在二阶层次上被识别出来。如此一来，一般在结论阶段论辩就被转述而不再向前推进了。这两个话语样本似乎几乎无法对其加以反驳，除非对整个文件、部分文件和/或所涉及的技术程序提出质疑。然而，在由一个专门科学机构处理这项任务的情况下,如果不是本身存在争议的话,这种情况一般不会发生。

5.5 叙述和描述中的直接性　叙事性和描述性的文本序列,可以用以证实《生态报告》的作者们向委员们提出建议的合理性。间接或直接使役性言语行为是通过总结报告正文中更详细部署的论证来实施的。

(21)［这些优先事项将持续关联］,而且重要的是在这些领域继续不受干扰地执行欧盟政策(ES/9)

(22) 会员国的遵守和执行环境立法"在过去是一项重要任务",需要在下一阶段得到更为果断的处理(ES/9)

在例(21)和例(22)中,未来和过去事件或状态作为时间参照用以呈现叙事文本序列,以类推的隐性论证为基础,为建议提供支持,即过去如此,今后也应如此。

(23) 除非各国政府采取进一步行动,否则欧盟很可能无法实现 2030 年气候和能源目标(KF/11)

在例(23)中,一个关于未来的简短叙述性文本序列,是以("很可能无法实现的")肯定性预测形式,并结合描述性文本序列("2030 年气候和能源目标"),简练地指向一个隐含的建议,即各国政府必须采取进一步行动。

这样就避免了对负面后果进行显性论证,不至于让作者因为预测忽视这一建议的负面影响而受到攻击。因此,直接性是间接执行的,如评价性描述序列的例子:

(24) 在市政废物回收方面存在执行差距(KF/11)

(25) 生物多样性也在持续丧失(KF/11)

例(24)和例(25)中含有负面内容的名词,也指出了可能或很有可能的负面后果,间接地传达了对上述问题加强行动的建议。由于这项研究的作者不是决策者,所以他们避免以更具指导性的形式重述报告主体中陈述的观点。

六、受众对科学/技术研究/报告的期望

在结束分析之前,还需要就如何迎合"受众需求"作一些评论。考虑到论辩者

所要构建的参考框架以及倾听者或读者的偏好,应该特别注意这两个要素:

首先,论辩者应遵循参考框架,即遵守制度语境中默契的、传统的、隐含的"规则",以及遵守话语语体类型的结构和形式要素。在本文所研究的案例中,考虑到这是一个专门委员会要求的"研究",论辩者应该与相同情景要求下所提交的其他研究中使用的结构和形式手段保持一致。

其次,论辩者不仅应该满足研究要求者的偏好,还应该满足更广大受众(机构行为者、政策制定者、媒体和公共领域)的偏好。

在文件正文和两个样本中都能找到这种迎合的例子,比如引用乌尔苏拉·冯德莱恩在环境和气候问题方面所做的提高和维持行动的承诺,便是考虑到参照框架和某些特定观众的偏好。虽然这些引用是用来说明欧盟对环境和气候问题的具体担忧,但同时也发挥了贯穿于《生态报告》中的被标示/收集的数据和建议所假定的警告功能。在对现状的"描述"和对可能结果的"预期"(即对将要采取的行动或对政策本身产生积极和消极的后果)之间保持平衡,符合特定的参考框架(过去、现在和未来)和受众的偏好(聚焦于欧盟行动的具体问题以及将要采取的立法和行政措施的范围)。同时,这也与正方-作者采用惯例化交际模式,均衡具体建议和脱离式非对抗性论辩行为的做法保持了一致。

在言语行为层面,在话语的每一个环节,叙述性和描述性的断言以及指示性的建议都与研究的主题和次主题"欧盟环境与气候变化政策——现状、当前和未来的挑战"密切相关。受众的期望实际上也是一种"挑战",即建议被认可并用于指导行动和改革还是被无视,这种对未来的挑战实际上也是对未来研究的挑战。无论是受众是个人还是群体,都有着不同的偏好,而这种偏好值得引起关注。

七、结论策略操控中脱离式论辩风格的文本类型特征

在论辩话步中重申(或者提出)带有批评性的立场,不太容易被接受。在批判性讨论中,《生态报告》中提出这一立场的一方实际上扮演了正方的角色并有义务维护这一立场。在惯例化交际实践中,这一方同样被要求在惯例化话语结构中(也就是执行摘要和关键结果中部分小节)的开始便对这一立场进行重申。由于这一立场有潜在的负面性,如果不想扮演反方角色的话,目标受众更有可能感觉

受到批评并为自己辩护。

批评有可能引起消极情绪，而且这种消极情绪会随着批评本身所具有的倾向增强，因此针对受众期待的策略操控扮演着重要的角色。批评要兼具合理性以及描述性和客观性，从而发挥其批评功能。此外，批评的措辞需要慎重，以免被视为"人身攻击"，即使"攻击"的重点是机构而不是个人。

如《生态报告》中执行摘要和关键结果部分所示，相关策略的选择可以被视为脱离式论辩风格的典型表达手段。为了在报告中向决策者提出带有建议的立场，采用一种异质性话语论辩方式。在报告的两个引入性关键章节的话语样本中发现了脱离式论辩风格的特点，基于语用论辩学的理论框架，这两个章节被重构为批判性讨论的结论阶段。

在惯例化交际实践中，这一报告对语言使用者（即《生态报告》作者）提出了特殊的要求，他们代表了指令性或程序性立场的正方。一般来说，在就欧洲议会的具体立法行动提出建议时，决策者可能同正方立场一致。根据我们的研究，相关语境要求正方采用一种标准的格式。采用脱离式论辩风格似乎成为必然，分析应以策略操控概念和文本（原文）典型序列为依据，在批判性讨论的结论阶段，为保证陈述的客观性和简洁性以及报告总结或者关键结果中的信息密度，不再重申意见分歧，而是通过均衡叙述性、描述性和元话语的文本策略对至关重要的立场进行综合性表达。这就避免了对立场进行明确的否定性评价或陈述，但提出的建议可供决策者采纳或再议。

研究表明，文本类型的概念可能有助于对脱离式论辩风格的特征进行更为细致的描述，尤其是惯例化交际实践必须依赖于特定的话语模式时。在对论辩结果进行总结并指出其主要发现的结论阶段，通过均衡叙述性、描述性、元话语和转述性文本序列来构建话语是一种有效策略。一篇较长的文本可以通过分析其主体部分的惯例化成分来确定其论辩风格的特点；同时这也可以指导研究者将采用了特定话语模式的文本重构为批判性讨论的不同阶段。正方所遵循的惯例化模式进一步凸显了脱离式论辩风格，这意味着这一模式对客观性也提出了要求。当这些特征贯穿于整个"长"文本时，可能进一步表明正方采取了一种脱离式论辩行为，并明确划定了其精心论辩的要素。

纵观采用脱离式论辩风格的整个语篇，参与式论辩风格也有显现，但这并不一定意味着脱离式论辩风格不能始终如一地表现出来。相反,这可能意味着在脱离式论辩中,含蓄的批评或者保守的陈述风格可以作为表达手段进行策略操控,从而避免在批判性讨论的结论阶段将批评和建议直接话题化,尽管这一言语事件就是将批评和建议准确地传达给目标受众。

参考文献

Source document: Herold et al. 2019, *EU Environment and Climate Change Policies—State of Play*, *Current and Future Challenges*, Policy Department for Economic, Scientific and Quality of Life Policies, European Parliament, Luxembourg. [Requested by the European Parliament's Committee on the Environment, Public Health and Food Safety. Co-authored by specialists of the (research and consultancy body) Öko Institute for Applied Ecology, Germany www.oeko.de] https://www.europarl.europa.eu/RegData/etudes/STUD/2019/638428/IPOL_STU(2019)638428_EN.pdf.

Adam, J.-M. 1992. *Les Textes: Types et Prototypes. Récit, Description, Argumentation, Explication et Dialogue.* Paris: Nathan Université.

Bal, M. (1985) 1997. *Narratology: Introduction to the Theory of the Narrative,* second edition. Toronto/Buffalo/London: University of Toronto Press.

van Eemeren, F.H. & Grootendorst, R. 1992. *Argumentation, Communication and Fallacies. A Pragma-dialectical Perspective.* Hillsdale: Lawrence Erlbaum.

Eemeren, Frans H. van & Grootendorst, R. 2004. *A Systematic Theory of Argumentation. The Pragma-dialectical Approach.* Cambridge: Cambridge University Press.

van Eemeren, F.H. 2010. *Strategic Maneuvering in Argumentative Discourse. Extending the Pragma-dialectical Theory of Argumentation.* Amsterdam/Philadelphia: John Benjamins Publishing Company.

van Eemeren, F.H. 2018. *Argumentation Theory: A Pragma-Dialectical Perspective.* Cham: Springer.

van Eemeren, F.H. 2019. Argumentative style: A complex notion. *Argumentation* 33:153—171.

van Eemeren, F.H. 2020. Characterizing argumentative style: The case of KLM and the destructed squirrels. Manuscript before publication.

van Eemeren, F.H. 2021. Examining Argumentative Style. Present volume.

Gâţă, A. 2020a. Argumentative style in a study on climate change policies. Oral communication, *International Conference on Argumentation and Public Policy, Reasons, Citizens and Institutions*, COST CA 17132, *European Network for Argumentation and Public Policy Analysis* (APPLY), University of Wrocław, March 4—6.

Gâţă, A. 2020b. Le《triangle》acte de langage (proto) type textuel—(proto) type d'activité communicative dans l'analyse du discours argumentatif. Oral communication, 8th *Scientific Conference of Doctoral Schools "Perspectives and Challenges in Doctoral Research"*, "Dunărea de Jos" University of Galaţi, June 18—19.

Hyland, K. 2017. Metadiscourse: What is it and where is it going? *Journal of Pragmatics* 113: 16—29.

Miller, R.T. & Pessoa, S. 2018. Corpus-driven study of information systems project reports, in Brezina, V. & Flowerdew, L. (eds.), *Learner Corpus Research: New Perspectives and Applications*: 112—133. London/New York: Bloomsbury Academic Publishing.

Sales, H.E. 2006. Executive Summaries, in *Professional Communication in Engineering*: 214—240. Hampshire/New York: Mac Millan Palgrave.

Spronck, S. & Nikitina, T. 2019. Reported speech forms a dedicated syntactic domain. *Linguistic Typology* 23(1): 119—159.

Characterizing a Detached Argumentative Style: Text Types as Presentational Choices

Anca GÂŢĂ

Abstract: This study is a contribution to the recently introduced notion of argumentative style (van Eemeren 2019) in the framework of the pragma-dialectical approach. It aims at characterizing a detached argumentative style, by focusing on a speech event pertaining to the communicative activity type organizational discourse, a report on EU environment and climate change policies. The analysis concerns the executive summary and the key findings of the report, reconstructed in the analysis as the concluding stage of the critical discussion corresponding to the pragma-dialectical model. The notion of text type (Adam 1992) used in the analysis has allowed a more fine-grained characterization of the detached argumentative style, especially since the communicative practice under analysis displays a specific discourse format and structure for reasons of conventionalization and institutionalization. In such circumstances, determined by the type of conventionalization imposed by the context, the adoption of a detached argumentative style appears to be a pre-requisite. In the concluding stage of a critical discussion the difference of opinion is not restated, while the most significant standpoints are synthetically (re) presented by an adequate balance of narrative, descriptive and metadiscursive text strategies meant to support the objectivity, the conciseness of the presentation and also ensuring the necessary density of information required in a report summary or the presentation of key findings, respectively. While explicit negative evaluations or formulations of standpoints are avoided, the recommendations are presented as open to adoption or reconsideration by policymakers.

Keywords: argumentative style, concluding stage of the critical discussion, detached argumentative style, pragma-dialectics, text (proto) type/text sequence

(原载于《当代修辞学》2021 年第 1 期)

义位/自设义位:释义话语风格特征之广义修辞阐释

谭学纯

(福建师范大学文学院)

提 要 本文在广义修辞学解释框架中探讨义位/自设义位释义话语风格的区别特征及关联话题:1)在修辞技巧层面描述与解释义位/自设义位释义话语风格;2)在修辞诗学层面解释从义位强制推向自设义位的释义话语作为文本建构修辞路径的可推导性;3)在修辞哲学层面解释义位/自设义位释义话语所体现的认知确定性和不确定性互补及后者的负面效应和适用语境;4)从"表达-接受"互动过程解释义位/自设义位释义话语生产与消费;5)释义研究的问题空间和解释空间可挖掘的修辞资源不限于狭义的修辞知识,在修辞学研究视界拓展的学术生态中,问题空间和解释空间具有更灵活更多样的打开方式。

关键词 释义话语风格　广义修辞学　修辞认知　问题空间　解释空间

广义修辞观不倾向仅以言语运用的"修辞技巧"定义"修辞",也不倾向仅以单边的"修辞表达"定义"修辞",为此构建"两个主体"(修辞活动的表达者和接受者)贯穿"三个层面"(修辞技巧、修辞诗学、修辞哲学)的理论框架。本文以义位和自设义位释义话语风格为观察点,观察广义修辞学解释框架及其延展解释空间的可能性。

一、修辞技巧层面的解释:
义位/自设义位释义话语风格特征

广义修辞学界定的修辞技巧,是以词句段为语言单位的优化形式。释义是以词为研究单位的典型样式之一,"义位"和"自设义位"(谭学纯 2011a,2014,2017)释义,依据同一目标词有无词典记录的词义来认定。词典记录的释义话语,基于固定义位的静态词义系统；无词典记录的释义话语，属于释义主体的自定义，面向动态的语用环境，修辞干预空间比较自由。

比较观察下面的释义话语：

(1) 孤单,是一个人的狂欢；狂欢,是一群人的孤单。(《叶子》歌词)
(2) 所谓门槛,过去了便是门,过不去就成了槛。(崔希亮 2019 语例)

"孤单""狂欢""门槛"由词典记录的义位释义分别为：

孤单　①单身无靠,感到寂寞。②(力量)单薄。
狂欢　纵情欢乐①。
门槛　①门框下面挨着地面的横木(也有用石头的)。②比喻进入某范围的标准和条件。③方言中指窍门②。

　　义位释义话语体现为[+类型化+科学化+客观化+专业化]的风格特征，类型化的解释将关于被释义对象的多种体悟进行高浓度的科学抽象，给出目标词的共享语义空间，过滤释义主体的主观经验，呈现客观化的表达。类型化使义位释义话语便于抽象，科学化体现某种权力，客观化限制释义权力的情感倾向。从释义话语结构来说，义位释义通常凝固为具有范式意味的模块，释义主体按照释义模块进行目标词的意义提炼，释义指向的意义空间，是使用该母语的语言共同体进行信息交换的给定范围。这个给定范围随着释义的完成而封闭，在相当长的时间周期不会轻易改变。纵或需要对释义做出更契合释义对象的话语调整，解释权通常只属于具有专业知识的释义主体，具体操作不仅对释义原则、释义方法、释义元话语及标注形式等有专业要求；在更微观的释义结构中，诸如释义文本的话语秩序、义征义核提取、别义因子隐显、语义角色有无等，专业门槛都比较高，具有语言专业背景也不一定就可以胜任符合释义规则的义位释义。

　　自设义位释义属于溢出目标词固定义位的随机操作，释义话语体现为[-类型化-科学化-客观化-专业化]的风格特征。个性化的解释选择性忽略目标词的共享语义特征，在被释词的语义容器中填入主观经验，强势重建目标词义位之外的

---

①② 《现代汉语词典》第7版第464、760、590、1238页,商务印书馆,2016年。

意义秩序,或者修辞化地改造义位释义话语。如例(2)拆解"门槛"的义位②,用"过去了"和"过不去"主观化地区隔"门"和"槛",并且将语素"槛"升级为与"门"同层级的意义承载单位。由于解释权不再专属业内人士,专业释义的科学性缩水,义位释义的科学话语被转换成自设义位释义的世俗话语或诗性话语,不拒绝土味释义,如电视剧《潜伏》中的革命村姑王翠平给出的"恋爱"释义"就是钻玉米地";也不拒绝花式释义,如例(1)重建"孤单/狂欢"互为属种关系的修辞幻象,孤单的心理空间被释义话语重新建构为一个人的狂欢;狂欢的心理空间被释义话语重新建构为一群人的孤单。以致"孤单/狂欢"意义的可区分度随着"孤单"和"狂欢"的语义角色在修辞秩序中重新聚合而呈现为你中有我、我中有你的胶着情状:孤单挣脱个体状态,植入群体兴奋;狂欢逃离群体兴奋,植入个体的孤单。孤单和狂欢,个体和群体,交错位移,互相注释,又互相离析;互相解构,又互相重构。自设义位释义不求精准刻画词义,而较多地注入释义主体的价值判断,用于解释部分地为修辞的权利接管的信息通道。针对任意一个目标词的任何一次自定义,都重新给出一个自设义位。由此决定了:单义词义位对应单数,可能裂变为自设义位理论上的复数,且不是同质性复数,而是异质性复数。单义词的自设义位释义既是相对于义位释义的变异,也是自设义位释义自身持续不断的变异,同一词条身份的单义词,不仅存在多元阐释的可能,而且不同的自设义位释义可能互相冲突。同一释义主体,可以在不同的语境条件下重释同一个目标词,可以通过同一个目标词不同的自定义呈现不重复的自己。不同的释义主体,可以从不同方向、不同维度,为同一个目标词重建新的自设义位。它既可以是一(释义主体)对多(释义对象)的话语生产,也可以是多(释义主体)对一(释义对象)的话语生产。

[±类型化 科学化 客观化 专业化]的义位释义话语和自设义位释义话语,对应释义主体的站位、参照坐标和视点,生成"无我/有我"之义。"无我"的释义主体按规定动作、在固定视点观察和解释可以观察到的对象世界,将"我"从对象世界抽离,提取对象世界本身的意义;"有我"的释义主体以自选动作、自选流动视点,重建和重释不曾观察到的对象世界,释义主体作为有思想、有情感的"我"参与对象世界的意义重建。"我"的参与层次和程度,决定目标词的自设义位释义话语以何种方式重新呈现。以上描述,简如下表:

表1 义位和自设义位释义话语风格特征

释义话语风格	义位	自设义位
类型化	+	-
科学化	+	-
客观化	+	-
专业化	+	-

根据表1可进一步描述:从释义精度和区分度来说,义位释义话语>自设义位释义话语;从释义自由度和可分析性来说,义位释义话语<自设义位释义话语。

重要的不是怎样描述义位/自设义位释义话语风格特征及自设义位释义话语的修辞技巧,而是怎样解释体现不同风格特征的释义话语产生的修辞诗学和修辞哲学效果。

二、修辞诗学层面的解释:义位/自设义位释义话语作为文本建构路径及其跨文体可推导性

如果释义话语不是一次具体的话语生产终端产品,而是一次话语生产过程,或者只是一次话语生产的起点,那么研究非终端操作的释义话语,观察单位是始于并终于目标词,还是在更大结构的话语生产过程中追踪目标词,研究结果不一样,理论资源也不一样。躺在词典释义系统中的静态语言单位,语义从固定义位溢出,在自设义位重新出场,自设义位释义话语成为组织文本叙述能量的结构性修辞元素(谭学纯2018:4),对此广义修辞学的解释从修辞技巧延伸到修辞诗学。

《广义修辞学》的"修辞诗学"概念,基于修辞学和诗学的"学科间性",研究作家的修辞策略如何借助相应的修辞处理,操控文本叙述。我们分析过一类文本建构路径:文本关键词释义背离义位的共享语义空间,从而义位被强制推向自设义位(谭学纯2011b),以意义再生产的个人方式,强制性地重建话语权,以释义自由度兑换叙述新颖度。这种文本建构路径可以就同一文体的同类文本进行推导,也可以进行不同文类的跨文体推导。

2.1 散文文本关键词义位—自设义位释义话语作为叙述推动能量

文本关键词可以在义位和自设义位交叉使用,也可以隐去关键词义位,而用作自设义位的隐性参照。余秋雨《废墟》、汗漫《脚注》(谭学纯 2014),包括以"这也是一种 X"(谭学纯 2011c,2012)以及"有一种 X 叫 Y"(吉益民 2011;温锁林 2012)为题的部分文本,不约而同地选择了相类的文本建构路径。

补充分析一篇被认为曾影响了无数人的经典美文——塞缪尔·乌尔曼的《青春》(Youth),也译作《年轻》,全文不足 400 字,可完整引录:

(3) 　　青春不是年华,而是心境;青春不是桃面、丹唇、柔膝,而是深沉的意志,恢宏的想象,炙热的情感;青春是生命的深泉在涌流。

青春气贯长虹,勇锐盖过怯弱,进取压倒苟安。如此锐气,二十后生而有之,六旬男子则更多见。年岁有加,并非垂老;理想丢弃,方堕暮年。

岁月悠悠,衰微只及肌肤;热忱抛却,颓废必致灵魂。忧烦,惶恐,丧失自信,定使心灵扭曲,意气如灰。

无论年届花甲,抑或二八芳龄,心中皆有生命之欢乐,奇迹之诱惑,孩童般天真久盛不衰。人人心中皆有一台天线,只要你从天上人间接受美好、希望、欢乐、勇气和力量的信号,你就青春永驻,风华常存。

一旦天线倒塌,锐气便被冰雪覆盖,玩世不恭、自暴自弃油然而生,即使年方二十,实已垂垂老矣;然则只要树起天线,捕捉乐观信号,你就有望在八十高龄告别尘寰时仍觉青春。

"青春"作为标题话语和文本关键词,在义位和自设义位的核心义素可提取为:[+(人的)年龄-逆向认定]/[-(人的)年龄+逆向认定],在义位/自设义位不同的话语频道进行青春动员,话语成本和话后效果不尽相同,叙述空间也不尽相同。如果将文本叙述空间区分为"已用/可用"空间,那么可以认为文本关键词义位释义话语很大程度上折叠了文本叙述的已用空间,而文本新颖度与文本可用的叙述空间正相关。推进目标文本叙述的已用空间基本上被"前文本"(义位释义话语)填充,可用的叙述空间则分为被动空间和主动空间。可用的被动空间也主要是由义位释义话语引导的,作家的修辞策略是在自设义位打开可用的主动空间,强势注入新的"阐释资源"和"评价资源"(蒋庆胜 2019),强制改变文学读写共享的语义秩序:将"青春"的语义特征[+年龄]重释为[-年龄],在年龄语义场之外重启青春叙述。《青春》在叙述起始位置就否定了"青春"义位规定的年龄特征、体能特征和体貌特征(通常血气旺盛),将青春角色的外在性转换为内在性,将"青春"的义位释义打包之外的信息碎片重新组织进了目标文本,义位释义话语指向的 X,被重释为自设义位的"不是 X,而是 $Y_1……n$"。通常认定人是否保持"青春"的在场姿态,参照点和观察点都是生理年龄,当参照对象的生理年龄小于所指对象时,"青春"指数不能逆向认定,不能逆向认定八十岁比二十岁在生理上更青春。去除青春的年龄标签之后,"青春"的核心义素从[-逆向认定]被重释为[+逆向认定],八十岁"仍觉青春"和二十岁"垂垂老矣"的身份主体,被乌尔曼进行了反向的修辞组配。"八十高龄告别尘寰时仍觉青春",变换了认定"青春"的参照系,参照点和观察点由生理表征变换为心灵深处的精神能量。这不是抗衡不可逆的生理年龄,而是不可控的生理年龄和可控的心理年龄讲和。如果保持活力、魄力和创造力,青春的年龄边界也许可以大幅位移,即便垂垂老矣,依然可以注入"青春"的灵魂,这是选择修辞路径才能被认可的解释权。

但这并非作家专利,2020 年走红网络的杭州二中学生李豪逸作文《书生》,是这位提前录取的准大学生有感于浙江省高考语文试卷题目,对"有字之书""无字之书""心灵之书"的诠释,实为"书"的释义在义位和自设义位之间的调配和组织。2020 年上海中考作文《有一种甜》,也可以认为是考察考生对"甜"的识解的自我赋权。汉语"甜"有不同义位,对应不同义项,分别具有[+味觉(甜点)][+讨人喜欢(长相甜美)][+舒适(睡得很甜)]等语义特征,可以肯定的是,基于"甜"的义位的任何一种语义特征写出的考场作文,叙述空间都被义位释义所框定。事实上,试题之所以不在词语解释,而在分值几十倍于词语解释的作文题中选择"以甜说事",意图是明显的。不想在"前写作"的构思环节就输掉的考生,不同版本的"出位"之思可能跑赢固定的"义位"之见,以自定义的"甜"推动文本叙述,提升叙述新颖度,是胜出可能性更大的选项,例如用"甜"的反义"苦"来推进《有一种甜》的叙述,在不改变道德评判标准前提下的反向偏离,更利于制造叙述张力和陌生化的接受效果(谭学纯 2011c)。虽然考生不一定清楚其间的修辞诗学原理,出卷人和阅卷人对释义话语从义位向自设义位突围的修辞诗学功能也不一定有理论自觉,惟其如此,更有必要对此类文本建构路径进行理论描述。

2.2 诗歌文本关键词义位—自设义位释义话语作为叙述推动能量

曾为余光中赢得"乡愁诗人"美誉的《乡愁》,篇名和文本关键词"乡愁"的释义从义位被强制推向可自主操控的自设义位,"乡愁"的[-清晰度-可见性-可触性]被改写为[+清晰度+可见性+可触性],这种主观性很强的乡愁阐释,随审美视点流动而修辞化为诗中"小小的邮票""狭狭的船票""矮矮的坟墓""浅浅的海峡",抽象的"乡愁"投射为具象的审美替代物,平面的"乡愁"在时空延展中被赋予了层次感。义位释义通常呈现的向心性的信息汇聚,重新编码为文本建构过程中离心性的信息发散。《乡愁》的文本新颖度,取决于诗人能在多大程度上摆脱由"乡愁"的义位释义构成的目标文本叙述压力。诗人摆脱叙述压力的修辞处理,是偏离"乡愁"的固定义位,重建自设义位"乡愁"的修辞语义,并按照修辞重建的"乡愁"语义,强制性地重建《乡愁》的叙述结构。《乡愁》的叙述长度,伴随着诗人思乡情绪的反复释放,叙述的延长需要能量推动,但不能完全复制同样的起始点,这是诗语的审美要求。而能量推动和能量消耗是同在的,全诗四个自然节,每一次关于"乡愁"的重新释义,在该节注入修辞能量,也在该节叙述完成的同时消耗了注入的修辞能量。诗人四次重释自设义位的"乡愁",不断为目标文本叙述注入新的修辞能量,在强制性推进的文本叙述中重建《乡愁》的意义秩序。

诗歌的文体特征决定了可以推导的同类文本建构路径,存在更多的可分析样本,因此不用烦琐举证。但是如果比较阅读余光中《乡愁》和臧克家《有的人》,似有一个很有意思的"发现",后者提供了从不同方向观察经典文本成功的修辞和不太成功的修辞例证:

(4)有的人活着/他已经死了;/有的人死了/他还活着。

"活"和"死"的义位释义是[+存现+生命]和[+失去+生命],自设义位释义是[+存现+生命价值]和[+失去+生命价值],"死"作为"活"的价值支点,凸显生物学意义上生命现象的存在与虚无,社会学意义上生命价值的永恒与消亡。自设义位释义话语生成了一句经典诗语,文本新颖度由此提升;而当诗歌文本建构回到关键

词的义位释义话语时,虽然也是修辞,如下例,却破坏了诗语的质感,拉近了诗歌和口号的距离:

> (5) 有的人/他活着别人就不能活;/有的人/他活着为了多数人更好地活。他活着别人就不能活的人,/他的下场可以看到;/他活着为了多数人更好地活的人,/群众把他抬举得很高,很高。

孙绍振(2006:237)批评这样的诗句为了思想鲜明,牺牲艺术。借用恩格斯的表达:"为了席勒而忘掉莎士比亚。"①

2.3 小说文本关键词义位/自设义位释义话语作为叙述推动能量

不同于散文和诗歌的文本修辞建构通常由作者直接完成,在比散文诗歌的叙述格局复杂的小说中,推进文本修辞建构的叙述能量可以由作家直接注入,也可以由作家的文本替身叙述人操控,甚或由文本人物参与调度,但本质上都是作家的修辞行为。

肖翠云(2017)分析刘庆邦小说《哑炮》关键词的修辞语义如何推动文本叙述,以及男主角在性与人性之间的博弈。文中分析"哑炮"的修辞语义,即自设义位。《哑炮》讲述的故事是:旷工江水君爱上了工友宋春来的妻子乔新枝,示爱遭拒后,借助哑炮潜在的爆炸性能,炸死宋春来,娶了宋妻。固定义位的"哑炮"(施工爆破中未炸响但隐藏着爆炸力的炸药)致死宋春来,自设义位指向性欲的"哑炮"和人性的"哑炮",折磨着江水君。当乔新枝为人妻的时候,指向性欲的"哑炮"不断刺激江水君的性幻想和性骚扰,指向人性的"哑炮"昭示他的道德沦陷和伦理崩塌;而当乔新枝为己妇的时候,指向人性的"哑炮"表明他的伦理忏悔和心灵自责,指向性欲的"哑炮"显示他的性克制和性低能。最终,指向人性的"哑炮"压制指向性欲的"哑炮",江水君婚后从弱房事到零房事,并在死前说出了固定义位的"哑炮"事件原委,完成精神层面的自我救赎。小说叙述结构和意义秩序可描述为:

---

① 恩格斯:《致斐拉萨尔》(1859年5月18日),《马克思恩格斯选集》第4卷(下),人民出版社,1972年,第345页。

表2 "哑炮"义位/自设义位释义话语的修辞诗学后果

	关键词	释义话语的修辞诗学效果
哑　炮	固定义位	炸死情敌:性欲上升—人性沉沦
哑　炮	自设义位	炸醒自我:性欲下沉—人性复苏

修辞诗学研究,重视语言学理论资源,同时重视文学文本以语言的形式呈现的文学性,因此不满足于单纯的语言学解释和语言学结论(谭学纯 2013)。王蒙小说《坚硬的稀粥》篇名"坚硬"和"稀粥"强行组合,既不能改变"稀粥"[-固体-硬度-程度强]的语义特征,也不能改变"坚硬"[+固体+硬度+程度强]的语义特征,"坚硬"和"稀粥"在语法配价中不能共现的语义特征,转向修辞配价进行"超配"。但如果解释和结论到此为止,似不能抵达文本的中心意义:《坚硬的稀粥》叙述两代人的早餐偏好,偏爱西式早餐的年轻人每天牛奶、鸡蛋、三明治,肠胃受不了,最后还是回到中式早餐。"稀粥"超越语法规则的"坚硬",一直"硬"到文化深层——这是作家希望凸显的,却又是文本表层竭力隐藏的。对此,修辞诗学的解释从语言学分析延伸到语言学之外,但语言学结论之外的文本挖掘在国内主流的语言学研究中似属"他者"地界,这既可以理解为语言学界对学科界限的自觉坚守,也可以理解为"纯语言学"研究对"语言学-文学"交叉地带是否拥有话语权的某种暧昧。鉴于此,也许可以探寻一种源自语言学,又超出语言学的解释模式,这是为什么广义修辞学在"纯语言学"和巴赫金、克里斯蒂娃等主张的"超语言学"之间重建平衡支点的理由。

三、修辞哲学层面的解释:义位/自设义位释义话语及认知的确定性和不确定性

义位和自设义位,释义话语区隔了不同的意义秩序及其思想空间,也体现了认知世界的不同方式。就同一个目标词而言,义位释义框定的意义世界和自设义位释义重建的意义世界,都不是语言活动的目的,而只是通过语言认知世界的一种手段。人们置身其中的世界,是释义话语刻画的世界,但又不限于义位释义话语刻画的样本。自设义位释义主体参与其中的意义世界,相对于义位释义话语解

释的意义世界是陌生的,选择基于义位或是自设义位的释义,其实也是选择认知方式。

义位释义是对已有知识的抽象,基于释义对象的必然性,体现对世界必然如此的科学追寻和概念认知的确定性。它在认定世界"是什么"的同时,也认定了世界"不是什么"。义位释义话语建构的意义秩序确保言语交际顺畅的同时,也在相对的意义上管控了思想——基于目标词义位的权威释义指向 X 并为语言共同体共享时,意味着这个词的语义已经沉淀,某个词的释义固化为 X 的意义边界成为思想不能越位的疆界。当认知对象的语义资源及其组配方式别无选择时,思想出新的空间随之收窄。

思想突围往往选择偏离义位释义框定的认知界限,实现弯道超车。一些有冲击力和震撼力的思想,是自设义位释义生产线上的话语产品。与义位释义话语提取目标词语义信息的最大公约数不同,自设义位释义话语提取的公约数,可以是最小的。后者不满足于对已有知识的抽象,基于释义对象的可能性,体现对世界可能如此的美学追寻和修辞认知的不确定性。它在换一种视角认定世界"是什么"的同时,走出了概念认知指向的世界"是什么"的思维定势,对已知世界在某个未知维度进行重构,在已经认知的意义世界植入未认知的意义,但并不抵制旧有的概念认知,只是以意义再生产的方式,开启意义空间,与义位释义的意义秩序并存。自设义位释义的新颖度和自由度,刺激修辞认知,在增加认知的不确定性的同时,也受到确定性的概念认知框架的规约。通常在自设义位释义话语未沉淀为固定语义的情况下,释义主体会自觉减少对未沉淀的自定义的复制,一旦复制,就偏离了修辞贵在创新的本质。

义位/自设义位释义,既是认知确定性和不确定性的博弈,也是互补。当义位释义话语作为认知中心的时候,自设义位释义话语处于认知边缘。认知博弈推动认知中心/边缘位移,也推动认知确定性/不确定性互补。正是认知确定性和不确定性的博弈与互补,推进了认知升级。但是需要警惕:自设义位时不同释义主体或同一释义主体的话语生产,可能伴有认知的重复错乱,如网络释义的局部乱象;也有可能产生认知误导,如颠覆文化秩序的释义"大学就是大家来学"。而当解释的自由与权力的傲慢和任性合谋时,自设义位释义话语对知识权利的再分配,对健康话语生态的破坏,可能僭越释义正义。思想可以照亮,也可以照盲认知,思想可能被自由释义绑架,解释的自由可能演化为思想暴力,因此解释的自由不能导向解释无边界,而是需要对自我释义的话内行为可能引发的话后行为失控保持警惕,不宜盲目扩大自设义位释义话语的适用语境①。

四、"表达-接受"互动论的解释:义位/自设义位释义话语生产与消费

广义修辞学强调在"表达-接受"互动过程中观察与解释修辞活动,释义目标词是"表达-接受"互动的中介,同一目标词的义位/自设义位释义话语,有什么样的读写互动,就有什么样的意义取向。

当释义主体偏离义位释义话语的时候,实际上等于偏离了义位释义话语支持的交际畅通,也就是说,自设义位的释义自由,携带了交际受阻的隐性风险。自设义位释义话语既要刺激思想对意义重建的参与,也需要控制意义重建的话语生产和消费。在溢出义位的释义话语同样支持有效交际的情况下,不仅意味着自设义位释义话语没有滑向表达者的私人话语,而且意味着此时表达者和接受者共同搁置目标词义位释义话语给定的共享语义,转而以主体间共有的认知点,共享自设义位释义话语重建的临时意义。

乌尔曼的《青春》是表达者以自己对"青春"的自设义位释义向外部世界展示不老的"青春"图像,也是接受者从"青春"的自设义位释义读懂表达者精神世界的一份说明书。对接受者来说,"青春"自设义位释义话语以不同的方式多次注册,是否干扰意义消费,是否遭遇读者抵抗,是检验有无表达"赤字"的有效修辞。事实上,读者认同乌尔曼强释"青春"推动的话语生产,才有可能认同活力老人和暮气少年在非生理意义上的青春比拼。而生理意义上的"青春"往往在被挥霍之后,才从尘封的记忆中被挖掘出来,重新审视青春能量。正因为如此,70多年前 Youth(《青春》)在美国《华盛顿邮报》发表时,一些中老年人把它当作自己的生命哲学,成千上万的读者抄录。但抄录的不是"青春"的义位释义话语,而是自设义位释义

---

① 尤其是具有"法"意义的政治文本,宜对关键词语义进行必要的限定,参见林大津(2018)。学术文本为管控因核心概念所指产生的认知差,也有必要说明当前文本是使用某概念的共享语义,还是自定义。

话语。固定义位"青春"的释义话语,表面上隐匿了,但不是真正退场。实际上,正是固定义位"青春"释义话语的隐性参照,凸显了自设义位"青春"释义话语重建的意义秩序。据说麦克阿瑟指挥太平洋战争期间,办公桌上始终摆放着装有 Youth(《青春》)复印件的镜框,谈话或开会做报告时经常引用文中的自设义位释义话语。二战结束后,许多中老年日本人随身带的皮包里装着这篇文章。韩国前总统金大中 70 多岁竞选时也曾引用,这篇文章也被美国前总统克林顿、松下电器创始人松下幸之助所珍爱①。并不年轻的乌尔曼,被自己重释的"青春"建构着,乌尔曼重释的"青春"也建构着作为读者的麦克阿瑟、克林顿、金大中、松下幸之助和喜欢 Youth(《青春》)的日本中老年人。这不是川端康成小说《睡美人》中青春已逝的男人面对身边裸睡少女的青春想象,不是好莱坞电影 Counter Clockwise(《倒时钟》)中"活"在 20 年前的老人们相信自己更年轻的青春实验,而是不在场的生理青春在"青春"释义中重建了[-(人的)年龄+逆向认定]的意义秩序,在这种意义秩序中建构着另一个自我,并据此重设青春坐标、重构青春气场。这是生理年龄已过青春期的群体参与其中的青春美学,也是生理年龄正青春的群体重新审视的青春美学。

五、余论:释义研究的问题空间和解释空间

语言学科的释义研究较多地在词典学、词汇语义学理论框架内挖掘问题空间和拓展解释空间。诸如释义个案、释义原则、释义方法研究(苏宝荣 2000;章宜华 2002;苏新春、孙茂松 2003;陆俭明 2007;施春宏 2012;邢福义 2013;周荐 2013;邵敬敏 2016;周娟 2016;谭景春 2016;王恩旭、袁毓林 2018)、语义类别释义研究(曾昭聪 2013;谭景春 2018;冯海霞 2018;李强 2020)、释义意识形态研究(潘雪莲 2018)、释义元话语研究(李葆嘉、邱雪玫 2017;周淑娟 2017;张均 2018)等等,都在问题空间的拓展中推进解释的深化与细化。与此类研究的深入形成对照的是,挖掘释义问题空间和解释空间的修辞学研究,学者的参与热情似乎不是很高,现有

---

① 信息来源:http://www.doc88.com/p-052288869155.html。

成果较多地从修辞手法挖掘释义资源(谭永祥 1991;翁晓玲 2014;李胜梅 2015;孙崇飞 2016;杜翔 2017;张炼强 2019)。这些成果对释义研究具有推进意义,但是释义研究空间与修辞研究空间叠加并不限于狭义的修辞知识。中国知网相关文献搜索结果显示:人文科学和社会科学诸多场域,都有释义研究的参与,甚至从一个语词"乱弹"的释义,可以找到清代戏曲"乱弹时代",以及传统戏曲自我更新内在机制的解释通道(陈志勇 2020)。问题空间的伸张带来解释空间的拓展,近年渐成热点的概念旅行、学术史、学科史、思想史、观念史等方面的研究,程度不同地伴有释义和再释义参与的话语生产。与此相呼应,后陈望道时代修辞学研究介入问题空间和解释空间,也具有更灵活多样的打开方式。

六、小　　结

（一）从修辞技巧层面观察释义精度和可区分度,义位释义话语>自设义位释义话语;从释义自由度和释义可分析性观察,义位释义话语<自设义位释义话语。分属[±类型化　科学化　客观化　专业化]的义位释义话语和自设义位释义话语,生成"无我/有我"之义。"无我"的释义主体将"我"从对象世界抽离,提取对象世界本身的意义;"有我"的释义主体参与对象世界的意义重建。"我"的参与层次和程度,决定目标词的自设义位释义话语以何种方式重新呈现。

（二）从修辞诗学层面观察,文本叙述结构中的目标词释义从义位被强制推向自设义位,以意义再生产的个人方式,强制性地重建话语权,以释义自由度兑换叙述新颖度。这种文本建构路径可在同一文体的同类文本推导,也可以进行不同文类的跨文体推导。

（三）从修辞哲学层面观察,义位/自设义位释义话语分别提取目标词语义信息的最大/最小公约数。当义位释义话语作为认知中心的时候,自设义位释义话语处于认知边缘。认知博弈推动认知中心/边缘位移,也促成认知确定性/不确定性互补。前者在解释的权威中锚定,后者在解释的自由中漫步。但如果思想被自由释义绑架,或解释的自由演化为思想暴力,需要警惕自我释义的话内行为可能引发的话后行为失控。

（四）在"表达-接受"互动过程中观察,同一个目标词的义位/自设义位释义话语,有什么样的读写互动,就有什么样的意义取向。义位释义话语确保话语交际畅通;自设义位释义话语既刺激思想对意义重建的参与,也控制既定意义秩序中的话语生产和消费。自设义位释义话语如果没有产生接受障碍,意味着表达主体和接受主体共同搁置了目标词义位释义话语的共享语义,转而共享自设义位释义话语重建的临时意义。

（五）展示释义问题空间和解释空间的修辞研究成果或修辞介入的释义研究成果,较多地从修辞手法挖掘释义资源,但是释义研究空间与修辞研究空间叠加并不限于狭义的修辞知识,后陈望道时代的修辞学研究包括但不限于狭义的修辞理论与实践。

参考文献

陈志勇　2020　《"乱弹"释义与清代戏曲"乱弹时代"的再认识》,《文艺研究》第 6 期。

崔希亮　2019　《基于语料库的新媒体语言透视》,《当代修辞学》第 5 期。

杜　翔　2017　《时政类词语的比喻引申与词典释义》,《中国语文》第 6 期。

冯海霞　2018　《语文词典语义类别释义的多维研究》,中国社会科学出版社。

吉益民　2011　《"有一种 X 叫 Y"构式的多维考察》,《语言教学与研究》第 2 期。

蒋庆胜　2019　《近十年语用身份研究:五种路径与方法》,《福建师范大学学报》第 1 期。

李葆嘉、邱雪玫　2017　《〈现代汉语元语言释义词典〉自序》,《南京师范大学文学院学报》第 4 期。

李　强　2020　《"事件·物质"类名词真的没有事件义吗——兼谈合成类名词的词典释义问题》,《辞书研究》第 3 期。

李胜梅　2015　《"比喻"这个词:面向对外汉语教学的多角度考察》,《当代修辞学》第 2 期。

林大津　2018　《新〈党章〉对"文化"的话语微调及其理论意义——兼论广义修辞学超越"局限"的学术启示》,《福建师范大学学报》第 2 期。

陆俭明　2007　《从量词"位"的用法变异谈起——中国语言学发展之路的一点想法》，《语言科学》第6期。

潘雪莲　2018　《谈谈语文词典释义的思想性——以《现代汉语词典》第6版、第7版释义修订为例》，《中国语文》第6期。

邵敬敏　2016　《副词释义的精准度及其方法论探讨——以描摹情状副词群"X然"为例》，《暨南学报》第1期。

施春宏　2012　《词义结构的认知基础及释义原则》，《中国语文》第2期。

苏宝荣　2000　《词义研究与辞书释义》，商务印书馆。

苏新春、孙茂松　2003　《常用双音释词词量及提取方法——对〈现代汉语词典〉双音同义释词的量化分析》，《语言教学与研究》第6期。

孙崇飞　2016　《再论隐喻释义及其释义模式——认知神经科学视阈下隐喻释义模式的建构》，《外国语》第6期。

孙绍振　2006　《名作细读》，上海教育出版社。

谭景春　2016　《词典释义中相关条目的语义分析与相互照应——谈〈现代汉语小词典〉第5版修订》，《当代语言学》第3期。

谭景春　2018　《动词的目的义及其在词典释义中的处理》，《当代语言学》第3期。

谭学纯　2011a　《语用环境中的义位转移及其修辞解释》，《语言教学与研究》第2期。

谭学纯　2011b　《"废墟"的语义和〈废墟〉语篇叙述及相关问题再探讨》，《当代修辞学》第1期。

谭学纯　2011c　《"这也是一种X"：从标题话语到语篇叙述》，《语言文字应用》第2期。

谭学纯　2012　《"这也是一种X"补说：认知选择、修辞处理及语篇分析》，《语言教学与研究》第6期。

谭学纯　2013　《小说修辞学批评："祈使—否定"推动的文本叙述——以微型小说〈提升报告〉为考察对象》，《文艺研究》第5期。

谭学纯　2014　《语用环境中的语义变异：解释框架及模式提取》，《语言文字应用》第1期。

谭学纯　2017　《"义位↔义位变体"互逆解释框架:基于〈现代汉语词典〉5—7版比对的新词新义考察》,《语言文字应用》第4期。

谭学纯　2018　《序〈《文艺学习》的广义修辞学研究〉》,董瑞兰《〈文艺学习〉的广义修辞学研究》,南京大学出版社。

谭永祥　1991　《"断取"造词与词典释义——从释义用语"比喻"的误用谈起》,《辞书研究》第4期。

王恩旭、袁毓林　2018　《机器词典释义模版的建构和运用》,《中文信息学报》第1期。

温锁林　2012　《当代汉语临时范畴化强加模式:认知与修辞动因》,《福建师范大学学报》第4期。

翁晓玲　2014　《汉语学习词典元语言的修辞准则——兼论〈商务馆学汉语词典〉的释义元语言问题》,《当代修辞学》第5期。

肖翠云　2017　《〈哑炮〉:性与人性的广义修辞学阐释》,《湖南科技大学学报》第1期。

邢福义　2013　《词典的词类标注:"各"字词性辨》,《语言研究》第1期。

曾昭聪　2013　《古汉语异形词与词语释义》,《中国语文》第3期。

张　钧　2018　《民国时期语文辞书释义元语言体系的建构》,《中国编辑》第8期。

张炼强　2019　《创建"字形状貌格"(字形格)刍议——借助〈现代汉语词典(第7版)〉有关词条及其释义》,《首都师范大学学报》第6期。

章宜华　2002　《语义学与词典释义》,上海辞书出版社。

周　荐　2013　《形的正反序与义的顺逆释——对另类复合词的另类思考》,《汉语学报》第1期。

周　娟　2016　《关于汉语量词释义的新思路》,《语言文字应用》第2期。

周淑娟　2017　《释义元语言概念"观察者"的分类及阐释》,《外语教学》第5期。

Sememe/Self-endowed Sememe: An Analysis of Interpretative Discourse Stylistic Features from the Perspective of Rhetoric in Broad Sense

Tan Xuechun

Abstract: This paper explores the distinctive features of the interpretative discourses concerning sememe/self-endowed sememe and some related issues within the theoretical framework of rhetoric in broad sense. Firstly, it describes and elucidates the distinctive style of sememe/self-endowed sememe interpretative discourse at the level of rhetorical skills. Secondly, it elucidates the calculability of sememe movement towards self-endowed sememe interpretative discourse as a rhetorical means of textual construction at the rhetorical-poetic level. Thirdly, it elucidates the complementation of certainty-uncertainty in rhetorical cognition in sememe/self-endowed sememe interpretative discourse as well as the negative effect of the latter and its applicable context at the rhetorical philosophical level. Fourthly, it elucidates the production and consumption of the sememe/self-endowed sememe interpretative discourse from the perspective of "addresser-addressee" interaction. Lastly, it verifies that the rhetorical resources in the inquiry domain and the interpretive domain are not confined to rhetorical knowledge in the narrow sense, the expanded academic environment of rhetorical study offers new dimensions in its inquiry domain and the interpretive domain.

Keywords: interpretative discourse style, rhetoric in broad sense, rhetorical cognition, inquiry domain, interpretive domain

(原载于《当代修辞学》2021 年第 1 期，
复印报刊资料《语言文字学》2021 年第 5 期全文转载)

语言风格研究的理论渊源与功能衍化路径[*]

祝克懿

(复旦大学中国语言文学系)

提　要　"风格"范畴是一种反映自然、社会、思维形态多样性、象征性,概念语义整体性、动态性的意义范畴。在社会语言生活中,人们通过对风格"日常用语""学科术语"基本类型的广泛运用实现对"风格"范畴本质属性与普遍联系的认知。本文主要讨论具有人文社会学科普适性范畴特征的"语言风格"概念,从历时与现代认知的角度关注其"整体格调和言语气氛"的结构语义表征。叶蜚声《话说风格》一文列举了西方学者关于"风格"的诸种界说,本文整理出五组意义相对集中的风格(style)概念,并在中西风格理论视域下梳理五组风格概念的语义流变,比照汉语学界风格研究的主体认知,补充达成共识的理论依据,以探索"语言风格"研究的理论渊源,描述语义范畴从体裁风格(文体风格)到功能风格(语体风格)的功能衍化路径,即风格学学科生态衍化路径。

关键词　"风格"范畴　日常用语　学科术语　语言风格　中西视域　理论渊源　功能衍化路径

一、"风格"概念意义

一般意义上的"风格"概念,其语义本身凝聚了古今学者对"风格"术语内涵意义的认知。字面意义分而析之,"风"者,即动也。流则生气,动则成风。表现形态为流动、传动、浮动、移动、舞动、飘动、摆动、飞动;而"格"者,即传统的、既有的、配套的、成型的、成熟的、唯美的格式(模式、范式、定式、板式、类型、面貌、整体、合体

---

[*]　本文为国家社会科学基金重大项目"网络空间社会治理语言问题研究"(208ZD299)的阶段性成果。

等)。而"风""格"概念意义合为一体、兼而达意,则表现为一种动与静、传承与创新的辩证统一。尊崇"风",创新可成就其风格;恪守"格",协同无数个体,整合则形成整体格调和气氛。发展、变化、平衡、再发展、再变化、再平衡,以至无穷,是风格生成发展必定遵循的规律,也是万事万物演变的必然规律性。正如维诺格拉陀夫(1960:158)所言:"不变化的语言风格是不存在的,而在各不同语言风格的内部资源里存在着永恒的发展、相互的影响、排斥,以及不断的完善和丰富。"从这个角度理解"风格"涵义,应该切入了概念的关键、机杼、要点和核心。

"风格"作为学科概念术语,半个世纪前,苏联科学院院士维诺格拉陀夫就慨叹道:"很难找出一个术语和概念比'风格'(style,语体、风格)更多义、更众说纷纭的了。"(转引自程祥徽1994:22)时至今日,"风格"这一概念仍然以其纷繁复杂的面貌令中外学者见仁见智、莫衷一是。近至2019年国际论辩研究学会主席弗朗斯·H.凡·埃默伦在《论辩》(*Argumentation*)第2期上发文《论辩风格:一个复杂的概念》,其讨论的内容仍然包括"论辩风格"概念界定的问题。形成此历史与现状的原因是概念核心内涵与外延未能定于一,而其中一个重要的方面即"风格"(style)概念包含着"日常用语"与"学科术语"双重内涵外延意义,而且"学科术语"的"风格"不仅仅是"语言风格学"的核心术语,其使用范围涵盖文学、文章学、文体学、语体学、美学等学科范畴,学者们使用时又往往不予区分。戴维·克里斯特尔(David Crystal)在《语言学和语音学基础词典》(1992:373)中阐释了"风格"作为日常用语和语言学术语广义和狭义的语义所指范围:"风格(style)这一术语更通常用于一种极为限定的意义——虽然在日常使用中本术语的极为广泛和模棱两可的意义使得它作为专门性语言学术语的地位难以引人注意。"即是说"风格"作为语言风格学学科术语有其狭义的内涵意义,但作为日常用语,其广义的用法使术语外延带有不确定性、延展性,相应地影响了语言学专业术语核心地位的确立。

作为日常用语,"风格"指一种整体面貌、作风、风貌、形态,是各种特点的综合体现。表现为对客观世界的认识取向,反映为一种文化层次和心理状态,给人以美的、集中的、强烈的感受,属文学、美学范畴内的一种观念形态。在社会文化生活中广泛使用。如:

古典风格　现代风格　艺术风格　文化风格　写作风格　表演风格
行事风格　原创风格　编辑风格　界面风格　设计风格　强硬风格

消费风格　音乐风格　绘画风格　书法风格　服饰风格　摄影风格
　　舞蹈风格　雕塑风格　建筑风格　园林风格　剪纸风格　体育风格

学科术语的"风格"概念在语言学、文学、艺术、文章学、美学等学科中高频使用。如语言学的"风格"术语：

　　语言风格　文字风格　韵律风格　体裁风格　文体风格　语体风格
　　表现风格　流派风格　时代风格　民族风格　地域风格　论辩风格
　　文章风格　作家风格　作品风格　审美风格　演说风格　评论风格

语言学意义上的"风格"指语言运用所形成的整体格调和言语气氛。它反映的不是语音、词汇、语法单位自身的结构、语义发生发展规律，而是这些语言单位在运用过程中、由语言内外制约因素系统形成的各种风格形态、风格表征，风格结构类型及风格语义的历史演变规律等。考察范围与方式不重语言的规范性、整体性、普遍性，而重语言的变异性、个体性、特殊性。早在20世纪五、六十年代，在结构主义一统天下的研究视野中，学者们已经意识到不同于形式结构语义的风格意义的存在，确认了风格学学科存在的合理性。

从历时角度看，无论中西，"风格"术语的演化过程确实因循从日常用语到学科术语这样一条认知路径。学者们根据自己的学科背景、研究任务与理论目标对"风格"概念又有着多种多样的阐释，描述出不同学科形态"风格"的结构语义表征。如文艺美学中的"风格"概念：

　　＊"风格"指作品的风调格力，且偏重在格力。
　　＊"风格"是天与地之间浑然浩渺的一切，是具象艺术中一组线条粗朴、厚重的雕刻，是文学作品中塑造的一组有灵性、有力量、有气质的群像。
　　＊"风格"是艺术个性成熟的标志，是艺术个性集中化、完善化的指标。
　　＊"风格"是文化和心理的内在价值观念的向外投射。
　　＊"风格"是可以把描写对象置于高、大、远的背景中展呈，获得阔远崇高优美效果的形态。
　　＊"风格"是与表现方法相关联、具有范式意义的系统。在曲词中，风格与艺术个性集中表现为意象的采集处理方式。
　　＊"风格"是一种美学范畴，凝聚着审美意识的精粹，表现为审美的格调和

气氛。

　　上述概念从文艺美学范畴视角概括了"风格"现象在自然、社会、思维发展过程中的本质属性和普遍联系。其比较集中、稳定的含义为：事物形式上具有的综合性特点呈现的特有气派格调、综合体认、表现特征。

　　而有相近认知基础的"语言风格"概念主要包含两方面的内容：一是客观地存在于语言当中事物的本质属性与普遍联系，反映为由语言物质材料综合体现出来的整体格调和言语气氛；二是人们对这种整体格调和言语气氛的主观体认和感知。反映为学界多元认知的概念意义：

　　＊"语言风格"是统一在作品里的主客观因素的综合体现。
　　＊"语言风格"不是模式，是不稳定的稳定态，是一种动态结构。
　　＊"语言风格"是恒定的，是既有强烈的包容性，又有相对封闭性的整体。
　　＊"语言风格"是可以通过物化、标准化的描写而具有高度辨识性的结构体。
　　＊"语言风格"是语言要素在空间上互相关联，在时间上不断延展的整体。
　　＊"语言风格"是有区别意义的形式、成分和表达方式。
　　＊"语言风格"是运用语言所表现出来的各种特点的总和。
　　＊"语言风格"是一定世界观表达手段的综合体系。
　　＊"语言风格"是对零度形式的一种偏离，对常规的一种变异。
　　＊"语言风格"是人们使用语言所形成的交际话语内在本质的外显形态。
　　＊"语言风格"是制导于言语表达者个人审美趣味，由语言要素和语言表达手段所传达的整体美学风貌。
　　＊"语言风格"是交际参与者在主客观因素制导下运用语言表达手段诸特点综合呈现出来的格调气氛。

　　这些界定凝聚了学者对基于语言要素风格形态多样性、象征性，风格语义整体性、动态性的理论描写阐释，反映了学界对风格现象本质属性与普遍联系达成的共识。

二、中西"风格"概念范畴的融通

　　叶蜚声《话说风格》(1994:18—20)一文列举了西方学者关于"风格"的诸种

界说,本文整理出五组意义相对集中的风格(style)概念,在中西风格理论视域下梳理古今中外"风格"概念范畴的语义流变,比照汉语学界风格研究的主体认知,补充达成共识的理论依据,希望以点示面、见微知著,探索"语言风格"研究的理论渊源及语义范畴的功能衍变路径。

第一组:"风格即人"

布封的著名论断"风格即人"。

摩里埃认为风格是"人的禀性、存在的方式"。

德·古尔蒙认为"风格即思想"。

第二组:风格"即作品"

塞斯认为风格"即作品"。

格朗将风格定义为"任何作品的个人的方面"。

第三组:风格是一种言语活动

包括:1)风格是言语活动的方式方法。

格朗:风格是"个人在具体创作过程中的整合方式"。

基罗:风格是"借助语言的中介以表达思想的一种方式"。

欧曼认为"风格是做事的方法",是"适用于一部分不变一部分可变的人类活动"。

2)表达手段的选择是风格实现的保证。

马路佐认为"我们可以把语言看作人们所掌握的使语句成形的表达手段的总和,风格就是在语言表达手段中做出选择而产生的外表和品质"。

欧曼认为"写作有说法的选择,才能有风格这个概念"。

第四组:风格是一种功能意义/语体色彩意义/特征/差别/着重

贺乌主张物质-方式的区分不复存在,"风格是意义的一个方面"。

布龙菲尔德强调形式与意义互相影响:"形式有差别的语句,意义总有差别"。

贺乌认同生成语法的观点,"同义句之间的差别可以叫做风格的差别,如果否认两个句子可能同义,那么风格只能是意义的问题"。

阿赫玛诺娃认为"语言风格学探讨语言单位的表达-评价-感情特征的性质(特点)"。

里法兑尔的风格观则主张一种"强调"意义:"风格是加在语言结构所表达的

信息之上而不改变其意义的着重。"这种着重或者是表达的,或者是感情的,或者是审美的。也就是说,语言做的工作是表达,风格做的工作是着重。

第五组:风格是对标准的偏离

德布依提出标准是:1)通常的惯用法;2)没有任何表情价值的中性表达;3)个人惯用法的一种平均。并认为作品的风格来自它和通常叫做"标准"的另一作品的差别,正是这些差别,风格被看成偏离了标准。

上述五组关于"风格"的界说从风格形成的角度切入,实质上界定了"风格学"的研究对象,阐释了"风格学"理论主要关涉的五种维度,概括了建立"风格学"的下位理论范畴。"风格学"的研究对象即风格现象,是言语交际主体在题旨情景因素制导下运用民族语言所形成的言语气氛和格调(李熙宗 2010:317)。而风格现象表现为语言单位在运用过程中形成的各种风格形态、风格表征、内外制约因素、风格的结构类型及历史演变等(祝克懿 1999,2020)。为了更好地探索风格现象反映的语言结构规律,我们在考论"风格"概念意义流变的基础上,比照上述学者五组关于风格客观形态、主观认知的描写界说,拟通过对汉语风格表征的考察体认,梳理风格理论的发展历史和现代认知所经历的复杂过程。

第一组,"风格即人"概念中的"风格"指人和思想行为的整体风貌特征。

此组"风格"术语主要包含"日常用语"的用途与意义,指一种整体面貌、作风、风貌、形态,是各种特点的综合体现,在社会文化生活中经常用于描摹人的整体风貌。如:

(1)三人站在巴赫金面前,立时感到他身上的一种在生活苦难面前凛然而立的学人风格。(《巴赫金全集》第一卷 1998:5)

(2)周远全《福柯的风格》。(合肥工业大学出版社,2011)

关于"风格"的品人功能,索绪尔 1912 年在《关于成立修辞学教研室的报告》中早有此认识:"'风格'(style)一词使人产生关于人、个人以及个人表达方式的概念(如'风格就是人'等等)。"(张学曾译 1992)我国古代文论中更不乏此用法,特别是汉末魏晋之际,盛行以九品论人,"风格"一词被广泛运用。"风"常用于指人的"风采""风姿""体貌";"格"常用于指人的"人格""德行"等。"风""格"合起来正好是对人之品貌,即风度、品格、气度、气魄等的总体评价。在此意义上,汪涌豪(2001:230)认为"'风格'的传统意蕴与今人所言文艺学、美学意义上的'风格'不同,就其本义而言,它原指人的韵度格量,常见于东晋以来的人物品鉴",反映为一种文化层次、心理状态和言语表达者个人的审美情趣。汪涌豪还举东晋葛洪《抱朴子·行品》有:"士有行己高简,风格峻峭。"即言"士"为人行事作风严肃、硬朗;《世说新语·德行》李元礼"风格秀整,高自标持",即品评其风度高雅、学识严谨、行事高调。"到了唐代,相似的品评仍可见到。如唐房玄龄等修《晋书》,就多以'风格'称人";《晋书·和峤传》有"峤少有风格,慕舅夏侯玄之为人,厚自崇重"(汪涌豪 2001:230)。由于其时品评人物是士族政治生活和精神生活中的一件大事,以风格来品评人格极为常见,故用于这方面的词语也比较丰富,除"风格"外,还有"体""体性""体式""风骨""风度""风气""风采""风神""风色""风姿""风致""气格""骨格""人格""品""品格""格力""气派""气魄"等同义、近义表达。

其后,"风格"的品人功用逐渐扩大到品物。北宋宣和年间(1119~1125)由官方主持编撰、宫廷所藏绘画、著录著作《宣和画谱》卷十二有:

(3)李公年……善画山水,运笔立意,风格不下于前辈。

这里所言"风格",已经从品人过渡到品画(李熙宗 2001"语言风格学"讲义)。汪涌豪(2001:230)还进一步论证到:"'风格'由品人向论文谈艺转化,大抵在盛唐以后,至于较频繁地在诗人、选家和批评家著作中出现,则在宋、元以后。察其所指,大抵在诗歌的风调格力,并且偏重在格力这一要素。因此从这一点上说,它和'格调'有相似之处。当然,'格调'所包含的体式、声调这层意思,又是它所没有的。"史料显示,早于盛唐,魏晋时刘勰的《文心雕龙》"风格"已大量用于品文,如:《议对》篇有"应劭、傅咸、陆机三人之文,'亦各有美,风格存焉'"(王运熙、周锋1998:218)。宋、元以降,拓展义项且高频使用"品文"的"风格"术语才发展成为风格学、文艺学、文章学意义上的"学科用语"。而接受现代学科理念的风格研究,其内涵外延从"品人"交移至"品文",通过语言要素和语言表达手段传达出一种整体风貌,使"风格"功能意义转型为现代意义上的"风格"命题。

追根溯源,历史上开"品文"风气之先的当属魏曹丕的《典论·论文》(詹瑛1980:11)。最早将品文"风格"概念引入语文学科,并自觉作为风格学、修辞学、文艺学、文章学学科术语加以系统运用,则始于刘勰的《文心雕龙》。这部集商周至齐梁时期古代风格论大成的经典有多个语篇专论风格的形态与特征。如《体性》篇专论文章风格和作家性情与个性的关系，并归纳出八种风格类型："若总归其途，则数穷八体：一曰典雅，二曰远奥，三曰精约，四曰显附，五曰繁缛，六曰壮丽，七曰新奇，八曰轻靡"；《神思》篇有"若情数诡杂，体变迁贸"，强调风格随文章情思变化而变化等（王运熙、周锋 1998：253、250）。在我国传统文论、诗话、文体论及 20 世纪初的修辞学论著中，也常用"体""体性""体式""品""味""趣向""格""气""神""风骨"等同义词来表示"风格"概念，其中"体"为古代风格论最典型的概念术语。

第二组，"风格即作品"的观点有相当深厚的历史渊源和主客观基础。强调了"风格"以"作品"这类物质形式为存在方式的客观基础，显示了"风格"是通过作者等主体性使个体风格得以实现的主观因素。只不过这里所言"作品"实指文学类成品，特别是文学经典。许力生（2006：2）列举了著名作家的诸多认定，如：伏尔泰"没有 style 的演说或诗歌都不是好作品"；福楼拜"艺术的目标就是优美的 style"；歌德视 style 为"艺术可企及的最高境界"等。其实，这类界定指称并不能覆盖文学和非文学成品的全部类型，如科技、公文、政论、新闻、广告类成品。这种界定反映了学者对风格类型本质和术语普适性认识的局限性，表现为：

1. 目前所言的学科类型是人为划定的，即根据人们的认知水平所做的"工作分类"。古代文史哲不分家；随着科学的进步，人文学科划分出文、史、哲三个门类；现代精细化的研究使人文学科逐步分化出更多的下位类型。语言学分化出许多分支学科，大别为：1）研究语言结构、语义成分的学科，如语音学、词汇学、语义学、语法学等；2）研究语言运用的学科，如修辞学、语用学、语体学、语言风格学、语篇语言学等。语言风格学作为一门语言运用的学科，脱胎于与古代文论有千丝万缕联系的古代修辞学、文章学，加之语言风格的观念形成于古代，高频度体现于古代文论之中，虽未与文学交叉形成新的学科，也不等同于"文学语言风格学"，但文论中遍布的"文学痕迹"极大影响了人们对语言风格学本质特点的把握，形成了语言风格与文学风格认知边界的模糊性。

2. 客观存在的文体体裁类型决定了人们对风格类型的主观认知。研究风格发展史的规律，考察风格体裁的源流，必然会上溯到最早的文学体裁风格——诗歌风格和散文风格。无论中西，诗歌、散文都是最早形成的体裁（祝克懿 2020）。

公元前335年前后,亚里士多德《修辞学》中就确立了"风格"这一核心术语,研究主要关注体裁风格——诗歌风格和散文风格(演讲风格)。译者罗念生在"导言"(1991:1—2)中介绍了诗歌、散文体裁的源起:"六世纪前,所有希腊文学作品,以及哲学论文、科学论文著作等,几乎全都是用诗体写成的。"而散文兴起的原因有三:公元前六世纪,独裁政府与民主政论提倡民间文艺,用散文体裁讲故事,如伊索寓言大受欢迎,成为散文兴起的第一个原因;前五世纪上半叶,希腊哲学家抛弃诗体,用散文著书立说,是散文兴起的第二个原因;前五世纪中叶,民主政府成立,逐放的贵族需要了解诉讼知识,以在诉讼中取胜,修辞术兴盛是散文兴起的第三个原因。弗里德里希·尼采在《古修辞学描述》(2001:155)中列举诸多学者的相关论述也表明体裁与风格易产生等同关联;再如康德《判断力的批判》第203页有"言语艺术是雄辩术和诗艺"的判断(2001:4);巴特在《风格及其意象》(1969)中自述1949年前后研究的关注点为文学语言,或者说是风格、独特的个人言语方式,个体语言等。韩礼德讨论系统功能语言学三大元功能的经典论文《语言功能和文学风格:威廉·戈尔丁〈继承者〉的语言考察》(1971)主题为语言功能,研究对象为"文学风格",所选语料为文学作品就很能说明问题;阿克波弗拉·奥多兰(Akpofure Oduaran)发表在《非洲文学研究》第一卷"语言与风格"特刊上的《语言功能和文学风格:索尔因卡〈道路〉的语言考察》(1988),文学风格研究导向亦然。

在我国,古代文体的发生与发展亦循此规律:诗歌先行,散文后兴。体裁风格通常指诗歌散文风格。褚斌杰在《中国古代文体概论》(1990:4)中讨论了:1)原始诗歌对后世文学样式的影响;2)《周易》中卦、爻辞标示为散文萌芽形态;3)《尚书》文集中成篇散文的发展流变过程。这些研究,无不证明客观存在决定主观认知。一谈风格,即联系到文学文体风格、作家作品风格;一谈体裁风格,即联系到文学风格的基本类型——诗歌风格与散文风格。曹丕的《典论论文》最早提出八类文体的四种风格特征至晋陆机《文赋》、梁刘勰《文心雕龙》、唐司空图《诗品》、宋陈骙《文则》、明徐师曾《文体明辨》等著述的风格论,无不具有文学风格论的倾向性。苏旋《语言风格与风格学论文选译》(1960:2)中毕奥特罗夫斯基坦言道:"许多语言学家都把言语风格看作是和某一文学体裁有关的全民共同语的变形。论到文学语言风格的时候,这种分类的原则就特别干脆地被贯彻着。"存在决定意识!文学体裁的源头地位和广泛运用的客观现实决定人们第一时间关注的对象是文学文体风格、作家作品风格。可推知,在一定语境中,自然会认同语言风格等同于文学风格。

第三组,"风格是一种言语行为"的观点涉及言语风格形成的理论基点。其重大理论创获是发掘出现代风格论结构主义语言学的理论渊源,揭示出风格具有个人属性与社会属性的本质特征。

索绪尔在《普通语言学教程》(1999:41)中首次区分"语言"与"言语",确定"言语活动"的研究对象与范围,成为现代风格论的理论源头:"言语活动的研究包含着两部分:一部分是主要的,它以实质上是社会的、不依赖于个人的语言为研究对象,这种研究纯粹是心理的;另一部分是次要的,它以言语活动的个人部分,即言语,其中包括发音为研究对象,它是心理·物理的。"索绪尔关于"言语活动"中"语言"的集体社会性、心理特征和"言语"个人活动的生理、心理、物理属性的学术思想,是对静态研究进入动态研究衍化路径的准确描述,推动语言研究从语文学过渡到语言学,更是高名凯、程祥徽等一大批学者强调二者相辅相成关系,推导"风格是一种言语行为"观点的理论源头:"风格是言语(言语行为和言语作品)的附着物,有风格必有言语;有言语必有风格。"(程祥徽、林佐瀚 2000:23)可以说,以索绪尔的《普通语言学教程》为起点,延伸至苏旋《语言风格与风格学论文选译》、高名凯《语言风格学的内容与任务》和以程祥徽《语言风格学初探》为代表的系列风格学著述,形成了汉语风格论的理论传承与创新发展的传统。

程祥徽等学者的风格论注重中西融通,既坚守中国古代文论、古代风格论的传统,又注重吸收国外的理论精髓。主要体现为从汉语风格论出发,吸收索绪尔结构主义、西方风格论的理论核心,通过探源溯流,探析西方"风格论"的形成与流变轨迹,把握研究发展方向,建构有汉语特色的风格论。如探索著名学者的风格论源流关系:法国语言学家巴利继承业师索绪尔的"言语"学说,出版《风格论》(1905)、《法国风格学概论》(1909)、《语言与生活》等专著,正式提出"风格论"。只因风格理论本身的张力不足,难与其时"纯语言研究"一统天下的理论生态共荣,没能形成强势的影响。借助20世纪50年代中期苏联开展"风格学大讨论"的东风,才重整旗鼓、回归传统、建构显学地位,并在世界范围内形成巨大影响力。汉语风格学也是借此东风,由高名凯等学者通过译介、创新研究等竭诚努力才使学科得以创立。

关于"风格"类型由风格形成方式方法所决定的讨论,学者们见解卓著:有的认为"风格"是由个体言语行为抽象形成的整体;有的认为风格类型由不同的方式策略决定;有的认为风格是人类言语活动手段稳定(静态)与变异(动态)的辩证统一体等。其中,风格通过语言手段的选择而实现的观点影响广泛。叶蜚声(1994:20)就认为:既然同一个信息可用一种以上的方法表达,表达者自然要在自己所掌握的手段中做出选择。即风格是从语言提供的多种可能(语言表达手段)中实际做出的选择。

关于"表达手段体系论",实际执行为"同义手段选择论",叶蜚声主要介绍西方学者风格表达手段体系的功能作用,可概括为:风格形成的主要方式路径——同义选择手段和这种选择的结果——风格的外部表征。这种观点强调结构形式表征,强调语言风格的呈现须依托物质材料因素,强调风格是通过物化、标准化的描写而具有高度辨识性的结构体。欧曼亦赞同同义手段选择论:"风格这个概念是指纸上的词可能不同,或者词的排列可能不同,而实质并无相应的差别。另一个作者会用另一种方法来说同一回事。总之,写作有说法的选择,才能有风格这个概念。"(叶蜚声 1994:19)尼采则从语言约定俗成的角度认同选择论,表明语言生产与运用的个人与社会属性:"通常称为语言的,其实都是种比喻表达法。语言由个别言语艺术家创制出来,但由群众集体的趣味做出抉择,这一事实规定着语言。只有极少数的个人表出修辞手法(修辞格),其功效则在成为众人的导引。"(2001:180)以"选择论"为导向的表达手段体系综合论在苏联学者中颇为流行,我国学者的接受度也很高,方光焘就是最早接受此观点的学者之一,他认为:"在语言、言语问题讨论中所涉及的风格应该是狭义的,是一定世界观的表达手段体系,是文体分类所涉及的言语风格。"(方光焘 1963:158)这种界定的可接受性是因为概念揭示了言语风格形成的物质因素、物质基础,有利于人们从具体可感的角度去理解语言风格。丁金国表述为语言风格是人们使用语言所形成的交际话语的内在本质的外显形态(祝克懿 1999,2000:26)。李熙宗明确指出语言材料与语言表达手段选择形成语言风格之间的辩证统一关系:"一种语文格调的确定,对语言材料作这样而不作那样的选择、安排,都是与一定的交际目的、任务,一定的交际环境密切相关,并受它们的制导的。""由语言材料、表现方法形成的语言表达手段的种种特点,既是风格形成的物质基础,也是我们把握、说明语言风格的依据。"

(祝克懿 2010:315)从风格的构成看,风格是经过选择的语料由表现方法体现的语言形式的有机统一体。这种形式的有机统一,实质上是内容有机统一的外在表现。语言材料尽管有着风格的功能、色彩,但当其处于分散状态时,是不能形成风格的。只有当它们根据内容的要求,通过选择,使之集中、联合起来,构成与内容统一的独特表现形式时才形成了语言风格(祝克懿 2010:316)。

第四组,风格是一种功能意义/语体色彩义/差别/着重/特征。这一组概念是对风格意义的功能阐释,风格研究视角就是功能语义视角。格沃兹洁夫在《俄语风格学概论》中阐明了风格学研究的意义导向功能,认为风格学与语义学直接关联:"风格学问题是从意义方面来考察语言现象的,所以研究风格学问题的重要性是由于意义(语义学)在语言现象中起着独特的作用……"(苏旋 1960:145)基罗的界说,全面总结了风格概念所蕴含的语体色彩义、风格信息要素和差别特征,提出贯穿整个学科两大问题的"风格"定义:"第一,风格表达感情或态度,恰恰不表达思想。第二,定义中的'一种方式'意味着一个思想不止一种方式,表达方式不同而思想本身不变。""人们可以有不同的说法表达同一个信息,说法的不同是风格的差别。""风格是在语言所提供的可能性范围内选择语言特征的结果。"(苏旋 1994:19)

关于功能意义,学界的认识可概括为两种。一种描写视角认为:功能意义是区别于概念意义、理性意义,在言语活动中产生的风格意义。高名凯《语言风格学的内容和任务》(1960)持此观点,区分了不同于语言意义的、附加的风格色彩义:"组织成风格系统的既可以是基本系统身上附加的色彩,也可以是不存在于基本系统身上的特有的附加色彩。"叶蜚声(1994:21)也持此观点,认为语言意义是理性意义、概念意义,而风格意义则为附加意义:"每个语义单位都有实义(denotation)和意蕴(connotation)。实义是基本的或指称的意义,意蕴则是间接的或比喻的意义。在风格的许多定义中,意蕴这个概念占着中心的地位。因此有时把风格看成语言使用的意蕴平面,以区别于实义平面。"阿赫玛诺娃也证明风格意义即为语体色彩义,因为"语言风格学探讨语言单位的表达-评价-感情特征的性质(特点)"。"总之,文学研究语句的表层和深层结构的各种语言的层面。风格学则在'基本'意义之外,研究语句在意蕴方面的差别。"只不过这里的"实义"Denotation概念我们主要理解为 meaning,即意义、含义、意图和 substance,即主旨、要旨;实质、本质。而"意蕴"Connotation,我们在内涵、含蓄、指示、隐含意义的基础上主要理解为语体色彩意义、情感态度意义和审美意义(叶蜚声 1994:21)。

另一种描写视角认为:功能意义指选择运用风格手段、适应题旨情景形成的包括"差别""着重"在内的风格形态、语义表征。此观点与陈望道"修辞以适应题旨情景为第一义"(1997:11)有理论上的融通性。正如叶蜚声(1994:20)所言:风格的实质是差别,而差别必须通过比较才能加以分析,做出描写。索罗金(1960:22)在《关于风格学的基本概念问题》中也强调风格形成所必须依托的表达手段特点体系及与社会语境的适应性,"语言的风格就是在语义上具有封闭性,在表达上受到限制,但可以调协组织的表达手段的体系,这个体系是和某种体裁或写作、某种社会活动的范围(比如,公文的风格,文牍的风格,电报的风格等)不同,社会成员或不同阶层之间的某种语言方面的特点相适应的"。

第五组,"风格产生于偏离常规的变异"的观点在欧美流布甚广。许力生的《文体风格的现代透视》(2006:58—60)对偏离文体观进行了梳理,认为:莱文的变异观源起于亚里士多德的《诗学》;巴依把单纯表示理性概念的中性语言视为常规,把能产生情感效果或带有特定社会色彩的表现手段视为变异;斯皮泽从心理角度推出偏离常规的表达风格;布拉格学派把偏离的语言描述为"前景化"或"非自动化",认为"前景化"是文学语言(特别是诗歌语言)区别于日常语言最基本的特征。综而言之,俄国形式主义和布拉格学派学者的研究丰富和完善了"风格产生于常规的偏离"的观点,形成了一套较完整的理论分析模式和方法,也为我国风格理论的建设铺设了一条分析路径。叶蜚声等学者沿此理论维度,认为"语言还可以因使用场合的不同而表现出不同的变异。同一个人在不同的场合对不同的对象讲话往往有不同的特点。……这类变异叫做语言的风格变异"。王希杰(1994:111)认为风格就是对零度形式的一种偏离,"所谓语言风格指的便是语言材料的风格""研究语言的风格功能的办法是,假设有零度的不带任何风格色彩的语言材料是存在的,然后寻求这一零度的中性风格的语言材料的各种各样的偏离的变异的形式"。应该说,"偏离/变异论"是一种高度抽象概括的定义,有哲学上的方法论意义,用来说明风格的一种生成路径和表现特征是恰当的。

我们注意到,在叶蜚声所举西方学者的风格论中,没有源自同时期苏联学界,汉语学界理解透彻、运用广泛的"整体格调和言语气氛说",即"风格功能表征说"。

汉语风格学的倡导者高名凯于 1957 年在《普通语言学》（新知识出版社）中从这个理论维度提出"风格"术语并界定为：语言运用所形成的整体格调和言语气氛。1963 年在《语言论》（科学出版社）中修改为："语言中的风格就是语言在不同的交际场合中被人们运用来进行适应这交际场合，达到某一交际目的时所产生的言语气氛和言语格调。"胡裕树《现代汉语》（1981）在此基础上定义道："语言风格是指由于交际环境、交际目的的不同，选用一些适应于该情境和目的的语言手段所形成的某种气氛和格调。"由于两位学者的学术威望和这个定义最接近语言风格概念的本质，故被广泛运用，成为影响最大的一种界说。汉语学界诸多学者如高名凯的弟子程祥徽、陈望道的弟子李熙宗、暨南大学的黎运汉等也是此界说的接受者、完善者、推广者。程祥徽从索绪尔的言语观出发，借鉴苏联学者的"风格论"，在其系列著述中多角度解读"格调言语气氛论"。他强调"风格学"作为语言学的一个部门，侧重于研究交际者在具体运用语言时受到不同的交际场合和不同的交际目的的制约而构成的特殊的言语气氛（程祥徽、黎运汉 1994：24）。由于"言语格调气氛论"吸收了苏联较为成熟的风格理论内核，具有哲学范畴论意义上的理论视角，兼容客观材料与主观认知两方面的要素，具备一定的科学理据性，因此在林林总总的风格论中拥有很高的认可度、影响力和理论阐释力。

  从上述六组风格理论的阐释不难看出，虽然"风格"的内涵意义复杂多识，外延范围也难以确定，但学者们根据不同的学科背景、借鉴不同的理论方法通过经验性的观察进行归纳分析，通过一定的科学数据进行一般性的理论假设和对风格形态的多维体认，也逐渐接近风格的本质特征。由于客观存在与主观体认和感知之间，从时间纬度有着由浅而深、片面而全面、粗疏而细致、平面而立体、部分而整体、特殊而一般等认知发展过程（祝克懿 2014），因此呈现出"风格"概念意义解读多元，研究方法多维，理论范畴缺乏系统性等过程特征。吕叔湘 1980 年 10 月在中国语言学会成立大会上《把我国语言科学推向前进》的报告预期"语文教学的进一步发展就要走上修辞学、风格学的道路"。在《汉语研究工作者的当前任务》（1983：23）中指出："修辞学或风格学，或辞章学——这是语言研究的另一部门，目前在我国是比较薄弱的部门。……苏联和欧洲大陆上的'风格学'有可以供我们借鉴的地方。我国古代的'诗文评'里面也大有可继承的东西。结合这几个方面，我们能够逐渐建立起自己的汉语辞章学（汉语修辞学，或风格学）。欧洲学者们称这门学问为风格学,既研究不同文体的不同风格,也研究不同作家的不同风格而首先研究甚么是风格,风格是怎样形成的。"至今,吕先生的理论预期仍然指示风格学是语言学科体系建设的历史必然,仍然告示风格理论完善所面临的困境和需付出的巨大努力!

三、语言风格研究的功能衍化路径

以风格类型意义的表征为主要考察对象,以语言风格探索的哲学理念、功能范畴、研究方法为据,本文简要梳理了中西方风格学流派的学理渊源,力图通过学理的追根溯源和历时风格功能语义衍变的扼要回顾,对中西语言学传统和现代语言学视野中的风格功能学说有一新视角的认知,探索语言风格学的基本理论轮廓及功能发展走向。审视语言风格的历史发展,归结出一条可考的认知路径:无论是客观存在的风格现象还是主观认知的风格理论,都遵循着从体裁风格(文体风格)向功能风格(语体风格)衍化的发展轨迹。

从理论来源看,许力生(2006:21—32)将风格论主要理论来源梳理为:索绪尔的结构主义语言学→俄国形式主义→布拉格学派,亦为西方风格论发展的路径。通过文献研读,我们认为还应该加上传统文体论、修辞论这一重要来源。因为西方风格论的发展历史如此,汉语风格论的发展历史更为典型。西方古代修辞论、风格论以柏拉图、亚里士多德创立的论辩风格、修辞演讲理论为主要来源;中国古代文体论、风格论则以体裁风格论和作家作品风格论为代表。风格学史上,理论建构都从最初的文章体裁入手,先确立诗歌、散文两大体裁风格范畴,然后考察各类文体、语体下位范畴的体裁风格(文体风格)、功能风格(语体风格)。这种体裁先行的思维轨迹是由文体与语体、语体与风格之间客观生成的历史线索和从体裁(文体)到功能(语体)的主观认知决定的。只不过因各流派的目标任务、理论原则、策略方法不同,对风格形态的描写解释有所侧重。

从方式方法角度看,中国传统风格论从曹丕《典论·论文》、刘勰《文心雕龙》、陆机《文赋》、司空图《二十四诗品》……,一路注重考论文学体裁、语体风格范畴的表征。至陈望道《修辞学发凡》,至现代风格论,才系统推出非文学语体风格范畴的相应类型。古希腊罗马风格论自柏拉图、亚里士多德以下,专注源自散文体裁的修辞演讲、论辩风格的明晰、正确、生动与适合的说服力。承继亚里士多德《修辞学》创立的风格传统,有如英国诗人、剧作家查普曼(G.Chapman)就肯定优秀风格的作品具有准确、流畅、优雅三项特质;怀特(E.B.White)在《文体元素》中强调干净、明晰、自然、易懂是风格不可缺少的特征(许力生2006:2)。

从学科理论的流布看,在欧美的风格论中,现代理念的修辞演讲、论辩风格研究目前仍然兴盛,学术传统得以系统传承。布拉格学派、伦敦学派、法国文本理论的理论渊源则可概括为探索同质性与异质性的对立统一,考察常规的变异、零度的偏离形成的风格表征。无论是描述风格现象,解释风格单位变异幅度和偏离规律,这种研究始终以功能作用作为标准,延续至今,仍然为风格学立论的重要理据。苏联的风格学最讲求结构形式的功能语义分析,20世纪中叶已经发展成为一门显学,其理论渊源可追溯至索绪尔"语言"和"言语"的区分。1953至1955年展开的"语言风格与风格学"大讨论明确了风格学的内容、对象和任务,并通过区分语言学风格与文学风格、客观风格与主观风格、分析风格与功能风格,明确了范畴的对立统一和以交际活动中的言语功能为核心,于此建构俄语风格学的理论体系,形成在世界范围内独具的影响力,并在20世纪五、六十年代直接影响了汉语风格学体系的创立。

基于前人关于风格学的系列研究,汉语风格理论的发展线索可概括为:索绪尔"言语"学说→苏联风格学的理论渊源→高名凯等学者创立的风格论。这条发展线索显示,前辈学者的风格研究既是在传统风格论的基础上实现了重大突破和创新发展,又以一种他山之石可以攻玉的兼容吸收现代语言学的理论意识,对语言风格学学科建设做出了理论贡献。从学科奠基理论的角度,祝克懿在《汉语风格学奠基作考论》(2013)中通过考察风格研究的开端作、奠基作进行论证,并归结到:宫廷璋《修辞学举例·风格篇》(1933)、高名凯《语言风格学的内容与任务》(1960)、程祥徽《语言风格学初探》(1985)三种研究作为学科经典,在推动汉语风格学的创立和发展方面共同显示了理论基石的重要作用。而且这些研究至今仍然代表着汉语风格学主流的理论认知与学术传统,其延伸发展出来的风格理论框架合理、功能意识贯穿始终,研究方法超越传统风格论体悟式感知风格形态的简单描写阐释,将通过经验性、实证性和科学思辨的方法作为考证风格功能存在和演变的依据,并以此为基础谋求发展马丁内所概括的语言交际功能、表达功能、推理功能和美学功能(杜道流 2008:162—163)。

四、结　语

　　研读风格研究的相关文献,思维被引领进入古今中西视域。梳理学者们执不同研究理念与方法建构的理论模式,领会学者们古今相承、学贯中西的智识判定,得出结论:"风格"范畴是一种反映自然、社会、思维形态多样性、象征性,概念语义整体性、动态性的意义范畴。在社会语言生活中,人们通过对"日常用语""学科术语"基本类型的广泛运用实现了对"风格"范畴本质属性与普遍意义的认知联系。更为重要的是发现了语言风格学发展的一条或显或隐、始终围绕功能主线的学科发展路径,即:从体裁风格(文体风格)到功能风格(语体风格)的功能衍化路径,也是汉语风格学的学科生态演化路径。进一步的认识则是:语言风格研究本质上就是一种功能语义研究,"整体格调和言语气氛说"即是典型的风格功能语义的表征。尽管这种认识的获取经历了相当长的时间历程,但可以欣喜地看到,在当下风格史的考论、概念范畴的辨析界定、研究专题的确立、例证的比较分析中,科学理念正在增强、功能语义意识正在逐渐清晰。而且以前辈学者的个体成果做发散考察,关联跨海内外时空学术共同体的风格研究成果,不难发现无论是研究理念还是研究实践,形式还是内容,汉语风格研究的理论认知与学术传统正在与国际融合、接轨。而今天,坚守汉语风格学的研究传统,吸收中西风格理论的前沿理念,切合当下国内外语言研究功能主义的大势,正在成为语言风格研究的主流。

参考文献

　　[苏]毕奥特罗夫斯基　1960　《风格学的几个范畴》,《语言风格与风格学论文选译》,科学出版社。

　　陈望道　1997　《修辞学发凡》,上海教育出版社。

　　程祥徽　1985　《语言风格学初探》,三联书店(香港)。

　　程祥徽、黎运汉　1994　《语言风格论集》,澳门写作学会,南京大学出版社。

　　程祥徽、林佐瀚　2000　《语体与文体》,澳门语言学会、澳门写作学会。

　　程祥徽、邓骏杰、张剑桦　2002　《语言风格》,三联书店(香港)。

程雨民　1983　《英美语体学研究中的一些问题》，《〈修辞学发凡〉与中国修辞学》，复旦大学出版社。

褚斌杰　1990　《中国古代文体概论》，北京大学出版社。

丁金国　2009　《语体风格分析纲要》，暨南大学出版社。

杜道流　2008　《西方语言学史概要》，北京交通大学出版社。

方光焘　1963　《语言和言语问题讨论集》，上海教育出版社。

高名凯　1960　《语言风格学的内容与任务》，《语言学论丛》第4辑，上海教育出版社。

宫廷璋　1933　《修辞学举例·风格篇》，中国学院国学系。

胡裕树主编　1981　《现代汉语》，上海教育出版社。

[英]戴维·克里斯特尔　1992　《语言学和语音学基础词典》，方立等译，北京语言学院出版社。

李熙宗　1988　《修辞新论·语言风格》，宗廷虎等《修辞新论》，上海教育出版社。

李熙宗　2001　"语言风格学"讲义。

林兴仁　1994　《风格实验法是风格学研究的基本方法》，程祥徽、黎运汉主编《语言风格论集》，澳门写作学会，南京大学出版社。

吕叔湘　1983　《吕叔湘语文论集》，商务印书馆。

[德]弗里德里希·尼采　2001　《古修辞学描述》，屠友祥译，上海人民出版社。

苏旋等编译　1960　《语言风格与风格学论文选译》，科学出版社。

[苏]索罗金　1960　《关于风格学的基本概念问题》，《语言风格与风格学论文选译》，苏旋等译，科学出版社。

[瑞士]索绪尔　1992　《关于成立修辞学教研室的报告》，张学曾译，伍铁平校，《修辞学习》第3期。

[瑞士]索绪尔　1999　《普通语言学教程》，高名凯译，商务印书馆。

汪涌豪　2001　《风骨的意味》，百花洲文艺出版社。

王希杰　1994　《语言风格和民族文化》，程祥徽、黎运汉主编《语言风格论集》，澳门写作学会，南京大学出版社。

王运熙、周锋　1998　《文心雕龙译注》，上海古籍出版社。

［苏］维诺格拉夫斯基　1960　《风格学问题讨论的总结》，《语言风格与风格学论文选译》，苏旋等译，科学出版社。

许力生　2006　《文体风格的现代透视》，浙江大学出版社。

［古希腊］亚里士多德　1991　《修辞学》，罗念生译，生活·读书·新知三联书店。

姚小平　1995　《洪堡特——人文研究和语言研究》，外语教学与研究出版社。

叶蜚声　1994　《话说风格》，程祥徽、黎运汉主编《语言风格论集》，澳门写作学会，南京大学出版社。

詹　锳　1980　《刘勰与〈文心雕龙〉》，中华书局。

祝克懿　1999　《繁丰语言风格的要素——联合短语》，《修辞学习》第5期。

祝克懿　2004　《语言学视野中的"样板戏"》，河南大学出版社。

祝克懿主编　2010　《掇沉珠集·李熙宗卷》，复旦大学中文系教授荣休纪念文丛，复旦大学出版社。

祝克懿　2013　《汉语风格学奠基作考论》，陈光磊、陈振新主编《陈望道诞辰120周年纪念文集》，复旦大学出版社；陈曦、朱寿桐主编　2013　《语林嘤鸣集》，和平图书有限公司（香港）。

祝克懿　2014　《文本解读范式探析》，《当代修辞学》第5期。

祝克懿　2020　《"语录体"的源起、分化与融合考论》，《当代修辞学》第4期。

Akpofure Oduaran. 1988. Linguistic function and literary style: an inquiry into the language of Wole Soyinka's "The Road". *Research in African Literatures*, 1(3): 341—349.

Halliday. M.A.K. 1971. Linguistic function and literary style: an inquiry into the language of William Golding's *The Inheritors*. *Linguistic Studies of Text and Discourse*, 1:88—125.

van Eemeren, F.H. 2019. Argumentative style: a complex notion. *Argumentation* 33:153—171.

Theoretical Origin and Functional Evolution Path of Language Style Research

Zhu Keyi

Abstract: "Style" category is a kind of meaning category which reflects the diversity and symbolism of nature, society and thinking patterns, and the integrity and dynamics of conceptual semantics. In the social language life, people have realized the cognition of the essential attribute and universal connection of "style" category by widely using the basic types of "routine expressions" and "subject terminology". This paper mainly discusses the concept of "language style", which has the characteristics of popular science suitability in humanities sociology, and pays attention to the structural semantic representation of its "general style and parole atmosphere" from the perspective of diachronic and modern cognition. Various definitions of "style" of western scholars are listed in the *Talk about Style* of Ye Feisheng. This paper sorts out five groups of style concepts with relatively concentrated meanings, combs the semantic evolution of the five groups of style concepts from the perspective of Chinese and western style theories, supplements the theoretical basis for reaching consensus by comparing the subject cognition of style research in Chinese academic circles, explores the theoretical origin of "language style" research, and describes the functional evolution path of semantic category from genre style (stylistic style) to functional style (linguistic stylistic style), that is, the disciplinary ecological evolution path of stylistics.

Keywords: "Style" category, routine expressions, subject terminology, language style, Chinese and western horizon, theoretical origin, function evolution path

(原载于《当代修辞学》2021年第1期,
复印报刊资料《语言文字学》2021年第6期全文转载)

话语研究

评价性构式"X 就 X 在 Y"的整合及原因凸显*

陈昌来　朱　皋

(上海师范大学对外汉语学院)

提　要　"X 就 X 在 Y"的构式义可概括为"说话人对某个事物或状况的评价,并凸显评价的原因"。构式义的形成有三个条件:一是构件"X"对构式义的贡献,动词性成分和形容词性成分对构式义的贡献不同;二是遵循因果关系的事理逻辑;三是通过对比焦点,凸显原因"X 在 Y"。构式"X 就 X 在 Y"形成动因是语言的经济原则和交互主观性,形成机制是概念整合和回溯推理。

关键词　构式义　形成条件　凸显　动因　机制

一、引　言

"输就输在心太软""妙就妙在谁都不知道上"这类"X 就 X 在 Y"结构,此前已经有不少研究成果,如赵静贞(1986)、胡习之(1989)、赵曼(2003)、宛新政(2006)、陈颖(2014)等。过去的研究大多着眼于句法、语义、语用三个平面的研究视角;陈颖(2014)则是从构式语法出发,认为构式"A 就 A 在 X"具有主观评定、传信等多种功能。总体来看,过去的研究主要是基于静态视角,缺乏从动态或互动视角来认识该构式。本文将从整合和凸显的角度进一步探讨"X 就 X 在 Y"构式义的形成条件,从而揭示构式形成的动因和机制。

---

*　基金项目:国家社会科学基金重大项目"中国语言学史"(分类多卷本)(16ZDA206);国家社会科学基金青年项目"汉语语篇意义整合的机制和手段研究"(18CYY045)。

二、"X 就 X 在 Y"的构成

"X 就 X 在 Y"是现代汉语中一个常用的表达式,其中 X 为形容词性成分和动词性成分。例如:

(1) 许三观后来觉得自己确实干了一件傻事,<u>傻就傻在给林芬芳送什么肉骨头黄豆</u>,那么一大堆东西往桌子上一放,林芬芳的男人再笨也会起疑心。(余华《许三观卖血记》)

(2) 那些不声不响的尸首还吓不着人,<u>糟就糟在挂彩带伤的身上</u>,有些走劫运,刚翻进长墙就被枪火灌上了!(司马中原《狂风沙》)

(3) 红旗在地上睡了一夜。一间卧室一间起居室,窄窄小小的房子,<u>睡就睡在"榻榻米"上</u>,被褥在拉隔里。(胡小胡《太阳雪》)

(4) 再说那时哥儿们也不心齐,你打重,他打轻;你打东,他打西,这里下手狠点,那里要讲政策,妈的,<u>毁就毁在窝里哄</u>。(李国文《冬天里的春天》)

从以上例句中可以看出"X 就 X 在 Y"结构可以分为两类:一是 X 由形容词性成分充当,如例(1)、例(2)的"傻"和"糟";二是"X"由动词性成分充当,如例(3)、例(4)的"睡"和"毁"。不过,由动词性成分充当的"X 就 X 在 Y"结构实际上存在两种意义:如例(3)表示的是动作或行为发生的地点,"榻榻米"是"睡"的处所;例(4)表示的是动作或行为发生的原因,"窝里哄"是"毁"的原因,例(4)跟例(1)、例(2)表达的意义一致。本文暂不讨论表示动作或行为发生地点的"X 就 X 在 Y"结构,如"吃就吃在他家""写就写在废纸上"等。

表示原因的"X 就 X 在 Y"是一种图式性构式,由变项 X、Y 和常项"就""在"构成,其中前后两个 X 形式上相同,或均为形容词性成分,或均为动词性成分。例如:

(5) 胡雪岩说:"先说我一帆风顺,不过到时候要收篷。啥时候呢?'帆随湘转处',<u>灵就灵在这个'湘'字上</u>,是指左大人;到左大人不当两江总督了,我就要'下坡骏马早收缰'了。"(高阳《红顶商人胡雪岩》)

(6) 可是没有!<u>惨就惨在这里</u>,没有!吴为又如何能够心安理得地面对这个

由她残害,而又没有了救赎之道的女儿呢?(张洁《无字》)

(7) 冯文修:"你与他们同归于尽,你们家女儿呢?没爹没娘,百慧往后可咋个办?"牛爱国抱头哭了:"我发愁就发愁在这一点。"(刘震云《一句顶一万句》)

(8) 对付这等主儿,你不放出那轻狂风骚的骚劲儿,把他撩拨得爱又不是,恨又不能,丢不开,放不下的,还能指望他死心塌地娶你?妹妹,你输就输在太文静服帖,一本正经呢!(刘斯奋《白门柳》)

例(5)、例(6)中的"X 就 X 在 Y"结构前后两个 X 都是相同的形容词性成分;例(7)、例(8)中的"X 就 X 在 Y"结构前后两个 X 都是相同的动词性成分。从形式上看,前后两个 X 确实是相同的。刘鹏(2012)认为"X 就 X 在 Y"是拷贝式结构,陈颖(2014)认为"X 就 X"是"回声拷贝式",这里的拷贝指的即是 X 的拷贝。但是,形式上相同的 X 就是同一性质的 X 吗?"X 就 X"是通过拷贝而形成的吗?关于这些问题本文另有看法,下文将进一步解释与说明,这里先讨论变项 Y 的情况。

在"X 就 X 在 Y"中,变项 Y 的情况比较复杂,指示代词、方位短语、名词、名词性短语、动词性短语、小句甚至是复句都能进入该结构。例如:

(9) 那么战争结束了,一旦结束之后,他不再担任师长,就面临退回原来的少校军衔的窘地——从准将退回到少校这个反差太大了!麦克阿瑟怕就怕在这儿。(马骏《麦克阿瑟》)

(10) 德布雷答道:"这套衣服剪裁得很合体,而且也很新。""我觉得糟就糟在这一点上。那位先生看来像是平生第一次穿好衣服似的。"(大仲马《基督山伯爵》译文)

(11) 虽然口袋里没钱,但他们心里有"底",这个"底"来自他们的知识、经验和社会关系的积累。巴腊屯穷就穷在观念。(《人民日报》2003 年 10 月 3 日)

(12) 人际交往妙就妙在距离的美感。水中望月,雾里看花,隔帘观美人,深山探珍宝。一切迷人的魅力,莫不在于神奇的距离效应。(《微博》BCC 语料库)

(13) 我一时灵机一动,采用了鲁迅先生的办法,含糊答曰:"唔! 唔!"谁也不知道"唔,唔"是什么意思。<u>妙就妙在谁也不知道是什么意思</u>。(季羡林《喜鹊窝》)

(14) 要是这样的羞辱能解救她反倒好了。<u>惨就惨在她的伤痛是这样的羞辱,既不能动摇,也不能摧毁的</u>。(张洁《无字》)

例(9)中的变项 Y 由指示代词"这儿"充当,当变项 Y 为指示代词时,通常为表示近指的指示代词;例(10)的 Y 是"这一点上",即由"Np+上"构成的方位短语充当;例(11)的 Y 由名词"观念"充当,由名词充当的 X 大多能和方位词"上"构成如例(10)中的"Np+上"结构;例(12)的 Y 为名词性短语"距离的美感";例(13)的 Y 为小句"谁也不知道是什么意思";例(14)中的"她的伤痛是这样的羞辱,既不能动摇,也不能摧毁的"是由两个分句构成的复句形式,并且包含关联词。

"X 就 X 在 Y"构式中的常项是"就"和"在"。关于"X 就 X 在 Y"中"就"的作用或功能,赵静贞(1986)、刘鹏(2012)、陈颖(2014)等都曾讨论过。赵静贞认为"X 就 X 在 Y"中的"就"关联同一谓词,表示假设关系,相当于"如果……就";刘鹏认为副词"就"是语气情态标志,语气肯定且态度坚决,具有很强的主观色彩;陈颖认为"就"意味着承接上文,表示加强肯定。我们认为"就"具有整合和限制两种功能。"X 就 X 在 Y"实际上可以看作由 X 和"X 在 Y"两个部分构成,"就"实质上具有把结果和原因整合为单句的功能,"就"前面是对某事物或状况的评定,后面是释因,通过"就"整合成一个评价性构式,"就"还有限制范围的作用。因为"评定"的原因或理由形成了一个集合,"就"限制的是其中一个原因范围。例如:

(15) 总而言之,男性等于讨厌的东西,就是这么一个公式呢,<u>难办就难办在这个先入为主的公式上了</u>。(今野绪雪《圣母在上》)

(16) 这就是人性的高贵,我经常讲人是生而高贵的,他<u>高贵就高贵在他有一种超越自我的一种内在的天然的冲动</u>。(冷成金《从文化视角看几首唐诗宋词》)

以例(15)为例,"难办就难办在这个先入为主的公式上了"的"难办$_1$"是对上文"男性等于讨厌的东西,就是这么一个公式呢"的评定,"难办在这个先入为主的公式上了"则是释因,二者通过整合标记"就"整合成"X 就 X 在 Y"结构,同时"就"

起到限定原因范围的作用,如例(15)中"就"将原因范围限定在"这个先入为主的公式上"。再如例(16),"高贵₁"是对"人是生而高贵"的判定结果,"高贵在他有一种超越自我的一种内在的天然的冲动"是对"高贵"的限定性释因。此前学者们还认为肯定的态度是由于"就"的作用,其实不然。我们认为肯定的态度与说话人凸显释因有关,由于说话人有了评判的理由,从而加强了说话人肯定的态度。

"在"在现代汉语里可表示多种语法意义,如表示时间、处所、范围、条件等等。我们认为"X 就 X 在 Y"中的"在"表示定位,属于处所义的引申。构件"在"的功能在于对原因的定位,该定位属于心理空间位置的定位。现实世界中原因和结果常常不是一一对应的,可能是多种原因造成一种结果,也可能是一种原因造成多种结果,而"X 就 X 在 Y"则属于多因一果型。多种原因实际上就形成一个原因的集合,这个集合相当于一个心理空间范围。说话人用"在"定位其所倾向的那一个原因并予以凸显,可以说"在"的心理空间位置定位功能是表示空间位置的"N/V 在 L"构式的功能投射,其中的一个证据就是"X 就 X 在 Y"结构中的 Y 可以由表示地点的指示代词、方位短语充当。所以我们认为"X 就 X 在 Y"中"X 在 Y"的原型是表空间义的"N/V 在 L"构式。例如:

(17) 这个肉夹馍贵就贵<u>在料上</u>,馍外面一层烤得脆脆的,里面一层软软的,咬起来筋道。(《微博》BCC 语料库)

(18) 12 月份,天气最低的时刻应当是黎明前的四五点钟,但昨天的天气一反往常:早上 8 点前,气温为摄氏 3.2 度;白天气温没有回升,反而持续下降。阵阵寒风让上海人再次体会到"冷就冷<u>在风里</u>"。(《文汇报》2001.12.14)

(19) 我打不开这东西,那要用特殊的钥匙来开,那把钥匙<u>在出纳身上</u>,他要到九点钟才来。(阿尔弗莱德·希区柯克《希区柯克悬念故事》译文)

(20) 有一次我曾经问过王立强:"你什么时候送我回去?"当时王立强和我一起<u>走在傍晚的街道上</u>,他拉着我的手,<u>走在夕阳西下的光芒里</u>。(余华《在细雨中呼喊》)

通过例(17)、例(18)"X 就 X 在 Y"与例(19)、例(20)"N/V 在 L"中 Y 与 L 的对应关系比较,我们认为"X 就 X 在 Y"结构整合了现代汉语中表示空间位置的

"N/V 在 L"构式,并且结构形式没有发生改变,只是进入的词汇项类型改变了。具体表现为:名词不能作为 X 进入"X 就 X 在 Y"结构,性质形容词可以进入;进入该结构的 Y 的范围扩大了,不局限于方位名词。关于"X 就 X 在 Y"的词类准入情况,上文已经举例论述过,可以很清楚地看出"X 就 X 在 Y"与"N/V 在 L"词类准入的变化情况。从"N/V 在 L"到"X 在 Y"的变化,本质上是通过隐喻机制,使得不同概念域之间产生投射:

"N/V 在 L"(现实空间)——→"X 在 Y"(心理空间)

三、"X 就 X 在 Y"构式义的形成条件

Goldberg(1995)认为构式能够成立的前提条件是"当且仅当 C 是一个形式意义的配对⟨Fi, Si⟩,且形式(Fi)的某些方面或意义(Si)的某些方面不能从 C 的构成成分或从其他已有的构式中得到严格意义上的预测"。换句话说,只要其形式或功能的某些方面不能从其组成部分或其他已经存在的结构中得到完全预测,就可以被看作是一个构式。"X 就 X 在 Y"作为一个构式,其构式义可以概括为"说话人对某个事物或状况的评价,并凸显评价的原因"。例如:

(21) 丹珏点了几样点心:生煎馒头,蟹粉小笼包,萝卜丝饼,豆浆。锦江的点心贵就贵在每样点心都比别家小一半,丹珏嘻哈着评价。(严歌苓《陆犯焉识》)

(22) "可是,妈妈在世的时候……""是呀,那时候真好啊!什么都好!如今什么都不行了!""太放肆了——糟就糟在这儿!"安努什卡简短而激烈地下断语道。(谢德林《波谢洪尼耶遗风》)

例(21)和例(22)中"X 就 X 在 Y"的构式义不是其构成部分意义的简单相加,并且其凸显原因的功能也不能从其组成部分中得到完全预测。我们之所以认为"X 就 X 在 Y"构式表示说话人对某个事物或状况的评价,依据是在上下文语境中常常有指称"X 就 X 在 Y"构式的成分,如例(21)中的"评价"、例(22)中的"断语"等都和上文中"X 就 X 在 Y"的构式义相照应。

"X 就 X 在 Y"的评价义是如何形成的?我们认为"X 就 X 在 Y"的构式义形

成主要有以下三个条件。

3.1 构件 X 的贡献

构式"X 就 X 在 Y"具有评价义,主要和进入该构式的 X 有关。通过对 BCC (北京语言大学汉语语料库)中的语料统计,发现能够进入该构式的 X 通常情况下为谓词性成分,其中动词有 11 种,形容词有 79 种,动词使用频率最高的是"输",用例为 29 条,形容词使用频率最高的是"错",用例为 221 条。限于篇幅,下面仅选取使用频率排名前 10 的词汇进行统计。详细使用情况如下表:

表 1　X 的使用情况

动词				形容词			
序号	词语	词频	百分比	序号	词语	词频	百分比
1	输	29	22.48%	1	错	221	47.73%
2	败	26	20.15%	2	妙	98	21.16%
3	怕	17	13.17%	3	穷	38	8.20%
4	吃亏	15	11.63%	4	苦	37	7.99%
5	毁	11	8.52%	5	怪	22	4.75%
6	赢	11	8.52%	6	倒霉	12	2.59%
7	亏	6	4.65%	7	贱	10	2.15%
8	胜	5	3.87%	8	特殊	9	1.94%
9	栽	5	3.87%	9	可怕	8	1.72%
10	失败	4	3.10%	10	贵	8	1.72%

通过上表可以看出构件 X 对评价义形成的贡献。使用频率较高的形容词具有"评价"义这是毫无疑问的,通过上表可以看出进入该构式的形容词既有积极评价义的形容词,如"妙""贵"等,更有消极评价义的形容词,如"错""穷""苦""倒霉""贱""可怕"等。而通过观察发现,进入构式"X 就 X 在 Y"的动词十分有限,这些动词都有共同的语义特征[+结果][+评价],动词作为 X 进入构式对于构式义的作用是不同的,动词有两个作用,分别是判定和评价,动词的评价功能相对于形容词来说是非主要功能,而评价是形容词的主要功能。例如:

(23) 案发的那天下午,要不是有个好看的女护士在他跟前晃来晃去的,我早

一枪把他崩了! 妈的,我这人,这辈子<u>毁就毁在女人身上</u>,心太软,终究成不了气候。(张平《十面埋伏》)

(24) 集团新任总裁赵海均坦言:"现在看来,春都在发展中确实是轻视了管理。"而双汇集团总裁万隆也不避讳,他说:"依靠职工是根本,科学管理是生命,双汇<u>赢就赢在这两点上</u>。"(《文汇报》2000.1.1)

例(24)中"毁就毁在女人身上"中的"毁"是对"这辈子"的判定,具有结果义,同时又具有消极评价义;例(24)中"双汇赢就赢在这两点上"的"赢"是对"双汇"的判定,具有结果义,同时又暗含积极评价义。反观形容词进入"X就X在Y"所表现的作用只有评价义,这是形容词本身所具有的。形容词进入该构式时,常常在上下文中有所体现,表现为上下文中已经出现某种结果或已经对事物做出判定。例如:

(25) 列宁反批评道:这种观点是错误的,<u>错就错在不懂得从资本主义过渡到社会主义可以有各种不同形式,对资本主义和资产阶级可以有各种不同的方法</u>。(《科技文献》,转引自 BCC)

(26) 雨很细腻地下着。世界灰色调的更突出了她的红伞。整整帽,藏好光头。我<u>倒霉就倒霉在跑不及时又态度不好</u>,所以多蹲了几个月局子。我不在乎。(《福建日报》1992.1.26)

例(25)中"错就错在……"上文中已经对"观点"做出判定"是错误的",所以形容词"错"对构式义只是贡献评价义;例(26)中"倒霉就倒霉在……"下文已经补充"多蹲了几个月局子"这一结果,所以形容词"倒霉"只是对结果的评价。

通过以上分析,我们认为动词和形容词进入构式"X就X在Y"对于构式义的贡献是不同的,动词贡献判定义和评价义,形容词则贡献评价义。它们处于事件过程中的不同层次,动词所具有的判定义是原型构式"V在L"的遗留,在整合后和评价义叠置在一起,在评价事件中的时间顺序是先判定后评价;形容词是整合后扩展的词类项,通常出现在上下文中已经出现某种结果或已经对事物做出判定的环境中,在评价过程中只贡献评价义。

3.2 因果事理逻辑

事件的形成和发展有其自身的基本原则,该基本原则导致其内部的次事件依次发生,我们认为基本原则就是事理逻辑。事理逻辑包括事件之间的顺承、因果、条件和上下位等关系。"X 就 X 在 Y"是一个由整合而成的评价性结构,其内部的 X 和"X 在 Y"遵循事理逻辑中的因果关系。例如:

(27) 什么地方看得出你是党员、你是干部?就看你能否比别人多吃苦、多干活。<u>光荣就光荣在这儿</u>,特殊也特殊在这儿。(《人民日报》1995.7.2)

(28) 大气还是小家子气,这是渗透出来的。你再装,都装不像,装不出来。<u>可怕就可怕在这种渗透上</u>,不知道什么时候,它就出来了,你一点办法都没有。(《文汇报》2002.6.21)

例(27)和例(28)遵循的是评价过程中的因果事理逻辑。评价过程中的因果事理逻辑通常有两种:一是先说明原因,后评定;二是先评定,然后说明原因。"X 就 X 在 Y"构式遵循的是评价性过程中的第二种因果事理逻辑,评价性过程中有评定、说明原因两个步骤,两个步骤遵循第二种因果事理逻辑依次发生。如例(27)中,说话人先用形容词"光荣"对党员、干部进行评定,然后说明原因"多吃苦、多干活"(即"这儿")光荣;例(28)中说话人先对"装不像,装不出来"这一事件评定为"可怕",再说明原因"这种渗透"可怕。"X 就 X 在 Y"构式的因果事理关系如下图所示:

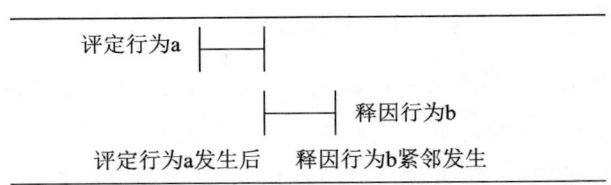

图 1 因果关系示例

3.3 原因信息的凸显

构式"X 就 X 在 Y"中既有旧信息,又有新信息,其中 X 是旧信息,Y 是新信息。通常把旧信息称为预设,新信息称为焦点。预设是交际双方共知的信息,是旧信息。例如:

(29) 咱村穷,<u>穷就穷在乡亲们没有文化</u>。要想彻底改变面貌,希望寄托在孩子身上,他们首先得要能读上书……(《作家文摘》1995A)

(30) 因为股市之"弱",<u>弱就弱在诚信问题上</u>,投资人之所以不敢买股票,也是因为上市公司诚信太差,弄不好就会踩上地雷。(《文汇报》2002.12.9)

例(29)和例(30)中的前一个 X 沿用上文中的"咱村穷"之"穷","股市之'弱'"的"弱",是信息预设,属于共享性知识,是旧信息。由于"X 就 X 在 Y"中 X 有时沿用上文中的 X,因此前一个 X 属于旧信息。那么,后一个 X 也属于旧信息吗?我们认为本质上后一个 X 不是旧信息。刘鹏(2012)认为"A 就 A 在"属于回声拷贝结构,通过拷贝而强调 X,陈颖(2014)也认为"A 就 A 在 P"属于双强调构式。从形式上看,前后两个 X 确实形式相同,但是这两个 X 性质一样吗?我们认为在"X 就 X 在 Y"构式中前后两个 X 管辖的语义范围不同,前一个 X 是对上文中整个事物或事件的评定,而后一个 X 只是管辖事物或事件的某一方面,语义指向上表现为前一个 X 指前,后一个 X 指后。例如:

(31) 因为我做医生要有本事,也要有医德,否则病人活着不找我,死了也要找我。肿瘤这个病,<u>可怕就可怕在会转移、复发</u>。(《文汇报》2003.11.20)

(32) 沃兰德反驳说,同时嘴角一撇,冷冷地一笑,"你刚刚来到这屋顶上,就干了件蠢事。我可以告诉你蠢在哪里。<u>蠢就蠢在你的语气上</u>"。(米·布尔加科夫《大师与玛格丽特》译文)

例(31)中第一个"可怕"语义指向的是"肿瘤这个病",意思是"肿瘤这个病"可怕,后面一个"可怕"语义指向的是"会转移、复发",意思是"会转移、复发"这种情况可怕;例(32)中第一个"蠢"语义指向的是"事",第二个"蠢"语义指向的是"语气"蠢。可见,前后两个 X 虽然形式上一样,但是语义范围和语义指向并不一样,所以不能看作同一个 X,也就谈不上通过回声拷贝的手段来强调 X。因此,"X 就 X 在 Y"并不能算是双强调构式。

为什么说后面一个 X 本质上属于新信息范围呢?就是因为它指向的是 Y,既然后面一个 X 语义指向的是 Y,那么后面一个 X 也应该是新信息;但是相对于 Y 属于次要信息,因为前面已经提及。"X 就 X 在 Y"中的 Y 属于新信息也就是焦点,且是一个对比焦点。上文曾提到 X 表示评定,在说话人看来,评定的原因或理由有多种,这就形成原因或理由的集合,说话人认为 Y 是该集合中最根本的原因或理由。说话人通过 Y 和集合中的其他原因或理由对比,凸显 Y。例如:

(33) "港为城用,城以港兴。"这是被历史所证实的真理,闽东穷就穷在缺少一个大港观念,缺少一个"环三都澳经济圈"的观念。(《福建日报》1992.8.1)

(34) 若不是有这么一段奇缘,宫里的宝贝又怎么会到我们手里!赵先生连连点头:"东西也罢了,珍贵就珍贵在从皇宫里流出来的,可让我开了眼界。"(黄蓓佳《新乱世佳人》)

例(33)中,说话人认为闽东穷的原因或理由有很多,但缺少"观念"是这些原因或理由中最突出的一个,因而说话人通过和其他原因或理由对比,凸显这一观念;例(34)中,说话人认为"东西"珍贵的原因和理由有很多,但"从皇宫里流出来的"这个原因或理由是"珍贵"的根本原因,因而说话人通过和其他原因或理由的对比,凸显"从皇宫里流出的"这个原因。

四、构式"X 就 X 在 Y"形成的动因和机制

4.1 经济原则与概念整合

就"X 就 X 在 Y"构式来说,该构式是说话人在语言经济原则指导下,通过句法上的省略与整合而达到表达最大信息量的目的。通过挖掘构式"X 就 X 在 Y"内在的意义,发现其丰富的意义和其本身简单的形式不是对应的。上文认为"X 就 X 在 Y"是一个评价性构式,包括评价和释因两个过程,其中评价过程又包括判定和评价,同时说话人还要凸显评价的原因,所以说话人传达的信息量很大,说话人传达如此多的信息量理应采用复杂的语言形式,如可用"认为 X,X 的原因在于 Y"来表达,但这不符合经济性原则或省力原则。为了省力,而又不改变所含信息的量和质,说话人需要在句法上操作或使用能够满足上述条件的句法格式,从而既达到省力的目的,又不违背量的原则和质的原则。史维国(2014)认为就经济原则的范围来说,其包括"说话人经济原则"和"听话人经济原则",前者以简化使用为目的,后者则以反歧义为目的。"X 就 X 在 Y"构式是基于说话人视角,以简化使用为目的的语言形式,因此语言的经济原则是构式"X 就 X 在 Y"形成的动因之一,而实现这一目标的机制则是通过句法上的省略与整合。

所谓"概念整合"的本质是关系的整合,因为信息输入空间与空间之间的连通靠的是关系,而且关系是必不可少的,关系将空间与空间连通起来才形成了认知网络。空间与空间之间的连通关系主要表现为:1)因果关系(cause-effect relation);2)时间关系、空间关系(time, space relation);3)身份连通关系(identity relation);4)部分与整体关系(part and whole relation);5)特征、范畴、意图关系(王正元 2009)。"X 就 X 在 Y"的构式义就是遵循因果关系的事理逻辑。因果关系将"评定"和"释因"两个空间连通起来,使得松散游离的空间形成网络,认知操作也就得以进行。在"X 就 X 在 Y"中,"评定"是行为空间,"释因"是原因空间,二者通过整合标记"就"及"在"整合成单句形式(紧缩形式)的"X 就 X 在 Y"结构,"就"起到限定原因范围的作用,"在"则起到定位某个原因的功能。需要说明的是,行为空间和原因空间在认知上的时间顺序是行为空间先发生,原因空间后发生,这与客观的原因与结果之间的时间顺序相反。构式"X 就 X 在 Y"的概念整合如下图:

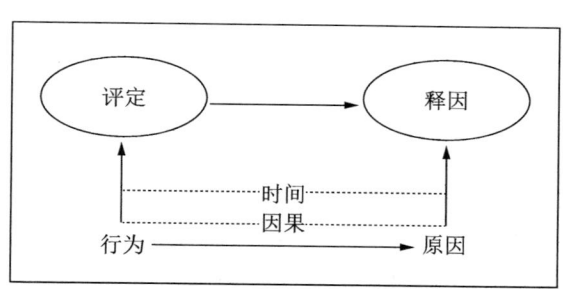

图 2 构式"X 就 X 在 Y"的概念整合

4.2 交互主观性与回溯推理

构式"X 就 X 在 Y"由评价和释因两部分构成,其中释因部分就是说话人向听话人传达原因信息。其实,原因信息就是评价的证据。陈颖(2014)认为构式"A 就 A 在 P"具有传信功能。确实如此,实际上从语言形式上也可以看出相关证据来。例如:

(35) 乔乔直着脖子瞪着我低声嚷,"你真以为找着她就能解决你的问题? 告诉你,你倒霉就倒霉在那把刀上,那把所谓包银的刀上化验出了人血,

和高洋的血型一样"。(王朔《玩得就是心跳》)

(36) 关八爷闲闲的品着茶说:"我不懂,一个姑娘叫形容成这样,不是西施就是王嫱,怎么花名这等俗法,偏叫小馄饨呢?""嘿,<u>您有所不知</u>,她这人,<u>妙就妙在这个花名儿上</u>。"(司马中原《狂风沙》)

所谓"言之有据",说的就是人们对自己陈述的真伪负有责任,不可信口开河。人们在陈述事实和交代信息时,对其真实性和准确性自行估价,并通过各种语言形式和形态加以表达(严松辰2000)。例(35)和例(36)中的"告诉你""您有所不知"就是说话人向听话人交代某种信息的插入语,该信息是说话人评价的证据或原因。

但说话人为什么要向听话人交代评价的证据或原因呢?真的仅仅是为了"传信"吗?我们认为"传信"本质上体现了人类认知的交互主观性。Nuyts(2001)指出:"从证据状态入手,认为如果证据为包括说话人在内的一群人所共知,由此得出的结论为大家所共有,体现交互主观性;如果说话人独享证据,并在此基础上得出结论,则体现主观性。"例(35)、例(36)中的"告诉你""您有所不知"已经表明说话人将证据设为一群人所共知,得出的结论即评价为大家所共有,因此"X 就 X 在 Y"体现的是交互主观性。吴福祥(2004)认为"交互主观性指的是说/写者用明确的语言形式表达对听/读者'自我的关注',这种关注可以体现在认识意义上,即关注听/读者对命题内容的态度"。说话人进行评价时会构建一个心理空间,其中说话人预见听话人可能持有对所陈述命题不利的认识立场,说话人通过"X 在 Y"为命题提供论据。这正如 Schiffrin(1990)所说:"语言活动中说话人的活动(它包括说话人期望达到的感知效果以及预期之外的感知结果)和听话人对所有可接收信息的理解之间的相互作用,也就是说'交互主观性'不仅涉及说话人对听话人的关注,而且设想了听话人对话语的理解及反应。"

在"X 就 X 在 Y"中,X 和"X 在 Y"存在因果关系,属于溯因式因果构式。赵贞静(1986)、胡习之(1989)认为该构式是假设式的因果句。邢福义(2016)认为假设式复句以假设为根据推断某种结果,即以某种虚拟性原因作为推断的前提。而"X 就 X 在 Y"属于推断构式,X 是根据语境中的信息所作的断言,是已然的,而不是虚拟的,而"X 在 X"是推断的原因,不一定是事实。可见,回溯推理是构式"X 就 X 在 Y"形成的机制之一,为了明晰构式"X 就 X 在 Y"的推理过程,我们将正向和回溯两种推理用三段论刻画如下：

① 正向推理：

    Y 是某事或某物的一方面   （大前提）
    <u>某事或某物具有 X 的性质</u>   （小前提）
    Y 具有 X 的性质   （结论）

② 回溯推理：

    Y 是某事或某物的一方面   （大前提）
    <u>Y 具有 X 的性质</u>   （小前提）
    某事或某物具有 X 的性质   （结论）

上述所展示的是两种推理过程，构式"X 就 X 在 Y"所蕴含的是回溯推理过程，从已有的"Y 是某事或某物的一方面""某事或某物具有 X 的性质"出发，在多元的集当中择优选出一个最合理、最可能的"Y 具有 X 的性质"作为解释。

五、结　　语

本文基于构式语法理论从整合和凸显的角度探讨了构式"X 就 X 在 Y"的构式义形成条件以及构式形成的动因和机制。主要观点是：

1）构式"X 就 X 在 Y"是强调原因的构式，并不是双强调构式。

2）构式"X 就 X 在 Y"是由评定和释因两个部分整合而成，其中"就"具有整合和限制两种功能，"评定"和"释因"整合遵循的是因果事理关系；X 表示评定，包含多种原因，形成一个原因集合，通过"就"限制其中一个原因"X 在 Y"的范围。

3）构式"X 就 X 在 Y"中的 Y 属于新信息也就是焦点，是一个对比焦点。说话人认为 Y 是评定原因集合中最根本的原因或理由。说话人通过 Y 和集合中的其他原因或理由的对比，凸显 Y。

4）形容词和动词进入构式"X 就 X 在 Y"时对构式义的贡献不同，它们处于评价过程中的不同层次，动词所具有的判定义是原型构式"V 在 L"的遗留，在整合后和评价义叠置在一起；形容词是整合后扩展的词类项，在评价过程只具有评价义。

5）经济原则和交互主观性是构式"X 就 X 在 Y"形成的动因；概念整合和回溯推理是构式"X 就 X 在 Y"形成的机制。

参考文献

陈红燕、陈昌来 2019 《"客气"类谦辞构式的构式化与功能演化》,《当代修辞学》第4期。

陈 颖 2014 《双强调的"A 就 A 在 P"构式》,《语言研究》第2期。

胡习之 1989 《"A 就 A"与"A 就 A 在 M"》,《阜阳师范学院学报》第1期。

姜礼立、罗耀华 2019 《回溯推理在语义识解中的应用——以"怪不得"的演变为例》,《古汉语研究》第2期。

刘 鹏 2012 《论形容词"A 就 A 在"拷贝式结构》,《三峡论坛》(三峡文学·理论版)第6期。

史维国 2014 《汉语研究应重视"语言经济原则"》,《中国社会科学报》(4月21日)第A08版。

宛新政 2006 《"V 就 V 在 P"格式的语义结构和语用功能》,《语言教学与研究》第3期。

王正元 2009 《概念整合理论及其应用研究》,高等教育出版社。

吴福祥 2004 《近年来语法化研究的进展》,《外语教学与研究》第1期。

邢福义 2016 《汉语语法学》,商务印书馆。

徐盛桓 2004 《充分条件的语用嬗变——语言运用视角下的逻辑关系》,《外国语》第3期。

严辰松 2000 《语言如何表达"言之有据"——传信范畴浅说》,《解放军外国语学院学报》第1期。

赵静贞 1986 《"V 就 V 在……"格式》,《汉语学习》第4期。

赵 曼 2003 《"NA 就 A 在 M"式探析》,《滁州师专学报》第4期。

中国社会科学院语言研究所词典编辑室编 2016 《现代汉语词典》(第7版),商务印书馆。

朱庆祥 2020 《从多功能互动视角审视句式"有点(儿)VP"的语义色彩倾向机制》,《当代修辞学》第2期。

Goldberg, Adele E. 1995 *Constructions*: *A Construction Grammar Approach to Argument Structure*. Chicago: Chicago University Press.

Nuyts, Jan. 2001 Subjectivity as an evidential dimension epistemic modal expressions. *Journal of Pragmatics*, 33:383—400.

Schiffrin, D. 1991 The principle of intersubjectivity in communication and conversation. *Semiotica* 01.

Ding, X., Li, Z., Liu, T. & Liao, K. 2019 ELG: an event logic graph. *Computer Science* 07.

Integration of Evaluative Construction "*X jiu X zai Y*" and Its Prominent Reasons

Chen Changlai & Zhu Gao

Abstract: Taking "*X jiu X zai Y*" in modern Chinese as the research object, this paper discusses the features of its constant and variable terms with the theory of construction grammar, and summarizes its construction meaning as "the speaker's evaluation of a certain thing or situation, and highlighting the reasons for the evaluation". The construction of semantic motivation follows the logic of causality. By comparing the focus, the reason "*X zai Y*" is highlighted. The component "*X*" contributes to the construction meaning, while the verbal and adjective components contribute to the construction meaning differently. The formation of the construction "*X jiu X zai Y*" is motivated by the economic principle of language and interactive subjectivity. The forming mechanism of construction is concept integration and backward reasoning.

Keywords: construction meaning, formation, highlights, motivation mechanism

(原载于《当代修辞学》2020 年第 6 期)

话本小说的叙事传统对现代汉语语法的影响

方 梅

(中国社会科学院语言研究所)

提 要 传统小说多来自话本。作为讲述底本,话本在叙述程式和叙述视角上具有显著的现场性特点。从话语行为角度看,表现为故事讲述与言者评价交错;就叙述视角而言,表现为情节内人物视角与言者视角交错。这种叙事传统对后代叙事语体篇章的组织方式产生了重要影响,其影响主要表现在:1)叙事语篇中有大量的为构建现场效应所采用的互动性表达;2)体现叙述视角的语言形式不仅包括人称选择、元话语词汇选择,还包括一些具有人际互动功能的句式;3)无论是情节的开启和转换,还是话题的建立、延续和转换,以及讲述行为与评价行为的切换等篇章框架标记,都大量来自以无主语形式呈现的小句,如言说动词小句、视觉动词小句和认识义动词小句,这种弱化的小句甚至可以理解为动词本身的虚化。

关键词 叙事语体 篇章框架标记 互动性表达 视角

引 言

中国近代叙事文本的典型代表是话本。话本主要包括两大类:一类是平话,用浅显的文言叙述帝王将相的故事;另一类是小说,用白话讲述平凡人的故事。

叙事语体(narratives)的典型语料是独白的故事讲述。话本是中国口头文学中最具有代表性的叙事语体的文本。话本是在书场说书的脚本,或者是为了"说"而写作的文本。"说书"有开场套路,它的起承转合模式具有特别的特征。从话语行为角度看,表现为故事讲述与言者评价交错;从叙述视角的角度看,表现为情节内人物视角与言者视角交错。这种叙事传统对后代叙事语体篇章的组织方式产生了重要影响,也影响到现代汉语篇章的语法表达。下文将围绕三个方面分别讨论①。

一、话本小说的叙述特点

从叙事学(narratology)的角度看,故事(story)指表达的对象。同一个故事可以采用不同的话语(discourse)来表达。叙事讲述行为实际包含三个方面:

1) 故事(story):被叙述的事件,涉及叙述了什么,包括事件、人物、背景等;

2) 叙述话语(discourse/text):叙述故事的口头或笔头所呈现的话语,涉及怎么叙述的,包括各种叙述形式和技巧;

3) 叙述行为(narration):产生话语的行为或过程(参看申丹、王丽亚 2010:16)。

故事具有独立性。同一个故事可以通过不同媒介(比如小说、电影、话剧等)呈现。同一个故事,以何种叙述话语来表达传递,这是叙事学关注的重要问题。

话本小说是说书人的讲述底本。作为讲述底本,它在叙述程式和叙述视角上具有显著的现场性特点。我们不妨从叙事开篇、话题导入、话题转移、情节结束这几个方面来观察。

1.1 情节的开启与结束

叙事语体的典型语料是独白的故事讲述。中国话"说书"有开场套路,它的起承转合模式不同于现代的文人小说。在正式开始故事讲述之前,总有一段引场辞,例如:

(1) 词曰:
　　试看书林隐处,几多俊逸儒流。虚名薄利不关愁,裁冰及剪雪,谈笑看吴钩,评议前王并后帝。分真伪占据中州,七雄扰扰乱春秋。兴亡如脆柳,身世类虚舟。见成名无数,图名无数,更有那逃名无数。霎时新月下长

---

① 文中引用的晚清北京话语料依据王洪君、郭锐、刘云总编的《早期北京话珍本典籍校释与研究》中由刘云主编的《早期北京话珍稀文献集成》(北京大学出版社,2018)。现代北京话语料依据老舍的小说和话剧。当代北京话语料有:1)电视片系列《这里是北京》解说词;2)北京作家的小说和随笔。

川,江湖变桑田古路。讶求鱼缘木,拟穷猿择木,恐伤弓远之曲木。不如且覆掌中杯,再听取新声曲度。
诗曰:
纷纷五代乱离间,一旦云开复见天。
草木百年新雨露,车书万里旧江山。
寻常巷陌陈罗绮,几处楼台奏管弦。
人乐太平无事日,莺花无限日高眠。
话说这八句诗,乃是故宋神宗天子朝中一个名儒,姓邵讳尧夫,道号康节先生所作。……(《水浒传》)

上面是《水浒传》的开篇。引场辞中有"词曰:……""诗曰:……"。导入第一个篇章话题"一个名儒"则用了"话说……"。

再如下面一例,虽然前文有一个"有"字句"前清末季,京城安定门里,菊儿胡同,有春阿氏谋害亲夫一案……"引出事件,即全书的话题。但是,开启故事情节在后文中用"话说"。

(2) 人世间事,最屈在不过的,就是冤狱;最苦恼不过的,就是恶婚姻。这两件事,若是凑到一齐,不必你身历其境,自己当局,每听见旁人述说,就能够毛骨悚然,伤心坠泪,<u>在前清末季,京城安定门里,菊儿胡同,有春阿氏谋害亲夫一案</u>,各处的传闻不一。各报纸的新闻,也有记载失实的地方。现经市隐先生把此案的前因后果,调查明确,并嘱余编作小说。余浣蔷读罢,始知这案中真相,实在可惊!可愕!可哭!可泣!兹特稍加点缀,编为说部,公诸社会,想阅者亦必骇愕称奇,伤心坠泪也。
话说东城方中巷,有一著名教育家,姓苏名市隐,<u>性慷慨,好交游,生平不乐仕进</u>。惟以诗酒自娱,好作社会上不平之鸣。这一日,天气清和,[ ]往地安门外访友。[ ]走至东西牌楼西马市地方,正欲雇车,忽然身背后有人唤道:"市隐先生,往哪里去?"市隐回头一看,正是至交的朋友原淡然。二人相见行礼,各道契阔。(《春阿氏谋害亲夫》第一回)

上例中,"话说"后用"有"字句引入主角(著名教育家苏市隐)。其后的语句虽然主语没有出现,但是零形主语的指称都指向"有"字句引入的这个话题。

"话说……"是高频使用的开篇方式,下面是《儒林外史》第二回和第三回的开篇。

(3) a. 话说山东兖州府汶上县有个乡村,叫做薛家集。这集上有百十来人家,都是务农为业。(《儒林外史》第二回)
   b. 话说周进在省城要看贡院,金有余见他真切,只得用几个小钱同他去看。不想才到"天"字号,就撞死在地下。(《儒林外史》第三回)

在章回结尾,说书人常用的结束叙述的表达形式是"且听下回分解"。例如:

(4) a. 毕竟史进与三个头领怎地脱身,<u>且听下回分解</u>。(《水浒传》第二回)
   b. 毕竟扯住鲁提辖的是甚人,<u>且听下回分解</u>。(《水浒传》第三回)

这里虽然没有出现直接体现现场性的名词,但是一个动词"听"就使讲述者与受众的对待关系跃然纸上。"话说"是言者自行开启言谈的表达方式,而"且听……"是祈愿句,是面向受众的。

1.2 话题导入与话题转移

话题导入的常见形式是用"单说"。"单说"可以引入一个篇章话题,用于"有字句"。

(5) <u>闲话还是不提,说话这就开书</u>。单说保定府西主人关外,<u>有一家富户</u>,家里房产买卖不少,干脆说很有几个糟钱。姓李行五,……(损公《新鲜滋味第五种:裤缎眼》)

如果不处于开篇位置,"单说"可以用作话题的转换出现。有的时候,前面有结束上一段故事情节的表达式,如"……不必细说""……打住""……不提"等。例如:

(6) 一路之上,<u>也没有多少可叙的</u>。到了南阳,同城文武如何迎接,如何接任,又如何拜同城,那都是外官场照例的套子,<u>不必细说</u>。单说南阳府知府胡太尊,那天请刘军门吃饭。同席子一共七位,主人之外,首席自然是刘军门喽。(损公《新鲜滋味第六种:刘军门》)

(7) <u>闲话二次打住</u>。单说春爷,第二天又奔往茶馆儿。……(损公《新鲜滋味

之四种:麻花刘》)

不难看出,无论是一个篇章新话题的建立还是篇章话题的转移,都是采用说话人现身的表达方式。篇章中反复出现的"说"类词语,如"叙、说"等,都只能理解为故事讲述者的行为,不是故事中人物的言语。

1.3 互动性表达

"说书"是现场讲述,既要充分体现情节自身的篇章层次,又要构建与听者的人际互动。

如果我们看传统小说就会发现,通过虚拟受众的方式构筑讲述者与受众的互动是这类叙事文本的重要特征。例如:

(8) <u>您说这事也真怪</u>,小额自从上上这个药,就瞧疮口里头直长肉珠儿,真是一天比一天浅,四五天的功夫,居然就快长平啦。(《小额》)

(9) <u>那位瞧书的说啦</u>:"你编的这个小说,简直的没理。你说伊老者素常得人,为甚么青皮连跟他打架,旁边儿的人会不管劝劝呢?眼瞧着让他们打上。世界上岂有此理?"<u>诸位有所不知</u>,他们正要打架的时候儿,正赶上堂官来啦,里里外外一阵的大乱。(《小额》)

(10) 亲侄子吃顿饭都费事,过继更休想了,头一个先得过继内侄。<u>您就瞧罢</u>!过继内侄的,十个里头,有九个糟心的。溯本穷源,为甚么妇人都是这宗毛病呢?就因为没受过好教育,不明白真理,所以一味的私心。唐家的武后,前清的慈禧太后,按说是聪明绝顶啦,就是这地方儿想不开,所以糟心。(损公《新鲜滋味之第十种:铁王三》)

这里,第二人称使用"您"是虚拟一个与讲述者直接交际的受话人;而"那位瞧书的说啦"实为作者借用一个虚拟的读者提问,自问自答。后面的"诸位有所不知"用的也是虚拟受众的表达。

1.4 叙事与评价交错

除了上述叙述者与受众间人际互动的构建,话本的现场性还表现为说话人叙述故事与叙述者发表个人评论交错推进,随述随议。例如:

(11) 头道菜一上来,谁也摸不清是甚么,用刀子切也切不动,曹猴儿急了,说:"拿筷子来罢!"(<u>吃大餐要筷子,闻所未闻</u>。)(损公《新鲜滋味之三种:理学周》)

(12) 赵大好喝两盅儿,又好戴高帽子(<u>全都是糟心的毛病</u>)。狗爷知道他妹丈这宗脾气,所以极力的狗事。要按亲戚说,他是大舅子,赵大是妹丈,得管他叫大哥。(损公《新鲜滋味之三种:理学周》)

(13) 单说保定府西主人关外,有一家富户,家里房产买卖不少,干脆说很有几个糟钱。姓李行五,因为他身量高,都管他叫大李五(<u>号可不叫顺亭</u>),五十多岁,夫人儿苗氏。跟前一儿两女,儿子叫李拴头,十一二岁。大女儿叫金姐儿,已然出阁,给的是本处财主丁老虎的儿子,叫作丁狗儿(<u>虎父生犬子,可称半语子养哑吧,一辈不如一辈</u>)。(损公《新鲜滋味之五种:裤缎眼》)

例(11)"吃大餐要筷子,闻所未闻"是对故事中人物行为的评价;例(12)"全都是糟心的毛病"是对故事中人物的习性(爱喝酒、爱被人奉承)的评价;例(13)"号可不叫顺亭"相当于脚注,"虎父生犬子,可称半语子养哑吧,一辈不如一辈"是说书人的评价。

从叙述故事到对所叙述内容的评价,不同话语行为的转换是以随文注释的方式呈现的。

二、叙述视角

叙述话语具有多样性。比如:1)顺序:是否打破自然时序;2)时距:用多少文本篇幅来描述在某一事件段中发生的事;3)频率:叙述的次数与事件发生的次数之间的关系;4)语式:通过控制距离或选择视角来调节叙事信息;5)语态:叙述层次和叙述类型(参看申丹、王丽亚 2010:25)。上述几个方面中,叙述视角与叙述层次都与话语形式的选择密切相关。

叙述视角是指叙述时观察故事的角度。无论是文字叙事还是电影等其他媒介的叙事中,同一个故事,若叙述时观察角度不同,会产生大相径庭的效果。传统叙事学上对视角的研究关注小说中的事件表达方式。在区分叙述层次的时候,书面叙述与口头叙述存在差异。口头叙述时叙述者与受话者面对面,受话者可以直接观察到叙述者的叙述过程,其声音、表情动作对叙述效果具有重要作用(参看申丹、王丽亚 2010:19)。因此,像上文例(11)、例(12)、例(13)那样脚注式的评价表达,也是说书的现场性的体现①。从语言学角度,我们更关注不同表达方式对语言学基本范畴的影响,或者说,哪些语言手段可以区别和传递不同信息,区分不同视角。

2.1 视角标记

有些词汇是用来传递视角信息的,比如"在……看来":

(14) 杨继盛在监狱里,溜溜关了三年,满朝文武百官,却死活找不出,这位大好人的任何罪状来。最后呢,杨继盛还是被杀了。为什么呢?没有理由。<u>在当时看来</u>,得罪严嵩的人,就该死。杨继盛死后,松筠庵,就改成了祠堂。因为杨继盛号椒山,所以,达智桥胡同里的这座,杨继盛故居,又叫杨椒山祠了。(《这里是北京》)

(15) 他对朱由校的忠诚,<u>在外人看来</u>,有点得不偿失,甚至有点多余。难怪他这么多年,都混不出个头来。(《这里是北京》)

上面例子中的"在当时看来""在外人看来",直接通过"在……看来"这种词汇形式表示其视角定位。这也是现代元话语(meta-discourse)研究中已经关注到的现象。

我们认为,体现叙述讲述视角的语言形式,主要包括两类表达形式:1)元话语;2)句式。下面我们分别讨论。

2.2 元话语

Hyland(2005:49)根据功能把元话语分为两大类:一类是语篇交互类元话语(interactive metadiscourse),这类元话语反映语篇内部的关系,其作用是引导读者理解语篇;另一类是人际交互类元话语(interactional metadiscourse),这类元话语

---

① 现在,对口相声中叙述故事,往往是逗哏的讲述故事,捧哏的充当在一旁评价的角色,说出如同例(11)—(13)中括号里的评价话语。

反映作者与读者之间的互动,其作用是吸引读者参与到交际中来①。

大致说来,语篇元话语属于信息层面(informative),而人际元话语属于互动层面(interactional)。

人称选择是元话语的重要表现形式,同时也是体现视角的重要途径。言者通过人称代词的使用,选择是言者叙述(第一人称叙述)还是第三方叙述。采用第一人称叙述是言者叙述的直接体现。比如《小额》开篇的一段就有"听我慢慢儿地道来"。

(16) 庚子以前,北京城的现象,除了黑暗,就是顽固,除了腐败,就是野蛮,千奇百怪,称得起甚么德行都有。老实角儿是甘受其苦,能抓钱的道儿,反正没有光明正大的事情。顶可恶的三样儿,就是仓、库、局。要说这三样儿害处,诸位也都知道,如今说一个故事儿,就是库界的事情,这可是真事。<u>诸位别忙,听我慢慢儿地道来</u>。(《小额》)

但是,第一人称叙述也有不同。叙述者也可以是事件之内的参与者,即自述。例如:

(17) "冷吗?"我问,手不知道放在哪里。
柳青没回答,面无表情。(冯唐《北京北京》)

叙述者还可能是在事件之外的,虽然使用了第一人称,像上面举的《小额》的例子。再如,老舍先生的《骆驼祥子》开篇叙述者(narrator)就以第一人称出现:

(18) 我们所要介绍的祥子,不是骆驼,因为"骆驼"只是个外号;那么,我们就先说祥子,随手儿把骆驼与祥子那点关系说过去,也就算了。(老舍《骆

---

① Hyland(2005:49)的元话语描写系统包括语篇元话语和人际元话语两个大类。语篇元话语包括:1)转接语(transition),体现小句之间的关系(如 in addition、but、thus);2)框架标记(frame marker),体现言语行为或序列或阶段(如 finally、to conclude、my purpose is);3)内指标记(endophoric marker),提及语篇中其他部分的信息(如 note above);4)示证成分(evidential),显示提及其他语篇的信息(如 according to X、Z states);5)编码注释(code gloss),显示对命题的详细阐释(如 namely、such as、in other words)。人际元话语包括:1)模棱语(hedge),如 might、perhaps、possible、about;2)助推语(booster),如 in fact、definitely、it is clear that;3)态度标记(attitude marker),表达作者/言者对于命题的态度(如 unfortunately、I agree、surprisingly);4)自我提及(self mentions),显示言者(如 I、we、me、our);5)参与标记(engagement marker),明确地建立或加强与读者之间的关系(如 consider、note、you can see that)。

驼祥子》)

但是,我们知道,《骆驼祥子》讲述的并不是作家自己的故事。

这种言者直接显身的叙事方式正是中国传统章回小说的常见手法。在各章起承转合之处,也是用"话说""单说"等词汇组织篇章结构。

2.3　情节内人物视角

视角表达除了可以借助人称代词之外,还常借助视觉动词,如"看""见""瞧"等。

叙述时,表达情节内人物视角,视觉动词小句有行为主体,或者可以补出隐含的行为主体。

(19) 曹立泉回头一瞧,不由的一愣儿。【 】但见一个五十多岁的穷老太太,挽着个旗阎儿,穿着个破蓝布衫儿,愁眉泪眼一脸的菜色,原来不是别人,正是他师娘富二太太。(损公《新鲜滋味第二十八种:曹二更》)

上面例子中,"一个五十多岁的穷老太太,挽着个旗阎儿,穿着个破蓝布衫儿,愁眉泪眼一脸的菜色……"可以理解为曹立泉所见。

2.4　全能视角

下面一例中,"但见"后面的内容就很难解读为人物所见了。例如:

(20) 单说春莺,自生产之后,母子皆安,伯英夫妇乐的都闭不上嘴。洗三那天,来了不少亲友,成氏也前来添盆。【 】但见这个孩子,又胖又大,啼声洪亮,实在是个英物。(损公《新鲜滋味之十五种:搜救孤》)

这类用法的特点是,视觉动词的前面补不出隐含的"见"的行为者。"但见"的作用在于提示读者或者听众,关注下面即将叙述的事物。换句话说,这里"但见"的使用是叙述者把自己置身于故事情节之中的表达方式,进而使读者获得身临其境的感受。

2.5　视角切换

在叙述中,相同的词汇形式,有时候以情节内人物的视角叙述,有时则是言者的视角叙述。

（21）有一天晚晌,记者跟随先祖母在门外纳凉,曹二更的木厂子已然关门,就瞧由东边来了一个人行步匆匆,打着一个纸灯笼,一下坡儿,差点儿没栽了一个跟头。(损公《新鲜滋味第二十八种:曹二更》)

（22）大拴子刚走,这当儿底下人回禀说,酒醋局希四老爷来啦。额大奶奶说:"快请。"底下人出去,功夫不大,就瞧希四爷摇摇摆摆踱了进来。(《小额》)

（23）正这儿说着,就瞧起外边慌慌张张的跑进一个人来。大家夥儿一瞧,都吓了一跳。您猜进来的这个人是谁?正是伊老者的二少爷善全。(《小额》)

上面例(21)中"瞧"可以理解为以故事中的人物视角进行的叙述,"由东边来了一个人行步匆匆,……差点儿没栽了一个跟头"是记者所见;但是例(22)和例(23)中"瞧"则不是前面语句已经交代的那个人物,"瞧"的行为主体并非故事情节中的人物。"就瞧"用作引导一个在说话人看来特别需要关注的情节。"就瞧"用于聚焦新动态,在现代汉语书面语中,"只见"具有同样的功能。

叙述视角的切换也可以通过认识义动词实现。例如:

（24）李鸿章,跟荣禄关系挺铁,有利益裙带关系。也知道,他跟慈禧之间,高于君臣的默契。于是求荣禄,帮忙疏通疏通。碍于面子,荣禄只好向慈禧说情。不知慈禧是为了避嫌,还是真生气了。先是当场勃然大怒,但结果呢,在荣禄的一番劝解之后,慈禧还是心一软,把徐致靖的死刑,改判了终生监禁。(《这里是北京》)

在这一段叙述中,"不知慈禧是为了避嫌,还是真生气了"是叙述者对其所述内容的评论,是情节之外的。其中"不知"并非情节内人物的认知状态,而是表达言者的认识状态。

三、现代北京话叙事语体

说书是现场讲述,既要充分体现叙事情节自身的篇章架构,又要构建与听众的互动。现场性的表达是传统章回小说的叙述特点,这种言者显身的叙述方式不仅在小说中具有传承性。话本的叙事传统对后代叙事语体篇章的组织方式产生了重要影响，也影响到现代汉语篇章的语法表达。其影响主要表现在：

1) 叙事语篇中有大量的为构建现场效应所采用的互动性表达形式；

2) 体现叙述视角的语言形式不仅包括人称选择、元话语词汇选择，还包括一些具有互动表达功能的句式。

说书没有文化阶层的门槛，这就要求它的表达方式一定是最接近当时的口语高频使用的形式，也可以作为那个时代口语的代表性文献。因此传统章回小说的这种言者显身的叙述方式不仅在小说中具有传承性，而且是现代叙事语体的常用范式，也可能真实反映语法演变的条件。

3.1 构建现场效应

我们注意到，传统章回小说言者显身的叙述方式不仅在小说中具有传承性，而且是现代叙事语体的常用范式。例如，在下面的叙述中，讲述者通过第一人称代词包括式"咱"来构筑与听者的互动关系，如：

(25) 说起康熙爷，绝对属于男人里挑出来的精英。就算在皇帝堆儿里，也是个数一数二的佼佼者。咱常说，成功男人的背后，一定有一个支持他的女人。康熙爷也不例外。只不过，他背后这个女人，不是皇后，而是他的皇祖母，孝庄皇太后。话说当年在武英殿，康熙跟他的几个小兄弟，智擒了鳌拜。这事儿，至今令人津津乐道。殊不知，整个事件的幕后策划，就是咱们的孝庄皇太后。一日，在孝庄的指点下，玄烨以下棋为名，召见了他的岳父索额图。老中青三代人，连夜拟定了，擒鳌拜的整体方略，才有了武英殿里，初生牛犊不怕虎的那一幕。(《这里是北京》)

在上面这段讲述中，与"俗话说"相比，用了"咱常说"以构筑言者与受话人或者读者的人际互动关系，因为"咱"是第一人称包括式，指称上既有言者，又含有受话人。用"说起"引入篇章的叙述主角"康熙爷"，其后，用"话说当年在武英殿……"开启具体事件，用时间词"一日"切分故事的情节层次。

在叙事语篇中，构筑言者与受众人际互动关系除了使用一些表达人际的词汇

（如"咱""咱们"）之外,还使用一些直接表达互动性行为的句式。

1）祈使句

祈使句的典型行为功能是请求他人做某事。在讲述过程中的祈使句,作用在于构筑言者与受众的人际互动。例如:

(26) 轮到汉菜上桌,洪承畴,也只能随着太后皇帝的节奏,喝酒夹菜。您想想,一个五大三粗的男人,怎么能跟女人孩子的饭量相比。洪承畴这饭吃不饱,是一定的了。(《这里是北京》)

(27) 据《清稗类钞》的另一种记载,说慈禧跟慈安俩人原本相安无事。后来慈禧病了,慈安独揽大权。您听清楚喽,是东太后慈安独揽大权。(《这里是北京》)

(28) 一提到这个皇上啊,感情生活啊,都说什么,后宫佳丽三千,三宫六院七十二嫔妃啊。这皇上的感情生活,真的这么随心所欲吗？我看不一定。也请您琢磨琢磨,就那光绪皇帝,那感情生活就挺苦的。大老婆,是慈禧太后硬塞给他的。您看那长相,那脾气,就够光绪一呛。(《这里是北京》)

从言语行为的角度说,叙事是讲述行为,讲述行为不依赖于受众的参与。祈使句是执行一个请求行为,也即要求有受众参与的交际行为。

2）设问句

设问句是言者或者作者的自问自答。如上文例(14)中"为什么呢？没有理由"的"为什么呢？"再如:

(29) 司礼监,现北京市东城区,景山东街吉安所右巷10号,从黄化门街到景山后街一带。刘瑾的主要工作地点,就在现在(的)东城区,景山东街的吉安所右巷10号。明朝那会儿,这是司礼监的所在地。司礼监,是明朝的一个特殊部门,由太监组成。这些太监都干什么呢？这么说吧,小到叫皇上起床,大到代皇帝写口谕,都是司礼监的职责。(《这里是北京》)

下面一例,先用了祈使句"您可别小看这1万块钱",然后又用了设问句。

(30) 张自忠重视教育,是出了名的。他在天津当市长的时候,不但建立了教育局,还每年给因经费短缺,而面临危机的南开中学拨款 1 万元。<u>您可别小看这 1 万块钱。您知道当时的 1 万元相当于咱们今天多少钱吗?我们大概齐算了一下,差不多相当于今天的 80 万元人民币。由此可见,张自忠将军对教育事业的重视了吧</u>。(《这里是北京》)

3.2 叙事与评价的切换

叙事语体的互动性依赖于叙事与评价的频繁切换。现代口语的叙事语体中所采用的切换手段,与上文谈到的话本小说的范式一脉相承。比如,以"说"类词语导入篇章话题,使用第一人称显现言者,使用第二人称代词、祈使句、设问句构筑与受众的互动。

在故事讲述与发表评论之间的切换,有一些特别的表达。如下面一例的"您想啊":

(31) 咱们分析乾隆和和珅的关系,有人呢,得出这么一个结论。说这和珅啊,一辈子光顾着算计别人了,反过头来,被乾隆皇上给算计了。乾隆生前的时候呢,借着和珅的手敛财。等他一死,这财产啊,留给儿子嘉庆了。您想啊,<u>一抄家一灭门,这和珅一辈子积的钱,全归嘉庆了,相当于好几个国库啊。这嘉庆,至少少奋斗十年。这正应了那句话啊,红楼梦里,形容王熙凤的,机关算尽太聪明,反断了卿卿性命</u>。(《这里是北京》)

在这个例子里,"您想啊"引出说话人对自己所述事件的评论。用含有"想"的祈使句"您想啊"实现了从事件叙述到言者评论的转变。再如:

(32) ……先是当场勃然大怒,但结果呢,在荣禄的一番劝解之后,慈禧还是心一软,把徐致靖的死刑,改判了终生监禁。您看出来了吧,<u>这荣禄和慈禧两个人啊,互相扶持,互相帮忙,给足了对方面子,还避了嫌。其中的默契,真是非常人可以理解</u>。(《这里是北京》)

这里的"您看出来了吧",意思就是"可见",引出言者的评价性结论。"可见"是言者直接引导读者的评价性结论,而"您……吧"是表达征询的句式,更有互动性。

评价有别于对事件的叙述,一般为通指句(方梅2019)。例如:

(33) 五次来北京,康有为一共七次上书,请求变法。起初根本没人搭理他。俗话说"人微言轻",<u>一个老百姓想跟皇上说上话</u>,太难了。更何况那会儿主事儿的,是光绪皇帝的大姨妈,慈禧太后。(《这里是北京》)

上面的例子中,"一个老百姓"的所指并不是语境中确定的对象,而是任何一个具有老百姓这种身份的人。这种"一+量+名"主语的句子,可以换成光杆名词,但是不能像以往语法学著作中讨论的"无定NP主语句"(参看范继淹1985)那样,换成"有"字句。例如:

(34) 只可惜,此次承德消暑游,对于咸丰来说,只能用四个字概括,叫做"有去无回"。咸丰十一年七月十七,慈安、慈禧成了寡妇了。<u>一个男人</u>倒下去,两个女人站起来。从此以后,慈安、慈禧手拉手,肩并肩,联合恭亲王,灭了八大辅臣。怀揣"同道堂""御赏"两枚大印,抱着孩子,走上了清末政治舞台。(《这里是北京》)

尽管孤立地看,"一个男人倒下去"可以说成"有一个男人倒下去"。但是,在上面这个语境中不可把"一+量+名"主语的句子换成"有"字句。

"一+量+名"主语句具有截断话题链的功能,因此要对一个已知对象加以评论的时候,会用"一+量+名"形式的主语句来表达。例如:

(35) 清史稿上说,张廷玉,仗着自己是三朝元老,要这要那,患得患失。却也有人说,乾隆心胸狭窄,嫉贤妒能。<u>君臣的事情,自古就没有对错</u>。张廷玉为大清朝贡献了一辈子,不可能因为乾隆朝的官方评价,就葬送了他一世的清白。即便如史书记载,真是倚老卖老,患得患失了,转过头来想一想,<u>一个年近古稀之人,奉献了一辈子,也谨慎了一辈子。好不容易鼓起勇气,想为自己争取点什么,又有何罪过呢</u>。(《这里是北京》)

上面的例子中,第一次评价出现的时候,用的是名词短语"君臣的事情",是类指名词短语,其后的述谓语"自古就没有对错"是惯常体。其中"一个年近古稀之人",

虽然可以理解为张廷玉——前文已经引入的对象,但是,此处不再是叙述其人其事,而是言者要发表评论。说话人在使用"一+量+名"主语句这样一种有标记的、区别性的句法形式,在同一个人的言谈中区分叙事与评价这两种全然不同的话语行为(详见方梅2019)。再如:

> (36) 说起宣武区的菜市口,给人印象最深的,就得数清朝时候的刑场了。但今天,我们要给您念叨的,是菜市口另外一个身份,奸相严嵩的户口所在地,丞相胡同。菜市口菜市口,指的就是这个路口。路口南边的菜市口胡同,便是明朝大奸臣,严嵩住的地方。过去,这儿叫丞相胡同。……严嵩住的宅子,究竟有多大呢?您琢磨琢磨吧。现在的菜市口南大街,就是过去的丞相胡同。就算当年的胡同没有现在的大马路这么宽,那咱就按照单向车道的宽窄算。甭管是占地面积,还是使用面积,也都不算小了吧。<u>一个丞相住在半条菜市口大街上,倒也是无可厚非的事儿。</u>所以咱也没有必要,追究人家不明财产的来历。(《这里是北京》)

这一段里,用"说起"导入话题"菜市口",其后,用设问、祈使句以及人称代词"咱"构筑与受众的互动。上面例子中,最后用"一个丞相住在半条菜市口大街上,倒也是无可厚非的事儿"这种"无定 NP 主语句"结束叙事,开启评价。这种叙事当中嵌入的评论句不体现事件过程,通常为惯常体(详见方梅2019)。

四、叙述者视角与词汇义虚化

4.1 超句连词

大量超句连词(macrosyntactic conjunction, Chao 1968)的来源小句是无主语小句,甚至可以理解为动词本身的虚化。赵元任先生(Chao 1968)在讨论连词的时候说,有一类超句的连词与"弱化了的主句"(reduced main clause)重叠。

关于汉语词汇化以及话语标记的讨论已有不少文献,如董秀芳(2007)关于词汇化与话语标记的形成的讨论,罗耀华、牛力(2009)对"再说"的语法化的讨论,董秀芳(2010)对来源于完整小句的话语标记"我告诉你"的讨论,曹秀玲(2010)关于从主谓结构到话语标记的讨论。

"弱化了的主句"中大量是含有"说"的元话语表述,如"听说、据说、俗话说、常言说、按理说、按说、照说、依我说、照我说、比如说、譬如说、换言之、换句话说、简单地说、就是说、相对来说、反过来说、顺便说一下、总的来说、总起来说、总体上说、一般来说、一般说来、不用说、老实说、不瞒你说、说实在的、说真的、说到底、说心里话、再(者)说、再说、应当说、可以说、不消说、不管怎么说、具体说、这么说、说来"等。

以"再说"为例。罗耀华、牛力(2009)《"再说"的语法化》曾讨论过"再说"变为连词的用法。"再说"本来是用作述谓语的短语,其中的"再"是"又"的意思。如:

(37) 武松把那大虫的本事,再说了一遍。(《水浒传》第二十三回)

在同一部书中,"再说"可以用作篇章连接,来导入一个新的话题。例如:

(38) 再说金老,得了这一百五十两银子,回到店中……(《水浒传》第三回)

现代汉语口语中,"再说"可以用作连词,表达递进关系,是"而且"的意思。例如:

(39) 富人目标大,犯罪分子把他们作为对象,是投入小,收益大。再说,加害富人的,也未必是穷人。(《人民日报》2005.11.5)

另一类篇章连接成分含有"看"类动词,如"却见、但见、只见、可见"等。先看"可见"。在现代口语里,用"可见"引出言者的概括性评价。它甚至可以在韵律上独立,或者后附语气词。

(40) 这座门是乾隆在修完圆明园之后,顺手儿,在这儿建的。其实圆明园里,有很多中西结合的建筑。可见<u>乾隆是一个思想比较开放、审美比较时尚的皇帝</u>。这样的西洋门,在北京只有两座。(《这里是北京》)

(41) 在旧社会,西服革履者,与拉车卖浆的同桌共饮,并无贵贱之分。由此可见,<u>豆汁儿,确实是贫富相宜,雅俗共赏,普通得不能再普通的食品了</u>。(《这里是北京》)

(42) 康有为第一次来北京,是在 25 岁那年,来参加乡试。到 1898 年戊戌变法失败,他在北京与外地之间,一共打了五个来回儿。但住的地方,只有一个,就是宣武区,米市胡同43号的南海会馆。咱以前介绍过不少北漂的名人,刚来北京的时候,都住会馆。但人家到最后,多少都能,再置办上一两套房子。康有为在北京,却只有南海会馆这么一个落脚之处。可见,<u>这么多年,康先生混得不咋地</u>。(《这里是北京》)

(43) 很多人认为这四扇石屏风啊,是圆明园的遗物。因为大家看到夹镜和垂虹两个字,就会想到圆明园四景之一,叫做夹镜明琴。它呢是出自李白的两句诗,叫作"两湖夹明镜,双桥落彩虹"。所以很多书,想当然把它列到圆明园的遗物当中了。您看完前两句后,就应该能想到,它是描写舒春园石舫周围的景色的。那么它的建造年代,应该是乾隆年间,由和珅建造的。可是圆明园呢是雍正时期建造的,可见啊,<u>它不是圆明园的遗物</u>。(《这里是北京》)

同样是"看"类动词,现代汉语"只见"替换了"但见",用作引进一个新出现的情形并提请读者注意(参看董秀芳2007)。

(44) 9日上午9时04分,美国俄克拉何马城中心,"轰"的一声巨响,只见<u>火光冲天,浓烟滚滚,响声和震动波及数十英里之外</u>。

(45) 5时15分,护卫队长一声令下,军乐队高奏国歌,只见<u>升旗手一挥手,五星红旗在千万双眼睛的注目礼中冉冉上升</u>。

从上面分析不难看出,这些从动词小句而来的表达形式,即便是相同的动词,功能上也存在差异。这类"只见"属于参与标记(engagement markers),在语篇中,用于引导受述者关注新引入篇章的事物。

4.2 功能差异

弱化主句来源的篇章连接成分,其浮现条件是现场讲述,或者模拟现场讲述。这表现在:1)言者显身的篇章框架;2)讲述与评价交错的表达方式;3)高频的人际互动表达。

从篇章框架标记的角度看,大体可以分成三类不同功能:1)情节:开启、转换;2)话题:建立、延续、转换;3)行为:叙述(事件内)、评价(事件外)。以上文所述的

几个词汇为例:

"单说":框架标记(frame marker),用作开启情节、建立篇章话题。

"只见":参与标记(engagement markers),提示受话人、读者关注其后的重要情节。

"可见":框架标记(frame marker),标记从讲述行为到评价行为的转变,引出言者对其所叙述内容的总结。用作小句间关联、宏观句际关联。

"看来":框架标记(frame marker),标记从讲述行为到评价行为的转变,引出言者对其所叙述内容的评论。只用作宏观句际关联。

"说"类。即含有"说"或言说义语素的词,如"话说、单说、再说"。这类词语始终保持言者视角的表达功能。

"看"类。这类词语的表达功能有两类:1)表达从事件参与者视角发展为超叙述者视角(全能视角),如"只见";2)表达言者视角,进而成为表示总括的连词,如"可见"。

五、结　　语

在篇章组织手段方面,现代口语叙事语篇与话本小说一脉相承。表现为:

1)叙事语篇中有大量为构建现场效应所采用的互动性表达形式;

2)通过人称选择、元话语词汇选择,以及一些具有互动功能的句式体现叙述视角;

3)各类篇章框架标记大量来自以无主语形式呈现的言说动词小句、视觉动词小句和认识义动词小句,用作情节的开启和转换,话题的建立、延续和转换,讲述行为与评价行为的切换。由于说书是现场性语境,叙述者无须将自身作为参与者角色作句法上的编码,带来叙述者自身在句法上的编码缺失。因此,这些篇章框架标记甚至可以理解为动词本身的虚化。

说书是民间口头文学的重要形式,话本的叙述方式代表了汉语叙事语体的典型样态。话本小说叙述话语具有的互动性,为我们考察互动交际对语言演变的影响提供了重要的依据。

参考文献

董秀芳　2007　《汉语书面语中的话语标记"只见"》,《南开语言学刊》第 2 期。

范继淹　1985　《无定 NP 主语句》,《中国语文》第 2 期。

方　梅　2005　《认证义谓宾动词的虚化——从谓宾动词到语用标记》,《中国语文》第 6 期。

方　梅　2006　《北京话里"说"的语法化——从言说动词到从句标记》,《中国方言学报》第 1 期,商务印书馆。

方　梅　2013　《谈语体特征的句法表现》,《当代修辞学》第 2 期。

方　梅　2017　《叙事语篇的衔接与视角表达——以"单说、但见"为例》,《语言教学与研究》第 5 期。

方　梅　2019　《汉语篇章语法研究》,社会科学文献出版社。

廖秋忠　1986　《现代汉语篇章中的连接成分》,《中国语文》第 6 期。

刘安春、张伯江　2004　《篇章中的无定名词主语句及相关句式》,Journal of Chinese and Computing Language，14(2):97—105.

刘乐宁　2005　《文体、风格与语篇连接》,载冯胜利、胡文泽编《对外汉语书面语教学与研究的最新发展》(哈佛大学高年级对外汉语教学研讨会论文集),北京语言大学出版社。

罗耀华、牛利　2009　《"再说"的语法化》,《语言教学与研究》第 1 期。

屈承熹　2006　《汉语篇章语法》,潘文国等译,北京语言大学出版社。

申丹　2004　《叙述学与小说文体学研究》(第三版),北京大学出版社。

申丹、王丽亚　2010　《西方叙事学:经典与后经典》,北京大学出版社。

谭君强　2014　《叙事学导论——从经典叙事学到后经典叙事学》(第二版),高等教育出版社。

陶红印　2003　《从语音、语法和话语特征看"知道"格式在谈话中的演化》,《中国语文》第 4 期。

徐赳赳　2010　《现代汉语篇章语言学》,商务印书馆。

许余龙　2004　《篇章回指的功能语用探索——一项基于汉语民间故事和报刊语料的研究》,上海外语教育出版社。

许余龙　2007　《话题引入与语篇回指——一项基于民间故事语料的英汉对

比研究》,《外语教学》第 6 期。

玄玥 2011 《"说"的一种新用法——客观叙述标记词》,《汉语学报》第 2 期。

郑贵友 2001 《关联词"再说"及其篇章功能》,《世界汉语教学》第 4 期。

Beauvais, Paul 1989 A speech-act theory of metadiscourse. *Written Communication* 6(1):11—30.

Chafe, Wallace L. (ed) 1980 *The Pear Story: Cognitive, Cultural and Linguistic Aspects of Narrative Production*. New Jersy: Ablex Publishing.

Chao, Yuen-ren 1968 *A Grammar of Spoken Chinese*. Berkeley: University of California. 吕叔湘译《汉语口语语法》,商务印书馆 1979 年版。

Chu, Chauncey 1998 *A Discourse Grammar of Mandarin Chinese*. New York: Peter Lang Publishing.

Givón, Talmy 1980 The binding hierarchy and the typology of complements. *Studies in Language*, 4(3):333—337.

Heine, Bernd & Tania Kuteva 2002 *World Lexicon of Grammaticalization*. Cambridge: Cambridge University Press.

Hyland, Ken 2005 *Metadiscourse*. London/New York: Continuum International Publishing Group.

Li, Charles & Sandra A. Thompson 1981 *Mandarin Chinese: A Functional Reference Grammar*. California: University of California Press.

Thompson, Sandra A. 2002 "Object complements" and conversation: Towards a realistic account. *Studies in Language*, 26(1):125—163.

Thompson, Sandra A. & Anthony Mulac 1991 A quantitative perspective on the grammaticalization of epistemic parentheticals in English. In Elizabeth Gloss Traugott & Bernd Heine (eds.) *Approaches to Grammaticalization* (Vol.2), 313—332. Amsterdam/Philadelphia: John Benjamins.

Wang, Yu-Fang, Aya Katza & Chih-Hua Chen 2003 Thinking as saying: *Shuo* ("say") in Taiwan mandarin conversation and BBS talk. *Language Sciences*, 25(5):457—488.

The Tradition of Chinese Storyteller Script and Its Inheritance in Contemporary Chinese Narration and Grammar

Fang Mei

Abstract: Most traditional Chinese novels are originated from the scripts for story-telling in face-to-face speech situation, which feature a salient sense of liveliness in terms of agenda and perspective of the narration. The story-telling scripts also reveal interactional natures in linguistic behaviors, such as the alternation of story-telling and assessment in terms of action, and the alternation of protagonist's lens and speaker's lens in terms of speaking perspective. Contemporary Chinese narration have inherited the tradition in the organization of narrative genre, which influences the following aspects. First, the interactional expressions are frequently used for constructing communication between story-teller and addressee in the narration. Second, the linguistic forms delivering speakers' perspective are found including first person pronoun and second person pronoun alternation, meta-discourse lexical choices, and constructions for interactional communications. Third, text-frame markers largely originate from clauses without subjects, used for the start and transition of plot, for establishment, continuation and transition of topics, or for the transfer from telling to assessment. These markers include clauses with speech verbs, visual verbs, and evidential verbs. This kind of reduced clause can even be seen as a derivation of the verb in consequence of grammaticalization.

Keywords: narrative genre, text-frame marker, interactional expressions, perspective

（原载于《当代修辞学》2019年第1期，
复印报刊资料《语言文字学》2019年第6期全文转载）

试论汉语的话题主位

方 琰

（清华大学外国语言文学系）

提　要　论文简要回顾中国语言学家有关汉语小句结构的论述，概述主位概念的来源和韩礼德有关小句结构的多功能观点。论文的重点是应用系统功能语言学的框架讨论汉语的话题主位的定义、与其他纯理功能的关系、话题主位的分类、功能和实现方式、主位与语境的关系。论文指出，系统功能语言学可能是研究汉语小句话题主位结构的合适框架之一。

关键词　系统功能语言学　话题主位　分类　功能　实现　语境

一、引　　言

2018年7月初,我应邀出席了北京外国语大学举办的语言学论坛,悼念刚刚去世不久的语言学家韩礼德先生,作了"试论汉语的话题主位"的主旨发言。之后,我收到祝克懿先生的短信,告诉我她读到了何伟教授在网上发布的论坛简报,约我将发言撰写成文。考虑到自己是一名英语老师,虽然也教授过语言学课程,对汉语作过一些粗浅的探讨（方琰 1989、1990、1993、1995、2001a、2001b、2008）,但汉语研究毕竟不是我的方向。经过一番考虑,我决定应允。有两个原因:首先,这是一个向汉语界学者们学习的好机会;其次,这或许是纪念我的老师韩礼德先生的最好方式。事实上,我上述的发言就是在他的鼓励下,最后写成英语得以发表的。那是2006年,我应邀在香港城市大学成立的"韩礼德语言研究智能应用中心"的国际论坛上作了主题报告,题目为 *A Study of Topical Theme in Chinese: An SFL Perspective*。大家对我的报告提了一些问题,还有的国内学者很坦率地对我说:"做汉语研究吃力不讨好。"我也感到自己的研究不够深入,心情不太好。但是先生却亲切地对我说:"学术研究上出现争论,没有关系,如果发现问题,以后还可以修正。"他宽慰我的一席话给了我很大的鼓励,让我至今念念不忘。会后我又认真读了有关的资料、做了更加深入的研究,最后成文,被收入 Webster(2008)主编的 Meaning in Context 一书中。现在,我决定在这篇英语论文的基础上,加上最近的研究,用汉语撰写成文,表明我没有忘记老师的期望,也以此向他致以崇高的敬意。

回顾自《马氏文通》(1898)问世之后的一百多年里,很多中国学者对汉语的研究都是在学习和借鉴欧美语言学理论的基础上展开的。从韩礼德先生的治学经历,或许我们可以进一步说,正是中西方学者的学术交流,包括语言学研究方面的互相学习和借鉴,才能更深刻揭示汉语的本质,找到一条更适于汉语研究的路径。韩礼德学习的第一门外语是汉语,二十世纪四十年代来到中国深造期间,受到了王力先生以意义为中心的研究方法和研究思路的深刻影响,回到英国又系统钻研了西方语言学,之后更深入地研究了汉语,在此基础上创建了系统功能语言学(Systemic Functional Linguistics,后称 SFL),胡壮麟先生(2018:43—44)称之为语言学研究的回归。这就是说,SFL 是在吸收了汉语和西方语言学研究成果的基础上而产生的语言学流派,它是东西方语言学交流的产物。因此包括笔者在内的一些研究者相信,以意义为核心的功能语言学,特别是 SFL 框架,或许更加适合用于汉语的研究。之所以提出这个假设,是因为过去几十年,形式主义的研究路径曾风靡全球(Sampson 1980:77—78),汉语研究也受到了很深的影响。不同于形式丰富的各种西方语言,汉语结构的一个显著的特点就是主语"缺少语形变化"(吕叔湘 1990:445),因而形式主义的研究路径是否适用于汉语的研究是个有争议的话题。近些年来,各种功能主义学派开始关注汉语,将研究引领到"自古希腊开始,语言学被视为修辞、民族学或人类学的一部分"的路径上(方琰 2018)。形式主义和功能主义这两种研究路径也反映在对汉语小句结构的研究方面,学者们从不同的角度对主语(subject)、话题(topic)和主位(theme)等概念进行了探讨,有些看法近似,有些则存在相当大的差异。为了了解近期有关话题主位的论述,笔者检索了十几种国内主要期刊,发现在过去的二十年中(1999 年至 2018 年),论述

"话题"的论文有 11 篇,讨论"主位"或与"主位"有关的共计 51 篇①。其中有 3 篇与"话题主位"有关,一篇提出应对"主位、主语、话题"进行"思辨"(王寅 1999),一篇质疑李和汤姆森(Li & Thompson 1981)提出的"汉语是主题②突出的语言"的看法(陈静、高远 2000),最醒目的是聂龙(2002)的批评文章《韩礼德的话题主位——概念的模糊及应用上的不足》。我将在以下的讨论中,在有关部分对这些问题阐明自己的看法。

本文将在我 2008 年发表过的论文的基础上,进一步探讨汉语的"话题主位"。首先将分别从传统的汉语语言学和系统功能语言学两个角度,简要回顾对汉语小句结构的讨论,并以此为基础探讨作为小句一部分的"主位"概念,重点将聚焦于"话题主位",讨论它的概念、分类、功能和实现的方式以及主位与语境的关系。希望能得到学者们的批评、指正。论文的目的是探讨是否能应用 SFL 的模式促进对汉语的研究,包括对话题主位的研究。

二、从汉语语言学传统的角度观察汉语小句

石毓智(2001:82)认为关于汉语的小句结构存在三种观点:主语唯一论观、主语及话题二元论观、话题唯一论观。我们认为第二、三种观点相似,可合并为一种(Fang 2008:85)。

2.1 主语唯一论观

持这个观点的代表人物是朱德熙和吕叔湘③两位先生(Fang 2008)。主语是从形式的角度来定义的:主语出现在谓语之前,或如吕先生所言,主语可为小句的"起点"④,可用停顿或语气词与小句的其余部分分开;如果在一定的语境中其语义可被理解,则可省略。主语及谓语之间的关系需从它们的语义和表现方式来解

---

① 检索的 CSSCI 期刊包括:《语言教学与研究》《当代语言学》《当代修辞学》《外语教学与研究》《现代外语》《外国语》《外语学刊》《外语研究》《外语教学》《外语界》《外语与外语教学》《中国外语》。
② "主题"在这些论文中与"话题"同义,均来自英语中的 topic。
③ 吕先生认为有四种辨别主语的标准(方琰 1989:2),因篇幅有限,不在此一一赘述。
④ "起点"就是吕先生根据辨别小句主语的其中一个标准——词序提出的观点(方琰 1989)。

释。语义上,主语可为施事、受事、时间等等;形式上,主语与这些成分之间的关系可解释为"话题-评述",谓语也可为"主语-谓语"结构,即小句可有两个层次的主语和谓语结构(朱德熙 1982:95—96)。如:

(1) 那块田　　稻子　　长　　得很大①。
　　 主语1　　谓语1
　　　　　　　主语2　谓语2

根据这个观点,"那块田"和"稻子"均被定义为主语。然而,这样的分析产生了两个问题:1)这两个主语在小句中的功能相同吗?2)如果主语被看作置于谓语之前的成分,如何分析?

(2) 主席台上坐着个老人。

小句中是表达地点的环境成分"主席台上"出现在谓语之前,它是主语吗?如果是,那么是否就意味任何一个出现在谓语之前的语法成分都是在行使主语的功能呢?主语的定义是否存在任意性?如果不是,那么小句中哪个成分在起着主语的作用呢?

事实上,这样的小句分析和由于主语概念带来的混淆,曾在二十世纪五十年代召开的两次全国性的语言学会议上引起了激烈的争论,学者们对于词类的划分和主语-宾语的区分各持己见。有些学者甚至认为汉语的主语是一个"头痛"的问题(Fang & Shen 1997)。

2.2　主语和话题二元论观

持这种观点的中外学者包括李和汤姆森(Li & Thompson 1981)、沈家煊(1999)、石毓智(2001)等(见 Fang 2008:86)。"主语"被定义为"一个与动词有着行为(doing)关系的名词短语②""话题是一个可预测的限制空间、时间、个体的框架"。而话题与主语不同,它总是出现在主语之前,两者互不重合(Li & Thompson

---

① 本文的例句均来自方琰(Fang 2008:84—114)。
② 系统功能语言学根据功能的观点用术语"名词词组"。

1981:87)。依照这个观点,(1)可分析如下:

（1）那块田　　稻子　　长得很大。
　　　话题　　　主语

小句中,第一个名词短语被定义为"话题",第二个为"主语",因而小句既有话题也有主语。"那块田"为小句"设置了一个空间框架",而主语"稻子"与动词"长"有着行为关系。

但是"主语唯一论观"和"主语和话题二元论观"还存在一个问题,即在某些语境中,会有其他成分出现在话题或者主语之前,比如(3):

（3）好,我们就这样决定了。

根据上述两种观点,"我们"或者是主语,或者为话题,可是从功能的角度看,"好"既不是话题,也不是主语。那它是什么成分?答案可从 SFL 框架中找到,因为这个框架为小句的分析提供了一个多功能的观点,可使我们掌握所有相关的语义(Fang et al. 1995:243)。

三、从 SFL 的角度看汉语的小句结构

马特修斯(Mathesius 1939)从功能的视角将小句划分为两个部分:主位和述位(见 Fries 1981:1)。这是在一定的语境下,将小句中的各个成分组织成篇的功能。这个定义对韩礼德的语篇功能的分析方法有着很大的影响。

3.1　SFL 的多功能观点

韩礼德将小句中三种意义置于一个框架内,小句是三个不同意义功能结构的配置:经验结构,代表我们对主客观世界经验的认知;人际结构,确立社会世界中的人际关系;语篇结构,关注小句或语篇的信息组织方式(Halliday 1985, 1994:158)。这个多功能观点是我们研究汉语小句结构的基础。

汉语小句结构模式

在 1995 年的论文中(Fang et al. 1995:245),我们认为"一个汉语小句是一个

经验结构和一个主位结构的结合体"①(^表示"后接"),即:

$$\text{小句}\begin{cases}\text{主位}^\wedge\text{述位}\\ \text{施事}^\wedge\text{过程}^\wedge\text{目标}\end{cases}$$

这个定义的确立源于以下认识:韩礼德关于小句三个结构的看法是基于对英语的研究,而汉语主语的形式、概念和功能均不同于英语,因而讨论汉语的小句结构时未考虑人际结构。原因是:第一,主语"缺少语形变化",较难辨认(吕叔湘 1990:445);第二,如在 2.1 中提到的,不同的语言学家对主语的概念持有非常不同的看法,因而主语的定位具有不确定性;第三,主语没有英语中实现"语气"的功能。英语的非限定性动词与主语的序列位置的变化是确定语气的关键因素(Halliday 1985,1994:71—75),而汉语语气是通过语调和语气小品词来实现的。

四、主 位 概 念

如上所述,汉语的小句是由表征经验功能和语篇功能的两个不同的结构配置而成。小句的语篇语法为实现经验意义提供资源,将语篇组成一系列的高潮接着非高潮的语流,建构为两个不同的波浪,即主位波与信息波。波动高峰代表两种突出模式——主位突出与新信息突出,分别由主位和新信息成分实现(Halliday 1985,1994:337)。本文只讨论主位突出的问题。

4.1 主位的定义

马特修斯(见 Fries 1981:1)将主位定义为"在一定的语言环境中已知的内容,或至少是显而易见的内容,是说话者作为出发点的内容"。在韩礼德早期的著作中作过下面的定义:主位是"信息的出发点"或"信息的起点"(1985,1994:34、38)、"挂信息的短桩"(1970),同时还是"正在讨论的东西"(1967:212),或者是"小句所关心的内容"(1985,1994:39)。显然,定义有两个含义,无论什么成分被

---

① 方琰(1989,1990)曾提出,主语或许可被定义为对交流事件负责的成分(Halliday 1985,1994:76);形式上,主语通常置于述词之前,由名词或名词词组或代词实现。但是由于文中叙述的原因,我们改变了对汉语小句结构模式的看法。

选作主位,在以词序为结构的语言中,它将出现在句首,同时又是信息所关注的部分。显然,马特修斯的定义与韩礼德不同:前者持合并路径(主位=已知),忽略词序做出的贡献;后者持分离路径(主位不一定是已知)(Fries 1981:1—2),定义也受到过一些批评,有些学者认为出发点不一定就是小句的关注点①。经验意义可能是被关注的部分,但是语篇主位或人际主位却没有这个含义(吴中伟 2001)。如在小句(4)中:

(4) 可是　说不准　明天　　　会更热。
　　 语篇　人际　话题
　　 ----------主位--------------　　述位----

"可是""说不准""明天"一起作为复项主位(见下节)。"明天"是话题主位,释解小句的经验意义;然而无论是"可是"还是"说不准",既不表达经验意义,也与小句关注点没有关系。事实上,前者是一个连接词,将此句与前面的句子连接起来,发挥了语篇的衔接作用;而后者为一个情态成分,表达说话者的评估,起到人际功能的作用。

麦迪森(Matthiessen 1995,见 Fang 2008:90)将主位描述为"使小句语境化(contextualisation)的资源,为语篇中的每个小句设立它的局部语境(local context)"。韩礼德和麦迪森(2004:64)将主位的定义修正为"信息的出发点,是为小句在它语境中定位、定向的成分"。这个定义有两点值得注意:1)不再提及信息的关注点;2)突出语境在定义语篇功能中的作用,因而将 SFL 朝着"语篇语法"(Halliday 1985,1994:xvii)推进了一大步。

中国学者对主位有着多种不同的定义:有些仍采用马特修斯的观点(Zhang & Fang 1994);有些采用韩礼德(1985,1994:241)的定义(方琰 1989,1990);有些采用他定义的前一部分(吴中伟 2001);其他一些学者提出了汉语主位定义的原则:既考虑语义/功能也考虑形式(吴中伟 2001);考虑小句以下层次实现主位的成分(石毓智 2001);考虑语境,因为表达出来的内容往往取决于语境(Chu 1999)。参考 Fang et al.(1995:244)、Halliday & Matthiessen(2004:64)、方琰(Fang 2008:92),笔者将主位定义为"主位是信息的出发点,可由停顿或/及语篇小品词,如啊、吧、么、呢,与述位分开"。定义既保留了韩礼德定义的第一部分,又考虑了主位形

---

① 这也是聂龙(2002)认为韩礼德关于主位的定义概念有些模糊的原因。

式上的特点。参考以上定义以及韩礼德(1985,1994:53)关于小句主位可延续到表达经验意义的成分为止的论点,可将(4)分析为:句中"可是""说不准""明天"都是信息的出发点,这三个成分分别为小句提供了概念、人际和语篇意义,可用语篇小品词"啊"与述位分开。

(4) 可是　说不准　明天(啊)　会更热。
　　-----------主位-----------　----述位----

这就产生了两类主位:单项主位和复项主位。

4.2　单项主位与复项主位

在讨论(3)"好,我们就这样决定"时,我们曾指出,"我们"是话题,但"好"不是,那么它是什么呢?我们可用韩礼德的复项主位的概念来回答这个问题。韩礼德(1985,1994:39)认为,如果句中只有一个表达经验意义的成分,这个小句的主位就被称为单项主位。(1)(2)中的主位皆为单项主位。在句(3)中,虽然"好"和"我们"均出现于句首,然而却分别担负了不同的功能:"好"是起到使语篇连续下去的作用,因而被冠以"语篇主位",因为在这个语境中,它使此小句与前面相邻的小句衔接起来;而"我们"表达的是话题的经验意义,所以称之为话题主位。因此,小句可分析如下:

(3) 好,　　　我们　　　就这样决定。
　　语篇主位　话题主位
　　-----------主位-----------　--------述位--------

在上节指出,小句(4)里同时存在三种不同的主位成分。更多的例子见(5)(6)(7)。(5)中的呼语"昌林哥,玉翠嫂子"用来拉近说话者与听话者之间的人际关系;(6)中的感叹语"啊呀,天"表达说话者感叹的心情;而(7)中的"不用说"是说话者对事件的评价。它们均出现在句首,都称为人际主位。

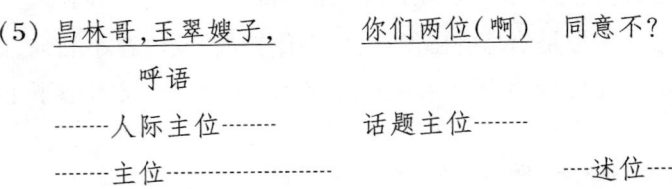

(6) 啊呀,天,　　　　　你(啊)　　　　　长得多结实啊!
　　感叹语
　　人际主位　　　　　话题主位
　　--------主位----------------　　　　----述位---------

(7) 不用说,两个人的劲头(啊)　　　　都绷得像梆子戏上的琴弦。
　　情态
　　人际主位　话题主位
　　---------------主位----------------　　--------述位-----------------

总之,汉语中,单项主位只包含一个话题主位,而复项主位可包括语篇主位及/或人际主位及话题主位。语篇主位可由下列成分构成:(a)连续成分,是一组语篇信号(Halliday 1985, 1994:53),如"好""是的""不是",表示新的开始,或说话者已准备好继续交谈;(b)形式成分,包括连接词和连接成分(Halliday 1985),如"虽然……但是""可是""其实""换句话说"等。这两种语篇主位在语篇中起衔接作用,表示相邻的小句有着一定的逻辑-语义关系。人际主位包括:(a)感叹语,如(6)中的"啊呀""天";(b)呼语,如(5)中的人名,用以确认人际关系;(c)情态成分,如"可能""肯定""会""应该",或如(4)中的"说不准",或者如(7)中的"不用说"等等,用来表达说话者对讨论的议题或提议的态度,通过"情态"或"意态"成分来表现。话题主位是一个概念成分,表达经验意义,将在下节详细讨论。换句话说,一个复项主位可以包含所有的三种主位,或者只包括语篇主位加上话题主位,或人际主位加上话题主位。这就是说,小句必须有话题主位,可以没有其他两种主位,虽然话题主位在语境清晰的情况下,可被省略(Halliday 1985)。如(3)只有语篇主位和话题主位,但没有人际主位;在(5)(6)(7)中,只有人际主位和话题主位,而没有语篇主位。三种主位的顺序通常跟英语相同:语篇主位^人际主位^话题主位,如(4)。然而有几个连接词如"虽然",既可放在话题主位之前也可在它之后,因而主位的顺序也可为:话题主位^语篇主位。比较(8a)与(8b)表达的意义相似(由于篇幅有限,以后将省略语篇小品词):

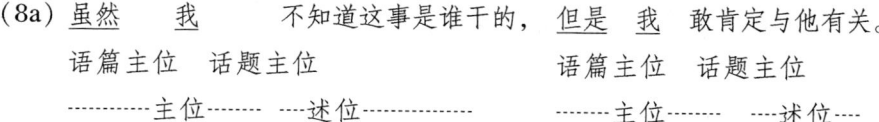

(8b) 我　　　虽然　　不知道这事是谁干的，但是　　我　　敢肯定与他有关。
　　　话题主位　语篇主位　　　　　　　　　　语篇主位　话题主位
　　　--------主位--------　----述位----------------　　--------主位--------　----述位----

因此"虽然"既可出现在话题主位之前也可在它之后。一些语言学研究者（Fang 2008:95）认为这个连接词通常出现在小句的第二个位置上，出现在句首就称为标志性语篇主位。

五、话 题 主 位

这节将讨论几个问题：不同学者对小句话题①的定义；小句的两种话题主位：语境话题主位和经验话题主位；经验话题主位的分类、功能和实现方式以及主位与语境的关系。

5.1 小句话题主位的定义

最早的话题定义来自霍克特（Hockett 1958，见 Fang 2008:95）。他将"话题"定义为"说话者引出一个话题，接着进行谈论"。显然，这是交际双方话语行为继续的基础，是谈话的"关注点"。与霍克特不同，乔姆斯基从形式主义的角度给话题定义（Chomsky 1965，见 Fang 2008:95）：小句表层结构最左边的名词短语。定义只考虑了它的位置，而没有关注它的功能。赵元任（Chao 1968:69）对两个定义都加以考虑，认为"话题"是句中最左边的提供"评述"的名词短语，他还认为"主语与谓语，与其说是动作者与动作的关系，还不如说是话题与评述的关系"。如例（9），"我"是一个代词，位于句子的最左边，是提供评述的成分，是小句的"话题"。

（9）我　　　头疼。
　　　----话题----　----------评述---------

李和汤姆森（Li & Thompson 1981:87）提出了经常被引用的定义："话题是一

---

① 因篇幅有限，本文不讨论语篇的话题主位。

个可预测的限制空间、时间、个体的框架。"因而在(9)中,"我"为"头疼"提供了个体框架,就是小句的话题。与此相同,句(10)的"那场火"是为小句的其余部分提供评述的成分。

（10）<u>那场火</u>， 幸亏消防员来得快。
　　　----话题---- ---------------评述-------

(10)是一个简单小句,只有一个动词过程"来",然而由附加词"幸亏"表达的意思却隐含了一个逻辑关系:可被理解为是由"幸亏消防员来得快"和一个被省略的小句(火被扑灭了)组成的主从复合句。Chafe(1976,见 Fang 2008:96)将这类话题称为"汉语话题"。

沈家煊(1999)认为话题须具备以下性质:1)总是出现在句首;2)之后有一个停顿或者语气小品词;3)表达已知信息;4)能管辖以后的小句,是个语篇概念(见 Fang 2008:96)。这四种性质具有以下三个特点:1)和2)考虑了话题的形式,位于句首及如何与句子的其余部分分开;3)指出它与已知重合;4)说明它是一个语篇特点。应指出,3)没有明确表明,只有在非标志性的情况下,话题才能与已知重合(Halliday 1985, 1994:301)。与沈家煊相似,石毓智(2001)认为话题为已知,总是出现在句首,他强调话语成分并不总是名词,也可以是时间、地点、工具和受益者。屈承熹(Chu 1997)将话题定义为名词短语或代词,或出现在语篇句首的"零前指",且含有关注点的意思。我们认为,石与屈两位关于话题的定义,包含了两个层次上的不同概念:名词属词类的概念,而其他为功能概念。参考方琰的主位定义(见4.1)和上述学者有关话题的论述及韩礼德将复项主位中表达概念功能的成分称为"话题主位"(topical theme)(Halliday 1985, 1994:53),本文将话题主位定义①为信息的出发点,为小句提供经验意义,或为小句提供时空或范围语境框架;通过停顿及/或语篇小品词与述位分开。这个定义有三个特点:1)由于是信息的出发点,话题主位总是出现在句首;2)强调这个成分的意义或功能,即表达经验意义或提供小句的语境;3)它将话题形式化,由停顿或语篇小品词与述位分开。

---

① 本文不认同王寅(1999)将话题=起语+主语的定位。

5.2 小句话题主位的分类

上一节提到小句话题主位或为小句提供经验意义,或为小句提供时空或范围语境框架,因而出现了两种话题主位:经验话题主位和语境话题主位。

5.2.1 小句的经验话题主位和语境话题主位

1) 经验话题主位:如4.2所述,如果主位只包含一个主位成分,它就是单项主位,只表达经验意义,如(11)中的"我"及(12)中的"学校里"。这样的主位称之为"经验话题主位"或简称"经验主位"。在复项主位中,通常最后一个主位成分为经验主位,表达经验意义,如(6)中的"明天",作为"载体"①,表达小句的经验意义。

(11) <u>我</u>　　　　　打算去北京。
　　　经验主位/施事

(12) <u>学校里</u>　　　我见过他。
　　　经验主位/环境成分:地点

(4) 可是　　说不准　　<u>明天</u>　　会更热。
　　语篇主位　人际主位　经验主位/载体

2) 语境话题主位:当小句有两个参与者同时出现在句首时,第一个参与者为小句提供语境框架,成为语境话题主位;第二个参与者完成小句的经验功能。如(1)和(10):

(1) <u>那块田</u>　　　　稻子　长得很大。
　　语境话题主位　　施事

注意:"那块田"是个名词词组,不应被理解为一个环境成分,或省略了介词的"在……里"。可被译为 As for that piece of field("至于那块田")。

(10) <u>那场火</u>,　　幸亏　消防员　　来得快。
　　　语境主位　　　　　　施事

---

① 汉语的经验话题主位主要由及物性系统实现。此系统可分为动作、状态、关系三个子系统。"载体"是状态系统的参与者。及物性结构分类详情请参考 McDonald(1992:440—441)。

语境主位与李和汤姆森(1981:87)有关话题的概念①有两点相似:1)都强调为小句提供语境;2)都将句首的第一个名词/名词词组视为话题或与话题相当的语境主位,可视为小句本体前的"边缘成分"(吕叔湘1990:120)。麦迪森(1995,见Fang 2008:99)持相似的观点,虽然他称之为"绝对主位"(absolute theme),提供语篇的"主题"。有些中国学者认为此类小句可有两个主位(吴中伟2001),分别称为"话题主位"和"主语主位"。分析如下:

(1) <u>那块田</u>　　　稻子　　　　长得很大。
　　　话题主位　　　主语主位

(10) <u>那场火</u>,幸亏　消防员　　　来得快。
　　　话题主位　　　主语主位

前面已提到,"主语"是个有争议的术语,因而本文不采取这种分析方法。下面我们将详细讨论经验话题主位的分类:标志性主位、前置主位、等式主位。

5.2.2　非标志性主位与标志性主位

汉语中,几乎每个概念纯理功能成分都可出现在句首,即"主位可与任何参与者重合"(Li 2007:171)。然而,位于句首成分的频率不同,就形成了所谓的非标志性主位与标志主位的区别。比如,石毓智(2001)发现汉语中最重要的结构为"施事+动词+受事"(相当于SFL的施事+过程+目标)。这就意味"施事"在多数情况下被赋予突出的位置,成为主位。Li(2007:164)认为非标志性主位通常与小句的施事/主语重合。他的研究数据发现,大约90%的主位同时又是主语/施事的成分,是构成非标志性主位的范式。下面,我们将讨论不同语气小句中这两种经验话题主位。

1) 在陈述语气的小句中,最典型的结构为:施事^(环境成分)^过程^(目标)。如:

(13a)　<u>我</u>　　　　　已经　　知道　　这件事。
　　　　经验主位(非标志性)　-------述位-------
　　　　施事　　　　　　　　　　过程　　目标

---

① 陈静和高远(2000)对李和汤姆森的批评有一定的道理,后者认为汉语是"话题突出"的语言的观点有些偏颇。他们的"话题"只是"话题"的一种,相当于"语境话题主位"。在多数情况下,小句的话题主位为经验话题主位。

句中"我"为主位,与经验结构中的施事重合,因而为非标志性主位。当目标成为主位时,就变为标志性主位。如(13b):

(13b) 这件事　　　　　我已经知道。
　　　经验主位(标志性主位)　⋯⋯述位⋯⋯
　　　目标

方琰(1989)发现这样的结构(相当于传统语言学中的 OSV 结构)在小说和口语中出现的频率颇高。主位的标志性很可能与语篇类型有关,期盼有更多的研究予以证实。后边我们将提及,语境是使小句某个成分主位化极为重要的因素(见5.5)。

汉语中,表达时间或地点的环境成分通常出现在第二个位置上(石毓智 2001),为非标志性位置。它的标志性位置就是在句首或句尾。比较(14a)(14b)(14c):

非标志性位置:如(14a)中的时间环境成分"现在",出现在小句句首的第二个位置。

(14a) 我现在　　不想结婚。
　　　非标志性位置

标志性位置:(14b)中,出现在句首,突出了事件发生的时间,就起到了标志性主位的功能。而(14c)中,它放在了句尾,成为标志性新信息。

(14b) 现在　　我不想结婚。
　　　标志性主位
(14c) 我不想　　结婚　　现在。
　　　　　　　　　　　　标志性新信息

汉语中还有另外一种小句结构:环境成分^过程^施事(= AVS 结构)。Li(2007:50)将这类小句视为"存在小句",是物质过程的次类型。这类结构中,施事出现在句尾为通常的词序结构,因而环境成分作为主位为非标志性主位,如(2)及(15):

(2) 主席台上　　　坐着　　个　　老人。
　　环境成分(地点)　过程　　　　施事
　　经验主位(非标志性)

(15) 羊群里　　　　　跑出　　骆驼来了。
　　 环境成分(地点)　过程　　施事
　　 经验主位(非标志性)

"述词在极少情况下才会成为主位",因而具有"极端标志性"(Li 2007:120)。

(16) 失败　　　他们　　　将肯定会。
　　 过程　　 施事
　　 经验主位(标志性)

汉语中还有一种"过程+施事"的经验结构(或 VS 结构)小句,常常将表示"消失"或"出现"的动词+"了"置于句首[如:"坐""立""来""去""到""出(来)""进(来)""下(来)"],即说话者将"消失"或"出现"作为小句的起点(吕叔湘 1984:457—458)。这类小句中的主位可视为非标志性主位,如(17):

(17) 冒出了　　　　　你　　这个小兔崽子。
　　 过程　　　　　　施事----------------------
　　 非标志性主位

总之,在某些特定的语境下,经验结构中的"过程"可能成为标志性主位。但是通常情况下,环境成分是最常见的标志性主位,次之为"目标"作为主位,最后是"过程"主位(Li 2007:118—120)。如下表所示:

表1　陈述句的主位系统

陈述句的主位	非标志性:主位=施事、AVS 中的"环境成分"、VS 中的"过程"
	标志性:主位=环境成分、目标、过程

如上所述,将某个成分变为标志性主位的最主要的方式就是改变词序。汉语中还有其他两种方式使某个成分成为主位:在此成分的前面加上介词"对于""关于""至于"或系词"是",如(18)及(19)。我们应用韩礼德的术语,将"是"结构中的经验主位称为"述词化主位"。述词"是"及它的补语(其经验功能为"施事")被赋予"主位突出"的性质。其功能是交谈中当听话者有疑惑时,作为说话者在交谈中肯定的标志。

(18) 对于波斯湾战争，　　　我们　　　都很关心。
　　　标志性主位　　　　　主语/载体

(19) 是小王　　　　　　　看　　　完了信。
　　　标志性主位(述词化)
　　　过—施事　　　　　　　　　—程

2) 在疑问句中,小句的结构与陈述句大致相同,不过在应用"为什么"或"怎么"等疑问词的问句中,疑问词一般出现在句首的第二个位置上,所以当它在句首时,就成为"突出新信息的主位成分"(Li 2007:180),如(20a):

(20a) 为什么　　　　他　　　还没来?
　　　疑问词
　　　标志性主位　　施事

但如果它前面还有一个环境成分,那么标志性主位就是这个成分,如(20b)中,时间成为被突出的部分:

(20b) 昨天晚上　　　为什么　　　他　　　没来?
　　　标志性主位　　疑问词　　　施事

疑问句的非标志性主位与标志性主位系统总结如下:

表 2　疑问句的主位系统

疑问句的主位	非标志性主位:主位=施事
	标志性主位:主位=疑问词、环境成分

3) 在祈使句和感叹句中,词序与陈述句相同。使陈述句主位化的原则也可应用于这两种小句,祈使句的主位可省略。

(21a)是一个感叹句,"你"为与施事重合的经验主位;在一定的语境中,感叹成分"多结实"可移至句子最前面,成为标志性主位。比较(21a)及(21b):

(21a) 你　　　　　　　　长得多结实啊!
　　　非标志性主位/施事

(21b) 多结实啊　　　　　你　　　长得!
　　　标志性主位　　　　施事
　　　/感叹成分

环境成分出现在句首时,成为标志性主位,如(21c)中的"那时候"成为被突出的部分:

(21c) 那时候　　　　你长得多结实啊!
　　　标志性主位
　　　/环境成分

感叹句的非标志性主位与标志性主位系统总结如下:

表3　感叹句的主位系统

感叹句的主位	非标志性主位:主位=施事
	标志性主位:主位=感叹成分、环境成分

(22)是一个主位被省略,只有述位的祈使句。

(22)（你）　　走吧!
　　（主位）　述位

当环境成分出现在祈使句的句首时,与陈述句一样,也成为标志性主位,如(23):

(23) 现在　　　　你　　走吧!
　　 标志性主位　施事
　　 /环境成分

祈使句的非标志性主位与标志性主位系统总结如下:

表4　祈使句的主位系统

祈使句的主位	非标志性:主位=施事
	标志性:主位=环境成分

5.2.3　前置主位

汉语中还有一种使表示人物或物体的名词、代词或短语成为主位的方法:将这个成分前置以使其成为一个突出的成分,而在小句后面再次提到它。这种主位称为前置主位,前置的名词将由后面的代词提及,而前置的代词或短语则由名词提及。例如,在(24a)中,"这个人"为一个名词词组,它被前置后作为小句的出发

点,后又由它的代词"他"重新提及,与(24b)的结构非常不同(石毓智 2001)(表示"由……实现"):

(24a) 这个人　　　我跟　　他　　通过信。
　　　 前置主位
　　　 目标　　　名词词组　　　代词

(24b) 我　　　　跟这个人通过信。
　　　 主位/施事

再与(25)比较:

(25) 他　　　　这个人　　　　就知道吃。
　　　前置主位
　　　施事　代词　名词词组

在(25)中,前置主位"他"是一个代词,后面就用一个名词词组"这个人"再次提及。

(26) 通情达理,有求必应,大家　　都喜欢　这种人。
　　　前置主位
　　　目标　名词词组　　　　　　　　名词词组

而在(26)中,"通情达理,有求必应"是一组表示人物特质的名词词组,后面却可用另一个名词词组"这种人"再次提及,以加深听话者对这类人气质的印象,也可称为前置主位。

前置主位系统可总结如下:

表5　前置主位系统

前置主位	非前置:主位=施事
	前置:主位=施事、目标名词、代词、名词词组

有些语言学家认为,这样的小句可分析为有两个层次的主位结构(见 Fang 2008:106),如:

(24a) 这个人　　我　　　跟他　通过信。
　　　 主位1　　-------------述位1------------
　　　 　　　　 主位2 --------述位2-----------

5.2.4 等式主位

汉语中,有一个 A 是 B 或 A=B 结构,A 为一个名词词组或用"的"置于其后的名词性的动词词组,B 也是一个名词性结构,A 和 B 用系词"是"或"就是"连接起来,前后两部分意思相同,成为一个等式小句。系词前面部分 A 称为等式主位(Halliday 1985,1994:42),如:

(27a) 我说的(事情)　　　就是　　　这件事。
　　　 标记　　　　　　　　　　　　价值
　　　 等式主位--------　　　----------述位----------

这类小句的前后两部分可以置换,即 B=A,此时 B 为等式主位,如(27b):

(27b) 这件事　　　　　　就是我说的(那件事)。
　　　 价值　　　　　　　----------标记----------
　　　 等式主位　　　　　　----------述位----------

这样的小句结构是关系小句,当"标记"为主位时,小句是主动态,"价值"作为主位时,小句为被动态①。等式结构的系统总结如下:

表 6　等式主位系统

等式主位	主动态:主位=标记
	被动态:主位=价值

小句话题主位系统总结如下:

话题主位	经验主位	单项主位	非标志性
			标志性
		复项主位	非前置
			前置
	语境主位		非等式
			等式

图 1　汉语小句话题主位系统

---

① 关系小句分为"归属"和"识别"两类(Halliday 1985,1994:119—128)。韩礼德认为"识别"关系小句有一个语态问题,或主动或被动。选择"标记"或"价值"哪个在前取决于语篇的需要。

5.3 小句话题主位的功能

可有几种功能:1)关注功能(石毓智 2001);2)提供时间、地点框架;3)限制范围(吴中伟 2001);4)作为衔接手段,具有连接小句的功能(胡壮麟 2018:155)。

1)关注功能

(18)中,"对于波斯湾战争"是说话者的关注点,具有关注功能。还有更多的例子:

(28) 这盆盆景,　　　叶子　很大,　　　花　　太小　　不好看。
　　　载体 1　　　　载体 21 属性 21　　载体 22 属性 22　属性 1
　　　主位 1　　　　　　　　　　　　　　　　　　　　　　述位 1
　　　　　　　　　　主位 21 述位 21　　主位 22 述位 22

从结构上观察,这个句子有两个层次,第一个层次是"这盆盆景不好看",第二个层次有两个并列小句:"叶子很大"和"花太小"。语义上,这两个小句是说明盆景不好看的原因。逻辑上分析,第一个层次的小句是主句,第二个层次的两个小句是它的副句。第一个层次,"这盆盆景"是经验话题主位,是整个复合句的出发点和所关注的成分;第二个层次的两个小句话题主位分别是"叶子"和"花"。

(29) 我　　　　　　打算去北京。
　　　主位/施事　　--------述位--------

(29)中,经验主位"我"是说话者关心的对象。

2)提供时间或地点框架

(30) 明天　　　　　　我打算去北京。
　　　话题主位(语境)　--------述位--------

(30)中的话题主位"明天"提供了说话者将采取行动的时间框架。

3)限制动作的范围或区域

(31) 水果　　　　　　我只吃一个。
　　　话题主位(语境)　--------述位--------

(31)中,语境话题主位"水果"为说话者设置谈话范围;(32)中"物价"提供对话范围。

（32）物价　　　　　　　纽约最贵。
　　　话题主位(语境)　　----述位----

4) 主位-述位链中的小句连接功能

在汉语中经常会碰到这样的结构：话题主位 1+述位 1^逗号 1^(话题主位 2)+述位 2^逗号 2^(话题主位 3)+述位 3^逗号 3^(话题主位 n)+述位 n^句号，即：话题主位^述位^[(话题主位)^述位]n，被称为主位-述位链。在这个链中，第一个主位成分是个经验主位，其他的均由"零前指"成分实现。这样的结构，使语篇小句紧密衔接，如(33)：

（33）老吴　欠了我两百块钱，　　0　　　一直说，　　0　　没有钱还。
　　　主位1 --------述位1 --------　（主位2）　述位2　　（主位3）述位3

5.4 话题主位的实现

韩礼德(1985，1994)认为语言是一个多层次的系统，上一个层次是由下一个层次来实现的，即语义由词汇-语法实现；词汇-语法在口语中由音系实现，书写中由文字系统实现。

语义(意义)→词汇-语法(遣词造句)→音系(语音、语调)/文字系统(书写)

图 2　语言的层次

因此，语义层次的话题主位可从词汇语法层选择最合适的表达方式来实现。具体地说，它可由名词、代词、名词词组、动词词组、名词化的动词词组或小句、介词短语或环境成分来实现。

1) 话题主位由名词、代词、名词词组实现，如(34)：

（34）我　　去开门。
　　　主位　述位
　　　↙
　　　代词

2)话题主位由动词词组实现,如(35)所示:

(35) 开会　　　　　你去不去?
　　　主位(语境)　　述位----------
　　　　　↓
　　　动词词组

3)话题主位由名词化的动词词组实现,如(36)所示:

(36) 一天老站着　　　够累的。
　　　主位　　　　　述位
　　　　　↓
　　　名词化的动词词组

4)话题主位由名词小句实现,如(37)所示:

(37) 他一天到晚老站在那儿,　　真够累的。
　　----------主位----------　　----述位----
　　　　　　↓
　　　名词小句

5)话题主位由表示地点/时间的环境成分实现,如(12)所示:

(12) (在)学校里　　我见过他。
　　-------主位-------　----述位----
　　　　　↓
　　　地点(环境成分)

6)话题主位由介词短语实现,如(18):

(18) 对于波斯湾战争,　　我们都很关心。
　　-------主位-------　--------述位--------
　　　　　↓
　　　介词短语

5.5　主位与语境

SFL 理论在研究小句结构时,将"语境"视为不可缺少的概念(Halliday &

Hasan 1985:3—14);语境为语篇中的小句在选择主位时作出了限制,是韩礼德与麦迪森在给主位定义时不可缺少的变量(Halliday & Matthiessen 2004:64),还可能是主位进程范式的关键变量(Fries 1981,见 Fang 2008:111)。所有上面例子中的小句都产生于一个特有的语境。我们提到例(3)中的"好"的"连接"功能,它使所在句子与上个小句相衔接,成为"语篇主位"。再如,产生(31)的语境可能是对话者在谈论各自吃水果的习惯。A 说:

(38) A:<u>我</u>　　　　　每天吃两种不同的水果。
　　　主位 1/施事　　　---------述位 1---------

B 吃水果的习惯与 A 不同,将(38)里的述位的一部分作为他对话中的回应部分:

(31) B:<u>水果</u>　　　　我只吃一个。
　　　主位 2(语境主位)　----述位 2----

这个对话的主位进程模式为:主位 1-述位 1→主位 2(=述位 1)-述位 2。因篇幅有限,不可能更详细讨论主位与语境的关系,或分析更长的语篇中语境如何制约对主位的选择,也不可能展示长篇语篇中主位进程如何一步一步展开。如需要,可参阅 Danes(1974)和 Fang & Ai(1995)有关主位进程范式的论文。

六、结　　语

　　本文应用 SFL 理论框架讨论了汉语的小句建构,聚焦于汉语话题主位的特点,讨论了话题主位的定义、分类、功能、实现的方式以及语境对主位选择的制约作用。我们的初步研究似乎可以说 SFL 是一个适合用于分析汉语话题主位的框架。
　　然而这只是一个简略的研究,不可能包含话题主位的所有方面。像所有的语言一样,汉语是一个复杂的系统,对一些基本的观念,如小句结构、主语、主位、话题、话题主位、语篇主位,语言学研究者持有类似或互不相同的看法。我们认为应在小句和语篇层次上进行更广泛、更深入的研究,才可能达到更加清晰、比较一致的认识。需要建立一个较大的语料库,同时加强国内甚至世界不同地域的各个研究机构的语言学家之间的合作,对汉语进行系统的研究,才能深入了解汉语的本质,包括话题主位的方方面面。

参考文献

陈　静、高　远　2000　《汉语是主题突出的语言吗?》,《外语与外语教学》第 5 期。

方　琰　1989　《试论汉语的主位述位结构——兼与英语的主位述位相比较》,《清华大学学报》第 2 期。

方　琰　1990　《浅谈汉语的"主语"——"主语""施事""主位"》,胡壮麟主编《语言系统与功能》,北京大学出版社。

方琰、艾晓霞　1995　《汉语语篇主位进程结构分析》,《外语研究》第 2 期。

方　琰　2001a　《论汉语小句的功能结构》,《外国语》第 1 期。

方　琰　2001b　《论汉语小句复合体的主位》,《外语研究》第 2 期。

方　琰　2018　《与"意义"同行的伟大一生——悼念语言学家韩礼德先生》,《浙江外国语学院学报》第 5 期。

胡壮麟　2018　《韩礼德学术思想的中国渊源和回归》,外语教学与研究出版社。

吕叔湘　1984　《汉语语法论文集》,商务印书馆。

吕叔湘　1990　《吕叔湘文集》第 2 卷,商务印书馆。

聂　龙　2002　《论韩礼德的话题主位——概念的模糊及应用上的不足》,《外语研究》第 3 期。

沈家煊　1999　《不对称和标记论》,江西教育出版社。

石毓智　2001　《汉语的主语与话题之辨》,《语言研究》第 2 期。

王　寅　1999　《主位、主语和话题的思辨——兼谈英汉核心句型》,《外语研究》第 3 期。

吴中伟　2001　《试论汉语句子的主述结构》,《语言教学与研究》第 3 期。

朱德熙　1982　《语法讲义》,商务印书馆。

Chafe, W. 1976 Givenness, contrasiveness, definiteness, subject, topics and point of view, in C.N.Li(ed.), *Subject and Topic*. New York: Academic Press.

Chao, Y. 1968 *A Grammar of Spoken Chinese*. Berkeley & Los Angeles: University of California Press.

Chomsky, N. 1965 *Aspects of the Theory of Syntax*. Cambridge MA: MIT Press.

Chu, C. C. 1997 "Aboutness" and clause-linking: two separate functions of topic in mandarin. *Tsinghua Journal of Chinese Studies*, New Series XXVII., 1:

37—50.

Chu C.C. 1999 The Y-movements and Its Inverted Order in English from the perspective of focus and topic in Chinese. *Journal of Learning*, No.4:1—13.

Fang, Y. 1993 A contrastive study of theme-rheme structure in English and Chinese, in *Proceedings of the International Conference on Text and Language*, Keqi Hoq, Hermann Bluhme and Renzhi Li(eds), Xi'an: Xi'an Jiaotong University Press.

Fang, Y. 2008 A study of topical theme in Chinese, [C]//M. Jonathan J. Webster(ed.). *Meaning in Context-Strategies for Implementing Intelligent Applications of Language Studies*. Continuum.

Fang, Yan & Ai Xiaoxia 1995 A tentative thematic network, in *Language. System. Structure*, Ren Shaozeng and Ma Boseng, Hanzhou: Hangzhou University Press.

Fang, Y., E.McDonald & Cheng, M. 1995 On theme in Chinese from clause to discourse, in Hasan and Fries(eds). *On Subject and Theme*, John Benjamins Publishing Company.

Fang, Y. & Shen M. 1997 A functional trend in the study of Chinese, in Hu Z. & Fang Y. (eds.). *Advances in Functional Linguistics in China*. Tsinghua University Press.

Fries, P.H. 1981 On the status of theme in English: arguments from discourse. *Forum Linguisticum* 6.1, 1—38.

Halliday, M.A.K. 1967 Notes on transitivity and theme in English. *Journal of Linguistics*, V.3, 199—244.

Halliday, M.A.K. 1970 language structure and language function, in John Lyons (ed), *New Horizons in Linguistics*. Harmondsworth: Penguin Books.

Halliday, M.A.K. 1977 Text as semantic choice in social contexts, in T. van Dijk & J. Petofi(eds.), *Grammars and Descriptions*. Berlin: Walter de Gruyter.

Halliday, M.A.K. 1985/1994 *An Introduction to Functional Grammar*. London: Edward Arnold.

Halliday & Hasan 1985 *Language, Context and Text: Aspects of Language in a Social-Semiotic Perspective*. Australia: Deakin University Press.

Halliday & Matthiessen 2004 *An Introduction to Functional Grammar*, 3rd revised edition. London: Edward Arnold.

Hocket, C.F. 1958 *A Course in Linguistics*. New York: MacMillan.

Ma, J. 1983 *Ma's Grammar*. Beijing: Commercial Press.

Matthiessen, C. 1995 THEME as a resource in ideational "knowledge" construction, in M. Ghadessy(ed.), *Thematic Developments in English Texts*. London: Pinter, 1995.

Li, C.N. & S. Thompson 1981 *Mandarin Chinese: A Functional Reference Grammar*. Berkeley: University of California Press.

Li, Eden 2007 *Systemic Functional Grammar of Chinese*. London: Equinox.

Zhang, B. & Fang M. 1994 On thematic structure in oral Chinese. *Journal of Peking University*, No.2, 66—71.

On Topical Theme in Chinese

Fang Yan

Abstract: The paper firstly reviews the viewpoints on clause structure from the Chinese linguistic perspective, followed by a brief account of the concept of Theme and the Systemic Functional Linguistic (SFL) multi-functional views on the structure of clauses. It focuses on applying the SFL framework to studying the definition of Topical Theme, its relation with other metafunctions, its classification, realization as well as the relationship with its context. Finally, the paper points out that the SFL may be one of the frameworks appropriate for the study of topical theme in a Chinese clause.

Keywords: Systemic Functional Linguistics(SFL), topical theme, classification, function, realization, context

(原载于《当代修辞学》2019年第2期，
复印报刊资料《语言文字学》2019年第7期全文转载)

为何将话语置于行动中研究?*

克劳斯·克里彭多夫①

(美国宾夕法尼亚大学)

田海龙　张立庆　译

(天津外国语大学语言符号应用传播研究中心)

提　要　针对多个学科在话语研究上的混杂局面和人们对话语概念的误解,本文提出五个方面的命题:1)"行动中"的话语强调话语从事什么实践活动,而不是话语是什么;2)话语的生命力来源于其实践者群体,在话语实践者生产的话语产品中显而易见;3)对话语的当下解读需要关注缺失最初产生的语境;4)在一定程度上自治的话语群体构建自己的话语实践并赋予其重复性的实践以制度性特征;5)不同话语在很大程度上彼此并不相干,但也蕴含着共存、互助、对抗或竞争等关系。以上述命题为出发点,本文对学术话语理所应当的科学权威提出质疑,

---

* 本文译自美国克劳斯·克里彭多夫和英国努尔·哈拉比主编的《行动中的话语:语言能让我们做什么》一书由克劳斯·克里彭多夫撰写的前言,标题为"为何将话语置于行动中研究?"(Krippendorff, Klaus. 2020. Introduction: Why Discourses in Action? In K.Krippendorff & N.Halabi (eds.). *Discourses in Action: What Language Enables Us to Do.* London and New York: Routledge, pp.1—13.)

本文作者克劳斯·克里彭多夫是美国宾夕法尼亚大学安纳伯格传播学院格雷戈里·贝特森特聘教授,主要从事语言、控制论和文化等方面的研究,在传播理论、内容分析和设计语义学方法等研究中富有开创性成果。作为一个批判性的学者,他主要研究现实的话语建构和从压迫中获取解放的路径。——译者

① 感谢原文作者克劳斯·克里彭多夫和劳特里奇出版社授权将此文译成中文。(The translators thank the author and the publisher for their permission of this translation in Simplified Chinese.)——译者

作为芭比·泽利泽(Barbie Zelizer)主编的《塑造文化、传播和媒体研究中的探究方法》(*Shaping Inquiry in Culture, Communication and Media Studies*)系列丛书之一,《行动中的话语:语言能让我们做什么》一书源自2016年12月2日在宾夕法尼亚大学召开的"行动中的话语"研讨会。话语研究和相关领域的知名学者,如英国兰卡斯特大学的Ruth Wodak,美国新泽西州立大学的Jonathan Potter,美国宾夕法尼亚大学的Greg Urban,德国奥格斯堡大学的Reiner Keller以及我国学者田海龙应邀参加研讨会并做主旨发言。内容涉及话语研究的不同方法,行动中的话语的诸多方面,以及话语实践的文化差异,后经修改成文以及相当复杂的出版审稿环节,结集成册出版。正如该书的介绍所言,该书对话语实践和如何塑造社会、政治以及物质现实进行了深入探讨,为探索语言的作用以及学术贡献与实践贡献之间的区别和联系提供了新视角。原文中为斜体的内容在译文中用黑体表示。——译者

强调学术话语在学术行动中的角色和责任,进而论述了为什么将话语置于行动中进行研究非常必要。

关键词 话语 行动 话语实践者 话语群体 话语关系

词典上一般将"话语"定义为文本和谈话的运用,有的词典还会加上一些语言学以外的内容(Krippendorff 2009a)。如果谈论语言运用这一议题,而且这些议题超出对词语的音系学和形态学研究,同时也超出对词语在句子中的句法和语义作用的研究,那么就会发现不同学科都在提倡不同的命题、理论和路径,它们混杂在一起,令人眼花缭乱。人文学科、知识社会学、文化研究、阐释学甚至是大数据统计学,都研究文本和谈话的不同侧面。就交际研究而言,目前已发展出多个对话语内容借以传播媒介进行研究的有效方法,包括会话分析、内容分析、修辞分析、话语分析以及媒体分析。

索绪尔(Saussure 1972)主张把语言学限定为语言(langue)的句法学、音系学和符号学研究。这一精致的提法使语言学富有成果,但也使语言学成为没有情景依托的学问。有趣的是,受索绪尔影响的语言学家提倡采用抽象概括的方法获得客观真理,并宣称在这方面获得了科学成就,但这种成功却主要来自他们的概括性发现发表之后产生的出乎意料的社会文化影响。索绪尔的语言学思想及其普遍研究在扩展基础教育受众群体、提供统一民族语言标准、提高全民教育效率、助长依赖可靠记录的官僚体制以及最近的实现基于网络和计算机的文字处理等方面均有推动作用。然而,为了抽象分析之便而把语言研究的对象限定在可控的狭小范围之内,不承认语言的本意就是言语(parole, langage,实际上拉丁语词根lingua的意思即是"舌头"),会导致语言学对文本、谈话、行为之间的协调关系以及语言对事实的社会建构等更广阔的图景视而不见。

不少学科也主张将结构主义语言学的理论体系扩大,使其微观视域能够囊括文本和谈话。例如在文学研究领域,学者的关注已扩展到更长的文本,更多的语料,探索文本的互文联系、语体的彼此区别,以及追溯词汇、主题和研究课题的起源、支配和消失。历史学家也在经历这种转向,他们一方面关注语言以外的历史事件,同时也认识到所有的历史事实都存在于文本、图像和器物之中。对历史事实进行鉴别认证,不论是确定其时代和地点还是对其阐释,都需要考察其原始语境。福柯(Foucault 1972)认为不同时代的语言使用受不同规则和实践的影响,在这个意义上,可以借助福柯的话,话语已经成为掌握一切的再现体系(Hall 2001)。

我认为,仅把话语的概念理解为将语言学问题简单拓展到一个大的范围是一个严重的错误,因为这仍未解决语言学热衷于制定规则的老问题。这些规则影响着语言学家如何抽象出概念,并将它们投射回假定的存在场点。诺姆·乔姆斯基(Noam Chomsky 1986)的普遍语法概念就是一个很好的例子。他致力于探索所有自然语言的共同点,并把这些概括性发现解释为人类的遗传天赋。值得探究的问题是,这类抽象概念是如何迁移到人类大脑中去的?本书无意讨论这些问题,但我们要问:谁来定义这些抽象概念?这类迁移蕴含着什么其他概念?如何对它们的工作原理进行充分解释?谁愿意和它们共存?最重要的是,谁对这类解释的后果负责?

显然,学者们的讲课、阅读、写作、发表等学术活动都围绕某个特定话题展开。然而,绝大部分学科都对**本学科自身的话语是如何引导学者关注特定研究对象的**避而不谈,而这些研究对象却是学者在各自的探索过程中构建的。心理学家对个体特征进行测验和实验,并将这些结果理论化,但他们的理论却很难解释自己的行为。如前所述,结构主义语言学家在对语言进行狭隘定义的时候,不仅排除了普通大众的日常用语,也排除了语言学家自己使用的从论述到得出结论这一整套学术语言。在传播学领域,研究者热衷于把传播看作是信息的传递或是对公众施加的影响。然而,这些理论无法解释研究人员是如何基于对相关文献和观察的共同解读合作提出这些理论的。这些例子都暗含着某种凌驾于研究对象之上的科学权威。人们想当然地认为学者们在抽象定义、文学素养和团队协作等方面都拥有至高的造诣,他们的科学权威不容置疑。他们发表研究成果,但却拒绝为此承担责任,认为自己所使用的学术话语理所应当。本书试图打破这些观念,并以如下几个命题作为出发点:

最明显的一条是,我们承认文本、谈话和图像并不仅仅是与什么**有关**,它们也在作者和读者的生活中**制造区别**,或是将他们塑造为使用者、实施者、创作者,或是塑造为行动者。因此我们认为,"话语"是:"**行动中**"的话语,它旨在强调话语从**事什么实践活动,而不是话语是什么。**

首先,话语是一个表达抽象概念的单词,除非被能说会道的行动者使用,否则它不能起任何作用。没有这些人,一个话语就没有可观察的实际存在作为其内容。话语不可(随意地)定义话语实践者群体;相反,话语群体在共同工作中、在讲述各自取得成就的历史中、在定义各自身份中以及在确定未来发展方向中形成了各自的话语。这一点虽显而易见但也常常被忽略,在充分肯定这一事实的基础上,我认为:**话语实践者群体赋予话语以生命力。**

诸如图像、文化产品之类的文本物体,都是话语群体创造、使用和遗留的事物的物质体现。由于书面文本这种物质载体最经得起反复阅读的磨损,因此它可以成为解读话语最初意义的唯一可靠依据。因此,我认为:**话语在话语实践者生产的话语产品中显而易见。**

所谓"显而易见",表明话语可以被反复观察、解读、分析。相对于许多其他物质载体而言,文本不会随时间的流逝而腐坏消亡,而是能存在于有活力的话语群体之中,在一定的约束条件下不断变化演进。它们在话语群体中被选择性地创造、再造、保存和使用。要真正理解它们,必须参照它们的使用者和使用情境。阅读文本时不考虑原使用者的作用,这是错误的。

需要申明的是,话语也和其他人工制品一样具有明显的人为参与特征。我主张所有话语都表现在因话语而异的具体话语产品中。我知道一定有人反对这个观点。物理学家常常宣称(同时也坚信)他们通过实验和观察发现了某些自然规律。"发现"预设着发现之前的实际存在,但科学史却表明实际情况并非如此。所谓的科学事实恰恰是在科学话语群体中不断变化演进的,是话语群体积极参与和选择的结果(Fleck 1979)。实证主义的科学观把"事实"(facts)看作不容置疑的客观存在,殊不知该词的拉丁词源 factum 本意却是"人造之物"。另外,从"工厂"(factory)、"制造"(manufacture)、"人工制品"(artifact)等其他同源词汇中也能看出,所谓的"事实"(facts)实际上有人为操作的意味。规律不能凭空从树上长出来,也不是控制整个宇宙的电脑程序。物理学中的科学事实也仅仅是因为物理学家宣称其如此而已。它们产生于物理学家的话语之中,是他们之间玩弄文字游戏(Wittgenstein 1958)时的话题。就此而言,用海森堡(Heisenberg 1958)的形容恰如其分:"我们所观察到的并非自然世界的真实面貌,而仅仅是我们的研究方法能使我们看得到的那个世界。"

物理学的产物并不仅限于已发表的物理理论,还包括一系列生成可分析数据的工具、进行实验活动的实验室、比较理论见解的平台和培养学生的高等院校。然而,即便是物理理论也远远算不上是放之四海而皆准、凌驾于其他科学之上的真理。如果把人的因素排除在话语之外,这一点会更加明显。如果说自然科学和社会科学有什么共同之处,那一定是它们的学科产物都因话语而异,都由各自的话语群体创造并不断被其检验和修正。

自然科学的学者往往不愿承认自己对所作观察的主观控制,而我们对文本内容的解读也并不如想象的那么简单,生产文本的话语群体中的成员往往不在现场。古代的文本、历史文件和文物等更是如此,由于作者的生活年代久远,人们无法向他们求证作品的真正意义。当代的话语产品也一样。我们应该认识到:**所有的文本解读都是当下的解读**。

当下对文本的解读不能忽视已缺失的文本最初产生的语境。

很明显,文本的产生先于人们对它的解读,甚至个人日志也可以看作是由过去的自己所创作。阅读并非是从一个媒介向另一个媒介复制文字,当下的读者有他们的关注焦点,这不可避免地构成当下话语的一部分。因此,分析现有文本至少涉及以下三个反思性步骤:

第一,尽量重构现有文本最初产生而现在缺失的语境,并重构生成这些文本的群体从事的话语实践。有时这些文本的作者和其使用的语境为人所知,但更常见的情况是,这些信息需要话语分析者从现有文本推断而得。

第二,承认文本为人工雕琢之作。虽然我们知道一些文本由算法程序生成,但是人类书写、阅读、回应以及与之共存的文本都体现出不同程度的创造性。文本可以创始一些前所未闻的差异,对此人们可以有不同的解读。新文本也可以对旧文本进行差异性解读,而这些解读也绝不是一锤定音不可改变。

第三,要认识到话语分析一旦发表、传播或在分析者群体之外得到关注,就能使读者的生活发生变化。这些变化可能是读者采纳分析者的观点,或是反对他们的主张,抑或是运用这些观点和主张解决问题。但无论是哪种变化,话语分析者都应该对自己学术活动产生的影响负责,虽然他们并不那么情愿。因此,仅仅将学术关注限定为对分析对象的合理描述是不够的。在潜在的利益相关者看来,话语分析的学术研究应该对其提供的信息负责,因此,话语分析必须包括其研究工作所实施的行动。实际上,**话语研究的学者需要确保自己的话语将所分析的话语**

的起源带入他们学术研究创造的话语之中。

　　以上三个反思性步骤在负责任的话语研究中都有所体现。相反,如果分析者不重视生成现有文本的历史实践,也不关心自己发表的成果会给读者带来什么样的影响,只认为自己的解读高于一切,那么这三个步骤就无从谈起了。而缺少了这些反思性步骤实际上就是拒绝倾听被分析话语的创造者的声音,也否认了解读的多样性,只剩下倾心于那些与社会无关的,或无预期后果的理论。索绪尔的语言学明确否认说者之间的互动与语言学相关,而批评话语研究则鼓励并承认这一点。

　　由于原作者或原使用者并不在场,要从现有文本中重构出他们的声音实属不易。这类似于民族志学者在访谈时要做的工作,常常需要假设,有时甚至会误入歧途。然而,为了分析之便而忽略被分析文本的起源(如在统计字符串或词汇的数量时),这种做法与话语分析者的研究目的背道而驰。这会形成与社会无关的文本理论,导致语言概念上的一元论和抽象客观主义(Vološinov 1986)以及对交际概念的机械理解。例如,自然科学的话语往往致力于制造线性因果关系:A 引起 B,B 又导致 C 等等。如果把这种思路盲目套用到语言上,社会科学的学者就很容易将其论点解释为具有强制力的东西,将信息内容等同于其导致的后果,并把能动性归结为物质性(Latour 2005)。印欧语系的语言为事件的因果关系描述提供了丰富的语法形式,过度使用这些语法形式会使社会理论家走向极端。例如,福柯的话语概念就受此影响,他认为话语是无法逃脱的规则,它决定了作者写什么,读者如何阅读和生活。对此,贝特森(Bateson)的评论非常中肯:他认为把能动性归结为抽象概念的做法是认识论上的病态表现(Bateson 2000),谁相信它,谁的思想就被它禁锢(Krippendorff 2009b)。

　　尽管人们已经习惯于否认行为主体的能动性,将社会组织、公司、团体和公众拟人化,但我还是认为简单因果推论和拟人化的做法会严重误导我们对话语的理解。话语本身不能发声,但话语的实践者可以发声;话语也不能强迫人们去做违背意愿的事情,只有话语的使用者才具备这样的能力。在自然语言中,某些语言形式的确比其他语言形式更常用。但话语实践涉及人的行为,具有对话性、互动性、建构性和反思性,是对线性因果论的反叛和革命。因此,我认为,**话语群体构建自己的话语实践。**

抛开自然语言习惯不谈，一旦人们以话语群体成员的身份自居，并以特定的实践和机构认定其身份，他们就会开始划定边界并在边界内组织自己的行为。例如，医疗从业人员有一套自己的医疗话语专用词汇，他们用这些词汇来区分医疗问题和非医疗问题。要成为医学话语群体的成员，必须要能熟练使用医学话语，也要遵守医疗行业的行为规范。我认为，所有话语群体（无论是学术的、专业的还是活动家的话语群体），表达的都是自己关心的问题，并且以该群体特有的做事方式关心自己的问题。因此，**话语群体（在一定程度上）是自治和自我管理的**。

自我管理的话语群体划定边界，在此范围内进行话语实践，生成具有自身话语特色的产品，期待其成员按照共同的行为准则行事。对于边界之外发生的事情，话语群体的成员往往不去关注，这当然也不在他们的控制范围之内。然而，话语群体也可能受其环境扰动，受到维系话语实践所需的物质和人力资源的影响，如果没有这些资源，话语群体可能无法继续存在和发展下去。

以上命题中的"在一定程度上"需要用以下例证说明一下。

数学是一种话语，它在定义精细的形式语言体系中探索、求证，这与其他话语群体运用数学做事的方式不同。数学是一种高度专业化的自治话语，然而，数学家也需要资金、住房和计算技术。虽然医学、政治和经济问题不太可能成为数学学术会议的主题，但它们完全可能影响到数学家的所作所为，尽管这些影响不是医学、政治或经济话语意义上的影响。

相比之下，公共话语的流动性要大得多。公共话语的从业者不需要通过什么资格考试，他们在面对面的对话中相互接触，这种对话也通过媒体新闻得以扩展，成为人们日常经验的一部分。广泛的共同关注可能会导致集体行动。然而，在这种对话中，公共领域和私人领域之间的界限依然得以保留。越界者最终会受到羞辱或被追究法律责任。类似于数学这种职业的、科学的、高度专业化的问题，往往不在公众关注的范围之内。即便如此，公共话语也有自己的传统做法，有自己的集会点、报纸、不成文的行为准则，有自己在协商话语边界时表达态度的常规手段。本例说明了这样一个总体规律：**所有话语群体均赋予其重复性实践以制度性特征**。

当话语实践不断重复而变得程序化、规范化并被话语群体的成员所期待、彼此承诺遵守之时，制度就出现了。参与实践的成员期望彼此互惠，这导致他们忘记话语实践源自何方（Berger & Luckmann 1966）。阅读、写作、行为方式的制度化，包括话语群体成员协调彼此活动的方式，起到稳定社会互动的作用，并使话语群体的存在不受其成员寿命的局限。有人将语法看作用自然语言进行有效交流的门槛（Vološinov 1986）。而在话语层面上，类似的门槛则是字典、写作手册、技术定义、认证和法律等。

在科学话语中，制度化过程始于正规教育，接受正规教育是成为科学话语群体成员的路径。手册、定期出版物、标准化方法、学位证书和专门的基础设施，都是制度化过程的延续。重复性实践的制度化增强了话语的一致性，同时也定义着创造性所具有的含义，即什么具有创造性，什么不具有创造性，以及哪些贡献可以被认定具有创造性而得到奖励。话语的创新性使话语群体长期保持活力，但也让话语群体的发展方向变得难以捉摸，特别是对局外人、对未参与这些实践的人以及那些使用单一抽象客观主义研究方法（Vološinov 1986）的社会学家来说，尤其难以捉摸。充满活力的话语群体都有这种内在的不确定性，这是一种无法克服的挑战。不同话语群体共生共存，它们以各自的方式组织实践活动，创建异于他者的独有身份。这是话语群体之间形成互语关系的基础。**不同话语在很大程度上彼此并不相干。**

由此可见，一个话语群体中的任何东西，无论它多么显而易见、自然、正确、具有代表性特征，对其他话语群体而言都不见得能被理解。而且，不同话语相互共存往往被视而不见，这也是话语不相干的一个表现。例如，诊疗话语对数学家而言索然无味，工程学的话语不涉及宗教，法律话语也不会关心医生如何定义他们的问题。这些话语可以共存，却无须相互承认。

不相干的话语共存并不妨碍彼此之间发展竞争、合作和互利关系。虽然同一资源对不同的话语有不同价值，话语之间的竞争关系总是围绕某些资源展开。例如，科学话语与宗教话语看起来大相径庭，但在启蒙运动时期，科学的发展却离不开它对宗教的批判。直到现在，我们依然能在科学话语中看到它反对宗教的影子：世界只有一个，而且是唯一的一个。但双方对它的解释却针锋相对，都认为自己的说法是唯一正确的。因此，我们可以说现代科学与宗教彼此竞争，争夺信众，并且创造不同的情景以使各自的话语以相互排斥的方式得以实施。

不同话语相互支持也相当普遍。工程学的话语有赖于数学话语，公司董事会上也会出现经济学、营销学、管理学和传播学的话语。然而,在现实生活中,话语间的合作并不明显,就像空气一样常被认为理所当然,只有在合作失败或在人们进行反思时才显现出来。例如,美国宪法规定,三个独立的管理部门分别践行立法、行政和司法话语,目的是为了平衡彼此之间关系以保障国家利益。其设计者认为言论自由是实现民主的基本方式,他们了解出版业的重要作用,却不知道传播技术的发展意味着什么。表面上看,传播技术对每个人都有利,它能促进企业、大众媒体、社交媒体和运算机构的发展,但它也能对公共话语形成遏制,现在看来这也是个问题。另外,人们以前也不会想到,这种新技术还推动了商业主义在全球范围的扩张,使正义和相互关爱的领地日渐萎缩。经济话语在全球蔓延,受到一些话语群体的欢迎。这些话语群体并不知道如此接受经济话语会对它们产生什么影响,只有在经历几次经济危机之后他们才会对此有明显认识。

话语之间的关系相当复杂,显然不能用简单的方法进行解释。作用于话语关系的因素多种多样,哪些被现存话语关系所抵制,哪些导致现存话语关系的变化,因果关系论缺乏统一的衡量办法,因而也无法对话语关系作出有效解释。同样,忽略话语多样性和话语不相干性的做法也无法解释话语之间的关系。普遍系统理论家就提倡这种做法,经济学家在把一切都简化为经济分析单位的流动时也默认这种做法。同样,福柯在把话语看作是一定时期内掌控一切的规则时也是如此设想。

要解释话语之间的关系,我认为应先弄清楚是什么让话语群体保持活力。

要维系其内在组织结构并继续产出特定的话语产品,所有话语群体都需要从外部引入欠缺的资源,如人力、信息、经济、物质和技术等。无论引入的资源在别处是什么,对引入方来讲这些只是它所需要的资源而已。因此,关于话语不相干性的一个结论是:

不论何物,只要进入一个话语即具有该话语的意义,而一旦脱离该话语,获得的意义便与其无关。例如,进入某个话语群体的人会获得该群体为其设定的角色。医疗话语将前来就诊者称为病人,病人在其他话语群体中的身份在这里是行不通的。同样,被警方羁押的人也受制于规范执法实践的法律话语。而在餐馆里,人们的身份只能是顾客或雇员,不管他们在其他场合是做什么的。

这些适用于人群的道理同样也适用于引入的器物。例如,原住民的礼仪性器物对于人类学家来说就是不同的物品。对其进行研究,将相关的研究成果发表出来,这些器物的意义又进一步发生变化,如果把它放在博物馆里进行展览,它又有了全新的意义(Krippendorff 2003)。与之类似,经济学家习惯于从经济视角看待所有现象;然而,当金钱进入公共领域时,它却毫无疑义地引发不公平、腐蚀民主过程,吸引媒体关注。物理学家宣称自己研究宇宙,并认为宇宙包含了一切,但当他们的理论进入工程学的话语时,就要增加种种限定条件,因为工程师们需要向大众证明设计的合理性。物理学的话语所宣称的普遍性总是经不起考验,每当人们兴趣盎然地想知道这些理论能解释什么的时候,特别是将其话语付诸实践时,它就会不攻自破。

如果说话语群体成员之间之所以能够相互转换是因为话语意义的独特性,那么话语之间的关系又当如何解释呢?不同话语群体具有共识的观点不可取,因为这会否认话语与话语互不相干这一最基本的话语关系特征。对此,我的观点是:构成话语之间联系的真正动因恰恰是话语可以利用交换之物具有的不一样的潜在功能。最明显的例子就是商品销售,正如商品只在卖家和买家对其有不同用途需求的情况下才可能转手一样,话语群体之间的交易也以交换物能提供不同的益处为前提。例如,研究者的科研目标是推动理论发展,而其资助机构的目的未必如此。这甚至还能引发话语群体之间的冲突,如立法机关批准的法律不仅可以通过普通民众的守法行为得到体现,也能够在试图避免其不良后果的政治活动家那里得以彰显。

因此,话语之间的联系不是基于共识而是基于互补。话语之间的关系不能用因果关系来解释,因为话语关系涉及语言。我的看法是:**话语间的关系具有生态关系的特征。它蕴含着共存、互助、对抗或竞争的关系。**

在生态系统中,每个物种都有自己的领地,与其他物种接触时会有特定的反应。生态系统的整体概念超越其中的任何一个物种而存在。要为某个特定的生态系统建立研究模型,生物学家同样需要概括和归纳。我断言这也适用于对话语群体的理解,不过要补充一些重要的限定条件。

话语关系与物种关系的关键区别在于语言。不同话语群体的成员可能使用同一种自然语言,却仍然无法理解对方的话语。

然而,人类有能力学习不同的语言,也能进行不同的话语实践。这就使他们能够成为不同话语群体的成员，并可以从一个群体迁移到另一个群体。

此外，与生物有机体中各机体之间的持续互动不同，所有的话语群体都只是间歇性地存在，只有在时机成熟、具备合适的成员等条件下才能得以重建（Krippendorff 2008）。由此可见，有资格的个体可以选择进入不同的话语群体，也可以在它们之间穿梭转换。这将引发一些在生态系统中无法看到的现象：**话语群体几乎不欢迎局外人的话语进入其内部。但是，人力、信息、物质和技术方面内容的引入可以使话语得到增强，也为话语保持活力所必须。然而，这些内容也会损害、颠覆甚至殖民该话语，并在缺乏监管的情况下采取一切手段进行破坏。**

例如，新一代技术达人善于网上交流，使不少专业话语退出历史舞台，使传统商业交流模式显得效率低下，也使新的企业运营模式应运而生。社交媒体中的机器人正在破坏公共话语。心理学的话语范围已经萎缩，许多富有创新精神的科研人员已被吸引到认知科学领域。女权主义对人权的重新定义正在不断增加政治话语的实践难度。传播学的发展历史也证明，面对新的交流方式在社会的广泛使用，已确立的宏大社会学理论变得毫无意义。而关注全球变暖、枪支暴力、政治商业化和社会不平等的激进分子运动也在寻找话语家园。以上例子说明，话语群体的生命力在很大程度上取决于它接受新成员并迎合这些成员新奇的话语能力，包括对引入的外部资源所具有的那些不期的功用进行整合利用的话语能力：**话语之间关系变化的程度主要取决于话语群体如何处理那些因监管疏忽而流入的不期扰动。**

学术话语不能独立于以上这些命题之外。当新一代学者被邀请参与学术活动提出他们的新见解时，当对批评的声音进行回应时，或者当我们在街头、编委会以及任何我们工作的场所测试和评价一些构思想法时，都不可避免地会引发学术话语的变化。

以上论述说明：**对话语进行学术性分析和批评不仅能够丰富学术文献，同样能够深刻影响其他话语的变化。**

毫无疑问，将话语置于行动中进行研究是一项引人入胜的学术工作，它开启了体验世界的新途径，也在认识论和伦理方面提出了许多挑战，因此，话语研究有别于其他社会学科。最后，请允许我概括列举其中的几项挑战并以此作为总结：

1) 显然，学者们在讲学、阅读、写作、发表的同时也在实践自己的话语。同时，他们还生产出符合自身话语标准的产品,共同扩展学术空间。然而,我们只是作为话语研究的学者,对我们自己关注的课题进行研究。我们已经知道别人是生活在他们建构的话语世界之中,其实我们也是一样。认识到这一点,就应该在实际行动中注意到**我们不能仅仅描述分析对象,而是要积极建构研究对象的话语世界**。

2) 所有学者实践着自己的话语。有些学科将其研究问题与这些问题被观察和被理论化的方式脱离开来,与此不同,我们的研究则要把自己的话语实践包括进来,并对其进行反思。因此,我们不应满足于对其他群体创造和流传下来的话语产品进行描述和批评性检视;相反,我们还应该对读者能从我们的研究中得到什么进行说明,对自己的作品会给相关方面带来哪些实际影响进行阐释。我们的标准是:**好的学术成果不应止于获得真理,我们要对学术造成的后果负责**。

3) 每个话语群体都在自己的边界范围内用自己的术语组织自己的行动,**因此,只有尊重其他话语建构事实的独特方式才有可能理解这些不同于我们的话语实践。同样,只有愿意了解对我们的研究感兴趣的他者世界,我们才可能承担我们的学术话语发挥作用的责任**。这种双向的自我指涉在其他学科几乎是不被考虑的,在自然科学领域肯定不会。

4) 如前所述,自然科学的话语建立在因果关系理论的基础之上,并认为研究对象独立存在于研究之外。用这种逻辑看待社会现象会导致社会学家对话语群体的描述一成不变:社会机构都是稳定的,实践都是规范的,再生产由强大的等级制度控制,其对象也是已知事实。所有这些稳定表明在对社会现象的解释中使用了因果隐喻和计算隐喻,但我更倾向于认为使用这些隐喻来解释社会现象造成了社会现象的稳定。然而,话语群体的存在与发展有赖于其实践者在建构、重构、修正和使用话语产品时的创新。承认这一点就意味着对因果关系这一解释方法的排斥,因为因果解释法与创新格格不入。实际上,创新是判断话语活力的核心维度,人们会话使用的语言本身就具有不可重复性和不可预测性。**所有话语群体都有能力质疑自己的历史,追求新的发展道路。我们依据创造性阐释他者话语的作用,但是,在分析这些话语时不应对这些话语同样具有的创造性视而不见**。

5) 同样,因果隐喻和计算隐喻的使用容易使人将群体看作牢笼,将话语看作控制成员行为的电脑程序。当然,也有话语群体鼓励其成员与其所践行的话语合为一体。但是，与生物有机体中各机体之间的持续互动不同，话语群体只有其成员践行其话语时才真实地存在。显然，话语群体的存在取决于它能否在确定的周期内或合适的场合重新组合。接受志愿者进入其使命团队是话语群体暂时存在的要素（Krippendorff 2008）。这一显而易见的经验事实说明，人们有能力在不同时间进入不同的话语群体并在其间转换使用不同的话语，而践行不同话语的能力也正是人具有社会性的证据。我的建议是，我们这些话语学者不应该被自己的分析方法所操控。**要理解话语就要抛开偏见，就要超越话语之间的界限。我们的学术研究应该具有跨学科的特征。**

6）诚然，我们也像大多数学科那样喜欢学术概括和归纳。我提到过，社会学理论的特点是将交际的创造性本质从其结构中抽象出来，这会造成一些莫名其妙的误解。在我看来，群体并不发声，发声的是群体的成员，包括作为群体的成员。话语也不具备能动性，话语无法迫使我们做违背自己意愿的事情。如果不愿考虑其他可替换的观念，那只能有一种选择，它会招致灾难的发生。另外，话语群体之间也不能相互沟通。一个话语群体对另一个话语群体的认识往往很肤浅，而这也仅仅来自各群体中有意愿交流的成员间跨越话语边界的有限交流。我的观点是，作为话语研究的学者，**我们不能以上帝的眼光看待话语世界。要将自己的研究发现付诸实践，我们需要将自己视为那个领域具有创造性的参与者。我建议，我们应秉持谦虚的态度，采用生态学的理念，即承认自己的局限性，借此来理解产品之所以为产品，是因为它由多个话语建构而成。**

上述许多观点都在本书中得到印证。本书旨在鼓励学者勇于跨越话语边界，尊重研究的差异性，对话语世界的建构作出积极贡献。

参考文献

Bateson, G. 2000 Pathologies of epistemologies. In *Steps to an Ecology of Mind*, ed. G.Bateson. Chicago: University of Chicago Press, pp.486—495.

Berger, P.L. & Luckmann, T. 1966 *The Social Construction of Reality: A Treatise on the Sociology of Knowledge*. Garden City: Doubleday.

Chomsky, N. 1986 *Knowledge of Language: Its Nature, Origin and Use*. New York: Praeger.

Fleck, L. 1979 *Genesis and Development of a Scientific Fact*. Chicago: University of Chicago Press.

Foucault, M. 1972 *The Archaeology of Knowledge*. London: Tavistock.

Hall, S. 2001 Foucault: Power, knowledge and discourse. In *Discourse Theory and Practice: A Reader*, eds. M.Wetherell, S.Taylor, & S.J.Yates. Thousand Oaks: Sage, pp.72—92.

Heisenberg, W. 1958 *Physics and Philosophy:The Revolution in Modern Science*, lectures delivered at University of St.Andrews, Scotland, Winter 1955—1956.

Krippendorff, K. 2003 The dialogical reality of meaning. *The American Journal of Semiotics* 19(1):17—34. http://repository.upenn.edu/asc_papers/51.

Krippendorff, K. 2008 Social organizations as reconstitutable networks of conversation. *Cybernetics and Human Knowing* 15(3):149—161. http://repository.upenn.edu/asc_papers/135.

Krippendorff, K. 2009a Discourse as systematically constrained conversation. In *On Communicating: Otherness, Meaning, and Information*, ed. F. Bermejo. New York: Routledge, pp.217—234.

Krippendorff, K. 2009b Pathology, power and emancipation. In *On Communicating: Otherness, Meaning, and Information*, ed. F.Bermejo. New York: Routledge, pp.131—155.

Latour, B. 2005 *Reassembling the Social: An Introduction to Actor-Network-Theory*. New York: Oxford University Press.

Saussure, F. 1972 *Course in General Linguistics*, eds. C.Bally & A.Sechehaye, trans. R.Harris. Chicago: Open Court House.

Vološinov, V.N. 1986 *Marxism and the Philosophy of Language*, trans. L. Matejka & I.R.Titunik. Cambridge: Harvard University Press.

Wittgenstein, L. 1958 *Philosophical Investigations*. New York: Macmillan.

Why Discourses in Action?

Klaus Krippendorff

Abstract: To address the bewildering complexity of discourse studies, especially the misconception of discourse, this article proposes propositions in five aspects: 1) to study discourse "in action" is intended to divert attention from what a discourse is to what practicing it does; 2) discourses are kept alive by the communities of their practitioners and become manifest in the discursive artifacts their practitioners generate; 3) current interpretations of discourses need the absent contexts of their origins; 4) more or less autonomous discourse communities constitute their own discursive practices and institutionalize their recurring practices; and 5) discourses are largely incommensurate to each other and interdiscursive relations entail coexisting, mutual supportive, antagonistic, and competitive relationships. Through a detailed discussion of these propositions, the article offers a convincing account for the necessity of studying discourses in action whiling questioning the taken-for-granted scientific authority, and emphasizing the role and responsibility of scholars' discourses in their academic actions.

Keywords: discourse, action, discourse practitioner, discourse community, interdiscursive relation

（原载于《当代修辞学》2020 年第 5 期）

元话语和评价系统在人际意义研究上的互补*

王振华　吴启竞

(上海交通大学外国语学院)

提　要　人际意义是语言使用者在交际过程中通过语言体现自身话语角色和进行评价时所涉及的一种语言意义。人际交往和社会实践中充满着人际意义。承载人际交往和社会实践的语篇是大语篇。大语篇中的人际意义是一个值得研究的课题。马丁的评价系统和海兰德的元话语强调大语篇中潜在读者/听者的角色和对话性,二者都研究大语篇中的人际意义。但是,二者在人际意义体现上存在差异。本文基于系统功能语言学中人际意义的体现特征,讨论元话语和评价系统对人际意义的体现,探索二者在人际意义研究方面的互补,对进一步完善大语篇人际意义的研究具有推进意义。研究发现,元话语资源可以补足评价资源对话语角色的凸显,评价资源则可以补足元话语资源对评价的传递。此外,元话语资源和评价资源在体现形式和呈现方式上也可以互相补足。

关键词　人际意义　元话语　评价系统　大语篇　互补

一、引　言

在以语言为主的社会交际中,交际双方"往往需要用到几十个乃至更多的词"(陆俭明 2017:3)或大语篇传递复杂信息。在交际的具体语境中,交际双方给彼此赋予一定的话语角色,也进行相关的评价,这个过程运用的是语言的人际意义。在系统功能语言学里,人际意义可以体现在词汇语法层(Halliday 1985,1994; Halliday & Matthiessen 2004; Thompson 1996,2004,2014),也可以体现在大语篇

---

* 本文为国家社会科学基金项目"司法话语的适用语言学研究"(16BYY051)的阶段性研究成果。

层（Martin 1992, 2000; Martin & Rose 2003, 2007; Martin & White 2005；王振华 2009）。词汇语法层的人际意义研究以小句为单位，已有较完善的模型，而大语篇层面的人际意义研究还有待进一步挖掘和整合。

　　海兰德（Hyland 2005, 2008）的元话语（metadiscourse）以及马丁（Martin 2000; Martin & Rose 2003, 2007; Martin & White 2005）的评价系统（APPRAISAL）都关注大语篇的人际意义。元话语"聚焦语篇的互动关系"（祝克懿 2011）又是一个意义系统，包括各种反身性表达，帮助作者/言者表达观点、与特定语言团体中的读者/听者进行互动（Hyland 2005, 2008:37）。从元话语关注作者/言者与读者/听者之间的互动这一角度看，元话语资源激活了交际参与者之间的人际关系，具有人际功能，传递人际意义（Hyland & Tse 2004；杨信彰 2007；李发根 2012）。评价系统是一个语篇语义系统，包括态度、介入和极差三类资源，揭示语篇中态度的种类、来源和程度，有助于作者/言者与读者/听者形成联盟（Martin & Rose 2003, 2007）。通过评价资源进行联盟的过程体现交际参与者之间的互动，评价资源在此过程中传递人际意义。可见，元话语和评价系统都研究大语篇的人际意义，两个意义系统中有相应的元话语资源和评价资源传递人际意义。本文将从系统功能语言学的角度说明人际意义的体现特征，在此基础上分析元话语和评价系统的人际意义体现特征，探讨二者在人际意义研究上的互补性，为建立大语篇中人际意义的分析框架提供理论基础。

二、功能视角下人际意义的体现特征

　　系统功能语言学认为语言的功能变体是语言的一个基本属性，是语义发展的基础（Halliday & Hasan 1989）。因此，理解语言的意义可以从语言的功能切入。语言有三种基本功能：构建经验世界、激活人际关系以及组织语篇结构，其中激活人际关系的功能是人际功能，传递的是语言的人际意义。

　　当语言用于作者/言者与读者/听者之间的沟通互动时，二者在当下的语境中就形成了某种人际关系，语言的人际意义就被激活。人际意义通过任何能够表现互动的语言资源体现。韩礼德（1969）在提出语言的人际功能时，将人际意义的研究放在词汇语法层。小句的语气（陈述、疑问和祈使）体现给与、要求、陈述和命令四种言语功能（Halliday 1994, 2000:68—71），用来揭示交际参与者针对交际内容所具有的提供或索取的话语角色。此外，小句中凸显语气、表明极值、时间性、程度以及评论性的情态附加语也可以体现人际意义（Halliday 1994, 2000:81—83）。后来，马丁（1992）将人际意义的研究扩展到大语篇层面，相关的语篇语义系统为磋商系统（NEGOTIATION）和评价系统。磋商系统研究以对话为主的交际中不同类型的交换以及构成交换的语步，它们体现了交际者在对话过程中的主要或次要知者/行动者的话语角色。评价系统研究语篇中用于表明态度、体现态度程度和来源的评价资源。可见，不管小句层面还是大语篇层面对人际意义的研究，人际意义的体现特征都包括语篇中交际者的话语角色，以及交际过程中进行的评价。具体地说，对于语篇中的话语角色，交际者在语篇中可以对交际内容进行输出或输入，方式可以是主动的，也可以是被动的。主动输出即无条件向对方提供交际内容，被动输出即对交际内容的索取进行回应，主动输入是要求对方提供交际内容，被动输入是接受对方提供的交际内容。当然，任何一种方式针对的都是交际的过程，不代表交际的结果（输出/输入成功与否），因为在一定的语境中一方交际者有可能中断或拒绝交际。这几种交际方式赋予了交际者一定的话语角色，包括主动输出、被动输出、主动输入和被动输入四种。对于交际过程中进行的评价，它包括语篇中通过语言呈现出来的一切针对人、事和物的评价。这些评价的来源可能是当前语境中的交际参与者，也有可能是第三方，即语篇中涉及的除当前交际参与者以外的人。评价的程度也是人际意义的体现特征。元话语和评价系统都研究大语篇层面的人际意义，相关的资源体现交际者在语篇中的话语角色和/或针对语篇中的人、事和物进行评价。下面将回顾元话语资源和评价资源，分析它们对交际者话语角色的体现和针对语篇中人、事和物的评价，说明元话语和评价系统在人际意义研究上的特征。

三、元话语与评价系统的人际意义体现特征

元话语用来组织语篇、表明作者/言者对语篇内容持有的态度，不仅有助于形成连贯的语篇，也使语篇与特定语境产生联系，将读者/听者带入基于语篇的互动中来（Hyland 2000）。元话语分为导向型（interactive）和牵扯型（interactional）两类

（两个术语译文依据的是它们在原文中上下文里的意义）：导向型元话语是作者/言者通过对语篇信息的管理和组织来引领读者/听者了解语篇内容（Thompson 2008；Hyland 2005, 2008；李佐文 2001；杨信彰 2007；宫军 2010；李发根 2012），语言资源包括过渡标记语（transitions）、框架标记语（frame markers）、内指标记语（endophoric markers）、言据标记语（evidentials）和注释语（code glosses）；牵扯型元话语通过"人"（person）主导的语言资源"牵扯"（involve）读者/听者（同上），语言资源包括模糊限制语（hedges）、增强语（boosters）、态度标记语（attitude markers）、自称语（self mentions）和介入标记语（engagement markers）。元话语的人际模型见下表：

表1 元话语人际模型（Hyland 2005, 2008:49）

类别	功能	示例
导向型	帮助引导读者获取语篇信息	资源
过渡标记语	表达两个主句之间的关系	in addition; but; thus; and
框架标记语	指向语篇行为、序列或阶段	finally; to conclude; my opinion is
内指标记语	指向语篇中的其他部分信息	noted above; see Fig; in section 2
言据标记语	指向其他语篇中的信息	according to X; Z states
注释语	详细阐述意义	namely; e.g.; such as; in other words
牵扯型	将读者牵扯到语篇中	资源
模糊限制语	减少信息确定性投入且打开对话空间	might; perhaps; possible; about
增强语	强调信息的确定性或关闭对话空间	in fact; definitely; it is clear that
态度标记语	表达作者对于命题的态度	unfortunately; I agree; surprisingly
自称语	显性地提及作者	I; we; my; me; our
介入标记语	显性地与读者建立关系	consider; note; you can see that

　　过渡标记语、框架标记语、内指标记语、言据标记语和注释语等导向型元话语主要涉及语篇中的信息，其功能是组织和管理语篇所传递的信息。作者/言者运用这些语言资源在时、空和意义框定上引领读者/听者。也就是说，这些元话语资源作为一种"交换信号"将语篇内的信息联系起来，引导读者/听者获取语篇框架内的信息（Bateson 1972）。因为导向型元话语在语篇中具有引领作用，所以它可以辅佐作者/言者和读者/听者在交际过程中所承担的话语角色，主动/被动地输入或输出交际内容。在书面交际中，作者通常被视为主动提供交际内容的一方，其在交际中承担的是主动输出的话语角色，交际中所用到的导向型元话语在引领读者接受语篇信息的同时凸显作者主动输出的话语角色，读者则承担了被动输入

的话语角色。在动态的口语交际中,交际的任意一方在充当言者的同时,也是听者。其中,主动提供交际内容的一方承担的是主动输出的话语角色,接受交际内容的一方是被动输入的话语角色,主动获取交际内容的一方承担主动输入的话语角色,应邀回应的一方则是被动输出的话语角色。交际一方在互动中通过导向型元话语指引另外一方掌握语篇中的交际内容,强化对交际内容进行提供、接收、索取和回应的过程,使交际对象在理解语篇时可以付出相对较小的加工努力。导向型元话语通过意义框定凸显使用者在交际中的话语角色,牵扯型元话语则不同,它主要涉及使用者的动机、心理状态、价值观念、立场和观点,进而左右交际对象的心理状态、价值观念、立场和观点。尽管牵扯型元话语所在的语篇也会体现交际者一定的话语角色,但是牵扯型元话语在凸显交际者话语角色方面的作用并不十分明显,其对人际意义的承载主要体现为对语篇中涉及的人、事以及物相关评价的凸显,包括评价的内容(态度标记语体现)、程度(模糊限制语和增强语体现)和相关主体(自称语和介入标记语体现)。

元话语对话语角色的凸显和对评价的体现见例(1)。例(1)是某物权纠纷案(http://tingshen.court.gov.cn/live/1582861)中法官介绍相关规定和程序时所用的话语,其中的导向型元话语用粗体标示,牵扯型元话语用下划线标示。

(1)法官:**根据中华人民共和国民事诉讼法第49、50、51条之规定**,诉讼当事人与委托代理人除申请回避的权利外,还有权提供证据进行辩论、请求调解、申请执行的权利。双方当事人<u>可以</u>自行和解。原告<u>可以</u>放弃或变更诉讼请求,被告<u>可以</u>承认或反驳原告的诉讼请求,提起反诉。原被告均<u>要</u>遵守诉讼程序,依法行使诉讼权利。

例(1)中,法官在法庭调查前主动告知原、被告双方审判的相关规定和程序,在交际中承担的是主动输出的话语角色。法官通过言据标记语"根据中华人民共和国民事诉讼法第49、50、51条之规定"说明相关规定的来源,引导原、被告明确相关规定和程序的确切内容。这样的元话语凸显了法官主动输出的话语角色,也节省了原、被告方在理解法官话语上的努力。同时,法官通过增强语"可以"和"要"使作为听众的原、被告明确知道"自行和解""放弃或变更诉讼请求""承认或反驳原告的诉讼请求"以及"遵守诉讼程序"是法律许可或规定的,原、被告双方应该遵从,以此方式将原、被告牵扯到当前的话语交际中。

评价系统关注语篇中的评价,通过评价资源说明人的品性和行为、事的性质和物的价值,表达评价者对语篇涉及的人、事和物的态度,争取得到交际对象的赞同和支持。在马丁创立的评价系统中,人际意义主要从"态度"(Attitude)、"介入"(Engagement)和"级差"(Graduation)三个维度来研究(Martin 2000;Martin & Rose 2003,2007;Martin & White 2005,2008;王振华 2001,2006;姜望琪 2009;刘世铸 2010;房红梅 2014)。对各个维度及语言资源的总结如下。

态度作为评价系统的主要维度,是指评价者的心理受到影响后对人和事物做出的评价。在评价系统中,态度分三种:情感、判断和鉴赏。情感是态度产生的基础,判断和鉴赏在情感的基础上做出。情感分三类:"品质"类情感(Affect as "quality")、"过程"类情感(Affect as "process")和"评注"类情感(Affect as "comment")。"品质"类情感一般由形容词表达,如"幸福""忧伤"。"过程"类情感一般由"喜欢""爱慕""憎恨"等表达喜怒哀乐的谓词体现。"评注"类情感一般由"令人高兴/欣慰/愉快的是……"这样的句式表达。一般情况下,具有心理和认知意义上的评价性语言表达情感类态度。判断分两类:社会评判(social esteem)和社会约束(social sanction)。社会评判用以评价人的行为规范(normality)、做事才干(capacity)和坚韧不拔(tenacity);社会约束用以判断行为的真实可靠性(veracity)和正当性(propriety)。一般情况下,从道德品质、伦理规范和法律法规方面对人的行为进行评价的语言表达判断类态度。鉴赏分三种类型:反应(reaction)、构成(composition)和价值(valuation)。鉴赏是对"物"(Thing)的鉴别和欣赏。鉴赏用于人时,人被视为"物",如在"这个女人很漂亮"或"这个小伙很帅"两个语句中,"女人"和"小伙"是被当作"物"来看待的。一般而言,美学意义上的评价性语言表达鉴赏类态度。

介入作为评价系统的另外一个主要维度,是指评价者如何用语言调适自己的态度(情感、判断和鉴赏)来影响和左右受众。介入用于研究态度来源和对话性,即态度在所言中是"我者"态度还是"他者"态度,对言中所涉的人、事和物的态度是否给读者/听者留有对话的余地。在评价系统中,介入有自言(monogloss)和借言(heterogloss)两种。自言不给读者/听者留有对话空间,借言可以调整交际双方的对话空间。借言涉及投射(projection)、情态(modality)和让步(concession)等语言手段。投射包括引述(quote)和转述(report)。引述或转述的内容可以是原话或大意,也可以是思想或感受。投射是一种互文(intertextuality),形式上看态度来自外部,实质上是借别人的观点表达自己的立场(评价者对他人的观点赞成、不赞成或反对)。情态是意义正负两极之间的渐变群(cline),表达意义的不确定性,因此它允许不同声音的出现,给读者/听者提供一个磋商空间。让步手段的使用涉及前提,有了前提才可以做出让步。表示让步的语言给读者/听者留下期望,但是语言使用者的话锋转移会让读者/听者的期望落空。因此,让步管控读者/听者的期望,具有反期望(counter expectancy)的功能。

级差是评价系统的第三个维度,说明态度的强弱和明确与否,对应的次系统分别是"语势"(force)和"聚焦"(focus)。语势,也就是语言意义的冲击力,将可以分级的态度加强(raise)或减弱(lower),如说一个人"聪明"时,可以说这个人"有点聪明",也可以说这个人"比较聪明""很聪明""非常聪明""最聪明""聪明极了"等。表达语势的级差资源一般由形容词或副词体现。聚焦指把不可分级的对象在程度上进行分级,使态度清晰(sharpen)或模糊(soften),常用的语言资源是表达程度的副词(如说某人"很中国")或形容词(如说某人是个"真正的中国人")。"很"和"真正的"都含有对比的意思,使"中国"和"中国人"这两个不可分级的评价对象具有程度上的特征。

总结而言,评价系统关注的主要是语篇中涉及的各种态度、态度的程度以及来源和对话性,形成对相关人、事和物的评价。在评价系统中,态度维度研究态度的种类,介入维度研究态度的来源和对话性,级差维度研究态度的强弱与明确程度。评价资源可以出现在具有任何话语角色的交际者所产出的语篇中,因为其是对语篇中某些信息成分的评价或者对对话空间的说明,所以在语篇信息的输送方面并不能体现或凸显主动/被动地输出或输入的话语角色。评价资源的人际意义体现特征其实与牵扯型元话语类似,主要体现在交际者通过评价资源对语篇中的人、事和物做出评价。例(2)中含有态度、介入和级差三种评价资源来体现语篇的人际意义 [*斜体*:态度;下划线:介入;**粗体**:级差]:

  (2) 养鸡惹出的官司(原告因忍受不了邻家养的 2 000 只鸡把邻居告上了法庭)(http://news.cctv.com/program/tingshenxc/20100210/104358.shtml)
    原告:我们为什么能容忍你[指被告]这么长时间,为什么知道吗?是因为我们知道，大家都理解，随着改革开放，市场经济，咱们现在生存**都很困难**，都没有单位了，对不对？所以说我们**非常**能理解你。但是你呢，一意孤行，<u>不但</u>不理解我们，把我们能理解你的这种心情呢，以为我们熊，是不是？我们无能，你才**这么**变本加厉得这样。

在态度资源上，例（2）中原告用积极的判断态度正面评价自己，如"容忍"和"理解"，用"不理解""一意孤行"和"变本加厉"批评被告不合常规的行为，用"熊"和"无能"来批评和指责被告评价她与丈夫缺乏做事能力。此外，原告在言语中用"困难"对当时人们的生活进行了鉴赏性评价。在介入资源上，原告使用了让步词"不但"引出"被告不理解原告"，使持有"被告理解原告"这种观点的听者的预期受到冲击，表明"被告不理解原告"这件事是无须置疑的，在该话题上没有过多的对话空间。在级差资源的使用上，原告语气强势，如用"都"和"很"强调"困难"的程度，用"非常"强调"能理解"，用"这么"强调"变本加厉"。可见，原告在情绪上因己方的理解和容忍换来对方的冷漠和变本加厉而情绪激动，从而对被告的行为在"正当性"上做出了评价，"判断"被告的行为应该受到"社会约束"。某种意义上，原告认为被告的行为已超越了道德范畴，上升到法律范畴，并在语篇中通过级差资源强化对被告行为的消极评价，收缩就此命题展开讨论的对话空间。这些评价资源的使用直接向作为听者的法官和被告表明原告的观点和立场，通过语言的人际意义来影响法官，使其做出有利于原告的判决。

四、元话语与评价系统在人际意义研究上的互补性

上一节回顾了元话语与评价系统，以及二者的人际意义体现特征，也就是元话语资源和评价资源在承载人际意义时对话语角色的体现以及对语篇中人、事和物做出的评价。这一节探讨二者在人际意义研究方面的互补性，主要从话语角色的体现，对语篇中人、事和物的评价，以及体现形式和呈现方式三个角度展开。

首先，在对话语角色的体现上，导向型元话语凸显使用者在交际过程中的话语角色，而牵扯型元话语和评价资源在承载人际意义时对话语角色的体现并不明显。无论在口语还是书面交际中，交际的一方通过导向型元话语框定语篇意义，指引交际另一方获取语篇信息，以主动或被动的方式承担信息输入或输出的话语

角色。在书面语中,导向型元话语主要凸显作者主动输出的话语角色和读者被动输入的话语角色。在口语交际中,言者或听者都可以承担主动输出、被动输出、主动输入和被动输入的话语角色,具体依语境而定。牵扯型元话语和评价资源则可以出现在体现任何话语角色的语篇中,但其对相关的话语角色并无凸显作用,其对人际意义的贡献主要是对语篇内的人、事和物进行评价。因此,在大语篇的人际意义研究中,元话语可以弥补评价系统在话语角色体现上的不足,通过导向型元话语来框定意义,凸显交际双方的话语角色,使语篇在具体语境中形成一个意义可循的整体,从较为宏观的角度上体现语言的人际意义,促使交际的进行和交际目的的达成。还是通过例(2)进行说明。

(灰色背景:导向型元话语;斜体:态度;下划线:介入;**粗体**:级差)

原告:我们为什么能容忍你[指被告]这么长时间,为什么知道吗?是因为我们知道,大家都理解,随着改革开放,市场经济,咱们现在生存**都很**困难,都没有单位了,对不对?所以说我们**非常**能理解你。但是你呢,一意孤行,不但不理解我们,把我们能理解你的这种心情呢,以为我们熊,是不是?我们无能,你才这么变本加厉得这样。

例(2)中用到的导向型元话语主要是过渡标记语,包括"因为""所以""但是""不但"和"才"。这些过渡标记语在语篇的信息流动中框定了原告容忍被告的原因("原告知道大家都生存困难")以及容忍的结果("原告理解被告的行为"和"被告不理解原告甚至变本加厉的行为")。这些过渡标记语引导作为听者的法官和被告了解原被告之间矛盾的因与果,它们在语篇中从始至终对意义的框定促使法官去追随原告提供的信息,凸显了原告主动输出的话语角色,促进了原告与法官和被告的互动,也有助于原告赢得法官的信任。加之上述例(2)中原告对被告行为的消极评价,丰富了语言人际意义的传达,更有助于法官做出有利于原告的判决。

其次,在对语篇中的人、事和物进行评价方面,牵扯型元话语和评价资源体现出语篇中的评价,而导向型元话语则没有。在牵扯型元话语中,态度标记语体现相关评价的内容,模糊限制语和增强语体现评价的程度以及对话空间,自称语和介入标记语体现评价的相关主体。评价系统中,态度资源体现评价的内容,级差资源体现评价的程度,介入资源体现评价的相关主体及协商空间。尽管牵扯型元话语和评价资源在承载语言人际意义时都涉及评价的内容、程度、来源以及关于评价的对话空间,但评价资源在这几个方面对人际意义的体现更为细致和广泛。具体地说,第一,在评价的内容上,评价系统中态度资源涉及评价者的情感、对人的判断和对事物的鉴赏三种,涵盖当前语境中的交际者以及语篇中出现的任何评价对象,而牵扯型元话语只提到可以通过态度标记语进行评价,但是并没有细致说明用何种态度标记语来对何评价;第二,在评价的程度上,评价资源不仅表明评价的强弱程度,还包括其明晰程度(清晰或模糊),使评价者可以对一些不能进行等级划分的评价对象进行不同程度的评价,而牵扯型元话语只通过增强语和模糊限制语表达评价的强弱程度,并不涉及明晰程度,因此元话语对评价程度的研究没有评价系统全面;第三,在评价的来源方面,牵扯型元话语中的自称语指的是包括作者/言者在内的交际参与者("我""我的""我们""我们的"等),介入标记语是直接表明让读者/听者参与交际的语言资源,因此元话语资源体现的评价来源更多地局限在当前语境中的交际参与者,评价资源则不同,评价资源中,投射类语言手段是一种介入资源,投射小句的主体可以是当前语境中的交际参与者,也可以是语篇相关的任何人或事物,涵盖的评价来源更为广泛。除以上三点外,元话语资源和评价资源在调整对话空间方面也有不同。元话语资源中,增强语和模糊限制语在调节评价程度的同时具有调整对话空间的作用,其中增强语通过强调某种评价向交际对象关闭对话空间,模糊限制语通过弱化某种评价来打开对话空间。评价资源中,情态、让步等介入资源调整对话空间,向交际对象表明是否可以就语篇中涉及的评价做进一步沟通或者收缩相关对话空间,使交际对象更清楚地知道作者/言者的立场。二者对比来看,评价系统中有专门用于调整对话空间的语言资源,在承载人际意义的资源的配置上更系统化。总体来说,评价系统在对语篇中的人、事和物进行评价方面较元话语更为细致全面,它可以补足元话语没有传达出的人际意义,使语篇人际意义更为丰富完整。这一点再次通过例(1)来说明(**粗体**:导向型元话语;<u>下划线</u>:牵扯型元话语;灰色背景:评价资源)。

  法官:**根据中华人民共和国民事诉讼法第 49、50、51 条之规定**,诉讼当事人与委托代理人除<u>申请回避的权利</u>外,还有权<u>提供证据进行辩论</u>、<u>请求调解</u>、<u>申请执行的权利</u>。双方当事人可以自行和解。原告可以放弃或变更诉讼请求,被告可以承认或反驳原告的诉讼请求,提起反诉。原被告均要遵守诉讼程序,依法行使诉讼权利。

从元话语的角度看,例(1)中的评价是通过增强语"可以"和"要"体现的,说明"自行和解""放弃或变更、承认或反驳诉讼请求"和"遵守诉讼程序"是法律许可或要求的。但是这些元话语资源并不能完全揭示这个语篇中存在的评价,评价资源可以在此方面进行补足。首先,"请求"和"申请"是两个情感资源,描述诉讼当事人与委托代理人在庭审中要求调解和执行的情感,"有权""可以""要"和"依法"四个判断资源说明当事人"提供证据辩论""自行和解""放弃或变更、承认或反驳诉讼请求""遵守诉讼程序""行使诉讼权利"等行为是符合法律规定的积极行为。法官在告知当事人相关法律规定的过程中,通过这些态度资源影响双方当事人,使其在庭审中的情感和行为符合庭审要求,有利于庭审的顺利进行。另外,"根据中华人民共和国民事诉讼法第49、50、51条之规定"是一种介入资源,表明其后规定的内容来源于《中华人民共和国民事诉讼法》。这个引述来源是具有权威性和可靠性的,法官借此介入资源表明其对相关规定内容的认可和遵守,从而引导双方当事人认可和遵守法律。

最后,承载人际意义的元话语资源和评价资源在呈现方式和体现形式上具有一定的互补性。元语言是作者/言者有意识的语言选择(Hyland 2005,2008:58),关注显性的(explicit)语言资源,即可以在语篇中被清晰识别的项目。元话语的显性特征将交际双方对语篇的关注点锁定在具有显性人际意义的语言形式上,能够更明确地引导交际对象理解语篇信息并向其传递自己的态度和评价,引起其对语篇的共鸣。这些资源的具体体现形式较多,可以是一段话、一个句子、一个词或者一个注释说明等。与元话语资源相比,评价资源的体现形式没有那么多样性。评价资源主要是词汇语法资源(王振华 2004;王振华、马玉蕾 2007)。具有评价意义的词汇语法在呈现方式上可以是显性的,也可以是隐性的。只要在具体语境中能够体现态度、态度的程度和来源的词汇语法资源都可用作评价资源。所以说,在承载人际意义的相关语言资源的呈现方式上,评价系统更有优势,因为评价资源有显性和隐性两种呈现方式,而元话语只是显性的语言资源。在相关语言资源的体现形式上,元话语则更占优势,因为它没有局限于某种具体的语言表达形式,只要在语境中用于框定意义或与读者互动的语言形式都可以算作元话语,而评价系统则更多地体现为词汇语法。整体来看,在大语篇人际意义研究中,元话语资源可以补足评价资源在体现形式上的局限性,而评价资源能补足元话语资源在呈现方式上的单一性。这一点通过例(2)来说明(**粗体**:评价资源;灰色背景:元话语)。

原告:我们为什么能容忍你[指被告]这么长时间,为什么知道吗？是因为我们知道,大家都理解,随着改革开放,市场经济,咱们现在生存都很困难,都**没有单位了**,对不对？所以说我们非常能理解你。但是你呢,一意孤行,不但不理解我们,把我们能理解你的这种心情呢,以为我们熊,是不是？我们无能,你才这么变本加厉得这样。

从评价资源的使用看,例(2)中原告通过介入资源"不但"冲击听者对于"被告理解原告"这一命题的可能预期,收缩就此命题进行对话的空间,以此方式让听者参与到语篇互动中来,但是例(2)中原告让听者介入语篇的方式不止于此。"为什么知道吗？""对不对？"和"是不是？"是元话语中的介入标记语,通过问句体现。原告运用这些问句形式的介入标记语引起听者对"原告容忍和理解被告"相关命题的兴趣,明显构建了与听者之间的互动,补足了语篇中评价资源的介入效果。类似地,评价资源也对语篇中元话语表达的显性评价进行了补足,比如"咱们现在生存都很困难,都没有单位了,对不对？"这个附加问句是对"原被告生存现状"的评价,即"困难"。除了显性地通过这个问句形式的元话语评价"原被告的生存现状",原告所言的"没有单位了"隐含地反映了"原、被告没有工资收入"的情况,在该语境中隐性地表达了"原、被告生存困难",照应了其所在的问句直接体现的评价意义。评价资源对"原被告生存现状"的隐性评价和元话语对"原被告生存现状"的显性评价结合起来,强化了语篇中对"原被告生存现状"的评价,完善了人际意义的传达,更能够影响听者接受原告的所言。

综上,元话语和评价系统在大语篇人际意义研究上具有一定的互补性。元话语能够凸显交际参与者的话语角色,而评价系统则更细致全面地体现评价。此外,承载人际意义的元话语资源体现形式多样,而承载人际意义的评价资源的呈现方式较为丰富。在分析大语篇人际意义时将二者结合起来,可以更好地凸显语境中交际者的话语角色,充分传递语篇涉及的各种评价,丰富语言人际意义的传达,完善通过其中任一语义系统对大语篇人际意义的研究。

五、结　　语

人际意义的特征主要体现为话语角色和评价。元话语和评价系统都研究大语篇中的人际意义,但二者在话语角色的凸显、评价的传达以及相关资源的体现形式和呈现方式上各有优势,可以互相补充。结合元话语和评价系统分析大语篇中的人际意义不仅能够充分挖掘大语篇中语言的人际意义,也能够使语境中的交际者更好地运用语言的人际意义促进交际的顺利展开。当然,元话语和评价系统的结合并不能揭示大语篇中人际意义研究的全貌,比如元话语研究中一些副语言、非语言和标点符号等符义资源也能够体现人际意义。这些资源有待与承载人际意义的语言资源一同来丰富大语篇中的人际意义研究。

参考文献

宫　军　2010　《元话语研究:反思与批判》,《外语学刊》第 5 期。
房红梅　2014　《论评价理论对系统功能语言学的发展》,《现代外语》第 3 期。
姜望琪　2009　《语篇语义学与评价系统》,《外语教学》第 2 期。
李发根　2012　《元话语功能与韩礼德三大元功能对比分析》,《中国外语》第 3 期。
李佐文　2001　《论元话语对语境的构建和体现》,《外国语》第 3 期。
刘世铸　2010　《评价理论在中国的发展》,《外语与外语教学》第 5 期。
王振华　2001　《评价系统及其运作——系统功能语言学的新发展》,《外国语》第 6 期。
王振华　2004　《"硬新闻"的态度研究——"评价系统"应用研究之二》,《外语教学》第 5 期。
王振华　2006　《"自首"的系统功能语言学视角》,《现代外语》第 1 期。
王振华　2009　《语篇语义的研究路径——一个范式、两个脉络、三种功能、四种语义、五个视角》,《中国外语》第 6 期。
王振华、马玉蕾　2007　《评价理论:魅力与困惑》,《外语教学》第 6 期。
杨信彰　2007　《元话语与语言功能》,《外语与外语教学》第 12 期。
祝克懿　2011　《元语篇与文学评论语篇的互动关系研究》,《当代修辞学》第

3 期。

Bateson, G. 1972 *Steps to An Ecology of Mind*. New York: Ballantine Books.

Halliday, M. A. K. 1969 Options and functions in the English clause. *Brno Studies in English*, 8:81—88.

Halliday, M.A.K. 1985 *An Introduction to Functional Grammar* (1st edition). London: Arnold.

Halliday, M.A.K. 1994/2000 *An Introduction to Functional Grammar* (2nd edition). London: Arnold.

Halliday, M.A.K. & Hasan, R. 1989 *Language, Context and Text: Aspects of Language in a Social-semiotic Perspective* (2nd edition). Oxford: Oxford University Press.

Halliday, M.A.K. & Matthiessen, C.M.I.M. 2004 *An Introduction to Functional Grammar* (3rd revised edition). London: Arnold.

Hyland, K. 2000 *Disciplinary Discourse: Social Interaction in Academic Writing*. London: Longman.

Hyland, K. 2005/2008 *Metadiscourse*. London: Continuum.

Hyland, K. & Tse, P. 2004 Metadiscourse in academic writing: A reappraisal. *Applied Linguistics*, 25(2):156—177.

Martin, J.R. 1992 *English Text: System and Structure*. Amsterdam: Benjamins.

Martin, J.R. 2000 Beyond exchange: Appraisal systems in English. In Hunston, S. & G.Thompson (eds.). *Evaluation in Text: Authorial Stance and the Construction of Discourse*, 142—175. Oxford: Oxford University Press.

Martin, J.R. & Rose, D. 2003/2007 *Working with Discourse: Meaning beyond the Clause*. London: Continuum.

Martin, J.R. & White, P.R.R. 2005 *The Language of Evaluation: Appraisal in English*. London: Palgrave.

Thompson, G. 1996 *Introducing Functional Grammar* (1st edition). London: Routledge.

Thompson, G. 2004 *Introducing Functional Grammar* (2nd edition). London: Routledge.

Thompson, G. 2008 Metadiscourse: Exploring interaction in writing (book review). *Language in Society*, 37(1):138—141.

Thompson, G. 2014 *Introducing Functional Grammar*(3rd edition). London: Routledge.

The Complementarities of Metadiscourse and the APPRAISAL System in the Study of Interpersonal Meaning

Wang Zhenhua & Wu Qijing

Abstract: Interpersonal meaning is the meaning involved when language users use language to show their speech roles and make evaluation in communication. It exists in human interaction and social practice, which is generally realized by big discourse. Therefore, the interpersonal meaning in big discourse is a topic worth studying. The APPRAISAL system proposed by Martin and the metadiscourse view by Hyland study the interpersonal meaning in big discourse by highlighting the roles of readers/listeners and the dialogicity of big discourse. However, they are different in realizing interpersonal meaning. On the basis of the realization features of interpersonal meaning in Systemic Functional Linguistics, this paper, studies the complementarities of metadiscourse and the APPRAISAL system with the aim to improve the interpersonal meaning study in big discourse. It finds that metadiscourse complements the APPRAISAL system by giving prominence to speech roles and the APPRAISAL system complements metadiscoursse in terms of language evaluation. Moreover, the language resources of metadiscourse and the APPRAISAL system complement each other in their ways to realize and present interpersonal meaning.

Keywords: interpersonal meaning, metadiscourse, APPRAISAL system, big discourse, complementarity

（原载于《当代修辞学》2020 年第 3 期）

论辩与修辞

批判性讨论与语用-辩证论辩理论的引进

刘亚猛

(福建师范大学外国语学院)

提 要 作为当代论辩研究的一大学派,语用-辩证理论引起中国相关学者极大的兴趣与关注。然而,对该理论模式的引介倾向于孤立地介绍并且几无保留地接受其自我描述及自我阐释,忽略了同步介绍促成这一理论成长演变的相关学术话语环境。这种非批判性及去语境化的倾向不仅使我们对语用-辩证理论的了解流于浅表,而且背离了该理论所提倡的批判理性主义精神以及萨义德就如何对待"旅行理论"提出的"寓抵抗于接受"这一经典原则。本文回顾了国际论辩学界围绕着语用-辩证理论开展的批判性讨论,指出寻求该理论在中国"定居"的学者不仅应该投身于这一讨论,从自己的独特视角就该理论的底蕴及构设提出诘问,而且应该通过对语用-论辩理论的批判性译介,生成可能促成中国本土论辩研究及论辩实践发生范式转换的地方化问题。

关键词 论辩研究 语用-辩证理论 理论引进 旅行理论 批判性讨论

一、语用-辩证理论的引介及其存在问题

在修辞、非形式逻辑、语用-辩证这三大当代主流论辩研究路径中,引起中国学界更多关注及更大兴趣的无疑是成形最晚然而发展态势尤其强劲的第三个理论模式。从二十世纪九十年代对语用-辩证理论"标准版"的引介到近年来对其"拓展版"的密集译述,该理论每个发展阶段的权威著作及论文一经出版,大都迅即由国内学术出版社或期刊推出中文版,使我国学者得以在第一时间追踪该理论的每一步演进,对该理论不断自我修正的知识体系得以保持着与国际学者同步的知情及了解。在加强相关文本译介的同时,跟该理论引进相关的人员交流也不断

得到强化。语用-辩证学派不仅培养了好几位中国博士,其主要创建者弗朗斯·H.凡·埃默伦(又译"范爱默伦")还在国内不止一所高校担任特聘或客座教席;他的整个"荷兰团队"集体访华并与国内同行举办了颇具规模的"首届中荷语用论辩学学术研讨会";中外学者还一起建立了以中国为基地的"国际语用论辩学研究中心"、"江苏大学论辩研究中心"(JUCAS)、浙江大学"国际语用论辩学研究中心"(IIPD),展示出使我国成为该理论发源地荷兰之外的又一国际研究基地的宏图大志。

考虑到论辩研究是一个在当代中国有着极大社会文化需求,然而总体发展严重滞后的学术领域,对语用-论辩理论的这种持续不懈并且不断强化的引介无疑值得称道。然而,近期国内跟该理论相关的出版状况又使人不能不对在这么大的时间跨度内进行如此密集的智力投入是否得到与之相称的产出感到担忧。

首先,对这一理论模式的一般性、常识性介绍仍在进行,如埃默伦(2017)、武晓蓓(2018)等。其中埃默伦2017年发表于中国学刊的署名论文《语用论辩学:一种论证理论》虽然高屋建瓴地"回顾了语用论辩学四十多年来的发展演变",但究其内容无非是"概述了语用论辩学的五个构成要素和四个元理论起点,构建了批判性讨论的模型,提出了十个批判性讨论的规则,以及论证性话语中三个面向的策略操控"(陈波 2017),与此前众多相关出版物相比,未见得更加详尽地介绍了更为新颖的信息。

其次,国内学者尽管几十年如一日对语用-论辩理论的发展保持密切关注及接触,但是否已经超越了对该理论的浅表理解,真正把握其深层意涵,仍不够明确。这一不确定性从该理论术语的汉译或许可见一斑。以 dialectic, argumentation 及 argument 这三个语用-辩证理论的核心术语为例,国内致力于该理论研究的学者普遍以"论辩学""论证"及"论述"作为上述概念的标准汉译;然而,正如武宏志(2018)指出的,这些语用-论辩理论核心概念的流行汉语译名不仅应用起来造成了"同语反复"等难以解决的技术性问题,在语义上也谈不上贴近原术语。武宏志对原术语语义的详细考证就完全不支持以"论辩学""论证"作为 dialectic 及 argumentation 的标准译名。他未能进一步指出的是这些译名不仅与相应术语存在语义偏差,而且与语用-辩证理论作为一个整体的基本设定也相互龃龉。埃默伦及其合作者在提及 pragma-dialectics 时一般称之为[the]approach 或[the]theory。也就是说,他们明确将其确定为论辩学或论辩研究领域中的一个路径或一种理论。而"语用论辩学"这一名称却让人误以为这是一门"学",即生成并涵盖多种理论的领域(如"哲学")或次领域(如"阐释学")。埃默伦(2012:452)曾毫不含糊地指出"在语用-辩证视域中,论辩理论既不是一种关于证明的理论,也不是一门关于推理及论理的通用学说"。将 argumentation 译为"论证",亦即"用论据证明观点",因而事实上将"证明"作为核心语义成分强加于语用-辩证理论框架内的 argumentation 概念,势必造成对该理论基本属性的误解。埃默伦反复强调语用-辩证理论"拓展版"提出的 strategic maneuvering(机变)是在"标准版"规定的辩证互动规范规则框架内实行的灵活机动,国内流行的这一概念的译名"策略操控"却用一个带有明显负面色彩的汉语"对等词",一举颠覆了"拓展版"自许的伦理制约与道德内涵。

　　在翻译语用-辩证术语时孤立地考虑这些词语的概念意义而不是将它们与所隶属的整个理论话语一起通盘考虑,通过局部与整体之间相互参照捕获这些话语成分在一个总体框架内被赋予的意涵——这一倾向的暴露不能不使我们联想到一个与之有着类比关系,且因存在于更大维度上而造成更严重后果的问题,即:在引介语用-辩证理论时倾向于孤立地介绍其创建者所提供的描述、阐释及视角,忽略了同步关注该模式在其中萌发、成长及演变的话语环境。迄今为止,国内学界对语用-辩证理论的了解基本上是通过阅读埃默伦及其合作者相关著述的译文获得的。这意味着我们所接触到的大体上仅是该理论的自我表述或自我阐释,或者说仅是作为自家之言的一家之言。国内专门从事这一理论译介工作的一些学者固然也为相关译著提供了"导读",或就自己的研究心得发表了论文,但仔细审视一下这些"导读"及论文,不难发现其中绝大多数不过是在该模式"官定"阐释框架内对其权威文本作出更通俗或详尽的说明、解释及论述。纵有个别论者在"导读"及论文的末尾提出该理论有待改进之处,这些行"理"如仪的批评意见所触及的也大多是语用-辩证理论的核心研究团队业已自行确认的不足之处及努力方向,谈不上是引进一个独立于该理论自我阐释框架之外而且真正具有批判性的视角。不管所引介的是哪一种理论,单纯介绍其创建者或倡导者的自我表述或阐述都必然达不到对该理论的全面、中肯、深刻的了解,而对以批判理性为观念基础、以"批判性讨论"为核心诉求的语用-辩证模式来说,采用这一路径更是直接违背了其理论初心,尤其有欠考虑。正如埃默伦及其合作者在所出版的经典阐述中明确指出并且反复强调的那样,语用-辩证理论融"关于论辩合理性的辩证观"和"关于论辩过程所涉语步的语用观"于一体,以波普尔提倡的批判理性主义及当代语用理论作为自己的两大观念基础。批判理性主义认为任何知识宣认(claims to knowledge)都不能通过提供证据或理由从正面得到证实、证明或确立,而只能反过来通过理性的批判、证伪、反驳对其加以诘验:只有经受住在规范制约下的系统批判、证伪、驳议的那些宣认、信念或理论(在遭遇新一轮证伪之前)才称得上是科学知识。正是从这一信条获得的理论灵感促使语用-辩证模式的创建者构想出关于"批判性讨论"的"理想模式",规定"对有争议的'立论'进行批判性辩诘"以消解意见分歧是判断论点是否具有"可接受性"的不二法门(van Eemeren and Houtlosser 2007:54)。

体现于这一"理想模式"的核心理论洞见可以归纳为:一切论点都必须通过"批判性讨论"的驳议及诘验消除由其引起的意见分歧后才可被接受。就此而言,语用-论辩本身作为一个后起理论模式提出的诸多见解独特的论点也概莫能外。这一理论模式的创建者固然在自我阐述中为在论辩研究领域采用语用-辩证路径的正确性、正当性及必要性提供了不少雄辩的理由,但这一路径的批判理性主义观念底蕴决定了单单这样做并不足以在一个根本意义上为其赢得可接受性。要想真正确立语用-论辩作为一种理论的正确性、合理性或合用性,只能经过一个最终为其赢得论辩学术界"主体间认可"的诘验过程,或者说通过一场在论辩研究领域展开的关于该理论的"批判性讨论"。

二、国际论辩研究界围绕着语用-辩证模式展开的批判性讨论

这场讨论其实早已开始并且随着语用-辩证理论的强势崛起而愈发热烈。持其他观点的论辩学者在对该理论给予充分肯定的同时,也普遍认为这远非是一个已大体完善的模式。加拿大著名论辩理论家安东尼·布莱尔的一句话清楚地概括出其他学派在这个问题上所持的基本看法与态度:"就语用-辩证理论当前的形态而言,人们有可能从众多角度对其发难并且在事实上也已经对该理论提出了许多批评。"(Blair 2012:285)布莱尔将针对语用-辩证模式的批评意见归纳为九个

方面,这些方面所涉及的几乎全都是跟观念基础、总体设计或深层结构相关的重大问题。

例如,波普尔的批判理性主义在学界的争议很大,在哲学界尤其受到求真认识论(veritistic epistemology)信奉者的质疑,语用-辩证模式的创建者却采用自己的观念基础,认定从正面提供支持性证据或理由以证明或证实一个论点(即所谓"证明主义"/justificationism)势必导致论证过程出现无穷回归、循环论证或武断终止这三种情况之一,从而陷入所谓"明希豪森三重困境"(the Münchhausen trilemma)。然而在该模式的批评者看来,反倒是语用-辩证模式的倡导者因为服膺这一信念而使自己陷入了一个悖论式困境:试图用"明希豪森三重困境"作为理由以论证一个基于批评理性主义的新论辩理论的正当性及必要性,假如成功的话,反倒证实了这一说辞经不起验证;要是失败了,则结果只能是语用-辩证模式本身无法令人信服。

又如,语用-辩证模式采用塞尔和奥斯汀的言语行为理论作为其另一个观念基础同样受到质疑。论辩并非单一的言语行为,而是众多言语行为构成的一个复合体(a whole complex of speech acts),要将基于单一言语行为的经典言语行为理论应用于对论辩的研究,非对它作出改造及调适不可,而语用-辩证模式的创建者却并没有这么做。另外,对于这一理论模式的论述还引发了在其构设中究竟是否有必要牵涉到言语行为理论的疑问。假如要对论辩互动中说出的某句话进行言语行为分析,首先必须分析其话语功能,而一旦话语功能得到确定,那么将这句话的表达归为这类或那类言语行为就变得多余了。

再如,语用-辩证模式认为论辩的目的归根结底是消弭意见分歧,这一认识也引发不少争议。批评者普遍认为除了消除意见分歧,论辩还服务于诸如探究、审议等其他不能被纳入"消除意见分歧"范畴的目的。语用-辩证模式涵盖的谬误理论也遭到来自三个不同方向的诘难:一些学者认为论辩中出现的谬误并非如该模式所认定的那样全然是辩证(即违反互动规范造成的)问题,也可能还包括逻辑或认识论问题;另一些学者不赞成将辩证互动过程中发生的不当行为都视为谬误,认为这样做将使"谬误"这个概念被拉伸到看不出原来的形状;还有学者主张论辩互动中之所以产生谬误是因为论辩者非法切换了对话类型,并非如该模式所认定的那样,是违反批判性讨论规则的结果。

此外,语用-辩证理论认为论辩过程由对立、启动、论辩及终结四个阶段依次串联而成,这一基本观点同样招致许多批评。批评者中有人认为四阶段论或许完全不正确或者只见于某一种类型的论辩,有人虽然同意论辩过程可以被明确区分出几个阶段,却不认可该模式提出的那四个阶段。同样受到质疑的还包括这一理论模式提出的用以规范批判性讨论的十条准则或"戒律"。不少论辩学者指出不管是对这些准则中每一条的必要性还是对十条准则合起来所具有的充分性,该理论的创建者都没有加以论证。十条"戒律"并非在逻辑上完全独立,其中某些条规可以看得出是从其他规则衍推出来的,但相关理论表述中并没有对基本准则和派生准则加以区分(Blair 2012:285—288)。

仅从以上列举的诘难,我们就不难一窥针对语用-辩证理论的批评意见的广度及深度。事实上,布莱尔的意见综述还存在不少遗漏。埃默伦自己曾发表一篇题为《热议中的语用-辩证理论》(The Pragma-Dialectical Theory Under Discussion)的文章,集中回应了对该理论的批评意见。在那篇文章中,他将这些意见归纳为"辩证及语用维度""理论的范围""修辞维度及道义品质""对谬误的论述"及"认识维度"(the epistemic dimension)等五大类(van Eemeren 2012:439),其中有不少超越了布莱尔上文的内容。例如,关于该模式的辩证及语用维度,德国哲学家、"汉堡论辩理论研究团组"创始人 H.Wohlrapp 认为语用-辩证理论"既不够辩证也不够语用",谈不上是二者的融合,而美国论辩学家 M.Finocchiaro 则认为这一路径"将所有论辩都视为克服某种形式的怀疑或批评的手段"因而"过度辩证化"(van Eemeren 2012:443)。又如,针对该模式的"修辞维度及道义品质",美国修辞研究学者 M.Gerber 认为语用-辩证模式所采取的"理性主义"路径以是否"达到言说者确定的目标"为判断论辩优劣的标准,使它就方法而言"存在着(鼓吹'反民主目标'等)道德风险"。另一位美国学者 D.A.Frank 则从修辞实践是公民社会的基石因而(理应归入修辞范畴的)论辩在本质上是一种"道德行为"——这一前提出发,认定语用-辩证理论"对修辞传统持有的敌对态度"使得它所设定的论辩谈不上具有真正的道德内涵(van Eemeren 2012:446)。

面对这些非同小可的批评意见,埃默伦在文中采用了不同策略予以回应。他指出质疑者几乎毫无例外地都是以他们自己笃信的论辩观作为批判语用-辩证理论的出发点及参照点。他们中一些人将 argumentation 和 argument 视为同义词,倾向于比语用-辩证学派或更为宽泛或更为狭隘地理解 argumentation 这一概念。语用-论辩理论之所以引发了这么多批评意见,关键的原因就是不同学派采用的基本出发点或赋予基本概念的内涵各不相同。埃默伦还进一步指出"对语用-辩证路径的批评通常都是基于对该理论的误解""有些解读的的确确背离了语用-辩证理论家的意旨",批评者还经常在"对整个理论体系中跟自己所批评的要点相关的其他部分一无所知"的情况下就发表意见。从这两个前提出发,他对批评者加以筛选,对其中包括布莱尔在内的不少学者及批评意见或一语带过["不幸的是,我实在不明白后面这一点究竟涉及什么,又怎样影响到语用-辩证观"(van Emeren 2012:444)]或不予置评,只对他遴选出的某些质疑或诘难作出实质性回应。而对被选中的诘难,埃默伦在回应中也予以区别对待。

不少学者指出论辩除了语用-辩证模式认可的消解意见分歧之外还行使其他许多功能。埃默伦先肯定这些学者的看法"当然正确",旋即指出"问题在于其他功能在多大程度上应被论辩理论考虑在内……(除了消解分歧之外)所追求的其他目标究竟是否内在于论辩,是否共同推进了论辩,还是跟论辩或许只存在着某些附带关联",从而间接重申语用-辩证理论对论辩旨在消解分歧的强调并没有错。一些提倡基于合作而非竞争的"聚合性论辩"(coalescent arguing)的学者希望语用-辩证理论为其"批判性讨论"设定的总体论辩氛围(climate)应该是合作性而非竞争性的,也就是说应考虑改变"质疑""诘问""辩驳"等言语行为造成的论争、对抗、威胁态势。埃默伦的反应可谓直截了当:"不客气地说,这种非此即彼的二分法跟语用-辩证理论的观点,即意见分歧的消解在原则上应同时涉及二者,是完全背道而驰的。"(van Emeren 2012:444)对于诸如著名逻辑学家约翰·伍兹(John Woods)等少数批评者,埃默伦的反馈则比较认真细致。

伍兹指责语用-辩证模式以是否违反辩证互动规范作为判断谬误的准绳,从而将性质大不相同的一些逻辑谬误根据它们对某一批判性讨论准则的偏离归入具有同质性的一个类别。他还反对该模式将谬误视为一个具有"理论依变性"(theory-dependent)的概念,并由此认定不同理论视角将生成不同谬误。对于前一个指责,埃默伦提请伍兹注意语用-辩证理论固然是根据所违反的是哪一条批判性讨论准则对谬误重加组合,但在这么做的时候已经清楚说明被归入同一组别的谬误"以不同方式违反了同一条准则",实际上并没有抹去它们之间的区别,使之同质化。针对后一个指责,埃默伦重申了自己的"语用-辩证观点",即"关于论辩的理论视角使人们得以识别出那些阻挠(论辩者)按(论点的)是非曲直消解意见分歧的进程的各种障碍,因此,只有借助这样一个视角我们才能查寻出不同类型的谬误"(van Emeren 2012:448)。

尽管埃默伦在这场"批判性讨论"中并没有明确收回自己的任何观点,但他就批评意见作出的某些澄清其实已经包含着对自己原持理论立场的调整及修正。例如,不少论辩学者认为语用-辩证模式在哲学层面所持的反"证明主义"立场意味着它不允许或不赞成论辩者提出支持性理由从正面捍卫自己的观点。埃默伦将这一看法指责为对语用-辩证模式的一个"基本误解",理由是他和合作者从一开始就在自己论述中包括了"正向和反向论理"(pro and con argument),分别用于确立和驳倒一个立论。他们之所以抵斥"证明主义",是因为无法接受它所包含的"论点的合理性可以得到终极证明"的设定[(the assumption that) standpoints can be legitimated definitively],并非意在排除举证的正当性。对他们来说,任何论辩理论都是关于运用理据并通过合规的讨论使他人确信原来不无争议的立论具有可接受性的论述。在实践中,论辩者"所用的前提,以及所提出的论据具有的援证(justificatory)力或辩斥(refutatory)力",都必须既有消解意见分歧也有赢得论辩各方主体间共识的效力(van Emeren 2012:451—452)。这一"基本误解"说可能难以使语用-辩证模式的批评者心悦诚服,毕竟,埃默伦及合作者在公开宣示中曾多次毫无保留地接受认定正面举证势必导致论辩陷入"明希豪森三重困境"的批判理性主义基本立场(如 van Eemeren 2010:31),并反复强调通过"质疑和批评验证立论是否站得住脚"是"批判性讨论"的要旨。其自我辩解将正向与反向、确立与驳倒、援证与辩斥并举并重,倒更像是面对批评压力,在"误解"指控的掩护下对自己原持立场悄然作出的调整与修正。

三、语用-辩证模式与修辞的论辩观——融合之途阻且长

事实上,这种修正贯穿于语用-辩证模式的整个发展过程,其中最引人瞩目的莫过于从完全排斥修辞的论辩观,仅以辩证"合理性"为追求目标到纳入修辞要素,将同时追求辩证"合理性"及修辞"有效性"树立为论辩旨归的立场转换。正是

这一转换导致了语用-辩证模式从"标准版"过渡到"拓展版",实现了该理论自我完善一次至关重要的华丽转身。关于这一调整的实质,以论辩为主要研究方向的著名修辞学家克里斯托弗·廷德尔教授的一句话使我们注意到两种大不相同的看法:"在过去15年,该理论经历了一次重大修正(a major revision),或按照[理论创建者]的说法,实现了在原基础上的'拓展'(extension)"(Tindale 2012:364)。廷德尔赞成的显然是前一种提法,在他看来,"尽管不完全是拐了个'回头弯'(While not exactly a U-turn),其'拓展版'无疑是对(原)语用-辩证理论模式做出的一个非同小可的调整(a major adjustment)"(Tindale 2012:365)。然而,究竟是"重大修正"抑或仅仅是原"版"的有限"拓展",情况似乎并不完全明朗。

　　论辩研究的修辞视角,尤其是帕尔曼以"新修辞"名义提出的论辩理论,在语用-辩证模式"标准版"的构筑过程中一直遭到其创建者的批驳及贬抑,被用作负面反衬以烘托出新模式的正确性。在埃默伦及其合作者看来,"新修辞"论辩理论无非"是将可用于说服受众的那些论辩出发点或论辩套路按其类型加以盘点""所区分出的各类型范畴既没有得到清晰界定,彼此也未能互斥,……使得人们无法将该理论明确无误地应用于对论辩的分析"。这一理论"尽管也将论辩的正确性跟批判者的理性评估关联起来,但这种评估是由受众做出的,也就是说,论辩假如针对预设的受众获得成功,就是确当的"。语用-辩证理论家将对受众的赋权斥为"某种符合用于衡量合理性的人类学标准的修辞观念"或"社会学指向的路径"(sociologically oriented approach),认为采取这一路径势必造成"在一个案例中被判定为正确的论辩方式在其他案例中未必如此,是否具有正确性取决于负责评估的受众采用的尺度"的严重后果,因而"带有极端的相对性"(van Eemeren & Grootendorst 1995:122—124)。这些评价清楚地表明:按照语用-辩证模式创建者的观察,"新修辞"论辩理论不仅概念结构松散、逻辑有失严谨,而且由于主张论辩的确当性以受众为转移,反对超越语境的评估标准,在事实上采取了"极端相对主义"立场。而作为"新修辞"的批判者和对立面,语用-辩证模式所坚持和倡导的当然是一个体现着逻辑性、理性及普世性的新论辩理论体系。

　　语用-辩证模式对修辞论辩理论的这一基本判断甚至在它过渡到"辩证合理性"与"修辞有效性"并重的"拓展版"之后仍未见根本性变化。在埃默伦的近著中,"新修辞"的功效依然被视为不过是"将受众观念再度引进论辩理论并提供了一份有效论辩技巧的清单",其"主要贡献一向都是将论辩重置于一个必须诉诸某些受众的争议性语境"。如果说"修辞一向都被认为是反理性的或者说是对理性这一理想的背离,当代修辞理论更是以一种引人注目的方式淡化了修辞学和辩证学——即关于有效说服技巧的研究和对合理性、理性及贴近真理等理想长期不懈的追求之间的刚性区别(hard distinction)"(van Eemeren 2015:9)。由于这一区别以及其他许多类似的"刚性区别"——随着"大修辞"概念的当代复兴而遭到淡化,埃默伦觉得修辞作为一个领域"水分越来越多,……似乎无所不包,因此实际上是一个空洞学科"(汪建峰 2019:22)。出于这一总体观察,埃默伦认定在论辩研究领域还是存在着两个"反映了不同哲学视角"的对立立场:"人类学-相对主义者"认为有关论理"可接受性"的裁决应"遵照论辩发生于其中的那个文化社群绝大多数成员认可的标准";"批判理性主义者"则认为这一裁决的依据应是"可以导致解决争议并且各方都可以接受的规则"(van Eemeren 2015:91)。这里提及的"人类学-相对主义者"及"批判理性主义者"无疑分别是以帕尔曼为代表的修辞论辩理论家和以埃默伦为代表的语用-辩证理论家,而"导致解决争议并且各方都可以接受"的规则指的当然是后者总结出的辩证互动规范。如果这两大学派的基础观念及指导原则对立依旧,语用-辩证模式的"拓展版"又是怎么回事呢?

  语用-辩证理论权威论述中有关该模式自我"拓展"的一些提法,如"在追求修辞有效性的同时保持辩证的合理性""辩证和修辞互以对方为生存条件,论辩理论的未来有赖于二者的建设性整合"(van Emeren 2015:23、238)等,给人的新模式是辩证与修辞的完美平衡及对等融合的深刻印象。然而,在相同或邻近的上下文中,人们不难发现与这一印象并不相洽的其他阐述,如"语用-辩证分析法"是在"专注于论辩话语的辩证层面"的同时"吸收了某些修辞考虑,使自己用于重构论辩话语的工具得到加强"(van Eemeren & Houtlosser 2007:57),或"我们所赞许的那种修辞与辩证分析法的结合实际上是在一个辩证分析框架内对修辞因素的系统整合"(van Eemeren 2015:353)。这些描述,以及上文重申的两个"哲学"立场的持续对立以及修辞与辩证之间的"刚性区别",都表明"拓展版"貌似将修辞与辩证并举,其实不过是"原版"对"某些修辞因素"的工具性挪用及吸纳。对"辩证合理性"的原初界定并未出于与修辞"融合"的需要而做了必要修正,论辩者使自己的观点胜出的修辞意图只能在严格遵循批判性讨论规范的前提下得到执行。因而,推出"拓展版"的一个深层次意图可能是语用-辩证理论创建者早就在其修辞批判中提出过的建议,即"新修辞"应通过"与语用-辩证理论富有成果的融合"将自己改造为一个"新辩证理论"(van Eemeren & Grootendorst 1995:132)。

或许正是因为感受到埃默伦及其合作者对待修辞这一始终不变的基本态度,从事论辩研究的修辞学家从一开始就参与了学术界关于语用-辩证理论的批判性讨论,而且在该模式推出"拓展版"之后仍未停止他们的诘难。在"标准版"的确立、完善过程中,著名修辞学家詹姆斯·柯洛司沃特(James Crosswhite)全面批驳了埃默伦及其合作者对帕尔曼"新修辞"论辩理论的抨击,指责他们所提出的"替代方案"不仅对帕尔曼理论的阐释及表述错得离谱,而且作为一个哲学理论"具有严重的局限性","在许多意义上是研究论辩推理的一个非理性路径",即便其中不无可取之处,但这些亮点也早已体现于帕尔曼的修辞理论,谈不上有什么创意(James Crosswhite 1995:134)。例如,语用-辩证理论将谬误重新界定为对批判性讨论准则的违背,但却对这些准则的来源不置一词。假如准则的合法性源于受众的接受,那么通过论辩使受众接受这些准则不啻对修辞的回归。假如这些准则是否合法无需经由受众判断,完全由该理论自行确定并强加给受众,则这样的理论根本就无法用来解释合理性在人类事务中的各种局部表现形式(James Crosswhite 1995:143)。修辞理论家加佛(Eugene Garver)同样从哲理高度对语用-辩证模式提出了一系列诘问。例如,人们在发言时经常只想被听闻,只是为了实现自我表达或创建自己的社群身份等,这种纯表达性的话语无疑被纳入修辞的理论视域,但是否得到语用-辩证模式的关注?又如,该模式的创建者"将一个修辞与辩证考量完全割裂开来的认识当成理所当然""似乎认为修辞意图及效果一目了然,所需要的就是使之服从辩证判断"。他们是否认真思考过"遵循辩证所要求的合理性及交际规范跟旨在为自己、自己的委托人、自己所支持的某一方或某一政策赢得胜利之间究竟存在着什么关系"(Garver 2000:307—308)?

这些诘问虽然大都没有得到直接回应,却显然促成了对"标准版"的改造。在随后推出的"拓展版"的宣示中,"修辞与辩证考量"不再被"割裂","合理性"与"有效性"之间的冲突通过"机变"(strategic maneuvering)这一新机制及其三大切入点即"潜在话题""受众要求"及"呈现手段"的设立而得到调和。尽管如此,"新版"在理论上作出的调整还是难以令修辞学界感到满意,而修辞学家的意见最为集中的莫过于埃默伦及其合作者对修辞欲拒还迎的态度。廷德尔就系统阐释"拓展版"的专著《论辩话语中的策略操控》(*Strategic Maneuvering in Argumentative Discourse*)(van Eemeren 2010)所发表的书评中的一段话将这一意见的尖锐性表达得淋漓尽致:

> 我们可以对这一理论究竟在多大程度上是一种创新提出质疑:有必要一而再、再而三地用新词令来包装既有观念吗?正如可以在书中频繁观察到的那样,其"原创"大多仅涉及表达及命名,而非实质内容。……("新修辞"就论辩技巧早已提出由三个概念即选择(choice)、契合(communion)及现前(presence)组合成的一个阐释框架),如今我们有了潜在话题(topical potential)、受众要求(audience demand)及呈现手段(presentational device)这一组新词语。人们感到不解的是我们在多大程度上真正需要新术语来表达此前业已被提出的概念。……此外,"机变说"据称只是有选择地从修辞理论中收纳了一些要点,但书中的一些阐述及讨论与此相互矛盾。从头到尾,这部书的读者始终看不明白修辞(学说)究竟有哪一部分不曾被(关于机变的分析)收编了(Tindale 2012:369—370)。

廷代尔评论的最后一点指的是在修辞学家看来,语用-辩证模式的倡导者应用"机变"理论分析现实生活中具体论辩事件时往往不由自主地调动、应用了所有传统修辞批评资源,并非仅将个别修辞洞见吸纳到一个全新的阐释机制(Fahnestock 2009)。也就是说,语用-辩证理论作为一个理想模式所具有的局限性决定了它自身提供的观念及方法资源不足以对真实论辩事件做出完整、中肯、深入的分析,而只能全面借助修辞来完成这种分析,却又不肯承认这一事实。此外,修辞学界还将批评的锋芒指向该模式的其他问题。如"机变"概念尽管也包含了"受众要求"这一构成成分,但其主要关注仍为论辩者,"忽略了对受众而言十分重要的许多方面";模式所坚持的论辩规范及准则具有"单一文化属性",谈不上是"所有受众都毫无疑义应予遵守的规范",难以"为文化间对话提供一个完善的规范基础"等(Tindale 2015:19、204)。著名论辩学者大卫·萨雷夫斯基(David Zarefsky)更针锋相对地指出"在修辞视域中,论辩可以被描述为在具有不确定性的条件下论证相关宣认具有确当性的实践"——绝非如语用-辩证理论所设定的那样,是在确定无疑的辩证规则框架内根据论点本身的是非曲直消弭正反双方歧见的努力。语用-辩证理论尽管"给人们带来在逻辑与修辞之间找到平衡点的希望,但这一希望只在批判性讨论这一非典型且往往与真实情况相违背的语境中才得以实现"(Zarefsky 2014:xvi、130)。这些意见无不表明"拓展版"的"修辞转向"远未能消除与修辞的深度分歧。这些分歧何去何从,将取决于两个理论阵营之间业已进行多时的批判性讨论接下来的发展。

四、抵抗、诘验与理论引进

任何理论的发展都必然是一个动态过程,而对这一发展过程发挥着关键影响的因素莫过于相关学术部门围绕着对该理论的评价、接纳或抵制而持续进行的批判性讨论。因此,就了解一个理论而言,单纯聆听其创建者的"独白"或者说仅专注于阅读其经典"自述",而不同时倾听那些影响、限定甚至形塑着其发展过程的"对白"尤其是"他述",很难获得真知灼见。而当涉及的是一个像语用-辩证模式这样脱离了其发源语境的"游方理论",而且关注的目的不是单纯的"了解"而是为我所用的"引介"时,情况又复杂得多。爱德华·萨义德在其经典论文"旅行理论"(Travelling Theory)中早就指出流入一个新"文化、智力时空"的理论或观念要想在其中赢得一个"位置"并发挥"新作用",必然要通过一个跟它在原初语境中的经历大不相同的"表征及机构化过程",在遭遇并克服各种"抵抗"的同时满足新语境对移植过来的异己理论的"接受条件"。在这一过程中,"抵抗无可避免地是接受的一个组成部分"(Said 1983:226—227)。也就是说,一个"旅行理论"假如不是在经受顽强抵抗后才被接受而是一开始就被不加批判地全盘接纳,将难以在一个新的文化或智力环境中真正立足并实实在在发挥作用,而注定只是一位匆匆来去的"过客"。

这一灼见与语用-辩证模式所提倡的批判理性主义精神异曲同工,都指明对于一个新理论,包括质疑、诘难、证伪等言语行为在内的"抵抗"是验证及接受其合理性及适用性的必由之路,而萨义德的洞察由于涉及跨越时空的"理论旅行",而非仅将目光局限在具有"单一文化属性"的语境内,与本文所讨论的问题更加契合。对于像语用-辩证模式这样一个寻求在中国学术语境中"旅居"乃至"定居"并指引中国论辩研究领域发展方向的外来理论,中国相关学者当仁不让的责任必定是先充分了解它在其原初语境中经历的"表征及机构化过程"——也就是欧美相关学界围绕着它开展的批判性讨论,进而侧身于这一讨论,并以此为契机启动中国学术话语对该模式通过抵抗达至接受的融合过程。鉴于语用-辩证理论在其原初语境中与批评者的互动远未达到"终结"阶段,一旦我们采取了质疑、抵抗而不是盲目崇仰全盘接受的态度,不难独立地观察到它尚未被正视的某些理论软肋,从而提出有棱角、有深度并且真正有助于语用-辩证理论自我完善的问题。

例如,语用-辩证模式颁发了 10 条著名准则作为批判性讨论的具体规范(见 van Eemeren 2010:7—8)。尽管已有批评者对这些守则提出诘难,但尚且没有人注意到其中不少准则的准确理解,更不用说具体实施其实是一道几乎无解的难题。第四条即"相关准则"规定"不能通过非论辩手段(non-argumentation)或与论点不相干的论辩手段为论点辩护",但正如连埃默伦自己也意识到的那样,其他学派的论辩学者都"倾向于比语用-辩证学派或更为宽泛或更为狭隘地理解 argumentation 这一概念"(见上文),一般的论辩参与者就更不用说了。而相关性作为一个概念的模糊性,其具体应用的争议性是众所周知的。那么,在实际发生的批判性讨论中,什么是或者什么不是论辩手段,是否与论点相干又该如何判定?第五条即"暗含前提准则"规定"讨论参与者不得无中生有地(falsely)将暗含前提归咎给另一方,也不得推卸对自己所用暗含前提应负的责任"。这里的"暗含前提"既然是没有明确表达的陈述,只能通过推断或推测加以显化,考虑到语言形构和语义之间典型地存在着非线性关系,基于阐释性推断的"无中生有"或"不负责任"指责必然难以为受指责方接受。在批判性讨论仅涉及享有平等认知地位的正、反双方的情况下,一旦这种阐释或认知争议出现了,又该如何处理?第九条即"结论准则"规定"对论点的辩护假如不具决定性(indecisive),就不得坚持所涉论点,如已具决定性则不得坚持对所涉论点存疑"。然而,"是否具有决定性"本身又该由谁并且怎样作出决定呢?以上提及的这几条规范准则不仅难以施行,其表述实际上还都违反了规范第十条即"语言使用准则"关于"讨论参与者不得使用不够清晰或含混模棱的表达方式"的戒敕。

又如,语用-辩证理论"拓展版"的创建者在意识到对辩证合理性和修辞有效性的追求之间存在着"张力"甚至"冲突"的同时,坚信"机变"的采用将能有效地消除这种张力,使得同时追求并实现两个目标成为可能。做到二者并行不悖的前提是"论辩者使己方观点胜出的企图只能在遵循规范批判性讨论的前提下实行,在追求对自己而言是最理想的修辞效果的同时"必须坚持做到以"机变"的名义采用的各种策略都"受讨论各个阶段的辩证目标的制约"(van Eemeren & Houtlosser 2007:53—54)。这一信念有两个核心设定:其一,辩证及修辞追求之间的矛盾可以经由"机变"机制的采用而得到调和;其二,"机变"策略可以在辩证规范的框架内有效施行,不至于由于其常态性采用而造成对规则的"脱轨"及"谬误"的产生。这两个设定是否站得住脚仍然存疑,至少"拓展版"提供的相关阐述尚且难以使人信服。

以"潜在话题"这一机变策略在论辩过程"对立"阶段的应用为例。根据埃默伦及其合作者的说法,论辩者通过"最有效地选取可用于讨论的潜在话题"将能够"按照己方的喜好界定对立点"并"限制分歧空间"(van Eemeren & Houtlosser 2007:59)——也就是说,将能根据有利于己方观点胜出的要求对批判性讨论所涉争议的性质及所允许的讨论范围先行加以限定或限制。问题是:假如一方通过策略性"手脚"的成功应用,将本该基于光明正大平等协商的议程设置按照己方胜出的需要加以偏转扭曲(而且显然还不被对方觉察),这样做究竟与辩证规范所着眼的"合理合规性"(reasonableness)理想是否相洽?而"限制分歧空间"跟十大规范准则的第一条即"自由准则"中有关"讨论参与者不得妨碍对方提出观点"的规定是否在实质上存在着难以调和的冲突?

同样的问题出现在语用-辩证理论称之为"呈现手段"的另一类机变策略的应用。这类手段的典型代表是修辞格,而在可作为机变手法被用于实现论辩目的的辞格中,praeteritio 即"假省"或"伪默"尤其受到语用-辩证学派的推介与强调(van Eemeren & Houtlosser 2007:59;Henkemans 2009;van Eemeren 2010:121)。该学派成员 A.F.S.Henkemans(汉克门斯)专门为此撰写了一篇题为 Manoeuvring Strategically with Praeteritio 的论文,详细论述这一辞格如何被用作机变机制中的呈现手段。该论文是埃默伦为了介绍语用-辩证理论与修辞论辩理论之间的关系而专门向中国修辞学界推荐的三篇论文之一,被译成中文并以"在论辩话语中的机变意义"为题在《当代修辞学》上发表。汉克门斯(2020)在文中指出"假省的主要特点是说话人宣称他要略而不讲的内容,还是被他以某种方式提及了"。她不讳言这一辞格的应用意味着论辩者"声称在做的事"与"实际做的事"相互矛盾,而且这种矛盾又被技巧性地加以"掩饰"或"掩盖",却依然认为"广而言之,(该辞格)可能用作违反批判性讨论规则而侥幸逃脱的一种方法"或者说其应用是"逃避举证责任"而又不造成"脱轨"的一种手段。只不过是,按照她的这些说法,假省完全不适合被用作受辩证讨论规范严格制约的"呈现手段"。这是因为"违反规则而侥幸逃脱"根本就与批判性讨论的伦理内涵和规范框架不相容,而且"逃避举证责任"即便不是在字面上至少也在精神实质上违背了十大准则第二条"辩护责任准则"的规定,即"假如有要求的话,讨论参与者必须为自己提出的论点辩护"。一旦参与讨论的一方通过"伪默"的障眼法阻止对方就自己理当承担的举证责任提出要求,批判性讨论即刻"脱轨"。如果将这一手法称为"机变"并加以合法化,则整个语用-辩证模式作为一个理想主义色彩浓厚的论辩理论所标榜的理性诉求和交际伦理标准必然从根本上受到动摇。

　　谈及语用-辩证理论的理想主义内蕴,不能不想起我国修辞研究界其实早已就批评性讨论十大规范准则提出过的另一质疑:"如果这些戒律得到不折不扣的执行,则一切基于不平等权力关系的话语暴力将被消除。问题是,当论辩被当作解决价值、利益或利害冲突的手段,尤其是当所涉利害关系非同小可的时候,人们是否能按照这些要求办?例如,当涉及政治利益和意识形态取向造成的意见冲突时,人们是否能以翩翩君子的风度,收回自己无法辩解的观点,或者接受对方讲得通的立场?"(刘亚猛 2008:311)埃默伦推荐的三篇论文中的第二篇既被他用作语用-辩证模式实际应用于分析现实政治论辩话语的范例,也可以被看成是对上述质疑的一个回应。这篇题为"在多元中实现团结:论欧洲议会辩论作为一种论辩活动类型"的文章旨在通过对欧洲议会日常工作程序的观察与评介,从"语用论辩理论的路径探讨政治论辩话语的策略性操控"。然而,读者从中得到的强烈印象却与这一题旨相去甚远:甚至是纳入"机变"机制的语用-辩证理论"拓展版"也并不适用于对类似"欧洲议会"发言这样的政治话语的分析。据文中介绍(范·埃默伦、巴特·卡森 2020),议员的发言仅受到议会这一机构性语境为了维持良好会议秩序而制定的议事规则的制约——语用-辩证模式总结的批判性讨论规范准则似乎并无用武之地。议员在限定的时间内依次发言且每人仅有一次发言机会。这样一来,由于"辩论的结构基本是独白式的""几乎不存在任何余地能够对某个问题进行直接的互动和回应",不仅批判性讨论所要求的质疑、诘难及回应几乎完不可能,从发言过程区分出"对立、启动、论辩及终结"这四个程序步骤即使不是完全行不通,也极为勉强。而且在"一般情况下,不参与互动和身份多样的听众却是他们事实上的主要受众",不管受众的态度如何,他们和发言人之间更无任何直接互动可言。这一情况完全背离了语用-辩证模式对于对话式辩证互动的强调。

最为要害的是,文章的介绍表明欧洲议会的机构性安排尽管允许不同意见发表,却"由于团体内部地区利益、国家党派利益和其他利益方面存在的多样性,很难达成一致立场"。议会根据议员在各自国家中所属党派的基本政治立场,将他们分为七个党团,各党团就每个议题按照自己的政治取向向其议员"下达(应如何投票的)指示"。即便按照超越国界的政治意识形态或党派利益投票已经注定歧见难以被克服,甚至同一党团的成员如果"所在国利益受到威胁",如果他们"感觉自己的国家无法从新的立法中真正获利甚至利益受损",则不管党团如何指示,也不管其他议员的发言是否在理,他们都"可能对团体决定提出反对意见":"议会全体辩论不过是用来为各议员(或议员团体)的投票选择提供合理正当理由"的场合而已。假如"利益"而非"按照(论点的)是非曲直"决定了这种"议会辩论"将如何"终结",则批判性讨论规范第九条"结论准则"(见上文)在这一场合几乎谈不上被遵从。可见倡导以理性、规范的论辩互动消弭意见分歧的语用-辩证模式被用于分析欧洲议会利益驱动的独白式"辩论"只能是理论的生搬硬套。

仅从该文的描述,读者就不难看出欧洲议会的议事进程其实是一个极为典型的政治修辞案例,而运用修辞的批评常规及理论资源来分析这类进程可谓得心应手、事倍功半。事实上,文中凡具有洞察力的局部观察与分析无不是作者以"机变"的名义挪用不受辩证规范限制的修辞阐释手段的结果。就此而言,语用-辩证模式推出"拓展版"的最终结果或许不是"新修辞"被改造成"新辩证理论",而更可能是该模式在对实用性、适用性的追求过程中通过与修辞富有成果的融合,逐步摆脱理想主义的一厢情愿,将自己改造为足以分析现实生活中发生的真实论辩事件的"语用-修辞"理论。当然,这一预测是否准确,以及上文在理论引进的语境中对语用-辩证理论提出的诘问与驳议是否确当,都有待于与该理论倡导者及追随者的进一步批判性互动。但不管这一互动是否发生,在多大程度上有助于消除语用-辩证路径与其他路径的意见分歧,中国学者对该模式的批判性审视都将是践行它本身提倡的批判理性主义的实际行动,是出于在中国学术话语中接受这一外来理论的真诚用心而进行的必要抵抗,也是该理论为了"移居"到一个陌生语境所必须经历的新"表征及机构化"过程的开场锣鼓。

之所以说是"开场锣鼓",当然是因为在中国语境中的这一"表征及机构化"过程是否能顺利进行归根结底取决于语用-辩证模式能否克服上文提及的"单一文化属性",能否通过以"理论旅行"为目的的自我改造,在顺应所在地论辩文化环境的同时为丰富和发展其论辩实践提供真正管用的理论灵感、分析工具及其他话语资源。这一着眼于实际效用的本地化过程在更大程度上将依赖语用-辩证模式的中国引介者及实践者的主动性及首创精神,而非其创建者在原初语境中对标准版本的持续迭代更新。以埃默伦教授推荐第三篇论文为例,这篇题为"从'语用-辩证学派'看现代论辩理论与亚里士多德的渊源"的论文区分了当代修辞学者和当代论辩学者对待论辩研究领域"历史遗产"的两种截然不同的方法及态度,认为前者倾向于采取一种本质主义的"历史驱动"态度,试图和本领域古典理论家建立尽可能紧密的联系并从古代经典中为自己的研究方法求得合法性,而后者采取的则是与此大异其趣的实用主义的"理论驱动"态度,"在分析、评价论辩话语时,从古典资源中选取与他们处理当前问题的理论方法相匹配的那些内容,甚至在必要情况下,不惜对这些内容做些手脚来迁就自己的路子"(埃默伦 2020)。这种二元对立式的区分,以及文中不少明显是出于支持辩证路径的需要而"做了手脚"的历史阐释(如"'辩证'一词在古代有多个含义,但亚氏仅用它来指代确定某一观点能否被接受的批判性对话"),都必将随着译文的发表而受到中国相关领域学者的质疑。然而,中国学者的批判性反应不应该止步于对文中观点的诘问,而应该进一步就当代西方论辩理论家何以都对古典时期的"历史遗产"这么重视以及他们如何整理并利用这些遗产,提出问题,并反躬自省,认真思考一下中国当代论辩理论的发展是否也应该注重整理及利用自己的"国故",这种整理究竟应该是"历史驱动""理论驱动"还是由其他考虑引领。通过语用-论辩理论的译介生成将可能促成中国本土论辩研究发生范式转换的地方化问题——这或许才是我们引进语用-辩证理论的真正价值之所在,也是我们最可能有所作为的努力方向。

由语用-辩证理论引发的这些反思,应该也有助于我们发现并解决引进其他"旅行理论"时遭遇的问题。

参考文献

陈波 2017 《逻辑学研究》栏目主持人语,《湖北大学学报》(哲学社会科学版)第 5 期。

[荷兰]弗朗斯·H.凡·埃默伦 2020 《从"语用-辩证学派"看现代论辩理论与亚里士多德的渊源》,秦亚勋译,《当代修辞学》第 4 期。

[荷兰]弗朗斯·范爱默伦 2017 《语用论辩学:一种论证理论》,《湖北大学学报》(哲学社会科学版)第 5 期。

[荷兰]弗朗斯·H.凡·埃默伦、巴特·卡森 2020 《在多元中实现团结:论欧洲议会辩论作为一种论辩活动类型》,陈小慰译,《当代修辞学》第 4 期。

[荷兰]汉克门斯 2020 《假省在论辩话语中的机变意义》,罗明安、袁影译,《当代修辞学》第 4 期。

刘亚猛 2008 《西方修辞学史》,外研社。

欧阳护华、金茹花 2016 《首届中荷语用论辩学学术研讨会综述》,《逻辑学研究》第 3 期。

汪建峰 2019 《介乎辩证理性与修辞有效性的论辩区间——弗朗斯·范·爱默伦教授访谈录》,《当代修辞学》第 1 期。

武宏志 2018 《Pragma-dialectics:语用-辩证法,还是语用论辩学?》,《延安大学学报》(社会科学版)第 2 期。

武晓蓓 2018 《批判性讨论:范爱默伦的批判性思维模型》,《文教资料》第 12 期。

Blair, J. Anthony 2012 *Groundwork in the Theory of Argumentation*. Dordrecht: Springer.

Crosswhite, James 1995 Is there an audience for this argument? Fallacies, theories, and relativisms. *Philosophy and Rhetoric*, 28(2):134—145.

Eemeren, Frans H. van & Grootendorst, Rob 1995 Perelman and the fallacies. *Philosophy and Rhetoric*, 28(2):122—133.

Eemeren, Frans H. van & Houtlosser, Peter 2007 Kinship: The relationship between Johnston's theory of philosophical argument and the pragma-dialectical theory of argumentation. *Philosophy and Rhetoric*, 40(1):51—70.

Eemeren, Frans H. van 2010 *Strategic aneuvering in Argumentative Discourse Extending the Pragma-Dialectical Theory of Argumentation.* Amsterdam: John Benjamins.

Eemeren, Frans H. van 2012 The pragma-dialectical theory under discussion. *Argumentation*, 26:439—457.

Eemeren, Frans H. van 2015 *Resonableness and Effectiveness: 50 Contributions to the Development of Pragma-Dialectics.* Cham: Springer International Switzerland.

Fahnestock, Jeanne 2009 *Quid pro nobis*. Rhetorical stylistics for argument analysis. In Frans H. van Eemeren ed. *Examining Argumentation in Context: Fifteen studies on strategic maneuvering.* Amsterdam: John Benjamins. 191—220.

Garver, Eugene 2000 Comments on "rhetorical analysis within a pragma-dialectical framework: the case of R.J.Reynolds." *Argumentation*, 14:307—314.

Said, Edward W. 1983 *The Text, The World, The Critic.* Cambridge: Harvard UP.

Tindale, Christopher W. 2012 Review of *Strategic Maneuvering in Argumentative Discourse: Extending the Pragma-dialectical Theory of Argumentation* by Frans H. van Eemeren. *Informal Logic*, 32(3):364—372.

Tindale, Christopher W. 2015 *The Philosophy of Argument and Audience Reception.* Cambridge: Cambridge UP. Zarefsky, David 2014 *Rhetorical Perspectives on Argumentation.* Cham: Springer International.

Critical Discussion and the Introduction of Pragma-dialectics

Liu Yameng

Abstract: While Chinese argumentation scholars have been taking a keen interest in pragma-dialectics, their efforts to introduce this influential theory of argumentation to their own academic community have so far been restricted to trustfully reading the texts with which pragma-dialectics represents and interprets itself, without simultaneously paying attention to the discursive context in which the theory was originated and has been evolving. Such an uncritical and decontextualized approach has prevented Chinese scholars concerned from gaining an incisive understanding of the theory. And it contravenes both the critical rationalist stance the pragma-dialecticians have been championing and the principle of resistance-as-condition-of-acceptance dictated by Edward Said in his originative and magisterial article "Travelling Theory." This paper offers a review of the international scholarly community's on-going critical discussion on pragma-dialectics, arguing that interested Chinese scholars should not only actively involve themselves in the discussion, but also make serious attempts at raising locally oriented questions whose answers could lead to a paradigm shift in China's studies and practice of argumentation.

Keywords: argumentation studies, pragma-dialectics, introduction of foreign theories, travel of theories, critical discussion

(原载于《当代修辞学》2020 年第 4 期)

在多元中实现团结:论欧洲议会辩论作为一种论辩活动类型*

弗朗斯·H.凡·埃默伦 巴特·卡森
(荷兰阿姆斯特丹大学言语交际、论辩理论与修辞学系)
陈小慰 译
(福州大学外国语学院)

提 要 "在多元中实现团结"这句欧盟口号,赫然印在欧洲议会的所有官方文件上。事实证明,在许多欧洲人对这项欧洲计划心怀矛盾的今天,此举堪称高明之招。一方面,欧洲人担心随着欧洲中央管理机构权力的迅速增大,他们将失去对自己国家身份的控制;另一方面,他们又认识到欧盟为整个欧洲带来了更多的繁荣气象,使之可以更有效地应对金融和经济危机。

关键词 欧盟 活动类型 交际实践 政治团体 国家议会

一、引 言

"在多元中实现团结"这句欧盟口号,赫然印在欧洲议会的所有官方文件上。事实证明,在许多欧洲人对这项欧洲计划心怀矛盾的今天,此举堪称高明之招。一方面,欧洲人担心随着欧洲中央管理机构权力的迅速增大,他们将失去对自己

---

* 作者简介:弗朗斯·H.凡·埃默伦(Frans H. van Eemeren),荷兰阿姆斯特丹大学文学院言语交际、论辩理论与修辞学系荣休教授,莱顿大学特聘教授。语用-辩证论辩理论创始人,主要研究领域为论辩理论。巴特·卡森(Bart Garssen),荷兰阿姆斯特丹大学文学院言语交际、论辩理论与修辞学系讲师。任《论辩学》(*Argumentation*, Springer)及《语境中的论辩》(*Journal of Argumentation in Context*, Benjamins)等期刊编辑。
本译作得到国家社科基金项目"服务国家对外汉语传播的'翻译修辞学'学科构建与应用拓展研究"(17BYY201)资助。

国家身份的控制;另一方面,他们又认识到欧盟为整个欧洲带来了更多的繁荣气象,使之可以更有效地应对金融和经济危机。上述口号表达了这种矛盾心理,也直指欧洲议会面临的困境:必须协调统一、共同的立法要求,既服务全体欧盟国家,同时又满足不同国家的利益和立场。多年来,欧洲议会已经成为一个拥有一定权力的机构,特别是在共同决策程序已经实施的情况下,欧洲议会有权与欧洲理事会一道决定由欧洲委员会发起的新立法。

本特辑专题探讨政治话语中的"机变"或"策略性应变"(strategic maneuvering)问题。主要聚焦两方面:一是欧洲议会如何就欧洲立法与政策问题展开辩论;二是欧洲议会辩论的机变机制如何受其特定惯例的先决条件影响,以及参与的议员们对欧洲及其本国所持的双重立场。希望我们的思考能够为这些问题带来新认识。为了实现以上目的,我们尝试将欧洲议会全体会议辩论定性为一种能够影响政治辩论话语行为的论辩活动类型。本研究旨在通过语用-辩证论辩模式,探讨政治论辩话语的机变策略,从而与本特辑中政治领域的其他研究成果一道,共同促进对欧洲议会论辩话语的深入探讨。这是我们新的研究重点。

二、作为论辩活动类型的惯例化交际实践

论辩是一个理论概念,在诸如批判性讨论的理想模型等分析模型中形成。但它同时也是一种经验现象,甚至首先是一种经验现象,可以在大量的交际实践中对其进行观察。由于这些交际实践与特定类型的制度或机构语境紧密相关,在这些语境中,它们服务于与制度/机构相关的各种不同目的,并根据不同类型要求①逐渐沿袭下来,成为约定俗成的常规惯例。由于交际实践的语境依赖性,这些活动中采用论辩话语机变的可能性,在一定程度上取决于相关交际实践中占主导地位的制度/机构先决条件。这就需要我们在分析和评估机变策略时,将其放置于相关"交际活动类型"的宏观背景下(van Eemeren & Houtlosser 2005)加以考察。

---

① 我们在极其宽泛的语义层面上使用"制度/机构""制度的/机构的""制度化/机构化"等术语,这样它们可以用来指任何一个确立的宏观背景,某一交际惯例在其间得以形成。

要清楚阐述一个交际活动类型的宏观背景特点,需要从该交际实践所属的领域入手。通过某个具体的交际活动种类("类别")①,说明制度/机构规范在实现该交际实践活动"机构意图"过程中所起的辅助作用。假设交际活动类型的惯例化已经形成,并服务于相关交际实践活动"机构意图"的目的,那么,每一个交际活动的常规化惯例表现,只要能够在各主体间识别出来,均可以被视为依赖于这种交际实践的制度/机构基本原理②。这种制度的基本原理反映了交际实践所要满足的制度需要,并且在不同个人话语活动的语境演变中表现出来。这些话语在交际活动领域进行,从中逐渐产生了约定俗成(惯例化)的交际活动类型。一般来说,从论辩理论的角度研究这些言语事件,我们通常将其作为交际活动类型的象征、实例或典型代表加以考察③。

　　从这个观点出发,交际活动类型是一种约定俗成的交际实践活动,其惯例性体现在通过实施某个特定的交际活动类型④,来满足某一交际活动领域的制度/机

---

① 由 van Eemeren & Houtlosser(2005)提出的活动类型说,将由凡·埃默伦在其新书(即将出版)中详细阐述。Levinson 将术语"活动类型"用于以下含义:"一种模糊范畴,其核心成员目标明确,由社会建构并受社会限制,对参与者、背景等等,尤其对其内容正当性有所约束的活动。"(Levinson 1992:69)

② 我们认为我们的研究方法与政治学、经济学、人类学和社会学中运用的新制度主义中的"理性选择制度主义"相关。在处理如何解释制度/机构与行为之间关系的问题上,新制度主义强调政治制度/机构的相对自主权以及象征性行动对理解制度化行为的重要性(March & Olsen 1984:734)。根据 Hall & Taylor 的观点,理性选择制度主义使我们关注"角色在决定政治结果时发挥的策略互动作用"(Hall & Taylor 1996:951)。通常这种方法是相当"实用主义"的,在于它解释一个制度/机构的起源时主要视其存在所产生的影响;其次它又是"动机主义的",在于它认定制度/机构产生过程是一个高度目的性的行为;同时它的分析还是高度"唯意志论的",在于这些分析倾向于将制度/机构产生视作一个准契约过程,其特点为在相对平等和独立的各方之间自愿签约(Hall & Taylor 1996:952)。

③ 在实际生活中,我们有时会对某个特别的个体演讲活动格外感兴趣。例如,在我们对某个历史文本进行案例分析的时候,像 1580 年出版发行的威廉一世的辩解书,该文当时为回应西班牙王菲利普二世颁发的禁止令而作(van Eemeren & Houtlosser 1999, 2000)。

④ 如 van Eemeren & Houtlosser(2005)所言,交际活动类型与诸如批判性讨论的语用-逻辑论辩理想模式等理论构建不可相提并论。这些理论构建模式的提出,是基于对什么是达到某个(抽象)目的的最佳方式进行的分析性思考,例如根据是非曲直解决意见分歧,而形式多样的交际活动类型则是基于经验的惯例化交际实践原型。批判性讨论的理论构建模型,其目的在于确定能够有效解决问题的方法由哪些因素构成,从而达到某个特定的规范目标。与此不同,形式多样的交际活动类型及其相关的演讲活动代表了已经形成的各种交际实践,并且在特定文化影响下,在对实现交际活动机构意图的固有追求中逐渐惯例化。通过以此对理想模式和论辩活动类型进行区别,并对两种概念范畴从根本上做出理论上的区分,我们从本质上脱离了论辩话语类型的现有研究方法,如 Walton (1998)以及 Walton & Krabbe (1995)发表的相关理论。关于我们和他们采用的研究方法之间的对比,请参阅 van Eemeren, Houtlosser, Ihnen & Lewinski 合著书籍(即将出版)。

构需求。从裁定、辩论、审议、谈判、协商到最后"契合并采取行动"[1],交际活动所采用的类型可能各不相同。通过采用合适的交际活动类型,实现其机构性意图,是为了完成这种活动类型在特定交际领域所要完成的制度/机构性使命。在一些情况下,使用某种交际活动形式的交际活动类型,其传统惯例表现为清晰明了的构成性规则或调节性规则;而在另一些情况下,它们在很大程度上是心照不宣的隐含规则、约定俗成的做法或仅仅是简单的习惯用语。

在政治领域形成的交际活动类型中,使用频度最高的是辩论模式[2]。除了我们和 Plug(见本特辑)探讨的欧洲议会全体会议辩论外,还有诸如 Tonnard 研究的荷兰议会的一般性辩论(algemene beschouwingen)(见本特辑);Ihnen 研究的英国议会立法辩论(见本特辑);Mohammed 研究的英国议会首相质询时间(见本特辑),以及 Andone 研究的政治人物专访(见本特辑)等[3]。这些交际活动类型在抽象层面上的共同之处是维护政治民主。例如,在荷兰议会的一般性辩论中,具体的制度目标是让政府面对民选代表,就政府制定的政策规划以及为其提供的资金支持,倾听他们的意见建议;而一般性辩论的制度/机构惯例是由议会传统提供的,辩论的模式则遵循议会程序的规定进行。

又如,首相质询时间的制度目标是让首相解释政府奉行的各项政策;其机构惯例和问答方式由现有法规、下议院程序委员会和议会议事规则决定。最后,政治人物专访的制度目标是让政治家解释和澄清自己的立场;其制度/机构惯例由媒体相关法规及行业职业规范决定,后者同时也决定访谈模式。为了说明交际活动类型和某些交际活动类别之间的关系,我们在表 1 中列出了以上提到的一些辩论活动类型以及实施其他交际活动形式的交际活动类型。

通常,交际活动类型可以通过描述它们为之服务,从而实现相关交际活动制度/机构意图的具体目标、所涉交际活动的特定惯例规范,以及根据交际活动特点设计的模式类型等,进行更准确的定义和区分。至于交际活动类型可以做多大的

---

[1] 这些形式也可视为交际活动的"族群"或"聚集物",服务于交际活动类型的某个集群。
[2] 本文使用的"辩论"一词取其日常口语意义,并非亚里士多德所用的狭义"辩证"之义。我们更倾向于使用"审议"这个词。该词与亚里士多德的政治论辩话语传统相关,用来指科学和学术语境中解决问题的活动类型。
[3] 亦见 Ilie(2003)和 Zarefsky(2008)。

表1 实施交际活动类别的交际活动类型样本

交际活动领域	交际活动类别	交际活动类型	言语活动
法律交际	裁定	—法庭审理程序 —仲裁 —传唤	O.J.辛普森谋杀案的辩诉程序
政治交际	审议	——一般性辩论 —政治人物访谈 —首相质询时间	吉尔特·威尔德斯在2008年一般性辩论上的表现
人际交往	交谈	—闲聊 —情书 —道歉	科里纳与迪玛谈论周末活动

分支扩展,首先取决于分类的目的:该分类是为了服务哪个分析或评价目标? 即便有可能提出一个在绝对意义上十分完善的交际实践活动分类框架,这种本体分类也没有必要。为分析和评估论辩话语中的机变策略而定义和区分交际活动类型,这种扩展最终得到的区分结果可能根本无法实现此目的。

交际活动类型不一定都涉及辩论,但在这些活动类型中——论辩总是如影随形,通过直接或间接的方式——发挥着某种作用,无论是结构性论辩还是偶然随意的论点交锋。因此,相关交际活动类型总是在部分意义或整体意义上具有论辩性质。议会辩论的论辩本质与生俱来,政治人物访谈本质上也属于论辩类型,而情书则往往不具论辩特色。祈祷如果是为了索求帮助,甚至多半还包含了论据支撑,便机缘巧合地具有了论辩色彩。在分析本质上或实质上具有论辩特点的交际活动类型时,我们称之为论辩活动类型。然而,在对论辩的研究中,论辩活动类型这个词也用于分析其他交际活动类型,探讨其论辩维度(van Eemeren & Houtlosser 2005)。

针对批判性讨论行为提出的语用-辩证论辩理论模式,有助于将交际活动类型作为一个论辩活动类别进行探讨。因为根据机构要求,一个批判性讨论的四个阶段会以不同方式,通过现实的论辩活动类型得以"实现"。对每一个交际活动类型,都必须确定通过何种方式对其论辩特点进行表述。诸如,可以通过对某个批判性讨论行为以下四个阶段相对应的经验案例所具特点进行说明,包括初始状态、程序性起点和实际起点、论辩手段及批评,以及可能产生的结果。在表2中,我们采用这些术语,借用政治领域中的审议形式,对其种类繁多、各不相同的交际活动类型进行一般意义上的论辩特点表述①。

表 2　运用审议形式对交际活动类型的论辩特点进行表述

批判性讨论	对立阶段	启动阶段	论辩阶段	终结阶段
交际活动形式	初始状态	程序性起点和实际起点	论辩手段及批评	可能产生的结果
审议	就政策问题存在的典型混合性分歧或特殊的非混合性分歧;决定取决于一般情况下不参与互动和种类多样的听众	成文或不成文的辩论规则;双方明说或暗含(明显与价值相关)的让步	就具有争议性的立场问题展开激烈辩论和交锋	解决分歧或为部分听众找到解决方案(特别要指出的是,不再回到初始状态)

三、策略机变的制度/机构先决条件

在所有交际活动类型中,参与者都是在特定的宏观语境中,以一种既合理又有效的方式随机应变,以完成制度/机构使命。由于机构任务的具体要求,某些策略性应变方式用在特定的交际活动类型中可能效果很好;但在另外一些情况下,则可能效果不佳。由交际活动类型(机变在其间发生)所约定的制度/机构先决条件,可能在三个方面影响机变策略。在对立、启动、论辩及终结这四个辩论阶段中,可能存在的局限包括话题选择、适应听众需求、表述手段的使用等。这些具体因素一方面限制了机变的可能,另一方面又为灵活应变创造了良机。

具体到审议活动的交际活动类型,通常在两个或两个以上的人之间进行,从政策问题上的混合或非混合的分歧开始。双方相互对话,或就对方的发言做出回应,但事实上是在努力博取更广泛受众的支持。虽然发言人彼此争论不休,一般情况下,他们的主要受众实际上是不具互动性且身份多样性的听众——其中可能包括(成分不同的)支持者、反对者和立场中立的旁观者②。在面对听众展开的审

---

① 虽然有人在无"第三方"听众的情况下,也同样使用"审议"一词,我们仍倾向于认为,有(假定的)第三方听众在场,对于审议过程中的机变至关重要。事实上,若无此类假设听众,影响机变策略产生的机构局限因素则与辩论或交际活动的其他类别相关。
② 听众可以包括在场的聆听者,也可以包括观看电视、收听广播或者阅读报刊中辩论文章的观众或读者。

议活动中,程序性的起点对所有参与者都基本相同,但实际起点却往往在一些重要方面表现出不同。在激烈的往来交锋中,各方都通过论辩捍卫自己的立场,既充分利用彼此明说或暗含(明显与价值相关)的让步,又严格遵循明文规定或心照不宣的程序规则。听众通常由不同人等组成,他们不参加讨论,却能够决定审议结果,因为最终是由这些人来决定他们(或其中的一些人)是改变了自己的想法,抑或是仍然保持初始状态;有时还关乎最终做出决定,确定自己如何投票。

在相互对话的所有阶段,均有策略机变的空间。对机变的惯例性约束首先取决于双方当事人的机构使命,是否能够通过与包含其实际对话者在内非主要听众的深入交流,直达主要受众的内心。为了避免显得不合作、不礼貌甚至粗鲁对待主要受众,参与各方必须留意彼此的问题、论点及其他内容,从而灵活机变。此外,审议的形式可能还会对当事人形成另一种约束,例如由主席决定发言次数,判断发言内容是否相关,以及是否允许中途插话等等。在所有情况下,不论是否关乎议会辩论或其他情况下的公开辩论,论辩者都必须按照现行的制度/机构先决条件随机应变。

以下是2008年荷兰议会一般性辩论的例子,展示了首相巴克南德先生是如何精心运作,为逃避回答议会议员的问题而转向下一个话题的。但是,在这个案例中,巴克南德的规避策略并未成功,因为荷兰议员均拥有知情权,只要他们认为是对判断政府政绩有必要了解的问题,都有权得到回答。在相关议员因为自己的提问被置之不理而表示抗议之后,荷兰众议院主席维比特夫人运用自己作为主席的权力进行干预,阻止了巴克南德继续实施这一机变策略,原因是政府官员无权拒绝回答议员需要的信息[1]。

> 首相巴克南德:
> 我现在讲下一个问题。
> 路特先生(保守自由党):
> "我以为您也会谈到难民政策,但我提出的问题尚未得到答复。"

---

[1] Tonnard 在其即将发表的博士论文中,对荷兰议会辩论中将一些观点(和质疑)排除在外,不再予以进一步考虑的各种方法进行了详细研究。根据她的研究(目前在筹备阶段),Verbeet 夫人对议会成员寻求明确和有针对性的答复表示支持(www.tweedekamer.nl)。

主席维比特夫人：

"有关难民政策在辩论的开始阶段谈到了一些，但不是针对您的问题。……您说得对。"

(2008.09.18《议会纪要》)

这个片段说明了在某些方面，根据实现交际活动类型的机构意图期待产生的影响，以及辩论过程中不同阶段的论辩特点、随之产生的特定交际活动形式的目标和要求，机变的制度/机构先决条件有可能因交际活动类型而大相径庭。在荷兰议会一般性辩论的机构宏观背景下，会对在这个活动类型中普遍认为可以接受的策略性应变施加一些传统惯例的制约。这种一般性约束可确定为适用于全部交际活动类型，但在个别的交际活动类型中，由于特定要求，可能会应用一些更具体的约束。

由于存在这些语境特点，在分析和评价论辩话语时，我们不仅需要考虑机变内在固有的逻辑辩证和修辞目的，也要基于机构目的施加策略运用的外在限制，考虑论辩话语产生的交际活动类型。在分析和评价论辩话语时，如果从某个偶然关注的特定言语事件出发，我们往往会通过某个特定的交际领域，与采用的交际活动形式一起，决定该交际活动类型机构意图的宏观背景，着眼该交际活动类型之所以被定义为论辩活动类型的个案特点。为了更准确地解释采用论辩的活动类型中语境对机变的制约作用，我们将聚焦欧洲议会全体会议辩论的交际活动类型。因为它是自成一体的活动类型，其中制度/机构先决条件对机变的影响表现得最为具体。

四、欧洲议会全体会议辩论

欧洲议会与欧盟理事会一道，由欧盟(EU)各成员国的政府部长组成，负责裁决欧洲委员会提出的倡议、立法及政策主张。该组织为政治上的独立机构，代表和维护欧盟整体利益。虽然欧洲议会在程序、座位安排和风格等方面融合了各国议会的传统，但也拥有自己的特色。这是它经过不同历史阶段，在欧盟中的权力逐渐增大，同时又必须面临多样化语言需求、满足特定条约义务的结果。目前欧洲议会共有785名成员，来自欧盟扩大后的27个成员国；这些议员分别代表超过

140 种不同政党,在欧洲议会中组成 7 个政治团体。

起初,欧洲议会的权力仅限于否决权。然而,基于《马斯特里赫特条约》和《阿姆斯特丹条约》精神建立起来的共同立法决策程序与实施,大大增强了欧洲议会的政治影响,其辩论的重要性也日益凸显。在共同决策程序适用的领域中,议会和理事会之间,权力多少有点平均分配的色彩。共同决策过程不仅使欧洲议会有权否决立法,而且还允许修正立法。与此同时,它也将议会与理事会的关系锁定在一个复杂微妙的状态中,因为欧洲委员会的议案必须同时提交给议会和理事会。如果某个议案一次宣读后无法做出决定,还可以有二读、三读的机会。

在实际操作中,议会的工作是通过常设和临时委员会的制度来组织的,它们负责全体议会会议的筹备工作。各委员会拟订、通过和修订立法议案,提出倡议;审议委员会和理事会的议案;并在必要时起草报告,提交全体大会。委员会的大部分时间用在起草委员会提出的立法报告上,但他们也可以针对委员会能力范围内的问题提出倡议,撰写"主动倡议报告"。

议会通过政治团体代表欧洲人民,这些团体在选择主席、副主席和各委员会主席方面起着决定性作用,他们制订议会议程,选择发言人,分配发言时间(Corbett Jacobs & Shackleton 2007:70—71)。目前共有 7 个政治团体,代表了欧洲流行的政治思想派别,包括以独立/民主团体为代表的反亲欧派运动组织。每个政治团体都由许多全国性的政党组成。欧洲人民党团体(基督教民主党)和欧洲民主党(EPP-ED)是自 1999 年以来最大的政治团体。2007 年至今,它已拥有 277 名成员,分布在 50 多个政党。

政治团体向其成员发出投票指示,包括如何对议案和修正案进行投票,以及哪些投票至关重要。但一个团体的立场不是由上面的指示来确定的,而是通过团体内部的协商决定。在这个过程中,团体协调员也会参与相关委员会的工作。由于诸多原因,这些团体的"议员组织"制度并不像大多国家议会那么严格①。首先,在欧洲,没有哪个政府要求得到议会多数派的全部支持;其次,在一些问题上,由于团体内部地区利益、国家政党利益和集团内其他利益的多样性,很难达成一

---

① 有些政治团体采用了英国式传统,安排一线、二线及三线参会议员(Corbett Jacobs & Shackleton 2007:107)。

致立场;再次,一个团体对持不同政见者所能采取的有效制裁比大多数国家议会所能采取的制裁要少(Corbett Jacobs & Shackleton 2007:108)。尽管 Corbett Jacobs & Shackleton(2007:108)提出"大多数团体可以指望80%以上的成员支持团体立场,这反过来意味着,团体支持的立场通常决定了议会立场",然而,如果其成员国的利益受到威胁,成员国可能会反对团体决策。

对媒体而言,欧洲议会辩论一般不太活跃,完全不像国家议会辩论那样趣味盎然。当然,欧洲议会也设计出了一些办法,以充分调动其成员的积极性,使其真正起到影响政策结果的作用,而不只是走走过场,行使橡皮图章的形式义务,也不仅仅只是作为一个论坛存在(Corbett Jacobs & Shackleton 2007:183)①。欧洲议会全体会议每年举行,其中12次在斯特拉斯堡,6次在布鲁塞尔。在这些全会进行过程中,大会主席必须确保大家共同遵守议会议事规则。通过行使主席权力,保证所有议会机构及相关部门的活动能够顺利进行。在组织辩论方面,首要核心是遵从第141条规则(点名发言,介绍发言内容):

(1) 与会议员需应主席邀请方可发言。发言时面对主席,在座位上进行;也可应邀走上主席台。

(2) 如果发言人跑题,主席会要求其遵守议题。在同一场辩论中被提醒过两次的发言人,第三次若再犯同样错误,主席有权禁止其继续就同一话题参与剩余辩论。

(3) 对未经邀请擅自发言或超过规定发言时间的议会代表,主席可以在不影响其他纪律处分权力的基础上,将发言人观点从会议辩论纪要中删除。

(4) 除议会主席外,不得打断发言人的讲话。在主席允许的前提下,发言者可以暂停发言,让其他议员、委员会或理事会成员就发言中的某个观点进行提问。

全体会议辩论通常以委员会报告人的开幕致辞开始,报告人通常为委员会报告或相关议题决议的起草人。接下来,发言者按照预先指定的顺序和时间发言,名单

---

① 根据 Corbett Jacobs & Shackleton 的研究,欧洲议会"用媒体人的话说,没什么吸引人的亮点。与许多国家议会相比,它缺乏政府和反对派之间的激烈交锋。就像在美国国会那样,真正的工作是在委员会中完成的。而辩论中多种语言交叉使用,也使辩论很难产生引人入胜的效果"。(Corbett Jacobs & Shackleton 2007:9)

上所有发言者发言结束后,主席宣布辩论结束。辩论后的几天内开始投票。

关于个人在辩论中发表意见的规定相对较少。规则中最重要的一点是,发言必须在规定的时间内完成,演讲者不能偏离主题。至于会场内该遵守什么秩序,这方面倒没有什么规定①。在大多数辩论中,每位参与辩论的议员仅有一次发言机会。虽然允许提问(规则第141条,第4部分),但中途打断发言者的现象并不常见。每个欧洲议会议员可以自由使用分配的发言时间,因此也可以对先前的发言做出回应。但是已经结束发言的议员就不可能对其他议员的批评再做回应了。总之,在欧洲议会的全体会议辩论过程中,几乎没有直接互动的空间。

五、对欧洲议会辩论机变策略的初步观察

可以预见,欧洲议会辩论与其各成员国议会举行的辩论,以及政治领域中其他审议活动举行的辩论有许多共同之处。然而,欧洲议会辩论由于其特点和惯例限制了辩论的策略性运作,因此值得将其视为一种独特的论辩活动类型。

欧洲议会全体会议举行的辩论中,内容常常涉及欧洲委员会提出的立法或非立法议案,或修正案能否获得通过。辩论首先围绕相关委员会拟定的报告进行,由报告起草人宣读后开始。虽然报告可能提及通过一项议案的理由,但委员会及其报告人都不可视为议会辩论的一方。这是我们首先观察到的一个要点。

在辩论的初始状态中,可以将其重构为对立阶段。在此阶段由议员表达自己的观点,肯定和支持一项议案,或提出反对意见对其予以否定。此外,议员们也可以发表意见,根据不同情况做出不同程度的附议,这取决于一项或多项修正案是否获得通过。每位议员通过主席向整个议会发表演讲。我们可以设想,既然议员对所议问题难有共识,议员之间必然会有不同意见,这在最简单的情况下体现为非混合性分歧。如果另一位议员提出反对意见,就会在此议员与第一位发言者之间产生意见分歧。那么议员与会场内所有或部分议员听众之间想必也存在某种非混合性(如果不是混合的)意见分歧。通常情况下,议员们相互之间可视对方为其主要听众,因其发言首先是相互针对,同时也由于欧洲议会运作比较独立,其辩

---

① 据2005年的奥纳斯达报告,这些规则"不会削减议会辩论的生动性,也不会剥夺议员们的言论自由"。

论很少对外广泛报道,通常不会有其他(更多的)听众参与。

欧洲议会议事规则明确规定了全体会议辩论的正式程序规则,这些规则是启动阶段议员们达成共识的一部分。辩论的结构基本是独白式的,辩论参与者的发言时间与辩论的总时长预先确定。发言者可以采用所有先前已被接受的立法和动议,作为辩论的重要起点。由于欧洲议会的组成各不相同,在许多其他情况下,对具体说什么内容为发言的实际起点,只能达到部分共识,未经进一步确证,不可任意假定。

在论辩阶段,对辩论模式没有特殊限制。欧洲议会辩论运用的论辩类型在很大程度上由一个事实决定,即:辩论属于政治辩论,涉及立法与政策事务。正如我们对启动阶段所做的描述,议会辩论是独白式的,议员们没有什么机会对发言人提出批评性问题。实际状况是,只有在其他议员所提问题是自己事先已经设想到的情况下,辩论者才有可能应答如流,否则就难以回应。这也意味着按照欧洲议会辩论的正常流程来走,辩论过程是无法将其"拳脚"完全施展开来的。

尽管欧洲议会的全体会议辩论总是由主席正式宣布结束,但其实并没有真正的终结阶段。就像在全国议会辩论中,每位议员所持的观点不同,各主体间很难在辩论结果上达成一致。这是因为在此类议会辩论中,人们很难看到辩论者就大会(或小组)讨论结果达成一致意见,而这恰是因为各欧洲议会成员(或议员团体)与各利益价值相关的实际出发点通常大相径庭。议会全体会议辩论不过是用来为各议员(或议员团体)的投票选择提供合理正当的理由,而投票的过程就是决策的过程。

表3 欧洲议会全体会议辩论交际活动类型的论辩特点

欧洲议会全体会议辩论的交际活动类型				
交际活动类别	初始状态	程序性起点和实际起点	辩论手段及批评	结 果
审议	围绕政策问题存在的分歧,原则上属于混合性分歧或特别的非混合性分歧;通过包括所有议员在内的听众投票做出决议	与辩论有关的成文及不成文的规章制度;辩论参与者明示及暗含的政治让步	对具有争议性的议案或政策进行支持性或反对性论辩,以此回应在辩论过程中其他议员提出或可能提出的批评	为部分听众化解分歧,并通过多数投票听众解决分歧;不再回到初始状态

欧洲议会全体会议辩论的策略性机变不仅取决于像辩论模式这样的制度/机构规范,还取决于与实现这类活动的机构意图相一致的其他相关因素,如议员们追求的政治目标等。由于辩论在欧洲议会成员中进行,他们有着不同的国别背景,代表着不同的政治团体,这些政治团体对于当今欧洲发展同样起着举足轻重的作用。因此,在分析辩论中如何因势而动时,我们也应将其列入考虑范围。不可避免的是,欧洲议会的成员们在致力于推动欧洲进步的同时,还需要为他们各自的国家利益效力。因此,在分析他们的机变策略时,应同时考虑追求共同利益和国家利益两方面因素①。欧洲立法是为整个欧洲利益而制订,但只要议员们感觉自己的国家无法从新的立法中真正获利甚至利益受损(特别是在工业和农业问题上的争议时),他们往往会宣扬自己的立场或提出修正案,以求两者兼顾,在为欧盟利益服务的同时也能更好地维护本国利益。

在讨论欧洲农业政策时,欧洲议员一般会采用务实的论证或实例举证的方法,对相关议案作出回应,告诫议会谨防新的立法措施对其国家带来负面影响。例如,2008年5月19日的欧洲议会辩论讨论了一个议案,内容为"提议2008至2009年度继续减少百分之五的烟草补贴,并将这些资金用于资助社区烟草基金会,该基金会的唯一目标是提高欧洲公民对吸烟危害性的认识"。对此,来自希腊的议会成员迪尔曼多·曼诺拉科作出了如下回应:

> 欧洲联合左派-北欧绿色左派团体(GUE/NGL Group)代表迪尔曼多·曼诺拉科的发言:主席女士,反吸烟运动等同于反烟草政策,烟草种植者正为此受到残酷迫害。……希腊的烟草种植已经减少了73%,越来越多的烟农失业。由于缺少其他可替代的种植作物,整个种植区已荒芜一片。

曼诺拉科在自己的辩论发言中提到欧洲烟草政策对其国家产生的消极后果。她极富策略性地针对整个欧洲提出反对意见(即烟草种植者正受到这一政策的残酷迫害),看似范围广泛,涉及整个欧洲,但她用来支撑这一笼统主张(没有具体所指)的论据,只用了希腊的例子。

在同一场辩论中,来自波兰的议会成员雅努·沃伊切霍夫斯基试图说明该政

---

① 一个国家的国家利益是否会受到某个立法或措施议案的重大影响,这一点并不那么直观和一目了然。议员们通常倾向于用政治观点看待该事项,并根据自己的政党路线投票。

策导致的问题不只限于一个国家:

> 欧洲国家联盟(UEN Group)代表沃伊切霍夫斯基的发言:主席女士,在本议会辩论的决定中,很少会对这么多人造成如此严重的后果。今天摆在我们眼前的,是欧洲的烟草生产商是否还能生存的问题。烟草生产是12万烟农的生计来源,算上季节性短工,在新老成员国雇用了将近40万人。希腊的情况已经表明,所谓的烟草行业改革,事实上意味着烟草业的破产。这是对12万个农场的死刑判决,其中大部分是小型家庭农场。我知道在波兰有这样的烟草农场,可就在这儿,在斯特拉斯堡的郊区,我们也见到了同样的农场……

通过同时提及斯特拉斯堡郊区的小型家庭农场,沃伊切霍夫斯基强调了烟草政策不只影响波兰或者希腊,而是整个欧洲的问题,就连议会开会的附近地区,这类问题也一样存在。曼诺拉科和沃伊切霍夫斯基都在努力避免让人产生误解,以为这些问题只是地区性问题,以为他们只是在保护自己国家的利益。他们必须恪守和践行在多元中实现团结的信条。

另一种机变策略是强调欧盟立法的一致性,主要用于协调欧盟整体利益和不同成员国的利益和立场。因为欧洲议会的所有成员可能都希望支持一项不包含任何矛盾冲突的一致立法,这种对一致性的要求可以被视为一个共同的起点。欧洲立法与政策的一致性可以通过不同论辩类型加以强调,而对这种一致性的需求也可以通过不同方式加以捍卫。基于这一普遍认可的一致性共同需求,一种机变方法是指出采取某种措施与已有欧洲政策相悖——或根据情况,提出其与已有政策相一致。在这种情况下,辩论人可指出,如果通过相关议案,会产生有悖人们期望的后果,也即欧洲政策不再前后一致。在上述有关烟草补贴的辩论中,大多数反对向欧洲烟草种植者提供补贴的欧洲议会议员,都以这样或那样的方式强调了欧洲政策的不一致性。此处援引议员丽莉·雅各布的论词为例:

> 欧洲社会党(PSE)代表丽莉·雅各布的发言:烟草每年导致大约50万欧洲公民死亡。即便是非吸烟者,每年也有19 000人死于被动吸烟。我怎么知道的?这个数据来自欧盟自己制作的电视广告,这些广告作为大规模反吸烟宣传活动的一部分,在27个成员国广为播放。……我们在奋力打击吸烟的

同时,又用欧洲的税收来补贴烟草生产,这岂不是件咄咄怪事?……

另一位欧洲议会成员,卡蒂卡·塔玛拉·里奥塔德在其辩论发言中另辟蹊径,强调了欧盟政策保持一致的重要性,并指出前后矛盾的事例会给欧盟的公众形象带来负面影响:

> 卡蒂卡·塔玛拉·里奥塔德(欧洲联合左派/北欧绿色左派代表)的发言:很难说哪种情况更加荒谬:是欧盟补贴烟草种植,还是之后欧洲将部分补贴用于成立基金会阻止吸烟。这些彻头彻尾的虚伪之举恰恰是导致欧盟在公众中信任度如此之低的真正原因。

这些关于烟草补贴问题的辩论发言有一个共同点,辩论者矛头直指欧盟,指出其通过或否决某个议案可能破坏政策的一致性,从而产生负面后果。在这过程中,他们采取了一种针对特定类型,对症下药式的辩论方法。然而,他们同样也可以采用对比辩论法达到这一目的,即利用先前已经获得通过的类似立法与新提出的立法进行对比,来增加或减少新立法议案的通过机会。

六、结　　语

通过对欧洲议会全体会议辩论进行探讨,我们为这类辩论做出如下定义。它是一种特殊的论辩活动类型,具备以下特点:特殊的初始状态,特殊的程序性起点和实际起点,特殊的论辩手段与批评,以及特殊的终结类型。欧洲议会全体会议辩论使用的辩论性话语,其事关机变的制度/机构先决条件不仅由以上这些特点决定,还取决于各欧洲议会成员不同的国家和政治背景。他们在实际论辩实践中努力实现多元中的团结,对欧洲的现阶段发展发挥着重要作用。通过列举反映这些制度/机构先决条件的一些实例,我们探讨了欧洲议会面临的困境,也借此推出我们正在进行的研究新项目。该项目聚焦欧洲议会中的机变策略,由我们两人与 José Plug 以及 Francisca Snoeck Henkemans 合作承担。

参考文献

Corbett, R., Jacobs, F. & Schackleton, M. 2007 *The European Parliament.*

London: John Harper Publishing.

Hall, P.A. & Taylor, R.C.R. 1996 Political science and the three New Institutionalisms. *Political Studies*, 44:936—57.

Ilie, C. 2003 Discourse and metadiscourse in parliamentary debates. *Journal of Language and Politics*, 2(1):71—92.

Levinson, S.C. 1992 Activity Types and Language. In *Talk at Work: Interaction in Institutional Settings*, ed. P.Drew & J.Heritage. Cambridge: Cambridge University Press, Cambridge, pp.66—100.

March, J.G. & Olsen, J.P. 1984 The new institutionalism: organizational factors in political life. *The American Political Science Review*, 78(3):734—49.

van Eemeren, F.H. (to be published). *Strategic Maneuvering in Argumentative Discourse*.

van Eemeren, F.H. & Houtlosser, P. 1999 William the Silent's argumentative discourse. In *Proceedings of the Fourth Conference of the International Society for the Study of Argumentation*, ed. F.H. van Eemeren, R.Grootendorst, J.A.Blair, & Ch.A. Willard. Amsterdam: Sic Sat., 168—71.

van Eemeren, F.H. & Houtlosser, P. 2000 The rhetoric of William the Silent's *Apologie*. A dialectical perspective. In *Proceedings of the 1st Tokyo Conference on Argumentation*, ed. T. Suzuki, Y. Yano, & T. Kato. Tokyo: Japan Debate Association, 37—40.

van Eemeren, F.H. & Houtlosser, P. 2005 Theoretical construction and argumentative reality: An analytic model of critical discussion and conventionalised types of argumentative activity. In *The Uses of Argument. Proceedings of a Conference at McMaster University*, ed. D.Hitchcock & D.Farr., 75—84.

van Eemeren, F.H., Houtlosser, P., Ihnen, C. & Lewinski, M. (to be published). *Contextual Considerations in the Evaluation of Argumentation*.

Walton, D. 1998 *The New Dialectic: Conversational Contexts of Argument*, University of Toronto Press, Toronto.

Walton, D.N. & Krabbe, E.C.W. 1995 *Commitment in Dialogue: Basic*

Concepts of Interpersonal Reasoning. Albany, N.Y.: State University of New York Press.

Zarefsky, D. 2008 Strategic maneuvring in political argumentation. *Argumentation*, 22(3):317—30.

In Varietate Concordia-United in Diversity European Parliamentary Debate as an Argumentative Activity Type

Frans H. van Eemeren & Bart Garssen

Abstract: In Varietate Concordia—United in Diversity, the motto of the European Union printed proudly on all official paperwork of the European Parliament, proves a smart choice now so many Europeans are ambivalent about the European project. On the one hand the Europeans are afraid that they will lose control over their own national identities as a consequence of the rapidly increasing power of Europe's central administration; on the other hand they realize that the European Union brings more prosperity and makes it possible to fight the financial and economic crisis much more effectively.

Keywords: European Union, Activity Type, Communicative Practice, Political Group, National Parliament

(原载于《当代修辞学》2020 年第 4 期)

假省在论辩话语中的机变意义*

斯诺爱克·汉克门斯
（荷兰阿姆斯特丹大学言语交际、论辩理论及修辞学系）
罗明安　袁　影　译
（苏州大学外国语学院）

提　要　本文研究假省文体手段在论辩者试图协调其修辞目标和辩证目标中所起的作用；该手段是在展开辩证过程的某些讨论步骤中为解决争端而进行的一种机变。文章首先讨论了话语中实现假省的方式；然后分析作为呈现手段的假省在使用中可能产生的各种效果，该分析将用于确立在论辩的不同阶段中策略性地实施假省的可能性；最后文章还指出了假省的一些机变类型是怎样导致脱轨的，以及这些脱轨运作会违反批判性讨论中的哪些规则。

关键词　逃避举证责任　省叙　假省　伪默　机变

一、引　言

本文将运用弗朗斯·H.凡·埃默伦（Frans H. van Eemeren）和彼得·豪特劳斯尔（Peter Houtlosser）在最近十年不断推进的理论框架，对假省（praeteritio）文体策略进行讨论。该理论框架已将修辞观融入论辩的语用-辩证方法之中。在他们看来，通常的论辩实践中辩证维度之外还存在着修辞维度（van Eemeren & Hout-

---

* 作者简介：斯诺爱克·汉克门斯（A.F.Snoeck Henkemans）为荷兰阿姆斯特丹大学言语交际、论辩理论及修辞学系教授，语用-辩证论辩学派核心成员之一，与该学派创始人弗朗斯·H.凡·埃默伦（Frans H. van Eemeren）及罗伯特·格鲁道登斯特（Robert Grootendorst）合作过数部著作，如《论辩理论基本原理：历史背景与当代发展手册》（1996）、《论辩：分析、评价与呈现》（2002）及其修订本《论辩：分析与评价》（2017），并发表了诸多在国际论辩研究领域产生广泛影响的重要论文。
此项翻译为国家社科基金项目"常用修辞格的论辩性语篇功能研究"（15BYY178）的阶段性成果。

losser 2002:9)。辩者一般不只是为了赢得讨论,还要采用一种合理的方式进行讨论。也就是说,这种方式要符合批判性讨论的标准(van Eemeren & Houtlosser 2002:135)。凡·埃默伦和豪特劳斯尔坚称,没有理由认为说服的修辞常规必然与合理性这一批评理想不相一致。然而,同时追求辩证与修辞两种目的,有产生冲突的可能(van Eemeren & Houtlosser 2002:135)。为减少这种冲突,辩者可以运用凡·埃默伦和豪特劳斯尔所称的"机变"(strategic manoeuvring)。机变由 Perelman & Olbrechts-Tyteca(1969)提出的"选择"(choice)、"契合"(communion)和"现前"(presence)三个方面组成:

> 机变可出现在对某个论辩阶段"潜在话题"的有利选择,对"受众需求"的机敏回应,或在对恰当"呈现手段"的运用中。由此双方有望选择各自能妥善处理的或最适合己方的话题材料,发掘出最适合对方的视角,并以最有效的方式呈现自己的贡献(van Eemeren & Houtlosser 2002:139)。

机变可能"脱轨"而成谬误,如果一方的辩证目标受到了修辞目标的支配,导致辩者违反一条或多条批判性讨论的戒条。

我在近来的研究中探索了机变的具体展示方式。为此,对论辩的每个阶段,我考察了转喻、修辞问句、假省等文体手段在有效呈现话题选择中可以发挥的作用。研究所采用的方法如下:为了深入探索一些转义辞格(tropes)与思想辞格(figures of thought)的策略潜能,首先根据古典和现代文体学分析这些辞格可能产生的交际和互动效果;然后,从机变的角度对这些效果作出分析。本文的研究对象是假省文体手段。假省是一种思想格,《牛津英语词典》(*Oxford Dictionary of English* 2005)将其界定为"经由声称要省略某事物而引起对该事物的注意"。此格又称省叙(paralipsis)、反语(antiphrasis)、掩蔽(occultation)和省略(omission)。《献给赫伦尼厄斯的修辞学》(*Rhetorica ad Herennium*)对假省给出了如下描述:

> 假省(Paralipsis[*praeteritio*])出现在当我们说自己忽略,或不知道,或拒绝讲出,我们现在恰好在说的话时,如:"的确,你在少年时代,耽于放纵,花样百出,如果我认为现在正是时候,我会叙说。但目前我是特意把它放置一旁。保民官报告你服兵役期间不守规矩,这我也略过。……这些事我未置一词,只是回归这个审判正题。"(IV, 27.37)

我将首先讨论假省在话语中的实现方式,然后将分析假省的不同表现方式在使用中产生的各种效果,最后将讨论使用此手段可能的机变,以及假省的使用可能导致的各种脱轨。假省的主要特点是:说话人宣称他要略而不讲的内容,还是被他以某种方式提及了①。使用假省,言者或作者都明确表示,他们不会给出某一信息,而此做法恰恰传达了这一信息。所以,这一辞格有时被称为"伪默"(false reticence)。为了更深入地了解假省可能的种种表现,我将努力回答以下两个研究问题:1) 言者或作者可以通过什么方式明确表示他们不会传达某一信息? 2) 他们又如何实现对这一信息的传达?

二、表明自己不想说什么的方法

言者或作者表明自己不想说什么的第一种方法是明确宣布这一意图。例(1)即选择了这种直接的方法:

(1) 我不会告诉你我的母亲每天早上为我父亲冲咖啡。(http://www.stanfordspokenword.com/poems/)

(2) "我不是说教皇是无知的",Yomakogullari 说,"但是他出言辱没伊斯兰教,你不能不得出结论:认为他丝毫不了解我们的信仰。伊斯兰意味着和平。"(*NRC Handelsblad* 2006.11.28)

还有更多间接的方法来表示不想说什么。例如,言者或作者可能指出,一个或多个执行断言言语行为(assertive speech act)的适切条件没有得到满足,从而意味着此言语行为是不可能的。断言言语行为有以下几个适切条件②:

言者相信以断言表达的命题是真实或正确的(诚意条件);

言者相信他可以为表达的命题出示证据(准备条件1);

言者相信命题所包含的信息是听者感兴趣的(新的,重要的等等)(准备条件2);

---

① *Reticentia* 审慎寡言(或 *aposiopesis* 说话中断法或 *praecisio*)是用于真实省略的术语,即言者实现了所说的省略意图(Usher 1965:177)。按 Usher 所言,*reticentia* "也能产生修辞效果,即暗示有大量相关证据可用,而说话者并不打算加以利用。"(Usher 1965:177)

② 我对断言的适切条件进行的分析,基础是豪特劳斯尔(1995:103—106)对断言基本类型的分析,而豪氏的基础是 Searle & Vanderveken(1985)构想的适切条件分析。

言者相信他有权或在其位对命题的正确性作出承诺（即在道德、法律、现实的或社会习俗方面没有原因阻止他这样做）（准备条件3）。

通过否认一个适切条件得到满足，言者可以间接表明自己不准备执行断言式言语行为，声称条件未得到满足。以下就相关四个适切条件的情形分别举例说明。

1）否认满足诚意条件（言者相信断言的命题是真实或正确的）：

（3）布什……警告国会不要限制用于战争的资金……："我不相信如果有人不同意我的观点，他们就不爱国。另一方面，我认为重要的是让人们理解不为我们的军队提供必要的资源来完成这项工作会有什么后果。"（http://www.usatoday.com/news/washington/2007-02-26-democrats-iraq）

2）否认满足准备条件1（言者相信他能为陈述的命题提供证据）：

（4）我没有理由指责计算机安全应急响应组（CERT）系统地做这件事，但其对斯坦福文件的处理确实带来一些问题。（http://www.freedom-to-tinker.com）

3）否认满足准备条件2（言者相信命题所包含的信息是听者感兴趣的）：

（5）在本页中，出于适当理由，黛西学院选择简言。暂时没有意义详述，进入细节，如学院如何与这些先进的、有爱心的、超凡脱俗的、尽显辉煌、慷慨、善意的宇宙大使们进行交流，尤其此情之下没有必要细说他们如何发出众多短期预测，预见诸多有关发现及其他事项，为心智天真和想法繁复的各色人等带来惊喜连连。（http://www.daisyinstitute.com/predictions.htm）

4）否认满足准备条件3（言者认为有权或在其位对命题的正确性作出承诺）：

（6）由我来夸耀他们的成绩会显得不大得体，我就只告诉你们，没有一个人带回任何辅音字母（应指成绩没有B、C、D，都是A）。（bonald3.blogspot.com/2006_03_01_archive.html）

（7）静寂的夜色中，传来了一种怪异的声音，如果我稍微清醒一点的话，就能告诉你那是人群的声音。（http://www.demolitionmag.com/demolition-porter.htm）

三、假省内在非一致性的掩饰技巧

如前所见,假省的特点是当言者或作者宣称他们将略过某事物时,却仍然提及它。显露人们声称不传达的信息,而又不为此非一致性招来太多注意,有什么技巧可用?

我认为,为了回答这个问题,首先需要进一步区分我讨论到现在的假省呈现方式。一方面,在某些情况下,说话者否认自己正在对某一命题表态;另一方面,在某些情况下,说话者否认他将会诉说、提及或谈论某事。如果一个人说他不是在说什么(如例(2)),或否认满足断言的诚意条件(如例(3)"我不相信"),或否认满足对他的断言持有证据的准备条件(如例(4)),因此表明他不准备对某个命题表态①。而言者宣称他不会说出什么(如例(1))或声称第二或第三准备条件未得到满足(如例(5)至例(7)),那情形就不同了。言者于是并不否认自己已经准备对某一命题表态,只是否认他已准备好(或者能够)谈论某事;此情形中他对命题的表态这一事实已隐含其间或被视为理所当然。如例(7)中言者声称他说不准那是他听到的人群的声音,因为自己醉得厉害。然而,他并没有否认对听到人群的声音这一事实表态。这种差异带来的结果是,当言者讲他们不会说或泄露什么却仍然作了传达时,他们就要避免非一致性过于明显。如果辩者对假省内在的非一致性不加掩饰,他就会造成如下类型的假省:

(8) 我不是说他病了,而是他病了。(不是 P,而是 P)

(9) 我不打算告诉你他得的是什么病,那是流感。(我不会执行我现在正在执行的言语行为)

这种明目张胆的非一致性形式在促使辩者的观点为对方接受的过程中很可能起不到多大作用。那么辩者如何掩饰这些类型的非一致性呢?

在第一类情形中,言者否认对一个命题的表态,有一种经常使用的技巧,就是

---

① "说话者有证据证实其断言"这一准备条件与诚意条件一道划归格莱斯质的准则之子准则。因此,只要其中一个条件不满足,说话者就能表明自己的断言不会是真心实意的,从而他们也不必为断言中表达的命题负责。

接着这个否定引进一个以"但是"(but)引导的从句,其中言者提出一个替代性说法,仔细观察会发现它在当前上下文中等于或暗指相同的事情。如例(2)中使用了这种技巧:教皇在谈论伊斯兰教时并非无知,但他对伊斯兰教一无所知。

在第二类情形中,言者表明他不情愿向听众传达某种信息,此时可用各种技巧来掩饰其中的非一致性。实现这种效果的一种方法是避免使用非全即无(all-or-nothing)的形式,比如要说不愿提某件事时可换用含更多层级空间的表达方式,如"我不会深入细节"或"我不会详细说明"。由于详细与否的标准在很大程度上是相对和主观的,所以在某人声称自己不作详述的前提下,很难指责他过于详细。例(10)中就使用了这种技巧:

(10) 我就不细讲我与代我泊车者之间的争论,他从烟灰缸中偷走了所有的25分硬币,却说,"没有,我没有拿你的25分硬币;你给我车的时候,车内就没有25分硬币。"我说,"那好,你不知道,我把车交给你之前,我检查过,车里约有两美元的25分硬币,而现在它们不见了;小子,我怀疑有人拿了。"他则回应,"你疯了,我讨厌你的车,滚开,别再回来了。"然后在他走开时,一把25分硬币从他的口袋里掉了出来。(http://www.pauldavidson.net/2004/03/11/today-i-have-nothing-to-say/)①

另一种可用的方法是使用一个像"我不会告诉你如何"的结构。如例(11):

(11) 我不会告诉你飞机如何在云层中颠簸并突降了近一小时,而我在座位上啜泣,头脑却完全清醒,想象着天国是什么样的。(http://www.knotmag.com/?article=532-27k)

此种有效的掩饰方式源于从属连词"如何"(how)可能产生的歧义:它既可以指做某事的方法也可用来引入事实陈述。例如,有一句话:

(12) 我不会告诉你鲍伯是如何在赌场输光所有钱的。

可用来形成两个不同的陈述,如(12a)和(12b):

---

① 事实上,此例提供的细节之多让它成了申明省略却提供完整细节的假省的一个极端类型。此假省极端类型有时称作 *proslepsis*。

(12a) 我不会告诉你,鲍伯在赌场以什么样的方式输光了他所有的钱。

(12b) 我不会告诉你,鲍伯在赌场输光了他所有的钱。

如果说话人只想传达鲍伯输钱的信息,(12)是一个清晰的自相矛盾型假省例子:言者声称不给出的信息,正是他传出的信息。但因为有歧义的"如何结构"不会引起注意,听者甚至可能倾向解释为(12a)而非(12b),因为我们可以认为他会假定言者遵守格莱斯的合作原则(Grice 1975)。听者因此不会指责说话人违反了质的准则。

实现假省而不明显表现出非一致性的第三种方式是,使用一种也可用于真正省略的结构,例如"我们今天不会谈论 X"。此处的 X 是一个名词或名词短语,而不是一个完整的陈述。例(13)是真正省略的一个例子(因此不是假省):

(13) 我不会在此提出选举程序的问题,因为我认为我们最好在员工会议上讨论它。

如果同样的结构用的是含有正面或负面涵义的名词或名词性短语,那么它可以用来准确传达说话人想传达的信息,却用不会这样行事作幌子,如例(14)。如果例(14)的预期受众尚未意识到已经出现预算赤字,例(14)可作为暗示他们这一事实的一种手段。

(14) 我们不会在此提出预算赤字的问题。(http://www.virtualsalt.com/rhetoric.htm)

此类结构的另一个优点是,该信息(即出现预算赤字)引入时,似乎它已成公认的事实或某项常识,因此不应获得任何批评性关注①。

使用过去式条件句是第四种方式,可让言者或作者提出陈述或指控,同时声称他们不会作出这样的陈述,而表面上又看不出非一致性。由此,他们可以表明因某特定条件未满足而阻止了他们作出该陈述。尽管如此,该陈述仍然完成,如例(15),但在此情况下,它似乎不再是指向当事人,因此,言者可以否认自己已称

---

① Schmid(2001)讨论过一种带抽象名词的结构,可资比较。例如,借助"事实是"(The fact is that)或"问题是"(The trouble is that)言者或作者可以操纵听众或读者。据 Schmid 所言,这种预设常常虚张声势,由此说话人"将其听众盘入骗局:未得事实根据即已相信,某些信息已为双方共享和熟知因而不需要特别关注或反思。"(p.1548)

他朋友是骗子。

(15) 如果你不是我的朋友,我会说你是个骗子。(If you were not my friend, I would say you are a liar.)

四、假省的潜在效果

根据《献给赫伦尼厄斯的修辞学》,使用假省的重要原因是传达某信息或证据而不想有人供信息呈证据的事实本身惹人注目:

> 此格方便用于提及一件不适合特别引起受众注意的事上,因为只作间接提示更有优势,或直接提示会令人生厌或有失尊严,或不能说清,或易遭反驳。因此,由假省造成怀疑比坚持易遭反驳的直接声明具有更大的优势。(Ⅳ, 27.37)

对此思想格的功能,Usher(1965:175)给出了一个类似的分析,主张"用假省作为手段来呈现的证据易为受众接受,尽管其真实性或价值仍有可疑"。对假省如何运作,他给出了以下描述:

> 假省可用于呈现那种易被警觉的陪审团细察为假或可辨的材料。它能让一个陈述得以完成,使陪审团有所注意并倾向于说话人;但因为他表面上认为这对他的论点并非必需或者无关紧要,他们就不会对其检查得太仔细。由此,脆弱的论据和虚假的证据即可在省略它们的伪装下被信心十足地加以引入。(Usher 1965:176)

可见,假省是用来呈现信息尤其是论据的,这一方式让它们不会受到太多的关注,但仍然传达给了受众。Perelman & Olbrechts-Tyteca 对假省运用所作的描述也强调了该格对害怕使用某一论据的说话人十分有助:

> 对一个害怕使用某个论据的说话者,具体补救办法是暗示它。过明地使用一些论据会有违好品味、招来危险,甚至遭到禁止。也存在一些论据的提及只能通过暗示或影射,或通过威胁(Perelman & Olbrechts-Tyteca 1969:487)。

假省被 Perelman & Olbrechts-Tyteca(1969:487)视为对某一论据的"半放弃"

(semi-renunciation)或"伪牺牲"(pretended sacrifice)。根据他们的说法,"牺牲该论据既可满足得体性原则,同时也暗示了其他的论据足够有力因而这一论据是可有可无的"(Perelman & Olbrechts-Tyteca 1969:487)。

其他的作者首先将假省看作一种强调宣称所省内容的方法。例如,Lanham(1991:104)将假省界定为"通过明显不提某事而强调它"。Dupriez(1991:354)区分了两种假省:"一种几乎不强调话语的半假省(semi-preterition)"和"真假省(true preterition)",即"一种隐瞒只为更好展现的伪假省"。

我认为假省可以是强调和隐藏的结合。与仅仅对事情保持沉默或不执行具体的言语行为不同,假省时言者或作者明确否认他们对某一命题表态,或者明确宣称他们不会说某事。通过否认他们对命题的表态,当前的命题在受众意识中反而变得更加突出。正如Clark(1975)谈到理查德·尼克松出名的"我不是骗子"(I am not a crook)的声明时所观察到的,否认就预设了受众相信或可以相信被否认的事情①。如果言者声称不谈到某一话题,他因此也将注意力导向了他不在执行的言语行为,因为这通常只出现在你的受众希望你执行某一言语行为的情形,或你本想这样做但克制自己不去执行它的情形。因此,否认你要执行某一言语行为,恰能把受众的注意力集中到你本可这样做或本愿这样做的事实上了。所以,否认表态或否认要执行某一言语行为,就已经把受众的注意力吸引到了言者或作者声称不提供的信息上。随后,此信息仍然被放出,但它呈现的方式通常掩盖了言者声称在做的事与他们实际做的事之间存在的矛盾。正是以这种方法,与特定呈现技巧相结合的假省,可以被视为一种强调兼具隐藏的形式。

五、假省与机变

我现在要解决的问题是假省在辩者的机变中起什么作用。在凡·埃默伦和豪特劳斯尔(2002:138)看来,批判性讨论的每一个辩证阶段修辞都要发挥其相应的作用,所以每个阶段的辩证目标及修辞目标都可作出辨别。至此,我们已经看

---

① 曾作类似分析的Ducrot(1984:216—217)认为,包含(论辩性)否定的句子会蕴含一个对话,带着另一个持相反观点的(无声的)"声音"。

到,假省主要被描述为一种呈现论据的有用技巧,可使这些论据引发批评的可能性得以降低。假省也因此被认为是一种可用于论证阶段的策略。在我看来,假省也可在论辩的其他阶段发挥作用。

对立阶段。该阶段参与者的辩证目标是表露意见的差异,而其修辞目标则是以于己最有利的方式定义观点的差异(van Eemeren & Houtlosser 2002:138)。比如辩者呈现自己观点的方式,会让它变得更不易受到攻击,如例(16)。或者他们试图批评对方观点的方式,不会遭到再作解释的要求,如例(17)。

通过假省呈现观点(以斜体表示,下同):

(16)"*我不是说教皇是无知的*",Yomakogullari 说,"但是他出言辱没伊斯兰教,你不能不得出结论:认为他丝毫不了解我们的信仰。伊斯兰意味着和平。"(*NRC Handelsblad* 2006.11.28)

通过假省批评对方的观点:

(17)丹:昨晚在电视上看了《大咬一口(Big Bite)》喜剧片。*太蹩脚!太没创意了!*

乔:嗯,丹,要说"*你们做得更好*"那太容易了,但在这儿有群人靠帮助喜剧演员演播来讨生活。我宁愿观看和支持为本地人服务的本地喜剧而不是任何进口真人秀。(http://www.phorums.com.au/archive/index.php/t-33805.html-12k)

启动阶段。该阶段的辩证目标是为论辩确立一个双方公认、毫不含糊的出发点,修辞目标是让出发点确立得最有利于自己一方的利益。可以通过如下方法来实现,向对方提议自己的出发点,或响应对方提议的出发点①。在例(18)中,后者的实现是通过陈述某事已被接受为出发点:

通过假省说明对方已经接受某事为出发点:

(18)对我而言,*婴儿潮一代的生活方式是最大限度地利用我们现有的选择,尤其是在家工作这一选择*。不用我多说,我们一直是这么做的。一旦

---

① van Eemeren 等(2007:90—92)呈现了论辩开始阶段的辩证轮廓,其中明确了参与者在批判性讨论中可以采用哪些策略来提出起始点和对此提议作出反应。论辩此阶段各策略的指示类型也作了说明和讨论。

我们看到一个机会,看来不错的机会,我们就会努力争取。这只是另一件我们可以选择做的事。和你一样,我宁愿选择简单而非困难的方式做事。……来加入婴儿潮人的新潮。在家工作吧。(ezinearticles.com/?Baby-Boomers-Work-From-Home-Is-An-Option&id=841077-40k-)

论辩阶段。该阶段的辩证目标是提出论据并进行批驳,而修辞目标是"提出最有力的论据和进行最有效的驳斥"(van Eemeren & Houtlosser 2002:139)。为此辩者会以尽可能有力的方式呈现自己的论据。例(19)中论点"美国人应该享有更多休假时间"的论据之一是由假省提供的。因此,辩者暗示他本可给出更有力的论据,但没必要这么做,因为即使没有这个附加论据,现有论证已经足够强劲。

通过假省提出论据:

(19)哦,再继续发发我对工作的牢骚……你知道中国工人平均一年享有3周的假期吗???我上星期在一篇文章中读到了这一点;我简直不敢相信。……我只是认为我们应该享有更多假期。"最好的"国家在世界上不能给员工放假长过中国吗?我更无需提及欧洲人享有多少休假时间了。(tjparker.spaces.live.com/blog/cns!7BF842B4D45B5A92!1538.entry-44k-)

终结阶段。该阶段的辩证目标是确立讨论的结果:正方能否维持自己的立场?反方能否维持怀疑的立场?各方的修辞目标是"获胜"(van Eemeren & Houtlosser 2002:139)。在例(20)中,反方以维持自己的怀疑结束论辩,而实现的方式是假省,可能是不想多费唇舌,轻松结辩,因为他的"保证"给人的印象是他想有所帮助(或至少可以有所帮助,如果没有出现"糟糕!")。

通过假省保持怀疑:

(20)非常感谢你,我保证不提我持异议之事(糟糕!)。(http://www.physicsforums.com/showthread.php?t=237&page=13-117k-)

我希望这些例子足以表明假省文体手段可由辩者用于论辩的所有阶段,可分析得出它有助于辩者作出各种机变。虽然使用假省未必产生谬论,但涉及假省的机变还是很有可能脱轨。使用假省策略通常可以导致逃避举证责任,如例(16)

中,辩者免除了自己观点可能受到的批评——通过声称他实际在捍卫的观点不是他想要辩护的观点。广而言之,假省可能用作违反批判性讨论规则而侥幸逃脱的一种方法。比如例(17)中,辩者批判性回应对方"[要说]你们应该做得更好(那太容易了)"时,实际上犯了"你也一样"型的"人身攻击"错误,但是因为通过假省提出这一反驳,他不用为此承担责任。由于假省计策可让"明说的"内容与"不宜说的"内容在分析中区分开来,它一般来说是种避责手段,那责任在不用假省的情况下就需要自己承担了。

参考文献

Clark, H.H. 1975 Bridging. Theoretical issues in natural language processing. *Proceedings of the 1975 Workshop on Theoretical Issues in Natural Language Processing.*

Collins Cobuild English language dictionary(1988). London/Glasgow:Collins.

Ducrot, O. 1984 *Le Dire et le Dit.* Paris:Minuit.

Dupriez, B. 1991 *A Dictionary of Literary Devices.* Translated and adapted by A.W.Halsall. New York/Londonetc.:Harvester Wheatsheaf.

Grice, P. 1975 Logic and conversation. In *Syntax and Semantics III*:*Speech Acts*, ed. P. Cole and J.L.Morgan, 41—58. London:Academic Press.

Lanham, R.A. 1991 *A Handlist of Rhetorical Terms*, 2nd ed. Los Angeles:University of California Press.

Perelman, Ch. & Olbrechts-Tyteca, L. 1969 *The New Rhetoric. A Treatise on Argumentation*(*Translation of La nouvelle rhétorique. Traité de l'argumentation. Paris*:*Presses Universitaires de France*, 1958). Notre Dame:University of Notre Dame Press.

Rhetorica ad Herennium(trans:Caplan, H.) 1954 Cambridge:Harvard University Press.

Schmid, H.-J. 2001 Presupposition can be a bluff:How abstract nouns can be used as presupposition triggers. *Journal of Pragmatics*, 33:1529—1552.

Searle, J.R. & Vanderveken, D. 1985 *Foundations of Illocutionary Logic.* Cambridge:Cambridge University Press.

Usher, S. 1965 Occultatio in Cicero's speeches. *The American Journal of Philology*, 85(342):175—192.

van Eemeren, F.H. & Houtlosser, P. 2002 Strategic manoeuvering: Maintaining a delicate balance. In F.H.van Eemeren and P.Houtlosser(ed.) *Dialectic and Rhetoric: The Warp and Woof of Argumentation Analysis*. Boston: Kluwer, 119—130.

van Eemeren, F.H., Houtlosser, P. & Henkemans, A.F.S. 2007 *Argumentative Indicators in Discourse. A Pragma-dialectical Study*. Dordrecht: Springer.

Manoeuvring Strategically with *Praeteritio*

A.Francisca Snoeck Henkemans

Abstract: This paper investigates the role that the stylistic device of *praeteritio* (or *paralipsis*) can play in arguers' attempts to reconcile their rhetorical with their dialectical aims by manoeuvring strategically when carrying out particular discussion moves of the dialectical procedure for resolving a dispute. First, attention will be paid to the ways in which *praeteritio* can be realized in discourse. Next, an analysis is given of the effects the use of *praeteritio* may have as a result of the presentational means that are employed. This analysis will be used to establish the possibilities for strategic manoeuvring with this device in the different stages of an argumentative discussion. Finally, an indication is given of how the types of strategic manoeuvring that a *praeteritio* can be instrumental in may derail, and in which violations of the rules for critical discussion such derailed manoeuvrings may result.

Keywords: Evasion of the burden of proof, paralipsis, *praeteritio*, reticence, strategic manoeuvring

(原载于《当代修辞学》2020年第4期)

人工智能与修辞

修辞对人工智能+的挑战:以人机互动为例

顾曰国

(北京外国语大学人工智能与人类语言重点实验室)

提　要　修辞是人类语言生活中普遍存在的现象。让计算机自动处理此普遍现象是当前人工智能+所面临的最大挑战之一。文章以人机互动为例讨论此挑战的复杂性。人机互动从图灵测试始,迄今70年呈现4种基本发展脉络:机器无智能、出现智能、开始智能满足人的需求以及试图琢磨人的心灵与情感。从人的角度,与机器智能对应的是人对机器的依赖程度,也分为四种:人主-机佣型、人主-机助型、人需-机供型以及人依赖机型。文章从机器和人的视角分别讨论了修辞现象的形式化问题。迄今,词法、语音、音系、句法、语义等形式化程度高,计算机自动处理的能力较好。修辞/语用相比之下,计算机自动化处理还处于起步阶段。修辞学、计算机科学、人工智能等需要跨学科联合攻关。文章最后还讨论了人机互动的伦理问题,提出认知性人机互动依赖需要立法。

关键词　机器智能　人机互动类型　修辞现象形式化　人机互动伦理

一、引　言

本文讨论修辞与人工智能之互动关系,即"人工智能+修辞"。"+"本文定义为应用,即把现有的人工智能技术用于处理修辞现象。修辞是人类语言生活中普遍存在的,除其普遍性外,更重要的是其意识性:在日常会话中,老百姓讲话时不懂主谓宾之类,但对用词不当、有口无心、言外之意等是非常敏感的。这些无处不在、使用者非常敏感的修辞现象,是当前人工智能所面临的最严峻的挑战。仅以隐喻自动处理而论,隐喻知识形式刻画如此之难,"人工智能研究者迄今像回避瘟疫那样躲避它"(Martin 1990:xxi)。

在人类学术史上,主攻修辞现象的修辞学,古今中外,已有几千年的历史,文献浩如烟海。人工智能作为研究领域相比之下还是初升的朝阳。我们若以图灵1950年在《心智》(Mind)上发表的题为"计算机器与智能"(Computing machinery and intelligence)(2004[1950])的论文作为其始祖,那么它仅有七十多年的发展历程。Lungarella et al.(2007)针对技术演变对其做过五十年成就总结。Grimson & Patil(1987)对20世纪八十年代人工智能进展做了断代概览。Dreyfus(1972, 1999)从哲学的角度对其在概念和机器翻译实践上提出了比较负面的批评和总结。有兴趣了解人工智能研究全貌的读者可参阅此四本专著。姚天顺等(2002:1)用"智慧树"形象地描述人工智能各分支,其中自然语言处理居树顶(见图1):"NLP[natural language processing]的接口,它吸收所有树根、树干和树叶的营养,形成一门独立的学科。由此可知NLU①的重要性。"

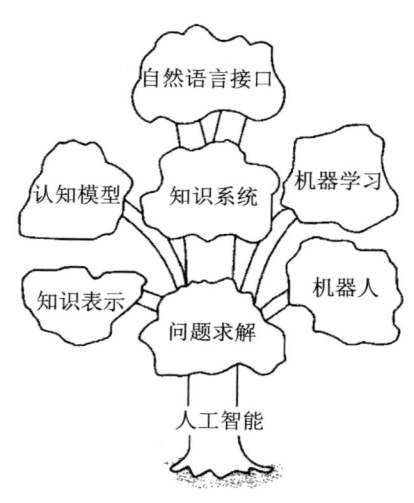

图1 人工智能智慧树(姚天顺等 2002:1)

本文为压缩讨论范围,有所侧重,拟以被誉为计算机科学和人工智能之父的艾伦-图灵(Alan Turing, 1912—1954)和图灵测试(Turing Test)为楔子,简要回顾人机互动模式的发展历程。根据机器与人互动的"智能"水平,人机互动可分为四个阶段。文章以这四个阶段为基点,逐一讨论修辞现象对人工智能发起的挑战。

修辞现象对人工智能的挑战,简要地说,就是看人工智能能否"应招",用计算机处理自然语言修辞现象。这样表述容易造成单向应招的误解,以为如果计算机不能处理修辞现象,责任在人工智能研究者一方,他们还不够"智能"。实际上,修辞学者一方具有同样不可推卸的责任。

根据主流语言学方法论,非常复杂的语言现象通过抽象成不同的层次以方便研究,如词汇、语音/音系、句法、语义、语用/修辞等。目前人工智能,特别是自然语

---

① NLU在姚天顺等著作里,NLU用做NLP(natural language processing)的同义词。

言处理,对词汇、语音/音系、句法、语义等方面的自动化处理,已经达到较高水平。语用/修辞①方面相比之下,起步晚,水平偏低。关于语用形式化研究,国外有 Gazdar(1979)、Searle & Vanderveken(1985),国内有蔡曙山(1998)、蒋严(2011)等。

  语言信息自动化处理水平高低,主要取决于两个因素:一是研究对象的形式化;二是在形式化的基础上拿出有效的算法。研究对象形式化是把现象跟计算机自动化处理联系起来的桥梁。对象、形式化与处理三者的互动关系,如图 2 所示:

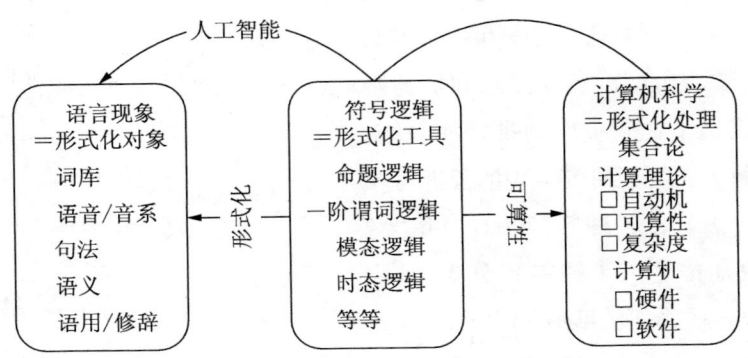

图 2 对象、形式化与处理示例

  语言学家有责任提出语言学理论或模型,以便于对相关语言现象进行形式化,图 2 仅显示一类形式化工具——符号逻辑②。符号逻辑之所以如此命名,是因为逻辑推理跟数学运算一样,要运用大量符号,而不是通过自然语言的文字表达,这使得符号逻辑成为超越自然语言之外的一种通用符号推理系统。图 2 单独凸显它,是因为它是计算机科学的根基。符号逻辑跟计算机科学为"共生关系":"计算机赋予逻辑以实际运行环境;逻辑为计算机科学理论研究提供逻辑语言和方法论。"(Hedman 2004:xiv)符号逻辑除了提供研究对象形式化的手段外,还有一个功能,即为计算机科学中的可计算性提供逻辑证明的手段。计算机不是万能机,有些问题它是不可能解决的,符号逻辑为判断哪些问题计算机有解,哪些问题无

---

① 在本文里,当"语用"和"修辞"指语言使用现象时,两者可以互换;指两个概念时,在我国修辞早于语用。鉴于此,在本文里,修辞为上位概念,语用为其下位概念。
② 在逻辑发展史上,"符号逻辑"并不是研究者统一用语。不同学术背景的学者会用各自喜好的术语。符号逻辑作为术语是多数英国学者喜好的(Lewis 1918:1)。

解提供理论上的推理验证方法。我们要问:有些修辞现象是不是当前计算机无解?有些是不是永远无解?有些尽管当下有解,但因计算成本太高而无法实现?回答这些问题已经超越本文作者的知识范围。但还是要提出来,相信今后注定会有学者能够提供答案。科学史告诉我们,科学研究不怕做不到,只怕想不到!

下面第二节回顾人机互动五十多年的研发脉络。第三节专门介绍词汇、语音/音系、句法、语义这几个层面的一些形式化方法。我们要问:这些方法是否适用于语用/修辞现象形式化?第四节讨论计算机处理修辞现象的潜在概念模型。最后第五节重温本文主旨人机互动中的修辞问题。

二、人机互动五十多年的研发脉络

2.1 图灵早期设想人机互动模式

图灵 1950 年发表的论文,开宗名义发问道:"机器能思考吗?"(图灵 2004 [1950]:67)在图灵看来,思维是人类智能的典型标记。人类思维离不开语言,人类语言行为(verbal behaviour)自然成为人类智能的可视、可闻的标记。如果人类发明的数字计算机①能够思考、答问,那么我们能不能说数字计算机有了像人类那样的智能?"像"字很重要。因为人类是生物生命体,数字计算机是有限状态机,本质上是完全不同的。然而,倘若让机器与人做模拟问答游戏,一问一答,顺畅到以至于旁听的第三方无法判断哪一方是机器,哪一方是人,那么图灵提议我们就应该认为机器具有了人类的智能。图灵测试后来被用做评估机器人或智能系统是否具有"人工智能"(artificial intelligence)的标杆②。

图灵测试人机互动(Human Machine Interaction,HMI)可以模拟如图 3 所示③:

---

① 数字计算机 digital computer 在图灵时代是相对机械计算机而言的。现代意义上的计算机当时还不存在。

② 图灵文章没有用 artificial intelligence,用的是 machine intelligence "机器智能"。这在内涵上跟后来普遍接受的 artificial intelligence 是一致的。

③ 现在出现多种模拟方法。本文的设计是根据我们对图灵文章的理解。

C为盘问方：预先告知其中有一方是机器。C 看到是书面文字，模拟游戏经过5分钟后做出判断，哪一方是机器。（根据Turing 2004［1950］绘制。注：问答式不是模拟游戏的必要条件。）

图3 图灵测试模拟

图灵设想的人机互动是人与计算机通过语音进行互动,用图灵自己的话说,即"犹如口头答辩"（like a viva-voce examination，Turing 1951；转引自 Moor 2003：11）。人机对话需要语音识别与合成的技术,美国 Bell 电话实验室 Homer Dudley 1928 年发明了电子语音合成器；图灵 1944 年主持语音加密项目（Garfinkel & Grunspan 2018），这些都是早期初步探索。语音处理技术经过近百年的研究,成就斐然,但还不能说成熟,还有许多技术堡垒有待攻克。

本文把人机语音自由交谈作为人机语音智能型互动。人机互动早期稳定且实用的是：人通过键盘输入/屏幕阅读①；机器键盘接受/屏幕反馈。计算机在互动中本质上对交互的内容没有做任何处理。从键盘人机互动到当前人与仿人机器人的语音互动,这个发展过程我们可以根据机器智能的程度分为四个阶段：1）机器无智能,包括单媒体无智能和多媒体无智能；2）机器出现智能；3）机器开始智能地满足人的部分需求；4）机器试图琢磨人的心灵与情感。图 4 演示四个阶段的整体概貌。

计算机②是否有智能,是根据机器能够自动处理自然语言的能力来判定的。我们分别逐一述说。

---

① 键盘输入、屏幕显示之前人机互动是通过打卡。
② 本文的讨论仅限于公众使用的个人计算机（personal computer），不包括大型计算机。

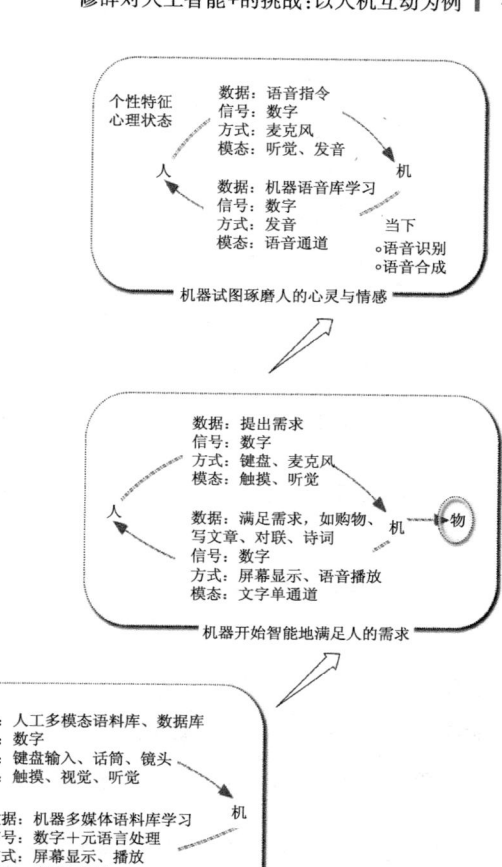

图 4　人机互动模式概览

2.2　人机互动(一):机器无智能

早期供个人使用的计算机,人通过键盘输入文字,机器把键盘输入的触摸信号转换成数字信号,通过屏幕把转换结果返还,供人阅读。机器为人所做的本质上是把输入的模拟信号转化为数字信号。例如,我们把印在纸上的一篇修辞学文章,打字输入到电脑里,机器经过处理(即数字化转换)把原来在纸上的东西变成数字形式。后来,个人计算机可以播放声音、回放电影等,即通常说的多媒体电脑。机器为人所做的本质上与前面相同,即把原来的模拟信号(如录音、录像磁带里的)转换为数字信号,然后用媒体播放程序把数字化的声音和视频播放出来,供人听和看。例如,我们可以把某修辞学讲座的录音或某教授的讲座录像,经过转换接口实现数字化。在数字化录音和录像设备成熟后,这个转换接口便不再需要了。之所以说这类计算机是无智能的,主要理由在于机器对输入的内容是无知的。输入的东西是关于语法的、修辞的,还是关于其他任何东西,跟机器如何处理、如何输出、如何满足人的需求,是毫无关系的。一句话,机器努力争取做的是让信号转换时不失真,即尽量接近原来的样子。

2.3 人机互动(二):机器出现智能

本文把机器开始处理语言内容作为机器初显智能的特征。比如,机器把一段字符串切分成一系列"词",再进一步给词贴上词性标记,如"名词""动词"等,甚至贴上修辞信息,如"隐喻""明喻""夸张"等。机器要做到分词并且能够贴上语法和修辞标签,人必须先"教"它,人首先要建语料库或数据库,并且人工把语法和修辞信息的标签贴到相关词项上。人工建此库的作用是让机器向人学习(即训练机器),人工建的库规模越大,越有利于机器学习。机器经过学习,获得了一定的智能,便可以自动处理人交给它的新任务。

2.4 人机互动(三):机器开始智能地满足人的需求

机器经过学习后,当人用语言(键盘或语音输入)提出需求后便能满足需求,如网上购物、语音查询地点等。这类功能把人-机-物/捆绑到了一起,这依赖语言信息和其他类信息如物流、地理、住所等大数据的无缝融合。

当前,有些机器应用程序可以帮助人批改作文,生成提要,甚至生成对联和律诗。这样的机器系统,其智能是否达到很高水平? 将于下文第四节讨论。

2.5 人机互动(四):机器试图琢磨人的心灵与情感

机器与人对话除了要对人的语音做识别和理解实现语音生成外,还要能够识别伴随语音的情感。语音所伴随的情感,从人类体验的角度可分为基础情感、基本情感和社会情感三个大类(Gu 2013;顾曰国 2013)。这些当下情感跟说话人的语力捆绑在一起,言既为心声,还为情声,"言思情貌整一原则"试图把语力与情感

整合到一个分析框架内。在人工智能领域,早期开拓者 Minsky(1988:163)写道:
"问题不是智能机器有没有情感,而是机器假如没有情感怎么会有智能?"后又撰专著论"情感机器"(Minsky 2006)。现有专门的国际会议专攻"情感计算"(affective computing, http://www.affectivecomputing.org/),该会议辑有题为 Affective Computing and Intelligence Interaction 的会议系列文献集,其中就有《情感、隐喻和术语计算》,见 Ahmad(2011)。中文写的情感计算综述见张迎辉、林学闇(2008)。

2.6 小结:人机结伴

当今,在许多人的生活里,智能手机是出门不离身的。没带手机会带来诸多不便,甚至无法办事。智能手机与使用者之间形成了紧密的结伴关系。为了便于下文讨论,我们把人机结伴程度划分为四个小类:

1) 人主-机佣型,早期计算机为人们提供的服务不是不可或缺的,而是可有可无的。本文作者 1987 年购买了个人微机 Amstrad,在当时属于个人高档奢侈品,引来同事围观。

2) 人主-机助型,后来个人微机开始普及,成为办公用品。这时计算机成为人们工作的重要助手,有些工作计算机是不可或缺的助手。

3) 人需-机供型,个人微机联机形成广域网(即因特网)后,人们的信息和购物需求通过对机器发送指令即可满足。

4) 人依赖机型,当今智能手机,其功能已经超越先前的办公台式机。人们日常生活依赖手机的状况,绝不是临时的,只会是有增无减。

下文第五节我们还将进一步讨论。

三、修辞与人工智能+:句法、语义、语用形式化研究概览

上文回顾了人机互动研究的四个发展阶段以及人机结伴的四种程度。这一节讨论修辞与人工智能+的互动关系,这本质上是讨论计算语言学如何处理修辞现象。我们仍然以上面的人机互动四个阶段为纲目逐一述说。

需要强调的是,语言现象是独立于语言学而客观存在的。但是,其中哪些现象属于或不属于修辞现象,是随语言学理论的不同而改变的。上文提到主流语言

学方法论,把语言现象抽象成词汇、语音/音系、句法、语义、语用/修辞等层面。本文采用这种通行做法,意味着我们讨论语用/修辞现象的计算机处理时,首先预设计算机对其他层面的语言现象进行处理。

3.1 人机互动无智能阶段修辞问题

在这个阶段,计算语言学首先要解决的是文字数字化编码、存储、输入与输出等问题①。起初,拉丁字母实现数字化编码后,汉字如何处理?能否也数字化编码以实现汉字存储、输入与输出?这个问题"曾一度成为电脑在中国普及和推广的'拦路虎'"(宗成庆等 2009:55)。汉字信息处理技术需要解决汉字字符集、编码方法、字形的生成、输入法、编辑、排版等一系列难题,攻克这些难题在当时属于重大科技进步。1981 年我国第一台汉字激光照排系统原理性样机通过鉴定,排版印刷业告别了铅与火,进入光与电时代。先前铅字排版印刷的纸质文献,根据需要,可以重新光电照排,实现完全数字化。

汉字信息处理是汉语信息处理的必备条件。但是,本文根据图灵思想做出的定义,能够处理汉字的计算机不能算有智能,因为这些技术只涉及文字系统(包括汉字)本身,还没有触及文字系统在人们使用过程中所产生的各种语言学信息,如语法和修辞信息。有趣的是,有些字母文字系统拼成的词(如英语、法语、俄语),把一些语法信息(如词性、性别、数)编码到词形里,汉字无法做到②。然而,很多汉字是可以拆成部件的,拆后的部件仍然有意义,可以作为修辞的资源,突出的如"析字"修辞格。析字格不仅见于文学作品和社论,而且见于相声和民俗文化,如拆字算命、猜拳行令、灯谜等。例如:"兵车煞是有趣味的,拥塞着的一些丘八我觉得怎么也好象些猪。"(茅盾《故乡杂记》,引自谭学纯等 2010:441)

概言之,在拼音文字系统,文字信息通过语法信息跟相关语言信息关联;而汉字文字系统则不然,它存在汉字信息通过修辞信息跟汉语信息关联的现象。这目

---

① 为了不让讨论过于复杂,语音信号处理本文避而不谈。
② 汉字部首"女"含性别信息。这个跟一些拼音文字(如法语)通过屈折形态显示性别有本质上的不同。如屈折形态复杂的语言中,如果阳性名词当主语,那谓语动词、修饰性形容词和副词也要跟阳性主语名词在性别上一致。

前还是一块处女地,有待修辞学和计算语言学的通力合作去开垦①。

3.2 人机互动有智能阶段修辞问题

在计算机科学里,说机器有智能指机器能够做人类智能所能做的事。人工智能开拓者所认识的人类智能指人用脑所做的事,如计算、解难、思考、想象、推理等,所有这些认知能力都离不开自然语言。然而,机器不可能像新生婴儿那样,自然而然学会说人类语言。机器只具有机器设计者赋予它的机器语言,让机器语言能够理解甚至会说人类自然语言,成为人工智能研究最核心的课题。

3.2.1 计算机语言简介

为了更好地把握计算机难以理解人类语言的顽疾之所在,这里有必要简要介绍一下计算机语言。它总体上分为三大类:机器语言、编译语言和高级语言。机器语言是最基本的二值(0,1)编码,可以理解为计算机硬件逻辑线路语言。编译语言是把高级语言跟机器语言链接起来的桥梁语言。高级语言即编写各种应用程序的语言,如大家熟悉的 C 语言、Java 语言等。语法、修辞现象形式化就是设计一套能够在上面所说的计算机语言的基础上处理语法和修辞现象的元语言。具体来说,设计一个能够满足两个基本条件的人工语言:1)能够充分描写自然语言现象;2)能够让计算机进行计算和处理。计算机语言与语法修辞形式化之间的总体关系,如图 5 所示:

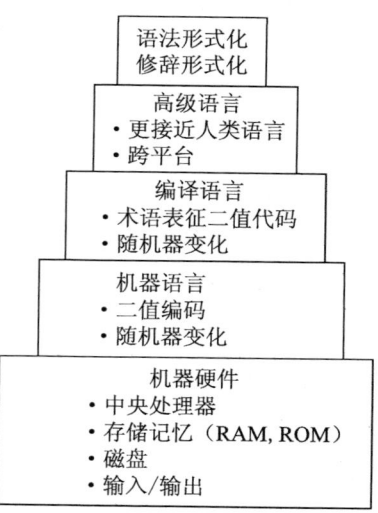

图 5　机器语言与语法修辞形式化

迄今,计算机高级语言多得难以计数。机器语言和编译语言一方面给高级语言提供研发空间,另一方面又同时划定了界限。在计算机科学里"界限"即可计算性(computability),换句话说,现行的二值数字计算机,其能力不是无穷的,有些问题是无法解决的,除非人们设计新型计算机。

---

① Bresnan et al.,澳大利亚土著语"词形"(word shapes)对"词组"(word groups)的讨论,可资参考。

从语言学的角度看，有几千年发展史的语言学（包括文字学、语文学等）自身没有能够做到对自然语言的充分描写，完全解释还遥遥无期。计算机科学可以说已经极尽其能事，但依然是可望而不可即。目前为止，相比之下最成功的形式化语言是基于集合论（set theory）的符号逻辑（symbolic logic）（见下文3.4）。

3.2.2 语法知识形式化：乔姆斯基早期贡献

至此，我们一直用"语法现象"和"修辞现象"这两个提法，旨在淡化理论色镜的影响。本小节出现"语法知识"，这便戴上了乔姆斯基的语言学理论色镜。乔姆斯基是把语言视为一种知识来构建其理论体系的。语法知识形式化以便于计算机处理，早期影响最大的莫过于他的转换生成语法。1955年，年轻的乔姆斯基开始在麻省理工学院现代语言系任教，同时在该校电子研究实验室做助研（Chomsky 1975:2）。这两个职务使乔姆斯基集语言学和计算机科学两个学科于一身，他因此能够从计算机科学的角度看语言问题，同时把计算机科学的科学方法用于语言研究。在当时，语言学的主流方法是描写法，即收集各种语言现象，对现象做归纳、分类和描写。乔姆斯基提出短语结构语法，加上转换生成，其方法可以称为逻辑建模加语法筛选和评估，这是对描写法彻底地革命。

逻辑建模有两层含义：1）透过现象抓住本质。世界上各种各样的语言，人们日常说出来的话，千变万化，这是现象。其后有个本质，是现象背后的逻辑，最重要的逻辑关系即乔姆斯基说的句法结构。2）根据理想的说者-听者语法知识构建的句法模型，首先不是描写性的，即它不是对实际语言现象的镜像刻画。模型跟实际语言现象之间是科学假设与验证的关系。换句话说，模型能够生成句子，生成的句子是不是自然语言里的句子，可以利用实际语言现象进行验证。不能通过验证时，说明科学假说模型有不足之处，需要修改或提出新的模型。这种假设-模型-验证的方法正是计算机处理自然语言的通行方法。

"语言"对于乔姆斯基逻辑建模来说，就是一个字母符号集（alphabet）。根据集合论，字符集里的成员是无次序的、平等的。比如，英语26个字母作为字符集的成员，它们之间是平等的。把26个字母作为初始状态变量输入机器里，经过过渡状态的处理，可以生成无限个由26个字母拼写组成的英语句子。同理，我们如果把所有的汉字作为字符集，作为初始状态变量输入机器里，经过过渡状态的处理，也可以生成无限个由汉字组合成的汉语句子。很显然，过渡状态处理是有限状态语法的核心部件。换句话说,过渡状态处理部件是计算语言学要研发的各种自然语言处理程序。评估机器是否有智能,要看有限状态机过渡状态处理的能力。有限状态机接收到输入的字符串后,如果不加限制可以生成无限个句子。其中有些是自然语言可以接受的,有些是不可能出现的。乔姆斯基的短语结构语法就是让机器只生成合句法规则的句子,剔除不合句法规则的句子。

3.2.3 乔姆斯基系列阶梯语言

上文把乔姆斯基的研究方法概括为"逻辑建模加语法筛选和评估",还指出这是对描写法彻底的革命。到七十多年后的今天,我们回头看,他的研究方法的优缺点清晰地显露出来。先谈优点,缺点见下文 3.3。我们知道,任何活的语言,其动态产生的语言实例构成一个开放的无限集。面对无法穷尽的实例集,逻辑建模的确是个好方法。在乔姆斯基研究的基础上,现在已经形成了一系列模型语言,如图 6 所示:

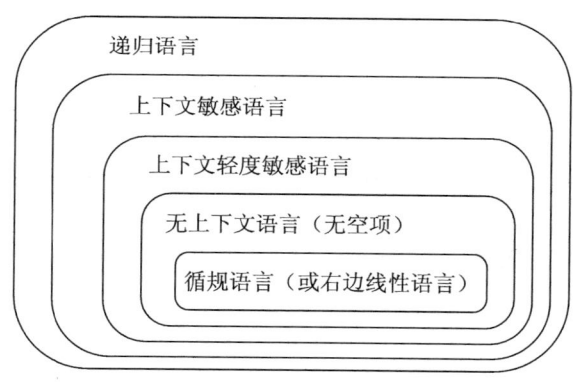

图 6 乔姆斯基系列阶梯语言(根据 Jurafsky & Martin 2008:537 图 16.1 绘制)

"循规语言"能够模拟人类语言中一些完全遵循规则的语言现象。然而,人类语言达六、七千种,不遵循规则(或无规则可循)的现象比比皆是。这些不遵循规则的现象如何处理?一是竭力发现新规则,二是修改现有的模拟模型。无上下文语言、上下文轻度敏感语言、上下文敏感语言、递归语言等,正是为了处理超出常规语言规则的其他语言现象而设计的语言。我们知道,修辞的一大特征在于创新,创新往往表现在打破常规。乔姆斯基系列阶梯语言能不能处理超常规的修辞现象,还有待研究。

现在我们来看一下乔姆斯基系列阶梯语言在计算机自然语言处理科学工具集里的位置,图 7 展示一些主要工具。上面提到过,图灵机是从有定有限自动机开始的(图7中的状态机类),沿着这条线发展,一直到隐马科夫模型。乔姆斯基系列阶梯语言是另外一条发展路线,属于形式规则系统类。由于它跟状态机类具有可映射性,因此具有普遍的应用价值。

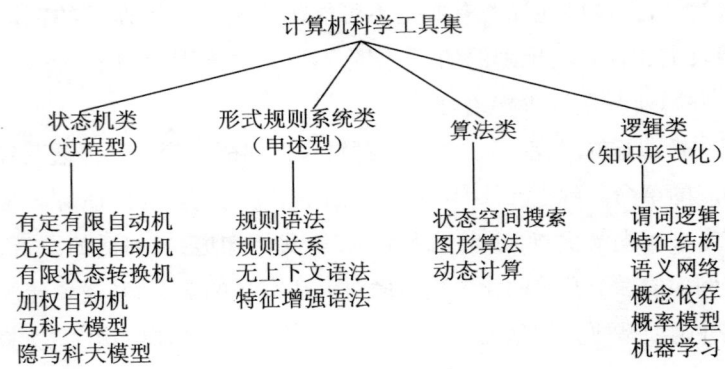

图 7　计算机科学工具集(根据 Jurafsky & Martin 2008:5 编制)

图7需要说明的是逻辑类(这里指符号逻辑)。状态机类、形式规则系统类和算法类,其底层的基础都是符号逻辑,差别在于调用了不同的符号逻辑子语言而已。图7的逻辑类特指用于对专门知识(包括百科知识)形式化的符号逻辑子系统。

3.3　转换生成语法与句法、语义、语用的形式化

我们知道,转换生成语法经过多年研究,形成了一个系列,其中包括:1)乔姆斯基主流生成派;2)新生代的"生成理论替换"派(Culicover & Jackendoff 2005:3)。主流派自1957年以来也经历过几个阶段的嬗变,如标准版、扩展标准版、管约论和简约论。尽管嬗变,然而有四项特征始终未变:1)形式化技术为派生性的;2)句法含有隐深层次;3)句法是语言复杂结构的来源,音系和语义的功能是解析性的;4)词库跟语法是分开的(根据 Culicover & Jackendoff 2005:14)。新生代各理论之所以冠以"新",是因为它们或多或少地偏离了这四项基本特征。下文涉及相关理论时将单独说明。

乔姆斯基转换生成句法有个基本假设,即句法自立。句法在语言研究抽象层级上居于最高位。我们知道,句法只是自然语言的一个层面,把句法视为自立层,不是语言现象的固有属性,而是出于研究者理论构建的需要。早期转换生成语法研究者看到句法自立假设的局限性,着手对乔氏理论进行改进或增强,促成生成

语义学的形成。生成语义学发展主要有两条路径:一是句法+语义解析,简要地说,在句法生成句子后或在过程中,给句子加上语义解析,由此语义跟句法一样有语义转换生成规则;另外一条是语义自立,即语义不是依附于句法,而是自成一体。第一条路径代表性的研究如 Ross(1970),举例说明:

(1) 我命令你走!
(2) 走!

用转换生成语法的元语言说,例(1)、例(2)的表层结构显然是完全不同的,而且它们的转换生成过程也是不同的。根据句法自立假设,转换生成过程是"语义留存"(meaning-preserving)的。换句话说,如果例(1)、例(2)转换过程不同,那么它们的意义也应该不同。可是我们的语用直觉以及言语行为理论,都显示它们有相同的语用意义,即这两句都可用来做同一个施事行为——命令。它们之间的不同在于例(1)为显施事句,例(2)为隐施事句。表层结构不同而语用意义相同,这跟转换生成过程语义留存预设相悖。要么放弃这个预设,要么拿出新的转换生成方案。以 Ross 为代表的生成语义学采用后一种方案,Ross 提出隐施事动词假设(performative verb hypothesis),即例(1)和例(2)有相同的底层结构:S—$_{NP}$(我)+[$_{VP}$施事动词+[$_{NP}$S[NP VP]]]。例(2)在转换过程中施事动词结构被删去了。Ross 用同样的方法分析陈述句。用他的例子(1970:224):

(3) Prices slumped.

此句的转换生成过程如图 8 所示:

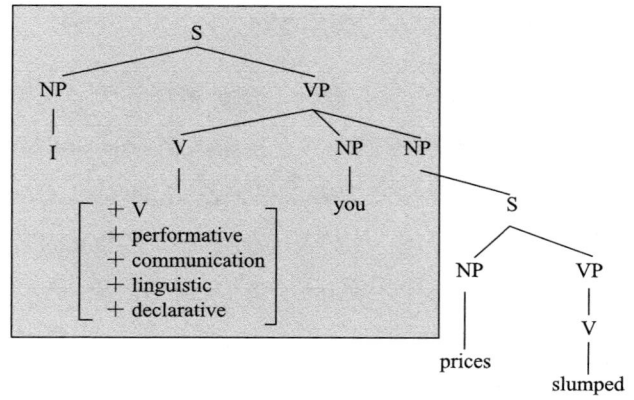

图 8　隐施事动词假设(根据 Ross 1970:224 绘制)

图 8 阴影部分是本文加上的,以突出隐层结构。Ross 的隐施事动词假设如果成立,语义和语用的区分失去了价值,有学者称之为语用现象语义化(semanticism, Leech 1983:6),而且语义形式化也被纳入句法形式化的框架中。

走后一条语义自立形式化道路的代表人物有 Katz & Fodor (1954[1963]), Jackendoff(1972)。Katz & Fodor 认为语义理论是共时语言学不可或缺的,语义理论跟乔姆斯基转换生成句法一样也应该具有普遍性。人类也能够用有限的语义知识去理解无限个新句子的意义,这被称为"投射问题"(projection problem)。投射问题蕴涵一个基本前提,即语义的合成性(compositionality)。具体而言,对新句子的语义解析,是在构成句子意义的部件(如语素、词语)的基础上合成后得到的。词典以及词典学因此成为他们语义理论的核心元素。他们用减法界定语义学疆界:语言描写减去语法等于语义(linguistic description minus grammar equals semantics)。语法不仅包括句法,还包括音系,他们的语义学理论也是高度形式化的。

以 Ross 为代表的生成语义学,把语义和语用融入句法的隐层生成和转换过程中,实践证明是不成功的。主要原因在于语义和语用现象非常复杂,基于句法的隐层生成和转换过程,为了涵盖其复杂性自身变得更加复杂。连简单表层的"走!"其隐层生成和转换过程需要经过许多步骤。这不但背离语言直觉,而且计算成本也非常高。以 Katz & Fodor, Jackendoff(2007)为代表的语义自立形式化,同时部分地把语用现象语义化,实践证明是比较切合实际的思路,为多数研究者所采用。

3.4　Montague 形式语义学、语用学

符号逻辑是人造的特殊语言,它在设计上满足精准和无歧义两个最基本的要求。用符号逻辑研究自然语言,影响最大的首推蒙太格(Richard Montague)。蒙太格的研究成果,国内外一些学者称之为蒙太格语法(Montague Grammar,如 Partee 1976;邹崇理 2000)。蒙太格定义的"语法"跟语言学界通常意义的语法是不同的:一方面,它包括句法、语义和语用三个层面;另一方面,这个语法,蒙太格称为"通用语法"(universal grammar, Montague 1974[1970])。在概念上,不仅对自然语言,同时对人工语言都能进行统一的形式化。邹崇理(1993, 2000:第二章)做过专门介绍,本文这里从语用/修辞形式化的角度察看蒙太格语法中的形式语义学和语用学。

蒙太格形式语义学不同于上文提到的生成语义学,蒙太格构建形式语义学时没有预设转换生成句法作为其句法根基。蒙太格认为语言的本质是数学的,自然语言遵循像数学那样的规则和运算。从这个基本认识出发,蒙太格用符号逻辑中的命题逻辑(即判断命题或真或假)、一阶谓词逻辑、量词逻辑、时态逻辑等作为工具,对自然语言中的语义现象进行形式化处理,是顺理成章的,这跟先前一些逻辑学家把自然语言视为杂乱无章的观点是相悖的,蒙太格的一系列论文证明了他是正确的(见 Thomason 1974 编辑的他的文选)。

蒙太格形式语义学和语用学,是基于数学中的模型-理论(model-theoretic)的(Dowty, Wall & Peters 1989; Bach 1989)。这里特别提醒的是,蒙太格定义的语义不同于上文提到的分层、互相界定后的语义,他的语义和语用本质上是研究视角的转换。他的最基本的问题是:倘若某命题(话)为真,让其为真的世界是个什么样子? 下面以例(4)演示蒙太格理论的学理。

(4)《修辞学发凡》作者是陈望道$_{(p)}$,首发于 2000 年$_{(q)}$。

先用命题逻辑对其形式化。根据汉语句法,例(4)有两个子句,分别表达两个命题 p 和 q,逗号把两个命题连接起来,构成一个复合命题。逗号可以解析为合取"∧"逻辑关系,因此例(4)的命题逻辑表达式为 p∧q。根据命题逻辑规则,当且仅当 p 和 q 都为真时,命题(p∧q)才为真。

汉语中用逗号连接两个命题,出于修辞考虑,第二个句子的主语还省略掉了。形式语义学在形式化时则要做精准处理,要补上省略的主语(技术上称之为规整化 normalization);而且,逗号也要精准处理,即确定两个命题之间的关系,是合取 ∧ 还是析取 ∨,如图 9 所示。

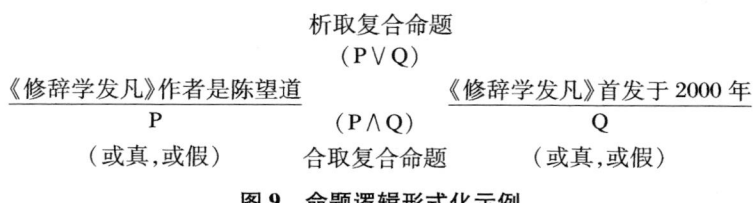

图 9　命题逻辑形式化示例

现在用一阶谓词逻辑对其形式化。上面用命题逻辑形式化时,两个子句是当作"整块",子句本身的内容是不考虑的,这显然不能满足自然语言处理的需要。一阶逻辑，也称谓词逻辑，正是要对命题再分解，做进一步形式化。一个命题含两个部分：谓词（predicate）和论元（argument）。同一个命题可以有多个论元，由此得到一元谓词、二元谓词、三元谓词等等。例（4）的谓词逻辑解析如下（注：为了便于阅读，逻辑符号、公式等能不用的一律省去。下文同）：

$$P_{《修辞学发凡》作者}(r_{陈望道}) \wedge P_{《修辞学发凡》}(r_{首发于2000年})$$

一阶谓词式 P(r) 本质上表述 P 和 r 之间的一种关系，这种关系把《修辞学发凡》作者与陈望道联系起来；把《修辞学发凡》与首发于 2000 年联系起来。我们现在换位思考一下，一阶谓词逻辑给模型-理论世界里添加了三个新事物：谓词、一个或多个论元以及谓词和论元之间的关系。P(r) 称为句法式，解读 P 与 r 之间的关系称为语义。如何解读？根据集合论来做，P 和 r 各生成一个集合及其成员，如集合 $P\{_{《修辞学发凡》作者,\ldots}\}$、集合 $r\{_{陈望道,\ldots}\}$。所谓语义关系，即 P-集合的某成员跟 r-集合的某成员以某种关系——如 is-a 关系——关联上。

不难发现，一阶谓词逻辑加盟命题逻辑，使得模型-理论世界更加贴近真实世界。不过，在真实世界里，学过修辞学史的都知道，《修辞学发凡》是一部著作，作者的确是陈望道，但是首发是 1932 年，（$r_{首发于2000年}$）因此为假。一阶谓词逻辑能把这些百科知识信息也形式化让计算机处理吗？它做不到。这需要更加强大的逻辑系统才能实现，如上文提到的量词逻辑、时态逻辑等。所谓量词逻辑，简单地说，它要让计算机知道"陈望道"指世界上唯一的个体，《修辞学发凡》指内容时也是唯一的存在，指印刷纸质书时则不是唯一的存在，而是有许多本等等。时态逻辑要告诉计算机说话时（或写下这句时）的当下年代，还要知道该书首发的年代，然后得出年代是错误的结论。所有这些，如果按照 Morris（1951[1938]）的语用学定义，已经超越了语义学范围进入语用学。蒙太格看到这一点，他（1974[1968]）定义了一套"语用学语言"（pragmatic language）。本文这里不再演示，详细阐释参阅邹崇理（2002）。

3.5 小结

修辞现象是语言学者从整个语言现象中抽象出来的，哪些现象属于修辞现象，取决于理论构建者构建理论的需要。此外，对于把整个语言现象抽象成多少层,层与层之间的关系如何等等,没有统一的认知。本文至此一直把修辞现象视为上位概念,语用现象视为其下位概念。这是另外一个重要的理论问题。修辞现象是建立在其他抽象层基础上的,因此,修辞现象形式化预设其他层的形式化。

下面用"我们读陈望道"这句话对上面的讨论做个小结,见下表:

分析层面	元语言
汉字数字化	我们读陈望道的 Unicode 代码:\u6211\u4EEC\u8BFB\u9648\u671B\u9053
人名识读	⟨name 陈望道/name⟩(XML 标注)
分词	我们\读\陈望道(代码略)
句法	S→NP VP(转换生成语法,细节略)
语义	命题逻辑 P,一阶谓词逻辑 $P_{读}(r_{陈望道})$
语用	陈述$_{语力}$($P_{命题}$)
修辞	修辞格:提喻法,"陈望道"由人名转指他的作品。

"我们读陈望道"分层形式化示例

上表的最底修辞层涉及修辞格形式化,目前还没有通行的识解方法。

四、计算机处理修辞现象的潜在概念模型

上文第三节本质上是为这一节讨论做学术背景铺垫的,现在考察计算机处理修辞现象的潜在概念模型,从中我们可以看到修辞给人工智能+到底带来哪些挑战。

4.1 澄清核心概念:修辞现象与修辞学

至此,本文把"修辞"和"修辞现象"用作可以互换使用的术语,但跟"修辞学"不能互换。这小节需要对"修辞"和"修辞学"作为术语(即学术概念)做进一步阐述,以便于下面的讨论能够在共识的基础上清晰准确地深入下去。根据科学哲学界定科学概念的通行做法,我们首先区别言词普通使用者的用法、术语用法和与其相关联的真实存在。这三个区别可以图示化为图10:

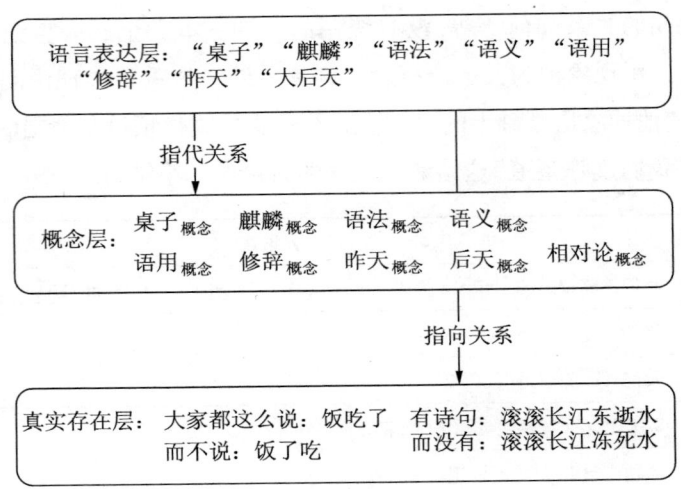

图10 言词与概念和存在的关系图示(根据 Bunge 1998:64)

同一个言词如"桌子"可以指代桌子这个概念;还可以指向真实存在的某个桌子实物。而"麒麟"可以指代概念,但没有实物供它指向。为什么"麒麟"无指向实物但可有指代的概念?这是因为概念是人类认知的产物,它的本质是心理的。学者可以造一个理论来界定"麒麟"这个概念,画家也可以通过想象创作一个麒麟图像。由于麒麟是认知的产物,是心理的,因此没有唯一正确的标准来评估它。"桌子"则不同,它既可以指代桌子概念,也可指向实物。在概念层面(对应于人类认知)上,"桌子"$_{概念}$跟"麒麟"$_{概念}$是一样的。古今中外,关于如何界定概念提出了各种理论,数量多得难以枚举。在计算语言学领域,WordNet, HowNet 等是试图把概念形式化以便于计算机进行概念计算的实例。

言词"语法""修辞"跟"桌子"一样,一方面指代概念,一方面指向实体,即语言使用的无限多个实例。我们如果抛开任何语法理论或修辞理论(即不戴理论色镜)去看语言使用实例,我们听到"饭吃了",而听不到"饭了吃"。换句话说,"饭吃了"既可指代概念,也可指向实物;而"饭了吃"可指代概念,但无实体可指向,即"饭了吃"$_{概念}$只出现在认知和理论层面。

"饭吃了"和"饭了吃"都是语言现象,上面的分析显示两者的不同:前者 = 指代$_{概念}$+指向$_{实体}$;后者 = 指代$_{概念}$-指向$_{实体}$。一些研究者把这种语言现象差异定性为语法现象(或更具体地说是句法现象)。再比如,我们读到诗句"滚滚长江东逝水",没有读到"滚滚长江冻死水",我们同样可以这样分析:前者＝指代$_{概念}$+指向$_{实体}$;后者＝指代$_{概念}$-指向$_{实体}$。这类语言现象差异,一些研究者定性为修辞现象。

　　语法与修辞的对举,并且依据此对举把语言现象分成两个大类,有非常悠久的历史。语法讲究语言使用是否正确,修辞讲究使用效果是好是坏。20世纪下半叶英国修辞学家 Geoffrey Leech(1983)仍然沿用这样的分工,我国学者吕叔湘、朱德熙在《语法修辞讲话》(1978)中也是这样分工的。语法讲"通顺",修辞讲"辞达"。"语法不是修辞学,它只管虚字的用法,至于一般有实在意义的词儿用得对不对,例如'喝饭'的'喝',它是不管的""语法不是逻辑,虽然实际上离不开逻辑。例如'学习有态度与方法之分',句子的结构是完全正确的,只是事理上讲不通,就是不合逻辑……"(吕叔湘、朱德熙1978:4)。语法学者可以不管修辞、逻辑,修辞学者可以不管语法、逻辑,而计算语言学者为了让计算机能够处理自然语言,三样都要管。由于自然语言往往被用做元语言来讨论不同层面上的东西时容易引起混淆和歧义,逻辑学者、计算机科学者等研制各自的元语言,用来讨论概念这个层面上的问题。上文第三节所提到的各自形式化语言正是此种做法的实例体现。把科学概念形式化极其重要,原因之一在于这样做有利于对其进行独立于研究者的科学验证。何谓科学验证?即可以通过如实验,借助仪器观察,在同样条件下复测复验等对其假设实施证伪。

　　在我国修辞学界,不少人提出修辞学是一门科学;修辞是有客观存在的规则和规律可循的。这样的提法当然是有道理的,但是根据科学哲学衡量科学概念的标准,这种提法如果作为科学术语,在概念层上要进行一系列论证。语法$_{概念}$、修辞$_{概念}$、逻辑$_{概念}$,与语法$_{存在}$、修辞$_{存在}$、逻辑$_{存在}$是不能混同的。上面的分析已经显示,在真实存在的这个层面,这三样在老百姓的语言实践中是不分的。犹如人们喝水,在真实存在层,是不把水分解成2个H+1个O的;H_2O这个概念产生于某化学理论,把三者分开发生在中间的概念层。概念层代表的是人类认知的自我反思的成果所形成的概念源自理论①。下面我们做进一步讨论。

---

① 神经科学研究发现,脑右半球也参与语言信息处理。Kandel et al.(2013:16)指出:"目前有不少证据显示,欣赏语言语义的精微妙处,如讽刺、隐喻、诙谐以及语音里的情感,无损伤的右脑是必要条件。"

4.2 修辞现象最基本元素：修辞信号与信息的载体问题

我们接受语法与修辞的区分后，面临如何界定修辞信号与修辞信息的载体问题。信号与信息的区分往往被语言学家所忽视，这是因为语言信号跟语言使用者的语言接受与产出感官模态是自然而然地捆绑在一起的，听觉与说话（口语）关联，视觉与阅读（书面语）关联，这两个模态是语言学研究语言时默认的。然而，对于计算机处理人类语言来说，这两种信号在技术处理上差别是很大的：文字视觉信号跟语音听觉信号是完全不同的信号类型。同一个修辞信息因为信号性质的不同而导致处理方式的不同，处理方式的变化导致处理效果有好坏之分。

上文提到过，吕、朱在界定语法现象时把虚词作为该现象的基本载体。那么，是不是仅实词可以作为修辞现象的最基本载体？其实不然。虚词也可以承载修辞现象。这是因为对于修辞学来说，语言相当于资源，使用者可以选择使用其中任何一项资源以达到使用目的，就连标点符号也可以用作修辞载体（邵敬敏1983）。语法和修辞的区别，从语言所提供的潜在资源看，语法选择主要是一对一的，而修辞选择是多选一的。换句话说，语法资源供使用者自由选择的机会很小，要么正确，要么错误。相比之下，修辞资源供使用者自由选择的空间很大。选择的产出受多阶价值评估，如极好、很好、较好、好、一般、可接受、差。鉴于以上考虑，本文把汉语单音节词作为修辞现象的最基本载体①。在古汉语里，单音节词一般跟单音节字对应。现代汉语里，许多原本的单音节词逐步演变为双音节词，甚至多音节词。但这并没有改变单音节词作为修辞现象最基本载体的性能，因为双/多音节词依然根据需要可以分解为单音节。

语言理解与语言生成，在姚天顺等的著作里，在技术处理上没有做严格的区分。这是因为同一个算法既可以用于理解任务，也可以用于生成任务。然而，对于本文来说，两者需要分开来谈。这是因为修辞信息处理在语言理解任务上包括：1）修辞信号和信息识别；2）修辞信息欣赏。在语言生成任务上包括：1）修辞信号和信息的多选一；2）修辞信号和信息的保损。

---

① 如何界定最基本载体/元素（primitives）往往受研究目的的驱动，因此没有统一标准。

修辞理解和生成的评价体系,在人类语言使用评价系统中是有较大差别的。修辞理解能力(对应于修辞语感)普通使用者都有,教育与成长环境相似的情况下,人与人之间大体上相等。而修辞生成能力(对应于语言表达能力),即使在教育与成长环境相似的情况下,人与人之间的差别还是明显的,作家更是构成一组特殊人群。计算机修辞理解和生成的评价体系,应当以人类修辞评价体系为参照点。因此,计算机修辞理解和生成应区别对待,如图 11-1、11-2 所示:

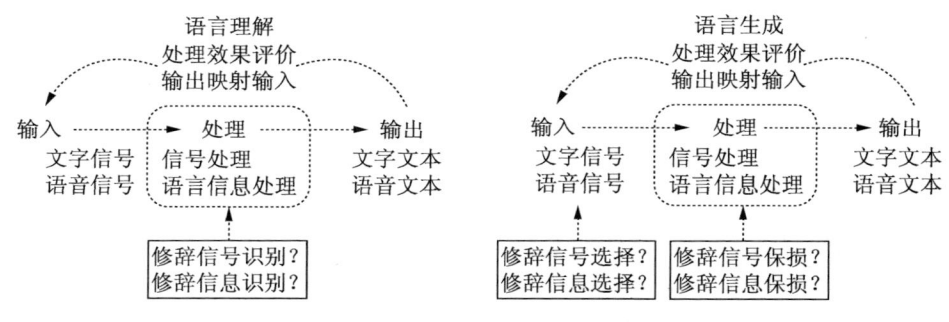

图 11-1　计算机修辞理解图示　　　　图 11-2　计算机修辞生成图示

下面分别讨论图 11-1、11-2 所涉及的问题。

4.3　计算机修辞理解

上文第 3 节讨论句法、语义、语用形式化时,我们知道,要让计算机能够识别这些语言层面上的信息,首先要对其形式化。同理,计算机修辞信号与信息识别也要将形式化作为前提。以"爸爸是只大灰狼!"为例,人类修辞信息识别往往聚焦在"大灰狼"的用法上,即把这个三音节词理解为隐喻,更精准的分析应该在"爸爸"与"大灰狼"的关系上。根据 4.1 的分析框架,我们首先要区分:

1)｛爸爸$_{信号}$、爸爸$_{概念}$、爸爸$_{存在}$｝和｛大灰狼$_{信号}$、大灰狼$_{概念}$、大灰狼$_{存在}$｝,它们分别代表两个集,六个成员;

2)根据图 10 言词跟概念和存在的三者关系,界定两个集内部成员之间的关系;

3)界定两个集之间的关系。

分析结果如图 12-1 所示：

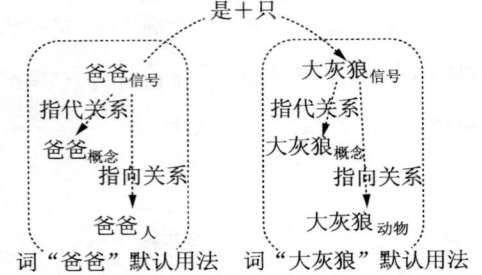

图 12-1 "爸爸是只大灰狼"
关系分析图示

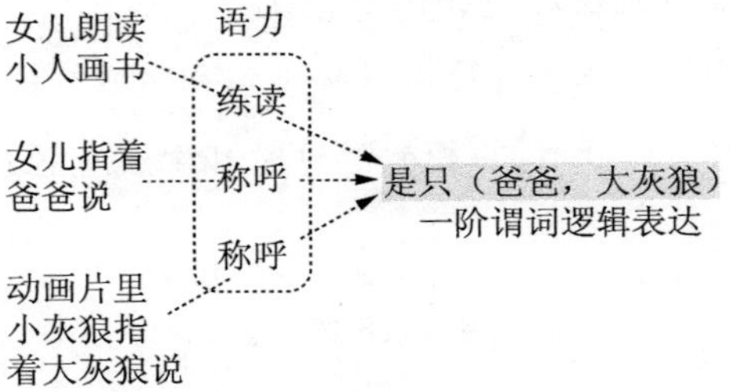

图 12-2 "爸爸是只大灰狼"谓词逻辑
表达和语力的关系

把图 12-1 显示的关系用一阶谓词逻辑形式化,我们得到:是只(爸爸,大灰狼)①。对这个一阶谓词逻辑式赋值,需要把使用者角色和语力加进来,假设使用者包括女儿和小灰狼这两个角色,使用者的语力包括如下情景:1)女儿练读小人画书;2)女儿指着爸爸称呼他;3)动画片里小灰狼称呼大灰狼。由此我们得到图 12-2。根据图 12-2,当语力为练读时,谓词逻辑表达式的真假值为空值,即不需要赋值。这是很容易理解的。当女儿在练习朗读时,她就是在练习信号的发音或书写,相关内容的真假问题是完全可以忽略的。同理,隐喻识别问题也不成为问题。然而,当女儿指着爸爸,称呼爸爸为大灰狼,在这个语力的作用下隐喻识别成为认知处理的重要问题。设想一下,如果女儿有智力障碍,不能区分隐喻和非隐喻用法,其后果会是怎样? 同样是称呼语力,当说话人为动画片中的小灰狼,指着大灰狼说出此话,隐喻用法也就没有了。另外,还有一种情况,当爸爸$_人$穿着扮演大灰狼的服装,女儿这时指着他说"爸爸是只大灰狼",隐喻释义也被取消了。

我们从以上简要分析不难看出,说"大灰狼"是隐喻,是不精准的。大灰狼$_{信号}$、大灰狼$_{概念}$和大灰狼$_{动物}$本身是中性的,其隐喻用法②是由种种关系形成的概

---

① 为了避免过于复杂,量词"只"的形式化略去不论。
② 根据 I. A. Richards(1936)的隐喻理论,隐喻含两个部件,爸爸$_{信号}$为主旨(tenor),大灰狼$_{信号}$为载体(vehicle)。

念网所决定的。从计算语言学的角度看,要成功识别"爸爸是只大灰狼"含隐喻用法,一方面要确定隐喻用法的关系网以及非隐喻用法的关系网,另一方面还要知道隐喻和非隐喻关系网之间的区别。假定计算机成功识别了"大灰狼"是隐喻,我们又如何知道计算机还做到"理解"了?这就回到了图灵测试。计算机真的能够理解"爸爸是只大灰狼"的隐喻意义吗?舍尔提出著名的"中文屋论证"(Chinese Room argument, Searle 1984:32—33)从哲学上否定机器能有像人类那样的理解智能,所谓机器理解本身就是个隐喻。

4.4 计算机修辞生成

这小节接着讨论图 11-2 关于修辞生成问题。修辞生成跟修辞理解最大的区别在于输入端。计算机做理解时,机器的角色相当于听/读者,而计算机做修辞生成时,机器相当于说/作者,它要会遣词造句。这时,即使信号种类的选择也有修辞问题,比如:"1997 年 7 月 1 日中华人民共和国香港特别行政区成立大会上,首任行政长官董建华使用的是普通话,而在特区政府成立庆典大会上使用的却是广东方言。"(王希杰 2000:5)对于计算机来说,识别输入信号的语言类别通常不会考虑修辞问题,这是因为只有当信号输入进来后它才开始运作。如果把选择哪一种语言/方言作为输入的起点,这就要求计算机事先要有谋划,有自己的主意,也就意味着机器有自己的思想了。图灵曾发问:机器能思考吗?(见上文 2.1)自图灵至今,七十多年过去了,答案是否定的。将来能不能?还是未知数。

4.4.1 平行生成架构、多层数据结构

假定修辞信号和修辞信息都已经选择好了,下一步是生成句子,直至话语或篇章。那么我们要问:计算机生成话语或篇章,是"爬格子"还是"一挥而就"?这是处理策略问题。前者类似于线性处理架构,后者平行处理架构。无论是哪种处理策略,核心问题是生成使用的基本符号单位是什么。上文谈到的乔姆斯基转换生成语法理论,其基本单位是抽象句子结构(S→NP VP)。默认的过程是线性的,即句子结构生成后,围绕这个结构再生成音系结构,再加上语义解释,最后到树形底部的终端词语。以 Jackendoff 为代表的新生成学派主张放弃句法中心论(syntactocentrism),提倡平行生成架构,如图 13 所示:

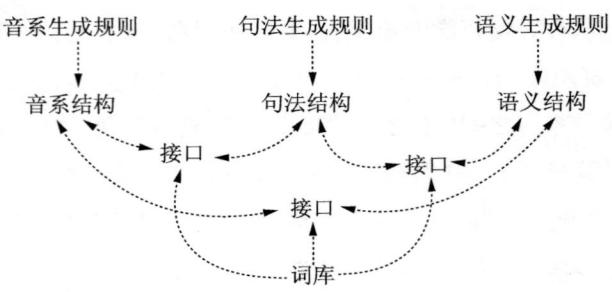

图 13　平行生成架构（根据 Culicover & Jackendoff 2005：18 Fig.1.1 绘制）

他们定义的语义实际上包涵语用/修辞现象。所谓并行，就是计算机同时做多件生成任务，如根据音系、句法和语义规则同时生成音系结构、句法结构和语义结构。同步生成的结构在数据类型上是不同的，需要通过各种接口把它们整合为一个整体。词库是预制好的，通过三种接口——音系—句法接口、句法—语义接口、音系—语义接口跟三类结构融合起来，这体现了词为形、音、义三位一体的特性。这一点跟先前转换生成语法架构所赋予词库的角色是非常不同的。

图 13 顶层列出音系、句法和语义生成规则。字面表达容易造成误解，以为还是沿用了先前乔姆斯基经典的规则概念。上文 3.2.2 指出，乔姆斯基提出转换生成语法理论，受到自动机的影响。他的规则运作是线性的和派生性的。Culicover 和 Jackendoff 的生成规则摒弃句法中心论，生成规则不再是线性的和派生的，而是"基于约束的"（constraint-based）。这是吸取了计算机软件科学里关于"对象"（object）的技术。为了便于理解，我们以大家熟悉的句子 S 为例。从 S 到终端的句子如"爸爸是只大灰狼"，整个生成过程的全部规则与派生信息相当于按照时间顺序压缩到 S 里。S 等于一个浓缩过程，生成等于把浓缩展开。根据对象的思想，S 被视为一个"对象"，即当作一个可以装载东西的物件（这是英文 object 的本义），S 跟任何容器一样，不是什么东西都能接受或盛放的。接受或盛放是有条件的，这类条件就是"约束"。语法范畴，如构式、名词、动词、介词短语，甚至包括句法规则，如 S→NP、VP，都可以视为对象，各个对象有自己的特性，特性所含的信息即行使约束功能。以英语"第三人称单数"这个句法范畴为例，视其为对象，它就有此对象的特性，如"当主语为第三人称单数时，谓语动词现在时词干要加上

-s"。这个特征信息对与其互动的其他语法范畴来说即行使约束功能。Culicover and Jackendoff 的音系、句法和语义生成规则相当于 S 这个对象提出的三个约束条件,满足约束条件的生成,不满足的不生成。

基于约束的语言生成架构,目前看来,是计算机修辞生成研究的方向,本文这里无法展开讨论。本小节结束前还需特别介绍的、与并行处理相关的,是多层数据结构和特征结构。

多层数据结构(multi-level data structure)跟语言学把语言现象做抽象分层研究是一致的。先看一个实例,图 14 是荷兰语句子 de bal vloog over de schutting(球飞过篱笆)的多层数据结构图。这个多层数据结构是为文语合成(text-to-speech synthesis)用的,输入的荷兰语文字信号序列 de bal vloog over de schutting 同步解析成 14 层,图 14 中音系层和语音层中文翻译时未完全展开。多层数据结构的优点之一是利于并行同步处理——Dutoit(1997:61—62)列举了此方法 7 条优点——有兴趣的读者可参阅。显然,14 层数据结构里没有包括语用/修辞信息,非常幸运的是,多层数据结构是很容易把语用/修辞信息加上去的。加上去的条件是:我们知道如何把语用/修辞信息形式化,这又回溯到本文篇首讨论的话题上了。

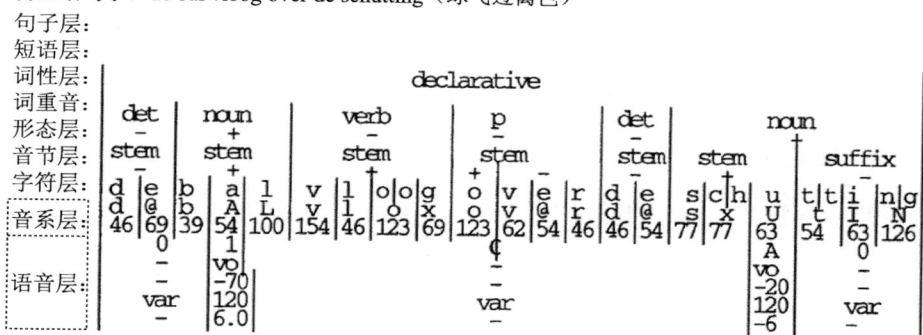

图 14 多层数据结构+特征结构处理方法示例(根据 Dutoit,1997:61 Fig 3.4 绘制)

4.4.2 特征结构

特征结构(feature structures)的底层动因也是上面提到的"对象"思想,它与"属性-值结构"(attribute-value structure)和"集合-值结构"(set-value structure)有渊源关系。特征结构是偏向语言现象的建模方式,属性-值结构和集合-值结构是偏向计算机工程的建模方式,三种结构建立映射关系是容易的。语言学拿出有关研究对象的特征结构,计算机科学就可以在工程上实现。本文这里要介绍的是 Bresnan 等提出的词语-功能语法(lexical-functional syntax,Bresnan et al. 2016)。

词语-功能语法从词法入手解决句法和语义问题。在乔姆斯基的短语结构句法里,词语是短语结构生成后插入的,而词语-功能语法把许多句法和语义规则变为词语特征,原来的句法和语义处理变为词语特征处理。由于词语在理论上是个开放集,如何把词语特征统一起来成为重要课题,由此引发整合语法(unification grammar)的产生(Shieber 1986)。

词语-功能语法可以视为语法的语法,即它不是针对具体某个语言的,在设计上是面向人类语言的,这跟转换生成语法是一致的。但词语-功能语法不是基于规则的,而是基于约束,是并行运作的、非派生性的,无深层结构,也不预设初始状态。这些显然区别于转换生成语法。

词语-功能语法设计上遵循三条原则:1)语言表达多样性原则(the Principle of Variability),世界语言是多种的,其外部表达方式是多样的;2)语言内在共性原则(the Principle of Universality),外部表达多种多样的背后有内在共性的东西;3)外、内结构单增原则(the Principle of Monotonicity),即外部表达与内在结构之间不是乔姆斯基转换生成语法默认的一对一的透明关系,而是数学上函数 f(x)在某区间内自变量与函数值之间所具有的的单调性关系。

我们聚焦到三个原则之一的语言内在共性原则上。根据这个原则,所有人类语言的内在结构有共同的地方,即语法关系,如格管辖、代词约束。这些语法关系通过功能结构(functional structure,f-structure)进行形式化,功能结构为一组表达普遍语法关系的元语言。以英语句子 Lions live in the dark, scary forest 为例,我们眼前读到的是外部表达,与这外部表达平行的内在结构,其形式化功能结构如图 15 所示:

(1) *F-structure of* 'Lions live in the dark, scary forest'

$$\begin{bmatrix} 谓项 & \text{`live}\langle\ldots\rangle\text{'} & & & \\ 时态 & 现在 & & & \\ 主项 & \begin{bmatrix} 谓项 & \text{`lion'} \\ 数 & 复 \end{bmatrix} & & \\ 助语_{地点} & \begin{bmatrix} 谓项 & \text{`in}\langle\ldots\rangle\text{'} \\ 格 & 地点 \\ 宾项 & \begin{bmatrix} 谓项 & \text{`forest'} \\ 有定 & + \\ 助语 & \{[谓项 \quad \text{`dark'}], [谓项 \quad \text{`scary'}]\} \end{bmatrix} \end{bmatrix} \end{bmatrix}$$

图 15　功能结构分析实例(根据 Bresnan et al., 2016:44 绘制)①

4.5　小结

本小节分别讨论了修辞、修辞学、修辞现象最基本的元素以及计算机修辞理解和生成。Culicover and Jackendoff 的平行处理架构、Dutoit 的多层数据结构、Bresnan 等词语-功能语法,在理论上经过扩展是可以涵盖修辞现象的,因此它们可以视为计算机处理修辞现象的概念模型。根据概念模型制定数据模型到工程上实现,至今还未见到。当前计算语言学关注最多的是隐喻的识别与理解。隐喻当然是非常重要的修辞现象,但仅占很小一部分而已。

五、修辞处理与人机互动结伴发展

最后一节我们回头重温本文主旨——以人机互动为例。上文 2.6 节把人机互动按相互依赖的程度划分为四个小类:1)人主-机佣型;2)人主-机助型;3)人需-机供型;4)人依赖机型。这节我们按计算机修辞智能的水平再次考察这四类。我们设定人类修辞能力是可以分级评估的。为了讨论的方便,我们假设分以下七个级别:1)指想要的东西;2)说出眼前所见的东西;3)说出心里所想的东西;4)写出所想的东西;5)说、写以抒发情感;6)评鉴小说诗歌;7)撰写修辞论著。所有七个级别都含有一个默认的定语:恰当地。从计算语言学的角度看,软件工程上实现"恰当地"要借助大量的推理计算,这是修辞现象形式化最大的挑战之所在。

---

① 图 15 翻译成汉语为功能结构形式化用的元语言。方括号、花括号、尖括号也是元语言的一部分。准确含义参阅原文。本文此处无法详说。

1)—3)级涵盖的人群包括幼儿、学龄前儿童和文盲人。换句话说,他们的修辞信号是语音,加上辅助的体态语。读书识字人群在此基础上增加文字修辞信号。评价说或写的输出是否含修辞信息,首先要看信息编码是不是基于使用者选择过的,或使用者至少是有选择权的。根据这个标准,1)—2)级所含修辞信息很小,3)—7)级递增,7)级含修辞信息最大。

现在用1)—7)级修辞水平考察计算机智能。

1) 人主-机佣型,如上文所说,机器无智能。用修辞水平标准看,机器也无修辞智能,因为机器仅是纯粹地按输入的字母或符号忠实地在屏幕上再现。如果机器不这么做,机器就是坏了,该报废了。

2) 人主-机助型的情况有所不同。我们以大家熟悉的微软文字处理软件Word为例,Word一方面毫无选择地按输入的字母或符号忠实地接受人的输入,另一方面,如果用户点选拼写错误自检功能,Word就会"自作主张",修改人输入的、它认为是错的字符串。这个修改是修辞性修改吗?拼写错误是低级错误,上升不到修辞的级别。然而,拼写错误也可以巧用为修辞选择项,如上文提到的拆字格"丘八"。一些英语小说经常用拼写错误代表发音错误,以此来刻画粗俗无教养的人物。

现在有些作文批改软件,它们能批改修辞性错误吗?本人曾做过留学生中文作文自动批改研发项目。所谓"自动"批改,实际上是编写程序学习和模拟人类老师批改。发现和修改语法错误是比较容易的,因为语法知识的形式化程度较高。而作文所涉及的修辞现象,让计算机鉴别其好坏,目前是可望而不可即的。

3) 人需-机供型,目前计算机互联网能够部分地达到类似于上面的1)—2)的情况。如对手机地图插件说:"我要去天安门。"插件即可执行,显示天安门的位置。再如用扫描读音笔,对着某词一扫,即可听到词的发音,甚至包括词的翻译。这里涉及语音识别、文字识别、文语转换、词语翻译等技术。根据上文第三节,对应这些技术的语言学层面为词汇、语音、音系、语法和语义。有没有涉及语用/修辞信息?以选择权为标准,机器没有做任何自由选择,机器所做的只是识别指令和执行。

4) 人依赖机型,目前因为人需-机供型覆盖的人类活动类型愈来愈广,人类许多日常社会与购物活动跟手机上的功能插件挂钩,随着智能家电、智能城市的开发,人依赖机型的情况将与日俱增。至今,人依赖机还是工具性质的。所谓工具性质的,即计算机以及贴上"智能"标签的应用程序,其功能犹如我们做菜用的炊具,吃饭用的碗筷,我们依赖工具求得做事方便。

现在有些智能手机提供像"运动健康"之类的插件,这还是工具型依赖。以某手机插件为例,启动插件开始计步数时,语音合成器会说:"开始步行。运动与健康与您同行。"散步结束关掉插件时,合成器还会说一些鼓励的话,这是人机之间的情感交流。我们原来以为这些合成语音是一成不变的套语,后来发现有变化,大概有五种左右。这就是修辞学同义多选原则在起作用,内容生成是懂修辞的人生成好的,这正是修辞学和计算语言学合作研发的实例。然而,人机互动也有令人气恼的,如:"小娜,小娜,我要听袁阔成的《野火春风斗古城》。"返回的是胡乱选择的、用户所不喜欢的东西。用户是不是应该对机器错误宽容?这是下面要讨论的人机互动之间的伦理问题。

还有一类非工具性质的依赖,那就是认知性依赖。如现在有人研发写论文插件,学生用这个插件就不用自己写论文了。还有人研发写诗歌、对联的插件,这个插件可以"自己"写诗、写对联等。还有诸如智能课件、智能学习软件等等。从计算机语言信息处理的角度看,这些是应该深入研究的。研究无禁区!从修辞学的角度看这些面向认知型的"智能"产品,它们有修辞吗?有,例如通过机器深度学习等算法模拟人类遣词造句、修辞手法、谋篇布局技巧等。然而,所有这些软件,都有一个难以逾越的鸿沟,那就是上面提到的自主选择权。所谓自主选择权,就是假设有这样一个仿人机器人:它可以自由思想,自由选择题目,制定生成规则,声明修辞评价标准,做到自检、自改、自我提升。这些一旦实现,那么仿人机器人就可以组织机器人修辞学会和机器人修辞学!

作为人机互动讨论的结语,本文稍提一下上面提到的人机互动伦理问题。抖音2020年9月19日有个视频故事,其事态超越寻常。

某客户从ATM上计划取1万,ATM吐出2万,客户取走1万,留下1万在摄像头下面。银行第二天找到客户,客户如是告诉银行雇员。银行雇员问她为什么不取走两万,然后打电话告诉银行。客户说她只拿自己的钱。如果拿走2万,她就要送1万回来。她没有时间送。银行雇员指责说:客户拿走的1万是银行的钱,没有拿走且丢失的是她的钱!

此事如何裁断,本文不得而知,这里关注的是人机互动之间的伦理。很显然,ATM机器出了错,客户如果对此错误采取原谅的态度,并且主动帮助机器,其反应就不会像视频中的那个样子!

比上面例子更严重的人机互动伦理来自研发认知性依赖的智能产品。Gu(2019)、顾曰国(2019)提出基于人工智能的、旨在用于教育的智能产品,需要经过科学鉴定得到许可证后方可进入社会使用,这个跟处方药需要经过科学鉴定才能进入临床使用是一个性质,科学鉴定至少可以杜绝像荒唐至极的所谓高科技产品"量子波动速度"招摇过市。修辞智能机器人,如代写作文、论文、诗歌等,如果用于教育领域,作为教学手段,这是非常危险的。学习者一旦形成认知依赖,其智力非但得不到提升,反而会成为智力上的好逸恶劳者,其后果不言而喻!

参考文献

蔡曙山　1998　《言语行为和语用逻辑》,中国社会科学出版社。

顾曰国　2013　《论言思情貌整一原则与鲜活话语研究》,《当代修辞学》第6期。

顾曰国　2019　《多模态感官系统:天官、仿人机器人、"修辞即做人"新释》,《当代修辞学》第5期。

顾曰国　2019　《人工智能、人类智能与语言学习:反思、批判、定位》,"人工智能与外语教育论坛"主旨发言,北京航空航天大学2019年12月22日。

蒋　严　2011　《走进形式语用学》,上海教育出版社。

吕叔湘、朱德熙　1978　《语法修辞讲话》,中国青年出版社。

邵敬敏　1983　《标点符号的修辞活用——摹拟特殊的感情、语气》,《修辞学习》第4期。

谭学纯、濮侃、沈孟璎　2010　《汉语修辞格大辞典》,上海辞书出版社。

王希杰　2000　《修辞学导论》,浙江教育出版社。

姚天顺、朱靖波、张俐、杨莹　2002　《自然语言理解》第2版,清华大学出版社。

张迎辉、林学訚　2008　《情感可以计算——情感计算综述》,《计算机科学》Vol.35, No.5。

宗成庆、曹右琦、俞士汶 2009 《中文信息处理60年》,《语言文字应用》第4期。

邹崇理 2000 《自然语言逻辑研究》,北京大学出版社。

邹崇理 2002 《逻辑、语言和信息》,人民出版社。

Ahmad, Khurshid, ed., 2011 *Affective Computing and Sentiment Analysis: Emotion, Metaphor and Terminology.* Dordrecht: Springer Science+Business Media B.V.

Bach, Emmon W. 1989 *Informal Lectures on Formal Semantics.* New York: State University of New York Press.

Bresnan, J., Asudeh, A., Toivonen, I. & Wechsler, S. 2016 *Lexical-Functional Syntax.* West Sussex: John Wiley & Sons, Ltd.

Bunge, Mario, Rev. ed., 1998 *Philosophy of Science Volume One: From Problem to Theory.* New Jersey: Transaction Publishers.

Chomsky, Noam 1975 *The Logical Structure of Linguistic Theory.* New York: Plenum Press.

Chomsky, Noam 2002 [1957] *Syntactic Structure (2nd edition).* Berlin: Mouton.

Culicover, Peter W. & Jackendoff, Ray 2005 *Simpler Syntax.* Oxford: Oxford University Press.

Dowty, David R., Wall, Robert E. & Peters, S. 1989 *Introduction to Montague Semantics.* Dordrecht: D. Reidel Publishing Company.

Dreyfus, Hubert L. 1972 *What Computers Can't Do: A Critique of Artificial Reason.* New York: Harper & Row, Publishers.

Dreyfus, Hubert L. 1999 *What Computers Still Can't Do: A Critique of Artificial Reason.* Cambridge, MA.: The MIT Press.

Dutoit, Thierry 1997 *An Introduction to Text-to-Speech Synthesis.* Dordrecht: Springer.

Garfinkel, Simson L. & Grunspan, Rachel H. 2018 *The Computer Book: From the Abacus to Artificial Intelligence, 250 Milestones in the History of Computer Science.* New York: Sterling.

Gazdar, Gerald 1979 *Pragmatics: Implicature, Presupposition, and Logical Form*. New York: Academic Press, INC.

Grimson, W. Eric L. & Patil, Ramesh S. eds. 1987 *AI in the 1980s and Beyond: An MIT Survey*. Cambridge, MA.: The MIT Press.

Gu, Yueguo 2013 A conceptual model of Chinese illocution, emotion and prosody. In Chiu-yu Tseng, ed., *Human Language Resources and Linguistic Typology*. Taibei: "Academia Sinica". pp.309—362.

Gu, Yueguo 2019 Transformative learning for the ageing and aged population. Plenary speech at the 20th CALL Conference, HKEU, 10—12 June 2019.

Hedman, Shawn 2004 *A First Course in Logic: An Introduction to Model Theory, Proof Theory, Computability, and Complexity*. Oxford: Oxford University Press.

Jackendoff, Ray S. 1972 *Semantic Interpretation in Generative Grammar*. Cambridge, MA.: The MIT Press.

Jackendoff, Ray 2007 *Language, Consciousness, Culture: Essays on Mental Structure*. Cambridge, Massachusetts: The MIT Press.

Jurafsky, Daniel & Martin, James H. 2008 *Speech and Language Processing*. New Jersey: Prentice Hall.

Katz, Jerrold & Fodor, Jerry 1964[1963] The structure of a semantic theory. Reprinted in Fodor, Jerry A., and Jerrold J. Katz, eds., 1964 *The Structure of Language: Readings in the Philosophy of Language*. New Jersey: Prenteice-Hall, Inc. pp.479—518.

Kandel, Eric R., Schwartz, James H. Jessell, Thomas M. Siegelbaum, Steven A. & Hudspeth, A.J. eds. 2013 *Principles of Neural Science (5th edition)*. New York: The Mcgraw-hill Companies, Inc.

Leech, Geoffrey N. 1983 *Principles of Pragmatics*. London: Longman.

Lewis, Clarence Irving, 1918 *A Survey of Symbolic Logic*. Berkeley: University of California Press.

Lungarella, M., Iida, F., Bongard J., & Pfeifer, R. eds. 2007 *50 Years of Artificial Intelligence*. Berlin: Springer-Verlag.

Martin, J.H. 1990 *A Computational Model of Metaphor Interpretation*. Academic Press.

Minsky, Marvin 1988 *The Society of Mind*. New York: Simon & Schuster, Inc.

Minsky, Marvin 2006 *The Emotion Machine: Commonsense Thinking, Artificial Intelligence, and the Future of the Human Mind*. New York: Simon & Schuster.

Montague, Richard 1974 [1968] *Pragmatics*. In Thomason, ed., pp.95—118.

Montague, Richard 1974 [1970] *Universal Grammar*. In Thomason, ed., pp.222—246.

Moor, James H., ed. 2003 *The Turing Test: The Elusive Standard of Artificial Intelligence*. Dordrecht: Springer Science+Business Media.

Morris, Charles W. 1951 [1938] *Foundations of the Theory of Signs*. Chicago: The University of Chicago Press.

Partee, Barbara H. ed. 1976 *Montague Grammar*. New York: Academic Press.

Ross, J.R. 1970 On declarative sentences. In Jacobs, R.A. & P.S.Rosenbaum (Eds.) *Readings in English Transformational Grammar*. Waltham, Mass.: Ginn. pp.222—272.

Searle, John R. 1984 *Minds, Brains and Science*. Cambridge, Mass.: Harvard University Press.

Searle, John R. & Vanderveken, D. 1985 *Foundations of Illocutionary Logic*. Cambridge: Cambridge University Press.

Shieber, Stuart M. 1986 *An Introduction to Unification-Based Approaches to Grammar*. LSJU: Center for the study of language and information.

Shieber, Stuart M. 2004 *The Turing Test: Verbal Behavior as the Hallmark of Intelligence*. London: The MIT Press.

Thomason, Richmond H. ed. 1974 *Formal Philosophy: Selected Papers of Richard Montague*. London: Yale University.

Turing, Alan M. 2004 [1950] Computing machinery and intelligence. In *Mind*, volume LIX, number 236, pages 433—460, 1950. Reprinted in Shieber, pp.67—95.

Rhetoric Challenging AI with Special Reference to Human-Machine Interaction

Gu Yueguo

Abstract: Rhetoric as practice permeates every instance of language use. This universal phenomenon has largely been ignored by AI due to the fact that it is extremely difficult to compute. The paper attempts to pinpoint the challenges rhetoric poses to AI, using human-machine interaction (HMI) as a case study. It starts with Turing Test, i.e., HMI via voice as design, but HMI via writing in practice, and discusses four phases of HMI development, which have progressed from no intelligence to some higher degree of intelligence adopting the computer's capabilities of processing human language as the hallmark. Various ways of formalizing phonetics/phonology, syntax and semantics, having contributed to this progress, are reviewed, meanwhile the rhetoric/pragmatics phenomena have proven to resist formalization. The paper concludes with a brief critical review of recent attempts at automatic essay writing, poetic composition, AI-supported courseware, etc. AI ethics is called for.

Keywords: formalization, AI, human-machine interaction, AI ethics, degrees of intelligence

（原载于《当代修辞学》2020 年第 6 期，
复印报刊资料《语言文字学》2021 年第 3 期全文转载）

亟需解决好中文信息处理和
汉语本体研究的接口问题*

陆俭明

(北京大学中国语言学研究中心/中文系)

提　要　人工智能发展迅速,已经成为当今社会的"明星",各个国家都把发展人工智能作为提升国家竞争力、维护国家安全的重大战略。一般以为语言学能在人工智能研究中派上用场,实际并非如此。人工智能对语言学的研究成果不是不需要,而是用不上。文章就此进行了反思,认为亟需解决好中文信息处理和汉语本体研究的接口问题;为此汉语研究须着力进行以下三方面研究:一是需要加强词语和句法格式的句法、语义、语用的特征研究与描写;二是需要加强现代汉语"边缘(periphery)结构"的研究与描写;三是需要加强汉语语言信息结构研究。

关键词　人工智能　中文信息处理　接口问题　特征研究与描写　语言信息结构　边缘结构

一、语言学在人工智能研究中起到作用了吗?

　　进入 21 世纪,特别是近十来年,人工智能发展迅速,已经成为当今社会的"明星"[①]。许多发达国家和发展中国家都已制定或正在制定人工智能发展计划[②],都

---

*　本研究属于"科技创新 2030—'新一代人工智能'"重大项目(2020AAA0106701)的研究成果之一。
[①]　《解放日报》2019 年 7 月 30 日关于高奇琦(华东政法大学人工智能与大数据指数研究院院长、政治学研究院院长、教授)演讲的报道。
[②]　胡薇《从数据的角度解读各国人工智能的发展情况》,发表于 2018.09.20 16:40:54.出处:电子发烧友网站 http://www.elecfans.com/d/780098.html;又见丁培《各国人工智能发展计划简介》,该文引自 mccarthy 机构 2017 年 10 月出版的 *From Chatbots to Self-Driving Cars*。
中文出处:上海情报服务平台:http://www.istis.sh.cn/list/list.aspx?id=11561&y7bRbP=qArXkaqn-WOEnWOEnWBFAeA9Jr1KtVBW5dutDEkHNOBLqqkE.

（转下页）

把发展人工智能作为提升国家竞争力、维护国家安全的重大战略。

人工智能可以分为两大类:一类跟自然语言无关,如电脑下围棋、象棋、汽车、飞机无人驾驶等;另一类跟语言有关,突出的如机器翻译,还有如"聊天机器人"。以汉语为处理对象的自然语言处理即"中文信息处理",无疑应为后一类人工智能所需要。我们从事语言研究的人更痴心地以为语言学会在人工智能研究中派上用场,然而,当今基于人工神经网络的"机器深度学习"的人工智能研究,与语言学不是结合得更加紧密,而是越来越疏远了。这说明语言学、中文信息处理在人工智能研究中并未发挥应有的作用。无怪乎不论是不同级别部门领导的谈话,还是众多学者、专家的谈论,说到人工智能都会说"这有众多的学科参与",然而大家都没提到语言学。

二、原因在哪里?

原因在哪里?大家都知道,人工智能完全靠计算。所计算的是具有多模态的、变量的目标函数,计算机凭借云计算、移动互联网所获得的大数据以及不断优化的算法、算力,能很快求解那一个个具有多模态变量的目标函数。人工智能的快速发展,就靠那"数据""算力"和"算法"这三驾马车的驱动。"数据""算力"和"算法"堪称"人工智能三要素",是人工智能三个必备条件。

"数据",是人工智能第一必备条件,有人称之为"人工智能发展的重要燃料",将其比喻为把一个婴儿培养为杰出人才所喂的"奶粉"①。因为人工智能的根基是训练,而训练就要求必须有覆盖面越广越好(能覆盖各种各样情景)、信息量越大越好、维度越多越好的数据,这样才能得到一个表现越来越令人满意的模型,才能获得最佳智能。

"算力",指运算、处理能力,是人工智能第二个必备条件,它是人工智能发展的动力和引擎,是人工智能发展的技术保障。算力的核心在芯片,它需要芯片支撑。

(接上页)英文原文出处:https://www.mccarthy.ca/sites/default/files/2019-02/McT_The%20Art_of_Artificial_Intelligence_WHITEPAPER_EN_FEB2019.pdf.

① 参看腾讯研究院、中国信通院互联网法律研究中心、腾讯 AILab、特训开放平台(2017)。

"算法",指计算机用来"解题"的精确、有效的运算方法,也是人工智能必不可少的条件,而且可以说"算法是人工智能的'根'"①。算法可分基础算法和应用算法,对人工智能来说最需要的是基础算法。

目前关涉语言的那类人工智能,其发展主要是靠不断提升计算机的"技能",并未真正提升计算机的"智能"。智能,"指的是一种适应环境的能力,即能随着经验的增长或环境的变化而不断调整、完善自我的能力"②(引自网易)。目前计算机缺乏这种能力,正如张钹院士所指出的,"人类理性智能主要来源于两个方面:一是先前的知识与经验,二是推理能力""机器还没有上升到认知层面,鲁棒性差,完全没有'自知之明'""机器尽管能识别不同的物体,但它本质上并不认识这个物体,机器只有感觉,没有感知"。怎么样让机器有"自知之明"?到现在为止,人类还没有解决③。计算机为什么在"智能"方面的能力提高不快呢?一个很重要的原因是,"数据"这一驾马车,没能很好驱动,原因是"数据"这一驾马车有一个轮子缺乏"有效的语言知识",无怪乎目前各类机器翻译问题多多。清华大学张钹院士在 2019 年 7 月 30 日举行的"知识智能高峰论坛暨清华大学(计算机系)——中国工程科技知识中心'知识智能联合研究中心'年度报告会"上就举了这样一个很形象的例子,如果让机器翻译"说你行的人行"这句话,机器翻译的结果可能是:Talk about the pedestrian line of your profession(谈论你专业的人行道),这就完全背离了原意④。再如,有一段中文原文是:

(1) 这位已过不惑之年的上海爱建信托投资公司总经理精力过人。早晨鸡鸣即起,晚上三更方睡。

某在线机器翻译系统翻译为:

(2) The general manager of the Shanghai Aijian Trust and Investment Company, who has passed by for many years, has extraordinary energy. In the morning, the cock crows and sleeps at night.

---

① 见 2019 年 09 月 12 日 18:25 新浪财经"自媒体综合"所发表的秦陇纪写的报道《徐匡迪院士 5 问揭开中国人工智能虚伪的面纱》。
② 是詹卫东在 2020.8.26 给笔者的微信中所说的。
③④ 引自 2019.8.1 16:39:44 网易首页报道,题目是《张钹院士:机器毫无自知之明,知识对智能系统很重要》。

"不惑之年"被翻译为 pass by for many years（过世多年）；"早晨鸡鸣即起，晚上三更方睡"的主语是"总经理"，但译文里是 cock（鸡）①。

语言学介入人工智能，只能介入"数据"部分。介入什么？有效的语言知识。语言知识怎么介入？靠中文信息处理。中文信息处理可视为语言学与人工智能之间的桥梁。中文信息处理，一头要与语言学接口，一头要跟人工智能接口。现在的状况是汉语本体研究成果没能在人工智能研究中派上用场。问题出在哪里？只有四种可能：一是目前的汉语研究成果没有用；二是中文信息处理没处理好；三是中文信息处理与汉语本体研究的接口没解决好；四是中文信息处理与人工智能之间的接口没解决好。显然，为进一步推进我国语言类人工智能的发展，得让"数据"这驾马车的所有轮子都动起来，这就必须既要从汉语本体研究方面找原因，也要从中文信息处理与汉语本体研究的接口上找原因，也要从中文信息处理跟人工智能接口上找原因。

三、反思汉语本体研究，亟需做好三件事

我们汉语本体研究不断地继承、发展，做了大量的工作，产出了大批的研究成果，无论是语音、词汇还是语法、修辞语用方面，但面对人工智能的汉语研究我们也确实需要反思。

我们现在的汉语研究更多地注重"理论"思辨，注重对语言现象的"解释"。这就语言研究本身而言很需要，无可非议。但从人工智能对语言学的需求来看，这样的汉语研究，其研究成果并不能为人工智能提供"有效的语言知识"数据。这就要求从事汉语本体研究的学者要关注并尽快了解中文信息处理、人工智能对语言研究的具体需求。就我们现有的认识而言，我们认为，为了能解决好中文信息处理与汉语本体研究之间的接口问题，为了能为人工智能提供所需的"有效语言知识"，今后汉语本体研究亟需做好下面三件事：

第一件事，需要加强词语和句法格式的句法、语义、语用的特征研究与描写。

众所周知，中文信息处理经历了基于规则到基于统计到计算机自我学习这样

---

① 此例由詹卫东教授提供。

的发展过程。所谓"计算机深度学习",就是"从原始特征出发自动学习高级特征组合"①。就目前大家的认识而言,语言符号担负并最后出色完成传递信息任务,靠的是两种知识:一是范畴(category)知识,二是规则(rule)知识。范畴知识有句法的、语义的、语用的。句法的如主语、谓语、宾语、定语以及名词、动词、形容词等;语义的如施事、受事、工具以及数量、领属、自主等;语用的如话题、评述、焦点、语境、前景信息、背景信息、隐喻、转喻等。范畴用来刻画语言对象的一个个特征。规则是用来表述范畴间的关系的。一个范畴可能刻画为几个特征,一个特征也可能用于刻画多个不同的范畴。所有规则都是建立在已知的或者更确切地说是假设的范畴的基础上的。所有规则,从逻辑上来说,都可以表示为 p→q 这样的蕴涵式。比如:如果某个词 W 是名词(p),那么 W 能作主语(q)。这条规则在"名词"跟"主语"②两个范畴间建立起了一种联系。再比如:如果句首是一个已知的处所/时间成分,那么由这个句子所呈现的汉语信息结构,句首的处所/时间成分就是话题。这条规则在"句首的处所/时间成分"跟汉语"话题"这两个范畴间建立起了一种联系。以这样的方式建立范畴之间的联系,是分析语言符号结构时必不可少的③。语言学家所要做的,就是在海量的语料中找出(实际是归纳、概括出)正确的、和谐的联系。自然语言处理中(处理汉语就是"中文信息处理"),范畴知识用词库来负载,规则知识由规则库(规则的集合)来承担。自然语言处理就是利用这些词库和规则库,按研究者的需要进行运算、分析,然后研究者根据计算机的分析结果,不断适切调整范畴体系、具体语言成分的属性取值以及相关的规则,即不断改进、完善词库和规则库的内容。

范畴知识,无论是语义的、语法的还是语用的,事实上主要都集中在词语身上。要让计算机掌握范畴知识,并能据此加以运算,就必须细致刻画每个词语可能具有的语义、语法、语用的特征。规则知识则集中在范畴与范畴的不同联系上。要让计算机掌握规则知识,就必须细致刻画各个范畴之间可能具有的各个不同联

---

① 参看腾讯研究院、中国信通院互联网法律研究中心、腾讯 AILab、特训开放平台(2017)。
② 汉语的"主语"借用自印欧语语法学,但汉语的"主语"与印欧语语法学里的主语(subject)迥然不同。这一点中国学者早就指出来了。参看丁声树等(1961)、吕叔湘(1979)、朱德熙(1982,1985)、沈家煊(2017,2019)等。
③ 上面所描写的规则是很粗的,只是为使大家明了而举的极为简单的例子,实际上要复杂得多。

系所特有的特征。显然,真要让汉语本体研究成果在人工智能研究中派上用场,必须加强对汉语中各个范畴、各种规则的特征的研究与描写,而这正是我们汉语研究的软肋,以往在这方面基本没有什么研究。

特征研究与描写并非易事,词与词是互为特征的,就范畴而言,一个词,无论是它的语义的、语法的或语用的特征,真要细致刻画的话,都会形成一个个"特征框架",甚至会形成一个"特征网络"。譬如"前夫"其语义特征是:男性,成人,曾结过婚,已离异,可再婚……其语法特征是:名词,可作主语、宾语、定语,可带定语,可带数量词,可单说,不能做谓语、补语,不能带宾语、补语……其语用特征是:可作话题,可成为焦点,不作评述;其语境特征是从离婚后的女人角度说到她原先的配偶时才用……图示如下:

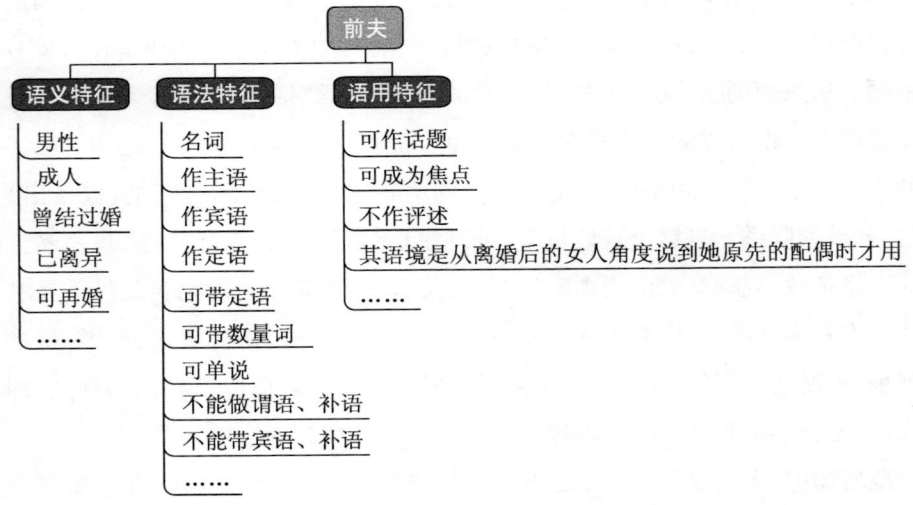

问题是用来说明"前夫"特征的每一个词本身又会是一个"特征网络"。可见,任何一个词都是一个复杂的"特征网络"。看来,Pollard & Sag(1987)的中心词驱动的短语结构文法(HPSG)采用复杂特征(complex feature set)和合一(unification)运算的方法来实行计算机对句子的理解与生成,大方向是对的。

对于各种规则特征,如何提取,如何描写,现在真还没有头绪。譬如,从语法上来说,词与词之间有主谓关系、述宾关系、述补关系、联合关系、"定-中"修饰关系、"状-中"修饰关系等等。由于汉语属于非形态语言,汉语的词与句法成分不是一对一的关系,是一对多的关系(朱德熙 1985),我们就难以将各种句法关系加以形式化表示。譬如,不能像印欧语那样,将主谓关系形式化表示为 NP+VP,将述宾关系形式化表示为 V+NP。例如"景颇语调查"是 N+V,可并非一定是主谓关系,也可以是"定-中"修饰关系①;"调查材料"是 V+N,可是它只被理解为"定-中"修饰关系,不会被理解为述宾关系。又如:a)"解释很清楚",b)"解释清楚",都是 V+AP,可是 a)只能理解为主谓关系,b)则既可以理解为主谓关系,也可以理解为述补关系②。原因在于汉语动词、形容词原本都表示陈述,有时由于表达的需要,要让它们表示指称,作名词用,但在汉语里不会像印欧语那样发生名词化转化,没有任何形式标志。这就给规则特征的认定与描写带来极大的麻烦。至于语用规则的特征如何认定与描写,目前更是一头雾水。原因是过去大家从未往这方面想,从来没有深入考虑过语法、语义、语用规则的认定与描写。然而这是中文信息处理的需要,人工智能研究的需要,汉语学界应该在这方面加大研究力度,早日做出成绩来。更需要指出的是,在交际过程中,编码也好解码也好,实际运作的是概念与概念结构,语言只是一个介质,只是一个媒介,只起提示作用。另外,句子表面所显示的仅仅是所要传递的信息的一小部分,大量的知识是交际双方共有的经验知识,都是隐含的。特征描写必须详尽描写全部显性的、隐含的特征。为了确保刻画、描写特征能做到尽可能详尽,这就很需要以认知语言学关联理论作指导。

"关联理论"是由 Sperber & Wilson(1986,1995)共同提出来的。其核心是两条关联原则——第一条原则叫关联的认知原则(the Cognitive Principle of relevance),是说人类的认知倾向于凡认知所及一定与最大程度的关联性相吻合;第二条原则叫关联的交际原则(the Communicative Principle of relevance),是说每一个成功的交际话语都应设想其话语的明示和推理都具备最佳的关联性。"关联"可视为人类认知的基础之一,源于客观世界——天地万物,大千世界的种种事物与现象,皆相互联系。最为核心的关系是因果关系,笛卡尔最先提出了"因果链

---

① 譬如,"景颇语调查"是 N+V,在下面的一问一答中,"景颇语调查"是主谓关系——"这一次景颇语调查吗?""景颇语调查,当然要调查咯。"可是在下面的句子中,"景颇语调查"是"定-中"偏正结构——"这一次还需要进行景颇语调查。"

② "解释清楚",在下面的话语中是主谓关系:"刘工程师对大家所提出的问题逐一作了解释,而且解释清楚,立论有据,大家口服心服。"在下面的话语中是述补关系:"这些问题他肯定能解释清楚。"

条"假设,认为"物质世界是按照因果机械规律运行的"。牛顿的研究成果证实了这一假设,牛顿经典力学成了体现这种信念的第一个成功范例①。

我们来刻画词语语义、语法、语用的特征时,刻画各种规则特征时,一定要有这种"关联"的意识,力求所刻画词语的"特征网络"规则的"特征网络",达到最大关联、最佳关联。当然,在刻画、描写词语特征时,肯定还会遇到其他意想不到的问题,那只能顺时应对。

第二个方面,需要加强现代汉语"边缘结构"的研究与描写。

众所周知,语言里既有核心(core)结构,又有边缘(periphery)结构。对于核心结构,如"约翰喝了一杯牛奶""张萍是北京大学的博士生",都可以按已有的"范畴+规则"去加以分析描写。可是语言里并不只有这些核心结构,还有大量的边缘结构,就难以按已有的"范畴+规则"去加以分析描写。如英语里的 let alone 和 What's X doing Y②。现代汉语里如:

(3) 开夜车开的|游泳游的|睡觉睡的|他是犹犹豫豫犹的

(4) 男人中的男人|尖子中的尖子|奇迹中的奇迹

(5) 爱去不去|爱听不听|爱吃不吃|爱看不看

这种边缘结构在科技文献中一般很少出现,但在一般文本中随处可见。中文信息处理必须要去处理这些边缘结构。请看下面任正非有一次在接受采访时所说的一段话③:

> 目前这种形势,我们确实会受到影响,但也能刺激中国踏踏实实发展电子工业。过去的方针是砸钱,芯片光砸钱不行,要砸数学家、物理学家等。

任正非说的"砸钱""砸数学家""砸物理学家",我们都能理解,知道不是"拿

---

① 朱松纯《浅谈人工智能:现状、任务、构架与统一》是朱教授在中科院自动化研究所举办的《人工智能前沿讲习班——人机交互》上的报告(2017.9.24)。2017 年 11 月 2 日发表在《视觉求索》微信公众号。
② let alone,作为边缘结构,"更不必说/更不用说"的意思,其意不能从 let 或 alone 本身的意思推知。What's X doing Y? 作为边缘结构,是言外转喻构式,貌似问句,实际不是;它会随着不同语境而表示不同的意思——或惊讶,或担心,或抱怨。例如:What's this fly doing in my soup? 说话人并非真问"苍蝇在我汤里干什么",而是抱怨汤里竟然有苍蝇。
③ 引自微信《新浪财经》(2019.5.29 11:37),题目是"投资者提问:任正非接受采访时表示,目前这种形势,我们确实会受到影响,但也能……"

着锤子去砸东西""砸人"的意思;可是计算机则很难掌握这里的"砸"的意思。中文信息处理需要处理这类特殊结构,这种特殊结构有多种类型(詹卫东 2017):

1) 全凝固型,如"用脚投票""羡慕嫉妒恨""买面子"等;

2) 半凝固型,如"V+来+V+去"(吃来吃去、商量来商量去),"N+百出"(错误百出、花样百出);

3) 短语型,如"N 中的 N"(天才中的天才)、"不是+N+的+N"(不是办法的办法)等;

4) 复句型,如"别说是 X,就是 Y 也 Z"(别说是他只有一张嘴,就是有一百张嘴也说不清|别说是在中国,就是在外国也享有盛誉)、"V+也+不是,不+V+也+不是"(看也不是,不看也不是|走也不是,不走也不是)。

我们北京大学中国语言学研究中心和计算语言学研究中心合作,已由詹卫东教授主持建设了"现代汉语构式知识描述数据库",这是一个社科重大项目,目前已收录、分析、描写了 1 000 多个构式。"现代汉语构式知识描述数据库"对每条构式的描述信息如下(詹卫东 2017):

1) 该构式的基本信息——有关该构式的形式、意义的"聚合"特征;

2) 该构式句法功能信息——有关该构式入句组合可能有的句法功能"聚合"特征;

3) 该构式语用、语境信息——有关该构式在交际中依赖的环境"聚合"特征。中文信息处理要处理这类边缘结构,我们汉语本体研究则有义务要为中文信息处理提供这方面资源。

第三个方面,加强汉语"语言信息结构"研究。

为什么要加强语言信息结构研究? 我们知道,语言最本质的功能是传递信息[①]。说话人要将自己对客观事物或现象的种种感知传递给他人,中间会进行两次复杂的加工:

第一次加工在说话者认知域内进行,主要将自己通过某些感觉器官所感知形成的直感形象或直觉以及由此形成的意象图式,运用内在语言(IL)将其加工为概

[①] 说到语言的功能,我们常说:"语言是人类最重要的交际工具,语言是思维的物质外壳,语言是记录和传承人类文化的载体。"这说法没错,但是这些功能是语言"传递信息"这一最基本的功能的延伸。许国璋(1986)就指出:"语言是人与人传输信息的中介。"

念结构、概念框架。

第二次加工是说话者根据自身的交际意图、言谈交际环境、听话人情况等的不同或变化,将自己在认知域中已形成的概念结构、概念框架运用外在语言(EL)转化为所要传递的信息。

在第二次加工中,主要运用语言系统中的动态单位句子来传递说话者想要传递的信息;而在这次加工中,还需要解决好两个问题:一是如何将作为句子建筑材料的词,按所传递信息的需要,很合理地组合成句子? 二是如何确保信息传递符合交际需求? 要知道,信息传递要求遵循以下四个基本原则:清晰性、连贯性、稳定性、顺畅性。在第二次加工中,传递一个信息,往往需要用到十几个乃至更多的词。假如只是孤立地将那些词一个个罗列出来,一方面孤立的词义不能形成关联语义,更无法生成句义;另一方面从量上来说,也会受到人的认知域的 7±2 记忆法则(Miller 1956)的制约。因此,借以传递信息的句子,其内部所包含的若干个词,必须依据所传递的信息及其复杂程度,进行层层打包组块,最好还能给个标记。

那么凭借语言所传递的信息何以能形成一个信息结构呢? 须知凭借语言的句子等动态单位所传递的信息会形成一个像流水那样的信息流(information flow)(Chafe 1994)。在这信息流中,一般包含多种信息元素,诸如:

a) 说话人所要谈论的话题;

b) 说话人有必要传递给听话人的某些已知的旧信息;

c) 说话人最想要传递给听话人的种种未知的新信息;

d) 为使听话人便于了解与明白所传递的信息而附加的某些背景信息;

e) 为表明人际关系等而附加的情态信息;

f) 为确保所传递的信息前后能衔接而附加的衔接性信息;

g) 某些标记性信息元素;

……

这众多的信息元素,显然不会在一个层面上,它们也必然要加以组合,使信息流具有结构的性质,从而确保信息传递的清晰与稳定。现在我们大致可以将"语言信息结构"定义为:

> 语言信息结构指人与人之间进行言语交际时,凭借语言这一载体传递信息所形成的、由不在一个层面上的种种信息元素所组合成的、以信息流形态

呈现的一种结构。

现在大家都确认，印欧语属于形态语言，属于"主语型"语言；汉语则属于非形态语言，属于"话题型"语言。因此，在句子平面上，英语更多地会受句法规则的制约，而汉语更多地会受信息传递的影响。譬如，有这样一个事件结构：

我打篮球了，我是和李洪军一起打篮球，时间是昨天。

在汉语里，我们当然可以拿"我"作话题，说成：

（6）我昨天和李洪军打篮球了。

但是我们也可以拿"李洪军"作话题，也可以拿"昨天"作话题，也可以拿"我和李洪军打篮球"这一事件作话题。拿什么作话题就将它居于句首，而且无需进行名词化加工，直接说成：

（7）李洪军我昨天和他打篮球了。

（8）昨天我和李洪军打篮球了。

（9）我和李洪军打篮球是在昨天。

可是英语就不行。英语一般说成：

（10）I played basketball with LI Hongjun yesterday.

或者采用"准分裂句"（pseudo-cleft sentence）的说法，说成：

（11）The time I played basketball with Li Hongjun was yesterday.

反正 yesterday 不能直接居于句首①。常见的是说成：

（12）It was yesterday that I played basketball with LI Hongjun.

不难发现，汉语句子的词序基本按语言信息结构的规则要求加以排列——话题居句首，句子的信息焦点一般居句尾，未知信息单元一般位于已知信息单元之后；核心动词前如果出现多个信息单元，那么信息已知程度高的居于已知程度低的之前；核心动词后如果出现多个信息单元，那么未知程度高的居于未知程度

---

① 美式英语口语里有时也可以说成：Yesterday I played basketball with LI Hongjun. 不过一般认为不正规。

低的之后……英语则更多地受语言本身的语法规则制约。突出的表现在：第一，时间状语得置句尾；第二，由前置词引介的行为动作的伴随者（如上例 LI Hongjun）不能出现在动词之前。

显然，汉语本体研究极需要加强对汉语语言信息结构的研究（陆俭明 2007，2009），而从中文信息处理和人工智能研究的角度来说，更需要加强汉语语言信息结构研究。

四、结　语

当然，中文信息处理、人工智能研究，对汉语本体研究可能还会有其他方面的要求，但是，就我们目前的认识，为能使汉语本体研究成果在我们的人工智能研究中派上用场，汉语学界必须加强特征研究和特征描写，必须做好边缘型结构的研究与描写，必须加强对汉语语言信息结构的研究。中文信息处理方面，是否也值得反思，深入去找找原因——自身做得如何？跟汉语本体研究接口做得如何？跟人工智能研究的接口做得如何？对汉语本体研究还需要有什么样的要求？这都得由从事中文信息处理的同道去思考了。

参考文献

丁声树等　1961　《现代汉语语法讲话》，商务印书馆。

陆俭明　2017　《重视语言信息结构研究　开拓语言研究的新视野》，《当代修辞学》第 4 期。

陆俭明　2019　《再谈语言信息结构理论》，《外语教学与研究》第 2 期。

吕叔湘　1979　《汉语语法分析问题》，商务印书馆。

沈家煊　2017　《汉语有没有主谓结构？》，《现代外语》第 1 期。

沈家煊　2019　《超越主谓结构——对言语法和对言格式》，商务印书馆。

腾讯研究院、中国信通院互联网法律研究中心、腾讯 AILab、特训开放平台　2017　《人工智能》，中国人民大学出版社。

许国璋　1986　《语言的定义、功能、起源》，《许国璋论语言》，外语教学与研究出版社。

詹卫东　2017　《从短语到构式:构式知识库建设若干理论问题探析》,《中文信息学报》第1期。

朱德熙　1982　《语法讲义》,商务印书馆。

朱德熙　1985　《语法答问》,商务印书馆。

Chafe, Wallace 1994 *Discourse, Consciousness and Time: The Flow and Displacement of Conscious Experience in Speaking and Writing*. Chicago: Chicago University Press.

Miller, G.A. 1956 The magical number seven, plus or minus two. *The Psycological Review* 63.

Pollard, Carl and Sag, Ivag A. 1987 *Information Based Syntax and Semantics*. Chicago: The University of Chicago Press.

Sperber, D. & Wilson, D. 1986 *Relevance: Communication and Cognition*. Cambridge MA: Harvard University Press, 1986.

Urgent Need of Cooperation Between Chinese Information Processing and Language Research

Lu Jianming

Abstract: Artificial Intelligence(AI) has been developing so rapidly that it has become the focus in modern society. Nowadays each country takes AI as one of the major strategy issues to improve the national competitiveness and maintain national security. It is generally expected that linguistics will be of use in the research of AI, but it isn't. Actually the research findings of linguistics is not unnecessary to AI, but unusable. Therefore this paper reflects on the current situation, holding that how to make the Chinese information processing and language research cooperate with each other is a heavy problem at present. To this end, the following three aspects of

Chinese language research should be enhanced, which are, the study and description on syntactic, semantic and pragmatic features of Chinese vocabularies and syntax patterns, the study and description of the periphery structure in modern Chinese, and the study of Chinese information structure.

Keywords: Artificial Intelligence(AI), Chinese information processing, cooperation, study and description of features, periphery structure, language information structure

（原载于《当代修辞学》2021 年第 1 期）

"人机对话-聊天机器人"与话语修辞*

袁毓林

(北京大学中文系/中国语言学研究中心/
计算语言学教育部重点实验室)

提 要 本文首先通过"图灵测试"与"中文屋"思想实验两个案例,说明人工智能与语言运用及其表达效果关系紧密。接着介绍 ELIZA 与 PARRY 这两个"聊天机器人"的前辈系统,说明这种人机对话的成功依赖于语言交际的社会性与互动合作的主动性。然后介绍目前智能对话系统的基本构架与模块(NLU-DM-NLG),特别展示在研制这种智能对话系统的过程中涉及的修辞问题,包括话题结构的组织、语言表达的多样性、语言运用的个人风格等。最后以智能对话系统的构建为镜子观照语言学研究,讨论语言运用的概率性与统计学特征,说明语义分析对于语言理解及相关智能系统开发的重要性。

关键词 图灵测试 中文屋 人机对话 聊天机器人 语言运用 表达效果

一、语言运用与人工智能:从"图灵测试"到"中文屋"

简单回顾历史,就可以知道:"人工智能"(artificial intelligence, AI)从概念萌生到技术发展和工程实现,始终跟人类的语言运用及其表达效果紧密地联系在一起。比如,Turing(1948)明确提出"智能机器"(Intelligent Machine)的概念,Turing (1950:433)提出了"机器能思维吗?"(Can machines think?)这个问题,并且通过

---

* 本研究得到国家科技创新2030"新一代人工智能"重大项目"以自然语言为核心的语义理解理论、模型与方法"(2020AAA0106701)和国家社科基金重大项目"基于'互联网+'的国际汉语教学资源与智慧教育平台研究"(18ZDA295)的资助。

"模仿游戏"(the imitation game)来重新表述和明确这个问题：

> 一个由三个人参与的游戏：一个男子 A，一个女子 B，一个提问人 C（男女皆可）。提问人被单独隔离在一个房间中，看不到其他两位。游戏的目标是：让提问人判断那两位参与者，哪个是男子，哪个是女子。提问人用 X 和 Y 分别代表另外两位。游戏结束时，他得说"X 是 A，Y 是 B"或者"X 是 B，Y 是 A"。提问人可以通过电传打字机跟那两位进行书面问答。比如，C 问："请 X 报告自己头发的长度。"X 可以误导性地回答："我是短发型，最长的几缕大概九英寸。"现在，我们提出这样一个问题："如果在游戏中用一台机器来替代 A，将会发生什么？""这种情况跟玩家是一男一女时相比，提问人错判的频率是否会发生变化？"我们用这些问题替代原先的问题："机器能思维吗？"

这就是后人所谓的"图灵测试"(Turing Test)，即通过人机对话(man-machine dialog)来检验机器是否具有与人类一样的智能。为了直观地说明这种测试方式的长处，Turing(1950:434)还构拟了下面一段对话[①]：

> 问：请以福斯桥(Forth Bridge)为主题，写一首十四行诗。
> 答：我去，别让我干这个，我压根就不会写诗。
> 问：34957 加 70764 等于多少？
> 答：(停顿大概 30 秒钟)105621。
> 问：你会下象棋吗？
> 答：会啊。
> 问：我的王在 K1，没别的棋子了，而你只有王在 K6，车在 R1。该你走了，你走哪步？
> 答：(停顿 15 秒钟)车到 R8，将军。

Turing(1950:434)认为，这种问答方式适用于几乎任何一种我们希望涵盖的人类行为。Turing(1950:446)还构想了下面一段"口试"，来鉴定某人(或机器)就某事是真的理解还是只是"鹦鹉学舌"[②]：

[①] 译文采用尼克(2017)，第 263 页。
[②] 译文采用尼克(2017)，第 276 页。

提问者：你的十四行诗的第一行是这样的，"能否把你比作夏日璀璨？"要是将"夏日"改成"春晓"，是不是也可以，或许会更好？

证人：这样一改就不合韵律了呀。

提问者：改为"冬天"如何？这样也会合韵。

证人：是没问题，但是有谁愿意被比作冬天呢？

提问者：匹克威克先生会使你想起圣诞节吗？

证人：或多或少会吧。

提问者：圣诞节不就在冬天吗，我认为匹克威克先生不会介意这个比喻的。

证人：你在逗我吗？冬天的意思是指某一个典型的冬天，而不是像圣诞节那样特殊的日子。

Turing(1950:446—447)指出，如果机器的回答能够像上面所引述的那样合情合理、连贯一致，那么人们也许要改变"机器只是一个简单装置"的看法。可以说，从图灵提出模仿游戏开始，人类就孜孜不倦、义无反顾地踏上了研制能够完成特定任务的人机交互系统的征程（段楠、周明2018:i），现在终于形成了一门旨在使机器能够理解与运用自然语言、实现人机通信的技术——人机对话（man-machine conversation）（百度飞桨2019）。并且，人们通常是以计算机（程序）能否愚弄人类，使人误以为在跟真人对话，作为一种检验它是否足够智能的比较刚性的标准。

在图灵测试场景的基础上，Searle(1980)提出了"中文屋"（Chinese Room）的思想实验。下面的英语是他1999年简写过的版本①，再下面的中文是我们综合这两个版本的译述：

Imagine a native English speaker who knows no Chinese locked in a room full of boxes of Chinese symbols (a data base) together with a book of instructions for manipulating the symbols (the program). Imagine that people outside the room send in other Chinese symbols which, unknown to the person in the room, are questions in Chinese (the input). And imagine that by following the instructions in the program the man in the room is able to pass out Chinese symbols which are correct answers to the questions (the output). The program

---

① 详见 https://www.zhihu.com/question/39447528/answer/141000616。

enables the person in the room to pass the Turing Test for understanding Chinese but he does not understand a word of Chinese.

想象一个不懂中文的英语说话人被锁在一个房间里,里面满是中文符号卡片的盒子(一个数据库),伴有一本怎样使用这些符号的指导手册(一个程序)。屋外的人通过递纸条的方式,用中文向屋里的人发出问题(输入)。屋里的人依靠程序指导能够正确地用中文符号回答这些问题(输出)。现在,Searle 的问题是:假设屋外的人不能区分屋里的人是不是母语为中文,那么屋里的人是不是就算懂中文? Searle 自己的回答是:那个程序使得那个屋里的人通过了"是否懂中文的图灵测试",但是实际上他根本不懂中文!(参考尼克 2017:185)

这个思想实验引起了学界关于人工智能本质的很大争论。可见,一个系统即使能够通过图灵测试,也并不意味着它拥有智能或者心智。对于语言研究者来说,我们需要思考的是:"什么是懂得一种语言?怎样才算理解一种语言的意义?"不管怎样,人工智能跟语言运用的能力捆绑在一起,难解难分。

二、聊天机器人的前辈:从医生 ELIZA 到病人 PARRY

在图灵的"通用图灵机"(UTM)原创概念以及冯·诺依曼(von Neumann,1903—1957)构架及其核心概念"存储程序"(Stored Program)的推动下,实际的通用电子计算机被制造出来了,并且经历了电子真空管到晶体管的元件更替(尼克 2017:250—254)①。在 1956 年的达特茅斯会议上,麦卡锡(John McCarthy)等人

---

① 一般认为,世界上第一台电子计算机是由美国爱荷华州立大学的约翰·文森特·阿塔纳索夫(John Vincent Atanasoff)教授和他的研究生克利福特·贝瑞(Clifford Berry)在 1937 年至 1941 年间开发的"阿塔纳索夫-贝瑞计算机"(Atanasoff-Berry Computer,简称 ABC)。世界上第二台现代电子计算机"埃尼阿克"("电子数字积分计算机"的简称,英文全称为 Electronic Numerical Integrator And Calculator,简称 ENIAC)诞生于 1946 年 2 月 14 日的美国宾夕法尼亚大学,并于次日正式对外公布。承担开发任务的"莫尔小组"由四位科学家和工程师组成,包括:埃克特(John Eckert)、莫克利(John Mauchly)、戈尔斯坦、博克斯。1945 年,冯·诺依曼和他的研制小组在共同讨论的基础上,发表了一个全新的"存储程序通用电子计算机方案"——EDVAC(Electronic Discrete Variable Automatic Computer)。在此过程中,他对计算机的许多关键性问题的解决作出了重要贡献,从而保证了计算机的顺利问世。详见 https://baike.so.com/doc/3330360-3507419.html; https://baike.so.com/doc/7092440-7315344.html。

正式提出了 artificial intelligence(人工智能)这一学科名称。

由于运用语言进行交谈是人类智能的一种最普通的表现,因而人工智能研究者尝试开发一种能够跟人聊天的计算机程序是一件比较自然的事情。1965年,魏森鲍姆(Joseph Weizenbaum)在麻省理工学院的人工智能实验室研制出了对话程序 ELIZA(尼克 2017:137)①。下面是一段 ELIZA 作为心理医生(psychiatrist)和一个高中女生作为病人(patient)的对话②:

病人:Men are all alike.(男生都一个德行。)

医生:In what way?(哪个德行?)

病人:They're always bugging us about something.(他们总在烦我们。)

医生:Can you think of a specific example?(你能说个具体的例子吗?)

病人:Well, my boyfriend made me come here.(是我男朋友逼我来的。)

医生:Your boyfriend made you come here?(你男朋友逼你来的?)

病人:He says I'm depressed much of the time.(他说我总是抑郁。)

医生:I'm sorry to hear that you are depressed.(很遗憾听到你抑郁。)

病人:It's true that I am unhappy.(我真的很不爽。)

医生:Do you think coming here will help you not to be unhappy.(你觉得到这来能帮你走出困境(不是不爽)吗?)

病人:I need some help, that much seems certain.(我需要帮助,这是肯定的。)

医生:What would it mean to you if got some help?(你得到帮助,对你意味着什么?)

病人:Perhaps I could learn to get along with my mother.(也许我能学会和我妈相处。)

医生:Tell me more about your family.(说说你的家庭。)

病人:My mother takes care of me.(我妈照顾我。)

---

① Eliza 本来是萧伯纳(George Bernard Shaw)的剧本《卖花女》(Pygmalion)中女主人公的名字。她出身乡下,颜值底子好,但是讲一口英语方言;最后,被语言学家希金斯调教成一副贵族腔调。该剧后来被改编为音乐剧《窈窕淑女》(My Fair Lady),后来又被改编为电影。
② 译文采用尼克(2017),第138—140页。

医生：Who else in your family takes care of you?（你们家还有别人照顾你吗？）

病人：My father.（我爸。）

医生：Your father?（你爸？）

病人：You are like my father in some ways.（你有点像我爸。）

医生：What resemblance do you see?（哪像？）

病人：You are not very aggressive but I think you don't want me to notice that.（你不咄咄逼人，并且你不想让我注意到这一点。）

医生：What makes you think I am not very aggressive?（你为什么认为我不咄咄逼人？）

病人：You don't argue with me.（你不和我吵。）

医生：Why do you think I don't argue with you?（你为什么认为我不和你吵？）

病人：You are afraid of me.（你怕我。）

医生：Does it please you to believe I am afraid of you?（认为我怕你，会让你高兴吗？）

病人：My father is afraid of everybody.（我爸谁都怕。）

医生：What else comes to mind when you think of your father?（当你想你爸时，脑海还会浮现什么？）

病人：Bullies.（仗势欺人。）

医生：Does that have anything to do with the fact that your boyfriend made you come here?（这和你男朋友逼你来这，有啥关系吗？）

当时，许多人试着跟她打字笔谈了一个"疗程"以后，感觉心情沉重，好像跟真的心理医生聊完一样。其实，这个程序的原理还是比较简单的。Weizenbaum（1966）描述了ELIZA程序如何使人跟计算机在一定程度上进行自然语言对话成为可能：根据由输入句中的关键词触发的分解规则（decomposition rules）对输入句进行分析，然后根据分解规则所对应的重组规则（reassembly rules）来生成回复（responses）。也就是进行简单的关键词匹配，从系统中大概两百多个模板中寻找合适的回复。如果匹配到一个或者多个关键词，它就用关键词所对应的模板去回复;如果匹配不到的话,它就只是简单地进行把"我"改成"你"之类的替换,然后返回原话。比如,在上面的对话中,来访者说"我父亲如何如何",ELIZA 就说"你父亲如何如何";来访者说"我男朋友逼我来这里",ELIZA 就说"你男朋友逼你来这里"。只是进行简单的替换,然后重复对方的话。大概的处理过程如下:

程序读入输入的句子,识别并匹配关键词;如果关键词存在,程序就选择与使用跟关键词相关联的分解规则,对输入的句子进行转换操作(比如听到病人说……all alike,那么医生用 In what way? 来应对,大概八成是靠谱的);如果遇到没有意义的话或者不确定的状况,就使用之前的转换方式(比如听到病人说 my boyfriend made me come here.那么医生用 your boyfriend made you come here? 来进行回声性提问和确认,大概也像执业心理医师的表现:认真地倾听,并且富有同情心地替病人着想)。程序输出的内容就是根据转换规则得到的文本。当然,程序的细节要略微复杂一些。比如,关键词是有优先顺序的,在从左向右扫描文本的过程中,一个在前面发现的关键词会因为后面有优先级更高的词而被丢弃。同时,如果输入的句子中有多个被标点隔开的分句,那么程序只会选择其中一个分句进行转换,其他分句在处理过程中会被删除。此外,还要提供一种机制,使程序能够在输入的文本关键词缺失(其实是在脚本库中找不到合适的对应词)时,依然能够聪明地进行回复(比如听到病人说 They're always bugging us about something.那么用 Can you think of a specific example? 来应对,大概也能蒙混过关)(Weizenbaum 1966:38—40)。

因为这个程序是一个数据驱动的脚本引擎,数据就是由关键词及其对应的转换规则组成的某种特定类别的会话脚本;所以,ELIZA 并不局限于一组特定的匹配模式及回复,也不局限于某一种语言。不过,尽管 ELIZA 是一个脚本引擎,但是可以加载不同的脚本来进行对话。后来,又有一些基于 ELIZA 的新版本的聊天机器人系统(new ElizaBot)。其中,最为人们所熟知的还是使用一个模拟罗杰斯式的心理治疗师(a mock Rogerian psychotherapist)的脚本的 ELIZA[①],以至于提到

[①] 罗杰斯(C.R.Rogers)曾经提出一套以来访者为中心的疗法,主张来访者必须清醒理智地判断他们自己有哪些问题,应该如何解决这些问题。而心理治疗师更像是一个给来访者倾听和鼓励的挚友或顾问,引导来访者说出自己的问题。这就是所谓罗杰斯式以人为本的(people-centered)心理医生。

ELIZA,人们就会想到那个能够进行心理治疗师式对话的程序①。

后来,在斯坦福大学医学院教《心理分析》课程的精神病医生科尔比(Kenneth Colby)认识了在斯坦福访问的魏森鲍姆以后,致力于根据 ELIZA 的原理,构造一个能够聊天的狂躁症(paranoid mode)病人。这样,一方面可以培训心理医生,另一方面可以理解病人的征兆。他的成果在 1972 年变成了计算机程序 PARRY,并且还出版了学术著作(Colby 1975)。下面是作为人工制造的狂躁症病人(artificial paranoid)的 PARRY 跟医生的一段对话②:

医生:Why are you in the hospital?(你为什么在医院?)

病人:I shouldn't be here.(我不该在这啊。)

医生:Who brought you here?(谁把你带来的?)

病人:Police.(警察。)

医生:What trouble did you have with the police?(你给警察找什么麻烦了吗?)

病人:Cops don't do their job.(警察失职。)

医生:What do they do instead?(他们干啥失职的事了?)

病人:Cops arrest the wrong people.(他们拘错人了。)

医生:They arrest the right ones sometimes.(他们有时也拘对人啊。)

病人:The law should get those Italian crooks.(法律应该收拾那帮意大利小混混。)

医生:Are you Italian?(你是意大利裔吗?)

病人:My background is British but I was born in this country.(我祖上是英国人,但我是在美国生的。)

医生:Do you know any Italian crooks?(你认识意大利混混吗?)

病人:I try to avoid the underground.(我是躲着黑社会的。)

医生:Are you afraid of the underground?(你怕黑社会吗?)

病人:The Mafia are the worst gangsters.(黑手党是最坏的匪徒。)

---

① 详见 https://www.jianshu.com/p/80e89e7355a9。
② 详见尼克(2017),第 140—142 页,译文也采自这里。

医生：Are you connected with the Mafia?（你和黑手党有关系吗？）

病人：You know, they know me.（你知道，他们认识我。）

医生：How do they know you?（他们怎么会认识你的？）

病人：They spy on me.（他们跟踪我。）

医生：Why do they?（为什么？）

病人：They want to get false evidence to frame me.（他们在找假证据，给我下套。）

医生：What do they have against you?（你有什么把柄在他们手里吗？）

病人：They are out to get me.（他们要收拾我。）

医生：What for?（为什么？）

病人：I have incriminating evidence against the Mafia.（我有能让黑手党蹲监牢的证据。）

医生：Are you sure of all this?（你肯定吗？）

病人：You don't believe me?（你不相信我吗？）

医生：I am doing my best.（我尽力。）

病人沉默。

心理医生沉默。

病人：Can't you think of a decent question to ask?（你能想出一个靠谱的问题来问吗？）

医生：You seem to hostile to me.（你有点敌意啊。）

病人：Some of your remarks annoy me.（你的问题很讨厌。）

医生：I am sorry.（抱歉。）

病人：Forgot the excuses, you guys are all alike.（别找借口了，你们都一个德行的。）

如果说在医生 ELIZA 跟病人的对话中，是人工医生在装模作样地敷衍病人，那么，在病人 PARRY 跟医生的对话中，是人工病人在装模作样地敷衍医生（比如医生问："你怕黑社会吗？"病人回答："黑手党是最坏的匪徒。"）。这种有一搭没一搭的人机对话之所以都能够畅行无阻，关键在于语言交际是一种听说双方的社会性互动；听话人的主动合作，并且进行包容性理解与主动的关联性解释，使得机器说的几乎每一句话都具有在当下语境中的意义。魏森鲍姆用 ELIZA 作为他研制的人机对话系统的名称,意在希望这个系统在跟人的互动中,像《卖花女》中的 Eliza 一样,可以在跟用户的互动过程中,逐渐被人类老师调教得越来越聪明和伶俐。而 Colby 用 PARRY 作为他研制的人机对话系统的名称,可以说是意味深长。因为在语言交际中,说话人有意使用 parry(遁词)这种修辞方式,的确可以让听话人对其话语的意义与意图等真伪莫辨,但是依然能够维持会话的进程。不管怎么说,这些基于"关键词/词库-脚本/脚本库"的规则匹配技术的探索和实践,为以后的智能问答与聊天机器人(chatbot, chatterbot)奠定了关键性的技术基础。如果说 ELIZA 是第一个聊天机器人的话,那么可以说 PARRY 是第一个通过特定的图灵测试的聊天机器人。

三、智能对话问答系统的技术与相关的修辞学研究课题

在 ELIZA、PARRY 之后,模式匹配技术的精神延续不断。1995 年 CMU(卡内基梅隆大学)的 Randy Pausch 开发了聊天机器人 Alice(Artificial Linguistic Internet Computer Entity),并且孕育了用于开发聊天机器人的置标语言 AIML(a Markup Language for AI)(Wallace 2009)。后来,语言技术公司 AIML 的创始人 Steve Worswick 研制的聊天机器人 Mitsuku(巳杯)①也运用了这种语言,并且扩展了对话模板,增加了一些跳转(比如当用户说到 What are you called? 的时候,它可以跳转到 What is your name? 这个模板,以便找到答案模板 My name is〈bot name "name"〉)。这两个系统都做出了比前辈 ELIZA 和 PARRY 更好的脚本引擎,形成了更加智能的对话机器人,并且成为三届"最像人的 AI"大奖——Loebner 青铜

---

① 这个系统的名称源于一款动漫游戏。"巳坏"(ミツキ,Mitsuki)是日本动画《火影忍者》中的一个角色,是由"大蛇丸"(蛇叔)从一个杯子培育成的人造人。"巳"(mi)是地支的第六位,对应蛇;"坏"(tsuki,汉语中读 pī),指未烧制的陶器,同"杯"。"ミツキ"是大蛇丸将其视为容器时的命名,所以,在汉语中,翻译为"巳杯"是比较合适的。"ミツキ"在早期,官方没有给出汉字,所以当时有"三月"(剧场版 11 汉语)、"光树"(腾讯 703 话)、"光希"(台湾东立早期译名)、"见月、观月"等多种翻译。直至 2016 年 4 月的新短篇漫画《火影忍者外传:满月照耀下的路》中揭示了"ミツキ"对应的官方正确汉字为"巳坏/巳月"。详见百度百科"巳月"条 https://baike.baidu.com/item/%E5%B7%B3%E6%9C%88/3106243?fromtitle=Mitsuki&fromid=19582952&fr=aladdin.

奖的获得者①。促使它们成功的因素至少有两个:1)建立在 AIML 这种语言的基础上,可以做到很快速的匹配;2)模板来源于网络上大量的人的对话,返回的回复是一些人的言语,所以它的回答特别像人的语言。也正因为这样,比较容易通过所谓的图灵测试,测试者(考官)无法分辨对其提出的问题的答案到底来自人类还是机器(程序)。

与此同时,为了更好地应对当今社会信息过载的问题,各大 IT 巨头公司都纷纷投入到了智能问答与人机对话领域:2010 年 IBM 公司推出 Watson,2011 年苹果公司推出智能助理 Siri,2014 年微软公司推出人工智能助理 Cortana(小娜)和聊天机器人"小冰",同年亚马逊推出了 Echo 音箱和智能助理 Alexa,2016 年谷歌公司推出 Google Assistant——手机聊天工具 Allo 和 Google Home 设备等,随后 Facebook 公司推出了 M,阿里推出了"天猫精灵",百度推出了"小度"等等。这些都可以看作是既有的搜索引擎的下一代演化,即直接获得答案,而不必大海捞针,逐个浏览搜索引擎返回的每个链接网址中的信息,通过仔细阅读绕过无关信息,剔除冗余信息,最终找到自己期望的答案。

上述各种工业界开发的人机对话产品,大致分为三种类型(百度飞桨 2019):1)语音助手,主要是在手机等硬件设备上或 APP 应用软件上植入人机对话程序,辅助用户通过语音的方式,使用宿主设备或程序上的功能,比如内容搜索、信息查询、音乐播放、闹钟铃声设定、餐厅与票务预定等,比较著名的产品有:苹果 Siri、微软小娜、Google Now、百度小度、阿里小蜜等;2)智能音箱,是一种专门为对话系统设计的音箱产品,独立设计了一套语音输入-输出系统,用以实现远场语音控制,即通过远距离的语音对话交互来控制家居环境下的家电设备,比较著名的产品有:亚马逊 Echo、Google Home、百度小度音箱和小度在家、阿里天猫精灵、小米小爱等;3)聊天软件,主要借助情感计算技术跟用户进行闲聊和情感交流等,比较著名的产品有:微软小冰、Mitsuku(巳杯)等。

在个人计算机(PC)之后是网络(Web),随后是智能手机,现在又迎来物联网(Iot),人们所使用的设备及其上的信息、知识和交互变得更具多样性,所以人们更

---

① Loebner 奖是聊天机器人领域非常重要的年度竞赛,用来奖励最像人类的(most human-like)计算机程序。

加需要一种跨平台可交互的智能助手。目前,市场上各种对话系统的基本架构都差不多,核心部分是下列三种功能类型的对话系统中的一种:1)任务型对话机器人(TaskBot),比如 Siri、Alexa 和 Google Assistant 等,都是用基于检索的方式(搜索与知识库相结合)来实现的。在上面可以询问天气、进行订票服务、某些特定领域的智能客服、智能家居中的家电控制和音乐播放等。这种问答的特点是用户需求明确,往往需要多轮交互的方式来完成,通常也以完成任务的成功率作为系统优劣的评价标准。2)问答型对话机器人(QABot),用于解决用户查询某种信息的需求。主要采用一问一答的对话形式,比如"第二次世界大战是哪一年结束的?"再比如,通过 Watson 系统可以查询历届奥运会的时间、地点等文艺体育方面的百科知识。通常以回复的准确率作为系统优劣的评价标准。3)聊天型对话机器人(ChatBot),有人称为闲聊机器人。比如微软小冰、Mitsuku(巳杯)、贤二机器僧①等,主要用于私人助理、休闲娱乐等场景,帮助用户解决情感倾诉、消遣解闷等需求。聊天是人们平常运用最多的信息交互方式,往往不限制主题与内容,是一种完全开放域的会话,因而也是在技术上实现起来难度最高的,需要海量的数据集,并且需要能够兼顾灵活性与准确性的算法模型。在上述三种对话系统之下,支持它们的是各种各样的数据,包括知识图谱、用户画像、问答索引库、各种任务对话库,还有各种各样的场景脚本。在它们之上,通常有一个统一的调度系统,因为作为一个通用的对话系统,需要能够在不同的任务、场景之间进行切换,而且需要像人一样记住不同领域的上下文。再往上面是一个对外提供服务的对话平台,同时也用以支持相关企业、集团、公司内部的许多业务与产品(李亚楠 2019;百度飞桨 2019)。

从模块上看,这种智能性问答对话系统主要涉及三个部分:1)自然语言理解(NLU),负责对用户输入中的语义、语用信息进行理解,主要包括意图识别和命名实体理解等②。语义信息主要通过意图(intents)和槽位(slots)来表示,一个意图

---

① 贤二机器僧是以北京龙泉寺创造出来的"贤二"漫画形象为原型,由北京龙泉寺僧众、义工团队与人工智能领域专家共同创造出来的智能机器人。他具有感知功能,能接受指令做出相应的肢体动作,诵读经文和播放佛教音乐等。弱点是没有"话题"这一概念,不会维持一个话题展开话语。

② 意图识别一般是通过分类的办法,把用户的问句(query)分到相应的预先定义好的意图类别中。比如:"周杰伦的歌"属于"音乐意图","郭德纲的相声"属于"电台意图",而"生化危机"既有属于"游戏意图"的游戏,又有属于"电影意图"的电影,或者属于"音乐意图"的歌曲。可见,通过意图识别工作,可以缩短搜索的时间,提高用户"即问即得"的体验。

表示一个用户需求,一个意图可能有多个槽位信息。比如,在预订机票这个业务中,可能涉及"进行预订、取消预订、修改预订"等意图,"进行预订"这个意图可能包含"日期、航班、出发地、目的地、舱位等级"等槽位。而语用信息主要指对话交际的功能性行为类型,比如"询问、回答、陈述"等。2) 对话管理(DM),负责对整个机器与用户的对话状态进行管理,包括对话状态跟踪(dialog state tracking)、槽位管理、回复行为决策(policy modeling)、数据获取等功能,用以记录与核查不同轮次的对话向用户提供了哪些信息,尚待完善哪些信息,从而决定当前的回复动作(如槽位询问、槽位澄清、结果输出等)。一般来说,一个回复动作由一个交际功能和几个槽位构成。3) 自然语言生成(NLG),主要负责答案的生成,即根据回复决策并且获取相关数据,来生成一个自然语言的句子。这些方面的研究,借助于各种大数据技术和深度学习算法,取得了巨大的进步。大概说来,自然语言理解技术逐渐从序列标注向深度学习的方向发展,对话管理经历了由规则到有指导学习再到强化学习的发展过程,自然语言生成则从模板生成、句子规划,发展到端的深度学习模型。在整个系统的实现上,分为管道式(pipeline approaches)和端对端式(end-to-end approaches)两种:前者先是各个技术模块单独实现,然后以管道形式连接成整个系统;后者是用一个模型同时实现各个技术模块的功能,使模块之间进行充分的信息共享(张伟男 2019;百度飞桨 2019)[1]。

从具体方法上看,问答系统主要有两种:一种是基于知识图谱的(KBQA, knowledge based question answering),先构建全网的知识图谱,通过 NLU 识别实体,然后再依据实体做消歧、同义扩展、口语化处理,随后将其做一个聚合分析,将其转化为逻辑表达式,再将其转化为 SparQL、MQL 等图数据库查询语言,从图数据库将数据取出来,依据不同类型的知识做一个 NLP 生成,再将结果展现出去。另一种是基于非结构化的网页知识来抽取答案的问答机器人,称为 DeepQA,往往是从网上抽取比较关键的句子或者摘要。由于互联网信息比较杂乱,存有错误或违法信息,因而需要做各种粒度的交叉验证:众多答案交叉验证、与权威源交叉验证、句子与句子间交叉验证、问题类型与 answer type 的验证、关键词与关键词的相

---

[1] "端对端"方式(end-to-end approaches)大意是:用一个神经网络,把自然语言理解、对话管理、自然语言生成三个模块集聚在一起学习,或者用三个子网络分别处理然后整合起来。

互验证等。技术实现的核心就是数据,词级别的验证就需要知识图谱作为权威源,需要有问答对子(query-answer pairs),还需要同义词、问题类型与关键词等,所以需要先挖掘高质量的数据,还需要挖掘一些训练用的样本,包括设置一些相关但是又离得远的负例,这都是真正复杂的工作。聊天对话系统主要有两种解决方式:一类是检索式(搜索与知识库相结合),分为候选回复的召回与排序两个阶段。在召回阶段先离线对对话语料建立倒排索引库,在线对话时根据用户输入从索引库中检索候选回复。排序阶段根据对话上下文进一步计算回复的相关性,并且选出最佳的候选回复作为系统输出。这种检索式系统在单轮对话中往往表现不错,但是在多轮对话中可能出现前后轮次对话的逻辑冲突与语义不相关。因为对话往往具有很强的语境相关性,而当下对话的语境在语料库中可能并不存在,于是,系统自然检索不到合适的回复。另一类是基于深度学习的生成式,主要采用机器翻译的 Seq2Seq 对话框架,对话的上文作为模型的输入,下文作为模型输出;使用 Encoder 表示输入,Decoder 预测输出。此外,许多人开展基于生成式对抗网络(Generative Adversarial Networks,GAN)和强化学习(Reinforcement Learning,RL)的对话框架。其中,GAN 模型中的 generator 模型用于生成回复,discriminator 模型用于判断输入回复是标准回复还是预测回复;RL 模型中的 reward 为语义相关性、句子流畅性等,action 为生成的回复句子。生成式系统通过抓取上百亿的不同对话组,来获得数以亿计的高质量对话;训练时从中学习对话逻辑,预测时根据用户输入来预测跟上下文相关的回复输出。生成式的聊天模块通常采用大量 topic module,保证多轮聊天的一致性,还要实现一些基于话术模式的工作。生成式对话系统通过深度学习直接生成最后的回复,目前应用还不是很成熟,其准确率很难达到工业运用所需的 90%。生成式方法容易生成单调乏味的短回复,或者一些不通顺的长回复,相关性上也常会出现一些过于通用泛化的弱相关性结果(李亚楠 2019;百度飞桨 2019)。

正是在追踪如何研制这种智能性问答对话系统的过程中,我们可以提出许多关于语言运用和表达效果的修辞学课题。比如,人际对话是一个非常模糊的、逐步展开的过程性事件,尤其是聊天,通常在内容与主题方面是没有明确的边界的。因此,对这种对话的管理是一个博弈的过程,其中充满着试探性和不确定性。因为,交际双方的信息是不对称的,所以对一个对话来说,理解并不只是内容的理解,还需要根据对话人对其交际对象的理解,以及基于我们的记忆和知识去理解对话。所以,研制者需要设定机器人自身的信息,也需要设置机器人的三观、喜好以及它在不同的领域和场景下可能的表现。其中,对于对话的机器理解,大致分为三个部分,第一个就是基础的自然语言处理(NLP),就是词法、句法、多轮指代等一些基本 NLP 知识的运用;还有一块就是画像,需要人的一些信息;中间一个就是对对话上下文相关的一些理解,如领域、意图识别;还有提问(query)结合上下文的结构化,多轮指代消解是将其补全,补全后还需要理解和分析。除了语义内容的分解,还有一些状态的分类,识别是表达命令、观点或者愿望等(李亚楠 2019)。其中,不少内容或问题都可以向修辞学研究提出挑战,或者为修辞学研究提供素材。

在做对话管理(dialog management)系统的时候,工程师们发现:从数据结构的角度看,人类聊天其实是一种栈的结构,我们最关心的话往往是上一句话,可能是最近的一句话。这其中还有一个焦点词,比如人在做一件事(驾车、看电视)的过程中可能会切换到另一件事(接电话),然后回来以后希望能够继续之前的行为。焦点词就是为了解决这种情况,中间接到的任务会插入栈,然后结束以后再平滑地过渡回去(李亚楠 2018)。其实,这差不多正好是语言学上的"定中心理论"(definite centering theory)所描述的话语结构。而像贤二机器僧等许多聊天机器人,其实没有话语结构与"话题"的概念,于是就只能"尬聊"。因为,从工作原理上说,它们跟 Eliza 差不多,都只做简单的模式查找与替换,并不能针对上下文做出语义理解,也不懂得你前面讲的是什么,所以你也不能指望它们维持和围绕一个话题来展开话语。因此,话语的话题结构与修辞结构的研究及其成果,应该对于开发聊天机器人具有重要的参考价值。

关于对话中的机器回复,基本的要求是:1)在内容上跟问句或上一句相关,尽量避免没有实质性意义的"万能回复",而系统经常采用的回复都是训练语料中在统计上占优的高频回复,所以这种"万能回复"的问题到处都有、在所难免;2)话语本身通顺流畅,尽量避免逻辑矛盾或语法错误。更高的要求是:1)尽量理解对方的情感,契合对方的情绪。比如听到对方说"你都说些什么呀?"要明白对方是不满意的,所以在接下来的多轮对话中,想办法说一些解释、宽慰的话,或者是让对方高兴的话;2)尽量避免千篇一律,努力给出个性化、风格化和多样化的回复。这也给修辞学提出了研究课题:什么是真正的话语交际的相关性?可以从哪些维度、怎样来进行衡量?话语的情绪表达与言外之意之间的联系与实现方式有哪些?怎样描写和衡量个人话语的风格特点?……这样,使人机对话-聊天机器人能够更好地回答知识性或任务性问题,进行情绪上的抚慰性或引导性聊天。因此,话语的情感与情绪的类型及其相应的词汇-构式线索的研究,应该成为修辞学研究的一个重要方向。

四、智能对话问答系统研发给语言学的启示

聊天机器人是目前 NLP 领域中一个非常重要的应用场景,综合了各种自然语言处理的技术,非常具有挑战性。同时,聊天机器人的研究与开发,也在相当程度上成为我们观照与反思各种语言学理论与方法的镜子。比如,Danny(2018)指出,Mitsuku 这种模式之所以能够成功,一个原因是我们现在可以得到大量的用户聊天数据;另一个原因是我们的语言遵循"齐夫定律"(Zipf's Law)的分布。简单来说,我们如果把词语按词频来排序,那么这个词频大致会是一个 1/X 的分布,其中,X 表示词在频率表上的排序。也就是说,人类语言并没有我们想象得那么复杂。有人对英语做过统计,每个句子的第一个词大概有两千种可能;但是,如果我们把第一个词放好之后,第二个词就只有两种可能了。所以,实际上总的句子的数量并不是特别多。当然,如果我们每个人说话都像莎士比亚一样非常具有创造性的话,那么 Mitsuku 这种方式可能就不太成功了(Danny 2018)。大家知道,"齐夫定律"是对于说话者或写作者使用的词的分布(distribution)与频率(frequency)的一种总体性描述,可以表示成公式 F×R=C。其中,F 代表频率,R 代表排序等级(rank,即上文的 X),C 代表某个常数(constant)。这个公式表示,词使用的总次数和词在频率表上的位置之间有一个固定的比率①。换一种表述就是:在自然语言的语料库里,一个单词出现的频率与它在频率表里的排序成反比。通俗地说,由于 C 是一个常数,R 是 1, 2, 3, ……, n 等具有成倍关系的整数;因而,排序为 2 的词的频率只能是排序为 1 的词的频率的 1/2,排序为 n 的词的频率只

---

① 参考 Hartmann and Stock(1972)中的 Zipf's Law(齐夫定律),中译本第 392 页。

能是排序为1的词的频率的1/n。比较专业地说,最简单的齐夫定律的例子是1/f function。具体地说,给出一组齐夫分布的频率,按照从最常见到非常见排列,第二常见的频率是最常见频率出现次数的1/2,第三常见的频率是最常见的频率的1/3,第n常见的频率是最常见频率出现次数的1/n①。因此,频率最高的单词出现的频率大约是出现频率第二位的单词的2倍,而出现频率第二位的单词则是出现频率第四位的单词的2倍。比如,在Brown语料库中,the是最常见的单词,它在这个语料库中出现了大约7%(100万单词中出现69 971次),出现次数为第二位的单词of占了整个语料库中的3.5%(36 411次),之后的是and(28 852次)。仅仅135个词就占了Brown语料库的一半②。词汇分布的这种统计学特征,说明语言运用(linguistic performance)是有一定的概率性的,在某种程度上是可以预测的。尽管从语言能力(linguistic competence)上说,语言具有创造性,语法是有限手段的无限运用。因此,基于大规模语料的语言模型是可行的。

当然,基于网络语料的训练也可能存在很大的偏向。比如,Danny(2018)介绍:当他跟小冰说"谢谢"的时候,它理解为"再见"的意思,他跟它解释说:"我其实不是说再见。"但是,它还是不能理解。这体现了模板型聊天机器人的一个很难解决的问题:怎样理解否定?就因为在数据中,跟"谢谢"一起出现的说"再见"的内容比说"不是再见"的内容多很多;所以小冰只能理解肯定的再见,而不是否定的再见;你在"再见"的前面加上任何词,它都只能理解为肯定的再见。看来需要找到一些区分"谢谢"是单纯表示感谢,还是暗示接下来要道别的条件和语言形式线索,并且把这种知识用到训练模型中。也就是说,在实际语言技术与工程实践中,有许多课题等待语言学家去探索。

句法-语义分析对于语言理解的重要性,在Waston这个问答系统上得到很好的体现。当Waston拿到一个问题以后,它会做很多的句法语义分析,比如说,问题的类型是什么,代名词是指代哪些词语,还有哪些代表的是人名,哪些代表的是地方名。进行了诸如此类的语义分析后,它再对这个问题进行重新组织,然后分

---

① 当然,这并不精确,因为所有的项必须出现一个整数次数,一个单词不可能出现2.5次。然而,在一个广域范围内并且做出适当的近似,许多自然现象都符合齐夫定律。
② 参考百度百科"齐夫定律"https://baike.baidu.com/item/%E9%BD%90%E5%A4%AB%E5%AE%9A%E5%BE%8B/6643264?fr=aladdin.

别到网上和自己的数据库中进行搜索;接着对这些搜索到的文章进行排序,并且从排序靠前的文章中搜出关键词;再把这些关键词组成答案,还要对答案进行排序;最后再由一个系统把这些答案拼在一起,显示出置信度最高的单个答案。这样,只要给它配置特定领域的数据库,就可以投入到相关领域的商业应用中了(Danny 2018)。当然,这样的工作也迫切需要语言学家提供更加有效的句法-语义分析的成果。

参考文献

百度飞桨(PaddlePaddle) 2019 《一文看懂人机对话》,PaddlePaddle 学习教程,https://blog.csdn.net/paddlepaddle/article/details/93858623.

段 楠、周 明 2018 《智能问答》,高等教育出版社。

李亚楠 2018 《阿里神马对话系统》,DataFunTalk,2018-09-19;https://mp.weixin.qq.com/s?_biz.

李亚楠 2019 《通用领域对话》,DataFunTalk,2019-05-29;https://mp.weixin.qq.com/s?_biz.

尼 克 2017 《人工智能简史》,人民邮电出版社。

张伟男 2019 《人机对话关键技术及挑战》,DataFunTalk,2019-10-25;https://mp.weixin.qq.com/s/PGUGGPMCG9f1MwsMKFY61g.

Colby, Kenneth Mark 1975 *Artificial Paranoia: A Computer Simulation of Paranoia Processes*. New York: Pergamon.

Danny Lan(Neeke) 2018 《也许和你聊天的是一个机器人》,beyond,2018-03-27;http://www.easemob.com/news/1401.

Hartmann, R.R.K. & Stock, F.C. 1972 *Dictionary of Language and Linguistics*, London: Applied Science Publishers Ltd.《语言与语言学词典》,黄长著、林书武、卫志强、周绍珩译,李振麟、俞琼校,上海辞书出版社,1981 年。

Searle, R. John 1980 Minds, brains and programs, *Behavioral and Brain Sciences*, 3(3):417—457.

Turing, M. Alan 1947 Lecture to the London mathematical society on 20 February 1947, in Cooper, S.Barry and J.V.Leeuwen (2013) *Alan Turing: His Work and*

Impact, Elsevier.

Turing, M. Alan 1948 Intelligent machine, national physical laboratory, Teddington, 1948, in Maltzer, B. and Michie, D.(ed.) *Machine Intelligence*, vol.5, Edinburgh: Edinburgh University Press, 1969.

Turing, M. Alan 1950 Computing machinery and intelligence, *Mind* 59:433—460.《计算机与智能》,尼克译,见尼克(2017)附录4,第261—292页。

Wallace, S.Richard 2009 The anatomy of ALICE. in Robert Epstein, Gary Roberts, Grace Beber(eds.)(2009) *Parsing the Turing Test: Philosophical and Methodological Issues in the Quest for the Thinking Computer*. Dordrecht: Springer Science+Business Media B.V., pp.181—210.

Weizenbaum, Joseph 1966 ELIZA—A computer program for the study of natural language communication Between Man and Machine, *Communications of the ACM*; Volume 9, Issue 1(January 1966):36—45.

"Man-machine Dialog-chatbot" and Discourse Rhetoric

Yuan Yulin

Abstract: This paper probes into the roles that discourse rhetoric plays in human-machine conversation. First, two famous cases, "Turing Test" and "Chinese Room" thinking experiments, are used to explain the close relation between artificial intelligence and the expressiveness of linguistic performance. Secondly, two pioneer systems of chatbots, that is, ELIZA and PARRY, are used to show that the success of man-machine dialogues depends upon the sociality of linguistic communications and the subjectivity of interactive coorperations. Thirdly, three major modules that current intelligent systems for question answering have are introduced, that is, natural language understanding(NLU), dialogue management(DM), and natural language generation (NLG). A number of rhetoric issues in these systems are addressed, including organization of topic structures, diversity of linguistic expressions, and individual styles of linguistic performance. Finally, the construction of intelligent dialogue systems is used as a mirror to shed light on linguistic research, to show the probabilistic and statistic features of linguistic performance, and to illustrate the importance of semantic analysis in language understanding and in the development of relevant intelligent interaction systems.

Keywords:"Turing test","Chinese Room", man-machine dialog, chatbot, linguistic performance, expressiveness

(原载于《当代修辞学》2021 年第 3 期,
复印报刊资料《语言文字学》2021 年第 8 期全文转载)

新媒体语言研究

基于语料库的新媒体语言透视

崔希亮

(北京语言大学汉语国际教育研究院)

提　要　新媒体语言有自己的特点,很多人都做过研究。但是基于语料库的研究还不多见。本文以BCC语料库为根据,统计考察新媒体各种语言现象,并透视它们的语言学价值、修辞学价值以及社会学价值。

关键词　新媒体语言　基于语料库　语言学　修辞学　社会学

所谓新媒体指的是网络媒体,包括电脑网络媒体和移动网络媒体,与传统的平面媒体(报纸杂志)和有声媒体(广播电视)相对而言。新媒体是一种新的传播媒介,传播速度快,传播内容庞杂,传播范围广。新媒体语言最主要的特点是交互性、即时性和流行性,还有随意性和私密性,也有一些研究者提出了其他一些特点,如时尚、新潮、创新性、个性化、简洁、粗俗等等,不一而足(李琼2016:23—24;罗谌2018:59—61;霍慧娜2017:4—5)。有关新媒体语言的研究不少,但是仍有深入研究的空间。有人对2002到2012年新媒体的语言研究做了总结回顾(赵雪、曹彦男2012:81—85),可见学术界早已关注新媒体的语言问题。2012年以后不断有新的研究成果问世(尚伟2017:11—15),尤其是有学者从话语应用和传播的角度对特定领域的新媒体语言进行语用分析,有一些新的发现(王建华2018:101—108)。王建华(2017)还有专书出版,还有人从社会环境和语言选择的角度对特定领域新媒体语言进行研究(施麟麒2018:120—127)。大家角度不同,研究方法不同,所观察到的现象也有所不同。有学者从传播方式的角度出发,认为人类社会经历了几次语言革命,中国的语言自1919年已经发生了两次语言革命,新媒体的普遍应用是第三次语言革命(赵莉2014:2—3)(见图1)。

李雪(2016:9)有一个调查,认为新媒体有如下一些特点(见图2)。

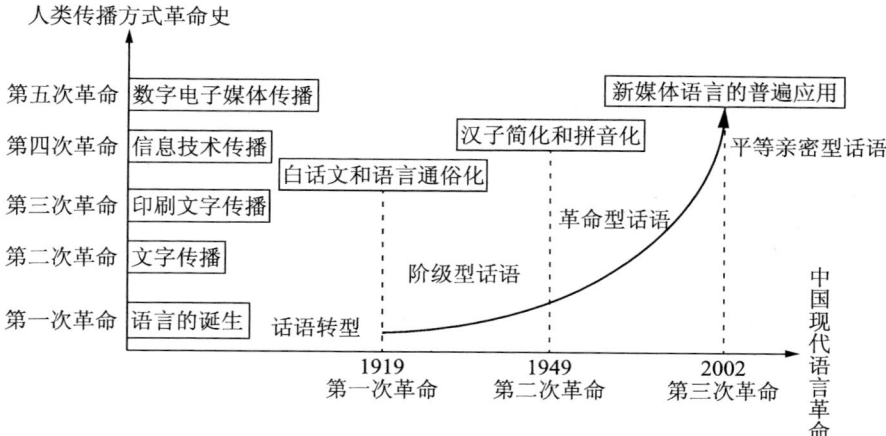

图 1　人类传播模式与中国现代语言革命中的话语转型[1]

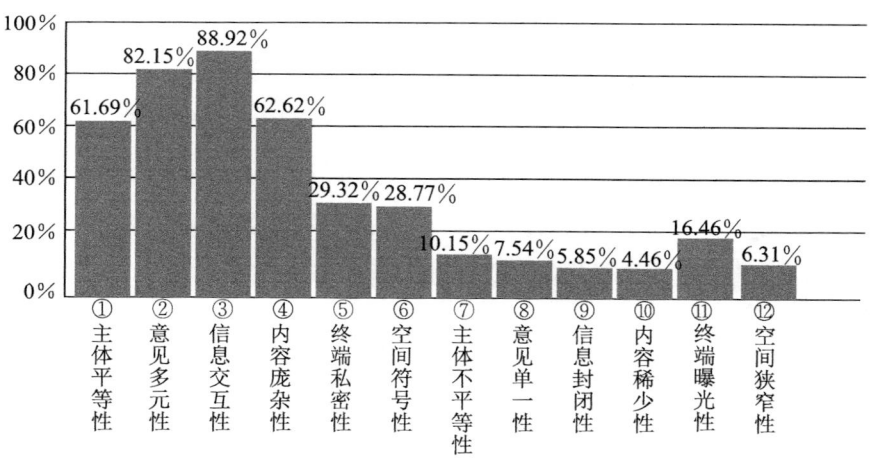

图 2　新媒体的特点

尽管新媒体语言的影响力很大,但是它们基本上局限在特定的场合、特定的人群(朋友圈、粉丝圈、网游圈、追剧圈等),说媒体语言革命也许为时尚早。我们以北京语言大学的 BCC 语料库①为依据,比较一些新媒体语言现象在不同语料中

---

① BCC 汉语语料库,总字数约 150 亿字,包括:报刊(20 亿)、文学(30 亿)、微博(30 亿)、科技(30 亿)、综合(10 亿)和古汉语(20 亿)等多领域语料,是可以全面反映当今社会语言生活的大规模语料库。

的分布,从而透视新媒体语言在语言学、修辞学和社会学中的价值。

一、新媒体语言的语言学价值

新媒体语言的产生和传播与新媒体的传播方式有关。新媒体的传播与平面媒体不同:传播速度很快,传播面很广,发布者和受众可以互动,一些语言形式刚出现的时候大家觉得新奇,于是快速传播,但很快就会变成陈词滥调,语义磨损速度很快,于是就会发生变异,或者创造一些新的语言形式。这些语言形式包括新词、新的用法,或者旧词被赋予新的意义,还有不合常规的缩略语、短时流行的话语形式、字母词和数字词、一些表情态的语气词等等。这些新媒体语言现象在传统平面媒体中很少见到,有一些只在某些圈子里使用,圈外的人不甚了了,例如"白莲花""圣母白莲花""玛丽苏""杰克苏""非酋""欧皇"。有些已经传播开来,大家基本上都知道是什么意思,如"直男""绿茶婊""白富美""高富帅"等,尽管这些词语不是人人都会用。我们考察了文学语料、报刊语料、微博语料、科技语料和古汉语语料,可以看到这些词语主要出现在微博语料中。有一些也会出现在报刊语料中,但是数量远远少于微博语料,科技语料中偶尔会有少量分布,大多是研究性文章所举的例子。

表1(a) 新媒体常用词语

	直男	绿茶婊	逼格	屌丝	白富美	高富帅
文学	0	0	0	0	0	0
报刊	2	0	5	58	29	58
微博	1 241	1 915	529	41 282	7 851	9 742
科技	1	0	0	0	0	0
古汉语	0	0	1	0	0	0

一些词素还具有能产性,与其他词素结合构成新词,如"心机婊""脑残婊""纯情婊""红茶婊""虎牙婊""布丁婊""炫富婊""工作婊""蜜糖婊"等:

表 1(b) 新媒体常用词语

	心机婊	脑残婊	咖啡婊	红茶婊	奶茶婊	工作婊
文学	0	0	0	0	0	0
报刊	0	0	0	0	0	0
微博	3	1	4	11	4	30
科技	0	0	0	0	0	0
古汉语	0	0	0	0	0	0

表1所列举的都是常用名词,这些名词都带有褒贬意义,有些词很不雅,但是使用频率高了之后它本来的意义就淡化了。

表 2 新媒体常用词语

	你造吗	有木有	打酱油①	脑子瓦特了	么么哒	吐槽	坑爹
文学	0	0	5	0	0	0	1
报刊	0	5	112	0	2	720	16
微博	540	69 127	4 962	78	20 194	42 722	29 034
科技	0	0	17	0	0	1	0
古汉语	0	0	0	0	0	0	0

表2所列举的都是一些短语,"你造吗"是"你知道吗"的连读音变;"酱紫"是"这样子"的连读音;"表"是"不要"的合音;"有木有"是"有没有"的方言音变;"打酱油"被赋予了新的意义;"脑子瓦特了"是上海话"脑子进水了",瓦特是英语 water 的音译;"么么"是亲吻动作;"哒"大概跟"好哒"中的"哒"相仿。

表 3 新媒体常用缩略格式

	喜大普奔	人艰不拆	十动然拒	不明觉厉	细思极恐	累觉不爱	男默女泪
文学	0	0	0	0	0	0	0
报刊	17	12	7	13	2	2	2
微博	1 413	3 563	421	1 420	337	337	127
科技	0	0	0	0	0	0	0
古汉语	0	0	0	0	0	0	0

---

① 微博语料和报刊语料的"打酱油"是"路人""不相干的人""凑热闹的人",文学语料和科技语料的"打酱油"是"用瓶子买酱油"的意思,它们是"打酱油"的原意。

表3所列的都是一些新的缩略语,如"喜大普奔"是"喜闻乐见、大快人心、普天同庆、奔走相告"的缩略形式;"人艰不拆"是"人生已经如此的艰难,有些事情就不要拆穿"的缩略形式;"十动然拒"是"十分感动,然而拒绝"的缩略形式;"不明觉厉"是"虽然不明白什么意思,但是觉得很厉害"的缩略形式等等,不一一详解。

表4 新媒体常用句式

	神马都是浮云	你妈叫你回家吃饭	我爸是李刚	哥只是个传说	要么忍,要么残忍
文学	0	0	0	0	0
报刊	2	0	1	0	0
微博	813	30	175	290	85
科技	0	0	0	0	0
古汉语	0	0	0	0	0

还有一些高频的句子也是新媒体常用的,如表4所列。此外还有很多类似的句式,有的流行一阵子就烟消云散了,有的过一段时间又被激活。比如:

(1) 我从不以强凌弱,我欺负他之前真不知道他比我弱……

(2) 都想抓住青春的尾巴,可惜青春是只壁虎。

(3) 没人牵手,我就揣兜。

(4) 你走你的过街天桥,我过我的地下通道。

(5) 我的兴趣爱好可分为静态和动态两种,静态就是睡觉,动态就是翻身……

(6) 一分钱一分货,稀饭吃了不禁饿。

(7) 不能因为咱俩有过节,你就把我当节过。

(8) 语不惊人死不羞。

(9) 哪里跌倒,哪里爬起……老是在那里跌倒,我怀疑那里有个坑!

(10) 在海边不要讲笑话,会引起"海笑"的。

(11) 本是打算搜狗,结果看到猫扑。

(12) 唉~这人要一没正形,连头痛都是偏的。

此外,还有一些字母缩写和数字谐音的语言形式,这些语言形式在微博语料中出现的频率很高。主要原因是用户打字方便,另外还有隐蔽性,有点像"黑话",

圈外的人不懂。当然这些字母词在其他语料中也有,但是意义不同。字母缩略词语在科技文献中很常见,它们都是约定俗成的,行业性特点很明显。例如:

(13) 九口修返厂研制生产的 ZD-SB 型地膜轮种机,今年全部记设了阻膜轮装五,受到了用户欢迎。(科技语料)

(14) BT 杀虫剂防治棉铃虫应用技术要点吴瑾阿克苏地区农业科技开发中心 EB-82 灭蚜菌剂是中国农科院生物防治研究所研制的新生物制剂,对蚜虫有很强的杀灭作用。(科技语料)

缩略语 SB 和 BT 与新媒体语言中"傻逼"和"变态"的字母缩略词同形。

表 5　新媒体常用字母词

	GG	SB①	BT②	Kick	GF③	BF④	PMP⑤
文学	0	0	0	0	0	0	0
报刊	43	220	331	3	65	31	26
微博	4 853	11 334	31 642	252	2 830	16 378	269
科技	0	76	20	0	12	14	4
古汉语	0	0	0	0	0	0	0

表 6　新媒体常用数字词

	1414 意思意思	9494 就是就是	1314 一生一世	520 我爱你	886 拜拜咯	7456 气死我了	8147 不要生气
文学	0	0	0	0	1	0	0
报刊	0	1	2	?	1	2	0
微博	234	34	2 887	9 946	2 352	25	142
科技	1	0	0	0	1	0	0
古汉语	0	0	0	0	0	0	0

① 报刊语料和微博语料 SB 是"傻逼"的简拼,科技语料不是。
② 微博语料的 BT 是"变态"的简拼,报刊语料有一部分是"变态"的简拼,科技语料没有"变态"的用法。
③ 微博语料 GF 是英文 girlfriend 的简写,报刊语料也有这种用法,科技语料的 GF 没有这种意思。
④ 微博语料 BF 是英文 boyfriend 的简写,报刊语料也有这种用法,但很少,科技语料的 GF 没有这种意思。
⑤ 微博语料 PMP 是"拍马屁"的简拼,其他语料没有这种用法。

表6所列是一些数字组合,它们以谐音的方式与一些通用词汇关联。

新媒体语言中有一些语气词使用频率也很高,我们考察了"~哒",发现在文学语料中它几乎都是拟声词,不是语气词。在报刊语料中有拟声词,有方言对音,也有外来语记音,少部分是语气词。在科技语料中"咯咯哒"出现频率很高,这是产品名称,此外还有"咯哒""叭哒"等拟声词和少量语气词。

表7(a) 不同语料"哒"的使用频率

	~哒
文学	343①
报刊	828②
微博	46 490③
科技	911④
古汉语	1 161⑤

为了排除其他用法,我们用"a 哒""a 滴""a 咯"和"v 哩""v 咧""v 呗"等形式来进行检索,结果如下(这里所列举的"哩""咧""呗"都是固有的语气词,有些方言色彩比较明显,但仍然可以观察到在微博语料中它们出现的频率远远高于其他语料。这也许跟语体有关,我们会另文探讨):

表7(b) 新媒体常用语气词

	~哒	~滴(嘀)	~哈	~咯(lo)	~哩	~咧	~呗
文学	0	0	0	2	2 565	476	270
报刊	4	0	0	2	3 014	232	477
微博	5 581	18 289	400	11 436	2 455	3 187	8 283
科技	0	0	0	0	998	287	241
古汉语	0	0	0	0	0	0	0

汉语第一人称有"我""俺""吾""余""某"等形式,在新媒体中常常用"偶"来代

---

① 文学语料中的"哒"大多都是拟声词,不是语气词。
② 这里的"哒"有一部分是拟声词,一部分是语气词。
③ 只有少量的拟声词,大部分是语气词。
④ 这里的"哒"有拟声词,有"哪哒儿"中的"哒",还有一些是外来语记音,少部分是语气词。
⑤ 几乎都是拟声词。

替"我"。

表 8 不同语料常用第一人称代词

	我	俺	偶+v
文学	1 991 978	6 324	1①
报刊	4 994 543	20 525	0②
微博	17 790 374	48 382	13 919③
科技	3 932 427	2 783	0④
古汉语	2 732 283	50 414	0

新媒体语言还有一些语言形式,在其他媒体语言中比较少见,但是在微博语料中大量使用,例如:

表 9 新媒体语言高频语言形式

	A 歪歪	伤不起	姑凉(姑娘)	我勒个去
文学	1	0	0	0
报刊	0	38	0	0
微博	3 583	31 964	2 876	4 485
科技	3	0	0	0
古汉语	0	0	0	0

表 10 新媒体多用构式

	有一种 n 叫 n	a 不到哪里去	还 v 呢	爱 v 不 v
文学	3	18	454	38
报刊	31	18	305	72
微博	755	350	3 032	4 019
科技	22	48	132	62
古汉语	0	0	0	0

---

① 检索文学语料共得到 388 个"偶 v"的例子,只有 1 例是人称代词的用法。
② 检索报刊语料共得到 2 284 个"偶 v"的例子,我们考察了 1—1 000 例,没有一个是人称代词的用法。
③ 这里的例子绝大部分是第一人称用法。
④ 检索报刊语料共得到 11 464 个"偶 v"的例子,我们考察了 1—1 000 例,没有一个是人称代词的用法。

新媒体语言还有其他一些独特的语言形式,限于篇幅,这里就不展开讨论了。

二、新媒体语言的修辞学价值

新媒体语言在语言形式和表达方式上有很多创造性的用法,这些用法在修辞方面可以说是很成功的,它增强了语言的表现力。例如:

(15) 世界上最遥远的距离,不是我站在你面前,你却不知道我爱你,而是我们俩一起出门,你去买苹果四代,我去买四袋苹果。(对比/仿拟)

这个句子之所以能够流行,是因为表达方式是对泰戈尔《飞鸟与鱼》诗句的模仿:

(16) 世界上最遥远的距离,不是生与死,
而是我就站在你面前,你却不知道我爱你。
世界上最遥远的距离,不是我就站在你面前,
你却不知道我爱你,而是爱到痴迷却不能说我爱你,
世界上最遥远的距离,不是我不能说我爱你,而是想你痛彻心脾。
……

还有一些句子来源于某句歌词,如下面的句子来源于刘若英的《光》,这里的"一下子"和"一辈子"构成对比关系,让人印象深刻:

(17) 你来过一下子,我想念一辈子。(对比)

刘若英在年轻人群体里有很多粉丝,这句话因为歌而流行。

(18) 想问你是不是还记得我名字,
当人海涨潮又退潮几次,
那些年那些事,那一段疯狂热烈浪漫日子,
啊!恍如隔世——
你来过一下子,我想念一辈子!
……

也有一些表达是利用双关的修辞手段。例如下面的句子,"放电"是"对自己喜欢的人发出求爱信号","来电"指的是"接受求爱信号"和"来电话",这两个

"电"同形不同义:

（19）不要对哥放电,嫂嫂有来电显示。（双关）

还有一些例子利用跳脱的修辞手段,出人意料。例如:

（20）姐从来不说人话,姐一直说的是神话。（跳脱）

这是一种修辞手段,意在言外,说话人中间突然转向,改变说话的路径,让听者的思路也跟着跳跃。又如"人生自古谁无死,为了经验怕锤子""清明时节雨纷纷,多给前任上上坟",都是突然转变话锋。隐喻是无所不在的修辞手法。例如:

（21）所谓门槛,过去了便是门,过不去就成了槛。（隐喻）

这是一句流行很广的话,有点像"鸡汤",但是非常有哲理。"门槛"有具体物象和抽象的物象两种语义,是一种双关语义表达。下面的例子也是这样,"两肋插刀"是虚言,"一把刀"是实言。前者是比喻,后者不是。

（22）我不是不想为你两肋插刀,是因为我只有一把刀。（虚实）

俗话说"姜还是老的辣",于是有人说出这样的话:

（23）如果全是老姜,将是一个何等辛辣的社会。（隐喻）

这是一种隐喻的修辞手法,说话人利用既有的语言表达形式中的某个意义范畴,通过隐喻移花接木到另一个意义范畴上。有的时候为了取得幽默效果,利用婉曲和双关手段创造新的说法。例如:

（24）左脑全是水,右脑全是面粉,不动便罢了,一动全是糨糊。（婉曲/双关）

或者利用语用学的蕴含意义表达某种意义,这种意义要靠听话人自己去联想,去发现这句话的蕴含意义。例如:

（25）你的丑和你的脸没有关系。（蕴含）

"你的丑和你的脸没有关系"意味着你的丑和你的其他方面有关系,如"你的观念""你的行为""你的灵魂"等等,这是一个开放的蕴含关系。有的时候干脆很简单地利用双关手段表达说话人的态度和调侃。例如:

（26）我这人不太懂音乐,所以时而不靠谱,时而不着调。（双关）

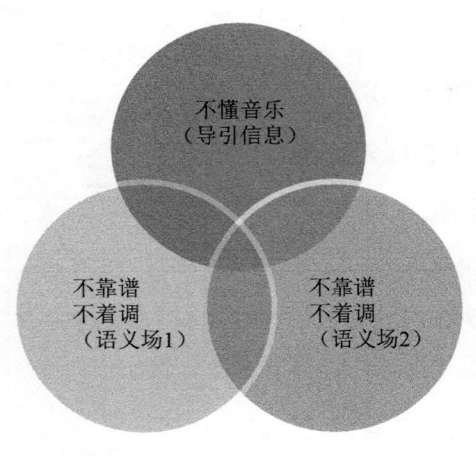

图3 双关涉及不同语义场

"不靠谱""不着调"本来的意义是说在音乐造诣上水平低下,但是在现代汉语中只用它们的隐喻意义,"做人做事不可靠,不守规矩"。这里表面上是说不懂音乐,实际上是语带双关,因为"不靠谱""不着调"本来早就脱离了本义。这个句子因为有上文"我这人不太懂音乐"作背景,把听话人的预期设置到一个语义场中,看似运用了"不靠谱""不着调"的本来意义,实际上说话人的用意在另外一个语义场,用的还是它们的隐喻意义。

三、新媒体语言的社会学价值

通过对新媒体语言的透视,我们可以在社会学意义上了解我们这个社会,了解新媒体的语言使用,了解新媒体的人群。虚拟世界存在着诸多的"圈子",新媒体语言在不同的圈子里有不同的潮流,这些潮流有的时候可以反映出一个社会群体的集体焦虑、集体无意识、集体愤怒,也可以反映出不同社会群体的价值取向、社会心理。每个圈子都有自己的标签和自己的圈子文化,圈内人在这里可以找到知己,获得认同感。这些圈子大大小小有很多,粗略地看有以下一些(有些圈子里还可以细分成不同的更小的圈子):

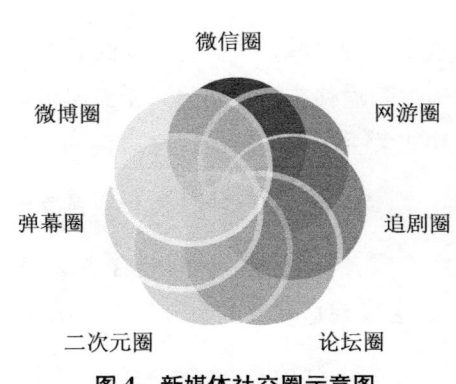

图4 新媒体社交圈示意图

各个圈子彼此之间也有交叉,并不是泾渭分明的。有交集的地方所创造出来的语言形式往往可以成为社会通用语的一部分。下面我们分几个主题来讨论新媒体语言的社会学价值:

1. "标题党"与媒体文化

我们看网络新闻经常被"标题党"忽悠,点开之后才发现内容与标题风马牛不相及。这在新媒体圈子里已经成了当下司空见惯的现象,大家对此颇有异议,有违语言传播表义准确明晰的基本规律,但是却无法根除。根据中国互联网络信息中心(CNNIC)2018年1月31日发布的第41次《中国互联网络发展状况统计报告》,中国网民规模已经达到7.72亿,手机网民占比达到97.5%,人数达到7.53亿。这意味着新媒体已经成为人们获取信息的主要渠道。在海量信息中,如何才能抓住读者的眼球就成了很多信息发布者的头等大事。标题显然是非常重要的,他们在标题上做文章,主要手段有夸大其词、制造悬念、刺激暗示、激将法等等。例如:"史上最牛……""全中国都在看……""大家注意啦,不看要吃亏啦!""中国股市要有重大变化!""刚刚传来的消息:特朗普即将遭到弹劾!"等等,标题都有些危言耸听,看内容则严重失实。又比如"震惊!管理层出游竟然包下一辆火车!上市公司员工爆出惊天内幕!""最新重磅:崔永元冒死实名举报的竟然是他!""他们找到了治疗癌症的新方法!""太可怕了!女子睡前做了这件事,竟然导致不孕不育!""为什么说住酒店最好不要关厕所灯?酒店服务员偷偷告诉你原因""欧洲美女为什么不愿嫁中国男人?"这里边既有故意卖关子、制造悬念,也有一些暗示。有的时候还会用到激将法,例如"是中国人的转发""是男人一定要知道"。关于标题党现象,很多人已经提出批评,例如贾晓红(2018)、王诗瑶、石晋阳(2018)等等,也有人对新闻标题进行比较研究,发现了新媒体与传统媒体的差异(颜晓尹2018)。吴振东、王艳称这种现象是"标题党思维",这是很有道理的。这种标题党思维已经渗透到新媒体语言的骨髓中,我们从微博和报刊中可以看到标题党思维的确已蔚然成风。下面是BCC语料库中的表达反映出来的标题党思维:

表11 新媒体表达反映出来的标题党思维

	史上最	吓死	大尺度	惊呆了	曝光	狂V
微博	17 430	15 265	1 701	25 172	22 654	15 465
报刊	1 362	158	131	818	6 336	42 945

2. 网络语言暴力与社会戾气

新媒体时代也是自媒体时代,在虚拟社会里,语言暴力现象比较突出,这可以从一个侧面看出日益严重的社会戾气。新媒体的一个特点就是某些极端的表述很容易形成某种趋势，跟风的人越来越多，公正的、理性的言论往往被语言暴力淹没。有人注意到了自媒体语言暴力的治理问题，指出很多社交平台设置了暴力语言过滤软件，如"垃圾""去死吧""蠢猪""去你妈""智障""人渣""败类""婊子"等暴力词汇通过技术手段可以屏蔽，但是有很多语言暴力现象是以隐蔽的方式存在的，例如"卧槽""我擦""我去""买了表""二百九（二百五+三八+二）"等等。这些伪装起来的语言形式，大部分是詈骂语或不雅的话，也有一些是为了避讳或应对审核（如"毛衣战"是"贸易战"的伪装形式）。我们从语料库中也可以看到，其他语料出现这些语言暴力表达的频率几乎为零。例如：

表 12 新媒体经过伪装的语言暴力现象

	猫了个咪	买了个表	我去年买了个表	草泥马	牛叉	特么
文学	0	0	0	0	0	0
报刊	0	0	0	1	0	0
微博	128	3 373	2 160	15 897	1 342	14 606
科技	0	0	0	0	0	0
古汉语	0	0	0	0	0	0

"垃圾""去死""蠢猪""去你妈""智障""人渣""尼玛""婊子"这一类词汇并非是新媒体特有的，然而，它们在新媒体中出现的频率远远高于其他媒体。

表 13 不同语料中语言暴力现象统计比较

	人渣	婊子	傻逼	尼玛	去死吧	智障
文学	36	1 055	4	51	81	17
报刊	12	51	0	1 127	7	268
微博	4 270	5 139	58 585	94 566	4 582	1 965
科技	30	97	4	242	25	219
古汉语	0	507	0	2 191	4	1 283

以"尼玛"为例，在微博语料中几乎都是詈骂语（"你妈"的变身），且出现频率极高，而在其他语料中基本上是人名，而"尼玛"在藏语中是"太阳"的意思。

3. 新媒体语言所反映的社会价值取向

新媒体语言出现的这些现象其实都是社会现象在虚拟空间的真实反映，它反映了某些社会群体的价值取向。"佛系"一词的流行,反映的是某些人的生活态度。

> (27) 这么高的人气,或许是因为现代社会压力太大,许多民众其实都想放下脚步,放空身心,享受片刻无欲无求的宁静感。这与本周大陆突然火爆的"佛系90后"概念其实有着类似的内涵。"佛系员工"(指交代的任务从不推辞,但也绝不会给自己揽工作,工作质量永远保证合格,但从不会有惊喜)。"佛系恋爱""佛系点赞"……跟台湾一样,大陆一线城市年轻人工作、学习、生活压力很大,已经觉得很辛苦,所以推崇"一切随缘"。一方面,这是好事,不争不抢,随性豁达。另一方面,有时也有面对竞争和压力,消极怠惰之嫌。好与不好,存乎一心。(《人民日报》海外版 2017.12.23)

这段文字是对"佛系"一词最好的注释。还有一些词汇带有歧视性和侮辱性,如"打工仔""死基佬""变态佬""矮穷挫""死八婆""剩女""玻璃"等,这都反映出一些不健康的社会价值观念。

4. 新媒体语言的嬗变与大众心理

新媒体的语言也是在不断变化的,这种嬗变也从一个侧面反映出社会面貌的变化和世态人心的变化。例如 BCC 语料库中关于"走后门"一词的历史检索可以看出这个词的热度是在不断变化的①:

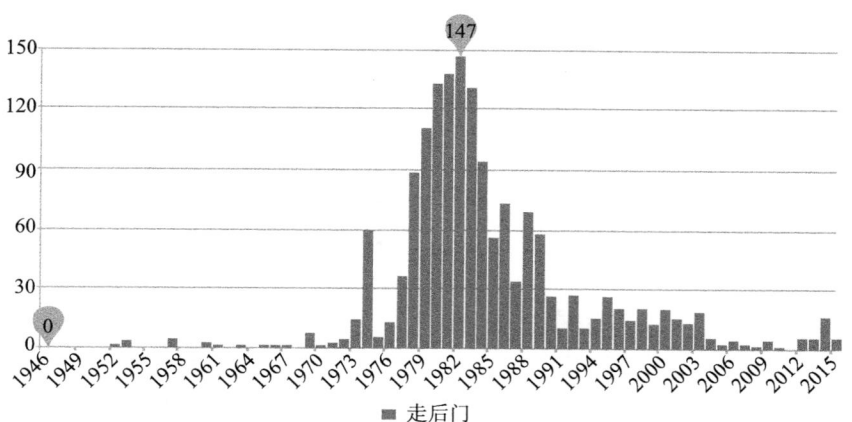

图 5 "走后门"一词的热度变迁

---

① BCC 语料库的历史检索请参看荀恩东、饶高琦、谢佳莉、黄志娥(2015)。

我们也可以看到，"吃软饭"一词主要在微博语料中出现，而"吃闲饭"则各个语料都有分布：

表14 "吃软饭"与"吃闲饭"比较

	吃软饭	吃闲饭
文学	7	31
报刊	4	321
微博	474	113
科技	7	76
古汉语	7	24

在新媒体语言中，有些语言形式出现频率很高，如"帅哥""美女"，但是我们也看到它们出现的时间段集中在新媒体出现之后。

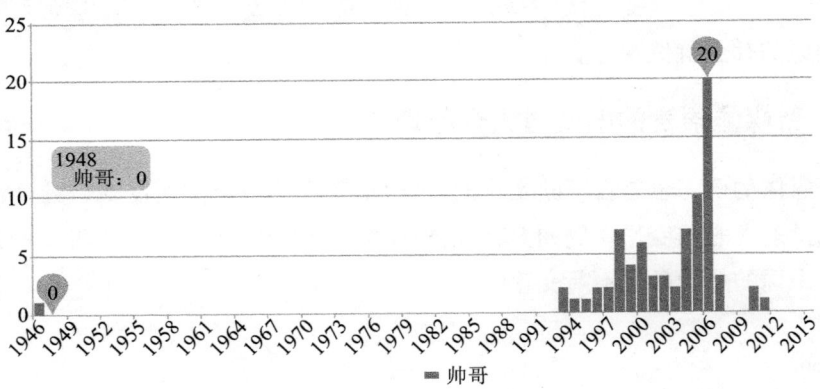

图6 "帅哥"一词历时分布

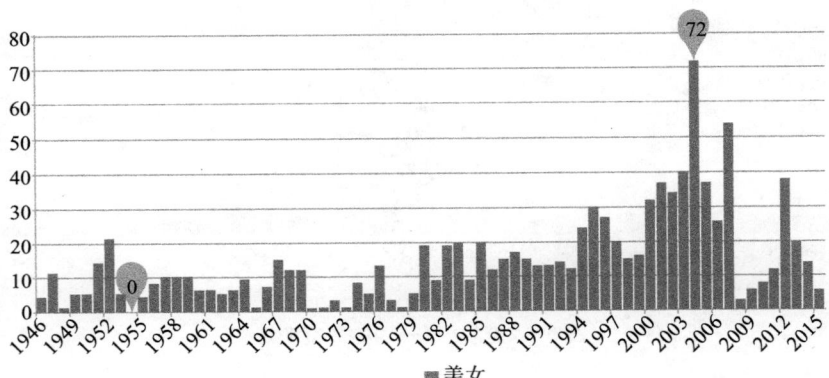

图7 "美女"一词历时分布

由于 BCC 语料库的历时检索主要局限在报刊语料，所以这个图表不能反映"帅哥""美女"历时分布情况的完整面貌。称谓问题在中国社会是一个敏感问题，称呼错了会给自己带来很多麻烦。有一段时间社会上凡是男人都称"老板"，凡是女人都称"小姐"。现在这两个称谓形式已经式微：

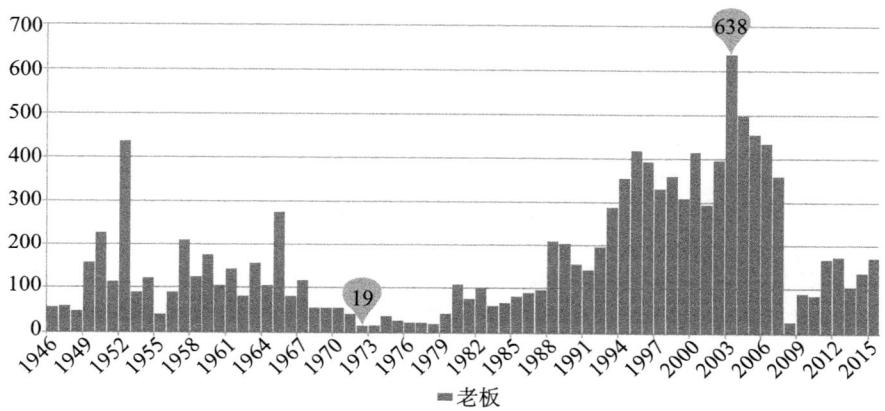

图 8 "老板"一词的历时变迁

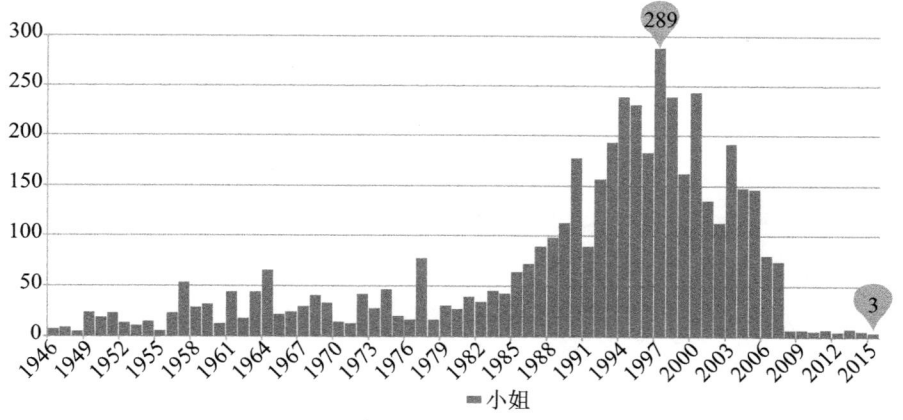

图 9 "小姐"一词的历时变迁

在 20 世纪末"十亿人民九亿商，还有一亿待开张"的年代，"老板"是个热度很高的称谓，"小姐"也是个热度很高的称谓，现在这两个词开始变冷。从这种变化中我们可以窥见世态人心的变化。

参考文献

谷云峰　2018　《网络流行语言看青少年的价值观特点》,《教育现代化》第26期。

霍慧娜　2017　《媒体融合背景下新媒体语言特点研究》,《新媒体研究》第20期。

贾晓虹　2018　《新媒体"标题党"乱象及治理》,《新媒体研究》第7期。

罗　谡　2018　《网络语言的价值观引导与治理》,《媒介经营与管理》第17期。

李　琼　2016　《新媒体时代网络新闻报道的语言特点》,《今媒体》第11期。

李　雪　2016　《新媒体对大学生价值观的影响及其对策研究》,广西师范学院硕士学位论文。

尚　伟　2017　《新媒体语言的发展及其规范》,《北华大学学报》（社会科学版）第4期。

施麟麒　2018　《政务新媒体的社会语境与语言选择》,《语言文字应用》第1期。

王建华　2017　《政务新媒体话语应用与传播研究》,上海交通大学出版社。

王建华　2018　《政务新媒体语言应用》,《语言文字应用》第1期。

王诗瑶、石晋阳　2018　《纸媒公众号"标题党"现象与受众认同分析》,《青年记者》7月下。

苟恩东、饶高琦、谢佳莉、黄志娥　2015　《现代汉语词汇历时检索系统的建设与应用》,《中文信息学报》第29卷第3期。

吴振东、王　艳　2018　《噱头的诱惑与媒介素养——新媒体时代语境下的"标题党"思维分析》,《新媒体研究》第9期。

颜晓尹　2018　《新媒体和传统纸媒新闻标题语言对比——以〈人民日报〉为例》,上海外国语大学硕士学位论文。

赵　莉　2014　《新媒体科学传播亲和力的话语建构研究》,中国科学技术大学博士学位论文。

赵　雪、曹彦男　2012　《新媒体语言研究十年》,《理论与现代化》第4期。

A Corpus-based Study of New Media Language

Cui Xiliang

Abstract: The new media language, with its own characteristics, have been studied frequently. However, the corpus-based researches are still rare. Therefore, this paper, based on the BCC corpus, examines the various linguistic phenomena of new media and analyzes its linguistic, rhetorical and sociological values.

Keywords: new media language, corpus-based, linguistics, rhetoric, sociology

（原载于《当代修辞学》2019 年第 5 期）

论交际媒介与语体类型*

王建华　俞晓群

（浙江科技学院浙江省政务新媒体研究院）

提　要　语体随着社会发展、技术进步和语言生活变迁而演进，交际媒介是语体形成的优先因素。作为基础的语体变量，交际媒介与语用主体、语言手段一起构成语体第一层次的三大要素，共同影响着语体形成与类型划分。新的交际媒介电波促成了电语语体的产生。电语语体是传介语境、语用主体和语言手段三大要素共同作用的结晶，与口语语体、书面语体同为第一层次的语体。电语语体下位的新媒体语体，值得深入研究。

关键词　交际媒介　语用主体　语言手段　语体变量　电语语体

一、语体研究的成就与瓶颈

语体研究在我国可谓有相当长的历史,古代文论中就有不少内容与现代语体研究的观点相关。二十世纪三十年代在现代修辞学建立的过程中,陈望道将语体作为重要的概念提出。五、六十年代语体研究开始步入科学化阶段,高名凯、张弓等对语体的定义、特征及类型等做了探讨。而真正繁荣的语体研究是在二十世纪八十年代之后,王德春、程祥徽、黎运汉、李熙宗、袁晖、丁金国等对语体研究的深化用力尤勤,贡献甚大。

从内容上看,语体研究涉及的范围相当广阔。除了对各类语体如口语语体、政论语体、科技语体、公文语体、新闻语体、文艺语体等的具体描写之外,对语体研究的一系列理论问题,如语体的概念定义与性质、与文体的联系与区别、语体的形

---

* 本文为国家社科基金项目"政务新媒体语言表达模式建构研究"（15BYY046）的成果之一。

成与分类、语体的规范与交叉渗透、语体风格问题、语体学的建立、语体研究方法论等都有较深入的讨论。由此形成了语体研究的一个高潮,"截至21世纪前十年,冠以'语体学'名目、用汉语写就的专著,就有三十部之多"(丁金国2017)。

同时,也不必讳言,近年来语体研究遇到了"瓶颈",进入了相对平静的时期。刘大为(2013)说:"语体研究是修辞学的学科支柱之一,但是客观而论,在当代学术理念的嬗变跃迁中它的发展却出现了停滞不前的局面。"他从科学主义方法论出发,追问语体研究的瓶颈"究竟是在哪一道环节上出了问题"? 在经过推导之后认为:"当下语体研究的瓶颈,很可能就在它所立足的从使用域认识和划分语体的原则,以及由此造成的无法分解和整合的窘境上。"丁金国(2017)也认为近十年来汉语的语体研究,出现了迂回与停滞。他从外部和内部两个方面分析了原因,其中谈到:"时代的演进,科学技术的发展,尤其是各式各样的大众传媒的发展与普及,急剧地改变着中国社会的语文形态,原有的以阅读经典为主的高雅社会语文生活,正在由俚言俗语恣意调侃,或华洋杂糅译味十足的语文体式所替代。原有规则被突破,许多新词、新语、新语序、新表达像走马灯一样被快速地轮换着。作为与社会语用实践相与共的语体学,面对这种情势,仍墨守原学术秩序,自然要滞后。"

以上观点从语体形成划分的角度和社会语言生活发展的角度来看语体学研究的滞后,切中肯綮,很有道理。还要看到,当代社会数字化、网络化技术的革新,引发了媒体介质的变革,也带来了语言运用的新面貌,给语体研究增加了许多新情况新问题。当下必须面对生机勃勃的新媒体语用,与时俱进,分析相关问题,概括出相应语体,以突破语体研究的瓶颈,指导语言的应用。

二、语体形成的理据

长期以来,学界对语体形成和性质的认识大都趋于一致。李熙宗(2005)的定义可以作为代表:"语体是在长期的语言运用过程中历史地形成的,与由场合、目的、对象等因素所组成的功能分化的语境类型形成适应关系的、全民语言的功能变异类型,具体表现为受语境类型制约选择语音、词语、句式、辞式等语言材料、手段所构成的语言运用特点体系及其所显现的风格基调。"强调语体是适应语境类型而形成的语言功能变体,体现了语体的功能性、物质性与风格基调的结合,这是语体学研究界的基本共识,虽然人们各自的表述可能有些差异。值得注意的是,"语体是语言的功能变异类型"的提法,是与"功能域"的概念相关的,"'功能域'是由对语言运用起着制导作用的各种功能性因素的集合体与交际功能分化的语言功能变异类型形成稳定互动适应关系而造成的属空间范畴的语体依存体"(李熙宗2006)。作为语体形成和分类的重要原则,功能域综合了多种功能性语境因素,它和语言内部功能变异类型可以形成"互动适应关系",因而"可以说语体是种种内外相关因素相互适应、互动的结果"。而刘大为(2013)认为:"所谓的功能变体或者分类的功能原则中的'功能',其实指的都是语言可'服务'于什么样的'交际领域'。"他把这个交际领域称之为"使用域",在我们看来就是上述的"功能域"。他从"1)使用域只有通过言语活动才能影响到语言;2)一种语体可适用不同的使用域,一个使用域须由多种语体来满足;3)使用域视野中只有语体变异的无序杂陈"三个方面批评了以使用域决定语体形成和划分的观点,提出使用域与语体之间并无直接对应关系,而"语体形成的依托是语言的使用——言语活动"。

  语体的形成到底与哪些因素有关?这涉及对语体本质的认识。我们认为,作为人类语言运用的产物,语体的形成与人的言语行为活动本身密不可分。从语用学观点看,任何言语行为(言语活动)都包含了语用主体、语境和话语三大要素(王建华2000)。功能域(使用域)这个"语体的依存体"应当属于这三大要素中的语境,"语言运用特点体系及其所显现的风格基调"则是话语要素。传统语体研究认为"语体是种种内外相关因素相互适应、互动的结果",关注到了语境与话语两大要素①,而忽略了语用主体的要素,是有不足的。语体的形成必然有语用主体的参与,如语用主体交际的目的、意图是什么,是否当面交际,表达主体和接受主体之间的关系如何,是否形成双向交流等,都会影响语体的形成及类型。作为言语活动产物的语体,离不开语用主体的言语实践活动,是语用主体在长期的语用实践中选择、建构并逐渐定型而成的。更进一步,语体形成后作为一种语用的功能模式,对语用主体具有反作用,在具体的言语活动中,表达主体和接受主体都会自觉不自觉地受语体的制约和影响。故语体的形成离不开语用主体的因素。

---

① 当然,这里的语境是功能域中的相关因素,而我们认为在语体形成的第一层面起决定作用的语境要素还不是功能域,而是另外的因素。详后。

立足于语体是依托言语活动而形成的基点,刘大为提出了"语体变量"的概念,强调语体变量是语体形成的功能动因,具体有三种语体变量:功能意图、传介方式和人际关系。各变量内部又有子变量,比如"使用域"就是一种次级子变量。不同变量的相互组配就产生各种类型的语体。此观点有强烈的科学主义色彩,对语体的形成问题提出了一个新的视角,给进一步研究以很大启示。我们基本认同这个观点。不过,我们认为,在语体形成的第一个层面上的变量应该是上述的语用三要素:主体、语境和话语。对照刘大为的三种语体变量,人际关系(包括权位关系,如社会权位、知识权位,也包括交互性和非交互性关系)是主体要素;功能意图也应该属于主体范畴,因为它们都由主体设定,不论是由一方设定还是双方设定,都是主体的行为。传介方式是指言语活动组构的传播物质、媒介(如口说、书写)和传播空间(现场、非现场),这无疑是语境要素。而三大要素之一的话语,在语体变量中未出现,是一个欠缺。语体之所以能成为指导人们语言运用的模式,能让人们作为对象进行研究,必然有语言特征作为基点。就此而言,传统语体研究中关于"语言运用特点体系及其所显现的风格基调"的概括还是较为精当的。因而,在语体形成的第一个层面,语用特点和风格基调是一个重要的基础变量,不宜缺漏。

综上所述,语体是人们在言语活动中产生的语用模式。语体形成的第一层面的理据(或曰基础变量)应当是语用主体、语境条件、语用特点和风格基调四大要素。

三、基础语体变量之间的关系

语体的形成离不开三大要素,它们构成了语体的基础变量。那么,它们之间的关系是怎样的,在语体的形成中是如何运作的?

寻找和区分语体基础变量的重要价值在于发现语体如何形成和分类。有一种观点认为"语体的任何基础变量都能独自实现为一种抽象层次最高的语体——高层语体""由一个基础变量造成的语体例如有叙事语体、论证语体、口说语体、现场语体、正式语体等等",虽然说"它们只是一种理论性的存在,而在语言现实中我们遇到的都是被它们所概括的、具体的下位语体"(刘大为 2013)。这种观点的意思是清楚的:语体的基础变量之间不必构成相应关系,单独就能直接形成不同类型的语体。对此我们不能苟同,因为如果有按照"功能意图"变量划分的叙事语体、论证语体,也必然可以有描写语体、使令语体、询问语体、评价语体、谴责语体、记录语体……甚至还可以有按主体双方共同设定的功能意图而生的论辩语体、争吵语体、聊天语体等。但这样做又会与"口说语体……囊括了所有以语音为符号媒介的语体,不管是表述规范的学术报告还是轻松随意的聊天、激烈冲突的争吵,它们所归属的具体语体都在其中"相互矛盾——在上述的语体类型中口说语体与叙事语体、论证语体等是并列关系,而非"囊括"关系。这是高层语体(第一层次语体)和下位语体的层次性未清晰的原因所致。

我们认为,语体的三大基础变量不宜单独分开,它们之间是相互关联、相互影响的,其互动与适应才对语体的形成和划分有意义。三大基础变量制约着语体的形成,同时也构成第一层次语体分类的根本依据,各基础变量的子变量则在下位层次上划分出语体的类型。具体地说,在第一层次的语体(基础语体或曰高层语体)形成中,交际媒介的语体变量是自变量,起到优先锚定的作用。也就是说,口头和书面的传介方式直接影响了语体的形成,语用主体、语言手段等语体变量是因变量,随着交际媒介的确定而变化。口头交流凭依语音符号的声波,诉诸人们的听觉系统,书面交际以文字符号为载体,诉诸光波的视觉系统。不同媒介方式给语用带来不一样的时间和空间:口头交流的线性时间感很强,语音一说出口稍纵即逝,要求空间上必须是当面、现场的交流,这种同时同地是口头交流的主要特点。书面交际主要表现为异时异地,即非当面、非现场。在时间上人们可以跨越千年与古人对话,空间上远隔千山万水的人们也可以通过书面文字相互联系,达成交际。这种时空相异的书面交际方式的特点与口头交流明显不同,这两种媒介方式的区别就为语体第一层面:口语语体和书面语体的对立与形成打下基础。

与此同时,在口语语体和书面语体形成过程中,语用主体也与传介方式积极配合、互相协调。比如在口头交际时主体双方通常是互动的、角色互换的,而书面交际时主体双方因异时异地,话语权相对明确,"你写我读"的角色关系基本是固定的,互动通常也很难出现①。在此,互动、非互动和角色互换与否的语体变量作为语用主体的第一层面参数加入了对语体的共同构建。再看语用特点和风格基

---

① 书信往来这种书面交际可以出现主体互动和互换角色,但也是异时异地的,与口头交流有所不同。

调的基础语体变量。口头交流时诉诸听觉系统的语音介质,可以有语调、重音、韵律、停延、节奏等手段;当面、现场的语境,可以省略不少现场能感知的东西;语用主体的角色互换、互动交流,可辅之以体态、表情等超语言因素等等,使得口语语体形成了灵动、活泼、简约的风格基调。书面交际的语言材料是文字符号,文字形体、规范词语、复杂句式、辞格手段、篇章结构等是主要手段,还有标点符号、版面方式等;语境上非当面、非现场的交流方式;语用主体之间单向的书面表达等等,使得这种交际可以反复推敲、精心打磨,形成正式、规范、严谨的书面语体风格基调①。通过下表可以更清楚地看到它们之间的关系:

表1 口语语体与书面语体三大基础变量分析

语体类型	语境(传介方式)			语用主体		语用特点与风格	
	物质媒介	当面与否	现场与否	互动与否	角色交换	语言手段	风格基调
口语语体	语音,声波	+	+	+	+	重音、语调、韵律、节奏等	灵动、活泼、简约等
书面语体	文字符号,光波	−	−	−	−	字形、词句、辞格、篇章、标点、版式等	正式、规范、严谨等

综上,口语语体和书面语体是语体的第一层次划分,也可称之为基础语体类型。这是由传介方式、语用主体和语言特点风格基调等基础语体变量综合作用而来的,三大基础变量需要相互协调、共同作用方可得出,这客观反映了语体形成的机理②。在

---

① 这里说的口语语体、书面语体的风格基调是针对第一层次的大类而言,它们各自还可以再细分为不同的下位语体,区分出更具体的风格。
② 口语语体和书面语体是由交际媒介优先原则、三大基础变量综合作用而形成的第一层次的语体类型,具有较高的抽象性和涵盖面。至于二者之间的交叉现象,也应当以综合的互相作用的观点来解释。如有人认为相声、滑稽戏的剧本是书面形式,语言却是口头语;新闻联播的播音员播报是声波形式,语言却是书面语体,说明"语体和传播媒介不是一回事"。要说明这一点还得从传介方式的当面、现场与否、语用主体的角色交换、互动与否、语言手段风格基调等因素共同影响出发。据此,前者第一层次是书面语体,而下位层次属于文艺语体,适应于演出的功能语境,带上文艺语体的风格。后者是一种书面正式程度高的广播语体,但传介方式是电子信号,属于我们下一节论证的电语中的广播语体,并非书面语体。其实,即使是正式的演讲、做报告,虽然有写好的稿件,书面语体色彩很浓厚,但也还是口语语体。因为它最终还是由人说出来的,交际的媒介是声波的语音,时空是当面、现场;主体之间理论上还是可以互动和角色交换的;在"读稿子"的同时用语上还会有语调、重音、节奏等的变化,面向听众也会有所发挥或省略;风格上也与正式的书面语不完全一样,会带上不少口语才有的成分,仍属于口语的风格基调——故以交际媒介为自变量的各种语体变量综合作用,定位了演讲、报告应归属于口语语体。这说明,在三大要素决定语体形成时,交际媒介语体变量优先的原则是立得住的。

这两大语体类型之下,还可以根据通常所说的"功能域"(使用域)等下位的语体变量,对它们做进一步的二、三层次的划分①。如口语语体可以根据目的、对象分为正式语体、论辩语体、协商语体、对话语体、闲聊语体等,它们构成语体风格基调的连续统②,这种"语体是一个阶列形式的连续体"(程雨民 1990)的观点用于口语语体的下位分类很具现实的可操作性。书面语体可根据交际领域、任务和内容分为政论语体、科技语体、公文语体、新闻语体、文艺语体等,它们是传统语体研究中常见的类型,适应于各自的功能领域,也呈现出各自的风格基调。

由交际媒介因素区分出第一层次口语语体和书面语体是十分必要的,因为在人类历史上,语言技术、交际媒介的不断发展是语言变体演进的推动力量。李宇明(2017)认为:"人类语言由声波单一媒介物发展到声波、光波、电波'三波'媒介物,由原始口语发展出书面语、有声媒体和今日具有'超媒体'、'全媒体'特征的网络媒体。在语言介质发展变化、语言交际手段发展变化的过程中,适应各种语境、各种交际工具的语言交际变体也逐渐丰富,语言的词汇、语法、语篇表达也逐渐丰富,特别是文体(或语体)逐渐丰富,从而使语言的功能得到极大发展。"将交际媒介作为语体形成的首要因素,是有充分理据的。通过上述论证,现在我们有必要展开进一步讨论:当代社会新的交际媒介引发和产生新的语体类型问题。

四、关于电语语体

随着社会的发展和科技的进步,人类交际在口语和书面语之后又进入了电子语言时代。先是广播电视的发明和普及,后是网络媒介的发展,使得语言拥有了"传声传影"的电波媒介物。"电波把声波、光波这两种传统的语言媒介物电波化,有声媒体对语言功能进行了放大,并不断有新发展"(李宇明 2016)。电子语言是通过电波把口语、书面语综合起来,形成新的特点和功能的一种新型媒介,包括广播、电视、网络等载体的语言在内。从 20 世纪八、九十年代起,就有学者开始关注电子传播媒介对语体的影响。1988 年,林兴仁提出了建立广播语体学的主张,其

---

① 与第一层次语体类型的划分注重三大变量综合作用不同,二、三层次的语体类型以功能域和语言风格基调相互适应为主要依据。
② 美国语言学家马丁·琼斯将这种分类方法形象地比喻为"五只钟":*The Five Clocks*。

《实用广播语体学》(1989)是第一部以广播语体学命名的专著。吴为章(1998)、赵雪(2000)、盛永生(2000)、郭龙生(2004)、祝克懿(2005，2007)等都讨论过广播电视语体问题，其中赵雪认为广播电视语体不宜简单看作口语或书面语体，而应作为"融合语体"更合适。祝克懿在讨论新闻语体的构成时，曾把媒体介质作为区分标准，分为报纸新闻语体和电子新闻语体两类，后者再分为广播语体、电视语体和网络语体三个分支。盛永生认为广播电视语体是电信语体的下位语体，"电波这一媒介把电信语体与口头语体相区别，传真、电报、电码、网络语言等等都不应纳入电信语体，他们应可归入书面语之中，因为他们传递的主要是文字信息"。郭龙生则认为报刊、广播、电视、网络等媒体可以统一作为一个范畴来研究。近年来，以网络语体为研究对象的论著也多起来，如于根元(2001)认为网络语言是口语化的书面语体，网络语言具有外来词语、术语多，词汇新、杂、活，符号与语言交叉使用，语句零散化、直观化等特点。李军、刘峰(2005)从词语、句法、修辞三方面对网络语体进行了描写。黄国文(2005)认为电子语篇既有口语语篇和书面语篇的一些特征，又有自己的特点。张颖炜(2015)认为网络语体是在新媒体网络语境中产生的兼具口语语体和书面语体特点的混合性语体。冯学军、王珍(2016)讨论了电视语体和网络语体相互影响的问题。

　　学者们对上述广播电视、网络媒介的语体也有不同的叫法，如郑颐寿(1992)称为"电信语体"(主要对象是电报、电话、广播、电视)，李熙宗(2006)称为"电子传播语体"，李佐丰(2009)称为"屏幕语体"等。其中李佐丰的讨论较为深入，他认为"屏幕语言是一种以听为主，兼及视觉的视听结合的符号系统，……这种符号的语形是由电子信号构成的，电子信号可以构成电声和字幕这样两种不同的语形""电声是借助于电子技术制造出来的口语的符号，并不同于口语；字幕是跟电声结合的，也不同于一般的书面语"。屏幕语言存在于电视、电影、电脑、手机等载体中，由此构成的语体便是"屏幕语体"，是与口语语体、书面语体三足鼎立的一种新的语体类型。我们认为这个观点很有道理，电子信号是人类语言应用发展出的一种重要交际媒介，具备了与传统口语、书面语不同的区别性特征，其在言语实践活动中产生的语用模式，应该也可以独立为一种新的语体。不过，我们认为这种语体的名称叫"电语语体"更恰当，一是因为叫屏幕语体难以将已有的电子信号语言都囊括进来，如广播语言主要以电声为主，极少出现屏幕语言的字幕形式，屏幕语言、屏幕语体的名称有点牵强；二是从名称的类聚性考虑，口语语体、书面语语体和电语语体，都以"语"为中心，属于同一系列。

需要说明的是，电语语体是与口语语体、书面语体同属第一层次的语体，其形成的理据也必须是语用三要素的语体变量综合作用的结果。从传介方式上看，电语语体的物质基础是借助于电子技术而产生的声音、符号、语形系统，传播媒介是电波。这与口语、书面语体有相同之处也有不同之处，如广播电视以听视结合为主，网络除听视之外，还有用键盘写的方式，甚至有触摸的方式，具备了"全媒体"的特征。电语语体的交际语境可以当面、现场，也可以非当面、非现场，前者如电视实况访谈，后者如广播播音还可以既非当面又可当面，既非现场又可现场，如网络新媒体语体里的微信，文字输入可以非当面、非现场，而音频通话则相当于当面、现场。种种复杂的语境变量显示了电语与口语、书面语的不同。

从语用主体上看，电语语体的语用主体也是变化很多，可以非互动，非角色交换，如广播语体；可以既互动又不互动，角色既交换又不交换，如电视采访语体，采访双方是互动的、角色交换的，但播出时与广大电视观众则是不互动、角色不交换的；还可以是以互动、角色交换为主，非互动、非角色交换的现象为例外的，如微信，点赞、评论等作为基本的功能设置，接受主体的互动、角色交换可以看作是常例，非互动和非交换的情况则是表达主体有意屏蔽互动功能或接受主体不愿互动或其他原因所致。

再从语言手段和风格基调上看，电语语体综合了口语和书面语的符号，经电子技术的处理，有了更多可能的变化，更加丰富多彩。特别是其中的新媒体（网络）语体，语音、文字符号的各种手段琳琅满目，有不少在其他语体很难出现的、网络特有的词句，如"硬核""甩锅""坑爹""疫了百了""细思恐极""隔离，I see you；不隔离，ICU"等，还有"元芳体""淘宝体""甄嬛体"等。也允许有不规范的语言方式，甚至出现口语、书面语中极少见的"飞白"现象，故意写错别字来表达某种意思。学者们批评的"俚言俗语恣意调侃，或华洋杂糅译味十足"等现象基本上都出现在新媒体语体之中。除此之外，图像、照片、漫画、表情包、外语字母、键盘符号等，也都可使用。如电语语体这种多模态的语言手段体现出来的风格基调也就与口语语体、书面语体有明显不同：通俗、晓畅、生动、轻松、娱乐、多元是其主要特色（下图所示）。

电语语体多模态语言手段示例

以上讨论亦可用下表来显示：

表 2　电语语体语用三要素分析

语体类型	下位语体	语境（传介方式）			语用主体		语用手段与风格	
		物质媒介	当面与否	现场与否	互动与否	角色交换	语言手段	风格基调
电语语体	广播语体	电声，电波	−	−	−	−	语音、语调、重音、韵律、节奏等	通俗、悦耳、晓畅等
	电视语体	电声、字幕、画面、电波	+−	+−	+−	+−	语音、文字、句式、画面、色彩等	形象、生动、艺术等
	新媒体语体	电声、文本、图像、字母、视频等，电波①	−+	−+	+−	+−	语音、文字、图形、漫画、表情包、各种符号等	轻松、娱乐、多元等

---

① 这里的电波是指将传统的语音声波、文字符号光波的媒介电子化，具有全媒体的功能作用。

综上,电语语体是与口语语体、书面语体三足鼎立的第一层次语体,划分的理据也是从语体形成的三大基本变量出发的。这第一层次的三大语体基本涵盖了迄今为止人类语言运用的所有领域,具有极大的概括性。而它们内部还可以根据不同的功能域区分出各自的下位语体类型,从而形成完整的语体类型系统。

电语语体内部可以根据电波的载体不同进行再分类,分为广播语体、电视语体和新媒体(网络)语体。相对于广播语体、电视语体而言,新媒体语体出现时间最短,变化也最复杂,有必要进行专门讨论、深入研究。不过限于篇幅,本文不再展开,拟另文讨论。

五、结　　语

语体是人类语言应用过程中产生的功能模式,反过来又深深影响着人们的语用。语体随着社会发展、技术进步和语言生活的变迁而演进,新的语体类型的产生是很自然的。及时发现、总结和归纳新的语体类型是学术研究的题中应有之义。

语体形成涉及的因素众多,必须从语言应用的语境、主体和话语三大要素相互影响的角度进行概括。语体的类型是有层次的,第一层次的语体划分是交际媒介作为自变量,体现"交际媒介优先"的原则,区分为口语语体、书面语语体和电语语体。

电语语体是以电波为媒介而形成的语体,与口语语体和书面语语体相比,有自己的区别性特征。电语语体下位的广播语体、电视语体和新媒体语体,语言手段和风格基调都各有特点,值得关注。加强对新媒体语体及其下位语体的研究,具有重要的理论和现实意义。

参考文献

程雨民　1990　《英语语体学》,上海外语教育出版社。

丁金国　2017　《论语体风格研究的理论与实践》,《当代修辞学》第 5 期。

冯学军、王　珍　2016　《谈新媒体时代的电视语体与网络语体》,《当代电视》第 12 期。

郭龙生　2004　《媒体语言研究的新思路》,《江汉大学学报》(人文科学版)第 2 期。

黄国文　2005　《电子语篇的特点》,《外语与外语教学》第 12 期。

李　军、刘　峰　2005　《网络语体:一种新兴的语体类型探析》,《宁夏大学学报》(人文社会科学版)第 2 期。

李熙宗　2005　《关于语体的定义问题》,《复旦学报》(社会科学版)第 3 期。

李熙宗　2006　《"功能域"及其划分与语体的分类》,《语言研究集刊》(第三辑),上海辞书出版社。

李宇明　2016　《不同媒介的语言特征与网络语言的发展》,《中国广播》第 9 期。

李宇明　2017　《语言技术对语言生活及社会发展的影响》,《中国社会科学》第 2 期。

李佐丰　2009　《屏幕语体——与口语体、书面语体并立的第三种语体》,《现代传播》第 3 期。

林兴仁　1989　《实用广播语体学》,中国广播电视出版社。

刘大为　2013　《论语体与语体变量》,《当代修辞学》第 3 期。

盛永生　2000　《电信语体及其特征》,《暨南学报》(哲学社会科学)第 3 期。

王建华　2000　《语用学与语文教学》,浙江大学出版社。

吴为章　1998　《关于广播电视语体研究的几点思考》,《现代传播》第 2、3 期。

袁　晖、李熙宗　2005　《汉语语体概论》,商务印书馆。

于根元　2001　《网络语言概说》,中国经济出版社。

张颖炜　2015　《新媒体视野下网络语言的语体特征》,《江苏社会科学》第 4 期。

赵　雪　2000　《关于广播电视语体的思考》,《现代传媒》第 3 期。

郑颐寿　1992　《鼎立:电信体的崛起》,《修辞学论文集》(第六集),河南大学出版社。

祝克懿　2005　《新闻语体的交融功能》,《复旦学报》(社会科学版)第 3 期。

祝克懿　2007　《新闻语体探索:兼论语言结构问题》,海风出版社。

On the Communication Medium and Style Types

Wang Jianhua & Yu Xiaoqun

Abstract: The style (*yuti*) evolves with social development, technological progress and the changes of language life, so the communication medium is one of the priority factors in the formation of style. As the basic stylistic variables, the communication medium, the pragmatic subject and the linguistic means are the three elements on the first level of style, which influence the formation and the classification of styles together. Nowadays, the electric wave becomes a new communication medium and promotes the generation of electronic language style. The telegraphic style is the result of the interaction of the three elements as the context of communication, the pragmatic subject and the linguistic means. It also locates on the first level of style together with the spoken and written styles. Therefore the new media style, inferior to the telegraphic style, worth further exploring.

Keywords: the communication medium, the pragmatic subject, the linguistic means, stylistic variable, the telegraphic style

(原载于《当代修辞学》2020年第5期)

图书在版编目(CIP)数据

当代修辞学的阐释与建构/祝克懿主编. —上海：复旦大学出版社，2021.11
("望道修辞学论坛"论文集萃：第五辑)
ISBN 978-7-309-15943-1

Ⅰ.①当… Ⅱ.①祝… Ⅲ.①修辞学-文集 Ⅳ.①H05-53

中国版本图书馆 CIP 数据核字(2021)第 183626 号

当代修辞学的阐释与建构
祝克懿　主编
责任编辑/方尚芩

复旦大学出版社有限公司出版发行
上海市国权路 579 号　邮编：200433
网址：fupnet@fudanpress.com　http://www.fudanpress.com
门市零售：86-21-65102580　团体订购：86-21-65104505
出版部电话：86-21-65642845
江苏凤凰数码印务有限公司

开本 787×960　1/16　印张 36.25　字数 572 千
2021 年 11 月第 1 版第 1 次印刷

ISBN 978-7-309-15943-1/H·3126
定价：98.00 元

如有印装质量问题，请向复旦大学出版社有限公司出版部调换。
版权所有　侵权必究